JN312818

日本近代法学の先達

岸本辰雄論文選集

村上一博【編】

明治大学社会科学研究所叢書

日本経済評論社

序　文――日本近代法学の先達　岸本辰雄――

村上一博

「岸本辰雄」と聞いても、その人物像や業績について知る人は少ないであろう。高等学校までの課程で使用されている日本史関係の教科書や参考書の類をいくら探してみても、「岸本辰雄」を見出すことはできない。もちろん、彼の名前は、一部の法学・教育史の研究者や明治大学関係者の間では知られてきたけれども、およそ一般的に――法学界においてすら――、人口に膾炙している人物であるとは言えそうにない。

しかし、岸本辰雄こそは、①日本近代法学の母胎となった司法省法学校の第一期生として、御雇法律顧問のボワソナードらからフランス法を学び、パリ大学に留学した経歴をもつ、我が国における近代法学の開拓者の一人であり、帰国後は、②民商法典その他の立法事業に関わり、近代法体制の基礎を築いた法制官僚・法学者の中核的存在であった。また、同時に、③明治法律学校（現在の明治大学）の《生みの親》《育ての親》として法学教育に献身して多くの実務法曹を輩出した育英界の大立物であり、さらには、④大審院判事・弁護士として活躍した法曹界の元老でもあった。ある評伝が、「既にして維新の大業漸く成り、天下武を偃せ文を修め、政府亦鋭意庶政を整理し制度を革新す。此時に於て出で丶、我邦未曾有の法典制定の業を賛け、退て我邦第一の法律学校を綜理し、天下の英才を成育す。嗚呼男児生れて君の如くんば、宿昔の志望以て酬ゆるに足らん歟」（武部弁次郎編『在野名士鑑』巻之二）と激賞したように、岸本は、日本近代法学――草創期から揺籃期にかけて――の形成過程において、燦然と輝く大先達だったのである。

岸本の幼年期（鳥取時代）については、本書第三部に収載した評伝類や、明治大学大学史研究によって、その大凡が明らかとなっている。近年では、鳥取市（旧尚徳館跡地）での顕彰碑と胸像建立を記念して編まれた『岸本辰雄と明治大学――鳥取出身士族の挑戦――』（二〇〇六年）に詳しい。岸本は、嘉永四（一八五一）年一一月八日に、鳥取藩士岸本平次郎（尚義）の三男（辰三郎）として、鳥取藩因幡国邑美郡南本寺町二六番屋敷（現鳥取市南町）に生まれた。父は鳥取藩作事方下吟味役二三俵四人扶持の下級士族（剣術師範）で、湯村番所の土着番士であった。安政六（一八五九）年に藩校尚徳館に入学（八歳～一五歳）、慶應三～明治二年には、戊辰戦争に際して新国隊に加わっている（一六歳～一八歳）。門閥世襲的な封建的性格を多分に残しながら明治維新をむかえた鳥取藩において、近代的洋学を主導したのは、下級士族および上級農民層であったが、岸本もその内にあり、とくに西洋銃隊（小銃隊）の指導者として成長していった。

その後上京して、明治三年六月二八日に箕作貞一郎（麟祥）の共学塾に入門、同年一二月一七日、鳥取藩貢進生に推されて大学南校に入学した。四年九月二三日、貢進生制度が廃止されたため、大学南校をいったん退校するが、翌月再入学し、さらに五年八月一七日、同校から司法省の法学校（明法寮）に転じている。

司法省の法学校では、御雇法律顧問のボワソナード（Boissonade）らから本格的なフランス法教育を受け（教育課程や成績評価などについては、手塚豊教授らの研究によって知られているが、法学教育の詳細については未だ不明な点が多い）、宮城浩蔵・矢代操・磯部四郎・杉村虎一とともに「明法寮の五人組」と称されるほど親交を深めていたと言われている。四年後の明治九年七月五日に、宮城浩蔵・小倉久とともにフランスへの留学が決定、八月四日にフランスへ向けて出発した。パリ国立古文書館（Archives nationales de Paris）に所蔵されているパリ大学学籍記録によると、同（一八七六）年一一月五日に、パリ大学法学部（Faculté de droit de Paris）で、第一回の受講登録を行っており、その後、一度の躓きもなく順調に諸試験を突破し、一八七九年一二月三日付で、首尾よく法学士号（licencié en droit）を取得、翌（明治一三）年二月二七日に帰国している。パリ大学では、とくに、民法担当教授のビュフノワール（Bufnoir）と、ローマ法担当教授のジィド（Gide）の指導を受け、学外では、アコラース（Acollas）の急進的共和制論から影響を受けたと推測されている。

　帰国後の主な経歴は、次の通りである。

【岸本辰雄履歴（帰国～死去）】

明治一三年	三月　六日	講法学舎講師
	四月　九日	司法省詰、判事
		司法省議法局修補課・照査課・生徒課勤務（司法省法学校で講義）
	五月三一日	文部省御用係兼東京大学法学部員外教授（フランス法を講義）
	六月二三日	改正『司法省職員録』：司法省判事兼太政官御用掛文部省御用掛
	七月～一二月	司法省法律学校速成科第二期生に対して、民事訴訟法を講義
	九月三〇日	改正『司法省職員録』：司法省判事兼太政官御用掛文部省御用掛
	一一月二九日	判事を依願被免、太政官御用掛
一四年	一月二四日	日本海令草案審査局（元老院内）御用掛兼務（総裁佐々木高行）
	一〇月二一日	東京大学法学部講師
	二五日	参事院御用掛法制部
	一一月　八日	参事院議官補

　　　　　一二日　日本海令草案審査局御用掛兼務被免
一五年　三月三一日　参事院内設置の商法編纂局の商法編纂委員（委員長鶴田皓）
　　　　　　　　　『日本商事慣例類集』の編纂作業に従事
　　　四月一五日　東京大学法学部員外教授辞任
一六年　二月　六日　参事院司法部勤務
　　　一〇月頃　司法省法学校速成科第三期生の講義を担当
一七年　五月二四日　商法編纂局閉鎖により商法編纂委員被免
　　　　　　　　　会社条例編纂委員会設置、同委員（委員長寺島宗則）
一八年　三月　四日　破産法編纂委員兼任
　　　一二月二三日　法制局参事官従六位（内閣制度の発足により参事院廃止）
一九年　一月　海事主計学校教授嘱託
　　　三月　会社条例編纂委員会および破産法編纂委員会廃止
　　　　　二三日　商法編纂委員会設置、同委員（商法草案の下調べを分担）
　　　七月一九・二六・二八日　元老院会議公証人規則審議で内閣委員として出席
　　　　　二〇日　商法編纂委員会廃止により同委員被免
　　　一一月　四日　外務省内設置の法律取調所（八月六日）の法律取調報告委員
　　　一二月二四日　司法省参事官
二一年　一月二七日　海事主計学校教授嘱託辞任
二二年　一月一五日　司法省民事局兼務
二三年　六月三〇日　代言人試験委員
　　　一一月　一日　大審院判事任官
二四年　五月　五日　法律取調報告委員被免
二五年　七月一二日　司法官弄花事件の懲戒裁判、免訴判決（弁護人は宮城浩蔵）

一〇月　六日　民法商法施行取調委員（総裁伊藤博文、委員長西園寺公望）
二六年　三月　六日　大審院判事依願退職
　　　四月二〇日　法典調査会設置（総裁伊藤、副総裁西園寺）、同査定委員
　　　五月　一日　弁護士登録（東京地方裁判所検事局）
二七年　三月三一日　法典調査会委員
二九年　六月　岸本ほか三名が全国弁護士倶楽部発起人
三〇年　二月一五日　日本弁護士協会創立、東京弁護士会会長（副は城数馬）
三一年　七月　司法制度改革案調査委員
三八年　五月　法学博士
四〇年　五月二一日　法律取調委員
四二年　五月三一日　弁護士廃業　東京弁護士会退会
四五年　四月　四日　逝去（六一歳）

右の経歴から知られるように、明治一三年二月末に仏国留学から帰国した岸本は、四月の判事任官を皮切りに、新進のエリート法制官僚としての道を歩み始め、司法省議法局修補課・同省生徒課勤務から、太政官御用係・東京大学法学部講師・参事院議官補・法制局参事官・海軍主計学校教授などを歴任したのち、明治二〇年末に司法省参事官、二三年一一月には大審院判事へと登用されている。この間、とりわけ、彼が関わった立法事業についてみると、一四年一月に日本海令草案審査局御用係、翌一五年三月商法編纂委員、一七年五月会社条例編纂委員、一八年三月破産法編纂委員、続いて、二〇年一一月法律取調報告委員、二五年一〇月には民法商法施行取調委員に任じられたほか、さらに在野法曹時代に入ってからも、二七年三月に法典調査会委員、四〇年五月には司法省法律取調委員会に在野法曹界の代表として選任されている。岸本が、長年にわたって、いかに多くの商事および民事法関係（特に前者）の立法

作業に関わっていたかが知られるであろう。

また、岸本が刊行した法学関係の著書について見ると（校閲・校訂の類を除く）、仏国留学から帰国した年に、さっそく、エミール・アコラス著（西園寺公望題辞）『仏国法典改正論』（知新社、明治一四年一二月）を内藤直亮とともに翻訳出版したのを手始めに、明治法律学校などでの講義録を下地として、商法と民法分野の著書を次々と刊行していった。その主要なものを、商法・民法・その他の分野に分けて、刊行年順に挙げてみよう。

【岸本辰雄著書一覧】

商法関係

書名	発行元	刊行年
『仏国商事会社法講義』	明法堂	明治二〇年三月
『仏国商法講義』（前後）	講法会	明治二〇年
『日本為替約束手形条例講義』	講法会	明治二三年
『商法講義』第1～4巻	講法会	明治二三～四年頃
『商法正義』第1～7巻（長谷川喬と共著）	新法註釈会	明治二四～五年頃
『商事会社法要義』	講法会	明治二六年四月
『改正商事会社法正義』	新法註釈会	明治二六年五月
『手形法破産法要義』	講法会	明治二六年八月

民法関係

書名	発行元	刊行年
『仏国人事法講義』（井上正一と共著）	明法堂	明治二一年五月
『仏国民法講義　売買編』	講法会	明治二三年六月
『仏国民法講義　時効編』	講法会	明治二三年
『民法財産取得編講義』第1・2巻（矢代操と共著）	講法会	明治二四～二五年

『民法人事編講義』第1・2巻　講法会　明治二八年
『民法証拠編講義』　講法会　明治二九年
『民法正義』6（財産取得編）・10（証拠編）・11（人事編、熊野敏三と共著）・13（法例正義）
　新法註釈会　明治二四年
『民法講義総則編』第1巻　講法会　（出版年不明）
『法例講義』　講法会　明治三一年九月

その他

『法学通論』　講法会　明治二三年一一月
『法学通論』（増訂10版）　講法会　明治三四年八月
『法学通論』（警察科講義録）　明治大学出版部　明治四五年
『帝国憲法要領』（修身科用）　八尾書店　明治二六年五月
『帝国憲法要領（完）』再訂再版　講法会　明治三二年

これらの著作には、数種類の異本があるものや、学生による講義筆記が残されているものもあるが、法学通論・帝国憲法要領を除くと、分野的に見て、民法および商法関係の著作が大半を占めていることが分かる。

以上のような経歴と著書一覧から既に明らかなように、我が国の近代法学（とりわけ、民商法分野）における岸本の重要性は、疑いの余地がないと言ってよい。にもかかわらず、これまでの法学説史研究では、東京大学関係の法学者ら（その内でも特にドイツ法系列）が考察の中心とされ、司法省法学校関係の法学者ら（主としてフランス法系列）の法学説は、充分に検討されてきたとは言い難い状況であった。しかし、近年、膨大なボワソナード民法典資料集成（雄松堂）の刊行や近代日本立法資料叢書（信山社）の復刻事業を通して、岸本を含めた後者の法学者群にも、ようやく光が投げかけられるようになってきた。編者もまた、過日、司法省法学校系列中でもっとも傑出した法学者であるとする点で衆目が一致する磯部四郎の法学説について、共同研究の成果を発表する機会をもった（『磯部四郎論文選集』および『磯部四郎研究』信山社）。岸本辰雄の場合、フランス法学の受容において、民法および刑法分野では、磯部と比較してやや見劣りするとはいえ、商法分野においては、磯部に大きく勝り、さらに法学教育への貢献という点では、磯部ら同時代の法学者たちをはるかに凌駕していると言ってよい。岸本のすべての業績を総合的に評価する時期が、ようやく熟しつつある。

そこで、本書では、本格的な岸本研究のための礎石を提供することを目的として、前掲の著書類を除き、【第一部】主な法学関係の論稿（明治法律学校機関誌などの諸雑誌に掲載した論稿・演説筆記や諸立法事業の過程で発表した建議・意見など）と、【第二部】明治法律学校（明治大学）関係の論稿（建学の精神や学生に対する訓示など）を集め、さらに、【第三部】人物評伝や回顧談の類を収録することにした。

【凡　例】

なお、資料を翻刻するにあたっては、次のような基準に拠った。

一、漢字は原則として常用漢字を、俗字・略字などは正字体を用いたが、附・缺・曾など、原文のままとした場合もある。
二、かなの多くは現行の字体に、ヿ（こと）、ヿ（コト）、𬼀（トキ）、𪜈（トモ）、ホ（ナド）、〆（シテ）も、それぞれ、かな・カナに改めた。
三、句読点は原則として原文を尊重したが、あまりに煩雑な場合には省略した。
四、明らかな誤字・脱字の場合には［　］で補い、文意不明な場合には右側に（ママ）などと注記した。
五、同一の内容が複数の雑誌新聞に掲載されている場合、原則として初出に拠ったが、初出の記事が校正不良であったときは、後出に拠った場合もある。
六、原文中に、差別的な表現が見いだされる箇所があるが、歴史的資料を忠実に翻刻する趣旨から、あえて省略しなかった。ご理解を賜りたい。

この解題では、本書に収録した個々の論稿の内容について詳しく検討する余裕はないが、以下では、いくつかの論稿を取り上げて、岸本法学説と教育論の特徴について簡単に触れておきたい。なお、村上編著『日本近代法学の揺籃と明治法律学校』（日本経済評論社、二〇〇七年）所収の岸本関係論文を参照願いたい。

【第一部】 幼年期の鳥取時代における岸本の事績については、前述のように、かなりの程度明らかになってきたとはいえ、彼自身の手になる論稿は、確認されていない。司法省法学校時代についても、同様である。また、パリ大学留学時代については、司法省への帰国延期願いと数通の書簡を除き、我々は、当時のパリ大学学籍簿によって、その勉学の様子（登録年月日・試験成績・指導教員名など）を窺い知ることができるにすぎない。彼の法学士号取得論文（Thèse pour la licence en droit）も、未だ所在不明である（磯部四郎・井上正一・木下広次・栗塚省吾・宮城浩蔵の五名の論文はすでに発見されており、『Meiji Law Journal』に紹介済みである）。

明治一三年二月に帰朝し、一二月に明治法律学校を創設した後、『法律志叢』に「性法ニ基テ契約ノ効力ヲ論ス」「婚姻契約及ヒ夫婦ノ地位ヲ論ス」「相続論」といった啓蒙的な近代個人主義的家族論、および、「商法ニ必用ナル所以ヲ論ス」「社員ノ更迭ヲ論ス」といった商法関係の萌芽的な紹介文や、同校機関誌の『明法雑誌』に「期満法講義」などを掲載したことが知られている。この他、『法律講義』（明治法律学校の通信教育）にも、フランス商法および民法の講義録が連載されているが、この連載は、やがて、『仏国人事法講義』（井上正一と共著）や『仏国商法講義』として刊行されたと考えられるため、本書には収録しなかった。

初期の家族法論では、婚姻契約の本質を夫婦の愛情に求め、夫婦間における対等平等な権利義務を、性法（＝自然法）の観点から強調するとともに、旧来の家名相続と長男単独相続を封建制度の余弊として厳しく批判している点が、また、商法関係の論稿では、会社制度が、明治国家の殖産興業政策において有益かつ須要な制度であるという認識が明確に示されている点が、とくに注目される。

立法事業では、東恵雄著『明治弁護士列伝』が、「君が商法制定に於ける勉めたりと云ふ可し浩瀚なる商法中其如何なる条項と雖も曾て君の手を経ざるもの稀れなり商法のある処は君必ず之と共に在り商法と君とは之を別にして論ず可らず或者は商法博士の尊称を以て君を呼ぶに至れり宜なる哉君が商法に博通せる事をや」と記しているように、一連の商事関係立法に関わったことが知られているが、その活動の詳細については不明な点が多い。法制官僚として、明治一九年の登記条例と公証人規則の立案に関わった記事については、いくつか確認することができるので、本書には、このうち前者に関する意見書を収めた。旧民法編纂過程では、法律取調委員会における自然義務規定の採否をめぐる意見書を取り上げた。明治民法および商法の編纂過程では、多くの発言記録が残されているが、とくに会社法の諸原則をめぐって、梅謙次郎と激しく対立したことが知られている。しかし、発言内容が多岐にわたるため、すべての発言を収録することは断念し、法典調査会の議事速記録から、優先株問題をめぐって展開された議論の一部を紹介するに留めた。岸本は、梅のように徹底したブルジョア自由主義、会社における経済自由主義の立場をとらず、日本社会の経済的成熟度が低いという認識に立ち、会社を法的に規制する必要性を強く訴えていることが分かる。

いわゆる法典論争においては、旧民商法の施行延期を求める意見に対して、明治二三年五月の「法典発布ニ就テ」(『法政誌叢』)を皮切りに、明治法律学校と和仏法律学校が合同で刊行した機関誌『法治協会雑誌』(通常号および号外)に反駁文を次々に発表している。本書には、著名な施行断行論である「法典実施断行意見」のほか、これまでほとんど言及されたことがなかった「駁東京商工会商法修正説」など、岸本が中心となって明治法律学校関係者らと共同執筆した論稿を収録した。岸本の旧民商法施行断行論については、今後、詳細な検討を要するとはいえ、すくなくとも、従来指摘されてきたような、フランス法学のブルジョア自由主義的立場から、穂積八束に代表される半封建的官僚主義法学を批判したものと言うよりも、裁判所における判決基準の統一や法的安定性といった、より実務的観点から法典施行の利益が主張されている点に注意する必要がある。

法典論争に敗れたのち、例の司法官弄花事件に関係して大審院判事を辞職し、弁護士となった。それ以後は、日本弁護士協会の機関紙『日本弁護士協会録事』『明治法学』『法律新聞』などを舞台に、時事法律論を展開するようになり、弁護士の社会的地位の向上に取り組んだ。とりわけ、明治三三年頃の刑法改正反対運動に、きわめて熱心に参加したことが知られている。岸本の刑法改正批判は、刑法改正案の官僚的で社会防衛主義的な性格への批判とともに、民商法典論争を踏まえて、一部の学者が「名利心」から法律を「玩弄物」としていること、法典の「朝令暮改」的状況に対する批判が中心となっている。

【第二部】周知のように、岸本は、明治一三年一二月に宮城浩蔵・矢代操とともに、明治法律学校の設立届を東京府に提出し、翌一四年一月から開校した。現在の明治大学の誕生である。「明治法律学校設立ノ趣旨」は、岸本の単独執筆ではないが、極めて格調の高い名文として知られている。まず、近代国家および人民にとっての「法」の重要性と、個々の国民の「権利自由」の認識が不可欠であることが強調され、次いで、「健訟ノ具」としての法学を矯正し、健全な法学教育を普及しようとする意気込みが宣言されている。この設立趣旨と、創立二〇周年記念式典の席上で行った岸本の回顧談とを併せて読むと、明治法律学校創立の動機と目的が、自由民権運動の高揚とそれに対抗する明治政府の弾圧を背景として、あくまでも国民の「権利自由」の普及にあったことが理解される。共和制であったフランスの法理を学んだ岸本は、「共和党の黴菌」的存在として官憲側から厳しく警戒されていたことも知られる。

明治二一年八月からは、それまでの創立者三人による幹事制を改めて、校長・副校長制をとることとなり、校長に岸本、副校長に宮城が推された。明治三六年八月に、明治大学（専門学校令による）と改称・改組されてからも、岸本校長時代は、四五年四月の急逝まで続いた。本書には、岸本が校長として、折に触れて行った、明治法律学校および明治大学の建学理念と教育方針についての演説記録を中心に収録した。

明治三〇年代に入っても、岸本の講演には、一義的な目的として、国民の権利意識を育成するための「法学ノ普及」が謳われている。『明治法学』の創刊や地方における校友支部の設置（一例として富山支部における巡回講演の様子を収録した）も、法学普及の一環として位置付けられている。法律家の養成（判検事登用試験・弁護士試験・高等文官試験の及第）も重要課題とされてはいるが、試験予備校に甘んじる姿勢は些かも見出されず、実定法の解釈技術の習得にとどまらず、外国法（英仏）——随意科目——を習得する必要性が強調されている。学生に対しては、出席の励行・途中退席の禁止・羽織袴の着用など受講態度を諭し、さらには、新聞を読むこと、講義の筆記に際しては全部を筆記するのでなく大要にとどめるべきことを勧めるなど、きめ細かな指導を行っている。学生の暴力行為・決闘沙汰、窃盗・詐欺あるいは淫蕩・情死といった風紀の乱れに対しては、退校処分も辞さない決然とした態度を示して、「品行端正学業精励」こそ校風とすべきことを強く訴えている。明治三六年の「私立大学の必要及び其天職」と「明治大学の主義」では、「私立学校は官立学校と全く異なる特色を有し……独立の思想を養い自立自尊の気象を養はねばならず、法律政治経済といった学問は、「政府の痛痒を為すことを緊接なるをもって」私立学校にこそ似つかわしく、明治法律学校は、こうした自由と自治、独立心を持ち続けるべきことが力説されている。建学の理念が、時代の変化に対応して再解釈され、私立大学の使命として展開されているのである。

【第三部】 岸本の評伝類は、弁護士評伝集に掲載されているものが多いが、なかでも武部弁次郎編『在野名士鑑』は、岸本を称賛して止まない。岸本の経歴について詳しいのは、摂提子編『帝国議会議員候補者列伝』の記載である。この候補者列伝や山陰新聞の記事によれば、最終的には実現しなかったが、岸本は、第二回の衆議院議員選挙に、島根県第四区あるいは鳥取県第二区から立候補する予定だったことも知られる。このほか、彼の急逝を受けて、明治大学で行われた追悼行事の記録や各新聞に大きく報じられた死亡記事を見ると、岸本の教育者としての貢献がいかに大きかったかが如実に示されている。

最後に、管見の限りで、これまでに発表された、岸本辰雄関係の【文献一覧】を挙げておこう。

【岸本辰雄関係文献一覧】

阿部裕樹「新国隊の動向と岸本辰雄」明治大学大学史資料センターグループ報告第二九号『大学史活動』（二〇〇八年）
伊藤康晴「創立者・岸本辰雄」『岸本辰雄と明治大学——鳥取出身士族の挑戦——』（二〇〇六年）
大久保泰甫「岸本辰雄の留学生活」『明治大学史紀要』第四号（一九八四年）
唐沢富太郎『貢進生——幕末維新期のエリート——』（一九七四年）
木元錦哉「解題　法学通論」岸本『仏国商法講義・法学通論』（復刻版）（一九八四年）
小松俊雄・三枝一雄「解題　商法講義」岸本『商法講義（上下）』（復刻版）（一九八一・二年）
三枝一雄「解題　仏国商法講義前部・後部」前掲・岸本『仏国商法講義・法学通論』（復刻版）
　同　「法典編纂者　岸本辰雄」『大学史紀要』第六号（二〇〇一年）
篠村昭二「岸本辰雄の原風土」『自由への学譜——明治大学を創った三人——』（一九九五年）
鈴木秀幸「岸本辰雄と郷土」『大学史紀要』第一一号（二〇〇七年）
とどり礼治「駿河台の風」『夢、はじけても』（二〇〇四年）
中村雄二郎「明治大学創立者の法思想」前掲『自由への学譜——明治大学を創った三人——』
南波翼志「明治大学初代校長・岸本辰雄」『日本海新聞』（一九八〇年六月二九日）
別府昭郎「岸本辰雄における法学と教育」『明治大学史紀要』第一一号（一九九四年）
　同　『明治大学の誕生』（一九九九年）
松岡三郎「岸本辰雄論」『明治大学——人とその思想——』（一九六七年）
水野東太郎「明治法律学校と岸本辰雄」『法曹百年史』（一九六九年）
宮川　康「岸本辰雄は下級武士であった」『明治大学学園だより』第三三・三四号

同　「岸本辰雄の学籍カード」『明治大学広報』（一九八三年一月）
同　「岸本辰雄年譜」前掲・岸本『仏国商法講義・法学通論』（復刻版）
向井　健「岸本辰雄とその自然法論」『一橋論叢』第八〇巻三号（一九七八年）
同　「岸本辰雄とその商法編纂論」『法学研究』第五〇巻九号（一九七七年）
同　「岸本辰雄とその婚姻法論」高梨教授還暦記念『婚姻法の研究（上）』（一九七六年）
同　「岸本辰雄」法セミ増刊『現代の弁護士――司法編――』（一九八二年）
村上一博「草創期明治法律学校の法律家群像」『明大社研紀要』第四二巻一号（二〇〇三年）
同　「岸本辰雄のパリ下宿」『明治大学学園だより』（二〇〇四年一月）
同　「岸本辰雄と横田秀雄の民法（家族法）理論」村上編『日本近代法学の揺籃と明治法律学校』（二〇〇七年）
同　「岸本辰雄の商法理論――優先株問題をめぐる梅謙次郎との論争――」前掲『日本近代法学の揺籃と明治法律学校』
同　「岸本辰雄らに対する貸金催促訴訟」『大学史紀要』第一一号（二〇〇七年）
明治大学法律論叢別冊『明治法律学校における法学と法律教育』
明治大学歴史編纂室報告第5集『岸本辰雄関係史料集（1）』（一九七三年）
明治大学百年史編纂室『明治大学百年史』全四巻（一九八六～九四年）
山泉　進「刑法改正問題と明治法律学校」『明治大学史紀要』第一〇号（一九九二年）
山形万里子「商法典制定と岸本辰雄」『明治大学史紀要』第一一号（一九九四年）
渡辺隆喜「岸本辰雄の人と学問」前掲『自由への学譜――明治大学を創った三人――』
同　「講演録編」前掲『岸本辰雄と明治大学――鳥取出身士族の挑戦――』
渡辺隆喜・伊藤康晴・小山富見男・篠村昭二・藤原和男「岸本辰雄と明治大学　鳥取出身士族の挑戦」（一～五）『日本海新聞』（二〇〇六年三月二・九・一六・二三日、四月六日）

本書には、岸本の手になる重要な論稿は、可能な限り幅広く収録するように努めたが、紙幅の関係から、旧民商法および明治民商法の編纂審議過程における発言のすべてを収録することは、断念せざるを得ず、また弁護士として関わった民刑事事件の関連記事や、諸新聞雑誌の岸本関係記事の多くについても、省略せざるを得なかった。ともあれ、いくつか重要な論稿が脱落しているのではないかと恐れている。諸賢のご教示を得て、他日、追補する機会をえられれば幸いである。

なお、本書の編集にあたっては、明治大学大学史資料センターから全面的な支援を、また刊行については、社会科学研究所叢書として助成を受けた。関係各位に厚くお礼を申し上げたい。本書が、本格的に岸本研究が活性化するための布石となれば幸いである。

駿河台キャンパスの岸本辰雄の胸像を前に

編者識

目次

第Ⅱ部　明治法律学校関係論稿

第Ⅲ部　履歴および関係記事

【注】　掲載誌が異なる同一内容の論稿が存在する場合には、誤植などが少なく、より完成されたもの選んで翻刻した。翻刻対象としなかった論稿には、＊印を付した。

第Ⅰ部　法学関係論稿

「性法ニ基テ契約ノ効力ヲ論ス」（一）

（『法律志叢』第八七号、明治一五年一月発行）

契約トハ物ヲ与ヘ或ハ事ヲ為シ又ハ為サヽル為メ彼我ノ承諾ヲ経テ取結フ相互ノ約束ヲ云フモノニシテ世人ノ熟知スル所ナレハ今其効力ヲ論スルニ当リ更ニ喋々之レカ詳解ヲ与フルヲ要セサルナリ

已ニ承諾ヲ与ヘテ一旦結了シタル契約ハ各自必ラス相遵守セサル可ラス即チ契約ノ効力以テ人ノ自由ヲ束縛スルヲ得ルハ社会一般ノ通則ニシテ古今人ノ疑ヲ容レザル所ナリ然レトモ性法ニ基テ之レヲ論スルトキハ契約ノ是ノ如キ強大ナル効力ヲ有スルハ何レノ点ニ根シ来テ然ルヤ是レ余輩カ今論定セント欲スル所ナリ然リト雖トモ契約ノ種類ニ依テ自由ヲ束縛セサル者ナキニ非ス義務者ノ随意ニ解除シ得可キ契約訴権ナキ契約直ニ物権ヲ転移セシムル契約等是レナリ唯タ義務ノミヲ生スヘキ契約ニ至リテハ公力ヲ以テ義務者ヲシテ強テ其義務ヲ履行セシムルヲ得ル也是レ義務者ノ自由ヲ束縛スル者ト云ハサル可ラス世人其理由ヲ解スルニ苦シムモノ多シ有名ナル古今ノ諸大家モ尚ホ未タ其理由ヲ発見セス其論多クハ偏癖ノ私説ニシテ未タ完全ナル公論ヲ発シタル者アルヲ見サル也蓋シ性法ノ元則タル人ヲ害スル勿レノ一言ニ由レハ契約ハ必ラス遵守スヘキハ論ヲ待タサルカ如シト雖トモ是レ皮相ノ偏見ニシテ其実大ニ然ラサル者アリ則チ人ニ損害ヲ加フ可ラサルカ為メニ契約ハ必ラス之レヲ履行セサル可ラスト云ハヽ若シ其損害ヲ弁償スルトキハ如何ナル場合モ之レヲ履行セスシテ可ナルカ如シ然ラハ則チ契約ノ効果シテ何レニ在ルヤ

今ヤ予輩之レヲ論述スルノ前ニ於テ古今大家ノ諸説ヲ掲ケテ之レヲ駁破シ以テ本論ニ入ルノ捷徑ヲ取ラント欲ス往時ノ碩儒グロシユース、ピユフウツントルフ、ビユルラマキー諸氏ノ説ニ従ヘハ契約ノ其義務ヲ相守ラサル可ラサル所以ノ理ハ他ナシ或ハ人間交際ノ元則ニ基ツキ或ハ契約者ハ必ラス其約束ヲ履行シテ義務ヲ尽ス可キ黙許ノ約束ニ由ル者ナリト此論ノ主旨タル邈然トシテ影ヲ捕ヘ風ヲ捉ルカ如シ固ヨリ今人ノ取ラサル所ナリ故ニ今マ爰ニ之レヲ喋々セス

近世ノ学者モ亦数種ノ説ヲナセリ其一説ニ曰ク契約ハ都テ其約束ヲ為スニ当リ各自固有ノ自由ヲ分テ其若干部ヲ譲与シ以テ之レヲ結了スルモノナルカ故ニ一タヒ契約ヲ結フ以上ハ必ラス之レヲ履行セサル可ラス何者一旦其自由ヲ譲与シタルモノハ其自由ヲ失フタルモノナリ豈其一旦失フタル所ノ自由ヲ復シテ之レヲ変換破壊スルヲ得ンヤト此論タル一理アルカ如シト雖トモ元来自由ハ天賦ノ恩賜ナリ其小部分ト雖トモ決シテ之ヲ譲与スル能ハサルハ人間ノ性質ニ於テ理ノ当ニ然ル可キ所ナリ然ルニ今マ契約ハ自由ヲ割与シテ成リ立ツト云フ既已ニ其契約ノ主旨ヲ誤解スルモノニシテ其契約ヲ変更スル能ハサルハ自由ヲ割与シタルカ為メナリト云フハ豈ニ堅白異同ノ説ト謂ハサルヲ得ンヤ

又一説ニ曰ク契約ヲ履行スルハ社会ノ公益ナリ故ニ之レヲ遵守セサル可ラスト此論ハ自カラ他岐ニ渉リ本論ノ主旨ニ適セサルナリ夫レ本論ニ於テ論スル所ハ畢竟契約ヲ以テ人ノ自由ヲ束縛スルヲ得ルヤ否ヤノ点ニ止マリ決シテ社会ノ利害ヲ論スルニ非サルナリ然ルニ社会ノ利害ヲ以テ之ヲ弁スルハ固ヨリ其論点ヲ誤ルト云フモ決シテ誣言ニ非サルナリ

其他ノ論者或ハ道徳ノ一点ヨリ見解ヲ下シテ曰ク人ノ契約ヲ遵守スルハ則チ道徳ヲ尊崇スルカ故ナリト碩儒バンターム氏モ亦タ其一人ナリ此説タルヤ唯タ道徳ノ一点ニ止マルモノニシテ其制裁ハ只タ輿論ノ褒貶ニ在リ故ニ若シ道徳ニ背戻スルノ故ヲ以テ契約ヲ破ル可ラスト云ハヽ徳義ヲ重ンセサルモノハ或ハ云ハン道徳ニ背戻シ輿論ニ擯斥セラルヽモ我レ敢テ関セサルナリ社会ノ信用ヲ失フモ亦タ可ナリ我レハ只自己ノ利益ヲ計ルノミト然ラハ則チ契約ハ只タ名ノミニシテ其実ヲ失フモノナリ故ニ此説モ亦タ完全タラサルナリ

（未完）

「性法ニ基テ契約ノ効力ヲ論ス」（二・完）

（『法律志叢』第九一号、明治一五年一月発行）

或人又曰ク契約ノ履行セサル可ラサル所以ハ一方若シ違変シテ之レヲ履行セサルトキハ他ノ一方ハ為メニ必要ナル事件ヲ誤リ其目的ヲ達スル能ハサル可シ是レ則チ人ニ妨害ヲ与フルモノナリ豈人ニ妨害ヲ与フル所ノ破約ヲ目シテ自由ト称スルヲ得ンヤ果シテ之レヲ自由ト称スルヲ得サルトキハ強チ契約ヲ履行セシムルモ決シテ人ノ自由ヲ束縛スルモノニ非ラサルナリ何トナレハ曾テ有セサル所ノ自由ヲ束縛シ得可キノ理アラサレハナリト

已上古今ノ諸説ハ妄リニ無形ノ点ニ趨テ却テ目前真理ノ存スルアルヲ忘失スルモノナリ特ニ最終ノ一説ニ至テハ雲烟山ヲ蔽ヒ巧ニ人目ヲ眩惑スルカ故ニ一見或ハ理アルカ如シト雖トモ決シテ然ラサルナリ是レ其契約ノ一端ヲ窺知シテ未タ其全面ニ注目セサルノ説ト云ハサルヲ得ス其故如何トナレハ若シ此説ニ拠ルトキハ一旦契約シタル以上ハ必ラス之レヲ履行ス可ク決シテ違変スルヲ得サルナリ然ルニ篇首ニ掲クル如ク義務ニハ数種ノ区別アリテ或ハ与ヘ或ハ為シ或ハ為サヽルノ場合等決シテ之ヲ同一視ス可ラサルナリ故ニ与フル義務ノ場合ニ於テハ悉ク此論旨ヲ適用スルヲ得ヘシト雖トモ其為シ或ハ為サヽルノ義務ニ至テハ直チニ之レヲ実施スルヲ得サルナリ今之レヲ例センニ有名ナル画師アリ人ト一幅ノ画ヲ写サンコトヲ契約シタルトキ又ハ美少女ノ或ハ茶屋ニ年期奉公ヲ約シタルトキノ場合ニ於テ或ハ之レヲ違変スルアランニ若シ此論旨ヲ適施セハ其人必ス己レノ志向ヲ屈シ己レノ自由ヲ曲ケ以テ其不便ナル契約ヲ履行シ遂ニ其身体ヲ拘束セラルヽニ至ラン然ルモ論者ハ尚ホ是レ人ノ自由ヲ束縛スルモノニ非ラスト云フヲ得ル乎支離モ亦タ甚矣

更ニ一説アリ当今民主主義ノ首唱家中其上位ヲ占ムル仏人アコラース氏ハ仏国ノ法律ニ意見ヲ加ヘテ曰ク夫レ契約ヲ以テ人ノ自由ヲ束縛スルハ民主主義ノ欲セサル所ナリ我法律ヲ見ルニ為シ或ハ為サヽルノ義務ニ係リテハ其契約ヲ違変スルモ金銭ヲ以テ之レヲ代償スルヲ得ルカ故ニ其規定スル所固ヨリ自由ヲ束縛スルニ非ラスト雖トモ只其与フルノ義務ニ至テハ其損害ヲ弁償スルモ決シテ之レヲ破約スルヲ得ス是レ仏法ノ欠点ト云フヘキナリ余ノ思惟スル所ヲ以テスレハ義務ハ其種類ノ如何ヲ問ハス悉ク損害要償ヲ以テ自由ニ之レヲ変更スルヲ得可ラシムヘキナリ若シ此ノ如クセハ契約ハ決シテ人間同等ノ旨趣ニ背反スルモノニ非ラス又タ人ノ自由ヲ束縛スルモノニ非ラサルナリ所謂民主主義ニ適スルモノナリト此論タル前段ノ諸説ニ比スレハ遥ニ卓越シタル見識ニシテ又一層ノ佳味アルカ故ニ予輩モ殆ント之ニ同意ヲ表スルニ至レリ然レトモ克ク其深意ヲ玩味スルトキハ尚ホ罅漏不穏ノ孔隙アルヲ免レス抑々氏ハ契約ヲシテ都テ金銭ニ代ヘ以テ其損害ヲ弁償セシメハ決シテ人ノ自由ヲ束縛スルモノニ非サルナリト断言セリ然レトモ其代フル所ノ金銭ハ何等ノ事件ニ由テ何処ヨリ獲取シタルノモノナルヤ之レヲ概言スレハ金銭ハ人ノ自由ニ心力ヲ尽シテ得タル所ノモノニシテ即チ労働ノ結果ナリ之レヲ再言スレハ金銭ハ労働ニ由リ無形ナル自由ノ表彰シテ有形ナル物類ト変化シタルモノナリト云フモ亦タ誣言ニ非ラサルナリ然ラハ則チ氏ノ説ハ直接ニ自由ヲ束縛セスト雖トモ間接ニ之レヲ検制スルモノト云ハサルヲ得ス試ミニ思ヘ凡ソ世ニ金銭ノ不用ナル人ハアラサルヘシ今氏ノ説ニ従ヒ金銭ヲ以テ之レヲ代償セハ契約ハ破解スルヲ得ルト雖トモ為メニ自由ノ労働ヲ以テ得タル必要ノ金銭ヲ支出セサルヲ得ス苟モ必要ナル金銭ヲ支出スルトキハ必ス一方ノ虚隙ヲ生スルカ故ニ他ノ方法ニ由リ之レヲ填充シテ其欠ヲ補ハサル可ラス之レヲ為ス如何必ラス血汗ヲ流カシ心力ヲ尽シテ亦タ労働セサルヲ得サルナリ然ラハ則チ隠見其形ヲ異ニスト雖トモ彼ノ契約ヲ代償スル為メニ此ノ心力ヲ労セサル可ラス豈自由ヲ束縛セスト云フヲ得ンヤ嗚呼氏ノ説ハ或ハ自己ノ大主義ヲ貫徹セン為メ隠見形ノ異同アルヲ倖トシテ巧ニ人ヲ瞞着スルモノト謂ハサル可ラス故ニ予輩モ亦タ甘服スル能ハサルナリ

斯ク説キ来ルトキハ契約ノ効力アル所以ヲ発見スルハ甚タ難事ニシテ殆ト之レカ解説ヲ為ス能ハサルカ如シ然レトモ予輩聊カ卑意ノアル有リ偸分ノ毀リヲ省ミス敢テ心中ノ知見ヲ吐露シテ本論ノ局ヲ結ント欲ス諸大家請フ之レヲ諒セヨ

夫レ契約ハ人ノ自由ヲ束縛スルモノナリ蓋シ契約ノ履行セサル可ラサルノ理即チ其効力以テ人ノ自由ヲ束縛スルヲ得ルハ他ナシ只社会ニ在テ吾人ノ生息スルノ理ニ外ナラサルナリ抑モ人間ハ禽獣蟲魚ノ如ク鉅爪鋭牙ノ其身ヲ護スルモノ有ルニアラサルナリ故ニ其健康ヲ保持シテ其幸福ヲ享受セント欲セハ人々相会合シテ相親睦交通シ以テ相生育保全ス可ク決シテ一人孤立シテ生活ヲ全フスル能ハス是レ社会ノ結合ヲ要スル所以ナリ彼ノ契約ノ如キモ亦タ相互其思惟スル所ノ目的ヲ達スルノ手段ナルカ故ニ之レヲ履行セサルトキハ其道徳ヲ破リ且ツ社会ノ安寧ヲ害スルノミナラス決シテ吾人ノ生活ヲ全フスル能ハサルナリ若シ夫レ多少我貴重ナル自由ノ束縛ヲ受クルモ之レヲ履行セハ則チ人間ノ人間タル所以ヲ伸暢スルノ利益アルカ故ニ契約ハ其義務ノ種類ニ由リ強制シテ之レヲ履行セシムルモ決シテ性理ニ背戻スルモノニ非ラス人間ノ性質自ラ然ラサルヲ得サルモノ有レハナリ若シ之ヲ省ミスシテ自由ヲ伸張スルノ一片ニ偏シ契約ヲ履行セサルトキハ人々単独ノ景状ニ陥リ終ニ社会ヲ組織スルノ目的ニ背反スルニアラスヤ是故ニ予輩ハ只吾人ノ社会ニ立テ生息スルノ理ニ関シ必ラス契約ヲ履行セサル可ラスト云フノミ博識有名ノ碩学諸大家ニシテ尚ホ且ツ徒ラニ無形ノ点ニ趨リ之レヲ論定スル能ハス嗚呼法理ヲ解スル亦難矣哉頃者諸氏ノ書ヲ読テ聊カ感スル所アリ則チ契約効力論ヲ作ル

「商法ノ必要ナル所以ヲ論ス」（一）

（『法律志叢』第九四号、明治一五年二月発行）

編者曰ク左ノ一編ハ岸本君ノ起草ニ係リテ商売上ニ関スル法律ヲ論セシモノナリ抑々法律ノ一語ハ古来本邦ノ習慣只刑事ノ一部ニ止マリテ殆ント他ニ法律アルヲ知ラサルカ如シ近来欧米舶載ノ功ニ依リ刑法治罪法及諸法律ノ区別ト其必要ナルコトヲ了知スルニ至レリ而シテ民事ノ如キ我国未タ確定ノ法典アルニ非スト雖トモ世人早已ニ其要用ナルコトヲ認メテ喋々之レヲ論弁セリ然レトモ商法ニ至テハ寥々トシテ未タ言論ニ発露セサルナリ蓋シ之レアルモ甚タ稀レナリ聞ク所ニ依レハ或参事院ニ於テ商法典創定ノ挙アリ特ニ会社条例ノ如キハ草案已ニ成リ昼夜兼行シテ審査ニ掛リ遠カラス頒布ニ至ルヘシト云フ果シテ然ラハ吾人ノ利益ヲ受クル豈僅少ナランヤ故ニ今後諸大家ニ請ヒ続々商法ニ関スル論説ヲ登記シ以テ商売ノ基礎ヲ鞏固ナラシメント欲ス因テ本社牛耳ヲ取リ先ツ左ノ一編ヲ登録シテ商法ノ必用ナル所以ヲ明示スト云爾

商法ノ社会ニ必用ナル所以ヲ知ラント欲セハ先ツ商売ノ人世ニ必用ナルヤ否ヤノ一点ヲ断定スヘシ夫レ上ハ大臣ノ貴栄ヨリ下ハ車夫馬丁ノ卑賤ニ至ルマテ夙夜孳々トシテ事業ニ勉力スルモノ皆ナ其懐抱スル所ノ希望ヲ達セント欲スルニ外ナラサルナリ今マ私カニ其状態ヲ想視スルニ吾人ノ所作ハ生産消費媒介ノ三業ニ区別セサル可ラス蓋シ其三業ハ其区別ニ従テ判然甲乙ノ分掌スルニ非スシテ各自其三業ノ性質ヲ兼有スルモノ間マ多シトス然レトモ生産者ハ物品ヲ構造製作シテ社会ニ産出シ消費人ハ之レヲ使用シテ消耗費尽ス故ニ甲地ノ産物ヲ乙人ノ用ニ供シ或ハ乙人ノ製造品ヲ甲地ニ輸ス如キハ必ラス媒介者ノ其間ニ立入リテ之レヲ周施スルアルニ非サレハ充分ノ利用便達ヲ求ムル能ハサルナ

リ遂ニ各人日常ノ使用品ニ不足ヲ訴ヘ物価自ラ騰貴シテ容易ニ生計ヲ営ム能ハサルニ至ラン其故如何トナレハ若シ自ラ之レヲ製造シテ自ラ之レヲ運送スルトキハ為メニ其賃銀ヲ多費セサル可ラス是レ物価ヲ騰貴セシムル第一原因ナリ媒介ナキトキハ遠隔ノ地ト競争販売ノ途ナキカ故ニ専売ニ陥イルニ至ル是レ其第二ナリ又競争セサルカ故ニ生産品自ラ粗造ニ流ルニ至ル是レ其品位ヲ下シテ間接ニ物価ノ騰貴ヲ致ス第三ナリ凡ソ媒介ナキトキハ此三弊ヲ来タスカ故ニ人々随意ニ購求シテ生活ヲ営ム能ハサルナリ斯ノ如ク甲乙物品ヲ交換スルノ途ヲ得サルトキハ其不便果シテ如何ソヤ啻ニ各人ノ不便ヲ醸スノミナラス智識ヲ開イテ文明ニ歩ヲ進ムル能ハサル可シ媒介ハ則チ商売ナリ故ニ商売ノ必要ナルハ猶ホ生産人ノ必要ナルカ如シ柯ヲ伐ル必ラス斧ヲ用ウ品物ヲ交換スル安クニ商売ヲ要セサル可ケンヤ夫レ此ノ如ク必要ナル商売アリテ若シ之レヲ規律スルノ法則ナキトキハ必ラス言フニ忍ヒサルノ弊害ヲ生スヘシ蓋シ商売モ亦タ人間ノ為サナ（ママ）リ惜ヒ哉人間ハ動モスレハ利益ニ趨テ道徳ヲ顧ミス故ニ商売上ニ関スル法則ヲ設ケ之レヲ規律シテ其弊害ヲ予防セサル可ラス然ラサレハ狡獪貪婪只タ欺騙ヲ事トシ詐偽ヲ業トシ商売ノ盛衰ヲ顧ミサルニ至ラン不正ノ商売ハ尚ホ媒介ナキノ弊ヨリモ甚タシ諺ニ曰ク邦国ノ盛衰ハ商売ノ盛衰ニ依ルト予輩亦タ云ハン商売ノ盛衰ハ法律ノ良否ニ在リト嗚呼商法モ亦タ必要ナル哉

或人曰ク商法ノ必要ナル或ハ然ラン然レトモ世ニ民法ナルモノアリ我国未タ法典ノ確定シタルモノアラスト雖トモ他日之レヲ制定シテ兼用セハ則チ可ナラン商売人モ人ナリ吾人モ亦タ人ナリ宜シク彼我共ニ同一法ヲ以テ支配スヘシ何ソ故ラニ商法ヲ設クルヲ要センヤト然レトモ奈セン商業上ノコトハ尋常ノ民法ヲ以テ支配スル能ハサルモノアルナリ抑々商業ハ通常民事ノ外ニ必須欠ク可ラサル条件三アリ則チ信用迅速安全是レナリ此三者ハ実ニ商売ノ要点商法ノ精神ト云ハサル可ラス然ルニ此精神ノ完備セサル民法典ヲ以テ商事ヲ支配スルトキハ取引上自ラ渋滞ヲ来タシ又信用ヲ全フスル能ハサルニ至ラン是レ商業ノ衰頽ヲ招クノ一端ナリ故ニ此精神ニ基キ完全ナル商法ヲ制定セサル可ラス乃チ商売人ヲシテ互ニ信用ヲ得安心シテ迅速ニ取引ヲ為スコトヲ得セシムルモノハ商法ノ主眼ニシテ又商法ノ庇蔭ト云ハ

サル可ラス故ニ是レヨリ進テ三要件ノ主旨ヲ概論スル左ノ如シ

信用　此一点ニ付テハ民法ト商法ノ間ニ大ナル差違ヲ生セリ抑々民事上ニ在テハ契約ヲ為ス如キ其数最モ僅少ナリ之レヲ人間ノ状態ヨリ論スルトキハ民事上ノ契約ハ殆ント非常ノ所為ニシテ所謂例外ナリト云ハサル可ラス良シヤ契約ヲ為スアルモ対談以テ其手続ヲ為スヘシ甲乙遠隔ノ地ニ於テ迅速ニ契約ヲ為スカ如キハ殆ント絶無ト称スルモ亦タ不可ナキナリ而シテ質入又ハ書入等ニ由テ金銭貸借ノ契約ヲ為ス如キハ信用其人ノ上ニ非スシテ偏ヘニ其物品上ニ在リ故ニ民法ニ在テハ其人ニ付テノ信用ハ特別ニ貴重セスト雖トモ商事ニ在テハ然ラス或ハ売リ或ハ買ヒ一事ノ取引ヲ完了セハ亦タ随テ一事ノ生スルアリ新陳交互取引上日々数十百回ノ契約ヲ為サヽル可ラス且ツ取引ハ迅速ヲ貴フ然ルニ商人タルモノ只タ自己所有ノ財産ノミヲ以テ民事ノ契約ニ於ケル如ク其人ニ付テノ信用ヲ要セスシテ無数ノ取引ヲ迅速ニ為シ得可キヤ否ヤ仮令其所有ノ全資本ヲ以テ取引スルモ大凡人ノ資力ハ限リアルヲ以テ苟モ商業ノ隆盛ヲ期スルトキハ必ラス其資力外ニ渉テ数倍ノ取引ヲ為サヽル可ラス是レ只タ信用ノ一点ヲ以テ流通スルヲ得ルノミ是レ民法ノ商事ヲ支配スル能ハサル所以ナリ蓋シ其信用ヲ博スルハ其人ノ才不才ニ由ルト雖トモ亦タ法律ヲ以テ之レヲ補助セサル可ラス夫レ商業上ニ在テハ充分信用ヲ得タルトキハヨシヤ一時財産ヲ失ヒ身代ヲ傾ムクルモ尚ホ富豪ト称スルヲ得ヘシ何トナレハ信用アル以上ハ財産ヲ生スルノ方法乃チ所有外ノ資本ヲ活用シテ商業ヲ営ムヲ得レハナリ之レニ反シテハ信用ナキトキハ一時資本ノ余裕アルモ万一之レヲ失ヘハ到底其回復ヲ図ルノ策ヲ得サルナリ故ニ信用ハ商業上ノ最大要件ナリ

然ラハ則チ信用ハ何等ノ方法ヲ以テ之レヲ益シ之レヲ博スルヲ得ルヤ請フ各国ノ商法典ヲ繙テ之レヲ熟視セヨ抑々商法ハ此点ニ付キ商人ヲシテ商業帳簿ヲ保存スルノ義務ヲ負担セシメリ此帳簿ニハ日々取引上ノ形況ヲ記載セルカ故ニ之レヲ一目セハ其損益ノ実否ヲ知ルニ足ルヘシ又財産目録帳ヲ製スルノ義務アリ此帳簿ニハ年々其人所有ノ財産ヲ詳細ニ記録セルカ故ニ亦タ一目シテ其人ノ身代ヲ熟知スルコトヲ得ヘシ商法ハ斯ノ如ク其身代及ヒ取引上ノ実況等ヲ判

明ナラシムルヲ以テ人ノ之レヲ信用シテ取引ヲ為スモ敢テ錯誤ヲ来タスノ憂アラサルナリ若シ其帳簿上詐偽騙慢ヲ用イタルトキハ相当ノ加罰アリ是レ商法ノ信用ヲ補助スル一例ナリ其他商人ノ発行スル所ノ手形ヲ世上ニ信認セシムル為メ法律之レヲ規律シ之レヲ保証スル等ノ補助アリ又或ハ質屋或ハ会社或ハ銀行等ニ付テモ亦タ特別ノ規則ヲ立テ以テ商業ニ裨益ヲ与フル僅少ナラス今一々之レヲ例証セント欲スレハ其多端ナル煩ニ堪ヘサルヲ以テ爰ニ之レヲ略スト雖トモ之レヲ見レハ概ネ信用ノ商業上ニ於テ最大必要ナルヤ得テ知ル可キナリ

（未完）

（『法律志叢』第九六号、明治一五年二月発行）

「商法ノ必要ナル所以ヲ論ス」（二・完）

迅速　前段信用ノ条ニ於テ陳述セシ如ク商売上ニ於テハ日々数十ノ取引ヲ為シ数百ノ契約ヲ為サヽル可ラス然ルニ此許多ノ事件ヲ一々民事上ノ法則ニ従ヒ手数ヲ煩ハシ時日ヲ費ストキハ取引上常ニ渋滞ヲ来タシテ商売ノ衰頽ヲ招クニ至ル其害豈鮮浅ナランヤ故ニ契約ヲ為シ又ハ契約ヲ証スル為メニ特別ノ規則ヲ設ケテ以テ之レヲ弁スルコトヲ得セシメサル可ラス即チ契約ヲ為スニ一々証書ヲ要セスシテ帳簿上直チニ之レヲ為スノ便ヲ与ヘ又甲乙遠隔ノ地ニ於テ迅速ノ取引ヲ為サント欲スルトキハ僅々二三ノ文字ヲ記入シタル為替手形命令切手等ヲ以テ其目的ヲ達スルコトヲ得セシムヘシ加之唯タ口約ヲ以テ取引ヲ為スノ便ヲ得セシメサル可ラス是レ欧米各国商人集会所ノ設ケアル所以ナリ（我国ニ於テハ只タ一ノ米商会社アルノミ且ツ此会社モ尚ホ賭博類似ノ所為ヲ行フノ弊アリテ実益アルニ非ルナリ故ニ此悪弊ヲ矯正シテ厳密ナル法則ヲ立テ之ヲ一般ノ商業ニ普及シテ諸商人集会所ヲ設立シ以テ欧米ノ如ク営業上ノ便益ヲ博セサル可ラス）此集会所ニ於テハ商人ハ委任状ヲ要セスシテ只タ世話人ノ媒介ニ由リ契約ヲ為シ又ハ取引ヲ為スノ便

ヲ有セリ又商売上ノ取引ノ此ノ如ク迅速ヲ要スルカ故ニ商事ニ関スル訴訟ハ特別ノ裁判所ヲ設ケテ時日ヲ費サス手数ヲ煩ハサスシテ容易ニ審判ヲ得セシメサル可ラス乃チ迅速モ亦タ商売上ノ一大要件ト云フ可キナリ

安全　凡ソ商売上ノ事件ハ必ス安心シテ取引ヲ為スコトヲ要ス則チ是レ第一第二要件ナル信用ト迅速ヲシテ確実ナラシムルモノナリ若シ夫レ商業上安全ナキトキハ亦タ信用ヲ得ル難シ苟モ信用ヲ得サルトキハ迅速ノ取引ヲ為サント欲スルモ得可ラサルナリ遂ニ信用ヲ博シ迅速ヲ助クルノ法律モ徒法ニ属センノミ故ニ此安全モ亦タ商事ノ一大要件ナル哉則チ彼ノ商人集会所ノ設ケモ亦タ安全ヲ保ツノ一原因ト云フ可キナリ其故如何トナレハ商人日々集会所ニ会合セハ世上ノ新陳凡ソ商業ニ関スル都テノ状態乃チ需求ノ多少ヨリ相場ノ高低等ヲ聞知スルコトヲ得レハナリ（其詳細ハ他日ニ譲ル）又商法ニ於テハ明文ヲ用ユルニ非スト雖トモ義務者ノ間連帯義務アルヲ以テ常則トスルカ如キ是レ亦タ権利者ノ安全ヲ助クルカ為メナリ又身代限リノ規則モ其商法ニ於テハ最モ厳密ニシテ権利者ヲ保護スル亦タ公平ナリ其他例証ヲ歴(ママ)挙セハ商法一部ヲ列記スルニ非サレハ尽キサルナリ故ニ筆ヲ是ニ省カン

以上ノ三件ハ実ニ商業上ノ最大要点ナリ若シ此三要点ニシテ充分ナラサルトキハ只タ取引ノ便ヲ得サルノミナラス又商業ノ衰頽ヲ来タシ文明ヲ退歩セシムルニ至ラン苟モ商業ヲ必要トスル社会ニ在テハ此三要点ニ付キ注意ニ注意ヲ加ヘサル可ラス欧米各国皆ナ此精神ニ基キ特別ニ商法典ヲ設為スル所以ナリ我政府モ亦タ此ニ見ル所アルカ向キニ農商務省ヲ新設シ次テ今又商法ヲ制定セラル丶ト云フ是レ予輩ノ久シク希望スル所ニシテ若シ此精神ヲ以テ商業ヲ保護セラル丶トキハ独リ商人ノ幸福ノミナラス富国ノ基礎ヲ確立スルモノト云フ可シ豈慶賀セサル可ケンヤ嗚呼商業進歩シテ商法典創定ノ挙アルニ遭遇セシハ実ニ賀スヘキノ至リナリト雖トモ予輩ハ只タ之レヲ以テ満足スル能ハサルナリ所謂得隴望蜀ノ情ハ益々甚シク更ニ爰ニ一層ノ希望ヲ生出セリ何ソヤ他ナシ商法ノ精神ヲ拡張シテ一般民事上ニ推及セシムル是レナリ蓋シ民事モ亦タ此精神ヲ要セサルニ非サルナリ然ルニ各国ノ法律ハ概ネ先ツ民事ノ法則ヲ定メテ而シテ其他ハ皆ナ之レヲ例外ト見做シ商法ヲ以テ特別ニ之レヲ保護スルカ故ニ此ノ精神ノ及フ所ハ仏国商法ノ如ク其区域

甚タ狭隘ナリ畢竟現今行ハルヽ所ノ法律ハ各国多少ノ異同アリト雖トモ之レヲ要スルニ民事ヲ以テ本トシ商事ヲ末トシ以テ法律ヲ制定セリ予ノ希望スル所ハ然ラス則チ民商両法ヲ合一シ此三要点ニ基キ人民一般ニ適用スルノ一法ヲ制定シ其支配スル能ハサル所ノ小部分ノミ商法ナリ民法ナリ特別ノ法則ヲ設ケテ之レヲ規律スヘシ之レヲ再言スレハ可及的民事一般ニ此精神ヲ移シテ日常便益ノ法ヲ制シテ二三例外特別ノ法ヲ設ケ以テ之レヲ保護スヘシト云フニ過キサルナリ今一二ノ類例ヲ挙クレハ身代限リノ法ノ如キ仏国ニ於テハ商事ノ一部ハ詳細ニ規律スト雖トモ民法ニ於テハ僅々二三ケ条ヲ掲載スルニ過キス之レニ反シテ英国ニ於テハ民商ヲ区別セスシテ之レヲ規律スト云フ凡ソ身代限リノ法律ハ権利者ニ安心ヲ与ヘ極メテ之ヲ同等ニ保護センカ為メニシテ即チ取締上ノ法則ナレハ決シテ民事ト商事トヲ区別ス可ラサルナリ故ニ身代限リノ規則ハ商人ト非商人トヲ問ハス一般ノ人民ニ適用ス可キ普通ノ規則タラサル可カラサルナリ又会社法ノ如キモ商事ト民事ノ区別ヲ要セサルナリ民事ト雖トモ其業務多端ニシテ其活動モ異同アルナシ故ニ民商ヲ合シテ一ノ会社法ヲ制定セハ亦タ以テ一般人民ニ適用スルヲ得ヘシ又不動産ヲ目的トスル会社ハ何故ニ商業会社ニ非サルカ仏国ノ成規之レヲ商法区域ヨリ抜出シテ之レヲ規律スルハ予輩何ノ理アルヲ知ラサルナリ是等ハ他日亦タ詳論スヘシト雖トモ凡ソ一般ニ適用スルヲ得ヘキモノハ民商ノ区別ヲ為サス一法ノ中ニ之レヲ包括シテ一般ニ適用スヘシ然シテ其例外トハ何ソヤ帳簿又ハ商人集会所ノ如キモノ是レナリ抑々帳簿又ハ商人集会所ノ如キ独リ商人ノミ之レヲ要シテ他ノ人民ハ之レヲ要セサルナリ然ルニ同一法ヲ以テ一般ノ人民ニ服従ノ義務ヲ負ハシムルトキハ亦タ至当ノ法ニ非サルナリ故ニ是等ノ類ハ例外トシテ帳簿法又ハ商人集会所条例ヲ制定シテ商人一部ニ適施スヘシ夫レ此ノ如ク両法ヲ併合シテ一ノ法典ヲ制定シ且ツ此最要点ヲ精神トシテ一般人民ヲ支配スルトキハ啻ニ理論上ノ利益ノミナラス実際挙国ノ人民ヲシテ労働上自然ニ活発ノ精神ヲ養成セシメ遂ニ国家ヲシテ活動シ且富強ナラシムルニ至ラン故ニ予ハ先ツ今日ニ於テ商法典制定ノ挙アルヲ祝シ並セテ他日法律編纂法ノ改正アランコトヲ希望スト云爾

「社員ノ更迭ヲ論ス」

（『法律志叢』第九九号、明治一五年三月発行）

欧洲各国ノ会社法ヲ閲スルニ昔時ハ勿論尚ホ今日ニ至ルモ概ネ有期合名会社ノ社員ハ退社スルヲ許サス若シ一人退社スルトキハ其会社ハ解散スルモノト為セリ近世ノ或ル法学士之レヲ駁シテ曰ク合名会社ノ社員モ亦タ株式会社ノ社員ト同シク退社スルコトヲ得セシムヘシト此説タルヤ近世ノ主義ニ適合スルヲ以テ予輩ハ之レヲ賛成シ之レヲ敷衍シテ世ニ公ニセンコトヲ勉メント欲ス

夫レ二人以上資本ヲ集合シ利益ヲ得ルノ目的ヲ以テ其財産ヲ共通シ其損益ヲ分担スルノ契約ヲ称シテ会社ト云フ而シテ此会社ニハ民事商事ノ区別アリト雖トモ民事会社ハ本論ノ関スル所ニ非サルヲ以テ之レヲ屏脱シ唯其商事会社ニ至テハ欧米各国概ネ之レヲ再別シテ三種ト為スモ之レヲ要スルニ常識トシテ商業ヲ営ムカ故ニ自ラ本論ノ目的ト牽聯スルヲ以テ煩冗ヲ厭ハス其略解ヲ与ヘテ下編ノ論材ト為サルヲ得サルナリ抑々三種ノ区別トハ何ソヤ二人以上資本ヲ醵集シテ会社ヲ設立シ其会社ノ名義ヲ以テ商業ヲ営ミ各社員連帯シテ無限ノ責任ヲ負担スル（大倉組ノ如キ）モノヲ合名会社又人名会社ト云ヒ又責任無限ノ社員ト責任有限ノ社員資本ヲ集合シ其社名ヲ以テ商業ヲ営ム（三井物産会社ノ如キモノ歟）モノヲ差金会社ト云ヒ又其資本ヲ均一ノ株式ニ分チテ売買譲渡スルコトヲ得ヘキ株券ヲ発行シ且ツ代理者ヲ公選シテ一切ノ業務ヲ管理セシムル（新燧社又ハ鉄道会社ノ如キ）モノヲ株式会社又ハ無名会社ト云フナリ今マ其性質ヲ概論スレハ合名会社ハ人ニ依テ成立チ株式会社ハ人ニ関セス只タ其資本ニ依テ成立チ又差金会社ハ人ト物トニ依テ始テ成立ツカ如シ而シテ法律ノ規定スル所ヲ見ルニ株式会社ニ在テハ社員ハ其株券ヲ授受売買シテ間接ニ入社

又ハ退社スルコトヲ得ヘシト雖トモ独リ合名会社ニ至テハ社員ノ更迭スルヲ許サス乃チ一人退社スルトキハ必ス其会社ハ解散スルモノト看做セリ若シ此場合ニ於テ残員ノ会社ヲ継続スルアルモ是レ旧会社ノ存続スルニ非スシテ更ニ新会社ヲ組織スルモノト謂ハサルヲ得ス是レ古今ノ会社法ニシテ合名会社ヲ規律スルコト此ノ如シ則チ本編論旨ノ起ル所唯タ此一点ニ在リ

抑々合名会社ニ関スル従来ノ法律ニ於テハ社員ノ更迭ト会社ノ解散トヲ混同シテ判然其区別アルヲ知ラス則チ曰ク社員一名タリトモ退社スルトキハ自然其会社ハ解散セサル可ラスト其主意蓋シ羅馬ノ会社法ニ起因スルモノナリ如何トナレハ羅馬法ニ在テハ合名会社ノ契約ヲ以テ其人ニ関スルモノトナシ其成立ハ其目的タル会社ノ財産ニ非ラス主トシテ其人ノ身体ニ基ツクヲ以テ一社員ノ退社ハ会社成立ノ一要件ヲ毀傷スルモノト認定セリ故ニ是主義ヲ以テ論スルトキハ解散ノ外社員ノ退社ヲ許サスト云フニ至ル是レ則チ古代ノ主義ヲ因襲シタルモノナリ元来羅馬法ニ於テハ契約上一切ノ義務ヲ以テ其結約者ノ身体ト隔離ス可ラサルモノト看做シテ之レヲ他人ニ譲渡スルヲ許サヽリシナリ近来ニ至リ羅馬法ノ此主義ハ一般之レヲ廃絶シテ自由ニ義務ノ譲渡ヲ許スニ至レリ然レトモ会社ニ至テハ尚ホ羅馬法ノ主義ヲ因襲シ社員ノ退社ヲ以テ会社ノ解散ト看做シ会社ヲ結ヒシ以上ハ到底解散ノ外社員ノ退社スルヲ許サヽルナリ嗚呼義務上ノ規律ハ羅馬古法ノ主義ヲ排斥シテ独リ会社法ノミ尚ホ之レヲ墨守スルハ豈前後撞着ノ甚シキモノト云ハサルヲ得ンヤ已ニ義務上ノ主義ヲ一変シタル以上ハ随テ会社法ノ主義モ亦タ一変セサル可ラス故ニ予ハ冒頭ノ説ヲ賛成シテ曰ク合名会社モ亦タ株式会社ト同シク会社解散ノ外更ニ社員ノ新入ヲ許シ又タ其退社ヲ許サヽル可ラサルナリト

又合名会社モ一種特別ナル法律上ノ人体所謂無形人ナルヲ以テ独立シテ財産及権利義務ヲ所有スルコトヲ得ヘキノ主義ヨリ論スルモ亦タ其会社ノ興廃ハ唯其社員ノ進退ノミニ関スルノ理ヲ発見スル能ハサルナリ夫レ会社ハ猶ホ人身ノ如キ歟人身若シ其首ヲ絶ツトキハ生息スル能ハスト雖トモ僅カニ其手足ヲ絶テ必ス死スルモノニ非サルナリ今十人ノ社員ヲ以テ成立チタル会社アランニ其社員七八人以上聯退スルトキハ人首ヲ絶ツト同シク或ハ其敗亡ヲ招クアルモ

僅々一二人ノ退社ハ猶ホ一二指頭ヲ絶ツ如シ決シテ其命脉ニ関セサルナリ故ニ残余ノ社員継続シテ之ヲ保持スル亦タ何ノ難キコトカ之アラン又会社ハ各社員ノ契約ヨリ成立チタル想像上ノ人体ナリ故ニ復タ契約ヲ以テ之ヲ解散シ又ハ継続スルヲ得ヘキハ理ノ当ニ然ラシムル所ナリ故ニ各社員ノ契約中一ニ社員ノ退社モ尚ホ必ス解散スヘシト云フ定款アルニ非サレハ固ヨリ之レヲ存続スヘキノ理ニ非ラスヤ然レトモ結社ノ主眼タル社員ノ退社ハ此限リニ非サルナリ例ヘハ有名ナル画工ノ其技術ヲ目的トシテ結約シタル会社ノ如キ若シ其人ヲ除クトキハ決シテ其目的ヲ達スル能ハサルナリ故ニ其人ノ退社スルトキハ会社モ共ニ解散セサル可ラサルナリ之レヲ要スルニ各国現行ノ会社法ニ於テハ社員退社ノ場合ト会社解散ノ場合トヲ混同セリ然レトモ此二者ハ固ヨリ異性ニシテ其区別判然タルヲ以テ同一視ス可ラサルナリ是レニ由テ之レヲ視レハ予輩唱道スル所ノ一説ハ今日法理ヲ解釈スルノ主義ニ適中スルヤ亦タ疑ヲ容レサルナリ且ツ会社法ノ見解古今其説ヲ異ニスル原因ハ社員ヲ以テ成立ノ基礎ト為シ会社ノ財産ヲ以テ附従ト認ル（古）ノ説ト財産ヲ以テ成立ノ基礎ト為シ社員ヲ以テ会社ノ支配人ト看做ス（今）ノ差ニ由テ反対ノ結果ヲ来タス此ノ如シ夫レ今日ニ在テハ法理ヲ解釈スル合名会社モ亦タ其財産ヲ以テ会社独立ノ基礎ト為スカ故ニ仮令一二社員ノ更迭アルモ会社ノ命脉ニ障碍ヲ与フルノ憂ナキノミナラス依然之レヲ継続スルヲ得ルトキハ商業上必要ナル目的ヲ達シテ実際会社ノ独立不覊ヲ鞏固ニスルノ利益アルヤ必セリ此ノ如ク論ジ来タルトキハ一ニ社員ノ退社ニ依テ会社ノ解散セサル可ラサルノ理由ヲ発見スル能ハサルナリ蓋シ会社ノ財産ハ終始商業ノ根本タリ相互ノ信用ハ残余人員中尚ホ克ク存在スヘシ豈継続スル能ハサルノ理アランヤ加之ナラス実際契約ヲ改メスシテ其会社ヲ存続シ旧ニ依テ商業ヲ営マハ其便宜果シテ如何ソヤ是故ニ将来我国ニ於テ会社法ヲ設クルトキハ必ス各国ノ古法ニ拘泥セス一大見識ヲ以テ完全無欠ノ新法典ヲ創定センコト予輩ノ希望ニ堪ヘサルナリ諸君亦タ之レヲ賛成スルヤ否ヤ

「法ト道トノ区別」

（『法律志叢』第一〇四号、明治一五年四月発行）

近来文運ノ盛ナルヤ従テ法律論モ亦熾ナリ其法理ヲ講スルニ当テ或ハ道徳ト法律ノ区域ヲ混乱シ唯タ道徳ノ一方ヲ尊重シテ虚文ニ奔ルアリ然ラサレハ唯タ法理ノ一片ニ帰シテ倫理ノ何タルヲ知ラサルカ如ク遂ニハ純粋ノ法理ヲ認ムル能ハサルニ至レリ故ニ先ツビルラマキー氏著書ノ一部分ヲ訳述シテ江湖諸彦ノ参考ニ供シ他日ヲ待チ予輩其真理ヲ論述スルノ機アラン則チ其訳ニ曰ク

法ト道トノ区別

夫レ人ノ人タルヤ天命ノ性ヨリ之ヲ論スレバ人生万事ノ根本ニシテ無限無疆ノ自由ヲ有セリ殊勝ノ権ナリ夫レ天下造物ノ多キ之ヲ有スル者ハ只人ノミ然リトス其レ然リ彼レ人ハ内外共ニ自由ナリ何ノ謂ソヤ曰ク元来人ハ不羈独立ニシテ内固有ノ情欲ノ為メニ制セラレズ外他人ノ欲望ニ拘ハラズ善ヲナシ悪ヲナス只其意ノ向フ所誰カ敢テ其意ニ戻リ事ヲ成廃セシムルヲ得ンヤ是レヲ之レ自由ノ権ト云フ

然リ而シテ此内外二箇ノ独立ヲ有スト雖モ彼レ天性人間已ヲ得ザルノ通義ニ従ハザルヲ得ス則チ為ス可キ事又タ為ス可カラザルノ事アルノ謂ナリ夫レ通義ハ内外二ツナガラ無限無疆ノ自由ニ限界ヲ立ツルニアリ是レ内義務外義務ノ名因テ起ル所以ナリ内義務ノ常トスル所ハ則チ理学ノ一分派道ト名ツクル者ニシテ外義務ノ教ユル所ハ所謂法ナル者ナリ

抑モ此道タルヤ人類須臾モ離ル可カラサル者ト雖モ之ヲ行フハ只其人ノ心ニ在ルノミ敢テ外力（裁判所獄舎ノ類）ヲ

用ヒ強テ之ヲ行ハシムル能ハス喩ヘバ他人ノ不幸ヲ希フ勿レ無慾節倹ヲ勤ム可シ恩義ヲ忘ルヽコト莫レ等ノ如キハ皆ナ道ノ常経ニシテ心ノ義ナリ寧ロ之ヲ破ルト雖モ冥々ノ悪、人得テ罪セズ惟上帝ノ罰スルアランノミ故ニ又名ツケテ不充分ノ義務ト云フ何トナレバ我レ道ニ従ハズ他人ニ対シ内義務ヲ尽サズト雖モ其人我ヲ強ヒ我ヲ要スルノ権利ヲ有セズ譬ヘハ我レ仁恵恩者タルベキ内義務アリ而シテ之ヲ尽スハ我心ノ欲スルマヽニシテ貪人賎者我ヲ強ヒ我ヲ要シテ我仁恵ヲ請求スルノ権ヲ有セサルカ如シ

外カ物ニ接スルヨリ生スル所ノ義務ハ前ノ所謂内義務、道ノ常経トハ自ラ異ニシテ人間交際ノ間我カ自由ノ権ヲ行ハンカ為メ他人ノ自由ヲ妨害スルノ要弊ヲ除カント欲スルヨリ起リ心ノ欲スルト否トヲ問ハス尽サズンバアル可カラズ実ニ人間已ヲ得ザルノ義務ナリ若シ人此義務ヲ怠リ充タサヾレバ我外力ヲ用ヒ迫テ之ヲ行ハシムルノ権ヲ有ス故ニ名ケテ管法ノ義務或ハ充分ノ義務ト云フ人間若シ此義務アラザルトキハ相生相養ノ道行ハレザルヲ以テ之ヲ怠ルノ人ニ対シ之ヲ充タサシムルハ交際上必ス要スル所也譬ヘバ負債ヲ消却シ買物ノ価ヲ払フカ如キハ皆ナ外義務ニシテ若シ払ハズ返サヾレバ債主売主ハ外力ヲ用ヒ強テ之ヲ求ムルノ権ヲ有スルカ如キノ類ナリ

道ハ人事ノ動作ヲ指揮スル心ノ感動ヲ定ムル者ナリ法ハ心ノ感動ニ関セス専ラ人事動作ノ実跡ヲ律スルノミ故ニ道ハ衆理ノ霊位タル人心ノ方向ヲ弁シ法ハ世間人事ノ実跡見聞スベキ者ヲ規律ス夫レ道ノ常経ハ万古変ハラズ万国異ナラズ時ニ拘ハラス国俗ニ関セス確乎トシテ抜ク可カラザルモノナリ法ノ綱領ハ国俗ノ異同ニ依リ時勢ノ変遷ニ沿フテ異アル者ナリ此レ則チ法ト道トノ区別瞭然明カナル所以ナリ抑モ此区別ハ近世ノ発明ニシテ人心ノ不羈自由ヲ扶持固牢ニスレバ之ヲ存立スルハ素ヨリ欠ク可カラザルノ要事ナリ其レ然リ法ヲ立テ予メ強制ノ具ヲ設ケ執行ニ備フルハ政府ノ分タリト雖モ若シ政府均シク人心ヲ強制指揮スルニ至ラバ其極、刀鋸ヲ前ニシ鼎鑊ヲ後ニシ人民ニ迫リ某道ヲ守行シ某教ヲ奉セシムルニ至ラン思意ノ自由心ノ不羈、存スル者幾許ソ豈ニ危カラズヤ是ヲ以テ法学家、著述家、性理家タルモノハ宜シク言ヲ一ニシ法ト道トノ別アル道理ヲ説カズンバアルベカラズ別アリト云フモノハ法ト道トハ本ト相

ヒ触犯シ相ヒ反忤スルノ謂ニアラズ却テ自ラ離ル可カラザルノ関係アリ

法ト道トノ関係

既ニ前篇ニ述ブルガ如ク法ト道トハ必ラズ混同セシム可カラズ而シテ又之ヲ分離シ或ハ相反戻セシムベカラズ道ノ命ズル所ハ必ス法ニ適シ道ノ防ク所ハ法之ヲ命スル能ハズ若シ夫レ法ト道トヲ混同シ其区別ヲ立テズシテ弊害ノ生スレバ之ヲシテ相反戻シ相抵忤セシムルニ於テハ其害亦タ更ニ甚シキ者アラン立法官タル者ハ宜シク国憲典章、道ノ常経ト符合スルニ非スンハ決シテ成ラズ行ハレザルノ意ヲ体ス可シ不幸ニシテ人民国法ヲ建ル常ニ一時ノ便宜ヲ顧ミ千古不易ノ道ヲ舎キ大方ノ損害ヲ醸セシハ各国史乗ノ中ニ瞭々トシテ明ナリ唯タ人間交誼ノ事ニ於ル道ノ関渉スル所ハ法ノ関渉スル所ヨリ広キカ故ニ其命シ或ハ禁スル所亦随テ法ノ命シ或ハ禁スル所ヨリ広シ而シテ法ト道トノ関係其大綱ヲ取レハ下二条ノ道理ヲ以テ備ハレリトス

第一法ノ命シ或ハ禁スル所ハ道必ス之ヲ命シ或ハ禁ス」夫レ道ノ我曹ニ内義務ヲ命ズルハ我カ外義務ヲ尽サシメンガ為メノミ是レ則チ制禁ノ物品ヲ輸出輸入スルハ道ニ悖ル所以ナリ道ニ悖ルハ唯国禁ナルヲ以テナリ関防ヲ除クノ日之ヲ輸出輸入スルハ固ヨリ道ニ背ケリトセズ何トナレバ已ニ法禁ヲ脱スレバ我曹之ヲ遵守スルノ内義務ナキヲ以テナリ夫レ道法ノ綱領ヲ扶助スルコト猶ホ教宗ノコトシ(ママ)有道ノ人肯テ法ヲ犯サヽルハ刑禍ヲ懼テ然ルニアラズ之ヲ犯セバ道ニ背キ其心ノ安セサル所アルヲ以テナリ敬神ノ人、法ヲ破ラザルモ亦然リ審判所ヲ畏ルヽカ為メニアラズ法ハ即チ神意ニシテ之ヲ犯セハ神意ニ悖ルカ故ナリ

第二然レトモ道ノ命シ或ハ禁スル所法必シモ之ヲ命シ或ハ禁スル能ハス」此理ハ前篇法ト道トノ区別ヨリ生スル賚ナリ法ハ内心ニ存スル者ヲ管セザルカ故ニ禍心ヲ包蔵シ人ヲ害セント計ル等ハ固ヨリ道ニ背クコト明カナリト雖モ事ニ施シ外ニ顕スル実験ナケレハ嘗テ法ノ関スル所ニアラス今一例ヲ挙レハ我カ怨悪スル人禍害ニ遭ハンコトヲ希望スルハ道ニ背クト雖モ此意未タ事業ニ顕ハレ嘗テ其人ノ生命財産或ハ名聞ヲ害スルノ実跡ナケレバ法ハ敢テ之ヲ禁シ又之

ヲ罰スル能ハズ

「婚姻契約及ヒ夫婦ノ地位ヲ論ス」

（『法律志叢』第一一六号、明治一五年六月発行）

婚姻ハ契約ニ由テ成立ツト雖モ他ノ契約トハ大ニ其旨趣ヲ異ニセリ則チ婚姻ハ愛情ニ由テ配偶者其身ヲ相依倚シ相親睦スルヲ以テ成立ツモノニシテ各自思想ヲ相交換シ二人ノ身上ニ関スル一切ノ義務ハ共同シテ之ヲ負担シ其吉凶苦楽ヲ相享受センコトヲ約束シタル契約ナリ故ニ一夫一婦対偶ノ婚姻ヲ以テ天理ニ適スルモノトス如何トナレハ夫婦ハ合体ノ一身ニシテ其間同等ノ位置ヲ保持スルヲ以テ婚姻ノ本色トナセバナリ夫レ然リ故ニ配偶者若シ情ヲ割テ愛ヲ他ニ及ホス如キアレバ則チ婚姻ノ義務ヲ破壊シ同等ヲ妨害シ且親族中ノ信用ヲ失ヒ一家悖乱ノ基ヲ開クノ恐レアルヲ以テ一夫ニシテ二婦ヲ娶リ又ハ一婦ニシテ二夫ニ配スル如キハ条理ニ背戻スルモノトシ法律之レヲ支配シテ克ク其弊ヲ防禦セサル可カラサルナリ又只タ重婚ノミナラズ結婚者ノ奸通又ハ妾媵ヲ畜ヘ或ハ情夫ヲ擁スル如キモ亦禁セサル可カラサルナリ若シ夫レ結婚者ノ之ヲ犯スアレバ結婚ノ本趣ヲ害シ純粋ノ条理ヲ傷ケ又タ倫理上ノ徳義ヲ害スルハ自然ノ勢ナリ其弊害ノ多寡豈ニ男女ノ間異同アランヤ然レトモ現行法律ハ各国皆ナ奸犯ノ罰ヲ加フル往々男ヲ軽シ女ヲ重クスルモノアリ是レ其男女ノ義務ヲ異ニスル外形ヨリ見解ヲ下スモノニシテ曾テ性法ノ取ラサル所ナリ尤モ婦人ノ奸犯ハ妊娠シテ親族中他ノ種子ヲ雑ユルノ恐レアリト雖モ其婚姻ノ主義ヲ破ルニ至テハ固ヨリ異同アラサルナリ故ニ男女ノ別ヲ問ハズ犯姦ハ一切同等ノ罰ヲ加フベシ男女軽重ヲ異ニスルハ決シテ公道ニ非サルナリ則チ人情性理ニ背戻セルモノナリ

又夫婦間相互ノ義務ヲ執行スルニ至テハ各自ノ自由ニ任セサル可カラズ元来夫婦ハ情愛ノ実蹟ヨリ相資クル者ニシテ婚姻ハ他ノ契約ノ如ク専ラ信義ノ一点ヲ以テ成立ツ者ニアラサルユヘ或ハ義務ノ稍々欠クルアルモ公力ヲ用イテ強テ之ヲ履行セシム可キニ非ス若シ厳以テ其是非曲直ヲ正ス如キアラハ忽チ情愛ヲ薄クシ婚姻ノ主義ヲ誤ルニ至ラシム故ニ夫婦間ノ義務ハ之ヲ執行スル必ス安寧穏和ヲ要ス可シ則チ強迫手段ハ人情ヲ全フスルノ所為ニ非サルナリ

又一家ヲ調理スルノ権ハ夫婦相互ノ担当ニ属スル者ナリ故ニ其事務ヲ分担スル内外ノ異同アリト雖モ其権ハ或ハ夫或ハ婦皆ナ同等同一ナリ然ルニ古来道徳上ノ秩序及ヒ法律ノ支配ニ於テ夫婦ノ間軽重其等ヲ異ニシタルハ誤リナリ蓋シ世人ハ婦人ノ動作専ラ内心上ノ関係ナルヲ以テ夫ノ権ヲ重キ者トシ多少婦人ノ権ヲ剥奪シテ夫ノ下位ニ立タシメリ又生理学者ニ於テモ人身ノ体質ヲ検究シテ婦人ハ全ク男子ノ一部分ヲ失ヒ完全ナラサル者ト為シ前説ト同シク男女ノ位置ヲ高下シテ其権ニ軽重ヲ附セリ然レトモ近世ニ至テハ道理学者及生理学者モ漸ク其説ノ非ヲ発明シ合同一致以テ其謬見誤解ヲ駁撃セリ其意蓋シ男女ハ全ク本然ノ精神智識ヲ備具シ同等ノ権利ヲ固有シテ唯タ其良智良能ヲ外ニ見スト否ヤトノ差(マヽ)ヒ乃チ陰陽剛柔ヲ異ニスルノミト是レ其当ヲ得タルモノナリ夫レ然リ夫婦ハ唯タ陰陽剛柔ノ異同アルヲ以テ男子ハ出テ公務ヲ調理シ其思想及ヒ感覚ヲ外事ニ専用シ婦人ハ内ニ在テ親族一家ノ私務ヲ調理ス其婚姻中事務ヲ分担スルニ内外ノ区別ヲ為スモ亦自然ノ勢ナリ而シテ彼ノ男子ハ学芸ヲ勉強シ物理ヲ推究シテ或ハ大器械ヲ構造シ或ハ大工事ヲ起スノ気力アルモ独リ婦人ハ嫩弱ニシテ其気力遥ニ相及サルノ実相ヲ現スハ畢竟常ニ其事務ヲ分担スル内外ノ区別アリテ婦人ハ其関係自ラ狭ク其思想及ヒ感覚ヲ使用スル唯タ一家事ノ外ニ出テサルヲ以テナリ豈ニ他アランヤ若シ夫レ内心上ノ関係ヲ以テ之レヲ論スレハ婦人ノ婀娜タル其人情ニ通シ又愛心深クシテ賓主応対接遇ノ巧ミナルハ反テ男子ノ及サル所アリ一長一短各々取ル可キナキニ非ス婦人ノ天性豈ニ男子ノ所領ニ下タル者ナランヤ故ニ男子ハ家族ニ代テ外事ヲ調理シ婦人ハ内ニ在テ家事ヲ治ム只タ其良智良能ノ挙動ニ見ルヽ剛柔ノ異同ヲ以テ男子ノ権婦人ヨリ貴シト称スルハ決シテ公平ノ説ニアラサルナリ夫レ天ノ人ヲ生スルヤ万人必ス同等ノ権利ヲ賦与シ同等ノ位置ヲ以

テ配偶シ其長短ヲ相補ハシム故ニ男女其長所ヲ異ニスト雖トモ必ス良智良能ヲ有シテ権衡平ヲ保タサルナシ造化ノ妙力豈ニ男女ニ愛憎ヲ加フルアランヤ且ツ婦ハ則チ妻ナリ妻ハ齊ト同義ナリ婚嫁シテ男子ト敵対スルコトヲ得ルノ謂ナリ其権利決シテ異同ナキハ文字ニ付テ註釈スルニ既已ニ明瞭ナリ故ニ曰ク親族権ハ夫婦相互ニ属スルモノナリト已ニ男女ノ間権利ノ異同ナクシテ同等ノ地位ニ立テハ其負担スル所ノ義務モ亦異同アルナシ是故ニ婦人ト雖モ他人ト契約スルヲ得ヘシ決シテ契約上無能力ト云フ能ハサルナリ且其実際ヲ顧ミレハ男子ヨリモ細密ニ渉リ反テ婦人ノ過誤失策少キハ世人ノ熟知スル所ナリ又公事ニ鞅掌スルモ亦同等ノ地位ヲ占メテ可ナリ然レトモ婦人ハ妊娠ノ責アリテ終始之ヲ専ニスル能ハサルヲ以テ婦人ハ公事ニ任ス可カラスト云フ是亦タ非ナリ如何トナレハ男子モ疾病事故アルヲ免カレサレハナリ是故ニ天理ヲ以テ論スルニ男女ノ間権利上秋毫ノ差アラサルナリ夫婦ハ宜シク同等ノ地位ヲ以テ同等ニ支配スベシ決シテ軽重ス可カラザルナリ

偖テ夫婦ノ権利ハ同等ノ位置ヲ保ツ此ノ如シ故ニ配偶者ノ一人若シ婚姻ノ主旨ニ背テ利己ノ契約ヲ行ヒ或ハ強迫シ或ハ親族ノ承諾ヲ経スシテ婚姻ヲ結フトキハ遂ニ夫婦ノ関係ヲ害シ同等ノ地位ヲ保ツ能ハサルニ至ラン婚姻ノ契約尤モ注意セサル可カラサルナリ

前文已ニ詳悉スル如ク婚姻ハ尤モ高尚ナル愛情ノ集合ニシテ最モ重大ナル人事ノ契約ナリ然レトモ異姓ノ二人唯タ内心上ノ一致ニ由テ相衣倚スルモノナルカ故ニ情好ノ親密ナルハ膠膝モ啻ナラズ所謂異体同心ノ如ク相親睦スト雖モ固有ノ性命ハ身躰ト共ニ各自之ヲ保有スルヲ以テ婚姻中ト雖モ特立独行ノ地位ハ到底消滅セサルナリ是故ニ財産モ亦各自所有権アリテ混同ス可カラス之ヲ支配スル方法数種アリ蓋シ財産共通嫁資分括等ハ其主要ナル者ニシテ其他或ハ財産ヲ共通セスシテ生活スル者アリ或ハ全ク財産ヲ分有シテ各自生計ヲ営ムモノアリ其婚姻ヲ結フノ前ニ在テ予メ其方法ヲ確定シテ其契約ヲ明瞭ニセサル可カラサルナリ

夫レ財産共通及ヒ嫁資分括ノ方法ハ最モ欧米各国ニ行ハルヽ所ノモノニシテ其方法ノ一ヲ撰ムハ固ヨリ婚姻者ノ適意

タル可シト雖モ家資分括ノ方法ハ婚姻ノ本旨ニ背戻スルモノト云ハサル可カラズ其故ハ則チ婚姻ハ夫婦共ニ禍福ヲ享受スルノ契約ナルニ家資ヲ分括スルトキハ各自貧富ヲ異ニシテ互ニ大利益ヲ企図スル能ハス随テ親族間ノ幸福ヲ増進スル能ハサレハナリ若シ夫レ財産ヲ合同シテ貧富ヲ共ニスルトキハ資本優饒ナルヲ以テ大事業ヲ起シ一家繁栄ノ基ヲ開クコトヲ得ルカ故ニ婚姻ノ本意ヲ完フスルノミナラス又親族ニ利益ヲ与フル僅少ナラサルナリ

故ニ財産共通ヲ以テ婚姻者理財ノ良法トス然レトモ法律ハ之ヲ箝制スル能ハサルヲ以テ但タ法律ハ成ル可ク仔細ニ其方法ヲ経画シテ軌本ノ如ク予メ明文ヲ掲示シ其用捨ハ婚姻者ノ適意ニ任セサル可カラサルナリ

（『明法雑誌』第四号、明治一八年五月発行）

「相続論」（一）

国家ノ経済ヲ動カシ富ノ分配ニ影響ヲ及スノ大ナルハ蓋シ相続論ノ有ニ出ツルモノアラサルナリ又タ間接ニ社会ノ秩序ニ変更ヲ来シ風俗上ニ波瀾ヲ起スノ大ナルモ亦タ相続論ヨリ甚シキモノアラサルナリ嗚呼相続論ハ民生ニ関シ頗ル重要ノ問題ナル哉是ヲ以テ欧米各国ニ在テハ政事家ナリ法律家ナリ経済家ナリ凡ソ社会ニ立テ治国ノ念ヲ懐クモノハ夙ニ此ヽニ注意シ侃々諤々トシテ甲論シ乙駁シ其蘊奥ヲ悉シテ止マサルナリ蓋シ我国ニ在テハ未タ完全ナル相続法ノ設ケアラサルノミナラス従テ其是非ノ論モ亦寂トシテ聞ユルナシ而シテ其習慣モ欧洲各国ニ異ナリ其主義モ同シカラサル邦国ニ在テハ其方法主義ノ如何ニ従リ将来ニ影響ヲ及ホスモノ尠ナカラス故ニ輿論ニ先チ卑見ヲ吐露スルハ聊カ忌憚ナキニハ非スト雖トモ我国モ已ニ文明ニ歩武シ早晩必ス此法ヲ設置シテ相続上ノ乱絲ヲ整理セサル可カラサルノ気運ニ到着セリ故ニ法律経済ヲ以テ自任セル予輩ハ先ツ其懐抱セル意見ヲ唱ヘテ輿論ヲ喚起シ以テ其是非得失ヲ研磨

シ予メ他日ノ需求ニ供スルハ決シテ不遜ノ謗リヲ招カサルヲ信スルナリ即チ自カラ奮テ筆ヲ採リ逐一之ヲ詳論セント欲スト雖トモ奈何セン子細ニ相続上ノ諸論点ヲ挙クルハ頗ル繁雑ニ渉リ一朝一夕ノ克ク詳悉スル所ニアラス又タ限リアル小冊子ノ克ク網羅シ得可カラサルヲ故ニ今其大意ヲノミ略陳セン但タ之ヲ論スルノ順序ニ於テハ先ツ我旧来ノ相続ニ関スル主義及其利害得失ヲ説破シ次テ欧米文明国ニ行ハルヽ相続上ノ主義ヲ略叙シ最後ニ何レノ方法ヲ採択スルノ我国ニ通切ナルヤヲ論シ以テ本論ノ局ヲ結ハント欲ス読者諸君請フ之ヲ諒セヨ

夫レ相続上ノ主義ヲ大別スレハ二個ノ異同アリ曰ク家名相続曰ク財産相続是レナリ蓋シ家名相続ト称スルモ只単ニ家名ヲ相続スルノミナラス並セテ財産モ亦タ相続スルハ論ヲ待タス財産相続モ亦タ然リ決シテ財産上ノミノ相続ニ止マラサルナリ只其名称ノ分ルヽ所ハ其主眼ノ異ナルニ依ルノミ而シテ財産相続モ亦タ別アリ即チ長子独占平均分派等是レナリ我国ニ於テ重ニ行ハルヽ所ハ家名相続ナリ家名相続ハ概ネ長子独占ニ帰ス是レ習慣ノ然ラシムル所ニシテ而カモ自然ノ勢ナリ抑々我国家名相続ノ風ヲ養成シタルハ素ヨリ習慣ノ然ラシムル所ト雖トモ亦タ封建制度ノ勢終ニ之ヲシテ然ラシムルモノアリ然ラハ則チ封建廃レテ郡県起リ旧習一タビ変シテ欧米ノ文明ヲ採択スルノ今日ニ在テハ封建制度ノ下ニ行レシ家名相続ハ決シテ之ヲ維持ス可カラス決シテ維持ス可ラサレハ則チ早晩必ス之ヲ改良セサルヲ得ス何トナレハ此主義ハ啻ニ文明社会ニ適セサルノミナラス茶毒ヲ社会ニ流布スルノ害アレハナリ今マ其直接ノ弊ヲ挙クレハ親ノ権利ハ過大ニシテ子ノ義務ハ過重ナルヨリ親ハ必ス子ニ憑テ以テ晩年ヲ過サント欲スルノ卑劣心ヲ生シ従テ独立ノ気像ヲ減スルニ至レリ抑モ権利ハ義務ト併行セサル可カラス然ルニ親ノ子ヲ養育スルノ義務ハ寧ロ措テ顧ミサルモ子ハ必スシモ親ヲ養ハサル可カラスト云フ天下豈ニ斯ノ如キ理アランヤ夫レ然リ故ニ養親ノ一大義務ヲ負フカ為メニ子ノ財産ハ勿論其権利モ亦タ傷害セラルヽコト決シテ小小ナラス今其最モ酷ナル一例ヲ挙クレハ長子ハ必ス家名ヲ相続セサル可カラス而シテ家名ヲ相続スルヤ親ノ負債モ亦タ必ス負担セサル可カラス苟トニ然ラハ仮令其子ハ良智良能ナリトモ親ノ負債ノ為メニ其権利ヲ抂屈セラレテ終ニ天性ヲ暢フルコト能ハサルニ至レリ其子ノ不幸ナル之ヲ聞

ク者猶凛乎トシテ肌膚ニ粟子ヲ生セントス恰モ是レ古昔羅馬ニ行ハレシ強迫相続ノ主義ト其轍ヲ同フセリ豈ニ不理不当ノ至リナラスヤ是レ即チ家名相続ニヨッテ生スル弊害ノ著シキモノナリ故ニ家名相続ヲ維持スルニ付テモ是等ノ弊ヲ匡正シテ必ス其制限（相続ノ謝絶又ハ目録相続ノ如キ）ヲ定メサル可カラス況ンヤ家名相続ノ持続ス可カラサルニ於テヲヤ夫レ此ノ如ク親ノ権利ヲ過大ニセシハ畢竟スルニ家名相続法ヲ以テ独リ長子ニ財産ノ全部ヲ授与スルカ故ニ其報酬トシテ子ニ負ハシムルニ斯ノ重大義務ヲ以テシタルモノナリ素ヨリ長庶ノ別アリト雖トモ親子ノ関係ハ同一ナリ然ルニ長子ハ独リ財産ヲ授与シテ他ハ之ヲ顧ミサル乎同一ノ子ニシテ愛憎ノ甚シキハ豈ニ人情ノ許ス所ナランヤ且ツ親ヲ養フノ重大義務ヲ長子ニ負ハシメ反テ長子ノ権利ヲ抑制スル乎是レヲ奈何ソ正当ノ理ト謂フ可ケンヤ

加之ナラス家名相続ノ精神ニ於テハ宗祉ヲ尊重スルノ甚シキ終ニ養子法ノ一起因トナルニ至ラン夫レ養子ナル者ハ血姻モナキ他人ノ子ヲ取リ以テ我子トナスハ恰モ是レ木ニ接スルニ竹ヲ以テスルモノニシテ到底親子ノ関係ハ完全ナラサルナリ之ヲ実際ニ徴スルニ多クハ養子ノ為メニ一家ノ不和ヲ起シ或ハ風俗ヲ紊乱シ親族ノ関係ヲ離間スルモノ少ナカラス其親子ノ関係ヲ誤ラスシテ家族ノ幸福ヲ全スルモノハ滔々タル世間幾何カアル是レ十一ヲ以テ千百中ニ希望スルモノニシテ僥倖心ノ甚シキ何ヲ以テカ之ニ加ヘン是レ亦タ家名相続ニ続テ生スル所ノ一害ニシテ封建制度ノ余弊ト謂フ可シ今夫レ已ニ女戸主ノ制ヲ立テタルカ故ニ家名ノ為メニハ稍々養子ノ必要ヲ減シタル者ノ如ク然リト雖トモ帰スル所ハ家名相続ナルカ故ニ男子ヲ以テ主トナスノ精神ハ依然トシテ尚存セリ故ニ前挙ノ弊害ハ到底除クノ期ナカル可シ豈ニ将来家名相続法ノ以テ持続ス可キモノナランヤ然ラハ則チ家名ハ以テ尊重スルニ足ラサル乎曰ク否財産相続ノ行ハル丶欧米諸国ニ於テモ尚且ツ家名ヲ棄却セス只其家名ヲ重スルノ甚シキヨリ終ニ親子ノ関係ヲ誤ルコトヲ恐ル丶ノミ嗚呼東西何レヲ問ハス誰レカ家名ヲ尊重セサルモノアラン然レモ（ママ）家名ノ断続ハ是レ外形上ノコトニシテ内心ニ関スルモノニアラサルナリ養子ハ則チ情愛ニ依テ相親ムモノニ非ス義務ヲ以テ相接スルモノ故ニ情愛ニ代ユルニ義務ヲ以テス是レ豈ニ道理ノ許ス所ナランヤ養子ノ実際ニ弊害ヲ醸スモノ尠シトセズ豈ニ亦人為ヲ以テ内心ノ満足ヲ企図

ス可ケンヤ仏国ニ於テモ養子ノ制度アリ是レ羅馬ヨリ輸入セシモノニシテ亦只間接ニ拿破翁ガ自作ノ政体ヲ維持スル為メノミ然リト雖トモ惟其法アリ実際ニ於テハ太タ稀レニ見ル所之ヲ皆無ト称スルモ敢テ不可ナシ嗚呼養子ノ醜風ハ之ヲ家名相続ノ弊害ニ比スルニ更ニ一層ノ甚シキヲ加フルモノナリ然ラバ則チ養子法ハ断然廃ス可キ乎曰ク否ナ只之カ制限ヲ立ツレハ可ナリ畢竟スルニ養子法ハ家名相続ニ続発スルモノ故ニ其根原タル相続法ヲ改良セバ従テ其枝葉ナル養子法モ亦自カラ善良ニ帰ス可キハ論ヲ待サルナリ

夫レ養子ノ不可ナルコト此ノ如シ内心上ノ如何ヲ問ハサルモ尚ホ且ツ世人ヲシテ為メニ独立ノ気力ヲ失ヒ従テ卑屈ノ醜界ニ沉淪セシムルニ至ル彼ノ徴兵忌避ノ如キモ亦タ此養子ノ習慣ヲ恃ムニアラサルハ莫シ況ンヤ内心上ノ関係ニ於テハ実ニ云フニ忍ヒサルモノアルニ於テヲヤ且ツ夫レ我国ニ行ハル丶隠居ナルモノアリ是レ亦タ家名相続ニ続発スルモノニシテ而シテ其人心ヲシテ卑屈ナラシムル者ハ決シテ養子ノ習慣ニ減セサルナリ抑々家名相続ノ制度ニ於テハ容易ニ戸数ノ増減ヲ許ルサス故ニ先人ノ退隠スルニアラサレハ後人一家ヲ為ムル能ハス是レ亦タ隠居ノ必要ヲ感スルノ一原因ニシテ先人□ニ退隠スレバ新主家計ヲ綜理シ従テ先人ヲ養フノ義務アリ夫レ此制度ニ於テハ戸主ノ任最モ重キヲ以テ之ヲ避ケント欲シ未ダ老衰ニ至ラサルモ尚ホ且ツ隠居シテ人生ノ務ヲ放棄シ以テ無上ノ栄ト為スニ至ル嗚呼隠居ナルモノ其精神ヲシテ卑屈ナラシムルハカノ養子ト何ゾ択バン況ンヤ隠居ノ卑劣ナル仏国ノ准死ニ彷彿タリ嗚呼人ハ社会ノ改良ヲ計画ス可キ義務アルモノニシテ只自己ノ一身ヲ安置スル為メ隠居シテ以テ重大ナル義務ヲ放棄シ自カラ無用ノ人タラント欲ス其弊害ヤ亦多シ加之ナラス隠居モ亦タ一個ノ人間ニシテ且ツ其権利ハ概ネ戸主ノ上ニ在リ故ニ終ニ一家ノ不和ヲ醸スモ亦タ彼ノ養子ト相譲ラズ然ラハ則チ隠居ノ制度ハ如何スヘキヤ亦タ是レ習慣ノ然ラシムル所俄ニ廃ス可カラサルナリ只之カ制限ヲ立テ以テ強壮人ノ隠居スルカ如キ弊害ヲ去ルニアルノミ

之ヲ要スルニ養子ト云ヒ隠居ト云ヒ皆是レ家名相続ヨリ続発スルモノ故ニ其根幹ヲ去リ枝葉ヲ除クノ旨趣ニ基キ家名相続ノ主義ヲ変シテ財産相続ノ方法ヲ採択セバ人心自カラ振起シテ風俗モ亦移易シ従テ独立ノ気像ヲ養成シ得可シ其

各自ニ財産ヲ掌有シ得ルカ故ニ人々奮起シテ致富ノ基キ開キ終ニ一国ノ経済ヲシテ上進セシムルニ至ラン夫ノ養子又隠居等ノ若キ風習ハ自カラ一洗シテ痕ヲ我社会ニ留メサルヘシ故ニ予輩ハ断シテ曰ハン相続法ハ必ス財産相続法ノ主義ヲ採用スヘシト

（未完）

「相続論」（二）

（『明法雑誌』第八号、明治一八年九月発行）

日本ノ相続法ヲ論スレハ其弊害ノ多キコト前陳ノ如シ一般ニ之ヲ括言スレハ原是レ因襲ノ習慣ヨリ成果シ来レル積弊ニシテ多クハ是レ人為ノ制作ト云ハサル可カラス其自然ノ天理ニ適合セサルアルハ素ヨリ怪ムニ是（ママ）ラサルナリ豈之ヲ将来ニ開明ノ民ニ適施スルコトヲ得ンヤ翻テ今欧米ノ相続法ヲ熟視スレハ其主義タル概ネ道理ニ基クモノニシテ殆ト自然ニ出ルカ如シ請フ是レヨリ之ヲ云ハン

抑々欧米相続法ハ要スルニ其主義タル只タ人民ノ権利ヲ保護スルニ在リ夫レ人各々其所有ノ物件ニ付キ必ス全権ヲ有セサルナシ已ニ全権ヲ有スルヤ仮令死ニ瀕スルモ之ヲ失ハス自由ニ其物件ヲ所置スルヲ得従テ其相続人ヲ撰定スルコトヲ得ルハ素ヨリ自然ノ道理ナリ故ニ欧米ノ相続法概ネ此主義ヲ執リ死者ノ権利ヲ認メサルナシ然レトモ他ノ一方ヨリ之ヲ見ルトキハ死者ト血脉ノ因アル正当ノ相続人即チ代テ死者ノ家名ヲ承継ス可キモノハ亦タ其将ニ相続セントスル死者ノ財産ニ付キ之ヲ襲有スル已得ノ権利ヲ有スルカ如シ何トナレハ親子ノ間ハ相互ノ関係ニシテ父母ノ遺物ヲ子孫ノ相価スルニ素是レ習慣ニ出ルニ似タリト雖トモ道理上亦然ラサルヲ得サレハナリ果シテ然ラハ死者及相価人ハ共ニ権利ヲ相掌有スルカ故ニ二個ノ権利相抵触スルノ場合ヲ生スルニ至ル是ニ於テカ立法者ハ之ヲ調和スルノ目的ヲ以

テ二個ノ間ニ介入シテ剪裁ヲ下スカ故ニ其所置タル甚タ難シ若シ夫レ死者ノ遺言ニ制限ヲ立テン乎遺言者ノ意向ヲ妨害シ所有権ノ本体ヲ毀損スルノ恐レアリ奈何トナレハ生前譲与ノ自由アリ死後之ヲ箝制スルノ理アラサレハナリ若シ夫レ相続人ノ権利ニ制限ヲ置カン乎親族ノ間ニハ自カラ財産ヲ共通スルノ情勢アリ然ルニ相続人ノ権利ヲ箝制セハ豈親族成立ノ本体ヲ毀損スルノ恐レナキヲ得ンヤ又タ子ノ成立ニ必要ナル財産乃チ子ノ希望ヲ属スル親ノ遺物ヲ相続シ得ストナストキハ終ニ子ノ保護ヲ欠クニ至ラン実ニ親子二個ノ権利ヲ完成スルハ亦タ難カナ是レ欧米諸学士間ノ一大疑問ニシテ且ツ相続上古来論議ノ此点ニ集合セサルナキ所以ナリ蓋シ欧米ニ在テモ往古所有権主義ノ薄弱ナルトキニ当テハ立法者モ死者ノ遺言ノ権利ヲ認メス只タ外形ノ一片ニ偏シ親族上ノ便宜ニ注目シタルノミ是レ文化未タ開ケス人民猶ホ幼稚ニシテ所有権ノ何物タルヲ知ラサルニ依ルナリ故ニ野蛮ノ世ニ在テハ勿論今日ニ至ルモ支那印度等ニ於テハ実際遺言ノ事実アルモ法律上猶ホ未タ公然タル方法ニ依テ遺言ヲナスノ規定アラサルナリ必竟欧米諸国ノ今日詳細ナル相続法ヲ設ケテ之ヲ規定スルニ至リシ所以ハ人文漸ク進歩シテ身ノ自由ヲ重シ且其所有権ヲ尊フノ度ニ到達シタルニ依ルナリ然レトモ此二個ノ権利ノ相抵触スルニ至テハ法律ヲ以テ之ヲ規定セサル可カラス乃チ其主義タル権利ヲ尊重スルニ在ルカ故之レカ細則モ亦タ其主義ニ依テ之ヲ規定セサル可カラス而シテ之ヲ規定スルニ付テハ又タ他ノ疑問ヲ生スルニ至レリ即チ遺物相続ニ当リ死者ノ遺言アレハ可ナリ若シ遺言ナキ場合ニ於テ二人以上ノ正当相続人アルトキハ数人皆ナ同時ニ之ヲ相続シ得可キヤ或ハ独リ長子ノミ其特権ヲ有ス可キヤ或ハ又タ女子ハ相続ノ例ニ加ハルヲ得スシテ独リ男子ノミ其特権ヲ有スルヤ将タ嗣子ナクシテ他ノ親族ノ之ヲ相続スル場合ニ於テハ其順序如何将タ又タ生者死者ノ権利如何相続人ナキトキハ如何養子又ハ私生ノ子ニ依テ生スル親族間ノ関係ハ如何ト凡ソ是等ノ問題ハ実際必要ニシテ法律家ハ勿論経済家及政事家モ亦タ必ス注意セサル可カラス其故如何トナレハ是等相続上ノ規則ハ一タヒ発シテ法律トナル以上ハ一国ノ富ヲ各人ニ分附スルト否ヤニ付キ大関係ヲ及スモノニシテ一国ノ財産ノ形状ヲ左右ス可キ大勢力ヲ有スルモノナレハナリ（是等ノ諸問題ニ付テハ他日更ニ端ヲ改メテ詳論スル所アル可シ）

夫レ然リ相続人ハ実ニ一国ノ富ニ関シ又上下一般ニ影響ヲ及ホスコト僅少ナラス「トクビール」氏曾テ之レカ説ヲナシテ曰ク立法者ノ一タヒ相続法ヲ規定シタル以上ハ仮令其手ヲ引クモ依然トシテ数百年間恰モ機器ノ運動スルカ如ク立法者ノ指示シタル針路ニ向ヒ進行シテ止マサルカ故或ル方法ニ於テハ器械ノ働ニ依テ財産ヲ一所ニ集合シ従テ権威モ帰集シ終ニ土地ニ付テノ貴族政事ヲ醸生スルニ至ル可ク又タ或ル主義ニ従フトキハ其勢力特ニ甚シクシテ驚ク可キ進行ヲナシ或ハ其進路ヲ転セント欲スルモ騎虎ノ勢決シテ中止スル能ハス即チ財産ノ分裂スル所従テ権威モ亦タ分離シ其余勢終ニ土地ニ波及シテ或ハ合衆政事ノ起因ヲ発スルニ至ル可シト論理尤モ其要ヲ得タリ而シテ大耕小耕凡ソ其国ノ形況ニ依テ指定セサル可カラサルハ素ヨリ論ヲ待タスト雖トモ相続法ヲ規定スルニ於テハ尤モ其執ル所ノ主義ヲ択ハサル可カラス請フ是レヨリ欧米各国ノ法制ヲ左ニ略言セン

夫レ仏国ハ元来自由同等ヲ重スルノ風習ナルカ故其立法者モ平等主義ヲ執リ遺言ヲナサスシテ死シタルモノヽ財産ハ各相続人平等ニ之ヲ分派ス可シト規定セリ又タ遺嘱ノ贈遺ニ於テハ遺言者ノ権利ヲ制限シ特別ノ贈遺ハ相続人ノ数ニ比準ス可シト規定セリ即チ子一人ナレハ二分ノ一以下二人ナレハ三分ノ一以下ナルカ如シ其他私生ノ子等ニ至テモ種々ノ細則アレトモ之ヲ要スルニ相続法ノ大眼目ハ可及的平等ニ之ヲ分派シ其遺嘱ノ贈遺ニ於テハ制限ニ遵フモノトス英国ニ於テハ全ク仏国ト相反対セリ即チ遺嘱ノ贈遺ニハ毫モ制限ナク全ク死者ノ自由ニ任カセリ然レトモ其不動産ニ係テハ遺言ナクシテ死去シタル場合ニ於テハ独リ長子之ヲ相続スルノ権利アリトス（長子特権ノ名義ニ依リ日本ハ全ク英国ト相同シト思為スルモノアリト雖トモ決シテ然ラス即チ遺言ナキ場合ニ於テハ不動産ハ長子ノ独占ナリト雖トモ動産ニ係テハ素ヨリ平等分派ニ遵フモノトス況ンヤ又遺言ノ自由アリ決シテ日本ノ総領主義ニ非サルナリ宜シク注意ス可シ）又タ蘇格蘭土ニ在テハ只タ長子ノ特権及遺言ノ権利ハ英ニ比スルニ其区域稍々狭隘ナルカ如シト雖トモ其主義ニ至テハ英ト同一ナル素ヨリ論ヲ待タサルナリ夫レ此ノ如ク英ト仏トハ其表面ヨリ見ルトキハ全ク相反対スルカ如シト雖トモ其実際ニ於テハ大同ニシテ只タ小異アルノミ何トナレハ仏ニ在テハ遺言ニ制限アリト雖トモ英ニ在テ

ハ此制限ナキカ故ニ暗ニ長子不動産ノ特権ヲ抑制シ遺言ニ依テ全財産ヲ平等ニ分派スルコトヲ得可ケレハナリ而シテ米合衆国ハ亦タ之レト同シカラス且合衆ニシテ其各州一定ノ規律ニアラスト雖トモ多クハ皆ナ平等分派ノ制ヲ執リ父ノ権利ニ制限ヲ設ケス遺言書ノ如キモ随意ニ之ヲ為スコトヲ得ルノ制規ナリト云フ今試ニ紐育州ノ一法ヲ執リ以テ之ヲ例セン（凡ソ人ハ自由ニ遺言シテ財産ヲ処分スルノ全権ヲ有スルカ故会社若クハ政庁ヲ除クノ外何人ノ為メト雖トモ財産分与遺言ヲ為スコトヲ得）ト規定セリ実ニ自由ノ制度ト云ハサル可カカス(ママ)

其他各国ノ例ヲアクレハ猶ホ数十種ノ法例アル可シト雖トモ只タ細則ニ異同アルノミ其大眼目ニ至テハ略々同一ナリ且ヤ英米仏ノ三法ハ世人ノ尤モ注目スル所ナルヲ以テ之ヲ爰ニ列挙シ其他ハ之ヲ省除ス然リ而シテ猶ホ一論叙ス可キモノアリ即チ複贈遺是レナリ抑複贈遺トハ贈遺権ノ一種ニシテ仏語ヲ「シュブスチチュション」ト云ヒ予メ次余ノ相続者ヲ指名シテ以テ財産ヲ贈遺スルモノナリ方今各国共ニ此制度アリ本邦ニ於テモ複贈遺ノ名ハ未タ命セスト雖トモ約束上往々之ニ類似ノモノナキニ非ス是レ蓋シ往古羅馬ニ行レタル遺法ノ流入シテ欧米今日ノ法律トナリタルモノナレトモ古今大ニ其趣旨ヲ異ニセリ即チ羅馬ニ在テハ直接ニ遺物ヲ相続スル能力ナキモノニ財産ヲ贈遺スル一手段ニシテ暫時之ヲ管理スル仮相続ナリ然ルニ今日ハ其性質一変シテ永久若クハ数代ノ間財産ヲ検束スルノ法トナレリ然リ而シテ此複贈遺ハ大ニ欧洲ノ採ル所トナリ贈遺権長子権ト并ヒ行ハレテ而シテ英ノ如キハ只タ贈遺ノ際生活セルモノヽ為メノミニ限リ之ヲ許ルス制度ナレトモ蘇格(ママ)闌土ノ如キハ英ニ比スルニ贈遺権長子権ハ菲薄ニシテ独リ複贈遺ハ却テ強盛ヲ致セリ夫レ此ノ如キ複贈遺ノ強盛ヲ極ムルニ於テハ驚ク可キ悪結果ヲ生セサルナシトセス且ツ之ヲ目シテ遺嘱ノ贈遺権ヲ皆無視スルモノト云フモ亦タ誣言ニ非サルナリ何トナレハ未来ノ相続人ヲ予定シテ之ヲ贈与スルカ故ニ所有者（即チ受贈人）モ之ヲ所置スルノ全権ヲ有セサレハナリ予輩ノ聞ク所ニ依レハ蘇格蘭土ノ如キ其全土ノ過半ハ概ネ皆ナ複贈遺ニ係ハルカ故殆ント禁受授売買ニ属セリト云フ嗚呼蘇格ノ如キ其土地ヲ領スルモノ名ハ所有者タリト雖トモ実際ニ於テ其権利ヲ施行スル能ハス豈之ヲ良制度ト云フ可ケンヤ且夫レ此制度ノ下ニ在テハ所有権一所ニ固着シ

テ転セシムルコトヲ得サルカ故土地上ノ信用地ニ落チテ融通ノ路閉塞シ従テ改良其効ヲ欠キ土質自然ニ悪変スルハ自然ノ勢ナリ嗚呼複贈遺ノ法方(ママ)タル経済上ニ於テ尤モ注意セサル可ケンヤ然レトモ複贈遺モ亦タ人事ニシテ其人ノ自由ニ属スルヲ以テ断乎之ヲ禁スル能ス是ヲ以テ各国共ニ之ヲ許スト雖トモ永久ノ複贈遺ヲ許ルスハ一国経済上ノ得策ニアラサルナリ然リ而シテ各国ノ実況ヲ観察スルニ多クハ是レ人民ノ自由ヲ尊重シテ之ヲ許スニアラス其目的タル概ネ政略上ニ在リ故ニ私法上ニ於テハ啻ニ之ヲ許サザルノミナラス曾テ毫モ之ヲ規定セス而シテ其国体即チ君主政治ト共和政治ノ異同ニヨリ其区域ニ広狭アリ見ル可シ複贈遺ハ多ク貴族ノ間ニ行ハルヽヲ是他ナシ貴族ノ財産ヲ永久ニ保護シ従テ長子権ヲ強固ニシ以テ貴族政治ノ輔車ト為スニ在ルナリ且ツ又タ此複贈遺ノ一種ニシテ一層之ヲ長進シ永久ノ約束ヲ以テ必ス長男子ヨリ長男子ニ贈遺スルノ方法アリ之ヲ「マジョラー」ト云ヒ訳シテ世襲贈遺ト云フ孟的鳩氏曾テ之ヲ評シテ曰ク世襲贈遺ハ君主政体ヲ維持スルニ尤モ必要ナリト我国ニ於テハ未タ世襲贈遺ノ名称ナシト雖トモ彼ノ家附財産ハ稍々其性質ヲ同フスルモノナリ風説ニ依レハ世襲贈遺ノ法ヲ設ケラルヽト云フ嗚呼複贈遺ハ已ニ貴族政治ノ輔車トナル況ヤ世襲贈遺ハ君主政治ヲ維持スルノ手段トナルニ於テハ立法者尤モ注意セサル可カラサルナリ仏国ニ於テモ帝政ノ時ニ当テハ「マジョヨラー(ママ)」ノ法アリ後来共和政治ヲ布クニ至テハ「マジョラー」ハ無論之ヲ禁止シ「シュブスチチュション」モ制限ヲ立テ大ニ其区域ヲ縮少セリ而シテ之ヲ許シタルノ目的モ亦タ政略上ニ在ラスシテ人民ノ自由ヲ重スルニ在リ

(未完)

「相続論」（三・未完）

夫レ欧米各国ノ相続上ノ主義ハ大抵前陳ノ如シ請フ是レヨリ進テ各国ノ法度中何レノ主義ヲ移シ来リ以テ我国ニ実施スルノ適当ナルヤヲ論究セン抑々我相続法ハ前陳ノ如ク弊風多キカ故早晩必ス之ヲ改良セサル可カラス之ヲ改良スル必ス旧ヲ捨テ以テ新ニ就カサル可カラス然ラハ則チ英ニ執ランカ米ニ執ランカ将タ仏ニ執ランカ予輩ノ思為スル所ヲ以テセハ仏国ノ制度ニ摸倣シ平等分派ノ財産相続法ヲ執リ且ツ贈遺権ニ制限ヲ設ケ複贈遺ノ区域ヲ縮少スルノ逾レルニ若カサルナリ尤モ詳細ノ規定ニ至テハ自カラ風俗習慣ノ異ナルアリ必スシモ他ノ成法ヲ適用ス可カラスト雖トモ其大眼目ニ至テハ他ノ善且美ヲ採ラサル可カラス実ニ仏国ノ制度ニ於テハ条理ニ依リ親族ノ関係ヲ重シ又タ所有権ヲ貴ヒ稍々制限ヲ立ツルモ頗ル自由ヲ認ルニ至テハ仏国ノ右ニ出ツルモノアラサルナリ只タ其「マジョラー」ヲ禁シ「シユブスチチユション」ニ制限ヲ設クル如キハ自由ヲ妨害スルノ嫌ナキニ非スト雖トモ経済上ヨリ之ヲ論スルモ蘇格蘭土ノ如キ実ニ其弊ニ堪ヘサルモノアルヲ以テ之ヲ禁制スルノミ若シ政略上ニ於テ必要ヲ感スルアラハ年数若クハ世数ヲ限テ約束スルコトヲ許ルスモ亦タ可ナリ已ニ仏国ニ於テモ帝政ノ時ニ在テハ之ヲ実行セリ嗚呼仏主義ノ善良ナル実ニ欣望スルニ堪ヘタリ而シテ英国ノ如キハ贈遺者ノ権利ヲ制限セサル実ニ自由ヲ重スルノ美旨ナリト云フト雖トモ其裏面ヲ見レハ忽チ過重ナル長子ノ特権ヲ演出スルカ故ニ不公平ノ甚シキ素ヨリ採ルニ足ラサルナリ又タ米法ハ甚タ公平ナリト雖トモ自由ニ失スルノ恐レアリ或ハ我国風ニ適切ナラサル所アラン然レトモ之ヲ英法ニ比スレハ其逾ル幾等ナルヲ知ラサルナリ故ニ予輩ハ若シ仏法ヲ除カハ寧ロ米ノ公平ヲ執ラント欲スルナリ何トナレハ自由ニ失スルノ恐レ

（『明法雑誌』第九号、明治一八年一〇月発行）

アリト雖トモ贈遺法ノ自由ナル或ハ平等分派ノ流弊ヲ矯正シ相待テ平等ヲ得ルノ利アレハナリ然レトモ英主義ト仏主義トハ全ク相反スルカ故各々長短相容レス欧米ニ在テモ学者ノ尤モ注意シテ一利一害指摘シ以テ論難弁議スル所ナレハ一朝一夕ニ克ク論究ス可キニ非サルナリ故ニ唯タ其大略ヲ述ヘテ他ノ諸論点ハ読者ノ高評ニ任セン

夫レ相続法ノ異同ハ特ニ土地ニ関係アルカ故一国ノ経済ニ影響ヲ及スコト尤モ僅少ナラス今マ其英仏ノ実況ヲ挙ケテ之ヲ比例センニ英国ハ耕地一千四百九十七万一千四百方「エクタール」（一エクタールハ一万方メートルニ相当ス）ニシテ之ヲ所有スル人口ハ二十万人、仏ハ四百万人ニシテ五千二百七十六万八千六百十三「エクタール」ヲ所有ス故ニ平均シテ之ヲ所有者ノ頭数ニ比スレハ英国ハ一人七十五「エクタール」ニシテ仏人ハ十三「エクタール」ナリト云フ［マッキロック氏ノ調査ニ依］実ニ英ノ大耕ナル之ヲ仏ノ小耕ニ比スレハ殆ント六倍ノ差アリ是レ皆ナ相続法ノ同異ニ依テ此ノ如ク隔離シ其勢ハ漸次反対ノ点ニ向テ激進スルカ故従テ農耕牧畜ノ点ニ於テモ何レカ得何レカ失必ス経済上利害ヲ相表スルヤ素ヨリ論ヲ待タサルナリ我国ニ於テハ其細密ナル調査ハ未タ聞ヲ得サレトモ其小ナルモノニ至テハ地券面或ハ一筆一円以下ノ地価ヲ記スルモノ僅少ナラス且ツ実際大地ハ小地ノ便ニ若カスト云フ是ニ依テ之ヲ見レハ我国ハ最小耕ト云ハサル可カラサルナリ英主義ノ論者ハ曰ク小耕ハ不経済ニシテ一国衰滅ノ原因ナリト果シテ然ラハ仏国ノ如キ平等分派ヲ行フコト已ニ久シ最早衰滅ニ帰セサル可カラスト雖モ実際ハ反テ益々富盛ヲ極ルニ至ル故ニ英論ノ如キハ只タ習慣上ヨリ其感覚ヲ来タスノミ局外ヨリ之ヲ看レハ其一利一害決シテ片定ス可カラサルナリ又タ英主義ノ論者ハ贈遺ノ自由ヲ以テ仏国ニ逾レリトナス是レ実ニ人ノ人タル所以ヲ認タルモノニシテ其論極メテ可ナリ何トナレハ死後ニ至ルマテ所有ノ財産ヲ自由ニ処置スルコトヲ得ルトキハ所有権ノ価直（ママ）自カラ貴シ従テ人々之ヲ得ンコトヲ勉メ已ニ之ヲ得レハ益々之ヲ増殖センコトヲ勉ム実ニ勉強ハ一人致富ノ種子ニシテ一国経済ノ関スル所ナレハナリ之ニ反シテ若シ贈遺ノ自由ヲ制限スルトキハ恰モ是レ財産ハ占有者ノ所有ニ属セスト云フモ不可ナキナリ何トナレハ所有権ノ一要件タル処置権ヲ欠ケハナリ而シテ其弊害タル恰モ永久ノ複贈遺ヲ許シタルト同一ノ結果ヲ来ス可ク特ニ家父及次三男ノ労働ヲ緩慢ナラシムルニ至ラン是レ実ニ国家ノ一大事決シテ勿諸スル可カラナルナリ之ヲ外ニスルモ耕農牧畜ノ事実ニ於テ平等分派ハ尤モ害アリ何トナレハ屢々土地ノ境界ヲ改正且ツ修繕セサル可カラス（尤モ日本ニ於テハ田畑境界ノ構造密ナラサルカ故ニ此感覚ヲ生セス）其費用過多ナリ又タ土地ヲ分割スルニ従ヒ道路ヲ新増シ空ク土地ヲ棄費セサル可カラス又タ妄リニ大木ヲ伐摧シテ森林ノ繁殖ヲ害シ牧畜ノ改良ヲ妨クルノ恐レアリ又タ用水路ノ妨害ニ依テ工業上ニ不便ヲ来タシ或ハ耕作費ヲ増加スルノ虞ナシトセス是等ノ弊害ヲ執リ以テ較スルモ仏主義ノ不可ナル素ヨリ論ヲ俟タサルナリ況ンヤ人民ノ勉強力ヲ滅却スルノ大害アルニ於テヲヤ之ヲ要スルニ英国ハ仏国ニ比シテ土地ノ菲瘠ナルニモ拘ラス収穫ハ大ニ多量ナリト云フ是レ掩フ可カラサル事実ニシテ英主義論者ノ誇称スル大原因ナリ

（未完）

「登記条例創定ノ儀ニ付意見書」（男谷忠友・周布公平と連名、明治一九年二月）

（伊藤博文編『秘書類纂　法制関係資料』上巻）

登記条例創定ノ儀ニ付司法大臣請儀ノ旨趣ヲ審査スルニ、方今地所家屋船舶ノ売買譲与質入書入ノ法不完全ナル為メニ弊害百出争訟相次デ起レリ。故ニ区戸長ヲシテ公証ヲ掌ラシムルノ制ヲ改メ、更ニ裁判官ヲシテ登記ヲ為サシムルノ法ヲ設ケ、以テ行政事務ト司法事務トノ区分ヲ明カニセントスルニアリ。此要点ニ付テハ異議ナシト雖モ、其着手ノ方法ニ至テハ甚ダ完全セザル所アリト信ズ。治安裁判所々在地外ニ在テハ当分ノ内区戸長ヲシテ登記ヲ掌ラシメントスル是レナリ。蓋シ財政上已ムヲ得ザルニ出ルモノナルベシト雖モ、大ニ登記法創定ノ主義ニ反セリ。何トナレバ治安裁判所ハ全国ニ百九十余箇所アルノミ。区戸長役場ハ一万千七百ノ多キニ及ブヲ以テ、実際治安裁判所ニ於テ取扱フ所ハ僅少ノ数ニシテ、区戸長役場ニ於テ取扱フ所ノ数ハ之ニ幾数十倍ナルベシ。果シテ然ルトキハ登記法ノ創定タルヤ法ニ明カナル裁判官ヲシテ登記ヲ掌ラシムルノ旨趣ナルニ、其実ハ依然法律ニ熟セザル行政官吏ヲシテ之ヲ取扱ハシムルモノナリ。尚此事タル当分ノ便宜法ニシテ永久ノ事ニアラズト謂フト雖、裁判所増設ノ期限等ヲ予定スルニ非ザレバ其久キニ亙ルモ未ダ量ル可カラズ。之ヲ要スルニ司法省上申案ニ依レバ、其名ハ行政部分ト司法部分ノ事務ヲ区別スト雖モ、其実ハ従前ニ異ルモノナシト云フモ可ナリ。而シテ区戸長ヲシテ登記ヲ管セシムルニ於テハ、登記ノ整頓到底無覚束、従テ不動産保護ノ主義決シテ相立タザルベシ。依テ司法大臣請儀ノ旨趣ヲ賛成シ、之ヲ貫徹セシムル為メニ登記役所創定ノ鄙見ヲ左ニ開陳ス。

一 全国各郡役所管内ニ登記所平均二ケ所ヲ設置スベシ。其数千百二十ケ所一ケ所ニ創立費平均五百円ト見積リ此費額五十六万円ナリ。

一 各登記役所ニ平均登記官一名属員一名半小使一名ヲ置クベシ。登記官ノ数千百二十名属員ノ数千六百八十名小使千百二十名トナル。

一 登記官ノ給料平均三十円ト見積リ、一ケ月三万三千六百円、一ケ年四十万三千二百円トナル。

一 属員ノ月給平均十円ト見積リ、一ケ月一万六千八百円、一ケ年十九万千六百円トナル。

一 小使月給四円ト見積リ、一ケ月四千四百八十円、一ケ年五万三千七百六十円トナル。

一 庁費一ケ年一ケ所二百円ト見積リ、二十二万四千円トナル。

総計創立費五十六万円

爾後毎年入費額八十七万二千五百六十円トナル。

右ノ如ク全国ニ登記役所ヲ設置シ其事務ヲ司法部内ニ属シ、各始審裁判所ヲシテ之ヲ管轄セシムルトキハ行政事務ト司法事務トノ区別判明シ、不動産保護ノ道相立随テ司法大臣請議ノ旨趣貫徹スルヲ得ベシ。或ハ云ン如此為ストキハ特ニ創立費ニシテ五十余万円ヲ要スルノミナラズ、毎年八十七万二千五百六十円ノ経費ヲ支出セザル可ラザレバ、国庫ニ於テ堪ユベキモノニアラザルベシト。然ルニ司法大臣ノ縷述ノ如ク、他年ヲ期シ該登記ノ事務ヲ挙テ治安裁判所ニ移サントスレバ大ニ其数ヲ増加セザルヲ得ズ。仮リニ前陳登記役所ノ数ニ因リ一郡区ニ治安裁判所二ケ所ヲ設置スルモノトシ、同省ノ呈按ニ掲グル予算ニ基ヅキ一ケ年登記ノミニ係ル裁判所ノ経費額ヲ算スレバ左ノ通。

一金十三万六千七百六十円六十銭

右金額ハ司法省呈按ニ掲グル治安裁判所百九十四ケ所ノ登記課経費ニシテ一ケ所ニ付金七百四円九十五銭二厘ノ合計ナリ。

一金八十四万五千九百四十二円余

但後来一郡区毎ニ治安裁判所二ケ所即チ全国二千二百ケ所ヲ設置スルトキノ一ケ年経費額ナリ。

右ノ如キ計算ナルヲ以テ前文登記所ヲ新設スルモノト後来経費ニ於テハ別ニ大差ナキナリ。

而シテ登記ノ事務挙テ治安裁判所ニ移サンガ為メ如此多数ノ治安裁判所ヲ設クルモノトスレバ、独リ登記ニ係ル費用ニ止マラズ、裁判所ニ属スル費用ニ於テ更ニ莫大ノ支出ヲ要スルヲ以テ一郡区ニ二ケ所治安裁判所ヲ設クルハ到底難カルベシ。

又登記役所ヲ新設スルノ費用合計五十六万円ト見積リタリト雖モ、猶一層経費節約ノ方法ヲ案ズレバ当初人民ノ家屋又ハ寺院等ヲ借入登記役所ニ仕用スル是レナリ。然ルトキハ創業費ハ僅ニ筆墨紙硯机等ノ買入ニ及ビ、帳簿新調代価等ニ止マリ、其借家料ノ如キハ別ニ創業費ヲ要セズ、一ケ年一ケ所見積経費二百円ノ内ヲ以テ之ヲ支弁スルヲ得ベシ。

茲ニ創業費ヲ概算スルコト左ノ通リ。

創業費

一金三万三千六百円

是ハ全国登記役所ノ数千百二十ケ所、但一ケ所ニ付金三十円見積リ

内　訳

金三円七十五銭	椅子五脚但一脚七十五銭
金六円	机四脚但一脚一円五十銭
金十円	西ノ内製帳簿二十冊代
金二円	筆墨紙硯等雑費
金二円	火鉢土瓶茶碗等ノ什器代
金六円二十五銭	予算外ノ雑費

右ノ如クナストキハ大ニ経費ヲ節約シ、殆ンド創業費ナシト云フモ可ナリ。而シテ登記役所設置ノ便ハ独リ不動産ノ登記ニ止マラザルモノアリ。他日会社条例ノ発布及ビ商法制定ノ日ニ至レバ会社契約ノ登記商人ノ代理人丁年未丁年等ニ於ケル裁判官ヲシテ登記セシメザル可カラズ。民法ニ於ケルモ後見人代理人ノ如キ亦然リトス。実ニ人民ノ権利義務ニ関スル事件ニシテ往々裁判事務ニ属シ登記ヲ要スルモノ枚挙ス可カラズ。今登記役所ヲ設クルトキハ是等ノ事件ハ法律制定ノコトニ皆登記役所ニ托スルノ便益ヲ得ベキナリ。

又現今調査中ノ公証人規則ヲ案ズルニ仮令該規則ヲ発布スルモ急ニ完全ノ試験ヲ請ケ公証人タルヲ得ル者全国ニ偏カラザルハ各地免許代言人ニ徴シ推測スルニ足ルベシ。故ニ公証人アル地ニ於テハ別ニ官ノ手数ヲ煩サズト雖モ、公証人ナキ地ニ於テ公証ヲ為スノ便法ヲ設クルハ該規則発布ニ際シ最モ必用ナルベシ。依テ考フルニ登記役所ヲ設クルニ於テハ公証人ナキ地方ニ於テ姑ラク公証人ノ公証事務ヲ兼ネシムベシ。然ルトキハ一面登記役所ノ費用ヲ補ヒ一面公証人規則ヲ全国ニ普及スルノ便ヲ得ベシト信ズ。

夫レ非常ノ改革ヲ為スニ当リテハ多少ノ入費ヲ顧ミルニ遑ナキハ百事皆然リ。今ヤ不動産公証ノ事務ヲシテ行政部分

ヨリ司法部内ニ移シ、以テ之ガ宿弊ヲ一洗セントスルハ不動産保護ノ点ニ付テハ一大改革ト謂ハザル可カラズ。此一大改革ヲ為スヤ多少ノ創業入費ヲ国庫ヨリ支出セラレザル可ラズ。不然レバ登記法ノ完備ハ得テ望ム可ラザルナリ。況ンヤ一時ノ創業費ハ一案ニ依ルモ五六十万円ニ過ギズ。又一案ニ依レバ僅カニ数万円ニ止マリ、而シテ爾来収入ノ年額ハ二百万円以上ニ達シ、其内毎年入費ヲ除却スルモ仍ホ国庫ニ数十万円ノ実収アルニ於テヲヤ。右ノ理由ニ依リ此際各地方登記役所設置ノ儀裁定セラル丶ニ於テハ人民ノ便益ナルハ勿論国庫亦益スルアリテ失フ所ナカルベシ。依テ茲ニ鄙見ヲ陳ズ。

明治十九年二月二十七日

登記条例調査委員　岸本辰雄
登記条例調査委員　男谷忠友
登記条例調査委員　周布公平

（『明法雑誌』第一四号、明治一九年三月発行）

「期満法講義」（一・未完）（吉井盤太郎筆記）

近来道路巷説ノ伝フル所ヲ聞クニ我政府ハ向キニ民事期満編ノ編纂ニ着手セラレ其発布モ当ニ遠カラサル可シト然ラハ則チ本法ハ時事ニ於テ頗ル緊要ヲ感スルカ故ニ余輩ハ今将ニ岸本先生ノ講義ヲ筆記シ以テ之ヲ世ニ公ニセントス其意蓋シ一ハ以テ立法者ノ参考ニ供シ一ハ以テ我同学諸士ト共ニ之ヲ研究シ以テ他日ノ希望ヲ充サント欲スルナリ

余ハ今期満ノ法則ヲ講スルニ当リ先ツ其字義ノ如何ヲ講究セント欲ス抑々期満トハ仏蘭西語ニテ之ヲ「プレスクリプ

シヨン」ト云フ而シテ邦語之ヲ訳シテ或ハ期満得免ト云ヒ或ハ期満効ト云ヒ或ハ経時効若クハ時効民事時効ト云ヒ其名称種々アリト雖トモ何レモ皆ナ穏当ナル訳語ト云フヲ得サルナリ元来此「プレスクリプシヨン」ナル語ハ其原因ヲ尋ルニ「プレー、スクリプシヨー」ノ二字ヨリ来リタルモノニシテ「プレー」トハ前ノ意「スクプリシヨー」(ママ)トハ書クノ義ナリ即チ「プレー、スクプリシヨン」(ママ)ハ此二義ノ合字ニシテ前書キト云フ意ナリ而シテ此前書ノ字ノ生シタル原因ハ遠ク羅馬国ニ在リ往昔羅馬国ニ於テハ人民ノ将ニ訴訟ヲ起サントスルニ当リ直チニ通常ノ裁判所ニ之カスシテ先ツ其事件ヲ高等裁判官ニ呈出シ高等裁判官ハ其事件ノ情実如何ヲ審査シ然ル後チ其訴訟人ニ命シテ其裁判官ノ所ニ至ラシメ且ツ其判裁官(ママ)ノ施行ス可キ職務権限等ヲ定メタル証書ヲ附与シ以テ之ヲ其指示シタル裁判官ニ差出サシメタルモノナリ而シテ高等裁判官ノ其事件ヲ審査スルニ当リ被告人ヨリ既ニ其義務ヲ弁済シタル旨ヲ陳述シタルトキハ特ニ之ヲ其証書ニ記載セサリシト雖トモ若シ之ニ反シテ被告人ニ於テ原告人ノ要求ヲ拒ムニ既ニ長期間ヲ経過セシ旨ヲ以テシタル時ハ高等裁判官ハ其証書ノ冒頭ニ左ノ命令ヲ記載セリ曰ク裁判官ニ於テ先ツ既ニ三十年ヲ経過シタル事件ナルヤ否ヤヲ調査セヨ果シテ三十年ヲ経過シタル事件ナルトキハ被告人ニ其義務ノ執行ヲ命スル勿レト即チ此冒頭ニ記載スル所ノ命令ヲ「プレー、スクリプシヨー」ト云フ而シテ此「プレー、スクリプシヨー」ナル語ノ一変シテ仏語ノ所謂「プレスクリプシヨン」ト為リタルモノナリ然レハ仏語ニ就テ之ヲ見ルモ「プレスクリプシヨン」ノ語中期満ノ意味アラサルヤ明カナリ

夫レ仏語ノ起因ヲ尋ルニ此ノ如ク奇ニシテ且ツ怪ナリ然ルヲ今我邦語ヲ以テ之ヲ記スルニ当リ強テ此奇ニシテ且ツ怪ナル原語ニ適中セル文字ヲ求メント欲スルカ故ニ困難ヲ生シテ経時効若クハ時効等ノ奇語ヲ憶出スルニ至リ且ツ其当ヲ得サルナリ蓋シ名詞ハ素ヨリ符徴ニ過キサルカ故ニ何レヲ是トシ何レヲ非トスルノ要ヲ見スト雖トモ字義ニ依テ害ヲ生セサルヲ要ス故ニ余ハ諸説ヲ排シ単ニ期満ノ二字ヲ用イント欲スルナリ試ニ経時効若クハ期満効ノ文字ヲ用インカ「プレスクリプシヨン」ニハ免除及得有(或ハ所得ト云フ)ノ二種アリ此形容詞ヲ加フルトキハ期満効免除或ハ免

除期満効ト云ハサル可カラス甚タ語路ノ円滑ヲ失フカ如シ且ツ我刑法ニ於テハ已ニ期満免除ノ字ヲ用ウルニアラズヤ此期満免除ノ民事ハ期満免除ト異ナルナシ只タ其刑事ト民事ノ差アルニ依リ同一ノ事ニ付キ其名称ヲ異ニスルハ決シテ其当ヲ得タル者ニアラサルナリ其事果シテ同一ナルカ即チ同一ノ名称ヲ用ウルノ便利ナルハ素ヨリ論ヲ待タサルナリ且ツ期満免除ニ対スル「プレスクリプシヨン」ヲ期満得有（或ハ期満所得）ト為ストキハ誠ニ良対ノ名称ヲ得ルナリ而シテ此形容詞ヲ省クトキハ期満ノ二字ヲ余スカ故ニ之ヲ以テ二種総称ノ名詞トナスハ便利ニシテ且ツ其当ヲ得タルモノニアラスヤ刑法已ニ期満ノ文字ヲ用イ其意義ニ於テ不可ナキヲ知ル故ニ余ハ断シテ期満ノ文字ヲ用イント欲スルナリ蓋シ字義ニ付キ喋々ノ弁ヲ費スハ無益ニ似タリト雖トモ我国未タ法律上ノ用字一定セス且ツ（期満効）ノ一字ノ有無ハ法律制定ノ上其全体ニ影響ヲ及スコト僅少ナラサルカ故ニ経時効若クハ期満効ノ文字ヲ用ウルヲ欲セサルナリ故ニ聊カ爰ニ卑見ヲ陳述スルノミ

偖テ此期満ニ二種アリ曰ク期満免除曰ク期満得有是レナリ期満免除トハ已ニ若干年ヲ経過スレハ其尽ス可キ義務ヲ免カルヽトノ云ヒニシテ期満得有トハ亦タ若干年ヲ経過スレハ他人ノ所有物ヲ得有スルノ云ヒナリ而シテ此期満法ヲ設クルニハ仏法明文ノ如ク法律ノ方法手段ニ基カンヨリハ寧ロ法律ノ推測ニ依ルノ正当ナルニ若カサルヲ信スルナリ即チ正当ノ原因アリテ之ヲ得之ヲ免レタルモノト定ム可キナリ

期満ノ意義ハ此ノ如シ余ハ是ヨリ期満ノ主旨ハ性法ニ適スルモノナルヤ否ヤヲ見ント欲ス謂ラク期満ハ決シテ性法ニ適スルモノニアラサルナリト而シテ其理由ニ至テハ甚タ視易キ証拠アリ即チ未タ得サルモノヲ得タリト云ヒ未タ免レサルモノヲ免レタリト云フハ決シテ云ヒ能ハサル可シ而シテ文明ノ今日ニ在テハ人民各自ノ権利ハ実ニ神聖ニシテ犯スヘカラサルモノナリ此犯ス可カラサル権利ニ向ツテ期満ノ如キ法則ノ存在スヘキ理由アラサルナリアコラース氏曽テ言ヘルコトアリ曰ク彼ノ期満ナルモノハ実ニ吾人々類天賦ノ権利ヲ無視スルニアラサルヨリハ決シテ設クル能ハサルモノナリ然ルニ世人ハ之ヲ目シテ期満ハ公益ノ為メニ必要ナルモノナリ我人類ノ守護神ト云フモ溢美ニアラサルナ

リト云フ嗚呼是レ何等ノ言ゾ凡ソ期満ナルモノハ蠢愚タル蒙昧野蛮ノ世ニ在テハ人民ヲ守護スル神ナルヤ余之ヲ知ラスト雖モ今日ノ如キ文明ノ社会ニ在テハ寧ロ人民ノ権利ヲ妨害スル悪鬼ト云ハサル可カラス則チ今日ニ在テハ権利ナルモノハ契約ニ依ルニアラサレハ決シテ奪フ可カラサルニアラスヤ今此期満ナルモノヲ見ルニ輒ク人ノ権利ヲ得又タ自己ノ権利ヲ失フ豈之ヲ文明社会ノ悪鬼ト云ハスシテ何ソヤ然ルニ我仏国ニ於テハ尚ホ之ヲ珍重シテ未タ之ヲ廃止スルノ方法ヲ計画スルモノアルヲ聞カス豈ニ慨歎ノ至リニ堪可ケンヤ已ニ普魯西国ニ於テハ登記ヲ受ケタル土地ニ付テハ期満ノ法則ヲ廃セリト云フ我仏国ニ於テ之ヲ廃スルモ亦タ何ソ不可ナル所アランヤ然リ而シテ之ヲ廃スルニ付テハ其方法如何ント云フニ地券台帳ヲ整頓シテ某ノ土地ハ其性質如何又其所有者ハ某ナリト明瞭ニ知ルコトヲ得ヘカラシム可シ又タ啻ニ土地ノ所有権ノミナラス其他ノ物権ノ移転ニ付テモ亦タ公告ノ方法ヲ設ケテ以テ之ヲ世人ニ知ラシム可シ即チ彼ノ土地ニハ地役アリ是ノ土地ニハ入額所得権アル等其原因ヨリ其結果ニ至ルマテ詳ニ之ヲ世人ニ知ラシムル方法ヲ設ケ且ツ善良ナル裁判官ヲ養成シテ之レニ事実審判ノ全権ヲ与フルニ在ルナリ蓋シ此善良ナル裁判官ヲ設クル所以ハ若シ土地ニ関シテ所有権ノ争論等起リテ困難ナル場合ニ際シ公明正大ナル裁判ヲ為サシメンガ為メナリ此ノ如ク其方法ヲ設クルトキハ土地ニ関シテハ期満ノ法則ノ全ク無要ニ属スルニ至ル可シトアコラース氏ノ言実ニ其当ヲ得タリト云フ可シ夫レ社会ノ進歩スルヤ従ツテ期満法ノ漸次テ其効用ヲ減少スルハ決シテ掩フ可カラサルノ道理ナリ故ニ純然タル道理上ヨリ之ヲ云ヘハ期満ナルモノハ一日モ社会ニ存在セシム可キモノニアラサルナリ然レトモ我国ノ如キハ地券発行以年来尚ホ浅キカ故ニ辺隅僻陬ノ地ニ至テハ或ハノ土地曖昧ナシト謂フ可ラス果ニ（ママ）然ラハ我国ノ如キ尚ホ土地ニ関シテモ期満法ヲ設クルノ必要アラン歟是故ニ我立法官ニ於テモ亦タ必ス此期満法ヲ設ケラル可キヲ信スルナリ而シテ之ヲ設クルニハ予言ノ如ク其主旨二個アリ其何レノ主旨ニ従フテ以テ可ナリトナスヤ請フ左ニ之ヲ陳述セン

（未完）

「我邦の会社」（一）

（『明法雑誌』第六六号、明治二一年八月発行）

恐慌将らに来らんとす、恐慌、恐慌、とて世人が或ハ疑ひ或ハ懼れ惴々焉として安せさるものハ実に我経済社会の現状にして何人と雖早晩其襲来の憂あるを恐れさるものハあらず、蓋し此の憂たる其根抵する処固より復雑(ママ)にして爾かも浅からずと雖、今日に於てハ其密雲一に諸種会社の上に漲れるもの丶如し故に若し我邦今日の諸会社にして幸に首尾整頓其目的を全ふするを得んか恰も冷風の雲を払ふか如く最も爽快なる晴和の日を見るを得可く此れに反して一朝其舵を失するに至てハ暴雨となり洪水と変じ惨憺たる害毒ハ永く我社会の発達を傷害するに至る可し局に当るもの丶深く慮るへき所なり

我邦に於て会社興立の流行ハ実に甚太しきものにて山村水郭に至るまて尚ほ其看版を見さるものあらす或人の統計に依れハ昨年一月より本年一月に至るまで一周年間に創起したる会社商社の数のみにて大数三百以上に至り其資本ハ積て一億二千余万円に登れりと云ふ我邦生産社会の程度に比例するときハ寧ろ非常の事と云ハさる可らす而して此等諸会社の予期する如く悉く我流通資本を駆りて茲に集めさる可らさるの必要ありとすれハ識者が会社の胎内よりして恐慌の将さに出てんとするを憂慮するも亦故なきにあらさるなり

夫れ已に此の如きの勢ひを以て諸種の会社商社勃興し而して今日の形状此の如く危殆に迫れりとすれハ会社を規律すへき細密なる法律ハ実に必要のものたる可し然るに我邦に於て未た其標準となるへきもの丶此れあらさるハ寧ろ傷ハしきことにて事に従ふものにありてハ会社の権限、会社と其社員との関係、会社々員と社外人との関係等、を考ふる

毎に徒らに望洋の歎を懐くを免れさる可し此れ余輩が特に今日に於て本問の解釈を試みる所以なり

我邦一般の会社のことを考ふるに就き第一に起るへき法律上必要の問題ハ此等会社を無形人と看做すへきや否やの点にあり何となれバ会社の権限、利害、等凡て此の決定の如何によりて其結果を異にすれバなり然るに我邦に於てハ未だ会社に関して此れを無形人と看做すへき法律とてハ此れなく又無形人となすも此れと抵触すへき規則とても此れあらす只単に会社の性質を精査し其利害の存する処に依て此れを決定するを得へきことにて前後相触るゝ処あらさるか故此れを彼の仏国の如き成文法国に在りて全般の法律と参照斟酌せさる可らさるものに比すれハ簡単のことゝ云ふ可し

余輩の考案を以てすれハ我邦の会社ハ或る特別のものを除くの外ハ皆悉く無形人を組織する者の如し其理由ハ凡そ数多の人相集りて一たひ或る会社を組織するや其事務を執るに就ても、其事業を経営するに就ても、其権利義務を結約するに就ても、悉く皆会社なる団結体の資格を以てし剰きへ訴を起すも此れが名義を以てし訴を受くるも亦其名義を以てす而して其間毫も普通人々間の関係と異なれる処あらす宛然一種の権利を有し義務を負ふへき人を生したるに等し固より已に無形人と云ふときハ此れを代表して事を執るへきものゝ存せさる可らさることとなるか故社長(若くハ頭取)以下の役員を定め其事務を行ハしむることにて契約書面に於て若くハ其他の事務を執るに臨み往々此等役員の署名等を存することハあれども只れハ只実際事を執りたる手足を示すに止り権利者となり義務者となり事を決定せる本体ハ会社名義にありて存するなり即ち諸種取引に関する主人公ハ会社にして社長以下のものハ只其意を承けて事務を執るに過きさるものとす此れ今日我邦の会社商社に於ける一般の有様にして純然たる無形人の資格に適するものと云ふべし

又此れを会社の利害に照して見るも此れを以て無形人となすに於てハ会社夫れ自らに取りて其利益実に尠なしとせす何となれハ已に会社を以て権利を有し義務を負ふへき一種の人と看做すことなるか故社員よりして会社に対し差入れ

を約したる物件ハ悉く其権利を移転して会社の所有と変すへきものなり故に一社員の思想を以て会社資本の処置に干渉するを得さるのみならす若し社員中債主の差押を受くへきものありとするも社員の私財を差押へ得るに止り決して已に会社に対し差入れを了したる物件に向て故障を述ふるを得さるものとす此れに反し若し会社をして無形人たるの資格を有せさるものとせんか社員の差入物件ハ所有権を転移すへき謂ハれあらす即ち其団結たる共同殖利の団結にして其間に生したる利益ハ社員の共有物と見做さゞる可らす随て債主ハ社員の差入物に就ても尚ほ其権利を行ふを得可きものとす已に此の如くなるとき其基礎ハ薄弱にして会社財産減少の憂に且夕(ママ)免るゝを得さることなる可し此れを彼の無形人として其資産の所有権を会社に於て握持するものと対比すれハ其利否ハ深く弁するを要せさるなり

我邦会社の性質ハ前段已に説明したるか如く此れを以て無形人と看做さゞる可らさるの組織にして且つ此れと無形人となすに於てハ此の如き利益ありとすれハ誰れとても此の利益ある組織を撰まざるへき理由なきか故余輩此れを無形人と断定するに於て又何をか疑ハん唯他日会社に関する法律制定の日もあらハ法律上よりして此の主義の一定せられんことを希望し又必す一定せらるべきを信するなり

（未完）

（『明法雑誌』第六七号、明治二一年九月発行）

「我邦の会社」（二・完）

我邦の会社ハ其組織上に於て無形人たる性質を有すること及び此れを無形人と為すを以て最も利益ありとなすの次第ハ已に前段詳説したる処を以て明かなるを得可し此の決定と共に会社に関する重要の問題ハ会社財産分派の際に於て所有権移転の時日を定むること此れなり

会社已に解散したるときハ其財産ハ社員間に分派せさる可らず然れども其財産の所有権ハ此の分派に因て初めて移転の効を生すへきものなりや否や若し分派に依て初めて所有権移転の効を生すへきものなりとすれバ会社の解散以後に於ける物件の所有主ハ此を何人と定むへきか茲に於てか移転の時日につき議論、沸騰遂に本問の会社を必要ならしむるに至れり蓋し所有権移転の効ハ分派を竢て初めて生するにあらず分派なるものは只単に已得の所有権を表示するの方法たるに過きずとのことハ苟も所有権移転の原則を了知するもの、疑を容れさる処なり即ち合意ハ所有権を移すの力を有するものにして而して分派のことたる恰も物件引渡の方法と同一なるか故其移転したる所有権を有形に発表する手段に過ぎざるなり此の点に就てハ特に茲に喋々の弁を要せさるべしと信ず

已に分派を以て所有権移転の効を生するものにあらずして只単に已得の所有権を発表すべき方法に止るものとなすときは会社員に於て会社財産の所有権を獲得したる時日ハ何の日にあるやの問題ハ実に必要のことなりとす論者或ハ曰く会社員が分派の方法に依て得たる物件の所有権を認むること即ち該社員に所有権の移転したる時日ハ会社創立の際各社員が物件の差入れを了し会社員の共同財産を組織したる日に遡らさる可らず故に分派に因て得たる所有権の真に該社員に移転したるは会社創立の日と定めさる可らずと

此議論ハ間々余輩の耳朶に触る、処なれども要するに此れ会社を以て無形人となすの効果を忘却したるより起る誤謬と云ハさる可らず乞ふ試みに此れを陳べん

夫れ会社を以て無形人となす場合に於てハ会社々員の外法律上一個人を生したると同一にして其人たるや恰も有形肉体の人と同しく権利を有し又義務を負ふことを得へきものなり即ち会社の無形人とハ此事を云ふなり已に社員相集りて一の無形人を組織し此れに向つて差入物件をなせし場合に於てハ該物件の所有権ハ無形人の所有に属せさる可らざるや固より論なく苟も然らさるに於てハ此れを以て無形人と為すことを得さるの理なり已に会社の無形人たること一定し社員よりして此の無形人に向つて差入れをなせし物件の所有権会社なる無形人の手に属すへきものなりとすれば

後に分派の場合に於て其所有権移転の時日を会社存立中に遡らしむること能ハさるや更に疑を要せさるなり若し前論の如く分派に因て得たる社員の所有権を会社創立の日に遡らしむるとするときハ該物件にハ当さに二ヶの所有主あることゝなるなり而して此の如きハ事実あり得可らさることとなるが故社員の権利にして会社存立の時日にまで遡るを得さるや明かなり蓋し此説たる会社財産を以て社員の共有物なりと思惟する所より起りたる迷想なりとす

此の如く論じ来るときハ分派者の所有権ハ会社解散の日より生すること自然明瞭なることとなるべし其理由何となれバ会社存立よりして其解散に至るまで物件の所有権ハ無形人たる会社の手に属すへきものにして解散により初めて会社ハ無形人たるの組織止息するか故此れよりして其財産社員の共有物件と変すべきものなり故に分派に依て獲得したる物件の所有権ハ会社解散の当時該社員に移転したるものとなすを以て最も論理に適し正鵠を得たるものと信するなり所有権移転の時日如何ハ其関係する処実に重大にして殊に細考を要すへきの問題たるか故余輩ハ以上其信する所のものを悉くしたり蓋し此決定たる自然の理にして我邦一般の会社に適用して毫も不可なる所あるを見さるなり

「民法草按中ニ自然義務ヲ設クルニ付テノ意見」（明治二二年一〇月）

（「民法編纂ニ関スル意見書」『日本近代立法資料叢書』第一二巻）

自然義務ノ論ハ古今ノ学者各人個々ノ意見ヲ主張シ未タ嘗テ一定ノ学説アルヲ見サルカ如シ今般本件ノ諮詢ニ接シタルヲ以テ特ニ此点ニ付テハ更ニ諸大家ノ著書ヲ渉獵シテ深ク其可否ヲ探求シタレトモ未タ悉ク感服スヘキノ卓説ヲ得ス蓋シ当初私カニ民法草案ヲ維持セント試ミタルモ深ク之ヲ研磨スルニ及ヒテハ原案ノ如ク勉メテ自然義務ノ事ヲ特ニ成文法中ニ規定セサル可カラサルノ必要ナキヲ看破セリ因テ之ヲ思為スルニ成文法中ニ自然義務ノ条項ヲ載スルモ

可ナリ又之ヲ載セサルモ敢テ不可ナルヘシ仮令之ヲ載セサレハトテ法律ノ缺点トシテ敢テ非難スヘキノ事ニ非ス又之ヲ載セタレハトテ何ソ敢テ喋々苛酷ノ攻撃ヲ加フルヲ要センヤ畢竟彼ノ仏法ノ如キハ自然義務ニ関シテ已ニ一ケ条ノ規定ヲ設ケタルカ故議論紛出スルニ至ルノミ即チ此一ケ条ヲ設ケタルハ恰モ種子ヲ下シタルモノニシテ議論ノ端是レヨリ啓クルハ勢ヒノ免カレサル所ナリ故ニ毫モ其条項ヲ載セサレハ已マン苟モ之ヲ載スル以上ハ勢ヒ数箇条ヲ規定シテ綿密ニ其結末ヲ予定スルニ非サレハ決シテ其議論ヲ避クル能ハス起草者ノ意思モ尽シ之ニ外ナラサルナリ案スルニ起草者モ大家ナレハ何ソ徒ラニ古説ニ眩惑セラレテ之ヲ規定シタルモノナランヤ其意思ハ少ナクモ一ケ条ノ規定ヲ示スハ尤モ必要ト認メタレトモ又初メヨリ議論ノ太タ困難ナルヲ察知シタルカ故可及的百出四起ノ議論ヲ避ケント欲シ斯クハ数条ヲ設ケ密ニ之ヲ規定シタルノミ其条項多キモ繁雑ナラス条理克ク整然タルヲ見ルモ亦タ以テ其意思ノ在ル所ヲ知ル可キナリ然ラハ此ノ如ク綿密ニ之ヲ規定セハ克ク議論ヲ絶ツニ至ランカ決シテ然ルヲ得ス即チ首トシテ論者ノ如キ攻撃ヲ受クルハ到底免レサル所ナリ将タ之ヲ削除センカ尚ホ且議論ヲ絶ツ能ハス起草者ハ胸中早ク已ニ其議論ヲ貯フルヲ以テ存廃ノ岐路ニ躊躇セス断然之ヲ規定スルニ若カスト思為シタルナラン是レカ小官カ廃スルモ可ナリ存スルモ亦タ不可ナシト云フ所以ナリ然ラハ則チ其存廃何レヲ執ルヤト云フニ草案中ノ自然義務ノ条項ハ全ク成文法外ニ之ヲ放置シ只タ学説ニ譲ルノ優レルニ若カサルヲ信スルナリ蓋シ幾何カ議論ノ減少ヲ期ス可キ歟是故ニ小官モ自カラ論者ノ廃棄説ニ左袒スル者ナリト雖モ其原案ヲ攻撃スルノ理由ニ至テハ悉ク之ヲ賛成スルヲ得ス然レトモ茲ニ一々之ヲ論究スルハ議論冗長ニ渉リ重複繁雑徒ラニ賢慮ヲ煩ハスノ嫌アルヲ以テ悉皆之ヲ省キ只タ其可否ニ付キ一言ヲ陳述シテ以テ些カ諮詢ニ答フト云爾

法律取調報告委員　岸本辰雄

明治二十一年十月十九日

「序文」

（『五大法律学校連合討論筆記』合本、明治二一年一一月刊）

法ハ自然ノ道ナリ古今ニ通シ万国ニ渉リ決シテ異同アル可カラス然レトモ各国ノ現状ニ於テ其法一ナラス或ハ英法ト云ヒ或ハ仏法独法ト云ヒ皆ナ其趣ヲ異ニスルモノハ其故何ソヤ彼ノ富士嶽ノ巍然タル之ヲ望メハ八面其観ヲ異ニス是レ富士嶽ハ一ナリト雖トモ望見スル所ノ同シカラサレハナリ即チ法モ亦タ此ノ如シ法ハ唯タ一アルノミ而シテ其異ナル所アル所以ノモノハ蓋シ各国其国ヲ建ツルノ異ナルヤ其取ル所ノ道モ亦タ異ナリ従テ国風民族相同シキコトヲ得ス為メニ各国其法ヲ異ニスルニ至ルハ自然ノ勢ナリ夫レ法ノ異ナル所以ノモノ此ノ如シ故ニ漫リニ此ヲ執テ彼ヲ排ス可カラサルナリ人或ハ之ヲ察セスシテ漫ニ英法ヲ正トシテ仏独法ヲ斥ケ或ハ仏法ヲ取テ英独法ヲ不正ト為スアラハ何ソ富嶽一面ヲ見テ以テ真ノ富士ト為シ他ノ七面ヲ富士ニアラスト云フニ異ナランヤ本邦比年法学頗ル隆盛ニ赴キ学生殆ント万ヲ以テ数フ而シテ其取ル所ノ主義漸ク流派ヲ開キ互ニ相党援シ以テ相排斥スルノ弊ヲ生セントス識者夙ニ之ヲ憂フ近者我五法学校ノ志士聯合シテ討論会ヲ開ク其意蓋シ各派ノ主義ヲ和シ互ニ法理ノ蘊奥ヲ究メ前途ノ弊ヲ予防シ以テ真理ノ応用ヲ求メントス其意嘉尚ス可シ而シテ本集ハ五校聯合ノ討論ヲ詳録シタルモノナリ譬ヘハ富士一掬ノ雪ノ如シ之ヲ咀嚼スレハ凛トシテ臓腑ニ沁スルアラントス顧フニ法学ノ流派相排斥スルノ弊ヲ除キ法理ノ真ヲ究ムルコトヲ得ルハ抑此会ヨリ始マル而シテ本集実ニ其第一着タリ刻成ルニ及テ序ヲ余ニ徴ス余不敏ト雖トモ亦タ法律ニ志アル者豈欣然トシテ之ニ応セサルヲ得ンヤ此序ヲ作ル

「ボアソナード先生送別の祝辞」

（『明法雑誌』第八一号、明治二二年四月発行）

欧米好みを通して百事漸く更新し王政古に復して奎運益々旺盛なり是時に当りて吾恩師ボアソナード先生始めて来りて聘に我内閣の法律顧問に応せり惟ふに先生気宇恢宏学問該博爾後或ハ政府の諮詢に応答し或ハ国典の編纂に従事し時に胸懐を放て大に讜言を献するあり又嘗て盤根錯節の難に処して屈せす撓ます気力雄健以て蹇々匪躬の節を致すあり此の如き者茲に十有六年公誠忠愛の志殆んと邦人に異ならさるなり其徳一世に普しと謂ふ可し其功千古に高しと謂ふへし我邦人誰れか之を欣仰傾慕せさる者あらんや而して先生独り未た以て足れりとせす尚ほ進んで邦人の法律思想を養成せんと欲し恪勤鞅掌の余暇を以て法律生徒を鞠育せられ余輩の如きも多年従遊して親しく其教誨を受くるの栄を得たり又余輩の嘗て明治法律学校を設立するや先生其名誉校員と為り兼て教授の任を担当せらる先生の温和慈仁なる其学生に対するや叮嚀懇切委曲周到敢て或ハ懈るなし遂に後進をして身を邦家の事に致すを得せしめたる者其数の幾許なると知らさるなり回顧するに復古以前に在りてハ本邦法律の設けなきに非されとも未た文明の主義に適するものあらす然るに先生の始めて航来して一意法律を講せられしより郁々彬々として遽に面目を革め今日に至りてハ刑法治罪法既に已に完備し民法商法訴訟法の如きも亦将さに不日に成るあらんとす千門万古法律を学ふの声洋々として耳に盈てり嗚呼本邦の法律に於る殆んと其盛を極むと謂ふ可し然らハ則ち本邦に文明の法律を伝へたるは先生なり余輩に文明の法律を誨へたるも亦先生なり先生の本邦及ひ余輩に嘉恵するの厚き此の如し余輩宜しく深く肺腑に銘して以て之れを忘れさるへきなり頃日先生訂約期満ちて将さに其国に帰らんとす後進の苟くも先生の恩徳に薫する者誰れか

悵然として別を惜まさる者あらんや況んや余輩の如き夙夜親炙以て先生の教誨を辱ふしたる者に於てをや伏して冀ふ先生此意を洞諒して再回航来し余輩及ひ後進をして復た温容を拝するの栄を得せしめんことを嗚呼先生の洪恩山高し海深し今ま之を酬ゆるに由なし逐に相謀りて先生の愛翫せらるゝ煙具に摸し其一箇を造らしめ之を左右に贈呈し以て聊か紀念の資に供す倘し笑納を辱ふし永く先生の手沢に沾ふを得は則ち余輩の幸又何そ之に加へん茲に祖道の宴を張り以て先生の帰るを送り且つ先生の恩を謝し併せて先生の寿を祈る春風料峭鵬程萬里先生其れ自玉せよ

（『法政誌叢』第九九号、明治二三年一月発行）

「貴族院ノ精神」（一）

貴族院ハ我カ憲法第三十三条ニ拠ルニ衆議院ト対立シ帝国議会ヲ組織シ以テ立法ノ任ニ当リ　天皇陛下ノ大権ヲ輔翼スルモノトス蓋シ同院ノ成立ハ我カ帝国ニ於テ新タナルモノ、如シト雖トモ之ヲ泰西ノ歴史ニ徴スルニ最モ古代ニ溯リテ其濫觴ヲ見ル余同院ノ精神ヲ論及スルノ前泰西諸国ニ存セシ同院ノ沿革ヲ略記セント欲ス

現今ニ至リテハ英国ニ上院アリ仏国ニ元老院アリ普魯斯ニ貴族院アリ其他概シテ国民ノ代表者ヲ挙ケテ立法ノ任ニ当ラシムル邦土ニ在リテ其代表者ニ対立スル議法院ノ設ケアラサルハナシ蓋シ亦公権ト民権トノ調和其宜シキヲ保タンコトヲ期スルカ為メナラン乎現今此院ニ附スル名称ハ国各之ヲ異ニスト雖トモ其名称ノ異ナル理由ハ同院ヲ組織スル人ノ品位若クハ同院構成ノ方法ニ基クニ過キスシテ其精神ニ至リテハ時ト処トヲ択ハス一ニ出ツルモノ、如シ而シテ古代ニ在リテハ専ラ元老ヲ以テ其院ノ名称ト為セリ蓋シ之ヲ組織スルニ老練者ヲ以テシタルカ故ナルヘシト雖トモ或ハ年長者ニ限リ其任ニ当リタル事情モ亦此名称ノ原因ヲ為シタルモノナラン乎

古代ニ在リテ最モ有名ナル元老院ハ猶太人民ノ組織シタルモノ及ヒ斯波太人民ノ組織シタルモノ雅丁人民ノ組織シタルモノ並ニ羅馬人民ノ組織シタルモノ是レナリ

猶太人民ノ組織シタル元老院ハ「サンヘテラン」ト称シ同人民ノ最上議会ニシテ国民ノ重立タル者七十二名ヲ以テ其任ニ当ラシメ国君副王及ヒ賢者ノ三名之ヲ指揮セリ当時同院ノ職務ハ重大ノ訴訟ヲ裁判シ法律ヲ弁明シ及ヒ宗教又ハ政治ノ事ヲ議定シタルモノトス

斯波太ノ元老院ハ六十歳ニ達シタル者二十八名ヲ以テ之ヲ組織シ国王二名ト共ニ国権ヲ預リタルモノトス此元老ハ国民ノ選抜ニ由リ其任ニ当レリ同院ノ成立ハ同国ノ立法官ヲ以テ名ヲ知ラレタル「リキユールグ」氏ノ按出ニ係ルト云フ同氏ハ耶蘇紀元前八百八十四年ニ死亡セシ人ナリ

雅丁ノ元老院ハ「ソーロン」氏ノ始メテ設立シタルモノニシテ其初メ人員四百名ヲ以テ之ヲ組織セリ後此元老ヲ称シテ単ニ四百名ト名ケリ其後「クリステーヌ」氏ハ元老ノ院(ママ)数ヲ五百名ニ増加セリ此元老ハ抽籤法ヲ以テ之ヲ定メ而シテ其職掌ハ立法司法ノ任ニ在リタルモノトス「ソーロン」氏ハ耶蘇紀元前六百四十年ニ生レテ五百五十九年ニ死セリ

羅馬ノ元老院ハ最モ有名ノモノニシテ始メテ之ヲ組織シタル者ハ「ロミユリユース」ナリト云フ「ロミユリユース」ハ耶蘇紀元前七百五十三年ニ生レテ七百十五年ニ死セリ同氏ハ古史ノ伝フル所ニ拠レハ羅馬ノ建国者ニシテ且第一ノ国王ナリ同院ハ国王ト共ニ国権ヲ預リ交戦講話ヲ議シ法律ヲ編シ租税ヲ定メ地方ヲ分画シ及ヒ訴訟ヲ裁判セリ加之羅馬国ノ重要ナル官吏ヲ任免スルノ権利ハ其初メ特リ元老院ニ属セリ是ヲ以テ羅馬建国ノ初メニ在リテハ元老院ノ権力ハ最モ重大ニシテ殆ト国王ト対立シタルモノト謂フヘシ然レトモ羅馬ノ国体一変シテ帝国ノ下ニ在リテハ元老院ハ漸々其権力ヲ剥カレ遂ニ全ク独立体ヲ失ヒ最モ残酷ナル国君ノ意思ト雖トモ偏ニ唯諾スルヲ以テ其職ト為スニ至レリ而シテ羅馬帝国東西ニ分レテヨリ元老院モ亦両処ニ成立シ其一ハ「コンスタンチノツプル」ニ之ヲ設ケ他ノ一ハ羅馬府ニ之ヲ置ケリ匈奴来リテ伊国ヲ抄掠シテ以来羅馬ノ元老院ハ「オドアツクル」及ヒ「テオドリツク」ノ保持スル所

ト為レリ然レトモ耶蘇紀元後五百五十二年ニ至リテ消滅セリ蓋シ元老ノ過半ハ軍兵ノ殺戮ニ罹リタルガ為メナリト云フ

其初メ元老百名ヲ以テ其院ヲ組織シ名ケテ「パトレス」ト称セリ蓋シ国交ノ義ナリ後又百名ヲ増加シ遂ニ共和政ノ下ニ在リテハ益々増加シテ元老ノ数六百名ニ達セリ加之羅馬帝「セザール」ノ殂スル頃ニ至リテハ其数千名以上ニ上レリ然レトモ「オーギユスト」ノ代ニ至リテ更ニ元老ヲ六百名ニ減シテ以来之ヲ以テ定員ト為シタルモノ、如シ後十二世紀ノ頃ニ至リテ羅馬国ハ更ニ共和政ヲ執リテヨリ一時元老院ヲ組織シタリト雖トモ遂ニ之ヲ廃シテ元老院ノ職権ヲ唯一ノ官吏ニ付与セリ此官吏ヲ名ケテ同シク元老ト呼ヒ而シテ元老ノ称号ハ時トシテハ外国ノ国君ニ之ヲ付与シ時トシテハ法王其人ニ付与セリ羅馬ハ近世ニ至リテモ尚ホ一名ノ元老ヲ置ケリ此元老ハ羅馬都府ノ高官ニシテ且同時ニ最上ノ裁判官ナリトス是レ羅馬国ノ元老院ニ関スル沿革ノ大略ナリ

古代ノ沿革ハ措キ近世ニ至リテ有名ナルモノハ「ウエニーズ」ノ元老院是レナリ同院ハ貴族ノ代表者ニシテ其元老ヲ名ケテ「プレガジー」ト称シ貴族ニシテ二十五歳以上ノ者ニアラサレハ其院ニ列スルヲ許サス同院ハ其初メ六十名ヲ以テ之ヲ組織シ以来百名ニ増加セリ蓋シ其職務ハ憲法ノ執行ヲ確保シ且立法ノ権ヲ行フニ在リトス其ノ瑞典国ハ第十五世紀ノ頃ニ元老院ヲ設立シテ千七百七十二年ニ之ヲ廃シ而シテ千八百九年ニ之ヲ再興シ現時尚ホ存スルモノ是レナリ又合衆国ノ元老院ハ七十名ヲ以テ組織シ各々其任ニ在ルコト六ケ年トス而シテ同院ハ民選議院ト合併シテ国会ヲ組成ス又其職掌ハ民選議院ニ於ケルカ如ク法律ヲ起艸シ官吏ニ関スル訴訟ヲ裁判ス此外各国ノ上院ハ皆其職務ノ性質上元老院ト同視スルコトヲ得ヘシ

是レヨリ仏国ノ元老院ノ沿革ニ就キ一言スヘシ仏国ノ元老院ハ共和暦第八年ノ憲法ニ拠リ組織シタルモノヲ以テ始メトス其職務ハ憲法ノ保持、法律ノ遵守ヲ監督シ及ヒ総テ憲法違反ノ処分ヲ廃棄スルニ在リ当時ノ元老院ハ重大ノ権力ヲ有シタルモノニシテ即チ各県ニ於テ調製シタル人名簿ニ従ヒ立法院ノ議員并ニ「コンシユール」「トリユバン」及

ヒ大審院判事ヲ選定シ且ツ立法議員ヲ解散スルノ権力ヲ有セリ此元老ハ立法院「トリビユナー」及ヒ第一「コンシユール」ノ提出スル候補者中ヨリ元老院自ラ之ヲ選抜シ而シテ当選者ハ終身其職ニ在ルヘキモノトス元老ハ其初メ六十名ヲ以テ定員ト為セシカ漸々加ヘテ百三十七名ニ達セリ元老ハ二万五千「フランク」以上三万「フランク」以下ノ手当ヲ受ケリ

第一世那波崙帝政ノ下ニ在リテハ元老院ハ全ク独立体ヲ失ヒ総テノ勅令ヲ一ニ是認スルヲ以テ其職ト為シ而シテ那帝位ヲ失フニ至リテモ曾テ之ヲ救フノ運動ヲ試ミサリキ是ニ於テ乎大ニ国民ノ望ミヲ失フニ至レリ「プールボン」家王位ヲ復スルニ至リテ元老院ヲ廃シテ上院ヲ設立セリ然ル後千八百五十二年一月十四日ノ憲法ヲ以テ更ニ元老院ヲ再興シ上院ハ王政ト共ニ滅セリ蓋シ第三世那波崙帝位ニ就キタルガ故ナリ此元老院ハ千八百七十年九月四日即チ同帝ノ在位中存在シテ共和政ノ再興ニ至リテ終リテ告ケタルモノトス第三世那波崙帝在位中ノ元老院ハ第一高僧及ヒ陸海軍大将第二、十八歳以上ノ皇族及ヒ第三勅選議員ヲ以テ組織セリ但総員合セテ百五十名ヲ超ユルヲ得サリキ当時元老ノ職務ハ終身ニシテ元老各三万「フランク」ノ手当ヲ受ケ而シテ議長ハ特ニ十二万「フランク」ノ俸給ヲ受ケリ又元老ヲ徴集シ或ハ開会ヲ遷延スルノ権利ハ皇帝ニ属シ而シテ元老院ハ憲法及公ケノ自由ノ管守者タル資格ヲ以テ法律ヲ認許シ人民ノ請願ヲ受理シ且調査シ并ニ同院ノ決定ヲ以テ植民地ノ憲法ヲ規定シ其外憲法ノ条文ニシテ見解ニ困難ナル者ヲ弁明シ及ヒ憲法ノ変更ヲ奏上スルノ職権ヲ有シタル者トス

(未完)

（『法政誌叢』第一〇六号、明治二三年四月発行）

「貴族院ノ精神」（二・完）

第三世那帝位ヲ失フテヨリ千八百七十五年ニ至ルマテ仏国ニ元老院ヲ置カス立法権ハ特ニ国民ノ代表者タル衆議院ノ占ムル所ト為レリ現今ノ元老院ヲ再興シタルハ千八百七十五年二月二十五日ノ憲法ニ基キタルモノトス即チ現今ノ元老院ハ元老三百名ヲ以テ之ヲ組織シ其中七十五名ハ元老院自ラ之ヲ選定シ当選者ヲシテ終身其職ニ就カシム残二百二十五名ハ仏国ノ内地及ヒ植民地ヨリ之ヲ選出ス茲ニ其選挙ノ大略ヲ示サンニ各県ニ於テ国会代議士、県会議員、及ヒ郡会議員并ニ邑会議員ヲ以テ組織シタル選挙会ノ投票ヲ以テ元老ヲ選抜スルモノトス而シテ元老ノ在任期ヲ九ケ年トシ三ケ年毎ニ三分一ヲ改選ス但初年ノ当選者ハ之ヲ三級ニ分チ抽籤ヲ以テ三年ノ在任者ト六年ノ在任者ト九年ノ在任者トニ区別セリ之ヲ現時ニ於ケル元老組織ノ構成法トス元老ノ手当ハ代議士ト同シク九千「フランク」トス但植民地ヨリ選出セラレタル元老ハ旅費トシテ別ニ相当ノ賠償ヲ受クルナリ又元老院ハ代議士院ト共ニ法律ノ起艸権ヲ有シ且特ニ大統領若クハ内閣員并ニ国ノ安寧ニ属スル重罪ヲ裁判スル為メ訟廷ヲ組織スルコトアリ又政府ニ於テ代議士院ノ解散ヲ命スルニハ元老院ノ同意ヲ得ルコト必要ナリトス

右ノ如ク古代ヨリ現時ニ至ルマテ各国各々施治ノ具トシテ公権ノ一団体ヲ組織シ之ニ与フルニ重大ノ権力ヲ以テシタルモノハ其間各々消長ノ差ナキニアラスト雖トモ要スルニ国権ト民権トノ間ニ此団体ヲ中立セシメ以テ治者被治者ノ権衡偏倚ナク宜シキニ適スルノ任ヲ執ラシメンコトヲ希望シタルノ趣意ニ外ナラサルヤ必セリ

然レトモ其希望ハ果シテ実効ヲ奏シタルヤ否ヤト問フニ不幸ニモ未タ充分其実効ヲ奏シタル者アルヲ聞カス即チ前ニ

列記シタル各国ノ例ニ照シテ之ヲ見ルモ元老院ノ興敗常ナラサルハ希望ノ実際ニ当ラサルノ確証ト謂フヘシ蓋シ茲ニ善良ノ希望アリテ之ヲ実際ニ果サンコトヲ期シ以テ其団体ヲ組織シ尚ホ結果ノ希望ニ異ナル所アルハ何ソヤ団体組織ノ方策宜シキヲ得サルニ由ルヘシ

蓋シ我カ憲法ニ於テ貴族院ヲ設定シタルモノモ亦政府之ニ由リテ以テ治者被治者ノ関係其宜シキヲ保タンコトヲ希望シタルニ出ツルヤ識者ヲ竢チテ後知ルヘキニアラサルナリ其レ然リ我カ憲法ノ貴族院ニ関スル規定ハ果シテ其希望ト実効ト響ノ応スルカ如クナルヘキヤ否ヤ蓋シ此確答ハ憲法実施ノ後幾数年ノ経験ニ因ルニアラサレハ之ヲ為スコト能ハス特リ学術ノ力ニ依リ予メ答フルコトヲ得ルハ憲法ノ規定ヲ公平ノ条理ト人事ノ然ラシムル情勢トニ照シテ論究シ以テ推理ノ極将来ニ生スヘキ結果ノ如何ヲ指示スルニ在ルノミ余ノ名ケテ以テ貴族院ノ精神ト云フモノハ此研究ニ在リトス

我カ憲法第三十四条ニ拠ルニ貴族院ハ貴族院令ノ定ムル所ニ依リ皇族華族及ヒ勅任セラレタル議院（ママ）ヲ以テ組織ストアルナリ

蓋シ貴族院ハ政府ト国民トノ間ニ在リテ憲法ヲ保持シ公平ヲ以テ規矩ト為シ独立ヲ以テ標準ト為シ毫モ他力ノ為メ抑制セラル丶コトナク政府ト国民トノ権衡其宜シキヲ得ルヲ任ト為シ上ニ偏セス下ニ倚ラス最モ独立不羈ノ地位ニ在ルヲ要ス其レ然リ同院ヲシテ此地位ニ立タシメンカ為メニハ其組織構成モ亦自然其趣意ニ出テサルヘカラス如何ナル組織構成ハ其趣意ニ適スルモノト為スコトヲ得ルヤ夫ノ行政官吏ハ概シテ政府ノ執ル主義ヲ賛成シ又代議士ハ民望ヲ得ルヲ是レ勉ムルモノハ各々其従属スル権力ノ在ル所ニ偏倚スルノ致ス所ニアラサルハナシ蓋シ亦勢ノ然ラシムル所トス若シ貴族院ノ組織ヲ一権力ノ取捨ニ委スルトキハ行政官吏若クハ代議士ノ如ク一方ニ偏倚スルノ弊ヲ同院中ニ生スルコトヲ免レサルヘシ果シテ然ルトキハ貴族院ヲシテ其独立体ヲ維持セシムルコト亦難シ

貴族院ノ議員ヲ尽ク勅選ニ為サン乎必スヤ政府ニ偏スルノ弊ヲ見ルニ至ルヘシ去リトテ之ヲ民選ト為サン乎必スヤ第

二ノ代議士院ヲ組織シテ貴族院ノ目的ヲ全フスルコト能ハサルヘシ故ニ余常ニ以為ラク政府ニ佞セス人民ニ阿ラス不偏不党ノ貴族院ヲ組成シテ治者ト被治者トノ間ニ中立セシメ以テ其真面目ヲ社会ニ表サシメンカ為メニハ純理上政府此議員ヲ任スルニアラス人民之ヲ選ムニアラス其国ノ臣民ニシテ或ル資格ヲ具フル以上ハ法律上当然其院ニ列スルヲ得テ其資格ハ他力ノ決シテ妨クルコト能ハサルモノト為スノ外他ニ策ナカルヘシト斯ノ如クセハ貴族院ノ独立体ヲ保ツニ於テ満足ヲ得ルコト万疑ヲ容レス然レトモ貴族院ハ立法ノ大権ニ参与ス此資格ヲ具フル者ハ悉ク立法ノ大権執行ニ満足ヲ与フル者ナラサル可ラサルナリ

（『法政誌叢』第一〇七号、明治二三年五月発行）

「法典発布ニ就テ」

左ノ一編ハ春期校友会席上ニ於ケル校長岸本辰雄君ノ演説ヲ筆記シタルモノニシテ法典発布ノ際論議紛々タル折柄法律ヲ修ムル者ニハ頗ル緊要ナルヲ以テ茲ニ登載ス

諸君本日ハ春期校友会ヲ兼ネテ法典発布ヲ祝スル為メ予輩ハ名誉校員諸公并ニ校友諸君ト共ニ茲ニ相会合セリ其相会スル者百五十余人頗ル盛会ト云フ可シ平時ニ在リテモ諸君ト共ニ一堂ノ中ニ相会シテ胸襟ヲ開クハ歓喜限リナキコトナルニ本日ハ況シテヤ一日三秋ノ思ヲ為シ昨年来指ヲ屈シテ待チ居タル法律ノ発布ニ遭ヒ諸君ト共ニ之ヲ祝スルハ誠ニ千歳ノ一遇予輩ノ心中手ノ舞ヒ足ノ踏ム所ヲ知ラサル也豈一大白ヲ挙テ祝セサルヲ得ンヤ嗚呼法典ノ発布ハ日本人民ノ欣然祝賀セサル可カラサル所ニシテ就中予輩ノ如キ日夜法律ニ従事シタル者ハ歓感極リナシ想フニ我三千八百万ノ同胞兄弟ハ一人トシテ此盛事ヲ喜ハサル者ナカラン曩キニハ二三ノ非法典論ヲ唱道シタル者ナキニ非サリシカ是レ

只タ目前ノ小利害ニ眩惑シタルニ非サレハ自カラ為ニスル所アリテ発シタル狂言ノミ日本人トシテハ如何ナル人ニテモ恐ラク法典ノ発布ヲ見テ之ヲ喜ハサル者ハアラサル可シ啻ニ之ヲ喜ハサルノミナラス進テ之ヲ賛成セサル者ハ万ニ一ナカル可シ否ナ必ス斯クアラサル可カラサルナリ如何ニシテ衆人ノ心ヲト知スルヤト云フニ曩キニ憲法発布ノ際諸君モ知ラル、如ク其当日ノ景況ハ東京府下ハ云フニ及ハス各地方山廓水村至ル所酒ヲ酌ミ杯ヲ飛ハシ万歳ノ声ハ殆ント天地ヲ動シ夜以テ日ヲ継キ恰モ狂セルカ如ク之ヲ祝シテ止マサリシ是レ何ノ為メナルソ憲法発布ニ依テ吾人ノ公権確定シタルヲ喜フナリ今ヤ法典発布ニ依リ吾人ノ私権確定シタルカ故亦タ之ヲ喜フ可キヲ知ルナリ豈憲法発布ノ当日ト同シク之ヲ祝セサル可ケンヤ然ルニ此度ハ人民太タ冷淡ニシテ痛痒相感セサルモノ、如シ是レ何ソヤ人民ハ権利ノ貴重ス可キヲ知ラサルニ依ルカ将タ法典ノ何タルヲ知ラサルニ依ルカ彼ノ非法典論者ノ如キモ一時ニ大法典ヲ発布スルト云フヨリ或ハ語ヲ巧ニシテ尚早ト云フ可ケレド語ヲ換テ這般汝等ノ貴重ナル私権ヲ確実ニセントスト云ハ、如何尚ホ私権ノ確実ナルヲ要セスト云フヲ得可キカ実ニ予輩ハ今日ニ於テ法典発布ヲ祝セサル者恐ラクハ日本人トシテハ一人モアラサルコトヲ信スルナリ然ルニ人民ノ冷淡ナルハ未タ其法典ノ何モノタルヲ了解セサルニ依ルナラン昔時フランス王フランソワー第一世カ其隣国サボワー国ヲ劫掠シタルトキ其降参シタル人民ハ仏王ニ向テ要請シタルコトアリ其言ニ曰ク余等自今甘シテ大王ノ統御ヲ受ク可シ然レトモ只管公道正理ニ依テ裁判ヲ下ス勿ランコトヲ希望スト是レ仏国歴史中ノ記事ニシテ予輩少年ノ折柄之ヲ一読シテ大ニ吃驚セリ抑々正理ニ依テ裁判ヲ受ケンコトハ古来人々ノ希望シテ止マサル所ナリ独リサボツー国人ハ何ヲ苦ンテ此貴重ナル正理ノ裁判ヲ受クルコトヲ避ケタルヤ実ニ奇怪ノ至リニ堪ヘサリシカ其後法律学ヲ修ムルニ至リ稍々其理由ノ一端ヲ窺ヒ今日ニ至テハ益々奇言ノ奇ニ非スシテ真ニ妙味アル事ヲ覚知シ彼等ノ要請其当ヲ得タルニ感服セリ是等ノ事ハ諸君モ定メテ同感ナリシナラン蓋シ諸君ハ古今経歴シタル裁判上ノ実況ヲ回想セハ吾人ノ同朋ハ皆ナ正理ニ依テ裁判セラレタル人民ナルコトヲ知ル可シ明治政府ニ於テモ尚ホ維新ノ初メ宣言シテ曰ク法律ナキモノハ習慣ニ依リ習慣ナキモノハ正理ニ依ル可シト而シテ古来正理ニ依ル可シト云フ裁判ハ如何アリシヤ其状態ハ恰カモ万種ノ法律ヲ以テ支配セラレタルモノ、如シ其故如何トナレハ特定ノ法律ナキカ故各裁判官ノ脳底ハ恰モ正理ノ潜伏所ナルヲ以テ如何ナル裁判ヲ下スヤ得テ知ル可カラサレハナリ故ニ訴訟ニ未タ嘗テ関係セシコトナキ者ハイザ知ラス苟モ一タヒ法廷ニ臨ミタル者ハ皆ナ戦々競々トシテ薄氷ヲ踏ムノ思ヲ為サ、ルハナシ諸君中ニハ代言ニ従事セラル、人モアレハ此事実ハ克ク了知セラル、ナラン実ニ籤符ヲ探クルト一般ナリ夫レ正理ニ依レル裁判ニシテ此ノ如キ感覚ヲ与ヘタルハ何ソヤ畢竟吾人同胞ノ私権ハ官ノ脳髄ニ支配セラレ代言人ノ舌頭ニテ其運命ヲ左右セラレタルニ依ルナリ蓋シ正理ハ其人ニ存シテ法律ノ如キ一定ノ規則ニ存セサルカ故大岡越前守其人ノ如キ正廉博識ノ士ヲ得ルニ於テハ可ナレトモ若シ妄戻詐譎ノ輩権力ヲ占ムルトキハ吾人ハ権利ハ如何ナル酸苦ニ遭フ可キヤ知ルヲ得可カラサルナリ嗚呼正理ヲ楯トシテ処スル裁判ノ下ニ私権ヲ托スルハ其危険ノ甚シキ実ニ千丈将ニ顚倒セントスル巌牆ノ下ニ立ツカ如シサレハ彼ノ「サボアー」人ノ要求ハ奇言決シテ奇ニ非ス実ニ其当ヲ得タル者ニシテ吾人今日ニ於テ初メテ其言ノ真ニ妙味アル事ヲ知ルナリ然ルニ這般法典ノ発布ニ依リ自今以後ハ彼ノ万種ノ法律ニ依テ支配セラル、ノ世ヲ脱シテ万人一様ノ支配ヲ受ク可キ一大法典ノ下ニ権利ヲ安置スルノ利益ヲ得ルニ至レリ尤モ法典其モノニ付テ条章ニ従ヒ一々之ヲ吟味スレハ多少ノ欠点ナキニハ非サル可シ彼ノ数千条ヨリ成立ツ浩澣ノ法律ナレハ如何ニ賢明ナル立法官ニモセヨ神ナラヌ身ノ争テカ克ク寸毫ノ瑕瑾ナキヲ得可ケンヤ予輩ト雖トモ決シテ完全無欠トハ言ハサルナリ然レトモ已ニ法律ト為リテ明文ニ見レタル以上ハ彼ノ人間ノ脳髄又ハ舌頭ヲ以テ貴重ナル権利ヲ左右セラル、ノ憂ナク常ニ此法典ニ依テ支配セラル、カ故千丈将ニ顚ラントスル巌牆ノ下ヲ離レ万古動カサルノ平地ニ立チ危嶮ノ世ヲ脱シテ安心立命ノ地ヲ得タリト云フ可シ然レトモ又法文ハ簡ニシテ約ナルカ故其解釈上ニ於テ各人意見ヲ異ニスルヨリ或ハ亦裁判官ノ脳髄代言人ノ舌頭ニテ吾人ノ権利ヲ尚ホ左右セラル、コトアル可シトノ懸念モアル可ケレト然レトモ其区域已ニ狭隘トナリ大体ニ於テ其基礎已ニ確立シタル以上ハ其枝葉ノ如キ決シテ歯牙ニ掛クルニ足ラサルナリ又或ル論者ハ法典ヲ非難シテ曰ク法典ノ文字ハ佶屈ニシテ太タ了解シ難キモノヲ蘆列シ又其文章ハ恰モ外国法典ノ直訳ニ似タリト或ハ曰ク此法典ハ日本人ヲ支配スル為メニ制定シタルニ非スシテ他日内地雑居ヲ許シタルトキ外国人等ニ適用スル為メニ設ケタルモノナリト如何ニモ法文ヲ一読シタルノミニテハ或ハ此ノ如キ疑ヲ存ス可ケレトモ元来日本ハ言葉ノ国ナルヲ以テ事実ノミ存在シテ其文字ノナキコト往々之レアリ加之ナラス本邦文明ノ進歩ハ非常ニ迅速ナリシカ故文字ノ発明ニ先タチテ新ニ事実ノ輸入セラレタル等ノ事情アルカ故法典中或ハ耳新ラシキ熟字ヲ用ヒ以テ其事実ヲ充タスノ必要アルハ亦タ敢テ怪ムニ足ラサルナリ而シテ其文章ノ直訳ニ似タルアルモ亦タ故アル事ニテ怪シムニ足ラサルナリ即チ日本ニハ古来完全ナル法典ノ備ハラサリシコトハ世人ノ熟知スル所ニシテ其文体其文法ノ如キモ正確ナラス而シテ法典ヲ制定スルニハ尤モ意義ノ明瞭ナルヲ要シ勉メテ意義ノ多岐ニ渉ラサルコトニ注意セサル可カラス然ルニ日本ノ普通ノ文法ニテ特ニ新事実ヲ規定セントスルモ到底其意味ヲ明瞭ニ指示スル能ハサルカ故斯ノ如キ文体ヲ用フルニ至リシモ勢ヒ已ヲ得サルナリ況ンヤ法典ハ詩文集ニ非ス敢テ流麗ナル字句ヲ撰フノ必要ナク只タ確然トシテ意義ノ明瞭ナランコトヲ要スルノミ現ニ仏国等ニ於テモ法文ハ厳正ニシテ普通ノ文章ヲ読ミ得ル人ニテモ特ニ法律学ヲ修ムル者ニアラサレハ法文ヲ了解シ能ハサルハ屡々実見スル所ナリ畢竟法律ノ文体ハ普通ノ文体ト自カラ異ナラサルヲ得サル所アルヲ以テ論者ノ如キ説ヲ為スハ皮見ノ速断タルヲ免レサルナリ之ヲ要スルニ今回発布ノ法典ハ吾人同胞兄弟ノ私権ヲ守ル金城鉄壁ト云フ可シ吾人ハ此金城鉄壁ニ拠テ自今我貴重ナル私権ヲ守ルノ安キヲ得タリ今日法典発布ノ盛時ニ際会ス苟モ日本人タル者豈一大白ヲ挙ケテ之ヲ祝セサル可ケンヤ聊カ蕪詞ヲ呈シテ祝詞ニ代フト爾云

「商事ノ範囲及ヒ性質ヲ論ス」

（『法政誌叢』第一一一号、明治二三年七月発行）

吾人日常万般ノ事業ニシテ苟クモ私法ノ範囲内ニ属スルモノハ民事ニアラサレハ必ス商事ナリ商事ニアラサレハ必ス民事ニシテ常ニ二者ノ間ニ往来存在スルモノナリ然トモ此二者ハ其性質全ク相異ナルモノナレハ苟クモ民事ニ属スル所為ハ民法ナルモノヽ存スル有ツテ以テ其原由性質効力等百般ノ事ヲ規定シ又商事ニ属スル所為ハ仝ク商法ナルモノヽ存スル有ツテ以テ其原由性質効力等百般ノ事ヲ規定シ以テ吾人日常ノ行為ヲ支配スルモノトス故ニ其所為ニシテ民事ニ属スルモノナルヤ或ハ商事ニ属スルモノナルヤヲ知ルハ実ニ緊要ナリト謂ツヘシ今此二者ヲ区別セサルヘカラサルノ必用即チ其利益ヲ列挙スレハ大略左ノ如シ

第一　商事ハ商事裁判所ノ管轄ニシテ民事ハ民事裁判所ノ管轄トス

第二　商事ハ総テ商法ニ認ムル所ノ証拠ノ方法ニ由テ之ヲ証スルコトヲ得

第三　商事ニ於ケル債権ハ満期日ヨリ若シ此期日ノ定ナキトキハ其債権ノ生シタル日ヨリ概シテ六ケ年ノ満了ニ因リテ時効ヲ得然レトモ民事ニ於ケル債権ハ概シテ債権者カ其権利ヲ行フヲ得ヘキ時ヨリ三十ケ年ヲ経過スルトキハ時効ヲ得（商法第一編第三百四十九条及ヒ民法第五編第百五十条）

第四　商事ニ関スル証券贋造ノ罪ハ重クシテ懲役ナレトモ民事ニ於テハ唯重禁錮ニ止マレリ是レ主トシテ商事上ノ信用ヲ確実ニセンカ為メナリ

第五　商事上ノ売買及ヒ質入ハ民法ノ規定ニ従フノミナラス尚ホ商法ニ規定スル特別ノ規則ニ従フ

第六　商事ヲ以テ平常ノ職業トナスモノハ商人タルノ身分ヲ得従ツテ商法ノ支配ヲ受クルニ至ルヘシ（商法第一篇第九条）

因之観之民商事ヲ区別スルノ利益ハ決シテ尠少ニアラサル事明了ナリトス因テ余ハ是ヨリ理論上及ヒ法文上ヨリ商事ノ範囲及ヒ性質ニツキ観察ヲ下サントス

今商事トハ何ソヤト問フニ成文法上ヨリ之レカ答ヲ附スルハ甚タ容易ノ事ニシテ即チ商法ノ支配スル処ノ事項是ナリト云フヲ以テ足レリトス然レトモ一歩ヲ進メテ法理上ヨリ其範囲性質ヲ討究セントスルトキハ実ニ以テ容易ノ事業ニアラサルヲ知ル此ニ於テ最モ注意スヘキハ商事ト商業即チ商取引トヲ混淆セサルコト是レナリ商業ハ商事ノ範囲内ニ属スルモノナルヲ以テ商業ハ必ス商事ナリト云フコトヲ得ルモ商事ハ悉ク商業ナリト云フコトヲ得ス而シテ商事ヲ分析スルトキハ二大区別トナル即チ第一商業取引第二商法中ニ規定セル其他ノ事項是ナリ其第二ノ商事ナルモノハ理論上ヨリ特ニ観察ヲ下スヘキモノナシ何トナレハコハ各国立法者ノ意見ノ如何ニ因リテ之ヲ増減消長セシムルコトヲ得ルモノナレハナリ第一ノ商業取引ノ性質ト範囲ニ至ツテハ理論上大ニ研究セサルヘカラサル事項ニシテ各国立法者及ヒ諸学者中商業ニツキ明亮確実ナル定義ヲ与ヘタルモノ至ツテ稀少ナリトス然レトモ立法官タルモノハ宜シク明確ナル定義ヲ下シ法官ヲシテ此定義ヲ本拠トシ以テ万般ノ所業ニツキ其性質ノ果シテ商事ナルヤ否ヲ観察セシメサヘルカラス若シ然ラスシテ迂遠ニモ商業ノ性質ヲ有スル万種ノ事項ヲ列挙セント欲スル如キコトアラハ徒ニ脱漏ノミ生シテ決シテ之ヲ網羅シ尽クスコトヲ得ス故ニ明確ナル定義ノ必用ナルコト多弁ヲ待タサルナリ商業ハ其目的トスル所ノ所業ハ実ニ千変万化シテ自ラ一定セス又商業ナルモノハ平素用イ来リタル商売ナル固有ノ字義ニ止マラスシテ広ク諸般ノ事実ニ拡及シテ水陸運送又ハ保険ノ如キ商売附属ノ事業ノミニ止マラサルナリ又工業、銀行営業総テノ為替取扱商人集会所ノ業務並ヒニ船舶及ヒ鉄道ノ運輸ニ至ルマテ皆然ラサルハナシ是レ各国法律ノ一致シテ異論ナキ所トス特ニ土地ニ関係スル事業ニ非ラサル以上ハ農業其他未製物ノ採取モ亦商業ノ範囲ヲ出テサルモノトス故ニ産出物ヲ構成スル事業ナルト之ヲ移転スル事業ナルトヲ問ハサルモノトス而シテ製造ハ貨物ヲ移転スル第一着ノ事業ニシテ又其移転ハ製産ノ末期ナリトス然トモ畢竟社会ヲ富裕ナラシムル経済上ノ作用ニシテ即チ産出生利ノ原則ニ従ヒ貨物ヲ移転セシムル為メノ資本ノ融通方法ナリ要スルニ移転ヲ以テ商務万機ノ中心本営ト定ムルコト最モ迪当ト信スルナリ此故ニ土地及ヒ労力ハ商法ノ範囲内ニ入ルヘキモノニ非ス

以上ノ旨趣ニ基因シテ以テ真正ナル商業ノ定義ヲ下ストキハ商業取引トハ利益ヲ得ルヲ目的トシテ権利ノ移転ニ介入スルノ所為ヲ云フト為スヲ以テ最モ完全ナリトス仏国其他ノ有名ナル学者ハ多ク此説ヲ取レリ故ニ此定義ニ因ツテ以テ万般ノ所業ヲ観察スルトキハ其果シテ商取引ノ性質ヲ有スルヤ否ヤ判定スルコト甚タ難キニ非サルヲ信スルナリ然ルニ諸国ノ立法者多クハ明確ナル定義ヲ与フルコトヲ為サスシテ徒ラニ商業取引ノ各種類ヲ一々列挙シテ之ヲ網羅シ尽サント欲スレトモ決シテ商業取引ノ全体ヲ尽スコトヲ得ス故ニ是等ノ主義方法ニヨリテ編纂セル商法ニツキ商取引ヲ列挙セル条文ニツキ其遺漏ヲ摘発スルコト敢テ難キニ非ス故ニ判官実地ニ臨ミ判定セントスルニ当ツテ其根拠トスル標準ナキヲ以テ大ニ困難ヲ覚ユルヤ必セリ現ニ仏国商法ノ如キ然リトナス然トモ或ル小数ノ国ニ於テハ右ノ定義ノ必用ヲ認メテ之ヲ確定セント試ミシ国アリト雖トモ未タ十分ナリトセス即チ西班牙国商法第三百五十九条ニハ復ヒ他ニ販売シテ利益ヲ得ルノ目的ヲ以テ物品ヲ購買スルモノハ総テ商業取引ナリト云ヘリ然トモ商業取引ノ目的ハ一ニ利益ノ外ナシト為スヘカラス彼ノ資本ノ融通ノ如キハ利益ト其位格ヲ斉フスルノミナラス或ハ其右ニ出ツルモノト云フモ不可ナカラン歟実ニ事情止ムヲ得サル時機ニ遭遇スルトキハ自ラ損耗シテ以テ売買スルコト少シトナサス又千八百六十九年英国倒産法附録第一ニ於テ倒産処分ノ為メニ商人ノ義解ヲ設ケタリ曰ク商法ヲ以テ商売ヲ営行スルモノ又売買購買貸借又ハ商品及ヒ貨物ノ製造若クハ改造等ヲ以テ生計ヲ営マントスルモノハ皆商人ナリトセリ此規則モ大ニ解シ難キ所アルノミナラス尚且ツ適切ノモノト云フコトヲ得ス畢竟商業取引ノ各種ヲ列記網羅セントスル法律規定ノ補充タルニ過キス殊ニ此規則ハ常職トシテ営マサル所ノ商業取引ニ対シテハ之ヲ迪用スルコトヲ得サルナリ独リ我日

本ノ商法ハ各国商法中ニ於テ嶄然頭角ヲ聳カスモノト云フヘシ何トナレハ我商法ハ前ニ挙ケタル近来諸学者中ニ於テ大ニ是認セラル丶処ノ定義ニ基因シテ規定シタレハナリ唯右ノ定義ヲ少ク敷衍シテ詳細ニ規定シタルノミ我商法第一篇第四条ニ曰ク商取引トハ売買賃貸又ハ其他ノ取捌ノ方法ニヨリ産物商品又ハ有価証券ノ転換ヲ以テ利益ヲ得又ハ生計ノ為メニスルノ旨趣ニテ直接又ハ間接ニ行フ所ノ総テノ権利行為ヲ云フ云々トアルヲ以テ知ルヘシ然トモ此定義中少シク解釈ヲ要スル語アルニヨリ簡単ニ之カ解釈ヲ与フルハ亦本論ノ旨趣即チ商業ノ性質範囲ヲ定ムルニ於テ必用ナリト信ス

其他ノ取捌ノ方法トハ一般ニ他人ノ信用ニ貨物ヲ放任スルノ意ナリ此場合ニ在テハ其捌方ト共ニ所有権ノ移転スルコトアルモ然ラサルモ又何レノ方法ヲ以テスルモ又捌方ニ就テノ報酬ヲ何様ニ定ムルモ敢テ異仝アルコトナシ彼ノ交換附託ノ如キ又新聞雑誌縦覧所芝居寄席ノ如キ皆然リトス而シテ其後者ニ於テハ有形ノ移転ハ少モナケレトモ耳目ノ媒介ニ依リテ無形ニ移転スルモノアルナリ此無形ノ移転ハ本条ノ取捌方法中ニハ入ラサルモノトス何トナレハ此事ハ次条ニ於テ規定スレハナリ

又産物ハ天然ト人造トヲ問ハス凡テ産出シタル動産ヲ云ヒ又一物件ノ商品ナルヤ否ハ所有者ノ意思ト従来ノ慣行トニ因リテ之レヲ判知スルコトヲ得有価証券ハ商業社会ニ流通スル一般ノ証券ヲ云フ又転換トハ移転ト云フモ全ク仝一ニシテ生産者ヨリ需用者ノ需用ニ満タサシムル作用ナリ而シテ此転換ニ初期ト末期トアリテ生産者ヨリ第一ノ人即チ媒介者ニ送ルハ初期ニシテ消費者ニ送ルハ末期ナリ此転換ハ商法ノ主義ニシテ此転換ナケレハ商業取引ト云フ能ハス商取引ト云ヒハ（ママ）必ス移転ノ意ヲ包含セサルヘカラス故ニ彼ノ如何トスルモ移転スヘカラサル土地労力ノ如キハ商取引中ニ入ラサルモノト云フヘシ又生計ノ為メニスル云々ノ文字ヲ入レタルハ只利益ヲ得云々ト云フノミナルトキハ其意義狭隘ナルノ弊アリ何トナレハ若シ損失ヲ招キタルトキハ商取引ト云フヲ得サルニ至ラントヨリナリト然トモ是レ全ク誤論タルヲ免レス何トナレハ仮令後ニ損失スルコトアルモ苟クモ最初ニ仕入ル丶トキニ利益ヲ得ルノ目的アリタルモ

ノナレハ条文ニ十分該当スルモノト言フコトヲ得レハナリ尚ホ一歩ヲ進メテ論スルトキハ最初仕入レタルトキヨリ下落シタル価ヲ以テ売却スルモ其売却タルヤ後日大ニ下落シテ大損失ヲ為スヲ防クノ所為ニ出テタルモノナレハ即チ大損ニ換ユルニ小損ヲ以テスルモノナレハ之ヲ利益ヲ謀ル所為ト云フモ不可ナキナリ故ニ生計ノ為メ云々ノ文字ハ全ク無用ナリ唯ニ無用ナルノミナラス却ツテ害アルコトアリトス何トナレハ其文字ノ意義汎博ナルヲ以テ衣食ニ困究シテ偶器具証券等ヲ売却スルハ即チ生計ノ為メニスルモノナルニ拘ラス亦商業ト云ハサルヲ得サルカ如キ感アレハナリ又直接ノ行為トハ商品ヲ売却スルカ如キ所為ニシテ之ヲ売却スル為メ小厮ヲ雇フカ如キハ間接行為ナリ然トモ間接ト直接トヲ問ハス何レモ商取引トナス而シテ本条ノ第一ヨリ第十一ニ至ル諸項ハ商取引ノ例示ニ過キス而シテ本条ハ純粋ナル商業取引ニシテ次条ハ商取引ト見做スヘキモノナリ即チ前ノ捌方ノ方法中ニ無形ノモノハ包含セスト言ヒシカ其無形ノ方法ハ第五条ニ於テ商業取引ト見做スト云フモノ是ナリ

以上ハ我商法ニ於テ規定スル所ノ商取引ニシテ即チ商事中ノ一部ナリ又他ノ一部ナル商法ニ規定スル其他ノ事項ニツキ我商法ノ規定如何ヲ考フルニ第三条ニ曰ク商事トハ商人又ハ其他ノ人ノ為シタルニ拘ラス総テノ商取引及ヒ其他本法ニ規定シタル事項ヲ謂フトアリ而シテ其本法ニ規定シタル事項トハ如何ト云フニ之レヲ分ツトキハ二ケトナル第一　不法ノ所業　第二　法律上ノ効力ヲ有スヘキ事実及ヒ情況是ナリ其不法ノ所業トハ此商法中ニ禁令シアルケ条ヲ侵シタルトキハ罰セラルヽコトアリ賠償ノ義務ヲ生スルコトアリ而シテ之レヲ命スル裁判所ハ商事裁判所ナルカ如キ即チ是ナリ其然ル所以ハ仮令ハ登記ヲナスヘキ会社カ之レヲ為サスシテ罰金ヲ命セラレ又ハ会社カ開業スルニハ登記後ナルヘキニ其以前ニ開業セハ営業停止ヲ命シ且ツ罰金ヲ科スルカ如キ公ケノ信用ヲ毀損スヘキ所業ハ故意ト無意トヲ問ハス之ヲ罰シ或ハ賠償ヲナサシムルハ必竟商人間ノ徳義信用ヲ維持センカ為メ之レヲ商法ニ規定スルノ必要アルヲ以テナリ又法律上ノ効力ヲ有スヘキ事実及ヒ情況トハ例ヘハ未丁年者及ヒ有夫ノ婦ハ商業ヲ営ムコトヲ得サルコト及ヒ之レヲ営ムニハ種々ノ条件ヲ具ヘサレハ能ハサルコト等ハ是非商事裁判所ニテ判決スヘキモノナレハ総テ商事ト

云フヘキナリ之レヲ要スルニ商事ハ商事裁判所ニテ支配スヘキコト即チ此商法ニ従フヘキモノハ皆商事ト称スルコトヲ得故ニ純粋ノ理論ヨリ云フトキハ民事ニ属スヘキ事モ商事トナシタルコトアリ従ツテ欧洲諸国ニテハ民事ニ属スヘキ事モ商事トナシタルコト往々見ル所ナリ是レヨリシテ商法中ニ性質上ノ商事ト法律上ノ商事トヲ顕スニ至レリ即チ性質民事ニシテ猶ホ商事裁判所ニテ管轄スル如キハ皆法律上ノ商事ナリトス

以上論スル所ニ因リテ商事及ヒ商業取引ノ理論上ノ性質範囲及ヒ法文上ノ規定如何ハ略明了ナラント信スルナリ

（『法政誌叢』第一二一号、明治二四年二月発行）

雑報「商法延期に関する岸本校長の演説」

左の一篇は岸本辰雄氏か商法延期に付き法学生中危疑百端其研究を怠るものあるを恐れ明治法律学校生徒に対して諭示せられたる演説の筆記録なり論旨精確適正豈に啻に本校生徒を裨益するのみならんや記して以て読者に示す

客臘商法施行期限法律案愈裁可あらせられしに付てハ我校諸子中往々危疑を懐き該法研究の念を減せし者なきに非さる由然れとも該法の研究ハ其施行の延期せられしに拘ハらす又其延期の多少修正の意味を帯ひしに拘ハらす決して忽諸に付す可からさるものあるを以て本校に於てハ毫も従来の方針を改めす依然研究を怠らさる可し仍て茲に本校旨義の在る所を挙け併せて諸子に勧告せん

第一　今回の事たる商法其ものを廃棄すと云ふに非すして単に其施行期限を二个念の後と為し民法の施行と其時を同ふするに過きす而して其延期たるや要時間の余裕を与へて以て其準備を得せしめんとするに出つ故に苟も日本国民た

る者殊に法学に志す者ハ延期の為めに其研究を等閑に付す可からさるのみならす益々竭励研究して之か準備を為すを其利益とし又其義務トす彼の民法の施行ハ元来明治二十六年に在るに拘ハらす従来より鋭意之を研究しつゝある所以ハ亦た此か為めなるに非すや

第二　今回の延期に付てハ該法ハ或ハ多少の修正を受くるやも測り難きものあり然れとも此か為めに該法ハ至大の変革を受く可しと速了し今日に在て之れを研究するも遂に徒労に帰す可しと思考するハ誤見たるを免れす元来該法の編纂に付てハ既に数回の委員を組成せられ其組成に各々草案を編成したるに其大体其主義に於てハ各按殆と一轍に出て其間唯一二条項の先後と字句の異同とを見るのみなりき然らハ則ち爾後幾度委員をして之を審査せしむるも神ならぬ人類の考なれバ別に奇説新主義の発明せらる可きに非す殊に今後に為さる可き修正ハ既に公布せられたる法典に付て審査するものなれハ決して至大の異同を生することなかる可し且又延期論者の主として唱道する所ハ該法ハ慣習に依拠せすと云ふに在れとも其筋に於てハ既に各府県に就き各商業に付き苟も旧慣古例に存するものハ隈なく調査して悉く之を蒐集し遂に裒然たる大部の書を成せり其中に就て取る可きハ取り捨つ可きハ捨て然る後之を法理に照し之を実際に徴し以て大成せしものなれハ慣習を採るの点に於ても殆と至れり尽せりと云ふ可し該法か法理に於ける慣習に於ける業既に此の如くなれハ今後如何なる委員をして之を調査せしむるも亦た唯僅少部分の変更と字句の改訂とに止まり其大体其主義に至てハ敢て変更する所なかる可し否な真に適正必要の商法を実行せんと欲せハ決して至大の変革を加ふる能ハさる可し然らハ則ち今日該法を研究するも其徒労に帰するか如きハ万之なきのみならす今日予め該法に精通せハ他日多少の修正あるも其修正ハ自から刃を迎へて解けさるの疑団なきを得へきなり

第三　蓋し法理ハ二あらす故に如何なる法典に依て之を学ふも其帰趣の法理を領会するハ一なり然り而して苟も法理を学ふの必要ある以上ハ其外国法律を研究せんより民法と共に該法を研究するの遠く勝れるや言を俟たす且夫れ該法の基礎たる法理を除きて別に之と東西相反馳するの法理あることなけれハ該法の修正の縦ひ至大なりとするも到底其

根抵より覆へるの理なし是を以て今日法学に志し商法を攻めんとするの人士に在てハ該法を研究するの啻に徒労に非さるのみならず実に第一の利益あるものと云ふ可し

第四　商法ハ縦令延期せらるゝも公然たる手続を経て頒布せられたるものにして民法と共に儼然たる日本帝国の法典たる以上ハ自今以後弁護士と為り高等官と為り以て社会に立たんとするの人士に至りては之を学ふの必要殊に大なりとす何となれハ該法ハ縦ひ将来多少の修正を受くることありとするも我政府か法律に関する試験即ち弁護士高等管等の試験を為すに方ては将来尚ほ民法と該法とを以てするや疑を容れさるの事実なれハなり

第五　該法果して修正せらる可しと仮定するも到底至大の変更を生せさる可し是れ前に既に一言せしと雖とも更に之を信す可き所以のものなり蓋し該法ハ慣習と法理とを適度に取捨調停せしものなるに若し之か修正を為すに一にも習慣と云ひ二にも慣習と云ひ法理の如何を顧みす又今日商業社会の諸弊積疾を救治する所以を思ハす正邪是非の慣習を雑然列記して殆と今日商業社会に於ける現状を描写せしか如き法典と為さハ帝国議会も固より之を通過せしめさる可く政府も亦た其裁可を拒まん故に此の如き極端の変更ハ決して生するの理なし然るに一方に於てハ其実施ハ縦令他日に在りとするも現今別に完全なる法律あるに非す且本法は儼然たる帝国の法律にして学者の一著書に非されハ裁判官たる者実際商事を裁判するに当てハ妄に自己の脳髄に依り若くハ学者の私著に依らすして寧ろ本法を標準とす可く人民も亦た自から本法を顧み本法に依拠す可きハ自然の情勢にして本法ハ遂に民法と共に其実施以前に於て暗黙の間に人民の行為を支配し殆んと慣習を為し不知不識の間に実際と本法とハ相投合融化し愈々大に之を変更せんと欲するも亦た能ハさるに至る可し

以上の理由に依て之を観れハ該法か縦ひ如何なる運命を将来に有するも今日其研究を忽諸に付す可からさるや明白なり況や其決して至大の変更を受くることなきハ右の如く種々の点より観察して鞏く之を保し得るに於てをや此故に本校ハ前日に比して益々其研究を勉め決して怠らさる可し諸子も亦た須く区々たる門外漢カ群盲評器的の論議に関念せ

す其心を安して該法の研究に竭励せよ是れ本校か切に諸子の為めに勧告して措かさる所なり

（『法治協会雑誌』第一号、明治二四年七月発行）

「法廷ノ所感」

警鐘倏爾トシテ枕頭ニ落ツルヤ先ツ胸ヲ拆タル、者ハ曾テ親カラ回禄ノ災ニ罹リシ者ナリ蓋シ人誰カ其災ノ惨ニシテ怖ル可キヲ知ラサラン然レトモ一タヒ親カラ其災ニ遇フヤ其惨ヲ知ルノ殊ニ深ク其怖ル可キヲ感スルノ殊ニ切ナレハナリ余輩カ法典実施ノ一日モ緩フス可カラサルヲ信スルヤ久シ而シテ躬法律適用ノ任ニ当ルニ及ンテ此信念ハ日々ニ益々深ク且切ナルヲ覚フ嗚呼是レ亦タ親カラ災ニ遇ヒシ者カ警鐘ノ声ニ驚クノ大ナルモノニ非サルナキ邪

曩キニ法典編纂ノ挙アルヤ非難ノ声喧シカラサリシニ非ス然レトモ「人衆勝天天定勝人」編纂ノ功漸ク竣リ民法商法ノ相踵テ公布セラル、ヤ口ヲ開テ法典編纂ノ非難ヲ唱フル者漸ク其跡ヲ絶ツニ至レリ然ルニ何事モ反対ノ声ハ得テ絶ツ可カラス法典編纂ノ非難漸ク寝ムヤ法典実施延期ノ論続テ起レリ元来此論タル余輩カ口ニスルニ忍ヒサル事由ヨリシテ或ル一派ノ人士及ヒ之ニ雷同セル儕輩ノ唱道セシ所ニシテ余輩ハ赤心ヨリ其誤見タルヲ信シ人民ノ為メ国家ノ為メ深ク法典実施ノ緊急要務タルヲ信シ世ノ静気虚心ノ人士モ亦タ余輩ト見ヲ同フシ口ニ筆ニ其説ヲ詳明スルヲ怠ラサリキ然リト雖トモ商法ノ如キハ遂ニ不幸ニシテ其実施ノ期ヲ延ハシ民法ト共ニ明治二十六年一月一日ヨリスルコトト為リシハ余輩ノ浩歎ニ堪ヘサル所ナリ民商二法カ実施ノ期ヲ共ニスルハ則チ可ナリ但タ余輩ノ希望ハ寧ロ民法ノ期ヲ縮ムルモ商法ノ期ヲ延ハサ、ルニ在リ而シテ事ハ遂ニ反対ノ終局ヲ見ル是レ余輩カ今ニ迨ンテ猶ホ浩歎ノ声ヲ収メサル所以ナリ

余輩カ法典編纂ノ急務ナルヲ信スルヤ此ノ如シ而シテ此事タル世人ノ多数カ共ニ久シク唱道スル所ニシテ事々敷ク之ヲ今日ニ再説スルハ殆ト無要ノ弁ニ似タリト雖トモ然レトモ余頃日乏ヲ大審院判事ニ承ケ日ニ法律適用ノ事ニ従フニ及ンテヤ法典実施ノ緊急且要務タルヲ感スルコト実ニ愈々益々切ナリ余カ其説ノ斬新ナラサルニ関セス今日之ヲ茲ニ再説スルコトヲ敢テスルハ抑々此カ為メニシテ衷情実ニ禁ヘ難キモノアルナリ

当初法典ノ公布アリシヤ余ハ某公会ノ席上ニ於テ其賀意ヲ演ヘテ云ヘルアリ

曰ク

世人ハ憲法ノ公布ヲ喜ンテ狂セリ是レ固ヨリ喜フ可シ然レトモ唯タ公権ノ保固ヲ得ルモ私権ニシテ未タ保固ノ途ヲ得スンハ世人ハ豈一日モ静穏安全ニ生活スルコトヲ得ンヤ而シテ今ヤ法典ノ公布ニ遇フ私権保固ノ器方ニ備レリ苟モ之ヲ実施シテ其器ヲ運用セハ私権其保固ヲ得テ人民其生活ヲ静穏安全ニスルコトヲ得ヘケン余輩ハ安ンソ世人ト共ニ狂喜セサルヲ得ンヤ抑々法典ノ未タ編纂シ公布セラレサルニ方テヤ人民ハ権利義務ノ標準ナク好シ自然ノ標準アルモ法廷ニ於ケルノ標準ナク同一ノ事件ニシテ甲裁判所ハ之ヲ黒シト判決シ乙裁判所ハ之ヲ白シト宣告スルコトアリ況ヤ同一裁判所ニ於テモ甲判事ト乙判事トハ反対ノ決定ヲ為スコトアリ又況ヤ同一判事ニ於テモ昨ト今トハ其見ヲ異ニスルコトアルニ於テヲヤ古昔敗亡ノ某国民カ其新君主ニ向テ「願クハ法理ニ従テ裁判セラル、コト無ケン」ト懇願セシハ一定ノ法律ナキノ弊毒ヲ熟知セルモノナリ嗚呼純粋ノ法理ハ固ヨリ一ナル可シト雖トモ人心ノ異ナルヤ其面ノ如ク甲ハ是ヲ以テ法理ト為スモ乙ハ彼ヲ以テ法理ト信シ又丙ト丁トハ各々其意見ヲ異ニスルカ如ク判決区々トシテ一ニ出テス判事ノ脳髄即チ法律ト為リ人民ノ権利義務ハ如何ニ処断セラル、ヤ殆ント予想シ難キモノアリ苟モ此ノ如クンハ人民ノ私権安ンソ鞏固ナリト云フヲ得ンヤ一定ノ法律殊ニ法典ナキノ弊毒タル実ニ戦慄ス可キモノアリ該国民ノ請願深ク感シ且玩味スルニ堪ヘタリ今ヤ我邦法典全ク成ル私権ノ保固得テ期ス可シ人民以テ狂喜ス可キナリ其大意ハ即チ此ノ如シ然レトモ今ニシテ之ヲ思ヘハ余輩カ此狂喜ハ実ニ大早計ナリシヲ知ル何トナレハ法典縦令成ルモ其制定縦令完美ナルモ苟モ之ヲ実施スルニ非サレハ画餅ノミ喫フ可カラス画龍ノミ其霊ナシ這箇ノ権利義務ノ標準ハ徒ラニ争訟ノ前ニ眠リ人民ハ毫モ其私権ノ保固ヲ享クルニ由ナク有リト雖トモ亦タ無キニ異ナラサレハナリ嗚呼牡丹餅棚上ニ在ルモ自カラ口ニ入ラス世人之ヲ喫フヲ欲セサルカ何ソ起テ之ヲ口ニ致スノ手段ヲ回ラサヽルヤ

法典公布ノ後既ニ多少ノ日子ヲ経タリ然レトモ前途遼焉実施ノ期尚ホ一年有半ヲ隔ツ退テ目下裁判ノ実況ヲ観ヨ依然トシテ前記ノ演説ニ於ケルカ如ク判事ノ脳髄即チ国家ノ法律ト為リ茲ニ百人ノ判事アレハ即チ茲ニ百種ノ法律アルノ観アリ是レ少シク極端ノ言ニ失スト雖トモ亦タ全ク誣言ニ非ス人或ハ曰ハン「此弊タル法典アルモ亦タ免レサル所タリ即チ法条ノ解釈人々一ニ出テス殊ニ民商二法ハ法条ノ不備ナル事実ニ付テハ比附援引ノ適用ヲ要スルヤ判事其人ニ依リ判決各々同シカラス故ニ法典アリト雖トモ亦タ其判決ノ終始其軌ヲ同フスルハ保シ難キ所ナリ」ト其レ然リ然レトモ是レ豈同一視スルヲ得ンヤ蓋シ法典アリテ尚ホ裁判ノ区々ニ渉ルハ其区々タル点些児ノミ唯タ枝葉ノ異同ヲ見ルニ過キス特リ法典ナキ場合ニ至リテハ既ニ毫毛ノ標準タニ無キモノナレハ裁判ノ異同ナル其根帯ヨリス之ヲ譬ヘハ既ニ法典アリテ其解釈上ヨリ裁判ノ異同アルハ一尺ノモノ或ハ九寸タリ或ハ一尺一寸タリ僅々十ノ一二ヲ異ニスルノミ然レトモ一定ノ法典ナキニ於テハ甲ノ一尺ト認ムルモノ乙ハ二尺ト認メ丙ハ絶無ト認ムルコトアリ又五寸ト認メ一尺五寸ト認ムル者アリ涇渭相反シ霄壌相隔ツルコトナシトセス是レ亦タ極端ノ例ニ属スト雖トモ特ニ今日ノ実況ハ不幸ニシテ本例ニ適中スルモノ尠シトセス将来二十年三十年ヲ経過シタル後全ク法理ヲ以テ脳膸ヲ充サレタル裁判官ノミ法廷ニ立ツニ至ラハイサ知ラス今日ニ在テハ到底本例ノ適中ヲ見ルコトヲ免レサルナリ嗚呼裁判ヲ乞フハ富籤ヲ購フト一般タリト云フ者アルモ殆ト弁解ノ辞ニ困セスンハアラス試ミニ思ヘ刑法ノ保護ニ依リ人其堵ニ安スルヲ得今マ仮ニ刑法ヲ廃セン歟其罪ヲ定メ刑ヲ処スル一ニ判事ノ脳膸ニ依ラサルヲ得ス然ラハ則チ人民ノ危険果シテ如何ソヤ其生命自由ノ安固安ンカ在ル民法商法ナキノ危険豈独リ然ラスト云フヲ得ヘケンヤ私権ノ保固ハ人ノ依テ以テ生活ヲ維持

スル所以ナリ然ルニ私権ニシテ判事ノ意向ニ其運命ヲ一任セハ其危険実ニ言フ可カラス頃者某地方ノ国立銀行ト東京ノ或ル会社トノ間ニ生セシ荷為替ニ関スル訴訟ヲ看ヨ其荷預証券ハ全ク無効ノモノト判決セラレタリ然ルニ方今又之ト同一ナル訴訟ノ起リ居レルニ風評ノ伝フル所ニ依レハ其荷預証券ハ将サニ有効ノ判決ヲ受ケントスルモノヽ如シ其証券ニシテ二者ノ間成立要件ノ備不備等アラハ判決ノ相反スル固ヨリ其所ナルモ右ノ事実ハ全ク否スシテ二個ノ証券ハ総テノ点ニ於テ同一ナルニ判決ハ則チ勝敗全ク相乖馳セントス是レ以テ大ニ世人ノ注意ヲ牽クニ足ル近時較著ノ実例ナリ世ノ法典実施ノ延期ヲ主張スル者庶幾クハ少シク焉レヲ顧ミヨ

裁判所構成法ノ実施アリテヨリ以来裁判ハ合議制ニ依ルコトト為リシヲ以テ判決ハ多数判事ノ一致セル意見ニ従フコトト為リ人民ノ私権ハ稍々安固ヲ得タリト云フ可シ然レトモ例ヘハ七人ノ判事相議スルニ三人ハ甲説ヲ採リ他ノ三人ハ乙説ヲ採ルトキハ其判決ハ最後ノ一人ノ帰向ニ依リ或ハ甲タリ或ハ乙タルニ至ル是レ蓋シ此カ為メ三ニ対スル四ノ多数ヲ得シニテ之ヲ真理ヲ得タルモノト看做サヽルヲ得ス然リト雖トモ其一人ノ帰向ヲ定ムルヤ果シテ何ニ依拠スルヤ他ナシ唯タ彼レ自身ノ脳髄ノミ会議ノ席ニ臨ンテ親シク其状ヲ目撃セハ甲乙ノ決スル所実ニ幾微ニ係リ観ル者ヲシテ殆ント手ニ汗ヲ握ルノ感アラシム合議制ニシテ尚ホ然リ況ンヤ単独制ノ場合ニ於テヲヤ法典実施セラレサルノ危険嗚呼亦タ大ナル哉

余屡々法廷ニ立チ常ニ喟然長歎法典実施ノ急要ナルヲ感セスンハアラス或ル種ノ人士ハ暫ク措キ世ノ訴訟当事者及ヒ代言人等躬訴訟ノ局ニ当リシ者蓋シ皆ナ余輩ト感ヲ同フセサルナカラン躬未タ回録ノ災ニ罹ラスト雖モ一点ノ警鐘ヲ聞キ之ヲ忽諸ニ附スル者ナシ対岸ノ火災尚ホ延焼ヲ恐ル況ンヤ私権保護ノ法律豈一日其実施ヲ緩フス可ンヤ実ニ余輩ハ法典実施ノ明治廿六年ヲ俟ツノ寧ロ遅キヲ憾ム世人或ハ法典ノ瑕疵多キヲ説ク然レトモ縦令瑕疵アルニモセヨ之ヲ実施スル場合ニ於ケル瑕疵ノ弊ハ一ナリ之ヲ実施セサルノ弊ハ即チ十ナリ豈一ヲ以テ十ヲ忍フ可ケンヤ且夫レ其瑕疵タル未タ必スシモ確実タルニ非ス未タ之ヲ実施セスシテ想像ヲ以テ想像ヲ撃チ某々ノ規定ヲ瑕疵ナリト云フハ抑々亦

タ速了ノ語ニ非サルナキヲ得ンヤ故ニ余輩ハ其修正ヲ他日緩々ノ談ト為シ先ツ速ニ之ヲ実施シ以テ人民焦眉ノ急ヲ救ハンコトヲ希望シテ已マサルナリ余輩ハ実ニ赤心以テ之ヲ望ミ躬法廷ニ立テ其感益々切ナリ世人乞フ区々流派ノ異同ヨリスル偏僻心又ハ利己ノ感情ヨリスル姑息主義ヲ以テ余輩ノ心事ヲ疑フコトナク公正ニ虚心ニ余輩ノ所感ヲ察シ以テ汝ノ僻見ト迷信トヲ去レ

「法典実施断行意見」

（『法治協会雑誌』号外・明治二五年五月発行、＊『毎日新聞』第六四四三号付録・五月一四日発行、＊『法律雑誌』第八八三号（抄録）・五月発行、＊『法治協会雑誌』第一一号・七月発行）

目　次

法典実施断行ノ意見
法典ノ実施ヲ延期スルハ国家ノ秩序ヲ紊乱スルモノナリ
法典ノ実施ヲ延期スルハ倫理ノ壊頽ヲ来スモノナリ
法典ノ実施ヲ延期スルハ国家ノ主権ヲ害シ独立国ノ実ヲ失ハシムルモノナリ
法典ノ実施ヲ延期スルハ憲法ノ実施ヲ害スルモノナリ
法典ノ実施ヲ延期スルハ立法権ヲ抛棄シ之ヲ裁判官ニ委スルモノナリ
法典ノ実施ヲ延期スルハ各人ノ権利ヲシテ全ク保護ヲ受クル能ハサラシムルモノナリ
法典ノ実施ヲ延期スルハ争訟紛乱ヲシテ叢起セシムルモノナリ

法典ノ実施ヲ延期スルハ各人ヲシテ安心立命ノ途ヲ失ハシムルモノナリ

法典ノ実施ヲ延期スルハ国家ノ経済ヲ攪乱スルモノナリ

法典実施断行ノ意見

上ニ聖君賢相アリ下ニ六百ノ議員アリ以テ国事ヲ調理セラル予輩草莽布衣ノ身ハ唯其政令ニ服従セハ則チ可ナリ況ンヤ法典ノ如キ業已ニ明年一月ヨリ実施セラル可キコトノ確定シ居ルモノニ向テ蝶々スルニ於テヲヤ然ルニ今敢テ自ラ揣ラス法典実施ノ必要ヲ論スルモノハ豈夫レ弁ヲ好ムカ為メナランヤ蓋シ斯ノ国家ノ為メ已ムヲ得サルモノ存スルニ依ルノミ

史籍ニ遡ホリテ之ヲ考フルニ上古ハ姑ラク措キ中古ニ至リ支那ノ文物頻リニ輸入シ且ツ採用セラレ今日我文学政令ナルモノ、大半ハ主トシテ彼国ヨリ伝播シタルモノト云フモ過言ニアラサルナリ大日本帝国国ヲ立ツル東方ノ絶島ニ於テス而シテ二千五百有余年間未タ曾テ他国ヨリ此独立ヲ害セラレ体面ヲ汚サシ(ママ)タルコトアラス則チ其他国ノ為メ此独立ヲ害セラレストハ他国ノ命令ニ服従セサルヲ云フナリ彼ノ長ヲ採リ以テ我カ短ヲ補フ如キハ何ソ事ニ害アランヤ況ンヤ此独立ヲ傷ケ体面ヲ汚スモノニアラサルヲヤ吾人ノ祖先ハ彼ノ文物制度ヲ採用シ取長捨短其宜シキヲ得以テ我幸福安寧ヲ謀リ曾テ其弊害ヲ留メサリシ所以ノモノハ要スルニ利害ヲ弁セス得失ヲ考ヘス徒ニ外国ノ風俗文物制度ヲ模倣セサルニ在ル而已降リテ今世明治ニ至リ百度維レ新タニシテ欧米其他外国トノ交通ハ漸ク頻繁ヲ極メ文明新鮮ノ空気東漸シテ有形無形ノ事物漸ク其面目ヲ改メ遂ニ二千五百余年来君主政治ノ大日本帝国モ忽チ立憲代議ノ実ヲ示スニ至リタリ斯ノ如ク百事維新ト共ニ我邦旧来ノ風俗慣習ハ善トナク悪トナク漸ク其迹ヲ収ムルニ至ラントス夫レ然リ其之ニ代ルヘキ社交上ノ慣習ハ未タ容易ニ得ヘカラス当時ノ国勢ハ斯ノ如クアリシ是ニ於テカ我叡聖文武ナル　天皇陛下ハ一方ニ於テハ古来ノ慣習ニシテ国情ニ適シ最モ善美ナルモノヲ保存スルト同時ニ他方ニ於テハ欧米ノ制度ニシテ其最モ国利民福ヲ増進シ且ツ我慣習ト相背馳セサルモノヲ採用スルコトノ急務ナルヲ認メラレ在廷ノ有司ニ命シテ法典ノ編纂ヲ為サシメラレタリ爾来年処ヲ閲スルコト十有余其間或ハ官人ヲ全国ニ派遣シ以テ各地ノ慣習ヲ調査セシメラル草案其功ヲ竣ヘ元老議員ノ議定ニ付シ枢密顧問ノ諮詢ヲ経テ茲ニ裁可公布セラレタルモノハ即チ民法及ヒ商法ナリ

斯ノ如ク聖旨ヲ奉シテ編成シ裁可ヲ得テ公布セラレタル民法及ヒ商法ハ一日モ早ク其実施ヲ見サル可カラス然ルニ頃日流言アリ或ル一部ノ徒輩ハ此二法ノ実施ヲ延期セント説クモノアリ予輩ハ果シテ其何ノ理由アリテ然ルヤ否ヤヲ知ルニ困シマスンハアラス或ハ二法ノ編成猶ホ善美ヲ缺キ修正ヲ要ス可キ点尠ナカラサルカ故ニ徐ニ修正ヲ為シタル後ニ実施スヘシト云フニ在ランカ

凡ソ法律ハ社会人文ノ発達ト相伴ハサル可ラス故ニ社会カ一歩ヲ進ムレハ法律モ亦一歩ヲ進メサル可カラス焉ソ今日ノ良法明日ノ徒法タラサルヲ知ランヤ斯ノ如クナルカ故ニ法律ハ之ヲ其社会ノ発達ト相伴ハシメサル可カラス従テ法律ノ修正ハ年月ニ忽カセニス可カラス夫レ然リ一部ノ成典トシテ発布セラレタルモノハ決シテ之ヲ修正ス可カラス国家永久不変ノモノナリト云フニアラス随時其修正ノ必要ヲ認ムレハ則チ之カ修正ヲ為シテ可ナリ否ナ必ス其修正ヲ為シ以テ此法律ヲシテ社会ノ人文ト相伴ハシメサル可カラス然ラハ法典ヲ修正ス可キ時期ハ随時其修正ス可キ点ヲ認メタル時ニ在リトス然ラハ法典中修正ス可キ点アルノミヲ以テ直ニ其実施ヲ遅延セシム可キ理由トハ為ラサルナリ蓋シ修正ノ要ハ其法制規定ヲシテ社会人文ノ発達ト相伴ハシメント欲スルニ在ラン果シテ然ラハ時々刻々ニ進歩ス可キ此社会ノ人文ト法律トヲシテ相伴ハシムルヲ旨トシ修正ヲ為サンカ此社会カ日進スル間ハ此法典ノ実施ヲ見ルコト能ハサラントス天下豈斯ノ如キ愚アランヤ然ラハ彼レ延期論者ノ唱フル修正ノ理由ノ如キ畢竟其口実タルニ過キサルモノニシテ他ニ為メニスル所ノモノアランモ亦未タ知ル可カラス此他延期説ノ理由トスル所ハ一モ歯牙ニ懸ルニ足ルモノアラサレハ之ヲ弁説スルコトヲ為サス予輩ハ今左ニ項ヲ追ヒ聊カ法典実施ノ実利ヲ示スト同時ニ実施延期ノ不可ナル

コトヲ知ラシメントス

法典ノ実施ヲ延期スルハ国家ノ秩序ヲ紊乱スルモノナリ

吾人人類ノ相集リ相交リテ社会ヲ組ミ国家ヲ成スヤ平和安寧ヲ以テ成リ平和安寧ヲ以テ存ス外ハ以テ敵人ノ侵略ヲ防キ内ハ以テ暴漢ノ兇悪ヲ制シ退テハ安心ノ地位ヲ全フシ進テハ幸福ノ増進ヲ謀ル其一挙一動悉ク皆平和ヲ維持シ安寧ヲ保全スル所以ニ非サルハ莫シ所謂国家ノ秩序ナルモノ実ニ此平和安寧ノ謂ニ外ナラス吾人ノ社会ヲ組ミ国家ヲ成ス所以ノ目的亦実ニ此ニ存ス是ヲ以テ吾人ハ第二ノ目的トシテ其平和ヲ維持シ其安寧ヲ企図シ以テ国家ノ秩序ヲ保全スヘキ途如何ヲ講セサル可カラス之ヲ平和安寧ノ以テ基ク所ニ考ヘ之ヲ秩序ノ以テ存スル所ニ視ルニ其レ唯争ヲ防遏スルニ在ルノミ争ヲ防遏スルハ人ヲシテ其適帰スル所ノ理義ヲ明カナラシムルニ在リ若シ其レ否ラス吾人ノ本分理義明カナラス世ニ処シ人ニ交ルノ道全キヲ得ス人各々其適帰スル所ニ惑迷セハ則チ社会国家ハ侵奪争闘ノ一修羅場タランノミ是ヲ以テ国家ハ政治機関ヲ設ケ治者ト被治者トヲ分チ法ヲ立テ律ヲ制シ以テ吾人ノ本分理義ヲ明カニシ其争ヲ防遏セントス要スルニ吾人ノ目的タル平和安寧ハ法律ニ依テ保護セラレ政治機関ニ依テ増進セラル請フ試ミニ視ヨ今日吾人ノ安全ニ其生ヲ保チ其財ヲ有スルコトヲ得ルハ何ソヤ若シ法律ノ制抑スル所ナカリセハ則チ暴漢兇徒来テ我生ヲ害シ我財ヲ奪ハン又法律ノ保護スル所ナカリセハ則チ我何ヲ以テカ饑餓ヲ免カレ何ヲ以テカ凍寒ヲ防カン我安心保生何為ソ其レ得可ケンヤ即チ知ル法律ノ力以テ能ク人ヲ活スヲ

請フ更ニ精思熟慮シテ日常吾人相互ノ関係ニ付テ観察セヨ之ヲ一家ニシテハ子タル者応ニ何ヲ為シテ其父母兄弟ニ事フヘキカ夫タリ婦タル者果シテ如何ナル関係ヲ有スルカ親ノ子ニ対スル一家ノ一家ニ対スル其本分理義ハ如何之ヲ単純ナル道義ニ委シ果シテ円満平滑ナルヲ得可キ乎之ヲ社会ノ上ニシテハ吾人ハ此社会ニ在テ如何ナル身分ヲ有シ如何ナル資格ヲ有スル乎吾人ノ有スル財産ハ如何ニ之ヲ処分スルコトヲ得可キ乎他ヨリ来テ之ヲ侵害セハ如何吾人他ト約

ス吾人ハ当ニ之ヲ如何ニスヘキ乎物ヲ売買シタルトキハ如何金円ヲ貸借シタルトキハ如何債ヲ約シテ之ヲ弁済セサルトキハ如何吾人ノ死後ニ遺ス所ノ財産ハ如何ニス可キ乎吾人商業ヲ営ムトキハ如何ニス可キ乎会社ヲ設立セハ如何破産ヲ為セハ如何等千緒万端ノ疑問ハ紛然トシテ吾人ノ周辺ニ蝟集シ来リ吾人ヲシテ殆ント其為ス所ヲ知ル能ハサラシム凡ソ事疑ハシケレハ則チ迷フ迷ヘハ則チ争フ争ヘハ則チ安ラカナラス是ニ於テカ平和破レ安寧保タス国家ノ秩序何ヲ以テカ整然タルヲ得ンヤ

謂フコト勿レ争生スレハ訟ヲ断スヘキ職ニ在ル者各人ノ分ヲ明ニシ以テ其処ヲ得セシム可シト抑々彼レ何ニ基テ之ヲ断シ以テ本分ヲ全フセシメントスルヤ或ハ曰ク道理或ハ曰ク正義ト道理甚タ美ニシテ正義実ニ貴シ然レトモ断訟ノ吏モ亦人ナリ其良心良智ノ見ル所何ソ必スシモ道理正義ト違フコトナキヲ保セン又焉ソ知ランヤ断訟ノ吏其面ノ相同シカラサルカ如ク其自ラ信スル所亦相同シカラサルヲ同一ノ事ニシテ而シテ甲ハ黒ト決シ乙ハ白ト判ス又彼ハ是ト云ヒ此ハ非ト云フ黒白人ニ依テ異ニ是非意ニ随テ同シカラスハ其真正ノ黒白是非遂ニ何ヲ以テカ之ヲ知ラン吾人ノ遵行ス可キ本分之ヲ那辺ニカ求メ吾人ノ適帰ス可キ理義之ヲ何処ニカ求メン

由是観之紛雑錯綜シテ吾人ヲ惑迷セシム可キ社会人事ノ疑問ハ法律ノ力ヲ以テスルニ非サレハ得テ決断ス可キニ非ス而シテ法律ハ実ニ是等ノ疑問ヲ決断シ吾人ノ本分理義ヲ明カニシ争ヲ防遏シ安寧ヲ保全シ国家ノ秩序ヲ整理スルモノタリ是ニ於テ乎予輩ハ断乎トシテ論決スルコトヲ得可シ曰ク国家法律ノ完成セサル間ハ其秩序未タ以テ整理スルニ至ラスト

我明治政府ハ封建制度滅亡ノ時ニ当リ百度皆廃レ国家ノ秩序既ニ紊乱シタル余ヲ承ケ首トシテ鋭意法制ヲ完成シ以テ之ヲ整理センコトヲ勉メ廃藩置県ヨリ次テ官制改革ト為リ律令改定ト為リ裁判所開設ト為リ元老院設置ト為リ府県会創設ト為リ諸条例規則ノ制定ト為リ遂ニ刑法治罪法ヲ制定実施シ官制ヲ改革シ地方自治制度ヲ確立シ憲法ヲ発布シテ帝国議会ヲ開キ民刑事訴訟法裁判所構成法ヲ改定施行シ民法商法ヲ公布シ以テ我国ノ法律ヲ完成スルニ至レリ今ニシ

テ更ニ一歩ヲ進メ民法商法ノ二大典ヲ実施セハ則チ百度茲ニ備ハリ二十有余年来未タ整理スルニ至ラサリシ国家ノ秩序ハ一旦ニシテ完整スルニ至ル可キニ今日既ニ制定セラレ而シテ未タ之ヲ施行スルニ至ラス是豈千仞ノ功ヲ一簣ニ缺クモノニ非スシテ何ソヤ吾人ハ我国家ノ秩序ノ為メニ我民生ノ安寧幸福ノ為メニ深甚ノ遺憾トスル所ナリ然レトモ其実施ノ期既ニ定マル吾人ハ唯指ヲ屈シテ其速カニ来ランコトヲ蹺望シテ止マス嗚呼我国今日ノ事此二大法典ノ実施ヨリ急ナルハ非ス一日之ヲ遅延セハ則チ一日国家ノ秩序ヲシテ紊乱セシムルモノナリ

論シテ此ニ至レハ予輩ハ更ニ最後ノ断言ヲ為ス可シ曰ク吾人日常ノ関係本分ヲ明定セル民法商法二大法典ノ実施ヲ欲セサル者ハ社会ノ平和安寧ヲ欲セサル者ナリ国家ノ秩序ヲ紊乱スルニ放任シテ之ヲ顧ミサル者ナリ切ニ之ヲ言ヘハ国家ヲ賊害スル者ナリト

法典ノ実施ヲ延期スルハ倫理ノ壊頽ヲ来スモノナリ

祖先ヲ尊崇シ家制ヲ恪守シ君父ノ為メニハ死生ヲ顧ミス仁義ノ為メニハ一歩ヲ譲ラス風俗温良ニシテ人情敦厚ナルハ是我国カ古来君子国ノ名声ヲ宇内ニ博シタル所以ニ非スヤ其此ノ如クナル所以ノモノハ国人天禀ノ資性ニ出ツルモノナリトハ言ヘ其教化ノ然ラシムル所タルハ喋々ノ弁ヲ待タスシテ知ル可キナリ蓋シ我国古来神儒仏ノ三教並ヒ行ハレ過去現在未来ノ三点ヨリシテ備サニ忠孝仁義ノ教化ヲ施シタルヲ以テ深ク人心ニ侵潤（ママ）シ遂ニ習ヒ性ト為リ此美風良俗ヲ涵養スルニ至リタルナリ是ヲ以テ我国人ノ倫理道義ニ於テハ円満具足シテ殆ント間然スル所アル莫ク社会ノ事公私大小ノ別ナク多クハ皆倫理道義ノ支配スル所ト為リ以テ数千年来我国ノ平和安寧ヲ維持シ秩序ヲ保全スルコトヲ得タリシナリ

然レトモ世漸ク澆季ニシテ風俗日ニ壊レ人情月ニ薄ク古来ノ倫理道義ハ復タ疇昔ノ如ク遵行セラレス人々忠孝仁義ノ心ニ疎ニシテ争フテ名利ニ奔ルニ至リタルノミナラス泰西各国ト交ヲ通シテヨリ異域殊族ノ風習ヲ此桃源境裡ニ将来

シ其学術教理ヲ伝播シタルヨリ国人其旨義ノ斬新奇警ナルニ眩惑シ復タ其利弊得喪ヲ顧ミルニ遑ナク争フテ之ヲ講究シタルノ結果或ハ之ニ心酔シ或ハ之ヲ誤解シ甚タシキハ数千年来遵由シタル倫理道義ヲ打破シ其風俗慣習ヲ変革セントスルニ至レリ是ニ於テ乎我国人ノ倫理道義上ニ一大波瀾ヲ起シ古来信仰遵奉セラレタリシ神儒仏ノ教旨ハ殆ント将ニ千尋ノ海底ニ沉淪セントスルニ至リタリ然レトモ今日未タ全ク地ニ塗ル、ニ至ラス国人ノ美風良俗ハ猶ホ消尽シ去ルコト無キヲ得ルト雖モ今ニシテ我国人ノ倫理道義ヲ確定シ此美風良俗ヲ保全スル無クハ向後社会国家ノ事大ニ憂慮ニ堪ヘサルモノ無シトセサルナリ

然リ而シテ倫理道義人情風俗ノ事タル教育感化ノ如何ニ関シ法律ノ直接ニ関知スル所ニ非サルヲ以テ予輩ハ此ニ之ヲ論スルコトヲ須イスト雖モ然レトモ風教ノ事ハ全ク法律ト関係セサルニ非ス法律ハ倫理道義ヲ其外部ヨリ保護シ之ヲ維持スルモノナリ故ニ法律ノ完成セサル時ニ当テハ風教ヲ維持スル外部ノ制裁力薄弱ニシテ風教自ラ其維持ヲ為サ、ル可カラス若シ倫理道義ノ思想ニシテ厚ケレハ則チ風教ハ完全ニ維持セラル、ヲ得可シト雖モ一タヒ其思想薄弱ナルニ至テハ遂ニ壊乱ニ陥イラサルヲ得ス我国ノ現況正ニ此ノ如シ是ヲ以テ一方ニ於テハ教育感化ノ道ヲ盛ニスルト同時ニ法律ヲ以テ外部ヨリ之ヲ制裁シ之ヲ維持セサルヲ得ス今ヤ我国諸法典既ニ完成シ其外部ノ制裁将ニ具備セントス若シ諸法典ニシテ悉ク実施セラレ吾人ノ本分理義ヲ明覈ニスルヲ得ハ風教ヲ維持シ古来ノ美風良俗ヲ保全センコトハ敢テ甚タ難シト為サ、ル所ナリ予輩ハ我国人ノ倫理道義将ニ壊頽ヲ来タサントスルモノアルヲ視転タ法典実施ノ急要ナルヲ感スルナリ嗚呼彼ノ家族間ニ於ケル倫理人情ノ冷薄ニシテ親子貸利ヲ争ヒ兄弟権義ヲ論シテ敢テ恥トセサルカ如キモノ古来果シテ之アル乎其之アル今日ニ於テス誰カ倫道ノ壊廃ヲ歎セサラン唯怪ム之ヲ救済ス可キ法典ノ実施ヲ遅延ナラシメ以テ其壊頽ヲシテ益々劇甚ナルニ放任セントスル者アルヲ痴ト謂ハンカ狂ト謂ハンカ抑モ亦国家ヲ念ハサル賊ト謂ハンカ

法典ノ実施ヲ延期スルハ国家ノ主権ヲ害シ独立国ノ実ヲ失ハシムルモノナリ

国家主権ナルモノハ最高至貴ノ権ニシテ霊妙ナル作用ヲ有シ国家ノ能力ト為リ国家ノ動機ヲ支配スルモノナリ而シテ国家ノ動作ハ事ニ応シ物ニ触レテ発シ千態万様ナリト雖モ其最モ主要ナルヲ法律ノ制定ト為ス故ニ法律ノ制定ハ主権ノ作用ニ於テ亦最モ重大ナル部分ヲ占ムルモノトス国家ノ主権ニシテ其国ニ必要ナル法律ヲ制定スルニ非スハ設令ヒ何等ノ事物ヲ施シ何等ノ作用ヲ為スモ未タ以テ其完全ヲ得タルモノト云フ可カラス

国ニ法律ノ制定ナシト雖モ社会人事ノ関係ハ陸続トシテ起生シ来テ法律ノ適用ヲ求ム可シ是時ニ当リテ裁判所ハ果シテ何レノ法律ヲ適用シ如何ナル裁判ヲ為ス可キカ凡ソ事ニ条理アリ物ニ法則アリ故ニ裁判官タル者一事ニ臨ミ一物ニ触レ虚心平気ニシテ其条理ヲ尋繹シ其法則ヲ索討シテ以テ之ヲ裁断セハ則チ法律ノ制定ナシト雖モ亦敢テ不可ナルナカル可シ然リト雖モ斯ノ如キハ遂ニ弊害ヲ醸生セサルヲ保スル能ハサルノミナラス今日我国現況ノ如ク裁判官タル者名ヲ条理ニ籍リ其実其学フ所ニ従ヒテ或ハ英米ノ法ヲ適用シ或ハ仏独ノ法ヲ施行スルニ至テハ国家ノ主権ヲ傷ケ国家ノ体面ヲ汚シ独立国ノ名有テ而シテ其実ヲ失ハシムルモノト謂ハサル可カラス其斯ノ如クナルモノハ畢竟法律規則ノ欠缺裁判官ヲシテ其遵由スル所ヲ知ラス遂ニ不知不識其学フ所ニ準拠スルニ至ラシメタルモノナリ予輩何ソ独リ裁判官ヲ咎ムルコトヲ敢テセンヤ今ヤ既ニ諸法典完成シ主権ノ作用充実シ将ニ国家ノ体面ヲ保全スルヲ得ルノ期ニ達セントス然ルニ何等ノ狂徒ソ敢テ蜚語ヲ放チ其実施ノ期ヲ遅延セントス是レ即チ堂々タル帝国ノ主権ノ作用ヲ抑制シ其体面ヲ汚シ独立国ノ名実ヲ挙テ之ヲ失却セシメントスルモノナリ嗚呼法典ノ実施一日ヲ緩フセハ則チ国家ノ体面独立ニ一日ノ損傷ヲ来タスモノナリ帝国臣民タル者誰カ発奮激励速カニ其実施ヲ希望セサル者アランヤ

法典ノ実施ヲ延期スルハ憲法ノ実施ヲ害スルモノナリ

今一人ヲ指シテ彼カ日本臣民タルヤ否ヤト問ハヽ、吾人ハ果シテ何ヲ以テ之ニ答ヘンカ彼ノ日本ニ住スルヲ知ル以テ日本臣民ナリト云フヲ得可キ乎曰ク未タシ然ラハ則チ彼ノ日本ニ生レタルヲ知ル以テ日本臣民ナリト云フヲ得可キ乎曰ク未タシ然ラハ則チ彼ノ父母彼ノ祖先カ久シク日本ニ居住シタルヲ知ル以テ日本臣民ナリト云フヲ得可キ乎曰ク未タ可ナラサルナリ然ラハ則チ日本臣民タル分限ハ何ニ依テ以テ之ヲ定ム可キ乎帝国憲法ハ此事ノ規定ヲ法律ニ譲レリ故ニ法律ヲ以テ之ヲ規定スルニ非サレハ則チ吾人ハ此問題ヲ解説ス可キ所以ヲ知ル能ハサルナリ日本臣民ハ日本帝国ヲ組織スル所ノ元素ナリ其元素ニシテ確定ナラス何ヲ以テ乎日本帝国ノ確定ナルヲ得ンヤ日本帝国ニシテ確定ナラサレハ則チ千万ノ法律規則アルモ以テ其力ヲ効ス可カラス憲法ヲ以テ臣民ノ権利ヲ確保スルモ之ヲ適用スルニ由ナク政治機関ノ運転作用ヲ規定スル所ノ法条モ亦遂ニ徒法贅則タランノミ更ニ約シテ之ヲ言ヘハ日本臣民ノ要件ヲ規定スルノ法律ニシテ制定実施セラル、ニ非サレハ憲法ノ実施ハ未タ完キヲ得サルモノト謂ハサル可カラス而シテ其之ヲ規定スル所ノ法律ハ即チ民法ナリ是ヲ以テ民法ノ制定実施ハ日本帝国ヲ確立スル所以ノモノニシテ今ノ時ニ当リテハ須ラク其実施ヲ急速ナラシムヘキナリ

蓋シ昔時封港鎖国ノ時ニ当リテハ其臣民ノ身分ヲ厳正ニ規定スルコトナクトモ未タ甚太シキ支障ヲ感スルコトナカリシト雖モ今日ノ如ク既ニ国ヲ開キテ万国ト修交通信スルニ至リテハ其身分ヲ確定スルノ急要ナル敢テ多言ヲ待タサル所ナリ然ルニ今日未タ之ヲ確定スルニ至ラス為メニ実際支障ヲ感スルコト少ナシトセス是吾人カ民法実施ハ今日ノ急務ニシテ之ヲ延期スルハ即チ憲法ノ実施ヲ害スト云フ所以ナリ

更ニ他ノ点ヨリシテ之ヲ観察センカ憲法第二十七条ニ曰ク「日本臣民ハ其所有権ヲ侵サルルコトナシ」ト是臣民ノ財産権ノ鞏固ヲ確保シタルモノナリ而シテ憲法ノ規定ハ唯其原則ヲ認メタルノミニシテ之ヲ保護スル所以ノモノハ一ニ之ヲ法律ノ定ムル所ニ任セリ是ヲ以テ憲法上其原則ヲ認ムルノミヲ以テハ未タ財産権ノ安固ヲ致スニ足ラス法律ヲ以テ更ニ之ヲ諸多ノ場合ニ応用シ実際他ノ之ヲ侵害セントスルニ当リテハ如何ニシテ之ヲ防禦ス可キ乎既ニ侵害ヲ受ケタルトキハ如何ニシテ之ヲ回復ス可キ乎又臣民ハ其所有権ヲ如何ニ行使スルコトヲ得可キ乎之ヲ行使シタル結果ハ如

何等ノ事ヲ明覈ニスルニ非サレハ其権利ハ未タ以テ完全ニ保護セラレタルモノト謂フ能ハス臣民ノ所有権ニシテ確実ナル保護ヲ得ル能ハス何為ソ臣民ノ権利ノ鞏固ナルヲ得ンヤ其臣民ノ権利ノ鞏固ナルヲ得サルモノハ決シテ憲法ノ罪ニ非スシテ職トシテ法律ノ欠缺不備ニ由ラスンハ非ス而シテ此等ノ事ヲ規定スル所ノモノハ実ニ民法及ヒ商法ノ二法典ニシテ我法典ノ所有権ノ事ニ関スル規定ヤ詳細明備ナリ之ヲ実施スレハ則チ之ヲ保護スルノ確実鞏固ナルヲ得可ク憲法ノ原則ハ依テ以テ実際ニ適施セラル、コトヲ得可シ是ヲ以テ予輩ハ民法商法ノ実施ヲ延期スルハ即チ憲法ノ実施ヲ害スルモノト断言スルモ敢テ不可ナキヲ信スルナリ

以上ハ日本臣民ノ要件及ヒ所有権ノ侵ス可カラサル原則ニ就テ其例証ヲ示シタルノミ其他臣民ノ権利義務ニ関スル憲法ノ規定ニ付テ精細ナル観察ヲ下セハ一トシテ民法商法ノ二法典ニ関渉セサルモノニアラサルハ莫シ請フ試ミニ思ヘ日本臣民ノ身分及ヒ人ノ資格ノ確定ナラスシテ能ク兵役ノ義務ヲ尽ス者アルカ財産ノ所有権確立セス商業ノ事亦明覈ナラスシテ果シテ能ク納税ノ義務ヲ尽スコトヲ得可キ乎居住及ヒ移転ノ自由ノ如キ裁判ヲ受クルノ権ノ如キ集会結社ノ自由ノ如キ皆其保護ヲ民法及ヒ商法ノ規定ニ仰クニ非スヤ其保護ノ法律ニシテ未タ確立セス何ヲ以テカ大法原則ノミ特ニ実際ニ其力ヲ効スコトヲ得ンヤ今日既ニ憲法ヲ実施セルニ拘ハラス其能ク実際ニ行ハル、能ハサルモノ豈異ムニ足ランヤ嗚呼吾人日本臣民ノ権利ヲ確保シ其懿徳良能ヲ発達セントノ大御心ヲ以テ　天皇陛下ノ欽定発布シタマヒシ千歳不磨ノ大典ヲシテ之カ実施上ニ支障ヲ感セシメ上ハ以テ優渥ナル聖意ニ背キ奉リ下ハ以テ吾人臣民ヲシテ依然タル封建ノ遺民タルニ終ラシメントスル者彼果シテ何ノ心ソヤ予輩之ヲ思ヒ之ヲ考フレハ血涙潸然トシテ転タ慷慨悲憤ニ堪ヘサルナリ

法典ノ実施ヲ延期スルハ立法権ヲ抛棄シ之ヲ裁判官ニ委スルモノナリ

凡ソ事物已ムヲ得テ而シテ起ルモノハアラシ人ノ相集リ相交リテ社会ヲ組ミ国家ヲ成ス是已ムヲ得サルノ必要ニ出ツ

ルナリ治者ト被治者トヲ分チ政治機関ヲ設クルモ亦実ニ已ムヲ得サルモノ有レハナリ法ヲ立テ律ヲ定ムルノ事豈特リ已ヲ得テ而シテ然ルモノナランヤ之ヲ社会国家ノ秩序ヨリ視之ヲ吾人ノ安心保生ノ必要ヨリ察スルニ法律ノ制定ハ実ニ已ムヲ得サルモノ有ルニ由ラサルハナシ然ラハ則チ一法ヲ制シ一令ヲ布クヤ必ス之ヲ実施シ以テ其已ムヲ得サルノ需要ヲ満タサヽルヲ得ス唯之ヲ制定発布スルノミヲ以テ之ヲ実施スルコト無クハ則チ之ヲ制定セサルト何ソ択ハンヤ立法権ノ国家ニ於ケル主要最重ノ位地ヲ占ムル所以ノモノハ畢竟社会国家ニ於ケル已ムヲ得サルノ需要ヲ充スノ任務ヲ有スレハナリ而シテ法律ヲ制定スルハ即チ其任務ヲ尽ス所以ナリ若シ夫レ社会国家ニ已ムヲ得サルノ需要アルヲ知テ而シテ之カ法律ヲ制定スルコトナクンハ則チ立法権ハ其任務ヲ尽サヽルモノナリ立法権ニシテ其任務ヲ尽サス何ヲ以テカ国家ハ其秩序ヲ維持シ人民ノ平和安寧ヲ保全スルコトヲ得ンヤ彼ノ法律ヲ制定発布シテ而シテ之ヲ実施セサルカ如キモ亦立法権ヲ抛棄シ其任務ヲ尽サヽルモノト謂ハサルヲ得ス

国家ハ立法権ヲ抛棄スルモ其已ムヲ得サルノ需要ハ之ヲ杜絶スルコト能ハス法律ハ之ヲ制定セサルコト有ルモ社会人事ノ関係ハ遂ニ之ヲ抑止スルコトヲ得サル可シ故ニ其已ムヲ得サルノ需要ハ之ヲ充タスノ途ナカル可カラス其社会人事ノ関係ハ之ヲ調理スルノ法ナキヲ得ス即チ之ヲ行政官ノ行施ニ委ネ之ヲ司法官ノ裁判ニ任ス若シ其行施ニシテ事物ノ宜シキニ適ヒ其裁判ニシテ条理ノ正シキニ合セハ則チ敢テ不可ナキニ似タリト雖モ然レトモ此ノ如キハ則チ立法権ヲ挙テ之ヲ裁判官ニ委スルモノナリ法律執行ノ職ニ在ル者ヲシテ法律制定ノ事ニ当ラシム其弊ヤ実ニ言フ可カラサルモノアリ即チ国家権力ノ主要最重ナル立法権ハ一ニ裁判官ノ左右スル所ト為リ国家ノ政治機関ハ忽チ支離滅裂シテ円滑ナル動作ヲ為スコト能ハス加之人ニ依リ処ニ依リテ其法ヲ異ニシ其律ヲ同フセサルヨリシテ従テ人民其適帰スル所ヲ知ラサルニ至リ其結果法律ナキト異ナラサルノミナラス却テ其弊害ハ一層ノ甚タシキヲ加フルモノト謂ハサルヲ得ス而シテ社会国家ノ已ムヲ得サル需要ヲ充タシ人事ノ関係ヲ調理スルノ効ニ至テハ殆ント全ク之アルヲ見サルナリ請フ顧ミテ我国今日ノ状況ヲ視ヨ其弊害ノ殊ニ最モ甚タシキ吾人ヲシテ憂慮措ク能ハサラシムルモノ有ルニ非スヤ何

ヲ以テ之ヲ言フ曰ク維新革命ノ結果トシテ社会上国家上ノ事物ハ悉ク破壊変革ヲ受ケサルモノナク古来ノ法令慣習ノ如キモ多クハ泯滅ニ帰シタルモ之ニ代フ可キ新法律新慣習ハ未タ成立スルニ至ラス殆ント全ク無法無規ナルニ社会人文ノ日ニ益々開進スルト国際交通ノ年ヲ追ツテ頻繁ナルニ従ヒ人事ノ関係愈々紛雑ヲ加フ是時ニ当リテ無法無規唯裁判官ノ判定スル所ノミニ放任スルハ偶々以テ其関係ヲ一層紛雑ナラシメ遂ニ此世運ノ進渉ヲ阻碍スルノミ我立法者此ニ見ル所アリ曩キニ法典ヲ制定公布シ人事ノ関係ヲシテ明覈ナラシメタリ蓋シ社会国家已ムヲ得サルノ必要ニ応シ能ク立法権ノ任務ヲ尽シタルモノト謂ツ可キナリ然レトモ此等ノ諸法典ハ未タ全然実施セラル、ニ至ラス吾人日常ノ関係ヲ調理スル所ノ至重至要ナル民法商法ハ未タ実際ニ其効用ヲ致スニ至ラス是ヲ以テ我国人民ハ其一日モ早ク実施ノ期ニ会センコトヲ希望シツ、アル今日或ハ其実施ノ延期ス可キコトヲ説ク者アリ予輩ハ此ニ其説ヲ論評スルコトヲ須イスト雖モ予輩ハ断言ス可シ曰ク彼等ハ敢テ無法無規ノ現況ヲ維持シ以テ我社会国家ノ需要ヲ抛擲シテ顧ミサル者ナリ彼等ハ立法権ヲ抛棄セシメ以テ国家ノ権力ヲ滅裂セシメントスル者ナリ又彼等ハ裁判官ヲシテ立法権ヲ左右セシメ以テ憲法ノ大則ニ紛更ヲ試ミントスル者ナリト

法典ノ実施ヲ延期スルハ各人ノ権利ヲシテ全ク保護ヲ受ル能ハサラシムルモノナリ

人ニ固有ノ権利アリ又法律上ノ権利アリト雖モ法律カ明カニ之ヲ認メテ保護スルニ非スンハ鞏固ナル能ハスト謂フモ過言ニアラサルナリ抑々吾人ノ権利ニシテ裁判官カ正義条理ニ適セリト称シテ其保護ヲ為スヨリモ法律ニ於テ之ヲ保護スルコトヲ明示スルノ確的ナルニ如カサルナリ今ヤ吾人ノ私権ハ民法商法ニ依リテ保護セラレ則チ従来吾人カ唯裁判官ノ方寸ニ依リテ決定サル可キ薄弱ナル保護モ民法商法ニ於テハ立法者ノ明言ヲ以テ確的タル保護ヲ受クルニ至リ則チ吾人ノ私権ハ民法商法ノ公布ニヨリ益々鞏固ナルヲ得ルニ至ラントス吾人ハ唯一日千秋ノ感ヲ懐キテ此二法ノ実施ヲ待チツ、アル者ナリ夫レ人誰カ其権利ノ鞏固ナルヲ欲セサル者アラン然ルニ狂人アリ自己ノ権利ノ鞏固ナルヲ欲

セサルノミナラス更ニ他人ノ権利ヲシテ薄弱ナラシメンコトヲ希望スル者アリ夫ノ法典実施延期論者ノ如キハ其一ナリトス予輩ハ更ニ其理由ヲ説示スルヲ須イス唯以上ノ説論ヲ一読セシメハ足ランノミ

法典ノ実施ヲ延期スルハ争訟紛乱ヲシテ叢起セシムルモノナリ

人其利害ヲ異ニシ其得失ヲ同フセサルヤ相争ヒ相訴フルハ免カル可カラサル勢ナリト雖モ人亦良智良能アリ徒ニ非ニ居テ争ヒ曲ニ在テ相訴フルカ如キコトアラス唯其茲ニ至ラサル所以ノモノハ其理否曲直ノ分明ナラサルニ依ルノミ人誰カ太陽ニ向テ其暗キヲ争フモノアラムヤ人誰カ雪ニ向テ其白カラサルヲ訴フルモノアラムヤ然ラハ人ノ争訟ハ理否曲直ノ分明ナラサルニ坐スルカ蓋シ理否曲直ナルモノハ人ノ良智良能ノ認識ニ依テ定マル而シテ其良智良能ハ人ノ教育其他境遇ノ異ナルニ依リテ同シカラス然ラハ理否曲直ノ争訟ヲシテ人ノ良智良能ニ任セシムルモ人互ニ其見ヲ異ニシ其解ヲ同フセスシテ相争ヒ相訴フルヤ自然ノ理勢ナリ斯ノ如ク人互ニ相争ヒ相訴フルヤ最強最大ノ威力ヲ有シテ之ヲ裁定スルニアラスンハ此国家ノ秩序安寧ハ終ニ之ヲ保維スルコト能ハサルナリ然リト雖モ斯ク最強最大ノ威力ヲ以テ其争訟ヲ裁決スルヤ事既ニ末ニ属セリ其本ニ遡ホリ未タ茲ニ至ラシメサルヲ期セサル可カラス蓋シ其之ヲ為スヤ法規ヲ明定シ律令ヲ制定シ以テ各人ヲシテ一見先ツ其理否曲直ヲ判断セシム可キ根拠ヲ示シ又之ヲ認識ス可キ準縄ヲ与フルニ如カサルナリ即チ法典ヲ実施スルハ此目的ヲ遂ケシムルモノナリ

人ノ争訟ヤ遂ニ免カル可カラス而シテ至理ノ自ラ存スル有リ唯裁判官ヲシテ之ヲ裁判セシムルニ在ルノミ敢テ早急法典ヲ実施スルノ要ナシト是蓋シ思ハサルノ言ノミ果シテ至理ハ自ラ存スルナラン然レトモ其之ヲ認識スル果シテ如何ス可キヤ夫レ唯人ノ良智良能ニ依ルノ外ナカルヘシ抑モ人ノ智識ニ浅深アルト均シク其理否曲直ノ判定モ亦人ニ依リ異同ナカル可カラス況ンヤ裁判官モ亦神仏ニアラサルニ於テヲヤ若シ夫レ人民ヲシテ其依拠スル所ヲ明知セシメサルニ於テハ或ハ誤想謬見ヲ以テ起訴シ或ハ裁判官ヲ瞞着スルヲ以テ唯一ノ憑拠ト為シ以テ起訴シ或ハ其他千様万態唯其

万一ヲ僥倖シテ起訴スルニ至ラン加之裁判官ノ依拠スル所ハ或ハ英米法或ハ独仏法ニシテ区々一定セサルモノアルニ於テヤ訴訟ノ濫起ヲシテ一層激甚ナラシムルモノナリ

斯ノ如ク訴訟濫起シ人々相争ヒ相訴ヘ而シテ裁判ハ区々ニシテ漸ク其信憑力ヲ失フニ至リテハ国家ノ秩序安寧ハ如何ニシテ之ヲ保維ス可キ乎予輩ハ国家ノ前途ニ対シ杞女ノ憂タラサルモノアルヲ認ムルナリ予輩ヲシテ此憂慮ノ範囲ヨリ雑脱セシメ則チ裁判ノ威力ヲシテ益々顕著ナラシメ遂ニ訴訟濫起ノ弊害ヲ防止セント欲セハ夫レ唯法典ヲ施行スルニアルノミ

法典ノ実施ヲ延期スルハ各人ヲシテ安心立命ノ途ヲ失ハシムルモノナリ

人ノ安心立命ハ剛毅ノミニ依テ得ラル可キニアラス一国ノ公力能ク之ヲ保護シ外部ノ襲敵ヲシテ侵害スルヲ得サラシメ権利ノ実行ヲ保護シ義務ノ履行ヲ保全セシムルニ在ルノミ人能ク外力ノ強暴ハ一国ノ公力ヲ以テ之ヲ圧抑スルヲ知ル然レトモ正義条理ノ襲撃ハ何ヲ以テ之ヲ鎮定ス可キヤ否ヤヲ知ラサルモノアリ夫レ然リ吾人ハ一国ノ公力薄弱ニシテ外力ノ強暴ヲ抑圧シ得サルカ為メ吾人ノ安心立命ヲ得ル能ハサルト同シク吾人ノ権利義務ニシテ確的ナルニ非スンハ吾人亦安心立命ヲ為ス能ハサルナリ夫レ外力ノ襲撃ナシト雖モ吾人ノ権利義務ニシテ確的ナルニ非スンハ吾人ハ安心立命ヲ為ス能ハサルナリ吾人ハ唯自ラ権利アリ義務ナシト確信スル而已ニテハ未タ以テ安心立命ヲ為ス能ハサルナリ何トナレハ吾人カ権利アリ義務ナシト自信スル所ノモノモ他人ハ却テ吾人ニ権利ナシ義務アリト反攻スルヤ知ル可カラス此境遇ニ至テハ遂ニ法廷ノ裁決ヲ仰カサルヲ得ス然ルトキ裁判官ハ何ニ依リテ吾人ニ権利ナシ義務アリト判定スヘキヤ夫レ唯其良心ノ導ク所ニ従フノミナルカ夫レ裁判官ハ鬼神ニアラス而シテ其智識亦異同ナカル可カラス其相異ナル無形ノ智識ニ依リテ裁判ヲ為ス亦遂ニ異同ノ裁判ヲ見サルハ殆ント危シ加之裁判官カ依拠スル所ハ現ニ英米法ト云ヒ仏独法ト云フカ如キ外形上既ニ相異ナルモノアルニ於テヤ益々裁判ノ区々タルヲ致サスンハアラス然ルニ国ニ

一定ノ法規アリ井然（ママ）トシテ形体ニ顕ハレ人ヲシテ一目瞭然其依拠スル所ヲ知ラシメ若シ夫レ果シテ権利ナシ義務アリト判定サレタルモ其依拠シタル所ノ根基ノ既ニ存在セルヲ知ラハ如何ニ頑乎執拗ノ者ト雖モ遂ニ一言ノ辞ナカラン嗚呼吾人ヲシテ此安心立命ヲ得セシムルハ夫レ唯法典ヲ実施スルニ在ルノミ

斯ノ如ク吾人カ安心立命ノ繋ル所ハ法典ノ実施ニ在リ現ニ訟人ハ裁判官其人ノ曾テ修メタル法律学ノ学派ニ依リ先ツ裁判ノ予断ヲ為シ所謂法理ノ何タルヲ究メスシテ先ツ喜憂ヲ分ツコトナキニアラス抑モ裁判官ハ博学多識ナラサル可カラス然レトモ先入主ハ最大ノ威力ヲ有シ其博学多識モ亦之カ為メ混迷シ縦令ヒ博学多識ノ裁判官ナリト雖モ其最初ニ得タル法学ノ智識ハ常ニ其脳力ヲ左右セサルハナシ則チ仏法ヲ修メタル者ハ常ニ仏法ニ左右セラレ英法ヲ修メタル者ハ亦常ニ英法ニ羈束セラレ独法伊法亦同シク然ラサルヲ得サルナリ人能ク此通弊ニ陥イラス真正法理ノ存スル処ニ倘佯シ得ル者ハ殆ント希レナリ今若シ是等ノ通弊ヲ除去ス可キ法典ノ実施ヲ延期センカ吾人ハ愈々判例ノ区々ニシテ益々安心立命ノ幸福ヲ殺カルヽヲ悲マスンハアラス故ニ曰ク法典実施ヲ延期スルハ各人ヲシテ安心立命ノ途ヲ失ハシムルモノナリト

法典ノ実施ヲ延期スルハ国家ノ経済ヲ撹乱スルモノナリ

法律ノ国家経済ト密接ノ関係ヲ有シ之ヲ保護シ之カ発達進歩ヲ計ルモノタルハ予輩ノ喋々ヲ待タサル所ナリ殊ニ民法商法ノ如キハ一方ニ於テハ人民ノ権利ヲ保護スルト同時ニ他ノ一方ニ於テハ専ラ国家経済ヲ保護スルコトヲ目的トシテ編制セラレタルモノナリ故ニ其制定実施ハ国家経済ニ重大ナル影響ヲ及ホスモノナリ而シテ此等ノ法典ハ或ハ其法制ノ旨義ノ如何ニ因リ或ハ其規定ノ風俗慣習ニ於ケル関係ノ如何ニ因リテ国家経済ヲ撹乱スルノ結果ヲ惹起スルコト之ナキニ非スト雖モ其主眼トスル所ハ人民ノ財産権ヲ確固ナラシメ契約其他総テ財産上ノ関係ヲ整理調停スルニ在ルヲ以テ経済ヲ保護シ之ヲシテ発達進歩セシムルハ其当然ノ結果ニ属スルモノナリ請フ少シク其例証ヲ挙ケテ以テ其理

ヲ明カナラシメン民法ニ於テ規定スル所ノモノハ第一ニ財産権ノ事ニ関ス此部ニ於テハ財産権ノ何タルコト所有権ノ侵ス可カラサル原則其救済ノ方法等ヲ規定ス而シテ財産権ハ実ニ経済ノ基本トスル所ナリ故ニ財産権ニシテ鞏固ナルニ非スンハ則チ国家経済ハ何ヲ以テカ能ク発達進歩スルコトヲ得可ケンヤ法律ハ則チ之ヲシテ鞏固ナラシムルモノナリ又財産権行使ノ方法其相互ノ関係即チ用益権使用権住居権賃貸権永借権地上権及ヒ地役権等ニ関スル規定ハ経済上ニ所謂富ノ生産ナルモノト相関ス故ニ法律ハ其生産力ヲ減殺セサランカ為メニ此等ノ権利ノ期限ニ制限ヲ付スルヲ見ル次ニ民法ハ財産権ノ他ノ一種ナル人権即チ重ニ契約ノ事ヲ規定ス是各人間ニ於ケル財産権行用ノ関係ニシテ経済上ニ於テ富ノ流通分配ト称スルモノ即チ是ナリ此部ニ於テハ人権其者ノ性質効果等ヲ規定シ経済ヲ助長センカ為メニ契約自由ノ原則ヲ認メ又契約ハ法律ト均シキ効力ヲ有スルノ原則ニ因リテ契約者ニ其誠実ノ履行ヲ促カシ債権者ノ為メニハ十分ノ効力ヲ仮(ママ)シテ其利益ヲ保護シ以テ富ノ流通分配ヲシテ成ル可ク円滑容易ナラシメンコトヲ欲セリ次ニ規定スル所ハ人権及ヒ物権ノ種々ナル行用即チ売買交換会社貸借代理寄託雇傭相続贈与其他各種ノ契約等総テ財産取得ト称スルモノニシテ是即チ経済上ニ所謂富ノ流通分配ノ作用ニ属ス此部ニ於テハ彼ノ契約ニ関スル原則ヲ応用シ其作用ヲシテ最モ確実鞏固ナラシメンコトヲ期スルモノニシテ其経済上ニ於ケル関係ハ殊ニ此部ニ於テ最モ重大ナルモノトス

又民法ハ債権ヲ保護センカ為メニ其種々ナル担保ノ事ヲ規定セリ是亦経済上ニ於ケル富ノ流通分配ノ関係ヲシテ確実ナラシムルカ為メニ重要ナル効力ヲ致スモノナリ民法ノ其他ノ部分モ亦経済上ニ関係スル所小少ナラス而シテ商法ニ至テハ予輩ノ特ニ喋々スルコトヲ要セサル所ナリ

民法商法ノ国家経済ニ関シ之ヲ保護シ之ヲ助長スルノ効アルコト夫レ斯ノ如シ若シ此等法律ノ保護ヲ缺クトキハ其結果果シテ如何ナル可キ乎其基本確固ナラス其生産力萎縮シ流通分配ノ事亦決シテ十分ナル作用ヲ為ス可カラサルヲ以テ国家経済ハ萎靡不振ノ状況ニ陥イル可キハ昞然火ヲ睹ルヨリモ明カナリ

請フ眸ヲ放チテ現時我国ノ経済社会ノ状況ヲ観察セヨ近年交通ノ利便日ニ月ニ増進シ通商貿易ノ業年ヲ追フテ益々隆盛ト為リ内国ニ於ケル商工業モ亦愈々発達シ百般生産的ノ事業競ヒ起リ都鄙到ル所トシテ商社ノ設立ヲ見サルナキニ至ル故ニ之ヲ皮想上ヨリ観察スルトキハ法律ノ保護未タ完全ナラサルニ経済上ノ事業ハ既ニ大ニ発達セリト謂フヲ得可キモ更ニ之ヲ我国ノ位置気候風土地味ヨリ視又之ヲ社会人文ノ関係ヨリ察スレハ予輩ハ概然タラサルヲ得サルモノアリ経済事業ノ発達ノ程度僅ニ今日ノ如クナルハ決シテ其当然ノ結果ト云フ可カラス生産的事業ノ開発ハ未タ十分ナラス通商貿易ノ如キハ僅ニ其形ヲ存スルニ止マルト謂フモ不可ナク彼ノ商社ノ如キモ亦多クハ奸商狡賈ノ徒カ奇利ヲ襲断スルノ目的ニ成ルモノ比々皆然ラサルハナク奸黠狡獪ノ徒ハ揚々トシテ白日経済社会ニ横行シ商工業ハ皆此等ノ徒ノ奸曲ヲ逞フシ私欲ヲ満タスノ具ト為リ良賈却テ跡ヲ潜ム其商工業ノ発達進歩ヲ妨害シ国家経済ヲ荼毒スルノ甚シキ言フ可カラサルモノアリ其斯ノ如キモノハ職トシテ法律ノ保護ノ十分ナラサルニ由ラスンハアラス殊ニ会社ノ如キハ其弊害ノ最モ劇甚ナルモノナリ又今日債権者ヲ保護スルノ薄弱ナルヨリシテ狡猾ナル債務者ヲシテ巧ミニ法律ヲ潜リ破産ニ因リテ却テ自ラ利セシメ債権者ヲシテ常ニ損害ヲ被ムラシメ為メニ商業上最モ貴重ス可キ信用地ヲ払フニ至ル是ヲ以テ今日ノ経済社会ノ弊習ヲ矯正シ商工業ヲ既ニ萎靡セルニ回復シ以テ将来ノ富実ヲ計ランニハ須ラク速カニ商法及ヒ民法ノ二法典ヲ実施スヘシ若シ夫レ徒ニ荏苒遅々セハ則チ我国経済社会ノ事亦得テ知ル可カラサルナリ今ヤ商工業経済社会ハ実ニ無法無規ノ暗黒社会ナリ魑魅走リ蝄蜽躍リ百鬼横行スルモノ豈異ムニ足ランヤ嗚呼此暗黒社会一点ノ光明ヲ待ツヤ久シ然ルニ特リ怪ム是時ニ当リテ敢テ法典ノ実施ニ反抗セントスル者アルヲ此輩畢竟不法不理ナル慣習ノ下ニ於テ其奸邪曲策ヲ弄セントスル者ノミ咄何等ノ猾徒ソ

岸本辰雄
宮城浩蔵
熊野敏三

磯部四郎
杉村虎一
井上正一
城数馬
本野一郎

「東京商工会商法修正説ニ対スル駁論」

（『法治協会雑誌』号外、明治二五年五月発行）

法典実施延期ノ論頃者一部人士ノ間ニ行ハレ鼓揚煽起其声漸ク高キカ如シ、法典果シテ延期ス可キ歟、吾人モ亦国民ノ義務トシテ全力ヲ茲ニ濺カントス、然レトモ吾人ハ未タ其延期ス可キ所以ノ理由ヲ発見セス、否ナ却テ延期論ノ理由ノ甚タ迷謬固陋ナルヲ感スルナリ

法典実施ノ必要ナルヤ今更喋々ノ弁ヲ費スヲ要セス、而シテ彼ノ延期論ハ抑々幾許ノ価値アルヤ、人或ハ延期論ノ起因ニ付テ信ス可カラサルノ説ヲ伝フ、曰ク「民商二法典ノ実施ヲ延期セントスルハ一ニ商事会社法ノ実施ヲ忌ムニ基ツクモノナリ、近時此歳会社ノ続起スルヤ弊事百端言フ可カラサルモノアリ、這種ノモノ若シ周密厳正ナル会社法ノ実施ニ遭ハ、破綻続出、社運困頓又救ヒ難キニ至ラン、然レトモ若シ独リ会社法ニ付テノミ延期ヲ唱ヘン歟自家ノ胸臆ノ暴露スルヲ奈何セン、於是乎商法全部ヲ挙ケテ延期シ、延テ民法ヲモ延期ス可シト唱ヘ以テ真情ノ表白ヲ避ケントス、恰モ好シ一派ノ学者アリ、心、非法典ノ主義ヲ抱キ陽ニ延期ノ論ヲ為シ延期又延期遂ニ法典ヲシテ実施ノ期ナ

カラシメントトス、此二種ノ徒其心情各々異ナルモ其目的同シ、乃チ相抱合シテ一団ト為ル、故ニ表面ニ於テハ学者実際家共ニ其見ヲ同フスルノ美観ヲ呈シ、而シテ其内情ノ異ナル此ノ如キモノアリ」ト、此説固ヨリ小人ヲ以テ君子ヲ測ルノ言、吾人之ヲ信セサラント欲ス、其レ然リ其内情ノ如何ハ此問題ノ為メニ之ヲ問フノ要ナシ、吾人ハ唯タ率直ニ表面ヨリ其論旨ノ如何ヲ攻究スレハ則チ可ナルノミ

従来商法ヲ攻撃シ延期ヲ唱フル者ノ言ニ曰ク、準備ノ時間短迫ニ失ス、曰ク用字渋晦文章贅牙殆ト欧文直訳ノ如シ、曰ク我邦古来ノ商習慣ニ適セス、曰ク前述ノ如キ欠点多シ、延期以テ修正ヲ施ス可シト、論旨略々此ノ如キニ止マル、然レモ(ママ)既ニ一回ノ延期ヲ与フ、準備ノ言復タ口ニ藉ク可カラス、法律ノ文章ノ一般人民ニ解シ難キハ到底理ノ免レサル所ナルハ世人漸ク之ニ暁得セリ、而シテ商法ノ規定ニ付テ如何ニ我邦古来ノ商慣習ヲ尊重シ調査シ斟酌セル歟ハ一部ノ裒然タル商事慣例類輯ノ大著之ヲ証明シテ余アリ、於是乎猶ホ存スルハ修正ノ一問題ノミ、然ルニ人心ノ同シカラサルハ猶ホ其面ノ如シ、甲者ノ編纂ハ乙者ノ意ニ満タス乙者ノ修正ハ丙者ノ意ニ満タサル事アラン、丙者丁者戊者己者何人カ之ヲ担当スルモ天下億兆ノ民ヲシテ一人モ其不備不完ヲ唱フル者ナカラシムルカ如キハ人類ノ遂ニ能クスル所ニ非スシテ修正修正再三再四徒ラニ百年河清ヲ待ツノ愚ニ陥ランノミ、近ク之ヲ独逸帝国ノ民法ニ徴セヨ、該国屈指ノ大学者実際家相協同シテ之ヲ編纂シタルモノニシテ、而シテ之ニ対スル非難ハ猶ホ其声ヲ絶タサルニ非スヤ、之ヲ好個ノ殷鑑トス、若シ我邦ヲシテ専制政治武断政略ノ古ニ在ラシメハ則チ可ナリ、然レトモ法治国ノ主義ハ維新以降一定不動ノ国是ト為リ憲法以下ノ公法既ニ実施ノ慶ニ逢ヒ国民ノ公権既ニ保固ノ恩ニ浴セルニ、独リ私権ノミ法官各個ノ脳漿ニ支配セラレ一是一非長ク一定ノ保固ヲ得ス、口ヲ修正ニ藉キ名ヲ延期ニ寓セ遂ニ之ヲ遷延糢稜ノ裏ニ葬リ去ルカ如キ事アラハ国民ノ不幸果シテ幾許ソ、而シテ国家ノ方針維新以降ノ国是何ノ時ヲ俟テ遂行ヲ得ンヤ、是レ吾人ノ痛歎シテ措カサル所ナリ

然リト雖トモ若シ完備良好ノ案ヲ得テ今日ノ法典ヲ修正シ之ヲシテ一大改良ヲ得セシメハ啻ニ吾人ノ喜ノミナラス実

ニ国民ノ慶福ナリ、故ニ吾人ハ延期論ノ不利ヲ説クト同時ニ中心（ママ）窃ニ良修正案ノ出ツルアラン事ヲ万一ニ冀望シ企足之ヲ待ツヤ久シ、然ルニ今ニ至リテ遂ニ之ニ逢着セス、否ナ其良案ニ逢着セサルノミナラス良否ハ暫ク措キ現ニ其案ヲ立テシモノハ唯タ旧東京商工会ノ一アルノミニシテ、其他商業会議所ノ如キハ比来修正ニ従事シツヽアルモ其案未タ成ラサルヲ以テ今日ニ於テハ吾人唯タ商工会ノ修正案ニ就テ可否ノ攻究ヲ投シ得ルノミ然リ而シテ商工会ノ施セシ修正ハ凡ソ五十余条ニシテ、吾人逐条之ヲ攻究スルニ其採ルニ足ルモノハ僅々二三条ノミ、而シテ此数条モ尚ホ其修正ヲ欠ク可カラスト云フニ非ス、即チ比較的ニ現法典ニ優ルト云フニ止マルノミ、他ハ則チ或ハ臆断ニ出テ或ハ誤解ニ基ツク修正ニシテ採ラント欲スルモ亦能ハス、且ツ茲ニ毎条之ヲ論シ以テ吾人ノ言ノ決シテ妄ナラサル事ヲ示サン

原　文

第一条　商事ニ於テ本法ニ規定ナキモノニ付テハ商慣習及ヒ民法ノ成規ヲ適用ス

修正文

第一条　商事ニ於テ本法ニ規定ナキモノニ付テハ商慣習ヲ適用シ、若シ商慣習ナキ時ハ民法ノ成規ヲ適用ス

本条中商慣習及民法ノ成規ヲ適用ストアリテ其適用ノ順序ヲ規定セサルカ故ニ若シ商慣習ト民法ノ成規ト並ヒ存スル時ハ何レヲ適用スヘキカ明了ナラス、蓋シ法律ニ反スルノ慣習ハ法律之ヲ以テ慣習ト認メサルカ故ニ之ヲ適用スヘカラサルハ勿論ナルヘシ、然リト雖トモ商慣習ト民法ノ成規ト並ヒ存シテ然モ其成規ハ右商慣習ヲ禁セサル場合尠ナカラス、如斯場合ニ於テハ主トシテ商慣習ヲ適用セサルヘカラス、想フニ立法者ノ精神モ亦此ノ如クナルヘシト雖トモ行文上ヨリ見ルトキハ商慣習存スル時ト雖トモ又常ニ民法ヲ適用スルカ如クニ思ハル、是前記ノ修正ヲ要スル所以ナリ

右修正ハ誤解ニ出ツ、蓋シ原文「及」ノ字アルニ因リ常ニ商慣習ト民法トヲ併用ス可シト命スルニ非ス、又商慣習ヲ

先ニ記シ民法ヲ後ニシタルニ因リ其適用ノ順序ヲ定メタルニ非ス、元来此句ハ立法者ノ頗ル措辞ニ困ミシモノニシテ、其意タルヤ商慣習ノ慣例アリテ民法ノ規定ナキ場合ハ固ヨリ商慣習ニ依ル可ク、之ニ反対ノ場合ハ固ヨリ民法ニ依ル可ク、又二者相矛盾スル場合ハ彼ノ特別法ハ一般ノ法律ニ先ツノ通則ニ依リテ固ヨリ商慣習ニ依ルヲ通例トスト雖トモ、商慣習ヲ措テ民法ノ規定ヲ先キニ適用ス可キ場合決シテ少シトセス、而シテ民法ニ其綱領ノ規定アリ、商慣習ニ節目ノ慣例アリテ二者両立スルノミナラス必ス併セテ之ヲ適用ス可キ場合モ亦僅少ナラス、然ルニ若シ修正案ニ従ヘハ民法商慣習共ニ適用ス可キ場合及ヒ商慣習ヲ措テ民法ヲ適用ス可キ場合ニ独リ商慣習ノミニ非サレハ適用シ得サルカ如キ弊ヲ生セン、故ニ原文ヲ妥当ノ文ニ非ストスルモ決シテ修正案ノ採用スル能ハサル事ヲ知ル可シ

原　文

第十四条　夫婦ノ一方カ商ヲ為シ、夫婦間ニ財産共通ヲ為サヽルトキ又ハ之ヲ解キタルトキハ商業登記簿ニ登記ヲ受クル為メ其事実ヲ管轄裁判所ニ届出ツルコトヲ要ス

夫婦ハ共ニ同一商事会社ノ無限責任社員タルコトヲ得ス

修正文

第十四条　夫婦ノ一方カ商ヲ為シ、夫婦間ニ財産共通ヲ為サヽルトキ又ハ之ヲ解キタルトキハ商業登記簿ニ登記ヲ受クル為メ其事実ヲ管轄裁判所ニ届出ツルコトヲ要ス

夫婦ハ財産共通ヲ為ス時ハ共ニ同一商事会社ノ無限責任社員タルコトヲ得ス

夫婦カ財産共通ヲ為サヽルトキハ共ニ同一商事会社ノ無限責任社員タラシムルモ夫婦各々特別ノ財産ヲ有スルヲ以テ一個ノ財団ヲ以テ二個ノ権利ヲ有スルカ如キ不都合ナシ、是前記ノ修正ヲ要スル所以ナリ

右修正ハ本条立法ノ旨趣ヲ解セス、唯タ其一ヲ知テ未タ其二ヲ知ラサルニ出ツ、抑々本条立法ノ理由ニ二個アリ、曰

ク夫婦ハ財産ヲ共通スル事多シ、然ルトキハ二人ノ社員ニシテ一個ノ財団アルニ過キサルノ不都合アリ、故ニ此禁ナカル可カラス、曰ク夫ハ妻ヲ保護スルノ義務アリテ婦ハ夫ニ従順スルノ義務アリ、然ルニ共ニ同等ノ権利ヲ有ス可キ同一社員タルニ於テハ婦ハ其社員タル権利ニ依テ社務ニ付キ夫ト抗争スル事アリ、所謂従順ノ義務ハ之カ為メニ傷フニ至ラン、否ラサレハ夫ハ婦ヲ圧抑シ婦ハ之ニ従順スルヨリ一人ノ社員（夫）カ二個ノ権利（夫婦）ヲ有スルト同一ノ結果ヲ生スルニ至ラン、故ニ此禁ナカル可カラスト、是レ本条アル所以ナリ、然ルニ修正案ハ財産共通ヲ為ス時ニ非サレハ同一社員タルモ可ナリト為セリ、是レ其見ノ第二ノ理由ニ及ハサリシ過ニシテ、若シ此案ノ如クセハ遂ニ婦ハ夫ニ従順スルノ旧慣ヲ破ルニ至リ、若クハ会社ニ於テ一社員カ二個ノ権利ヲ有スルト同一ノ不都合ヲ生スルニ至ラン、元来仏法ニ於テハ夫婦間ニハ会社ハ成立セストアリ、本法ハ其旨趣ヲ推拡セシモノニシテ縦令他ニ数多ノ社員アルモ前述ノ不都合アルハ同一ナルヲ以テ必スヤ此ノ如キ禁令ヲ設ケサル可カラス、而シテ其財産ヲ共通スルト否トノ如キハ此理由ノ為メニ問フヲ要セサル所タリ、修正論者ニシテ若シ之ヲ会得セハ彼等亦自カラ此修正ヲ撤去センノミ

第一章第三章（自第二十三条、至第三十条）商号

第三章即チ第二十三条ヨリ第三十条ニ至ル商号ニ関スル規定ハ全ク之ヲ削除スルヲ要ス

第一　本章ノ規定ハ実施スルノ必要ナシ

現今各商人ノ使用スル商号ハ何屋何堂若クハ何軒ト云フカ如ク其種類一ニシテ足ラスト雖トモ、要スルニ同種ノ商業ヲ営ム者ニシテ同一ノ商号ヲ使用スルノ例甚タ多ク、現ニ彼ノ呉服商ノ越後屋太物商ノ近江屋、質商ノ尾張屋佐野屋ノ類ニ至リテハ同業者各個ヲ区別スル為メノ特殊タルヨリハ、寧ロ其商業ノ種類ヲ区別スル為メ殆ト同業者ニ通用スルノ総称タルカ如キ景況アリ、是蓋シ従来大賈巨商ニハ暖簾ヲ与フルト称シ雇人ガ多年誠実ニ勤続スルニ当リ主人ヨリ之ニ資本ヲ分与シ、己ト同一ナル商号ヲ称セシムルノ慣例アリテ自ラ此現況ヲ馴致シタルモ

ノナルヘシ、而シテ此等商号ノ中ニハ各商人カ頼リテ以テ其営業上ノ信用ヲ維持スル為メニ必要ナルモノモ亦固ヨリ少ナカルヘシト雖トモ、若シ偶其商号ノ同一ナル為メ同業者互ニ不便ヲ感スル事アレハ之ニ其住地名字若クハ附号ヲ加ヘテ適宜ニ之ヲ区別スルノ便法アレハ今日同業者中同一ノ商号ヲ使用スル者多キモ実際商売上ニ於テ甚シキ差閊ヲ生スル事ナシ、蓋シ時トシテ故意ニ他人ノ商号ヲ濫用シテ自己ノ利益ヲ図ラントスル者全ク無キニアラスト雖トモ斯ノ如キ実例ハ稀ニ見ル所ニシテ未タ以テ一般ニ此規定ヲ実施スルノ必要ヲ促カスニ足ラス、況ンヤ此等特別ノ場合ニ於テハ此規定ニヨラサルモ他ニ之ヲ救護スルノ道ナキニアラサルニ於テオヤ、是本章ノ規定ヲ以テ実施スルノ必要ナシト信スル所以ナリ

第二　本章ノ規定ヲ実施スル時ハ商人ノ徳義心ヲ破壊シ却テ目的外ノ結果ヲ生スルノ懸念アリ

案スルニ本章規定ノ目的トスル所ハ他人ノ商号ヲ濫用スルノ弊ヲ防キ以テ使用本主ノ利益ヲ保護スルニ在ルヘシ、然リト雖トモ今若シ此規定ヲ実施スル時ハ果シテ其目的ヲ達シ得ヘキヤ否ヤ、単ニ其目的ヲ達シ難キノミナラス或ハ却テ反対ノ結果ヲ生スル事ナキヤヲ懸念スルナリ、蓋シ今日同種ノ商業ヲ営ム者ニシテ同一ノ商号ヲ使用スル者甚タ多キニモ拘ラス実際ニ於テ故意ニ他人ノ商号ヲ濫用シテ其利益ヲ害セン事ヲ図ル者極メテ少ナキ者ハ、畢竟スルニ各商人ニ徳義心アリテ自ラ此等ノ所為ヲ制止スルカ為メナルヘシ、然ルニ今此規定ヲ実施シテ本章第二十六条ニアルカ如ク「商号ハ登記ニ因リ同一営業ニ就キ一地域内ニ於テ其専有ノ権利ヲ取得シ他人之ヲ用ユル事ヲ得ス」ト定ムルトキハ是恰モ同一ノ商業ヲ営ム者ニ向ヒ同地域内ニ在ラザル時ハ、何人ノ使用スル商号ト雖トモ随意ニ之ヲ使用スル事ヲ得ル旨ヲ公許スルト同一ナルニ付、之ガ為メ従来各商人中ニ成立セル徳義心ヲ破壊シ之ヲシテ、法律ノ許ス範囲内ニ於テ他人ノ商号ヲ濫用シ以テ其利益ヲ害セントスルノ情念ヲ発生セシメ、結局却テ其使用本主ノ危険ヲ増スノ恐ナキカ、例ヘハ甲ガ芝ノ高輪（地域内）ニテ万青ト称シ料理業ヲ営ムニ当リ、乙カ僅ニ数丁ヲ隔ツル品川（地域外）ニテ同一ノ商号ヲ称シ甲ト同種ノ商業ヲ営ム事アリトセンニ、此等ノ場合

ニ於テ甲ナル使用本主ハ乙ナル同業者ノ為メ実地ノ損害ヲ受クル事アリトスルモ如何セン、此所為タル恰モ法律面ニ於テ公許スル所ナルヲ以テ甲ナル被害者ハ乙ナル加害者ニ向テ損害ノ賠償ヲ要求スル事ヲ得サルヘシ、果シテ然ルトキハ甲ノ地位ニ立ツ者ハ仮令表面ニ於テハ其商号ノ専用ヲ保護セラル、トスルモ、実際ニ於テハ之カ為メ却テ奸商ニ向テ適々己レニ加害スルノ釁隙ヲ与フルモノト謂ハサルヘカラス、是本章ノ規定ヲ実施スルトキハ商人ノ徳義心ヲ破壊シ却テ目的外ノ結果ヲ生スルノ懸念アリト信スル所以ナリ

此第三章即チ商号ノ規定ニ付テハ編纂ノ当時大ニ反対説ヲ主張スル者アリキ、是レ草按ニハ各商人カ商号ヲ登記セサレハ之ヲ罰スル事ト為シアリシカ為メナリ、然レトモ爾後之ヲ改正シテ現今ノ如ク商号ノ登記ハ商人ノ随意ニ一任シ、之ヲ登記セサルモ其罰ナク、而シテ登記スレハ其保護ヲ受クル事ト為シアルニ於テハ此規定ハ利アルモ害ナキモノニシテ、修正案カ全ク之ヲ削去セントスルハ誤見ノ甚タシキモノナリ、蓋シ削去論ノ理由ニ二個アリ、其一ハ我邦ニハ此ノ如キ規定ノ必要ナシ、古来其制度ナクシテ弊害ノ生セシヲ聞カサルハ其証左ナリト云フニ在リ、然レトモ今古其情ヲ異ニシ古昔ニ其必要ナキヲ以テ今日モ亦然リト謂フ可カラス、現ニ今日ハ商標条例意匠条例ヲモ已ニ必要トスルノ世ニ非スヤ、如何ソ商号保護ノ必要ナカラン、彼ノ守田宝丹ノ事ノ如キ最近ノ実例ニシテ薬品ノ如キハ商標ノ以テ自カラ保護スルアリト雖トモ、守田治兵衛テフ同一ノ商号ヲ以テ宝丹テフ同一ノ薬品ヲ売ルアラハ縦令商標ニ多少ノ異同アルモ其損害ヲ免ル、能ハサルハ言ヲ俟タサルナリ、況ヤ割烹店ノ如キ各種娯游場ノ如キ商標ヲ用ユ可カラサル商業ニ於テヲヤ、誰カ商号保護ノ必要ナシト謂ハン、又削去論第二ノ理由ハ此規定ハ却テ商人ノ徳義心ヲ破壊シ目的外ノ結果ヲ生スルノ懸念アリト云フニ在リテ、此規定ハ恰モ同一ノ商業ヲ営ム者ニ向ヒ同地域内ニ在ラサルトキハ何人ノ使用スル商号ニテモ随意ニ之ヲ使用スル事ヲ得ル旨ヲ公許スルト同一ナルニ付キ、例ヘハ甲カ芝ノ高輪（地域内）ニテ万青ト称シ料理業ヲ営ムニ当リ、乙カ僅々数丁ヲ隔ツル品川（施域外）ニテ同一ノ商号ヲ称シ甲ト同種ノ業ヲ営ムモ甲ハ之ヲ如何トモスル能ハサルノ弊ヲ生セン、故ニ此規定ハ却テ奸商ニ加害ノ釁隙ヲ与フルモノナリト説ケリ、

蓋シ此ノ如キハ甚タ稀有ノ事例ニシテ高輪ト品川トノ如キ市区略々連続シテ而シテ法律上其地域ヲ異ニスルカ如キハ僅々千百ノ十一タルニ止マリ、苟モ地域ヲ異ニスルヤ実際其地ノ遠ク相距ツルヲ常トシ、前例ノ如キハ容易ニ存在シ得ヘキ事実ニ非ス、而シテ之ヲ憂フルハ是レ猶ホ噎ニ懲リテ食ヲ廃スルノ愚ノミ、固ヨリ論スルニ足ラス、況ヤ奸人ノ奸、至ラサル所ナシ、如何ナル厳密ノ法律ヲ以テスルモ万々乗ス可キ釁障ナカラシメントスルハ到底人智ノ能クスル所ニ非サルニ於テヲヤ

原　文

第三十二条　各商人ハ開業ノ時及ヒ爾後毎年初ノ三ケ月内ニ又合資会社及ヒ株式会社ハ開業ノ時及ヒ毎事業年度ノ終ニ於テ動産不動産ノ総目録及ヒ貸方借方ノ対照表ヲ作リ、特ニ設ケタル帳簿ニ記入シテ署名スル責アリ

財産目録及ヒ貸借対照表ヲ作ルニハ総テノ商品債権及ヒ其他総テノ財産ニ当時ノ相場又ハ市場価直ヲ附ス、弁償ヲ得ルコトノ確ナラサル債権ニ付テハ其推知シ得ヘキ損失額ヲ控除シテ之ヲ記載シ、又到底損失ニ帰スヘキ債権ハ全ク之ヲ記載セス

修正文

第三十二条　各商人ハ開業ノ時及ヒ爾後毎年一度一定ノ月ニ又合資会社及株式会社ハ開業ノ時及ヒ毎事業年度ノ終ニ於テ動産不動産ノ総目録及ヒ貸方借方ノ対照表ヲ作リ、特ニ設ケタル帳簿ニ記入シテ署名スル責アリ

財産目録及ヒ貸借対照表ヲ作ルニハ総テノ商品債権及ヒ其他総テノ財産ニ当時ノ相場又ハ市場価直ヲ附ス、到底損失ニ帰ス可キ債権ハ全ク之ヲ記載セス

本条ニ拠レハ各商人ハ開業ノ時及毎年一月ヨリ三月迄ニ財産目録ヲ作ラサルヲ得ス、然ルニ商売ノ種類ニヨリテハ斯ノ如ク其時限ヲ定メラル、ヲ不便トスル者アリ、故ニ其時限ハ本条ノ如ク一月ヨリ三月迄ト云フカ如ク之ヲ

定メスシテ単ニ毎年一度トシ各商人ヲシテ一年ノ中何月ニ於テモ毎年一定ノ月ニ於テ自由ニ之ヲ作ル事ヲ得セシメタシ、又本条ニ拠レハ財産目録及貸借対照表ニ掲クヘキ債権ニシテ弁償ノ確ナラサルモノハ其推知シ得ヘキ損失額ヲ控除シテ之ヲ記載セサルヲ得ザル訳ナリ、蓋シ到底損失ニ帰スヘキ債権ハ全ク之ヲ記載セサルモ固ヨリ妨ケナシト雖トモ、弁償ノ確ナラサルモノ、損失額ヲ推知シ之ヲ控除シテ目録及表ニ掲クル時ハ之ニ応シテ帳簿ヲモ引直サヽルヲ得ス、而シテ若シ之ヲ引直サヽル時ハ目録及表ト帳簿ト符合セスシテ大ナル不都合ヲ生スヘシ、又従来ノ慣習ニ拠レハ総テ債権ハ之ヲ帳簿ニ記載シ置キ愈々其損失ニ帰スヘキヲ待テ始メテ之ヲ控除スル訳ニテ本条ノ如ク予メ帳簿ヨリ控除スルハ甚タ不都合ナリ、是前記ノ修正ヲ要スル所以ナリ

右第一項ノ修正案ハ「毎年初ノ三ケ月内」トアルヲ不便トシ単ニ「毎年一度一定ノ月」ト為サントセリ、是レ孰レニ従フモ不可ナシト雖トモ原案ノ如クスルモ亦何ノ不便カ之アラン、凡ソ何種ノ商人ニテモ毎年大除日ニ総勘定ヲ為サヽル者ナク、随テ翌年一月ヨリ三月迄ノ間ニ目録及ヒ表ヲ造ルハ寧ロ便宜ノ季節ト云ハサルヲ得ス、縦令商人ノ陰暦ニ従フ者アルモ陽暦ノ三月ハ陰暦ノ二月ニ当ル、此場合ニ於テモ尚ホ目録及ヒ表ヲ造ルニ十分ノ時間アリ、修正ノ必要果シテ何レニ存スルヤ

同第二項「弁償ヲ得ル事ノ確ナラサル債権ニ付テ其推知シ得ヘキ損失額ヲ扣除シテ之ヲ記載」セシムルニ於テハ目録及ヒ表ト帳簿トノ符合ヲ失ヒ大ナル不都合ヲ生ス可シトシテ、此一段ヲ削ル事ニ修正セントトス、是レ頗ル不当ノ修正ナリ、良シ帳簿上ニ於テ少シク不便利アリトスルモ此修正ノ如キハ決シテ採用スルヲ得サルモノトス、其理由如何ト云フニ此弁償ヲ得ル事ノ不確ナルニモ拘ハラス猶ホ其全額ヲ記載スルニ於テハ殆ト世人ヲ欺クノ実ヲ生ス可シ、実ニ従来会社ノ諸弊事中此一事ノ如キ其弊ノ最モ大ナリシモノトス、何トナレハ目録及ヒ表ノ記載ハ甚タ立派ナルモ、其実此債権モ弁償ヲ得ス彼債権モ弁償ヲ得スト云フニ至テハ他日至大ノ不都合ヲ生スル事ヲ免ル可カラサレハナリ而シテ其目録及ヒ表カ帳簿ト符合セスト云フト雖トモ此ノ如キハ修正案カ猶ホ原案ノ儘ニ採用セル最後ノ一段即チ到底損

失ニ帰ス可キ債権ハ全ク之ヲ記載セサル場合ニ於テモ亦然ル所ニシテ、彼此決シテ相択ム所ナキナリ

原　文

第四十九条（第二項）　相手方ニ於テ代務委任ノ欠缺ヲ知テ為シタル取引ハ双方ニ在テ無効タリ

修正文

第四十九条（第二項）　相手方ニ於テ代務委任ノ欠缺ヲ知テ為シタル取引ハ商業主人ニ対シテ無効タリ

相手方ニ於テ代務委任ノ欠缺ヲ知テ為シタル取引ト雖トモ当事者間ニ在テハ双方之ヲ知了シテ結ヒタルモノニシテ、相手方ハ代務者其人ヲ目的トシテ取引シタル者ナレハ商業主人ニ対シテハ無効ナルモ当事者間双方ニ於テハ有効ナル事無論ナリ、是前記ノ修正ヲ要スル所以ナリ

本条ノ取引ノ商業主人ニ対シテハ無効ナルモ代務人ト相手方トノ間ニ在テハ有効ナルヤ固ヨリ修正案ノ謂フ所ノ如ク毫モ疑ヲ容レサル所ナリ、而シテ法文ノ所謂「双方」トハ商業主人ト相手方トヲ指称セシモノニシテ、其代務人ト相手方トヲ指称セシモノニ非サル事ハ少シク法理ヲ解スル者ノ直チニ首肯ス可キ所トス、何トナレハ代務人ハ主人ノ機械タルモノニシテ法律上之ヲ「双方」ノ語中ニ包含セシム可キモノニ非サレハナリ、然ラハ則チ修正案ハ此法文「双方」ノ一語ヲ誤解セシヨリ此修正ヲ試ミシニ止マリ修正案ノ旨趣ハ毫モ法文ノ旨趣ト異ナル所ナシ、修正論者ニシテ若シ之ヲ知ラハ亦自カラ其修正ヲ中止ス可キノミ

原　文

第五十二条　商業使用人カ商業主人ノ為メニ店舗倉庫及ヒ其他ノ営業場ニ於テ或ル業務ヲ弁スルトキ又ハ他所ニ送遣セラル、トキ、又ハ帳場ニ於テ第三者ト取引ヲ為スニ際シ主人ヨリ制止セラレス若クハ第三者ノ問ヲ受ケテ己レ之

ヲ為ス権アリト答ヘタルトキハ殊ニ其職分ノ範囲ニ付キ置カレタルモノト看做サル

修正文

第五十二条　商業使用人カ商業主人ノ為メニ店舗倉庫及ヒ其他ノ営業場ニ於テ或ル業務ヲ弁スルトキ又ハ他所ニ送遣セラル、トキ、又ハ帳場ニ於テ第三者ト取引ヲ為スニ際シ主人ヨリ制止セラレサル時ハ殊ニ其職分ノ範囲ニ付キ置カレタルモノト看做サル

商業使用人カ第三者ト取引ヲ為スニ際シ主人ヨリ制止セラレサル時ノ如キ殊ニ其職分ノ範囲内ニ付置カレタルモノト看做サル、事ハ当然ナルヘシト雖トモ、第三者ノ問ヲ受ケテ己レ之ヲ為ス権アリト答ヘタル時モ前同様ニ看做サル、トスルトキハ或ハ其答ヘタル後ハ主人ハ制止スル事能ハストノ解釈ヲ生スルノ憂ナシトセス若シ又此ノ如キ意ニアラストセハ「第三者ノ問ヲ受ケテ己レ之ヲ為ス権アリト答ヘタル時」ノ事ハ寧ロ「主人ヨリ制止セラレサル時」ノ中ニ自然包含セラルヘキモノニシテ、要スルニ此等ノ文字ハ不用ナリト云ハサルヲ得ス、是前陳ノ修正ヲ要スル所以ナリ

右修正ノ理由タル商業使用人カ第三者ノ問ヲ受ケテ己レ之ヲ為ス権アリト答ヘタルトキハ、殊ニ其職分ノ範囲内ニ付キ置カレタルモノト看做スニ於テハ或ハ其答ヘタル後ハ主人ハ最早制止スル能ハストノ解釈ヲ生スルノ憂ナシトセス、故ニ削ル可シト云フヲ其要点トセリ、然レトモ此ノ如キ誤謬ノ解釈ノ生セン事ヲ憂フルハ真ニ所謂杞憂ノ甚シキモノニシテ、此カ為メニ此必要ナル字句ヲ削ラントスルハ抑々無用ノ業ト謂ハサルヲ得サルナリ

原　文

第六十三条（第二号）　自己ノ計算又ハ第三者ノ計算ニテ取引ヲ為シタルトキ但些少ノ取引ハ此限ニ在ラス

修正文

第六十三条（第二号）　自己ノ計算又ハ第三者ノ計算ニテ取引ヲ為シタルトキ

本条第二号中「但些少ノ取引ハ此限ニアラス」トアレトモ些少ノ分量ヲ見分クルハ甚タ困難ナルノミナラス些少ノ取引ト雖トモ法文ヲ以テ之ヲ明許スルハ至当ノ事ト云フヘカラス、是前陳ノ修正ヲ要スル所以ナリ

些少ノ分量ヲ見分クルハ固ヨリ困難ナラン、然レトモ此ノ如キハ法律上屢々存スル所ニシテ畢竟裁判所ノ認定ニ依ルモノトシテ格別不都合ナル事無カル可シ、而シテ些少ノ取引ト雖トモ法文ヲ以テ之ヲ明許スルハ不当ナリト云フハ亦一理ナキニ非ス、然レトモ若シ之ヲ削ルニ於テハ例ヘハ小僧カ隣店ノ為メ代リテ一豆腐ヲ買フ忽チ其任ヲ解ク可シト云フニ至リ過酷モ亦甚タシカラン、故ニ是レ亦寧ロ原案ヲ優レリトス

原　文

第六十五条　雇傭契約ハ商業主人ノ死亡ニ因リテ終ラス、然レトモ商業使用人ノ雇入レラレタル其営業ノ廃止ニ因リテ終ル、但其営業ヲ他人ニ移サントスルトキハ第五十九条ニ従ヒ双方予告ノ権利ヲ有ス

修正文

第六十五条　雇傭契約ハ商業使用人ノ雇入レラレタル其営業ノ廃止ニ因リテ終ル、但其営業ヲ他人ニ移サントスルトキハ第五十九条ニ従ヒ双方予告ノ権利ヲ有ス

我国従来ノ慣習ニ依レハ商業主人死亡シタル場合ニ於テモ番頭小僧ハ引続キ新主人ニ仕フヲ常トスルト雖トモ、是前主人ト商業使用人間ノ雇傭契約カ主人ノ死亡ニ依テ終ラサルカ故ニハアラス、全ク其死亡ト共ニ終リタルニハ相違ナキモ使用人カ新主人ニ引続キ雇傭セラルハ則チ暗然（ママ）ノ中ニ新主人ト雇傭ノ契約ヲ結ヒタル者ナレハ、今本条ニ対シ前陳ノ修正ヲ加フルモ決シテ我国在来ノ慣習ヲ破ルノ結果ヲ生セサルノミナラス、若シ斯ク修正ヲ加ヘサル時ハ単ニ前主人ヲ信シ之ニ使用セラレタル使用人ヲ強テ新主人ニ仕ヘシムルノ不都合ヲ生スヘク、之ト等

シク新主人ニ於テモ前主人ノ使用人ヲ己レノ意ニ反シテ使用セサルヘカラザルノ不都合ヲ生スヘシ、是前陳ノ修正ヲ要スル所以ナリ

此修正モ亦至大ノ誤解ニ出ツ、蓋シ雇傭契約ハ人ト人トノ相互ノ信用ニ成ルハ勿論ナルヲ以テ主人ノ死亡スルヤ之ヲ解約スルヲ当然トス可キカ如シト雖トモ、此雇傭タル元来主人カ座石(ママ)ノ頤使ニ供スルニ非スシテ専ラ其商業ノ為メニスルモノナレハ、主人ハ死亡スルモ其商業ニシテ継続スルニ於テハ猶ホ其雇傭ヲ継続スルヲ可トス、而シテ若シ新主人之ヲ嫌厭シ又ハ代務人若クハ使用人カ新主人ヲ嫌厭スル場合ニ於テハ其解任又ハ辞任ハ総テ甚タ容易ニシテ修正論者ノ恐ル、カ如ク其意ニ反シテ雇傭シ、若クハ雇傭セラル、ノ弊ハ決シテアル事無シ、故ニ此修正モ亦採ルニ足ラサルナリ

原　文

第七十四条　二人以上七人以下共通ノ計算ヲ以テ商業ヲ営ム為メ金銭又ハ有価物又ハ労力ヲ出資ト為シテ共有資本ヲ組成シ、責任其出資ニ止マラサルモノヲ合名会社ト為ス

修正文

第七十四条　二人以上七人以下共通ノ計算ヲ以テ商業ヲ営ム為メ金銭又ハ有価物又ハ労力ヲ出資ト為シテ共有資本ヲ組成シ、責任無限ナルモノヲ合名会社ト為ス

本条中責任其出資ニ止マラサルトキハ所謂無限責任ヲ指スモノナルカ、又ハ責任其出資ニ止マラスシテ各社員カ所有スル財産ノ幾分ニ及フモノヲ指スモノナルカ、蓋シ法文ノ精神ニ拠レハ必スヤ所謂無限責任ヲ指スモノナルヘシト雖トモ、文面上ヨリ見ル時ハ其意義不分明ニシテ惑ヲ生シ易シ、是前陳ノ修正ヲ要スル所以ナリ

責任出資ニ止マラストハ固ヨリ其無限ナルヲ云フ、故ニ修正論者カ之ヲ直接ニ無限責任ト記セントスルハ其妨ケナキ

ヤ言ヲ俟タスト雖トモ、然レトモ法典ノ文モ亦体裁ヲ欠ク可カラス、乃チ本法カ株式会社ノ定義ニ付テ「責任出資ニ止ル」ト記セシヨリ、本条モ亦之ニ応シテ「責任出資ニ止マラス」ト記セサルヲ得ス、是レ此原文アル所以ニシテ而シテ修正案カ強ヒテ修正ヲ施サントスルハ甚タ謂レナキノ業ト云フ可キナリ

原　文

第七十五条　商号ニハ総社員又ハ其一人若クハ数人ノ氏ヲ用ヰ之ニ会社ナル文字ヲ附ス可シ

修正文

第七十五条　商号ニハ総社員又ハ其一人若クハ数人ノ氏ヲ用ヰ之ニ合名会社ナル文字ヲ附ス可シ

商法施行条例第八条第二項ニ既設会社ノ商号ニハ其会社ノ種類ニ従ヒ合名会社合資会社又ハ株式会社ノ文字ヲ附スヘシトアリ、左レハ本条合名会社ノ商号ニハ合名会社ナル文字ヲ附スルヲ適当ナリトス、是前陳ノ修正ヲ要スル所以ナリ

合資会社株式会社ハ各々合資若クハ株式ノ字ヲ社名ニ加フルヲ要スルニ独リ合名会社ノミ会社ナル二字ヲ以テ足レリトシ合名ノ字ヲ加ヘシメサルハ権衡ヲ得サルノ観ナシトセス、然レトモ合資株式二会社ハ或ハ業名或ハ地名或ハ典故等ニ依リ其社名ヲ設クルモノナルヲ以テ合資若クハ株式ノ字ヲ加ヘ以テ其会社ノ性質ヲ明カニスルノ必要アリト雖トモ、合名会社ハ否ラスシテ必ス社員ノ氏名ヲ以テ社名ト為スニ依リ合名ノ二字ナキモ其合名会社タルヤ固ヨリ明瞭ナリ、原文ノ規定タル此カ為メタルニ施行条例カ之ニ反シテ合名会社モ亦他ノ会社ノ如ク合名ノ字ヲ加ヘシムルハ是レ特ニ既設会社ニ命スルモノナリ、既設会社ハ其性質合名会社ナルモ其社名必スシモ社員ノ氏名ヲ以テセサルモノ多キニ依リ斯クハ之ヲ命セシニ過キサルナリ、将来ノ会社ノ為メニスル本条ノ規定ニ此事ナキハ固ヨリ当然ノ事タリ、修正文又誤レリ

原　文

第八十一条　会社ハ登記前ニ開業スルコトヲ得ス、之ニ違フトキハ裁判所ノ命令ヲ以テ其営業ヲ差止ム、但其命令ニ対シテ即時抗告ヲ為スコトヲ得

第八十二条　会社其登記ノ日ヨリ六ケ月内ニ開業セサルトキハ其登記及公告ハ無効タリ

修正文

第八十一条　会社ハ登記前ニ事業ニ着手スルコトヲ得ス、之ニ違フトキハ裁判所ノ命令ヲ以テ其営業ヲ差止ム、但其命令ニ対シテ即時抗告ヲ為スコトヲ得

第八十二条　会社其登記ノ日ヨリ六ケ月内ニ事業ニ着手セサルトキハ其登記及ヒ公告ハ無効タリ

第八十一条及第八十二条中ニ各々「開業」ノ文字アリ、抑モ此開業トハ是迄慣用セラル、カ如ク営業開始ノ意カ、或ハ事業着手ノ意カ、若シ前解ノ如クナランカ第八十二条ノ場合ノ如キ大ニ実際ニ不都合アリ、蓋シ普通ノ工業特ニ鉄道事業ヲ経営スル会社ノ如キハ其機械ヲ外国ニ注文シテ之ヲ接手スル迄少クモ六ケ月若クハ其以上ヲ要スルニ付、登記後六ケ月内ニ営業ヲ開始スルハ実地為シ得サル所ナリ、想フニ前記両条中ニアル開業ノ文字ハ総テ工事ノ着手ヲ意味スルモノナルヘシト雖トモ、字面ヨリ見ル時ハ営業開始ヲ意味スルカ如ク思ハレ甚タ不都合ナリ、是前陳ノ修正ヲ要スル所以ナリ

右修正案ハ此二条ニ於ケル開業ノ語ヲ解シテ事業着手ノ意ト為シ、乃チ該四字ニ改メントス、其理由ハ若シ之ヲ営業開始ノ意トセハ鉄道会社ノ如キ大工業ヲ経営スル会社ニ於テハ登記ノ日ヨリ僅々六ケ月ニシテ営業ヲ開始スルハ到底行ハル可カラサルノ事タリ、故ニ事業着手ト明記スヘシト云フニ在リ、善ヒ哉言ヤ、之ヲ営業開始ノ意トセハ其鉄道会社等ニ適用シ難キ事争フ可カラスト雖トモ、然レトモ本法ノ意ハ依然営業開始ノ意ヲ以テセルモノナリ、元来此規

定タル徒ラニ会社ノ名ヲ設ケ之ヲ登記シテ実際ニ其営業ヲ開始スル事ナク唯タ其名ニ依リ不法ノ利得ヲ其間ニ営マントスル者ヲ防止スルニ在リ、故ニ其営業開始ヲ速ナラシムルモノニシテ、六ケ月ノ期間ハ鉄道等ノ大事業ニハ過短ナルモ普通ノ営業ニハ凡ソ十分ノ時間ナリトセサル可カラス、而シテ法律ハ多数ノ場合ヲ目的トシテ規定セサルヲ得サルモノナレハ、此ノ如ク六ケ月内ニ其営業ヲ開始ス可シト命シタルナリ、若シ夫レ之ニ反シテ之ヲ事業着手ト改メンカ、鉄道会社ノ如キ六ケ月内ニ唯タ一条ノ鉄軌ヲ買入レシ場合モ尚ホ事業ニ着手セシモノト為リ、本条カ期間ヲ設ケ弊害ヲ防カントスル規定ハ容易ニ免脱シ得セシムルニ至ラン、況ヤ普通多数ノ速成的営業ノ場合ニ於テヲヤ、故ニ本条ハ依然原文ノ如クニ存置スルヲ要シ、而シテ鉄道等ノ事業ノ為メニハ特ニ鉄道条例等ノ特別法ニ於テ本条ノ例外ヲ規定シ以テ各々其情況ニ適セシムルヲ便トス、於是乎此修正モ亦従フ事ヲ得サルナリ

原　文

第九十五条　社員其負担シタル出資ヲ差入レサルトキハ会社ハ之ヲ除名スルト年百分ノ七ノ利息ヲ払ハシムルトヲ択ミ、尚ホ其孰レノ場合ニ於テモ損害賠償ヲ求ムルコトヲ得

修正文

第九十五条　社員其負担シタル出資ヲ差入レサルトキハ会社ハ之ヲ除名スルト年百分ノ十若クハ契約上ノ利息ヲ払ハシムルトヲ択ミ、尚ホ其孰レノ場合ニ於テモ損害賠償ヲ求ムルコトヲ得

本法中第九十五条第百一条第百三条第二百十三条第三百三十四条等ニ於テ年百分ノ七ノ利息ナル文字アリ、蓋シ此等ノ利息ハ多クハ違約ヲ防クノ場合ニ用ユルモノニ付、普通利息ノ割合ヨリ高カラサル時ハ以テ其効ヲ致スヲ得ス、現今普通ノ利息ハ多クハ百分ノ十ヨリ下ル事稀ニシテ是従来各会社カ株金払込延滞ニ課スル利息ヲ日歩三銭（年百分ノ一〇・八）乃至五銭（百分ノ一八）位ニ定ムルヲ例トスル所以ナリ、由是観之前記各条中百分ノ七

ノ利息ハ普通ノ利息ト権衡ヲ得サルニ付、総テ之ヲ百分ノ十ト改メン事ヲ望ム、蓋シ第三百三十四条ヲ案スルニ本法百分ノ七ノ利息ハ別段契約ナキ時ニ限ルカ如シト雖トモ、本条ノ文面上ヨリ見ルトキハ別段契約アル時ト雖トモ、百分ノ七以上ノ利息ヲ課スル事ヲ得サルモノ、如シ、是実業者ノ最モ困難トスル所ナルニ付、本条ニ前記ノ修正ヲ加ヘ契約ヲ以テ別段ニ利息ノ割合ヲ定ムル時ハ随意ノ利息ヲ課スル事ヲ得ルノ意ヲ明ニシタシ、或ハ利息ハ仮令百分ノ七トスルモ損害賠償ヲ求ムル事ヲ得ルノ明文アルニ付原文ノマ、ニテモ差問ナシト論スル者モアルヘシト雖トモ、損害ヲ賠償スルニハ面倒ナル手数アリテ機敏ヲ尚フ商人ハ已ムヲ得ザルニアラサレハ可成之ヲ避クルノ情アリ、故ニ此損害賠償ノ方法タル実際ニ於テハ之ニ依リテ充分其利益ヲ保護スルヲ得ス、是前記ノ修正ヲ要スル所以ナリ

右修正案ハ年百分ノ七ノ利息ヲ低額トシテ之ヲ百分ノ十ト改メ、更ニ「若クハ契約上ノ利息」ノ九字ヲ加ヘントス、是レ固ヨリ可ナリ、然レトモ百分ノ七トハ所謂法律上ノ利息ニシテ之ニ従フト否トハ当事者ノ随意ニ在リ、当事者之ヲ以テ低額ニ失スルモノトセハ契約上ノ利息トシテ之ヲ百分ノ十トスルモ可ナリ、百分ノ二十若クニ(ママ)三十トスルモ亦可ナリ、此等ノ事タル原法文ノ下ニ於テ尚ホ随意ニ之ヲ為シ得ヘシ、故ニ百分ノ十ト改ムルモ可ナリ、改メサルモ亦不可ナシ、而シテ該九字ヲ挿入スルハ実ニ蛇足ニ属スルモノトス、何トナレハ該九字ナシト雖トモ本法ハ私法ノ一ナレハ、何レノ場合ニ於テモ禁止的命令的ノ条文ニ非サル限リハ、吾人ノ私約ヲ以テ随意ニ之ニ反スル事ヲ得ヘケレハナリ

原　文

第九十八条（第二項）　社員ノ相続人又ハ承継人ハ契約ニ於テ反対ノ明示セサルトキハ其社員ノ地位ニ代ハルコトヲ得、
　但総社員ノ承諾ヲ得ルニ非サレハ業務ヲ担当スル権利ナシ

修正文

第九十八条（第二項）　相続人ハ社員タル能ハス、但総社員ノ承諾ヲ得レハ可ナリ

相続人ト雖トモ他人ナレハ総社員ノ承諾ナクシテ入社スルヲ得ス是合名会社ハ財産上ヨリハ寧ロ信用上ノ関係ヲ有スルカ為メナリ又本条ニハ相続人ハ入社スルヲ得レトモ総社員ノ承諾ナケレハ事務ヲ担当スルヲ得ストアリ、夫レ業務担当ノ権利ナキ者ニシテ社員タルヲ得ルト云フハ豈甚タ不都合ナルニアラスヤ、是前記ノ修正ヲ要スル所以ナリ

右修正案ハ合名会社ハ財産上ヨリモ寧ロ信用上ノ関係ヲ有ストシ、原法文ノ相続人カ当然社員タル事ヲ得ルノ原則ヲ転倒シテ当然社員タラサルヲ原則トシ、且社員ニシテ業務担当ノ権利ナキヲ不都合トシ以テ末段ノ規定ヲ削去セリ、是レ此会社法ノ主義ヲ知ラサルモノニシテ根抵(ママ)ヨリ本法ヲ誤解セルモノナリ、元来旧主義ノ会社法ニ於テハ合名会社ハ専ラ人ノ信用ヲ基本トシ従ヒテ社員ノ一人死亡スレハ直チニ其会社ヲ解散スル事トマテ為セシモ此ノ如キハ経済上ノ不利甚タ大ナルヲ以テ輓近進歩セル法理ハ此主義ヲ棄テ信用上ノ関係ヲ重ンスルト同時ニ財産上ノ関係モ亦之ヲ軽視セス、随ヒテ社員死亡スルモ解散ト為ササルノミナラス其相続人又ハ承継人カ当然其後ヲ継ク事ヲ原則ト為シタリ、是レ仏法ト其主義ヲ異ニスル所ニシテ我合名会社ノ規定ニ社員ノ入社ニ関スル規定及ヒ社員退社ノ一款（本節第五款）ヲ特ニ設ケタル所以ナリトス、然ルヲ独リ此条ニ於テノミ相続人ハ社員タル能ハサルヲ原則トスルカ如キ規定ヲ為サハ、全ク前後矛盾所謂木ニ接スルニ竹ヲ以テスルノ嗤ヲ免レサルナリ、修正案ノ無学一ニ此ニ至ル歟、且夫レ業務担当ノ権利ナキ者ニシテ社員タルハ不都合ナリト云フ、是レ亦大ナル誤ナリ、抑々相続人ニ社員タル地位ヲ続カシムルハ財産上ノ関係ノ為メタリ、而シテ業務ヲ担当セシムルハ一ニ其人ノ徳義ト伎倆上ノ信用トニ依ルモノナルニ、半途ヨリ父ニ代レル相続人カ果シテ此信用アルヲ保シ得ヘケンヤ、故ニ此事ハ総社員ノ承諾ニ任スル事トスルハ固ヨリ当然ノ事タリ、社員ニシテ業務ヲ担当セサル事ハ独リ此場合ノミナラス数人ノ社員中之ヲ一人若クハ二三人ニ専任

スルカ如キハ往々存在ス可キ事実ニシテ毫モ不都合ノ点アルヲ見ス、然ラハ則チ相続人ニ社員ノ地位ヲ相続セシメ之ニ業務担当ノ権ヲ与ヘサルモ亦何ノ不可ナル事カ之アランヤ

原　文

第百十二条　会社ノ義務ニ付テハ先ツ会社財産之ヲ負担シ、次ニ各社員其全財産ヲ以テ不分ニテ之ヲ負担ス

修正文

第百十二条　会社ノ義務ニ付テハ先ツ会社財産之ヲ負担シ、次ニ各社員其全財産ヲ以テ不分ニテ之ヲ負担ス、然レトモ社員ノ債権者ハ社員ノ財産ニ付テハ優先権ヲ有ス

合名会社ハ無限責任ナルヲ以テ会社ノ財産其負債ヲ弁償スルニ足ラサル時ハ社員ハ各自ノ財産ヲ以テ之カ弁償ノ用ニ充テサルヘカラス、今茲ニ一ノ合名会社破産シタリトセンニ本条ノ規定ニ因リテ先ツ会社ノ財産ヲ以テ負債ノ償却ヲナシ、其足ラサル所ノモノ有ル時ハ社員自己ノ財産ヲ以テ其負債ヲ負担セサル可カラサルヤ明瞭ニシテ疑ヲ容レスト雖トモ、若シ会社ノ破産ト同時ニ社員破産シ、其自己ノ負債ヲ弁償スルニ足ラサルカ或ハ自己ノ負債ノミナラス会社ノ負債ヲモ弁償スルニ足ラサル時ハ、其社員自己ノ財産ハ如何ニ処分シテ可ナルカ其間疑点ナキニ非ス、而シテ本法中之ヲ規定セル条文ナキカ如シ、或ハ本条ヨリ推論シテ一己ノ財産ハ一己ノ負債ヲ弁償スル前ニ先ツ会社ノ負債ヲ弁償スヘキモノナリト論スル者アラン、然レトモ熟ラ条文ヲ玩味セハ決シテ此ノ如キ推論ヲ許スヘキモノニ非スシテ、唯本条ハ合名会社ハ無限責任ナルカ故ニ社員モ亦会社ノ負債ヲ弁償スルノ責アリト規定スルニ過キス、且ツ論者ノ言ニ従ヘバ社員一己ノ債権者ノ蒙ムル損害ハ実ニ鮮少ナラスト謂フヘシ、而シテ合名会社ハ無限責任ナルヲ以テ其債権者ハ会社ノ財産ノミナラス、社員一己ノ財産ヲモ併セテ弁償セシムルカ抵償セシムルカノ権ヲ有スルハ勿論ナリト雖トモ又一方ヨリ之ヲ見ル時ハ社員一己ノ債権者ハ社員一己ノ財産ノ

ミナラス其社員カ会社ニ対スル権利及ヒ財産ヲモ併セテ弁償又ハ抵償セシムル事ヲ得ヘキヤ明カナリ、故ニ会社ノ財産ハ（此場合ニ於テ）先ツ会社負債ノ弁償ニ充テ余アレハ社員一己ノ負債ヲ償却スヘク、社員ノ財産モ之ト同シク社員一己ノ負債ヲ償却シテ余アレハ会社負債ノ弁償ニ充ツヘキモノタルヤ理ノ当ニ然ルヘキ所ナルヘシ、

是前陳ノ修正ヲ要スル所以ナリ

右修正モ亦法理ヲ誤ルモノナリ、蓋シ会社ノ財産ハ縦令社員ノ出資ヨリ成リシニモセヨ会社ナル一法人ニ専属スル一個ノ財団ナルヲ以テ之ニ付テハ会社ノ債権者カ優占（ママ）権ヲ以テ社員ノ債権者ヲ排除シ独リ自カラ弁償ヲ得ヘキヤ当然ノ事ニシテ、此例ヲ社員一己ノ負債ノ場合ニ推及スルハ抑々非ナリ、社員一己ノ財産ニ付テ会社ノ債権者ト社員一己ノ債権者トハ全ク同等ノ地位ニ在ルモノナレハ二者共ニ優先権ヲ有スルノ理ナシ、之ヲ譬フレハ会社ト社員トハ恰モ債務者ト保証人トノ如シ、茲ニ甲乙丙丁ノ四人アリ、甲ハ乙ノ債権者ニシテ丁ハ丙ノ債務者タリ、而シテ丙ハ甲ノ為メニ乙ノ保証人ト為リタリトセヨ、此場合ニ丁ハ乙ノ財産ニ対シテ何等ノ権利ナキニ甲ハ丙ニ対シテ請求権アリ、丁ハ甲ニ対シテ優先権アラス、即チ甲丁相並ンデ平等ノ分派ヲ受クルニ過キス、会社ト社員トハ其関係乙ト丙トノ関係ト異ナリ、従ヒテ社員ノ債権者カ会社財産ニ対スル関係ハ丁乙間ノ関係ト異ナルモ会社ノ債権者ト社員ノ債権者トノ二人カ社員ノ財産ニ於ケル関係ハ猶ホ甲丁二人カ丙ニ対スル如シ、此理ヲ熟玩セハ修正案ノ法理ニ戻ル所以モ亦自ラ明瞭ナラン

第一編第六章第二節（合資会社）

本節（合資会社）中相当ナル場所ニ合資会社ノ業務担当人ハ必ス無限責任ナル事ヲ要スル旨ヲ以テ一ケ条ヲ追加シ、

本節各条ノ規定ヲ之ニ応ジテ修正シタシ

本節ヲ案スルニ合資会社ノ社員ノ数ニハ別段制限ナク其責任ハ有限ニテモ差支ナキカ故ニ将来此種ノ会社続々起

ルヘキハ必然ナリ、然ルニ業務担当ノ任アル社員ノ責任ヲ有限トスル事ヲ許ス時ハ奸猾ノ徒之ヲ利用シテ良民ヲ苦シムルノ弊害ヲ生スル事ナシトセス、或ハ合資会社ノ登記ニハ各社員ノ出資額ヲ掲ケサルヲ得サルガ故ニ以テ充分此弊害ヲ防キ得ヘシト論スル者アレトモ、是只理論上ニ止マリ実際ニ於テハ各商人カ互ニ取引スルニ当リ一々其登記簿ヲ点検スルカ如キ手数ハ可成之ヲ避クルノ事情アレハ、或者ノ論スル所ハ未タ充分安心スルニ足ラサルナリ、是前記ノ修正ヲ要スル所以ナリ

合資会社ハ有限責任ヲ以テ原則トスルモノナレハ業務担当社員ノ責任ヲ無限ノモノトスルノ理ナク、且他ニ十分取締ノ方法存スルヲ以テ有限責任タラシムルモ此カ為メニ弊害ヲ生シ得ヘキノ余地ナシ、而シテ若シ猶ホ無限責任トスルヲ以テ安全トセハ第百四十六条ノ規定アリ、会社ハ随意ニ之ヲ約定シ若クハ議決スル事ヲ得ヘシ、法律上ヨリ強テ之ヲ命令スルノ必要アラサルナリ

原　文

第百六十四条（第二項）　前項ノ議定ハ少ナクトモ総申込人ノ半数ニシテ総株金ノ半額以上ニ当ル申込人出席シ、其議決権ノ過半数ニ依リテ之ヲ為ス

修正文

第百六十四条（第二項）　前項ノ議定ハ少ナクトモ総株金ノ半額以上ニ当ル申込人出席シ、其議決権ノ過半数ニ依リテ之ヲ為ス

本条第二項ニ拠レハ創業総会ニ於ケル議定ハ少ナクトモ総申込人ノ半数ニシテ、総株金ノ半額以上ニ当ル申込人出席シ其議決権ノ過半数ニ依ルニアラサレハ之ヲ為スヲ得ス、蓋シ巨額ノ資本ヲ以テ成立スル会社ノ如キ其申込人員千人若クハ其以上ニ達スル事往往之アリ、此等ノ会社カ創業総会ヲ開クニ当リ必スシモ其申込人ノ半数ヲ出

席セシムルハ実際ニ於テ望ミ得ヘカラサル所ナリ、況ンヤ東京市内ニ成立スル大会社ノ如キ其申込人広ク各地方ニ散在シテ容易ニ一所ニ集合シ難キノ事情アルニ於テオヤ、是前記ノ修正ヲ要スル所以ナリ

修正案ハ総申込人ノ半数ヲ出席セシムルヲ以テ実際望ミ得ヘカラサル事ト為スモ、此会議タル必スシモ申込人自身ノ出席ヲ要スルニ非ス、代理人ヲ出席セシムルモ亦可ナルモノナレハ其事ノ決シテ至難ナラサルノミナラス、第二百三条ニ依リ第百五十二条ヲ適用シ得ルノ便方アルヲ以テ実際上毫モ差支アル事無シ、然ルニ若シ修正案ニ従ハンカ極メテ重要ナル議事ヲ僅々三数人ノ議定ニ一任スルニ至リ、其弊害ノ甚タ恐ル可キモノアラン、何トナレハ総株金ノ半額以上ニ当ル申込人ハ僅ニ三数人タル事稀有ノ事例ニ非サレハナリ、此修正モ亦採ル可カラス

原　文

第百七十六条　株式ハ一株毎ニ株券一通ヲ作リ、之ニ其金額・発行ノ年月日・番号・商号・社印・取締役ノ氏名・印及ヒ株主ノ氏名ヲ載ス

修正文

第百七十六条　株式ハ一株毎ニ株券一通ヲ作ルヲ通例トシ、之ニ其金額・発行ノ年月日・番号・社名・社印・取締役ノ氏名・印及ヒ株主ノ氏名ヲ載ス、但シ株主ノ望ニ依リ数株ヲ合シテ一通ノ株券ト為ス事ヲ得

本条ノ如ク株券ハ一株毎ニ必ス一通ヲ作ルモノトスルトキハ大会社ニテ拾万乃至弐拾万個ノ株式ヲ発行スルモノニ在リテハ非常ノ不便ヲ感スルナリ、蓋シ其枚数夥多ナルトキハ（第一）株券ノ調製ニ多クノ費用ヲ要シ（第二）譲渡ノ際裏書記載ノ手数繁雑ヲ加ヒ（第三）株主之ヲ保存スルニ便ナラス（第四）紛失毀損ノ憂従テ多キ等ノ類是レナリ、故ニ本条ヲ修正シ株主ノ望ミニヨリテハ数株ヲ合シテ一通ノ株券ト為ス事ヲ得セシムルヲ可トス、是現ニ日本鉄道会社・日本郵船会社及ヒ第十五国立銀行等ノ如キ大会社ノ実行スル処ニシテ毫モ弊害ヲ生スル事ナ

ク、而カモ其便益大ナルハ之ニ関係スル者ノ洽ク知ル処ナリ、是前記ノ修正ヲ要スル所以ナリ

此修正タル大ニ株券調製ノ手数ト費用トヲ省クノ便アリ、未タ俄ニ排斥ス可カラス、然リト雖トモ若シ他日之ヲ分割シテ数通ノ株券ト為ス事ヲ求ムル者アルニ於テハ、会社ハ之ニ応セサルヲ得スシテ到底費用ト手数トヲ省クヲ得サルノミナラス寧ロ最初ニ尽ク一株一通ト為シ置クノ利ナルニ如カサルニ至ラン、況ヤ一株ト数株トノ株券アリテ予メ一定セサルトキハ屡々株券変造ノ弊ヲ招キ易キニ於テヲヤ、此ノ如ク利害ヲ計較シ来ルトキハ却テ原案ノ優レルヲ見ルナリ

原　文

第百八十七条　取締役ニ選マル、為メ株主ノ所有ス可キ株数ハ会社定款ニ於テ之ヲ定ム、取締役ノ在任中ハ其株券ニ融通ヲ禁スル印ヲ捺シ之ヲ会社ニ預リ置ク可シ

修正文

第百八十七条　取締役ニ選マル、為メ株主ノ所有ス可キ株数ハ会社定款ニ於テ之ヲ定ム、取締役ノ在任中ハ共株券ヲ会社ニ預リ置ク可シ

取締役ノ在任中其所有株券ノ融通ヲ禁シ之ヲ会社ニ預ケ置カシムル事ハ甚タ相当ナリト雖トモ、今日普通ノ慣例ヲ案スルニ商事会社取締役ノ任期ハ多クハ一年ニシテ其都度交代スルヲ例トスルカ故ニ本条ニアルカ如ク、其株券ニ融通ヲ禁スル印ヲ捺スモノトスル時ハ更代ノ際一々其株券ヲ新調セサルヘカラスシテ、之カ為メ其所有者ヲシテ無益ノ費用ト手数トヲ蒙ラシムルノ不都合アリ、或ハ斯ノ如キ規定ヲ設ケサル時ハ取締役カ私ニ之ヲ融通スルノ弊ヲ生スヘシト云フ者アリ、然リト雖トモ此等ノ事ハ畢竟徳義ノ制裁ニ由ルヘキモノニシテ若シ其取締役ニシテ悪心アリトセンカ仮令其株券ニ融通ヲ禁スル印ヲ捺シテ之ヲ会社ニ預カリ置クトスルモ到底其実効ヲ奏スル

ヲ得サルヘシ、何トナレハ取締役ハ自ラ其会社ノ公印ヲ監守シ且ツ営業ノ全権ヲ有スル者ニシテ不正ノ株券ヲ発行スル事ノ如キ亦容易ナレハナリ、之ヲ要スルニ取締役カ在任中其株券ヲ会社ニ預カリ置ク事ハ、寧ロ形式上ノ検式（ママ）ニ属スルヲ以テ其株券ニ捺印スルハ敢テ必要ニアラサルヘシト信ス、是前記ノ修正ヲ要スル所以ナリ

修正案ノ主要ナル理由ハ取締役ハ一年毎ニ更代スルヲ例トスルヲ以テ其度毎ニ其株券ヲ新調セサル可カラスシテ無益ノ費用ト手数トヲ要スト云フニ在リ、然レトモ此費用ト手数トハ甚タ些少ニシテ言フニ足ラサルノミナラス、若シ猶ホ之ヲ厭ハ、其融通ヲ禁スルノ印影ニ対シ更ニ消印ヲ押捺スル事トセハ此手数ト費用トモ亦之ヲ省キ得ヘシ、而シテ修正案ハ取締役ハ容易ニ不正ノ株券ヲ発行シ得ルヲ以テ融通ヲ禁スルノ印ヲ押捺スルモ其実効ナシト云フト雖トモ、若シ此ノ如ク極論セハ寧ロ初メヨリ何等ノ規定ヲモ為サス之ヲ会社ニ預カリ置ク事ヲモ廃シ全ク取締役ノ徳義ニ一任セサルヲ得サル可シ、然レトモ既ニ法律ニ於テ為シ得ヘキノ予防ヲ為スニ於テハ啻ニ之ヲ預カリ置クノミヲ以テ足レリトセス、此禁融通ノ捺印ヲ為ス事ヲモ要ス、若シ夫レ此捺印ナカランカ取締役カ陰ニ之ヲ引出シ不正ニ之ヲ融通セントスルモ甚タ容易ノ業ニシテ、之ヲ不正ノ株券ノ発行ニ比スレハ事実上ノ難易及ヒ法律上ノ制裁ノ軽重アル事、実ニ同日ノ論ニ非サルナリ、故ニ此修正モ亦採用スル事ヲ得ス

原　文

第百九十一条　総会ハ株主中ニ於テ三人ヨリ少ナカラサル監査役ヲ二ケ年内ノ時期ヲ以テ撰定ス、但其時期満了ノ後再選スルハ妨ケナシ

第百九十二条　監査役ノ職分ハ左ノ如シ

第一　取締役ノ業務施行カ法律・命令・定款及ヒ総会ノ決議ニ適合スルヤ否ヤヲ監視シ、且総テ其業務施行上ノ過愆及ヒ不整ヲ検出スルコト

第二　計算書・財産目録・貸借対照表・事業報告書・利息又ハ配当金ノ分配案ヲ検査シ此事ニ関シ株主総会ニ報告ヲ為スコト

第三　会社ノ為メニ必要又ハ有益ト認ムルトキハ総会ヲ招集スルコト

修正文

第百九十一条　総会ハ株主中ニ於テ一人若クハ数人ノ監査役ヲ二ケ年内ノ時期ヲ以テ撰定ス、但其時期満了ノ後再撰スルハ妨ナシ

第百九十二条　監査役ノ職分ハ左ノ如シ

第一　計算書・財産目録・貸借対照表・事業報告書・利息又ハ配当金ノ分配案ヲ検査シ此事ニ関シ株主総会ニ報告ヲ為スコト

第二　会社ノ為メニ必要又ハ有益ト認ムルトキハ総会ヲ招集スルコト

第百九十一条ノ規定ニ拠レハ凡株式会社ハ其規模ノ大小如何ンヲ問ハス必ス株主中ヨリ三名以上ノ監査役ヲ撰定シテ取締役ノ業務ヲ監督セシメサルヘカラス、然ルニ極メテ小額ノ資本ヲ以テ成立スル所ノ会社ノ如キ三名ノ取締役ノ外更ニ三名以上ノ監査役ヲ置ク事ハ実際必要ナラスト信ス、況ンヤ監査役ノ責務ハ頗ル重大ニシテ随テ多額ノ給料若クハ報酬ヲ要スルノ事情アルカ故ニ多数ノ監査役ヲ置ク事ハ其会社ノ経済上甚タ不利ナルニ於テオヤ、故ニ小額ノ資本ヲ以テ成立スル会社ノ如キハ一名ノ監査役ヲ置ク事ヲ得セシメタシ、又第百九十二条第一号ニ拠レハ監査役ハ常ニ其職分トシテ取締役ノ業務ヲ監督セサルヘカラスシテ、若シ其責務ヲ欠クカ為メニ損害ヲ生スル時ハ第百九十五条ニ示スカ如ク責任ヲ負ハサルヲ得サルカ如ニ(ママ)、監督ノ際不知不識適当ノ畛界ヲ超逸シテ業務ニ関渉シ遂ニ商業ノ円滑ヲ害スルノ弊ヲ生スル事ナシトセス、故ニ第百九十二条中第一号ヲ除却シ以テ監査役ノ職分ヲシテ現今各会社ノ所謂会計検査委員ノ如ク会計収支ノ正否ヲ監督スルニ止マラシメン事ヲ望ム、是前記ノ

修正ヲ要スル所以ナリ

会社ノ資本既ニ小額ナレハ其業務モ亦寡少ナル可ク従テ其給料モ亦小額ニシテ足ル可シ、果シテ然ラハ小会社ニ三名ノ監査役ヲ置クモ其経済ノ之ヲ許サヽルカ如キ事無カル可シ、殊ニ株式会社ハ通例相応ニ多額ノ資本ヲ有スルヲ常トスレハ此憂ハ殆ト杞憂ニ属セン、然レトモ若シ実際三名以上ノ監査役ヲ要スル事無シトセハ固ヨリ修正案ニ従フテ可ナリ、独リ奈何セン監査役ハ取締役ノ不正奸私ヲ監査スルモノニシテ、此ノ如キ職務ハ一人孤立シテ之ニ当リ得ルモノニ非ス、可成多数相倚ルヲ以テ利トスル事ヲ原案ノ規定蓋シ甚タ必要タルナリ

又修正案ハ第百九十二条第一号ノ職分ヲ以テ監査役ノ責務ヲ非常ニ重大ニスルモノト誤信シ、随テ此カ為メニ監査役カ取締役ヲ監督シ、其業務ニ干渉シテ遂ニ商業ノ円滑ヲ害スルニ至ラン事ヲ恐ル、蓋シ監査役ノ責務ハ固ヨリ重大ナルニ相違ナシト雖トモ、然レトモ其職分タル監査ニシテ監督ニ非ス、即チ単ニ之ヲ傍観シテ其過愆若クハ不整ヲ監視シ検出スルニ止マルモノナレハ修正論者ノ云フカ如キ弊害ヲ生スルノ恐アル事無シ、啻ニ然ラス、第一号ノ職分ハ監査役ノ監査役タル主眼ニシテ若シ之ヲ削去セハ監査役ヲシテ霊ナキノ仏タラシムルモノナリ、是レ豈可ナランヤ

原　文

第二百二十二条　会社ハ其本店及ヒ各支店ニ株主名簿・目論見書・定款・設立免許書・総会ノ決議書・毎事業年度ノ計算書・財産目録・貸借対照表・事業報告書・利息又ハ配当金ノ分配案及ヒ抵当若クハ不動産質ノ債権者ノ名簿ヲ備置キ、通常ノ取引時間中何人ニモ其求ニ応シ展閲ヲ許ス義務アリ

修正文

第二百二十二条　会社ハ其本店及ヒ各支店ニ株主名簿・目論見書・定款・設立免許書・総会ノ決議書・毎事業年度ノ計算書・財産目録・貸借対照表・事業報告書・利息又ハ配当金ノ分配案及ヒ抵当若クハ不動産質ノ債権者ノ名簿ヲ

備置キ、通常ノ取引時間中債権者ノ求メニ応シ展閲ヲ許ス義務アリ

本条ニ拠レハ会社ハ常ニ其本店及各支店ニ株主名簿其他ノ書類ヲ備ヘ置キ、何人ノ求メニ応シテモ之ニ展閲ヲ許サヽルヘカラサス蓋シ此等ノ書類ハ株主又ハ債権者ハ勿論新ニ之ト取引セントスル者カ実際ノ必要ヨリ其閲覧ヲ求ムルカ如キ場合ニ於テ之ニ応諾スルハ固ヨリ妨ナシト雖トモ、何人ニモ其望ニ応シテ開示セサルヲ得サルモノトスルハ豈其当ヲ得タルモノト云フヘケンヤ、況ンヤ如此規定アル時ハ徒ラニ会社ヲ煩ハシ之ヲ妨害セントスルノ徒ナキヲ保セサルニ於テオヤ、之ヲ要スルニ此「何人」ノ文字ヲ「債権者」ト改メ其他ノ人ニ至リテハ苟モ実際ノ必要アリテ閲覧ヲ求ムル場合ノ外之ニ応セサルモ可ナル事トシタシ、是前記ノ修正ヲ要スル所以ナリ

会社ノ書類ハ其債権者ノミナラス新ニ会社ト取引ヲ為サントスル者ニモ亦展閲ヲ得セシメサル可カラス、而シテ修正論者モ亦之ヲ認メサルニ非ス、即チ其理由書ニ曰ク

之ヲ要スルニ此「何人」ノ文字ヲ「債権者」ト改メ、其他ノ人ニ至リテハ苟モ実際ノ必要アリテ閲覧ヲ求ムル場合ノ外之ニ応セサルモ可ナル事トシタシ

若シ果シテ此ノ如ク「債権者」ト記セハ其所謂「実際ノ必要アリテ閲覧ヲ求ムル者」ニ対シテ会社カ之ニ応セサルモ亦如何トモシ難キニ至ラン、是レ即チ自家撞着ノ論ニシテ此等ノ者ノ求ニ応セシメンニハ尚ホ「何人」ノ語ヲ存置セサル可カラサルニ非スヤ、若シ夫レ理由書ニ所謂「徒ラニ会社ヲ煩ハシ之ヲ妨害セントスルノ徒ナキヲ保セサル」事ノ如キハ或ハ其恐ナシトセサルモ、施行条例ニ於テ既ニ閲覧ノ為メ五十銭以下ノ手数料ヲ徴スル事ヲ許セシニ因リ、之ヲ以テ此等ノ徒ヲ防止ス可キヤ亦疑ヲ容レサルナリ

原　文

第三百三十一条　損害賠償ヲ査定スルニハ偶然・推測若クハ将来ノ利益若クハ損失又ハ他ノ情況ノ加ハルニ因リテ生

スルコト有ル可キ利益若クハ損失ハ之ヲ問フコトヲ得ス

修正文

第三百三十一条　損害賠償ヲ査定スルニハ推測若クハ将来ノ利益若クハ損失又ハ他ノ情況ノ加ハルニ因リテ生スルコト有ル可キ利益若クハ損失ハ之ヲ問フコトヲ得ス

本条中偶然ノ文字ハ如何ナル意味ヲ有スルヤ、熟ラ其字義ノ上ヨリ察スルニ蓋シ予メ期スルヲ得サル事ヲ意味スルニ似タリ、然ルニ第三百三十条ニ「利益トハ云々ノ取得ヲ謂フ此取得ハ予見シ得ヘカリシモノト否トヲ問フ事ナシ」トアルヲ見レハ偶然ノ文字ハ予メ期スルヲ得サルノ意味トモ解スヘカラサルカ如シ、之ヲ要スルニ此偶然ノ文字ハ其意義甚ダ暖昧ニシテ之ヲ了解シ難キヲ以テ此文字ハ寧ロ之ヲ除却スヘシ、是前記ノ修正ヲ要スル所以ナリ

本条「偶然」ノ語タル意義明瞭毫モ曖昧ノ点ナク又前条ト抵触スル事無シ、蓋シ前条ノ規定ハ加害ノ当時ニ関シ而シテ本条ノ規定ハ其将来ニ係ルモノトス、即チ加害当時ニ在リテ得ヘカリシ利益ハ契約ノ当時予見シ得ヘカリシモノト否トヲ問フ事無キモ其将来ノ利益ニ至リテハ偶然ノモノハ之レカ賠償ヲ求ムルヲ得スト規定シタルニ過キス、然リ而シテ偶然ノ利益トハ予見シ得ヘカラサリシ利益ノ意義ニ非ス、予見シ得ヘカラサリシ利益ノ中ニハ偶然ノモノト然ラサルモノトアリ、前条ハ正面ヨリ之ヲ規定シ本条ハ裏面ヨリ之ヲ規定シタルモノニシテ毫モ意義ノ曖昧ナル点アルヲ見ス、要スルニ修正案ハ法文ノ誤解ニ基因スルヲ以テ固ヨリ採用スルニ足ラサルナリ

原　文

第三百七十七条　買主ニシテ其買入レタル物ニ付第三者ニ質権ノ存スルコトヲ知ル者ハ質債務ノ全額ニ満ツルマテ其代価ヲ直接ニ質債権者ニ支払フ可シ、之ニ違フトキハ亦前条ノ刑ニ処ス

修正文

第三百七十七条　買主ニシテ其買入レタル物ニ付キ第三者ニ質権ヲ生スルコトヲ知ル者ハ質債務ノ全額ニ満ツルマテ其代価ヲ直接ニ質債権者ニ支払フヘシ、之ニ違フトキハ質債務者ニ対シ支払ヲ為スモ其効ナシ

本条ノ場合ニ於テ買主カ其質債務者ニ支払ヲ為ストモ其効ナシトスレハ質債権者ノ請求ニ応シテ再ヒ之ヲ支払ハシムルハ可ナリ、何ソ刑ヲ加フルヲ要センヤ、是前記ノ修正ヲ要スル所以ナリ

右修正ハ法理上及実際上共ニ採用ス可カラサルモノトス、元来質債務者カ其債務ヲ弁償セスシテ質入シタル物ヲ他ニ売却スルハ前条ニ規定セル如ク一個ノ犯罪ナルハ疑ヲ容レサル所ナルヲ以テ、買主カ其情ヲ知テ之ヲ買取リタルモ亦一個ノ犯罪ト謂ハサルヲ得ス、即チ刑事上ノ制裁ヲ与ルハ法理ノ宜シク然ルヘキ所トス、況ヤ修正案ノ如ク刑ヲ料セスシテ単ニ質債権者ノ請求ニ応シ、再ヒ其代価ヲ支払ハシムル事トスルモ其資力上実際之ヲ支払フ能ハサル場合モ尠カラサル可キヲ以テ、此民事的制裁ハ其実効乏シク十分ナル信用保持ノ方法ト謂フ可カラサルニ於テヲヤ、原案断シテ改ム可カラサルナリ

原　文

第三百七十九条　二人以上ノ質債権者中一人ハ現物ヲ占有シ、他ノ者ハ其物ニ付テノ処分証券ヲ有スルトキハ孰レニテモ其占有ヲ先キニ得タル者売却ノ優先権ヲ有ス

本条ハ之ヲ削除シタシ

本条ノ処分証券トハ第三百六十九条ニ規定セラレタル船荷証書・倉荷証書其他裏書ヲ以テ所載商品ノ処分権ヲ移転スル事ヲ得ル証券ノ意ナラン、然レトモ是等ノ証券ヲ質入スル場合ハ倉荷証書ニ多ク船荷証書ニハ稀ニシテ其倉荷証書モ二通以上ヲ発行シタル時ニ非サレハ本条ノ如キ場合ヲ生セサルヘシ、且倉荷証書ハ為替手形又ハ船荷

証書ノ如ク地ヲ隔テ、所載ノ物品ヲ受取ルモノニ非サレハ二通以上ノ証券ヲ発行スルノ必要ナク、殊ニ寄托ノ条ニ於テモ倉荷証書ハ数通ノ証券ヲ発行スルノ規定ナシ、然ルニ本条ニ此規定ヲ設クルニ於テハ倉荷証書モ亦二通以上ヲ発行シ得ルヤノ疑ヲ生スルノ恐アリ、是本条ノ削除ヲ要スル所以ナリ

修正論者ハ二通以上ノ証券ヲ発行シタルトキニ非サレハ本条ノ如キ場合ヲ生セスト云フト雖トモ、是レ甚タ謂ハレナキノ説ニシテ一通ヲ発行シタルトキト雖トモ亦本条ヲ適用スル場合アリ、啻ニ然ルノミナラス二通以上ノ発行ハ本法〔第四百八十六条〕ノ既ニ許可セシ所ニシテ之ヲ禁スレハ商業ノ機敏円活ヲ妨クルノ恐レアリ、而シテ倉荷証書ノ一通ニ限ル事ハ何人ト雖トモ少シク事理ヲ弁スル者ノ毫モ疑ハサル所ナレハ此修正モ亦採ルニ足ラサルモノトス

原　文

第三百九十八条　指図証券ノ裏書譲渡ハ白地ニテモ之ヲ為スコトヲ得

修正文

第三百九十八条　指図証券ノ裏書譲渡ハ裏書譲渡人ノ署名捺印ノミニテモ之ヲ為スコトヲ得

本条中白地ノ文字ハ蓋シ英語ノ「ブランク」ト同一義ニシテ証券ヲ流通スルニ当リ譲渡人ノ署名捺印ノミヲ記シタル所謂略式ノ裏書ヲ指称スルモノナラン、然レトモ今熟々其字義ノ上ヨリ察スルニ或ハ文字ヲ記載スルコトナク全ク空白ナルモノヲ意味スルヤノ疑アリ、故ニ寧ロ此文字ヲ「裏書譲渡人ノ署名捺印ノミ」ト改メ其意義ヲ明瞭ニスヘシ、是レ前記ノ修正ヲ要スル所以ナリ、又本法第七百二十三条・第七百二十五条・第八百十八条等ニモ同シク白地ノ文字アリ、此等ハ総テ本条ニ準シテ之ヲ修正セン事ヲ望ム

是レ亦一ノ杞憂ニシテ白地トハ一ノ法律語ナレハ自カラ特別ノ意義アリ、之ヲ解シテ全ク空白ナルモノト為ス者ナカル可シ、而シテ其意義タル固ヨリ修正案ト同一ナレハ之ニ従フモ妨ナク唯タ強ヒテ修正スルノ必要ナキノミ

原　文

第四百十六条　常囑ノ代弁人其行為ニ付キ第三者ノ問ニ対シテ己レニ其権アリト明言シタルトキ又ハ其行為カ慣習上委任ノ範囲内ニ在ルトキハ、委任者ハ善意ナル第三者ニ対シテ責任ヲ負フ

修正文

第四百十六条　常囑ノ代弁人ノ行為カ慣習上委任ノ範囲内ニ在ルトキハ委任者ハ善意ナル第三者ニ対シテ責任ヲ負フ

如何ニ常囑ノ代弁人ナリトモ相当ノ権限ナキニ第三者ニ対シテ之アリト明言シタルカ為メ委任者ヲシテ其責任ヲ負ハシムルハ理ニ於テ許スヘカラサルノミナラス委任者ノ迷惑少シトセス、是前記ノ修正ヲ要スル所以ナリ

委任者ヲシテ其責任ヲ負ハシムルモ委任者ハ更ニ代弁人ニ対シテ其賠償ヲ求メ得ルヤ勿論ナルヲ以テ其迷惑少カラスト云フヲ得ス、要スルニ第五十二条ト同シク修正案ハ採ル可カラサルモノナリ

原　文

第四百二十七条（第三項）　定款ハ法律・命令・商慣習及ヒ其地ノ取引所定款ニ背戻スルコトヲ得ス

修正文

第四百二十七条（第三項）　定款ハ法律・命令及ヒ其地ノ取引所定款ニ背戻スルコトヲ得ス

慣習ハ反対ノ法律又ハ特約ナキ場合ニ始メテ適用スヘキモノナルカ故ニ、特ニ契約ヲ為ス場合ニハ敢テ慣習ノ如何ヲ問フヲ要セサルヘシ、是前記ノ修正ヲ要スル所以ナリ

普通ノ契約ハ以テ商慣習ニ反対スル事ヲ得ヘシ、然レトモ仲立人組合ノ定款ハ之ヲ普通ノ契約ト同視スル事ヲ得ス、何トナレハ仲立人ハ公然ノ信用ヲ以テ他人ノ間ニ立チ商業取引ヲ媒介スルモノニシテ公益ニ関スル機関ナレハナリ、

商慣習ノ一語於是乎削ル可カラス

原　文

第四百二十八条（第一項）　仲立人カ其職分範囲内ニ属スル取引ニ於テ法律・命令及ヒ仲立人組合定款ヲ遵守スルヤ否ヤヲ監視スルコト

修正文

第四百二十八条（第一号）　仲立人カ其職務範囲内ニ属スル取引ニ於テ法律・命令・仲立人組合定款及商慣習ヲ遵守スルヤ否ヤヲ監視スルコト

仲立人カ特約ヲ為サスシテ商慣習ニ反スルノ取引ヲ為スヤ否ヤヲ監視スル事モ亦法律・命令等ニ反スルノ取引ヲナス場合ト同シク必要ナラン、是前記ノ修正ヲ要スル所以ナリ

前条既ニ商慣習ノ語ヲ存セハ仲立人組合ノ定款ハ決シテ商慣習ニ背戻セサルモノタリ、然レトモ定款ノ規定タル必竟取締法ニ過キサレハ仲立人ハ委任者ノ委任ニ従ヒ取引ヲ為スニ際シ定款ヲ遵守スルモ尚ホ其取引ノ商慣習ニ背戻スル事無シトセサル可シ、而シテ此取引タル前条ニ説キシ所ノ普通ノ契約ナレハ之ヲ以テ慣習ニ背戻スルモ固ヨリ其当事者ノ随意ニシテ、強ヒテ之ヲ遵守スルノ要ナシ、即チ仲立人ハ其定款ニ背戻セサル限リハ専ラ委任者ノ欲スル所ニ従フ可キモノナレハ本条ニ於テ特ニ商慣習ヲ遵守スルヤ否ヤヲ監視セシムルノ理アラス、更ニ之ヲ換言スレハ各個ノ取引ニ於テハ商慣習ニ反対スルモ随意ナルモノナレハ仲立人モ亦之ニ反対スル事ヲ得ヘシ、而シテ其商慣習ノ取締法ニ属シ背戻ス可カラサルモノニ至リテハ定款既ニ之ヲ遵守セシヲ以テ、仲立人ハ定款ヲ遵守スレハ則チ其商慣習ヲ遵守スル事ト為ル、故ニ前条ニ商慣習ノ一語ヲ削ル可カラサルト同時ニ本条ニ此一語ヲ挿入スルノ必要ナキモノトス

第一編第八章第五節（自第四百五十六条、至第四百八十条）仲買人

本節中「仲買人」ヲ「問屋」ト改ムルヲ要ス

本節中ノ仲買人トハ英語ノ「コンミッションマルチヤント」ト同一義ニシテ我国ノ所謂仲買人トハ大ニ其性質ヲ異ニシ寧ロ問屋ニ相当スルモノ、如シ、是前記ノ修正ヲ要スル所以ナリ

本法ニ所謂仲買人ハ我邦従来ノ所謂仲買人ニ非サルナリ、然レトモ本邦従来ノ所謂問屋ノ語モ亦本法ノ所謂仲買人ト其意義ヲ一ニセス、蓋シ従来ノ所謂問屋ノ語ニハ数義アリ、本法ノ所謂仲買人ヲモ指称シ、又酒問屋ノ如キハ酒類卸売人ヲ指シ、廻漕問屋ノ如キハ運送物取扱人ヲ称シ意義一定ナラス、此ノ如キ語ハ法律上之ヲ使用スルヲ得サルナリ、寧ロ別種ノ新語ヲ択ムニ如カス、而シテ仲買人ノ語ハ能ク其事実ニ適スルヲ以テ吾人ハ修正ヲ加フル事ヲ否トセサルヲ得ス

原　文

第四百四十九条　或ル商品ヲ小売ノ外ハ取引所ニ非サレハ商フヲ得サルコトヲ官ヨリ規定スルコトヲ得

此規定ニ違フ者ハ二円以上二百円以下ノ過料ニ処ス

前項ノ過料ニ付テハ第二百六十一条第一項ノ規定ヲ適用ス

本条ハ之ヲ削除スルヲ要ス

本条ニ規定スル処ハ要スルニ取引所ニ専売権ヲ与フルモノニシテ、商売ノ自由ヲ羈束スルコト蓋シ焉ヨリ大ナルハナシ、是本条ノ削除ヲ要スル所以ナリ

取引所ノ必要ナル所以ハ之ヲシテ空相場又ハ不当ノ騰貴等ヲ防遏シ、又商品ノ品位ヲ保持セシムルノ目的ニ外ナラサル可シ、果シテ然ラハ取引所ニ於テノミ大取引ヲ為サシムルハ此目的ヲ達センカ為メ欠ク可カラサルノ手段タル場合

少カラサル可シ、而シテ修正論者ノ憂フル専売権ヨリ生スル弊害ノ如キハ取引所条例ヲ以テ之ヲ防止スル事決シテ難カラス、是レ本条ノ削ル可カラサル所以ナリ

原　文

第四百八十四条（第一項第三号）　運送品ノ種類及ヒ重量

第四百八十四条（同第四号）　行李アルトキハ其箇数・性質及ヒ記号

修正文

第四百八十四条（第一項第三号）　運送品ノ種類及ヒ重量又ハ容量

第四百八十四条（同第四号）　行李アルトキハ其箇数及ヒ記号

本条ヲ案スルニ其ノ第一項第三号ニ重量ノ文字アリテ凡ソ運送品ハ其種類ノ何タルヲ問ハス必ス其重量ヲ検シテ之ヲ運送状ニ掲ケサルヘカラス、然ルニ従来我国運送営業者ニ於テ運賃取立ノ節ニ係ル一般ノ慣習ハ個数取（酒樽密柑箱ノ類）(ママ)元価取（株券其他高価品ノ類）ノ外才員及ヒ秤量ノ二種ヲ以テ其標準トナセリ、然ルニ今本条ニ於テ運送貨物ハ総テ共重量ノ記載ヲ要ストセハ灯心・棉花・諸証券類其他運送上少シモ重量ニ関セサルモノニ至ルマテ、悉ク其重量ヲ検シテ記載セサルヘカラス、毎日数千万個ノ荷物ヲ取扱フヘキ当業者ニ取リテハ繁雑モ亦甚シト云フヘシ、故ニ重量ヲ以テスル物ハ重量ニ依リ、容積ヲ以テスル物ハ容積ニ依ルヲ得セシメタシ、又本条第一項第四号ニ性質ノ文字アレトモ従来我国一般ノ慣習ニテ運送状ヲ発スル場合ニハ荷主ノ申込者ニ依リ荷印・品名・個数ヲ記載セリト雖トモ、営業者ニ於テハ品名ノ真偽尚ホ且ツ保スル能ハス、況ンヤ其荷物中品ノ性質ニ至リテハ固ヨリ能ク知リ得ヘキ処ニアラス、故ニ其記載ハ実際ニ於テ到底為シ得ヘキ事ニアラサルナリ、是前記ノ修正ヲ要スル所以ナリ

右第一項第三号ノ修正ハ最モ事情ニ適セリ、採用セサル可カラス

第四号ノ性質トハ物品ノ性質ニ非スシテ行李ノ性質ヲ云フヤ法文上自カラ明カナリ、故ニ或ハ紙包或ハ筵包又ハ柳行李ト記スルノ類ニシテ固ヨリ易事ニ属セリ、修正案ハ誤解ニ出テシニ過キサルナリ

原　文

第四百九十七条　運送品ノ各部又ハ各箇ノ喪失若クハ毀損ノ場合ニ於テ毀損セサル各部又ハ各箇ヲ其儘使用シ若クハ売却シ得ヘカラサルトキハ其喪失若クハ毀損ニ因リテ運送品全部ニ付減シタル価額ヲ賠償ス可シ、然レトモ其毀損セサル各部又ハ各箇ノ価額カ運送品全部ノ価額ノ四分ノ一ニ超エサルトキハ前条ノ規定ヲ適用ス

修正文

第四百九十七条　運送品ノ各部又ハ各箇ノ喪失若クハ毀損ニヨリテ毀損セサル各部又ハ各箇ノ価値カ減スル時ハ運送品全部ニ付減シタル価額ヲ賠償ス可シ、然レトモ其毀損セサル各部又ハ各箇ノ価額カ運送品全部ノ価額ノ四分ノ一ニ超エサルトキハ前条ノ規定ヲ適用ス

本条中「其儘使用シ若クハ売却シ得ヘカラサル時ハ云々」ノ文字ハ其意義了解シ難クシテ之ニ惑ヲ生スルノ恐アリ、是前記ノ修正ヲ要スル所以ナリ

「其儘使用シ若クハ売却シ得ヘカラサルトキ」トハ代価ノ点ニ於テモ元価ノ儘ヲ意味スルモノニシテ毫モ了解ニ困シムノ理ナシ、然ルニ若シ此一句ヲ削レハ語リテ詳カナラサルノ弊アリ、殊ニ量定物ノ場合ヲ欠クニ至ラン、故ニ此修正モ亦タ採用スル事ヲ得ス

原　文

第五百三十条　初ヨリ履行ノ意思ナクシテ取結ヒ又ハ取得若クハ譲渡ヲ禁セラレタル物ニ付取結ヒタル売買契約ハ無効トス

修正文

第五百三十条　取得若クハ譲渡ヲ禁セラレタル物ニ付取結ヒタル売買契約ハ無効トス

双方ニ初ヨリ履行ノ意思ナケレハ其契約ノ無効ナル事ハ商事契約ノ通則ニ照シテ明カナレハ別ニ茲ニ規定ノ労ヲ採ルニ及ハス、若シ単ニ一方ニ履行ノ意思ナキ時ニ於テモ其契約無効ナリトスレハ、大ニ実際上不都合ヲ生スヘシ、何トナレハ実地ニ於テ一方ニ於テ履行ノ意思ナキ事ヲ証明スル事ハ殆ント出来ヘカラサル事ナレハナリ、若シ又万一如此意思ヲ証明シ得ルトスルモ之カ為メ其売買ヲ無効トセラル、対手ノ迷惑果シテ如何ソヤ、是前記ノ修正ヲ要スル所以ナリ

本条ノ規定ハ差額取引ノ如ク初ヨリ履行ノ意思ナキ契約ヲ防止センカ為メニ設ケタルモノニシテ、決シテ冗文ニ非サルナリ

原　文

第五百九十条　元債ノ償還ハ若シ債務者カ契約上負担シタル利息ノ支払ヲ二期以上遅延シ、又ハ支払停止ト為リ又ハ資産上切迫ナル情況ニ至リタルトキハ反対ノ契約アルニ拘ハラス約定期間ノ満了前ニ之ヲ求ムルコトヲ得

修正文

第五百九十条　元債償還ハ若シ償務者カ契約上負担シタル利息ノ支払ヲ二期以上遅延シ、又ハ支払停止ト為リタルトキハ反対ノ契約アルニ拘ハラス約定期間ノ満了前ニ之ヲ求ムルコトヲ得

本条中資産ノ切迫ナル情況ニ至リタルトキハ期限ノ満了前ニ元債ノ償還ヲ求ムルヲ得ト規定スレトモ、其状況ハ

総テ事実ノ問題ニシテ且ツ実際ニ於テ切迫ナル状況ト認ムヘキヤ否ヤヲ区別スルハ困難ナルヲ以テ、寧ロ支払停止ヲ以テ請求権ヲ生スルモノト為スノ明瞭ナルニ若カザルナリ、是前記ノ修正ヲ要スル所以ナリ

資産上切迫ナル情況ニ至リタルト否トヲ認別スルハ必スシモ至難ノ業ニ非ス、且此事ハ畢竟裁判所ノ認定ヲ待ツモノナレハ債権者ハ之ヲ請求スレハ可ナリ、而シテ既ニ此情況アリトセハ期間ノ満了如何ニ論ナク償還ヲ求メ得ヘキヤ当然ニシテ、必スシモ支払停止ノ時ヲ待ツ可キノ理アル事無シ、故ニ之ヲ削ルハ寧ロ害アルモ其要ナキナリ

原　文

第六百六十条（第三項）　所有者又ハ其他ノ者ノ損害賠償ノ要求ヲ充テンカ為メ保険ニ付シタル場合ニ於テハ、第六百三十九条ニ依リ自己ノ保険者ト看做ス可キトキト雖トモ其被保険額ヲ限リトシテ保険者独リ全部ノ損害ヲ負担ス

修正文

第六百六十条（第三項）　所有者又ハ其他ノ者ノ損害賠償ノ要求ニ充テンカ為メ其旨ヲ明示シテ保険ニ付シタル場合ニ於テハ第六百三十九条ニ依リ自己ノ保険者ト看做ス可キトキト雖トモ、其被保険額ヲ限リトシテ保険者独リ全部ノ損害ヲ負担ス

第六百三十九条ニ拠レハ例ヘハ四千円ノ価額ヲ有スル物ニ二千円ノ保険ヲ附ヲタルカ如キ場合ニ於テハ其残余額二千円ノ価額ハ被保険者カ自ラ之ヲ保険シタルモノト看做シ、保険者被保険者ヲシテ共ニ其損失ヲ分担セシムルノ規定ナルガ故ニ若シ偶々其物ガ火災ニ罹ルニ当リテハ保険者ハ其損失ノ半額ヲ負担スル訳ニシテ、即四千円ノ損失ニ対シテハ二千円ヲ弁償シ、二千円ノ損失ニ対シテハ一千円ヲ弁償スル割合ナリ、然ルニ本条第三項ニ拠レハ例ヘハ被保険者ガ或ル物ヲ所有者又ハ其他ノ者ノ損害賠償ノ要求ニ充テンカ為メニ保険ニ附シタル時ニハ保険者ハ前記第六百三十九条ノ場合ト雖トモ猶其損失ノ全部ヲ負担セザルヘカラス、蓋シ被保険者ガ所有者又ハ其他

ノ者ノ損害賠償ノ要求ニ充テンガ為メニ保険ニ附シタルト否トハ被保険者及第三者間ノ関係ニ止マリ、本来保険者ノ与カルヘキ所ニアラス、然ルニ本条第三項ノ場合ニ於テ保険者ヲシテ前記第六百三十九条ノ場合ト同額ノ保険料ヲ収受シテ二倍ノ危険ヲ負担セシムルハ保険者ノ大ニ困難ヲ感スル所ナリ、故ニ本条第三項ノ制裁ハ被保険者ガ其旨ヲ明示シテ保険ニ附シタル場合ニ限ル事トシタシ、是前記ノ修正ヲ要スル所以ナリ

修正案カ「其旨ヲ明示シテ」ノ一語ヲ加エントスルハ全ク蛇足ニ過キサルナリ、蓋シ此一語ナシト雖トモ本項ハ必ス其明示アリシ揚合ニ適用スルモノニシテ、縦令所有者又ハ其他ノ者ノ損害賠償ノ要求ニ充テンカ為メ保險(ママ)ニ付シタル場合ト雖トモ其明示ナキトキハ第一項ノ規定ニ因リ当然自己ノ保険ト看做ス可キモノナレハナリ

原　文

第六百八十三条　総テ保険無効ノ場合ニ於テハ保険契約ヲ以テ此場合ノ為メニ約定シタル額若シ約定ナキトキハ少クトモ被保険者ノ為メニ既ニ積立タル貯金ノ半額ヲ被保険者ニ償還スルコトヲ要ス、但シ被保険者カ詐欺若クハ悪意ニ因リテ自ラ無効ニ至ラシメタルトキハ此限ニアラス

修正文

第六百八十三条　総テ保険無効ノ場合ニ於テハ保険契約ヲ以テ此場合ノ為メニ約定シタル額若シ約定ナキトキハ少クトモ払込金ノ三分ノ一ヲ被保険者ニ償還スルコトヲ要ス、但被保険者カ詐欺若クハ悪意ニ因リテ自ラ無効ニ至ラシメタルトキハ此限ニ在ラス

本条ノ修正ヲ望ムニハ先ス貯金ノ二字ヲ解釈セザルヘカラス、或ル人ノ説ニ貯金トハ払込ミタル保険料ノ元利合計ナリトスレドモ是蓋シ大ナル誤ナリ、元来生命保険ハ貯蓄ノ性質ヲ帯ブレトモ通常ノ貯蓄ト全ク同視スルヲ得ス、通常ノ貯蓄ニ在テハ貯金銀行ヘ預入タル元金ト元金ヨリ生シタル利子ノ合計ハ預ケ人ノ貯金ニシテ貯金銀行

ハ預ケ人ノ外ニハ此元利金ヲ支払フノ責任ナシト雖トモ、保険料ハ単ニ被保険者各自ノ為メニ貯蓄スヘキモノニ非ス、其一分ハ年々死亡スル他ノ被保険者ノ保険金トシテ支払ヒ（此分ハ火災若クハ海上保険ノ保険料ノ如ク償還ヲ受クヘカラザルモノナリ）其一分ハ各被保険者ノ為メニ積立テ（此分ノミ貯金ト謂フヲ得ヘシ）其一分ハ会社営業ノ費用ニ充テ且ツ死亡ノ臆算ニ超過シタルトキノ予備トス、生命保険者ノ計算ハ甚タ複雑ニシテ了解シ易カラサルニ因リ可成簡要ノ点ノミヲ挙示セン為メ、姑ク会社営業費等ヲ除キ所謂純保険料（英語ネツト、プレミユム）ヲ分析スレハ左ノ如シ

金拾三円四拾七銭

右ハ英国同盟保険会社ノ死亡表ニ依リ年齢二十歳ニシテ金千円ノ尋常終身生命保険ヲ契約セル被保険者ヨリ払込ム一年分ノ純保険料ナリ

此内

金七円弐拾五銭　　一年間ニ同年齢ノ死亡者へ支払フ保険金

金六円弐拾弐銭　　一年ノ末ニ生存者ノ積立金即チ貯金

合金拾参円四拾七銭

右ノ如ク純保険料ノ一半ハ短命ノ不幸者ニ支払フ保険金ヲ補充シ他ノ一半ノミ生存者ノ為メニ積立テタル貯金トナル、海上及ヒ火災ノ保険ニ在テハ年々支払フヘキ保険金ヲ臆算シ年々ノ保険料ヲ以テ其年ノ保険金ヲ支払ヘトモ、生命保険ニ在テハ一年ノ支出ヲ計テ保険料ヲ定ムルトキハ被保険者ノ老フルニ随テ年々保険料ヲ増スノ不便ヲ生スルヲ以テ保険契約ノ時ヨリ老後ニ至ルマテ一定ノ保険料ヲ払込マシム、即チ少壮ノ時ニ於テ其年ノ死者ニ支払フヘキ保険金ノ外ニ老後払込ムヘキ保険料ノ幾分ヲ前払セシムルノ理ナリ、故ニ年齢二十歳ノ時結約セル者ハ其年ノ末ニ前記ノ金六円弐拾弐銭ヲ余シ会社ニ於テハ其人ノ為メニ之レヲ積立置クヲ以テ、翌年ヨリ生存中払

込ヘキ保険料ハ二十一歳ノ時新タニ結約セル者ノ終身支払フヘキ保険料ノ全額ヨリ金六円弐拾弐銭ヲ減スルノ割合ニ当リ決シテ毫厘ノ差異アル事ナシ、此年末ノ積金ヲ英語ニテハ「レゼルヴ」（貯存金）又ハ「ネットヴアリユー、オフ、ポリシー」（保険証書ノ純価値）ト称シ、如何ナル場合ヲ論ゼス此純価値ノ外ニハ保険会社ヨリ被保険者へ還付スヘキモノ無キ計算ナリ

右述ブル処ニ依リ本条貯金ノ二字ハ通常ノ貯蓄ト同様ニ払込金ノ元利合計ト解釈スルノ誤リナルヲ知ルニ足ルヘシ、貯金トハ純保険料ノ内不幸ノ死者ニ支払ヒタル残額即チ生存ノ被保険者各自ノ為メニ積立テタル保険証書ノ現価値ナリトスレバ僅カニ其半額ヲ被保険者ニ償還シ、他ノ半額ハ保険会社ノ所得トスルハ被保険者ニ不利ナル事甚タシ、故ニ償還金額ヲ払込金ノ少クトモ三分一ト改正スヘシ、元来生命保険ハ被保険者相互ニ短命ノ不幸者ヲ済助スルノ主旨ニシテ恰モ同舟済水ノ観アリ、故ニ中途ニシテ保険契約ヲ解除スル者ハ自己ノ便宜ヲ以テ同舟者ヲ捨テ、顧ミザルト一様ナレバ保険契約無効ノ場合ニ於テ其払込金ノ一部ヲモ取戻スヲ得スト ノ説ニ依リ、数十年以前マテハ保険無効トナレハ被保険者ニハ壱銭ヲモ還付セサルヲ欧米生命保険会社ノ例トセシガ、近年保険会社競争ノ結果トシテ此苛酷ノ説ヲ排シ勉メテ被保険者ノ便益ヲ計リ保険解約ノ時ニハ保険証書ノ純価値ヲ計算シ殆ト其全部ヲ還付スルニ至リタレトモ、其額ハ払込金ノ三分一ヨリ少カラスト契約スルヲ以テ通例トス、生命保険ノ種類ニ依リ或ハ払込金ノ三分二若クハ五分四ヲ還付セルモノアレトモ、尋常終身保険ノ如キニ在テハ三分一以上ヲ還付スルハ過当ニシテ、解約者ノ為メニ会社ニ損失ヲ蒙ラシメ、随テ契約保険ノ被保険者ニ損失ヲ及ボス事アリ、故ニ本条ニ於テハ償還金額ヲ払込金ノ少クトモ三分一トシ、其余ハ法文ニ明記セザルモ商業上ノ競争ニ一任シテ可ナリ、是前記ノ修正ヲ要スル所以ナリ

修正案ノ原案ト異ナル所ハ要スルニ被保険者ニ償還ス可キ割合ノ如何ニ在リトス、然レトモ此割合タルヤ約定ナキ場合ノ為メニ規定シタルニ止マリ、当事者ハ随意ニ其割合ヲ約定シ得ヘキモノナレハ強テ此規定ヲ修正スルノ要ナシ、

況ヤ修正案ノ割合ト雖トモ諸国普通ノ定例ト云フニ非ス、又他ニ此ノ如クセサル可カラサル理由ナキニ於テヲヤ

原　文

第六百八十八条（第一項）　総テ生命保険・病傷保険及ヒ年金保険ノ場合ニ於テハ被保険者若クハ其権利承継人ハ正当時期ニ予告ヲ為シタル後、保険契約ニ従ヒ若クハ第六百八十三条ニ従ヒ、自己ニ属スル償還金ヲ受ケテ契約ヲ解除スル権利ヲ有シ、又ハ予告ヲ以テ償還ヲ求ムル事ヲ得ヘキ利息附ノ預ケ金ニ其契約ヲ変更スル権利ヲ有ス

本条第一項中年金保険ノ事ハ別ニ之ヲ規定スルヲ要ス

本条ニ於テハ被保険者ニ予告ヲ為シテ契約ヲ解除スル権利ヲ与ヘ明示ノ契約アレバ其契約ニ従テ償還金ヲ受ケ、契約ナキトキハ第六百八十三条ニ従ヒ償還金ヲ受クヘキ旨ヲ規定スレトモ、第六百八十三条ハ生命保険ノ償還金ヲ規定シタルモノニシテ、年金保険ニハ如何ニ之ヲ適用スヘキヤ了解シ難シ、抑モ年金保険ハ被保険者ヨリ一時ニ巨額ノ金員ヲ払込ミ、一定ノ年限間若クハ終身間毎年若干ノ金ヲ受取ルモノニシテ、短命者ハ千円ヲ出シテ僅カニ五百円ヲ受取リ長生者ハ千円ヲ出シテ千五百円ヲ受取ルガ如キコトアリ、生命保険ノ短命者ニ得アリテ長生者ニ損アルト全ク相反シ又生命保険ニ在テハ年数ヲ経ルニ随テ償還金次第ニ増加シ、年金保険ニ在テハ次第ニ減少ス等総テ其赴（ママ）ヲ異ニス、故ニ年金保険解約ノ場合ハ別ニ之ヲ規定セザルヘカラス、但年金保険ノ契約ヲ結ヒタル後、被保険者ノ身体多病不健康トナリ長生ノ望ミナキヲ以テ数月前ニ予告ヲ為シ、容易ニ解約シテ自己ニ損スル所ナキトキハ、年金払戻ノ契約ヲ結ビタル会社ハ長生ノ被保険者ニ対シテ払戻ノ責任ヲ尽ス事能ハザルニ至ルヘシ、是頗ル注意ヲ要スヘキ所ナリ

年金保険ハ生命保険ト均シク共ニ貯金ノ性質ヲ帯フルモノナレハ、縦令其方法ノ全ク相反スルニモセヨ同一ノ規定ヲ為シテ不可ナル無シ、修正論者ノ憂フル所ハ第六百八十三条ノ年金保険ニ適用シ難シト云フニ在レトモ、其適用ノ方

法タル被保険者ヨリ一時ニ払入レタル金額ヨリ年々支払ヒタル金額ヲ差引キ其残金ノ半額ヲ償還スルニ在リテ、毫モ適用シ難キモノ無シヲ何ソ別個ノ規定ヲ要センヤ

原　文

第六百九十条　保険会社ハ保険料其他ノ収入金ノ中ヲ以テ年々積立ヲ為シ何時ニテモ年々支払フ可キ被保険額ノ少ナクトモ平均二倍ニ満ツル準備金ヲ設クル義務アリ、此準備金ハ十分安全ニ利用シ其証券ヲ裁判所ニ寄托スルコトヲ要ス、但之ヨリ生スル収入ハ会社ニ帰ス

修正文

第六百九十条　保険会社ハ其業務ヲ始ムル以前ニ証券ヲ以テ五万円ノ金額ヲ裁判所ニ寄託スルヲ要ス、但シ之ヨリ生スル収入ハ会社ニ帰ス

会社ノ準備積立金弐拾万円ニ満ツレバ裁判所ハ寄託ノ金額ヲ会社ニ返附ス

本条ハ被保険者ヲ保護スル旨趣ヨリ出デタルコト明白ナレドモ却テ反対ノ結果ヲ見ルノ恐アリ、海上保険・火災保険ノ如キハ単ニ損失弁償ノ主義ニ基クモノナレバ毎年ノ収入保険料ヲ以テ其年ノ損失ヲ弁償スレバ会社ニハ其他ニ責任ナキヲ以テ、仮令非常ノ損失アルモ別ニ年々支払フヘキ被保険額ノ平均二倍以上ノ準備金ヲ設クレバ足レリトスルモ、独リ生命保険ニ在リテハ第六百八十三条ニ於テ述ヘタル如ク、其保険料ノ一分ハ他ノ保険ト同様ニ其年ノ死亡者ニ保険金トシテ支払ヘドモ、一分ハ各被保険者ノ為メニ積立テザルヘカラス、故ニ他ノ保険ニ在リテハ相当ナル準備金モ生命保険ニ在リテハ過少ノ準備金ナリトス、然ラバ生命保険ノ準備金ハ幾何ニシテ可ナリヤト問ハヾ標準トスヘキ死亡表ト利息ノ割合トヲ一定スレバ生命保険ノ準備金ハ自ラ一定スルモノナリト答フルヲ得ヘシ、故ニ官府ニ於テハ生命保険会社ノ準拠スヘキ死亡表ト利息ノ割合ヲ定メ、第六百九十二条ノ鑑定人

ニ命ジテ会社ノ計算ヲ点検セシメバ始メテ相当ノ準備金ヲ得ヘシ、徒ラニ画一ノ法ヲ設ケテ性質相同ジカラサル諸種ノ保険ニ適用セント欲スレバ準備金過少ナレトモ官府ニ於テ之ヲ如何トモスル事能ハス、後来永続ノ望ナキ会社モ法律ノ仮面ヲ被ムリ不当ノ信用ヲ得テ結局害ヲ被保険者ニ及ボスヘシ、然レドモ保険ノ如キ広ク社会ノ休戚ニ関係スル事業ハ法律ヲ以テ相当ノ制裁ヲ加フルハ敢テ無用ノ干渉ト謂フヘカラス、故ニ本条ハ前記ノ如ク修正シテ無資無産ノ徒ガ所謂泡沫会社ヲ起シテ毒ヲ世間ニ流スヲ防グ事ヲ目的トシ、準備金額ノ如キハ別ニ適切ノ標準ヲ定ムルヲ可トス、是前記修正ヲ要スル所以ナリ

蓋シ前記修正文ハ一千八百七十年制定ノ英国生命保険法第三節ニ倣ヒタルモノナリ、今之ヲ左ニ記シテ参考ニ供ス

第三節　此法律制定以後統一王国内ニ設立スル各会社及ヒ統一王国外ニ設立シタル若クハ設立スヘキ各会社ニシテ此法律制定以後統一王国内ニ於テ生命保険ノ業ヲ始ムルモノハ衡平裁判所ノ会計官ニ弐万磅ノ金額ヲ寄託シ、会計官ハ該裁判所ノ管理ニ帰スル資本放下ノ為メニ採定シタル証券ノ中会社ノ撰ム処ノ証券ニ放銀シ、之ヨリ生スル収入ハ会社ニ属ス、此金額ヲ寄託シタル後ニ非ザレバ登記官ハ登記証書ヲ発スヘカラス、而シテ保険料ノ中ヨリ積立テタル生命保険資金四万磅ニ達シタルトキハ会計官ハ直ニ寄託金ヲ会社ニ返付スヘシ

論者或ハ曰ク、本条処定ノ準備金ハ生命保険ノ準備金トシテハ不十分ナリトスルモ之ヲ裁判所ニ寄託シ置ケバ全ク寄託金無キニ勝レリト、此論亦一理無キニ非ス、然レトモ論者ノ説ニ従ヒ寄託金ヲ有用ナリトスレバ、本条中準備金額ヲ定ムルノ旨趣ヲ改メ単ニ裁判所ニ寄託スル金額ヲ規定スルヲ宜シトス、試ミニ其修正案ヲ示セバ左ノ如シ

第六百九十条　保険会社ハ保険料其他ノ収入金ノ中ヲ以テ積立ヲ為シ年々支払フ可キ被保険額ノ少ナクトモ平均二倍ニ満ツル金額ヲ証券ヲ以テ裁判所ニ寄託スルコトヲ要ス、但之ヨリ生スル収入ハ会社ニ帰ス

年々支払フ可キ被保険額ハ保険ノ性質ニ依リ又ハ保険者ニ依リ各々自カラ相異ナル可キモノニシテ、本条ノ規定ノ如ク年々支払フ被保険額少クトモ平均二倍以上ノ準備金ヲ設ケシムル事トスルモ其準備金額ハ各々自カラ相異ナリテ修正論者ノ憂フルカ如ク火災保険ニ十分ニシテ生命保険ニ不十分ナル等ノ理アル事無シ、修正案ハ保険及ヒ保険者ノ種類ニ因リ異同アル能ハス、凡テ画一ノ法ニ依ラシムルモノナレハ却テ不便ヲ生スルニ至ラン、此修正モ亦採ル可カラサルナリ

原　文

第六百九十一条　保険会社ハ少ナクトモ毎年一回其年ノ収支一覧表及貸借対照表ヲ作リテ之ヲ公告シ、且各社員及各被保険者ニ送達スル義務アリ

修正文

第六百九十一条　保険会社ハ少ナクトモ毎年一回其年ノ収支一覧表及貸借対照表ヲ作リテ之ヲ公告スヘシ

保険ノ事業ハ広ク公衆ノ利害ニ関スルヲ以テ其計算ヲ秘密ニスヘカラス、勉メテ公衆ヲシテ会社ノ実況ヲ知ラシムルハ一般公衆ノ為メノミナラス確実ノ会社ニ在テハ可成其実地ヲ世上ニ知ラル、ヲ利益トス、故ニ毎年収支一覧表・貸借対照表ヲ新聞紙ニテ公告スルハ必要至当ノ事ナレドモ此手続ノ外猶各社員及各被保険者ニ之ヲ送達スルノ義務アリトスルニ至リテハ徒ラニ非常ノ手数ト費用トヲ要スルノミナラス実際ニ於テハ殆ド為シ能ハザル事ニシテ且被保険者ノ為メニモ大ナル利益ナシ、是前記ノ修正ヲ要スル所以ナリ

海上保険ノ如キハ保険ノ期間甚タ短クシテ僅ニ某地ヨリ某地ニ達スル一航海ニ過ギザルモノ甚タ多シ、是等短期ノ保険ハ多クハ各地ノ代弁店ニ於テ契約ヲ締ヒ契約期間ノ終リタル後ニ非ザレバ本店ニ於テ之ヲ知ラザル者アリ、一々現在ノ各被保険者ヲ調査シテ之ニ貸借表等ヲ送付スルハ殆ド為シ能ハザル事ナリ

又生命保険会社ニ在テハ被保険者ノ人員甚タ多ク加之其被保険者ハ土着ノ農家ニハ少クシテ官吏・銀行及会社ノ雇人・海員・商人・工業者等ノ如キ才能技芸ニ依リ衣食スル者其大半ヲ占メ、其居処ノ変転極メテ多ク独リ国内ニ於テ居ヲ転スルノミナラス外国ニ旅行シテ其所在ヲ知ルヘカラザル者アリ、尤モ保険契約ニハ住居ヲ転スレハ一々会社ニ通知スヘキ旨ヲ明示スレトモ実際ハ之ヲ怠ル者多キヲ免レス、我国ニ於テハ生命保険ノ創始以来未ダ十年ニ満タザレトモ一会社ノ被保険者既ニ一万余人ニ過グルモノアリ、今ヨリ数十年ヲ経過セバ其人員ノ大ニ増加スルコト明ナリ、斯ク居処ヲ変転スル多数ノ被保険者ニ一々貸借表ヲ送付スルハ極メテ難事ナレドモ、本条ニ依テ之ヲ送付セザレバ第六百九十四条ニ厳重ノ罰アリ、仮令会社ハ之ヲ送付スルモ万一被保険者第六百九十四条ヲ利用セン為メ到達セザルヲ口実トシテ会社其義務ヲ欠キタリト主張セバ何ヲ以テ之ニ抗弁スルヲ得ンヤ、是等ノ紛議ヲ予防スルニハ手数ト費用トヲ顧ミス書留郵便ヲ用フルモ猶数万ノ被保険者ニ一々遺漏ナカラシムルハ難事ナリ、況ヤ収支一覧表・貸借対照表ヲ被保険者ニ送付スルモ生命保険ノ計算ハ複雑ナルヲ以テ被保険者ハ之ニ依テ将来会社ノ計算ニ不足ヲ生ゼザルヤ否ヤヲ知ルニ足ラザルオヤ、要スルニ公衆ノ為メニ生命保険会社ノ確実ヲ保セント欲スルニハ第六百九十二条ニアル検査ノ方法ヲ厳ニシ生命保険ノ組織ニ明ナル人ヲシテ監督セシムルノ外ニ手段ナキナリ

此原文ハ実際上甚タ不便ナルノミナラス修正論者ノ論スルカ如ク殆ト行ハレ難キ場合ナキニ非サル可シ、故ニ本条ハ寧ロ修正案ニ従フヲ可トス

原　文

第六百九十四条　保険会社カ第六百九十条乃至第六百九十三条ノ規定ニ背クトキ又ハ被保険者総員ノ承諾ヲ得スシテ同業若クハ他業ノ会社ト合併スルトキ、又ハ被保険者ニ告知シタル保険業ノ原則ヲ変更シ若クハ事実上之ヲ犯スト

キハ、各被保険者ハ予告ヲ為スコト無クシテ何時ニテモ保険ヲ解止シ、其払込ミタル現支払期間ノ保険料総額ノ償還及ヒ払込ミタル日ヨリノ法律上ノ利息ヲ求ムル権利アリ

修正文

第六百九十四条　保険会社カ第六百九十条乃至第六百九十三条ノ規定ニ背クトキ又ハ被保険者総員ノ承諾ヲ得スシテ同業若クハ他業ノ会社ト合併スルトキ、又ハ被保険者ニ告知シタル保険業ノ原則ヲ変更シ若クハ事実上之ヲ犯ストキハ、各被保険者ハ予告ヲ為スコト無クシテ何時ニテモ保険ヲ解止シ、其払込ミタル現支払期間ノ保険料総額ノ償還及ヒ払込ミタル日ヨリノ法律上ノ利息ヲ求ムル権利アリ、但生命保険ニ在テハ最後ニ払込ミタル保険料ノ総額及之ヲ払込ミタル日ヨリノ法律上ノ利息ト、其以前ニ払込ミタル保険料ノ少クモ三分一若クハ第六百八十三条ニ依リ保険無効ノ場合ノ為メニ約定シタル額ノ償還ヲ求ムル権アルモノトス

本条中現支払期間ノ保険料トハ其意義甚タ曖昧ナリ、或人ノ解釈ニ従ヘハ火災保険ノ如キ通例一年ヲ以テ保険期限トシタルモノ十年来継続シテ毎年保険料ヲ払込ミ、第十年度ニ至リ保険ヲ解止スレハ既ニ経過シタル九年間ノ保険料ハ償還ヲ求ムルヲ得ス、未タ全ク経過セサル第十年度ノ保険料ノミ償還ヲ求ムルヲ得、然レトモ終身ノ生命保険ヲ契約シ十年来保険料ヲ払込ミタルトキハ十年分ノ保険料全額ト法律上ノ利息トノ償還ヲ求ムルヲ得ヘキモノトセリ、火災保険ノ如キハ或人ノ解釈ニ依リ第十年度ノ保険料ノミヲ償還スルハ蓋シ相当ノ事ナルヘシト雖トモ生命保険ニ至リテハ最初結約ノ時ヨリ払込ミタル保険料ノ全額ヲ償還スヘキモノト解釈スルハ不当ナリト謂ハザルヲ得ス、第六百八十三条ニ於テ論シタル如ク生命保険料ノ一分ハ火災其他ノ保険料ト同様ニ年々支出シテ残ル所ナク、其一分ノミ被保険者ノ為メニ会社ニ於テ積立ツルモノナルヲ以テ如何ナル場合ニ於テモ積立金ノ外ニ償還スヘキモノナシ、然ルニ生命保険料ヲ通常ノ貯金ト同視シ元利合計ヲ償還スヘシトスレバ生命保険会社ハ無料ニテ危険ヲ負担シタルノ道理ナリ、若シ本条ハ保険会社ノ違法ヲ罰スルノ旨趣ナルニ因リ生命保険会社ハ既

ニ死者ノ保険金トシテ仕払ヒタル金員アルニ拘ラス解約者ヘハ其払込金ノ全額ヲ償還スヘキモノトスレバ、火災保険ノ如キモ十年来契約ヲ継続シタル者ヘハ十年分ノ保険料全額ヲ償還セシメサレハ其権衡ヲ得ス、然レトモ各種ノ保険会社ヲシテ無料ニテ危険ヲ負担セシメンカ計算上為シ得ヘカラス、又生命保険モ他ノ保険ノ如ク既往ノ保険料ハ償還スルヲ要セストセンカ其積立金ニ属スル部分ハ会社ノ所得ト為スヘキ理ナシ、要スルニ生命保険料ハ他ノ保険料ト一分ハ其性質ヲ同フスルモ一分ハ之ヲ異ニスルヲ以テ、本条ニ於ケル償還金モ別ニ之ヲ規定センコトヲ望ム、是前記ノ修正ヲ要スル所以ナリ

本条ノ修正案モ亦其理アリ、故ニ本条ハ強ヒテ修正ス可キノ必要ナシト雖トモ修正ノ序次ニ於テハ寧ロ此修正案ニ従フヲ可トス

第七百十六条（第五号） 為替手形ト引換ニテ支払ヲ為ス可キ旨

本条第五号ハ之ヲ削除スルヲ要ス

本条ニ列挙セル第一号ヨリ第六号迄ハ即チ手形ノ要件ナルカ故ニ其中一件ニテモ之ヲ手形ニ掲ケサル時ハ第七百六条ニ拠リテ其手形ハ無効ニ帰スヘシ、然リト雖トモ本条ノ第五号ノ要件ノ如キハ実ニ之ヲ手形ニ掲グルノ必要ナキモノナリ、何トナレハ支払人或ハ引受人カ手形ヲ受取ラスシテ支払ヲ為スガ如キハ実際決シテ有リ得ヘキ事ニアラサレバナリ、加之此第五号ノ要件ヲ掲ケザルガ為メニ手形ヲ無効ニ帰スルハ大ニ従来ノ慣習ニ反スルノミナラス亦大ニ商業ノ便利ヲ妨グルモノト謂ハサルヘカラス、是前記ノ修正ヲ要スル所以ナリ

本号ヲ以テ手形ノ要件(ママ)ト為セシハ手形ノ安全ヲ謀ルカ為メニ甚タ必要ナリトス、是レ予メ之ヲ手形ニ記入シ置キ以テ取引者ノ注意ヲ提醒スルニ非サレハ取引者ハ必スシモ手形ト引換ニテ支払ヲ為ス事ヲ求メス或ハ一時ノ反証等ヲ受取リテ支払ヲ為ス者ナシトセス、為メニ支払済ノ手形カ世上ニ流通スルノ危険ヲ生スルニ至ル可ケレハナリ、而シテ修

正論者ハ之ヲ手形ノ要件ト為シ之ヲ欠ケハ其手形ヲ無効ニスルヲ以テ商業ノ便利ヲ妨クルモノト為セトモ、吾人ハ其何カ故ニ商業ノ便利ヲ妨クルカヲ発見セス、蓋シ此要件ノ如キハ予メ印刷シテ手形ノ用紙ニ記入シ遣クモノナレハ此カ為メニ調製上ノ手数ヲ増スカ如キ事無ケレハナリ

原　文

第八百二十条（第二項）　振出人ハ争アル場合ニ在テハ其小切手帳ヲ裁判所ニ差出ス義務アリ

修正文

第八百二十条（第二項）　振出人ハ争アル場合ニ在テハ其通帳及小切手帳ヲ裁判所ニ差出ス義務アリ

本条第二項ニ「振出人ハ争アル場合ニ在テハ其小切手帳ヲ裁判所ニ差出ス義務アリ」トアリ、然ルニ小切手帳ノミニテハ差引ノ計算分明ナラスシテ随テ其争ヲ裁決スルニ不便ナルヘシ、故ニ斯ノ如キ場合ニ於テハ振出人ヲシテ通帳ヲモ差出スノ義務ヲ負ハシメタシ、是前記ノ修正ヲ要スル所以ナリ

銀行ノ通帳ハ共通証書ナルモノナレハ民事訴訟法第三百三十六条ニ依リ裁判所ニ差出ス可キモノタルノミナラス元来一ノ商業帳簿ナルヲ以テ本法ニ依ルモ争アル場合ハ亦之ヲ裁判所ニ差出サヽルヲ得ス、修正案カ特ニ之ヲ本条ニ記入セントスルハ実ニ無用ノ業ニ属スルモノナリ

原　文

第八百二十四条　日本人民ノ所有ニ専属シ、又ハ日本ニ主タル営業所ヲ有シ、且日本ノ裁判権ニ服従スル会社其他ノ法人ニシテ合名会社ニ在テハ総社員、合資会社ニ在テハ少ナクトモ社員ノ半数、株式会社ニ在テハ取締役ノ総員、其他ノ法人ニ在テハ代表者ノ総員カ日本人民ナルモノヽ所有ニ専属スル商船其他ノ海船ハ日本ノ船舶ニシテ日本ノ

国旗ヲ掲クル権利ヲ有ス

修正文

第八百二十四条　日本人民ノ所有ニ専属シ、又ハ日本ニ主タル営業所ヲ有シ、且日本ノ裁判権ニ服従スル会社其他ノ法人ニシテ合名会社ニ在テハ総社員、合資会社ニ在テハ少ナクトモ社員ノ過半数、株式会社ニ在テハ取締役ノ総員及議決権ノ過半数ヲ有スル株主、其他ノ法人ニ在テハ代表者ノ総員及社員ノ過半数カ日本人民ナルモノ、所有ニ専属スル商船其他ノ海船ハ日本ノ船舶ニシテ日本ノ国旗ヲ掲クル権利ヲ有ス

本条ニ拠レハ合資会社々員ノ半数、株式会社取締役ノ総員、其他法人代表者ノ総員ガ日本人ナルニ於テハ其所有ニ専属スル商船等ハ日本ノ国旗ヲ掲クル権利ヲ有スル事トナルナリ、然ルニ其制限ヲ斯ノ如クニ止ムル時ハ猶外国人ヲシテ我海上ノ利益ヲ壟断セシムルノ恐ナシトセス、何トナレハ本条ノ規定ニ従フ時ハ合資会社社員ノ半数、株式会社ノ過半数ノ議決権ヲ有スル株主、其他法人ノ過半数ノ社員ガ外国人ナル場合ニ於テモ猶其所有ニ専属スル商船等ヲシテ日本ノ国旗ヲ掲クルノ権利ヲ有セシムルノ結果ヲ生スレハナリ、是前記ノ修正ヲ要スル所以ナリ

日本船舶タルノ特権ハ単ニ日本ノ国旗ヲ掲ケ日本法律ノ保護ヲ受クルニ止マレハ其制限ノ如何ニ依リテ実利上ニ大ナル関係ヲ生スル事無シ即チ修正論者ノ云ヘルカ如ク外人ヲシテ我海上ノ利益ヲ壟（ママ）断セシムルカ如キ恐アル事無シ、況ヤ原文ノ制限タル欧米諸国ニ比シテ業ニ既ニ厳密ナルモノニシテ若シ更ニ之ヨリ一層ノ厳密ヲ加フルトキハ却テ外資輸入ノ道ヲ妨クルノ恐アルニ於テヲヤ、此修正案モ亦決シテ採ル可カラサルナリ

原　文

第八百二十六条　船舶登記簿ニハ左ノ諸件ヲ登記シ且年月日ヲ記ス可シ

第一　船名及ヒ船籍港

第二　船舶構造ノ時及ヒ地ノ知レタルトキハ其時及ヒ地又船舶カ日本ノ船籍ニ帰シタルトキハ其時及ヒ事情
第三　官ノ測度証書ニ基キタル船舶ノ種類・大小・積量及ヒ詳細ナル記載
第四　船長ノ氏名及ヒ国籍
第五　一人又ハ数人ノ所有者ノ氏名・住所及ヒ詳細ナル記載又船舶ノ所有権ニ付所有者ノ股分ノ割合及ヒ所有権取得ノ合法ノ原因

修正文

第八百二十六条　船舶登記簿ニハ左ノ諸件ヲ登記シ、且年月日ヲ記ス可シ、但第四項船長ノ氏名及国籍ハ沿岸航海ノ時ニ限リ登記簿ニ記載セサルモ妨ナシ
第一　船名及ヒ船籍港
第二　船舶構造ノ時及ヒ地ノ知レタルトキハ其時及ヒ地又船舶カ日本ノ船籍ニ帰シタルトキハ其時及ヒ事情
第三　官ノ測度証書ニ基キタル船舶ノ種類・大小・積量及ヒ詳細ナル記載
第四　船長ノ氏名及ヒ国籍
第五　一人又ハ数人ノ所有者ノ氏名・住所及ヒ詳細ナル記載又船舶ノ所有権ニ付キ所有者ノ股分ノ割合及ヒ所有権取得ノ合法ノ原因

欧米各国ニ於テモ概ネ本条第四号ト同様ノ規定アリト雖トモ、我国ニ於テハ平時船長ノ交代甚タ多キヲ以テ其都度登記簿面ヲ改正セサルヘカラスト為ス時ハ実際不容易差支ヲ生ス可シ、従来ノ経験ニ拠ルニ定期出帆ノ時限ニ迫リ疾病其他止ムヲ得サル事情ニ依リ俄カニ船長ノ交代ヲ要スル事少カラス、本法実施ノ上ハ斯、ル場合ニ於テハ必ス其出帆時限ヲ延期セサルヘカラス、殊ニ午後四時（横浜港ニ於テハ午後四時ヲ以テ出帆時限ト為スモノ殊ニ多シ）出帆ノ約束ヲ為シタル船舶ニ於テ不意ノ交代アルトキハ直チニ改正登簿（ママ）ノ出願ヲ為サントスルモ既ニ執

務時間ニ後レ止ムヲ得ス其翌日ノ開局ヲ待チ相当ノ手続ヲ経由シ始メテ出帆シ得ヘシ、寸刻ヲ争フヘキ船舶ノ出入ニシテ斯、ル場合ニ遭遇セハ船舶発着ノ定期ヲ紊リ船主直接ノ損害ハ勿論船客荷主ノ迷惑一方ナラサルノミナラス、郵便物ノ延着及外国船接続に関係シ公益ヲ害スル事容易ナラサルナリ、是前記ノ修正ヲ要スル所以ナリ

船長ノ氏名及ヒ国籍ノ登記ニシテ必要ナラスンハ則チ止ム、然レトモ苟モ船長ハ船舶ノ権利上ニ関係ヲ有スル事ノ至大ナルヲ認メハ其登記ノ必要ナル事モ亦之ヲ認メサル可カラス、而シテ既ニ之ヲ必要トセハ船長ノ変更アル毎ニ之ヲ登記スルハ亦欠ク可カラサル事ナリ、然ルニ沿岸航海ノ場合ノミ独リ之ヲ登記セスシテ可ナルノ理由アランヤ、況ヤ船長ハ重職ニシテ実際上屡々変更スルモノニ非サレハ修正論者ノ言ヘルカ如キ不都合ヲ感スル事甚タ少カラサルヲ得ス、是レ修正案ノ採ル可カラサル所以ナリ

原　文

第八百九十九条（第二項）　船荷証書ハ求ニ応シ幾通ニテモ之ヲ交付ス可シ、其中ノ一通ニハ船長ノ手許ニ備置ク為メ賃借人署名・捺印シ、他ノ各通ニハ船長署名・捺印スルコトヲ要ス

修正文

第八百九十九条（第二項）　船荷証書ハ求ニ応シ幾通ニテモ之ヲ交付ス可シ、其中ノ一通ニハ船長ノ手許ニ備置ク為メ賃借人署名・捺印シ、他ノ各通ニハ船長若クハ其代理人署名・捺印スルコトヲ要ス

船荷証書ハ総テ船長ノ名義ヲ以テ受授スヘキハ至当ノ順序ニシテ欧米各国ノ例規亦斯ノ如クナリト雖トモ、我国従来ノ慣習ニテハ陸上ニ於テ先ツ之ヲ製シ船長ノ名代トシテ他ノ関係人之ニ署名・捺印シテ発行スルヲ以テ、荷積ヲ終ルト同時ニ直様出帆スルヲ得ヘシ、然ルニ今実際本船ニ於テ数千万個ニ対スル船荷証書ヲ製シテ一々船長ニ署名・捺印セシムルハ実際容易ニ為シ得ヘキ事ニアラス、故ニ斯ノ手続ヲ為スカ為メ第九百条ニ二十四時間ノ

猶予ヲ与フル事ニ為シアレトモ専ラ之カ為メニ空シク碇船スルハ第一本船ノ損失莫大ノミナラス、荷物運送ノ遅滞ヲ来シ遂ニ双方ノ荷主ヲシテ商機ヲ失ヒ容易ナラサル損害ヲ蒙ラシムルニ至ルヘシ、畢竟斯ヽル事業ノ手続ハ既ニ数十年ノ経験ニ依リ能ク其便否ヲ研究シ竟ニ最モ至便ナル今日ノ慣習ヲナシタルモノナルニ、今ヤ一朝ニシテ之ヲ打破スルハ豈甚タ遺憾ナルニアラスヤ、是前記ノ修正ヲ要スル所以ナリ

此修正モ亦蛇足ニ過キサルナリ、此ノ如ク修正セサルモ事実ハ全ク此ト同一ノ結果ニ出ツ可シ、何トナレハ船長ノ署名・捺印ハ必スシモ船長自身ニ之ヲ為サヽルヲ得サルニ非ス、他人ヲシテ之ヲ為サシムルモ亦可ナルノミナラス船長カ代理人ヲ任シ船荷証書ヲ作ラシムルモ亦固ヨリ随意ニシテ、此修正ナキモ普通ノ法理上船長ハ当然其権利アルヤ勿論ナレハナリ

第三編第六章（自第九百三十条、至第九百四十五条）　海損
同　　第八章（自第九百五十三条、至第九百七十五条）　保険
海損及海上保険ニ関スル个条ハ可成英国ノ慣習ヲ参酌シテ修正スルヲ要ス

現今我国ノ開港場ニ於テ海上保険ノ営業店ヲ公開スル者其数少ナカラス、而シテ其中英国ノ組織ニ係ルモノ其大半ヲ占ムルカ故ニ他国人ノ組織ニ係ルモノト雖トモ概ネ皆英国法律ヲ採用セサルハナシ、是レ単ニ我国ノミナラス支那・印度其他東洋一般ノ現況ニシテ、彼ノ英国ロヰド社ノ慣習タル殆ト東洋一般ノ商慣習ヲ組成スルモノヽ如クニシテ、現ニ海上損失ノ決算人ト云ヒ将タ船体ノ検査人ト云ヒ荷モロヰドノ名ヲ冒スニアラサレハ広ク其信用ヲ博スル事能ハサルノ景況アリ、蓋シ我国ニ於テ海上保険ノ業ヲ営ム者ハ東京海上保険会社ノ一社ニ過キス、然リ而シテ該会社ハ創業以来今日ニ至ル迄十年余其間専ラ英国ノ慣習ニ則トリ其事業ヲ経営シ来リタリト云フ、是畢竟英国ノ慣習ニ由ラサレハ東洋全般ノ慣習ニ背戻シ保険者・被保険者共ニ実際ノ不便ヲ感スルニ因ルナラン

カ
英国海上保険ノ慣習ノ東洋沿岸ニ通シテ勢力ヲ有スル事前陳ノ如シ、然リ而シテ今熟々本法ヲ案スルニ其大躰ハ仏独両国ノ商法ニ則トリタルモノニシテ英国ノ法律ニ抵触スル条項少ナシトセス、然ルニ多年英国ノ慣習ニ依リテ取引シ来リタル保険者・被保険者ヲシテ俄ニ此商法ニ服従セシメントスルハ其困難知ルヘキナリ、今其困難ノ一例ヲ挙ケンニ船舶ノ所有者カ其船舶ノ保険ヲ東京海上保険会社ニ申込マンニ、該会社ニハ保険額ニ制限アリテ一艘ニ付幾万円ノ外ハ保険セサルノ定メナレバ所有者ハ不得止其一部分ヲ他ノ会社即チ外国人ノ組織ニ係ル会社ニ申込マザルヲ得ス、此場合ニ於テ一部ハ我国ノ法律ニ従ヒ、一部ハ外国ノ法律ニ従ハサルヲ得サルカ故ニ共担分損（本法中ノ所謂共同海損）ノ決算ヲ為スニ当リテハ彼此ノ取扱相衝突シテ実ニ処理シ能ハサルノ紛難ヲ来スヘク、又再保険ニ附スル場合ニ於テモ其困難亦同一ナラン、之ヲ要スルニ我国ノ如キ海上保険事業ノ猶幼稚ナル邦土ニ於テ商法ヲ制定スルニハ、可成其慣習ヲ採用シテ出来得ヘキ限リハ当業者ノ便利ヲ計ラサルヘカラサルナリ

本法ハ元来其全体ニ於テ日本ノ慣習ハ勿論、英国ノ法律慣習モ採用ス可キハ既ニ採用シタルノミナラス海商法ニ付テハ特ニ英国ノ法律慣習ヲ参酌シタルモノ多シ、然ルニ修正論者ハ尚ホ海損並ニ保険ニ付テ英国ノ慣習ヲ参酌シテ修正セント云フ、如何ナル規定カ果シテ其慣習ニ反スルヤ、之ヲ摘挙明示スルニ非サレハ誰カ其是非ヲ判定シ得ヘケン、蓋シ論者ハ其一例ヲ掲ケタルモ是レ唯タ会社ノ定款ヨリ生スル結果ニシテ商法ノ規定ニ関スルモノニ非ス、加之仮ニ英法ニ倣フテ制定スルモ仏・独会社ト契約シタルトキハ均シク同一ノ結果ヲ生セン、而シテ海損計算ノ方法ノ如キ之ヲ異ニスルモ亦至大ノ困難ナルニ非ス、豈妄リニ英法ニ倣フ事ヲ要センヤ

原文

第九百三十条（第三号）　沈没又ハ掠奪ヲ避ケンカ為メニスル任意ノ坐礁・膠沙

本条第三号ハ之ヲ削除スルヲ要ス

本条第三号ニ拠レハ任意ノ坐礁・膠沙ハ共同海損ニ属スト規定セラル、然ルニ英国ノ法律ニテハ任意ノ坐礁・膠沙ハ仮令一層ノ危険ヲ避クル為メト雖モ共担分損（共同海損）トナスヲ得サラシム是任意ノ乗揚ゲヲ容易ニ行ハシメサルノ精神ニシテ海員ハ専ラ自己ノ性命(ママ)ヲ全フスルニ急ナルガ為メ、或ハ自己ノ不正ナル所業ヲ湮滅センガ為メ故ラニ乗揚ケヲナスノ実例甚タ尠ナカラサルヲ以テナリ、是独リ英国法律ニ定ムル所ナルノミナラス「ヨーク、アントウアルプ、ルール」ノ規定スル所亦之ト同一ナリ、是前記ノ修正ヲ要スル所以ナリ

共同冒険物ヲ共同危嶮ヨリ救助スル為メニ故ラニ生シタル損害費用之ヲ共同海損ト云フ、而シテ本号ノ場合ハ恰モ此定義ニ合ス、如何ソ之ヲ共同海損ノ外ニ置クヲ得ンヤ、修正論者ハ海員等カ自己ノ不正ナル所業ヲ湮滅センカ為メニ、故ラニ坐礁・膠沙ヲ為ス者ナキニ非サルヲ恐ルト雖トモ其正非ハ一ニ裁判所ノ判定ニ任ス可キモノニシテ、不正ノ場合カ共同海損ニ属セシム可カラサルカ為メニ正当ノ場合モ亦共同海損ニ属セシメスト云フハ論理ヲ為サヽルノ論タリ、所謂懲羹吹虀ノ愚ヲ免レス

原　文

第九百三十二条　船舶及ヒ積荷入全部又ハ一分ヲ救助スルコトヲ得タルトキハ積荷ト船舶及ヒ運送賃ノ半分トカ到達港其他航海ノ終極地ニ於ケル其価額ノ平等ナル割合ヲ以テ共同海損ヲ共担ス

修正文

第九百三十二条　船舶及ヒ積荷ノ全部又ハ一分ヲ救助スルコトヲ得タルトキハ積荷及船舶ト運送賃ノ半額トカ到達港其他航海ノ終極地ニ於ケル其価額ノ平等ナル割合ヲ以テ共同海損ヲ共担ス

蓋シ英国ノ法律ニテハ船舶ノ価額ハ共担分損（共同海損）ヲ決算スル時ノ価値船賃ノ価額ハ仕向ケ港ニ到達シ貨物引渡シノ上送状ニ従ヒ領収スヘキ船賃ヨリ航海中ノ乗組船員ノ給料・港費・仕向港ニ於テ貨物引渡ノ費用ヲ引去リタル残額ヲ以テ算定スルノ制規ナリ、蓋シ運送賃ハ航海中乗組船員ノ給料・港費・貨物引渡費等ヲ差引クヘキモノナレハ半分トセラレタルハ或ハ相当ナランカ、然レトモ船舶ノ価額ヲ半分トセラレタルハ其理由孰レニアルカ知ル事能ハザルナリ、是前記ノ修正ヲ要スル所以ナリ

船舶ニ付テハ其半額トシ積荷ト其分担ヲ異ニシタルハ理論上正確ノ理由アルニ非スト雖トモ、実際ニ就テ之ヲ見レハ船舶ノ価額ハ至大ニシテ積荷ノ価額トハ霄壌ノ差アルヲ以テ、若シ単ニ其価額ニ応シテ分担スル事トセハ船舶ハ殆ト海損ノ大部分ヲ負担シ、積荷ハ負担ノ名アルモ殆ト其実ナキカ如キニ至ラン、是レ特ニ船舶ノ半額ト定メタル所以ニシテ仏法ノ如キモ亦此制ヲ採レリ、而シテ我邦ニ於テハ更ニ此ノ如クス可キノ一理由アリ、他ナシ我邦ノ如キ幼稚新進ノ国ニ在リテハ巨額ノ資本ヲ投シテ危嶮ノ最大ナル此航海事業ヲ企図スルハ極メテ容易ナラサルヲ以テ勉メテ之ヲ保護奨励スルノ方法ヲ取ル事ヲ要シ、而シテ共同海損ニ付キ船舶ノ分担ヲ軽クシ半額ト為スハ亦其方法ノ一タルモノナレハナリ、修正案即チ採ル可カラス

原　文

第千十二条（第二項）　管財人ハ其執務ノ為メ破産者ノ補助ヲ求ムルコトヲ得、破産主任官ハ此カ為メ破産者ニ報酬ヲ与フル事ヲ得

修正文

第千十二条（第二項）　管財人ハ其執務ノ為メ破産者ノ補助ヲ求ムルコトヲ得

自己ノ破産シタルガ為メ其破産手続ニ執務シタリトテ報酬ヲ与フルハ豈甚タ不都合ナルニアラスヤ、是レ前記ノ

修正ヲ要スル所以ナリ

破産者ノ財団ハ破産財団トシテ一団ヲ為シ破産者トハ別個ニ特立セルモノニシテ、其財団ニ付テノ執務ハ管財人之ニ当リ破産者ハ管与(ママ)ノ責ナキモノナレハ今マ破産者カ管財人ニ補助スルハ決シテ自己ノ事務ヲ執ルニ非ス、寧ロ債権者ノ為メニスルモノナルヲ以テ之ニ報酬ヲ与フルモ亦非理トセス、況ヤ法文「与フル事ヲ得」ト記シ必ス与フ可シト云フニ非サルヲヤ、本条モ亦原文ノ如クニシテ可ナリ

原　文

第千二十三条（第四項）所在ノ知レタル債権者ハ右ノ外特ニ裁判所ヨリ書面ヲ以テ其債権届出ノ催告ヲ受ク、然レトモ其書面カ債権者ニ達セサルモ此カ為メ損害賠償ノ請求ヲ為スコトヲ得ス

修正文

第千二十三条（第四項）所在ノ知レタル債権者ハ右ノ外特ニ裁判所ヨリ書面ヲ以テ其債権届出ノ催告ヲ受ク

本条第四項中損害賠償トアルハ何人ニ対シテ請求スヘキモノナルヤ、法律上之カ請求ニ応スヘキ者ナシ、是前記ノ修正ヲ要スル所以ナリ

本条ノ書面ヲ与ヘシムルハ全ク好意的旨趣ニ出ツル特別ノ手続ニシテ仮令其書面カ債権者ニ達セサルモ裁判所ノ過失トセス、随テ損害賠償ノ責任アル事無シ、是レ此但書アル所以ニシテ若シ之ヲ削去セハ他日其責任有無ノ紛争ヲ招クニ至ラン、修正案又非ナリ

井　上　正　一

磯　部　四　郎

［明治二五年］五月十三日

「銀行登記問題ニ付テ」（明治法律学校ニ於ケル講談、佐々木忠蔵筆記）

（『明法誌叢』第二二号、明治二六年一二月発行）

＊「銀行登記問題に就て」

（『日本之法律』第六巻一号、明治二七年一月発行）

宮城浩蔵
熊野敏三
本野一郎
城　数馬
岸本辰雄

銀行登記問題ハ商法ノ一部ナル会社法并ニ商法施行条例発布以来殆ト十个月ニ彌リ未タ決セサル疑問ニシテ学者ハ各々其意見ヲ異ニシ実業家ハ苦心焦慮シテ其意見ヲ貫徹セント欲シ大審院ハ総会議ヲ開キ司法省ハ登記役所ニ訓令ヲ下タス等近時稀有ノ大問題タリ聞ク此問題ノ決定如何ニヨリテハ日本銀行ノ如キ数十万円ノ利害ノ関係アリト本問ノ如何ニ重要ナルカハ多言セスシテ知ルヲ得ヘシ此問題ニハ自ラ左ノ三問ヲ包含ス

第一　銀行ハ会社法ノ支配を受クヘキモノナルカ

第二　銀行ハ登記ヲ受クヘキモノナルカ

第三　登記ノ必要ト云フ銀行ニ株式会社ノ四字ヲ附スヘキモノナルカ

予ハ左ニ各疑問ニ対シ卑見ヲ陳スルニ先チ注意ヲ為スヘキ事アリ曰ク予カ爰ニ所謂銀行トハ一般ノ銀行ニ非スシテ唯タ国立銀行横浜正金銀行并ニ日本銀行ノ三種ヲ謂フノミ此三銀行ニハ各々特別ノ条例アルカ故ニ会社法并ニ商法施行条例ノ発布ト共ニ以上ノ如キ疑問ヲ生スルニ至リタルナリ

第一　銀行ハ会社法ノ支配を受クヘキモノナルカ

本問ニ対シテハ学者ノ議論殆ント一定スルカ如シ即チ銀行ハ名称ニ於テコソ銀行ナレ其実一箇ノ株式会社タレハ会社法ノ支配ヲ受ケサルヘカラサルナリ但シ特別ノ条例アルカ故ニ会社法ト重複シ抵触スル等ノ場合アルヘシト雖トモ之カ為メニ銀行ハ会社ニ非ス会社法ノ支配ヲ受クヘキモノニ非スト謂フ可カラス或論者ハ特別条例ノ存在ハ即チ銀行ノ会社ナラサル所以ナレハ銀行ハ会社法以外ニ於ケル株式組織ノ一団体ナリト謂フモノアレトモ是レ未タ銀行ノ組織及ヒ性質ヲ審カニセス且ツ会社法ト彼ノ特別条例トノ関係ヲ知ラサルノ論ナリトス

第二　銀行ハ登記ヲ受クヘキモノナルカ

本問ニ対シテモ亦予ハ積極説ヲ採ルモノナリ元来国立銀行日本銀行等ハ一ノ法人トシテ社会ニ立ツノ必要アリ因テ吾人ニ戸籍簿登録ノ必要アルカ如ク商業登記簿登録ノ必要アルナリ若シ此等ノ銀行ニシテ登記簿ニ登録セサランカ法人トシテ社会ニ立ツコトヲ得サルナリ或ハ以為ラク日本銀行条例横浜正金銀行条例等ニハ其銀行ノ住所一定セリ故ニ別ニ登記簿ニ登録スルノ必要ナシト然レトモ法人カ登記ヲ必要トスルハ決シテ其住所ヲ公示スルカ為ノミニ非スシテ法人タル資格ヲ有スルニ於テ必要缺クヘカラサルノ条件タリ故ニ若シ此等ノ銀行ニシテ登記セサランカ異日裁判上ニテ此等銀行ノ法人ナリヤ否ヤノ疑問ヲ決スルノ場合ニ逢ヒ裁判官ハ或ハ民法財産取得編ノ原則ニ基キ此等ノ銀行ハ法人ニアラスト決定スルヤモ計リ難シ果シテ然ラハ其結果果シテ如何ソヤ故ニ曰ク銀行ハ之ヲ商業登記簿ニ登録セサル可ラスト惟フニ立法者精神ノ所在モ亦此ニ存スルナルヘシ

第三　登記ヲ受ク可キモノトセハ銀行ニ株式会社ノ四字ヲ附スヘキモノナルカ

銀行登記問題ニ関シテ世論紛々タルハ実ニ本問題ニ在リ夫レ銀行ハ株式会社ノ性質ヲ有シ会社法ノ支配ヲ受ク可ク而シテ登記簿ニ登録ヲ為ス可キモノトセハ商法第百七十三条及ヒ商法施行条例第八条第二項ニ従ヒ株式会社ノ四字ヲ附セサルヘカラサルカ如シ而シテ大審院司法省等ハ積極的意見ヲ有シ現ニ新聞ノ伝フル所ニテハ日本銀行ハ株式会社ノ四字ヲ附セスシテ登記ヲ出願シタルニ登記所ハ直チニ之ヲ却下シタリト惟フニ日本銀行ハ必ス抗告再抗告等ノ手続ニ従ヒ其意見ノ貫徹ヲ欲望スルナラン而シテ予輩モ亦法理上并ニ法律ノ解釈上消極説ヲ主張スルハ蓋シ日本銀行等カ此問題ニ関シ斯ノ如ク堅執動カス而シテ予輩ノ茲ニ呶々ヲ費スノ必要アルハ実ニ止ムヘカラサルモノアレハ已ニ一言シタルカ如ク日本銀行ニテハ株式会社ノ四字ヲ附スルトキハ実際数十万円ノ損失ヲ免カレス且ツ従来其名称ヲ以テ博取シタル信用カ一朝此四字ヲ附セラレタルカ為メニ恰モ新設ノ会社ノ如クニ誤認セラル第三者并ニ其銀行ノ為メニ言フヘカラサル損害不便ヲ醸生シ延ヒテ経済社会ノ一大恐慌ヲ来タスヲ免レサルヘシ本問ノ我経済社会ニ影響スル其レ此ノ如シ安ソ復沈思黙考以テ正鵠ヲ得ルコトヲ勉メサルヘケンヤ

本問ニ関シ予輩ノ消極説ヲ主張スルハ実ニ施行条例第八条第二項ノ明文ニ基クナリ其条文ニ曰ク

既設会社ノ商号ニハ其会社ノ種類ニ従ヒ合名会社合資会社ノ文字ヲ附スヘシ

反対論者ノ積極説モ亦此条項ヲ基本トスルモノナリ蓋シ法文ニ拘泥シ文字ノ奴隷トナリテ自ラ知ラサルノ輩ハ此条項ニ基キ積極説ヲ主張スヘシト雖トモ深ク実際ノ活用上如何ナル影響アリヤ精ク立法ノ精神ノ孰レニ存在スルヤヲ尋繹スレハ瞭乎トシテ消極説ノ価値アルヲ発見スルヲ得ヘシ

抑モ施行条例ハ商法実施ノ便ニ供スルカ為メニ設ケラレタルモノニシテ其規定ノ主要ナル理由ハ新法実施ノ際ニ当リテ第三者ヲ保護シ既設会社ノ便益ヲ謀ルニ在ルヤ必セリ而シテ施行条例第八条第二項モ亦此主旨ニ基ケルモノナリ一見スレハ第二項ハ会社法第七十五条第百三十九条第百七十三条ト重複スルニ似タリト雖トモ立法者ハ以上ノ主旨ヲ貫

徹センカ為メニ此条項ヲ設ケタルナリ即チ立法者ハ重ニ既設会社ニテ合名会社ノ性質ヲ有スル者ノ為メニ設ケタルモノナリ会社法ニヨレハ合名会社ノ社名ニハ社員ノ氏名ヲ用ヒ之レニ会社ノ文字ヲ附スルノ規定ナルニ従来ノ会社ハ実ニ種々ノ名称ヲ附シ或ハ古語ヲ用ヒ或ハ営業ノ目的物ヲ採ル等千差万別ナリ故ニ例ヘハ既設会社ニテ生絲会社及ヒ工事請負組ト云フ会社アリトセン一ハ会社ノ二字ヲ附スルモ社員ノ氏名ナシ一ハ社員ノ氏名モ会社ノ文字モ無シ今マ之レニ会社法ヲ適用センカ全ク社名ヲ変更スルノ恐アリ会社法ヲ適用セサランカ其会社ノ性質ハ為メニ判明セス第三者并ニ其会社ノ為メニ鮮カラサル影響アルニヨリ此条項ヲ設ケ合名会社ノ四字ヲ附記セシメ生絲合名会社若クハ合名会社工事請負組ト号セシムルノ精神ナリ立法者ハ合名会社ニ付キテ此規定ヲ為シタルニヨリ合資会社株式会社ニ付キテモ亦同一ニ規定シタルナリ之ヲ要スルニ第二項ハ既設ノ会社ノ便益ヲ計リ并ニ第三者ヲ保護スルノ主旨ニ出テタルモノナリ

然リ而シテ第二項ニ於ケル銀行登記問題ハ如何ト云フニ立法ノ当時銀行ノ事項ハ立法者ノ想像ニ浮ヒ出テタルニ相違ナシト雖トモ銀行中国立銀行日本銀行等ノ事項ハ其想像ニ浮ハサルカ如シ然レトモ立法者ノ精神ニ立入リテ此等ノ銀行ハ如何ト問ハヽ立法者ハ必ス言ハン此等ノ銀行ハ条例ヲ以テ株式組織タルコト明白ナレハ之レニ株式会社ノ四字ヲ附セスト雖トモ予ノ顧慮スルカ如キ憂ナカルヘシ故ニ第二項ノ規定ヲ厳守スルヲ要セスト実ニ然リ此等ノ銀行ハ事実上ハ勿論条例ノ上ニ於テ既ニ株式会社ノ性質ヲ有スル者ナルコトハ国ノ内外ヲ問ハス悉ク詳知スル所ナリ故ニ今日ニ当リ特ニ株式会社ノ四字ヲ附セサルモ第三者ハ既ニ其株式組織タルコトヲ知リ此等ノ銀行ハ現ニ冗費ヲ要スルノ煩ナク且ツ社会ニ対シテ新設会社ノ如ク誤認セラルヽノ恐ナキニヨリ四字ノ附記ハ実際無用ノ事タリ如之株式会社ナル四字ハ直チニ社名ヲ代表スル者ニ非スシテ只社名ニ附スヘキ一ノ特徴ニ外ナラス即チ会社ノ存立ヲ社会ニ公示スルニ要スル記号タルニ過キサレハ既ニ社会ニ公示セラレ何人モ疑フ所ナキ社名ヲ有スル既設ノ銀行ニ対シテ尚ホ此符徴ヲ附スルノ必要アリトイフハ実際ヲ知ラサルノ論ナリ然ラハ則チ条例第八条第二項ハ既設ノ銀行及ヒ会社ニテ其性質ヲ公

示スルノ必要アル者ニ対シテノミ適用シ既ニ条例ニヨリテ定メラレ社会ニ於テ明カニ其性質ヲ知ル者ニ対シテ之ヲ適用スルノ精神ニ非ラサルナリ予ノ此論ハ或ハ比附援引ノ嫌アルカ如シト雖トモ此種ノ法律ハ刑法ノ如ク厳格ニ解釈スヘキモノニアラサレハ立法ノ精神ヲ汲ミ実際ノ必要ニ応シテ解釈スルモ何ノ不可ナルコトカ之レ有ランヤ

終リニ臨ミ一言スヘキ有リ此等ノ銀行カ株式会社ノ四字ヲ附記セスシテ登記ヲ出願シ登記役所之ヲ却下シ而シテ此等ノ銀行カ抗告ヲ為ス場合ニ其裁判アラサル間ニ登記ノ為メニ与ヘラレタル期限経過シタル時ハ商法施行条例第五条第六条ノ制裁アリヤ如何又此場合ニ抗告ノ裁判有ル迄其期限ノ経過ヲ停止スルカ是亦講究スヘキ価値アル問題ナリト雖トモ個ハ諸君ノ判断ニ任サンノミ

[法典調査会における優先株反対意見]（明治二七年四月二〇日）

（「法典調査会　民法議事速記録一」『日本近代立法資料叢書』第一巻）

岸本辰雄君　私モ原案(註1)ニハ反対ノ意見ヲ持テ居リマスカラ一言其意見ヲ陳ベマス、色々御説モ承リマシタケレドモ併シ私ノ予テ信ズル所ニ拠レバ何ウモ反対セザルヲ得マセヌ、立法論トシテハ其得失ハ分カリマセヌケレドモ、併シ之ヲ解釈スルニ至リマシテハ何ウモ此原案ノ如ク解釈スルノハ余リ杞憂過ギテ居リハシマスマイカ、元来此会社法ノ出来タト云フノハ殊ニ株式会社デアリマス、画一主義ト言ハウカ厳正主義ト言ハウカ何シロ株式会社ハ殆ド官許ノ如キ官ガ会社ヲ設ケルノデハナイガ、併シ官ノ許可ヲ得ナケレバナラヌトカ或ハ欧羅巴ニとんとナイ所ノ主務省ノ認可ヲ経ナケレバナラヌトカ云フヤウナコトデ余程ニ窮屈ニ出来タ精神デアラウト思ヒマス、之ハ初メろゑすれる氏モ反対デアツタノデアルガ、併ナガラ日本今日ノ株式会社ノ非常ナル有様ヲ見テ然ウシテ官ノ免許ヲ得ナケレバナラヌト云フヤウナコトモ終ニ賛成スルト云フヤウナコトニナリマシタノデ元々此株式会社ト云フモノハ極ク厳正主義ニ出来テ居ツテ成ル可ク此規定ニ依ラセルト云フノガ此会社法ノ規定ノ骨髄デアラウト思ヒマス、夫故ニ此第百七十五条ノ如キ事ハ欧羅巴モ皆斯ウ云フヤウナ事ニ承ツテ居リマスガ此株式会社ノ如キハ一定平等ノ額ニ買（ママ）カネバナラヌ、一会社ニシテ決シテ五十円ノモノアリ七十円ノモアリ百円ノモアルト云フコトハ何ウシテモ許サナイ、或ハ又百七十七条ノ如キハ「株式ハ分割又ハ併合スルコトヲ得ス」トアツテ決シテ其五十円ノモノヲ二ツニ分カチ或ハ百円ノモノヲ二ツニ割ルト云フコトモ許サナイ、又百七十六条ノ如ク株券ハ必ズ一通ニ作ラナケレバナラヌト云フ事デアツタノヲ此前ノ修正ノ時ニ夫レデハ実際上差支ヘルカラ数株券ヲ一通ニ合併スルコト丈ケハ許スコトニナツタ、斯様ナ厳酷ナル主義デ出来テ居ル会社法デアリマス、ソコデ此精神カラ彼ノ第二百二十一条ヲ解釈シマスル時ニハ何ウシテモ優先株ト云フヤウナ曖昧ナ、曖昧デナイカモ知レマセヌガ少シ利益ノ多イヤウナ株券ガ一会社ニアルト云フモノデハ此法律ノ精神ニ背クコトニナリマス、成程夫レハ新株ト云ツテ一度ニ作ツテ最初ニ作ツタノハ当リ前ノ配当ヲヤル、後ニ作ツタ新株ト云フモノハ六朱ノ利ヲ補助シテヤルト云フヤウナ唯二ツ位ニ分カツテ居リマスレバ未ダ宜シイガ、併ナガラ之ヲ許スト云フコトニナツタナラバ三種デモ五種デモ百種デモ出来ル、一会社ノ株券ニシテ種々値段ノ異ナル株券ガアルト云フト第百七十七条ノ精神ニモ背キマス、一会社ノ株券ノ金額ハ必ズ平等デアル、市場ニ持出シテモ種々懸隔ノアリヤウハナイ、何処会社ノ株券ト言ヘバ何十円ト云フ極マリガアル、甲乙モナイカラ取引ヲスルニモ都合ガ宜イ種々ナ便利ガアルカラ第百七十五条モ出来テ居ルノデアル、此精神ニ全ク相反スルト云フコトニナル、唯二ツ位ハ宜シイガ種々ナモノガ出来タナラバ必ズ此精神ニ矛盾スルコトニナリマスルカラ此精神カラ見テモ左様ナ優先株ノ如キモノヲ許スト云フコトハナイ、併シ或ハ法文ニスルナラバ禁ズルヤウナ文ヲ用イテアリ然ウナモノデアルト云フ説モアリマシタガ併シ此商法デハ其文例ハ極ク極マリデゴザイマシテ或ハ「得ス」ト云ヒ或ハ「要ス」ト云フテアレバ分明ニナツテ居リマスケレドモ（此時本野［一郎］委員「為スト云フコトモアル」ト呼ブ）「為ス」ト云フコトモアル或ハ「可シ」ト云フコトモアル、決シテ此文例ニ依ルコトハ出来マセヌ、唯此会社法デ或ハ随意法ト云フノハ特約スルニ非ザレバ云云スルコトヲ得ズトカ何ントカ云フコトデアレバ成程二ツニ依テ随意法ト云フコトガ分カリマスケレドモ其他ハ法律ノ精神ニ依テ命令法ハ……ト確信スル、夫レデ云フテ見レバ何モあの法文ガ何ウアラウトモ決シテあれヲ随意法ト云フコトハ云ヘナイト思ヒマス、決シテ此第百七十五条トハ事柄ガ違ウ、事柄ガ違ウケレドモ併ナガラ矢張リ一株券ニ付テ甲乙丙丁ノ段落ヲ付ケルト云フコトニナルト何ウシテモ株式会社ノ組織カラ許サナイ、併シ反対論者ノ云フニ此第百七十五条ノ如キハ実害ハナイ夫レヲ立法者ガ禁ズル必要ハナイト言ハレマシタガ、併ナガラ其論法カラ云ヘバ此百七十五条ノ如キモ何モ法律ガ之ヲ干渉スルニハ及ビマセヌ、夫レハ一会社ニシテ五十円トカ三十円トカ百円トカ幾ラノモ作ツテ宜シイガ併シ夫レデハ実際会社ニ取ツテモ不便デアル、又第三者ガ欺カレルト云フ所カラ必要上此第百七十五条ト云フモノガ出来テ居ルノデアリマスルカラ之ニ依テ見テモ此第二百二十一条ハ優先株ハ許サナイト云フ解釈ヲシナケレバナラヌト思ヒマス、夫レカラ立法上又実際上ニ於テハ此優先株ハ必要デアルト云フノデ欧羅巴ノ各国皆行ハレテ居ルカラシテ之ハ禁ズルノ必要ハナイト云フ御説モアリマスガ、成程之ハ宜イコトカモ知レマセヌガ何モ何処ニ許サヌデモ実際之ニ付テハ特別法ガアツテ社債ヲ募ルト云フコトニナツテ居リマスカラ社債ヲ募ルト云フコトデアレバ其持主ハ債権者ト云フコトニナリマスルカラ誰ニ向ツテ社債ヲ募ツテモ宜シイノデアル、何モ実際ニ於テモ決シテ差支ヘナイ、夫レダカラ私ハ自説ヲ主張シタイ、夫レカラ第二ト云フモノニ至ツテハ甚ダ不都合デアラウト思ヒマス、之ニ付テハ先刻ハ長谷川［喬］君カラ之レハ何モ少シ広イカラ忌ヤト云フヤウナ御話シモアリマシタガ即チ夫レデアリマス、之ハ梅［謙次郎］君ハ従来ト云フ字ガ落チタカラ然ウ見エルト言ハレマシタガ、従来ト云フ字デハナイ従来特許ヲ得タル株式会社ヲシテ商法ノ規定ニ依ラシメス、斯ウ広イコトハ言ヘマイト思フ、此施行条例ハ唯前項ノ規定丈ケヲ適用セヌト云フノデアリマスカラ定款ノ認可ヲ普通ノ会社ナラバ得ネバナラヌガ、従来特許ヲ得テ居ル会社ハ更ニ認可ヲ経ルニハ及バナイ、如何トナレバ詰リ官ガ許可シテ居ルモノデアレバソンナ悪ルイコトハナイデアラウ、又一ツニハ折角官ガ与ヘタモノデアルカラ夫レデ更ニ直ホサセルト云フノハ気ノ毒デアラウト云フ理由モアラウト考ヘマス、夫故ニ前項ノ規定ニ縦令実際ハ違ツテ居ツタニセヨ前項ノ規定ニ依ルニハ及バズ併シ商法ノ規定ニ依ルニハ及バナイト云フ様ナ広イ規定デハ決シテナイト思フ、即チ株式会社ノ規定全般其他ノ規定ニ依ルニ及バナイト云フヤウナ決シテ広イ意味ニ取ルコトハ出来ヌト思ヒマス、シテ見レバ第二百二十一条ノ如キハ無論依ルベキデアル、併ナガラ従来特許ヲ得テ居ルモノ、定款ノ中ニ優先株ヲ許スト云フ規定ガアルモノト仮定スル、然ウ云フ場合ニハ既ニ行ツテ居ルカラ夫レハ宜シイ、併ナガラ将来ハドウシテモ許サナイト云フ精神デアラウト思ヒマス、尚ホ加フルニ先刻本野君カラ述べラレタ所ノ箇条モアリマス、あの箇条ノ如キ此株式会社ハ最モ厳重ニ成ル可ク此通リニ行ハヌニモセヨ決シテ私ノ契約デ随意ノコトハサセマイト云フヤウナ堅イ法律ノ主義デアラウト思ヒマスカラ何ウシテモ此原案ニハ賛成スルコトハ出来ナイ、本野君ノ説(註2)ニ同意スル者デアリマス

（諸発言……略）

梅謙次郎君　一寸原案ヲ訂正シテ置キマス、第二ノ所デアリマスガ先刻長谷川君ヤ岸本君ノ御意見モアツテ如何ニモ御尤モト思ヒマス、之ハ吾々ノ書キヤウガ悪ルイト思ヒマスカラ只今ノ所ノ初メノ「故ニ」カラ上ヲ消シテ「仮ニ商法第二百二十一条ヲ以テ優先株ヲ禁スルモノトスルモ商法施行条例第十条第三項ノ規定ニ依リテ之ヲ従来特許ヲ得テ設立シタル株式会社ニ適用スルコトヲ得ス」ト致シマス

（諸発言……略）

岸本辰雄君　只今梅君カラ修正ニナリマシテ之ナラバ岸本モ賛成セラレルデアラウト言ハレマシタガ夫レデモ矢張リ往ケマセヌ、「第三項ノ規定ニ依リテ之ヲ従来特許ヲ得テ設立シタル株式会社ニ適用スルコトヲ得ス」斯ウ云フコトニナルト、第三項ト云フト何ウ云フコトガ書テアルカナラバ「前項ノ規定ヲ適用セス」ト云フコトガアル、其「前項」ト云フノハ何デアルカナラバ唯免許ノ事丈ケデアリマス、決シテ此商法会社法ノ第二百二十一条ノコトハ書テナ

イ、此二百二十一条ノ事ガ書テアルナラバ夫レデ宜シイガ夫レガ書テナイノニ此三項ノ規定ニ依テ然ウシテ第二百二十一条ノ事ヲ決シテ仕舞ウト云フコトハ到底出来ナイ、夫レデ之ハ或ハ意味ヲ為サナイコトニナツタノデハナイカト思ヒマスガ、之ハ御質問ノヤウニモナリマスガ詰リ可笑シクナツテ来マスカラ到底之ニ御同意申出スコトハ出来マセヌ、夫レカラ序ニ一寸附ケ加ヘテ置キマスガ大変ニろゑすれる氏ノ草案ノ理由書ガ力ヲ持ツタヤウデアリマスルガ、私ハ夫レヲ調ベルノハ宜クナイヤウデアリマスガ長谷川君モ歴史ヲ述ベラレマシテ大変意ガアリサウニ言ハレマシタガ、実ハ然ウ云フ歴史ヲ云フト未ダ他ニ歴史ガアリマス、固ヨリ之ハ起草者ノ理由書デアリマスカラ力ヲ持ツノハ当然デアリマスガ、奈何セン此会社法ニ至ツテハ元ト内閣デ委員ノアツタ時ニすつかり改良ヲシテ然ウシテろゑすれる氏ノ案トハ非常ナ変リデアル、然ルニ幸ニシテ此条ハ変ツテ居リマセヌガ他ハ変ハツテ居ル、主義ガ変ツテ居ルト云フコトハ分ツテ居リマス、其主義ヲ申シマスレバ先刻モ一寸申シマシタガ旧トノ案ノ出来タ時ハ極ク放任主義デ書イテ免許モ得ナイ即チ官ガ干渉ヲシナイ極ク寛ニ出来テ居ツタ、所ガ干渉スルト云フヤウナ事ニナツテ来タカラ従ツテ其説明モ丸デ変ハツテ来ナケレバナラヌノニ一向替ヘテ居ラヌ、夫故ニ決シテ之ニ信ヲ置クコトハ出来ナイト思ヒマス

梅謙次郎君　一寸岸本君ニ伺ヒマスガ岸本君ノ只今ノ御演説デハ兎ニ角第二ノ書キ方ガ悪ルイト言ハレマシタガ、斯様ニ書イタナラバ宜シイト思ヒマスガ第二ノ点ハ兎ニ角御同意デアレバ成ルベク岸本君ノ賛成ヲ得ラレルヤウナ書キ方ヲ望ムノデアリマス、又此書キ方ナラバ本野君ノトハ意味ハ些ツトモ変ハラヌ積リデアリマスガ如何ヤウニ修正シテモ宜シウゴザイマスガ一ツ案ヲ望ミマス

岸本辰雄君　二以下ト云フモノハ二百二十一条ニ付テノ理由トハナラヌト思ヒマス、ト云フモノハ此十条ヲ見ルト斯ウ書テアリマス、十条ノ二項ノ中ニハ「定款ヲ主務省ニ差出シ其定款ノ認可ヲ受クベシ但其定款ニ法律命令ニ反スル事ヲ掲ケタルモノハ之ヲ改正スルニ非サレハ認可スルノ限ニ在ラス」トアツテ此二項ヲ三項ハ受ケル即チ「前項ノ

規定ヲ適用セス」然ウスルト免許ノ事許リ、決シテ此会社法ノ第二百二十一条ノ問題ハ此処ニナイノデアリマスカラ縦令免許ヲ受ケテ居リ従来其特許ヲ得テ居ル会社デモ第二百二十一条ト云フモノノ支配ヲサレネバナラヌモノデアル、モノデハアルガ若シ其定款中ニデス優先株ヲ募ルコトヲ得トカ或ハ会社ノ株券ニ甲乙ヲ付ケルコトガ出来ルトカ云フヤウナコトガ書イテアツタナラバ其定款ヲ有効トシテ官ガ認可スルノデアリマスカラソコデ往ケル、決シテ特別法デ往ケルノデナイ

（以下、岸本ほか諸発言……略）

【註1】逓信省からの照会に対する法典調査会の回答原案

一商法第二百二十一条ノ規定ハ優先株ヲ禁ズルモノニ非ズ

一商法施行条例第十条第三項ノ意ハ特許ヲ得タル株式会社ヲシテ商法ノ規定ニ依ラザルコトヲ得セシムルニ在リ故ニ仮ニ商法第二百二十一条ヲ以テ優先株ヲ禁ズルモノトスルモ之ヲ特許ヲ得タル株式会社ニ適用スルコトヲ得ズ

【註2】本野一郎委員提出の決議案

商法第二百二十一条ノ規定ハ優先株ヲ禁スルモノトス但シ商法実施前官許ヲ得テ設立シタル株式会社ニ付テハ商法施行条例第十条ノ規定アルヲ以テ商法第二百二十一条ヲ適用スルノ限リニアラス

（『明法誌叢』第二六号、明治二七年五月発行）

「優先株問題」（一）

（『日本之法律』第六巻八号、同年八月発行）

＊「優先株問題梅謙次郎君の論を駁す」

余カ益友梅謙次郎氏ハ読売新聞紙上ニ於テ「商法第二百二十一条ノ規定ハ果シテ優先株ヲ禁スルモノト視ル可キカ」ノ問題ヲ掲ケ其所見ヲ縷述セラル論説猶ホ未完ニ属スルヲ以テ其所見ノ全豹ヲ該紙上ニ見ルヲ得スト雖モ氏カ此問題ヲ否定シ該規定ハ決シテ優先株ヲ禁スルモノニ非ストスル氏ノ論旨ハ余曾テ詳カニ之ヲ聴取セリ而シテ余ノ見ハ実ニ全ク之ニ反ス余ヤ固ヨリ争ヲ好ム者ニ非スト雖モ然レトモ此事タル従来既ニ屡々現出セシ問題タルノミナラス将来又屡々遭逢スヘキ事柄ニシテ事小ナルニ似タルモ経済社会ノ最重事ニ属シ余輩ノ責任トシテ瞑従黙過ス可カラサルモノアリ聞ク農商務省ニ於テハ余ト同一ノ意見ヲ以テ已ニ禁止ノ指令ヲ為シタルコト数十件ニ及ヘリト殊ニ余カ曾テ著ハシタル会社法正義ニ於テ既ニ此意見ヲ論述シタルコトアルヨリスルモ余ノ宿論ヲ保護スルカ為メ亦一言ヲ費サヽルヲ得サルナリ

優先株ナルモノハ現行会社法ノ下ニ於テ之ヲ設クルコトヲ得ルヤ否ヤ此ニ関スル規定ハ現行法中唯タ一ニ商法第二百二十一条アルノミ故ニ余輩ト反対論者トハ共ニ其論拠ヲ該条ニ取ルト雖モ然レトモ該条ニ対スル観察ニシテ二者其岐ヲ分ツヤ遂ニ千里相反スルノ論決ヲ見ルナリ

抑モ商法第二百二十一条ノ解釈即チ該条ノ法文ニ依リテハ優先株ヲ設ケ又ハ其他不平等ナル利益ノ配当ヲ為スコトヲ得ストスルノ解釈ハ反対論者タル梅氏ト雖モ亦異議ヲ挟マス何トナレハ氏ノ立論ノ根拠ハ該条ヲ以テ命令法ニ非スシテ規定法随意法ナリト為シ当事者ノ意思即チ会社ノ定款ヲ以テスレハ之ニ反スルコトヲ得ト為スニ在レハナリ此故ニ本問題ノ争点ハ単ニ該条カ命令法ナルヤ否ヤノ一点ニ在リ而シテ余ハ其命令法ニシテ規定法ニ非サルヲ信シ復敢テ疑ヲ容レス請フ氏カ之ヲ規定法ナリト為シ、所以ノ数個ノ理由ニ付テ順次ニ卑見ヲ試ミン

氏ハ首ニ優先株ヲ設クルモ第三者又ハ公益ヲ害スルコト無シト為シ随テ特ニ之ヲ禁スルノ明文ナキ以上ハ固ヨリ契約自由ノ範囲内ニ属スルモノト為シ合名会社ニ関シテ商法第百五条ニ「各社員ノ会社ノ損益ヲ共分スル割合ハ契約ニ於テ他ノ準率ヲ定メサルトキハ其出資ノ価格ニ準ス」トアルヲ援唱シ株式会社ニ関スル第二百二十一条モ亦此ト同一ノ

旨趣ニシテ即チ「契約ニ於テ他ノ準率ヲ定メサルトキハ」ト云ヘルカ如キ文字ナキモ其規定法タルニ妨ケ無シト言ヘリ其レ然リ規定法ト雖モ必スシモ此ノ如キ文字ヲ附スルモノニ非サルハ何人モ実ニ之ヲ知ル然レトモ第百五条ノ規定法ナルヲ以テ第二百二十一条モ亦然リト為シ合名会社ヲ以テ株式会社ヲ推サントスルハ抑々不倫モ亦太甚シキモノト云ハサルヲ得ス蓋シ彼此二会社ニ関スル規定全体ノ上ヨリ言フモ彼ハ自由放任ノ主義ヲ採リ頗ル会社ノ自由ニ放任シテ規定法ト為シ、モノ多ク此ハ厳正劃一ノ主義ニ依リ会社ノ私事ニマテ干渉シテ命令法ト為シ、モノ頗ル多キコト後ニ述フル所ノ如クナルノミナラス更ニ損益共分ノ点ニ付テ之ヲ言ハハ彼ハ其責任無限ナルニ因リ社員ノ貧富ト信用如何トニ因リ其損益共分ヲ異ニシ必スシモ出資額ニ準ス可カラサルモノアリト雖モ此ハ其責任株金額ニ止マリ平等ノ株金ノ外其人ノ貧富ト信用トヲ問ハス随テ損益モ亦株金額ノミニ依ラサルヘカラス即チ会社ノ性質上彼ハ規定法タル可クシテ命令法タル可カラス此ハ命令法タル可クシテ規定法タル可カラサルナリ然ルニ氏カ之ヲ識別セサリシハ寧ロ怪ム可キニ非スヤ

次ニ氏ハ商法起草者カ其説明書中ニ於テ該条ノ規定法タルヲ明言セシコトヲ挙ケタリ実ニ然リ起草者ロエスレル氏ノ説明ハ現ニ其規定法ナルコトヲ明言セリ而シテ起草者ノ意見ハ法文ノ解釈上甚タ尊重ス可キ至大ノ価値ヲ有スルコトモ余輩之ヲ知ル然レトモ独リロ氏カ該条及ヒ其他株式会社ノ規定ニ付テノ説明書ハ今日ニ在リテ適当ノ価値ヲ有セサルヲ如何セム何トナレハ該条ノ形骸タル法文ハロ氏ノ起案ト同一ナルモ該条ノ精神ハ株式会社ノ規定全体ト共ニ既ニ全ク一変シタレハナリ蓋シ此事ニ付テハ少シク会社法制定ノ歴史ヲ語ラサル可カラス

元来商事会社法ハ起草者タルロ氏ノ起案ニ肯従セシモノニ非ス委員ノ添删改正ヲ加ヘシモノ頗ル多ク株式会社ニ係ル規定ハ其最モ甚シキモノナリ起案ハ欧米文明国ノ現行会社法ニ倣ヒ全ク自由放任ノ主義ニ依リテ規定セシモ委員ハ特ニ株式会社ニ関シテハ全ク其主義ヲ一変シ恰モ我銀行条例ノ如ク厳正劃一ノ主義ヲ執リテ痛ク公権ノ干渉ヲ加ヘ私人間ノ私事タル株式会社ヲシテ殆ント公権ノ随意ニ行動セシメムトセリ是レ当時経済社会ノ紊乱甚シク会社殊ニ株式会

社ハ殆ト姦譎ナル投機者流ノ利器トシテ世ノ良民ヲ蠱惑スルモノタルカ如キ弊アリシニ因ルモノニシテ之ヲ例セハ会社設立ノ許可ノ如キ起案ニハ曾テ存セサル所ナリシモ時勢ハ此ノ如キノ放任ヲ許サス遂ニ公権ヲ以テ其設立ヲ許否スルコトトシ其結果公権ハ何時ニテモ会社ノ検査ヲ為スコトヲ得ルノ規定ヲモ新設シ殆ト外国ニ其例ヲ見サルノ監督法ヲ設クルニ至リシナリ而シテ此事タルヤ元来太政官ニ設ラレタル商法編纂委員会ニ於テハ已ニロ氏カ起草セシ所ノ自由放任主義ノ草案ヲ不可ナリトシ即チ内務省ノ起稿ニ係ル会社法及ビ仏国会社法ヲ参酌シテ別ニ一種ノ確定草案ヲ起稿シ以テ之ヲロ氏ニ交付セリ回答数回ノ後ロ氏モ亦委員ノ説ニ服シテ遂ニ此厳正劃一主義ノ新案ヲ見ルニ至レリ故ニ会社法草案ノ歴史ニ於テハ少クトモ二段ノ時期ヲ存シ其第一期ハ自由放任ノ主義ニ出テ第二期ニ至リ初テ厳正劃一主義ヲ生シ（株式会社ニ関シ）随テ其第一期ニ成リシロ氏ノ説明書ハ第二期以前ニ於テ殆ト其用ヲ為サス現ニ法律取調委員会ノ議事ニ於テモ商法中他ノ部分ニ就テハロ氏ノ説明書ヲ其侭参考トセシニ拘ハラス会社法ニ付テハ報告委員ニ於テ別ニ理由書ナルモノヲ起草シ以テ其参考ニ供セリ

此故ニ該第二百二十一条ハ其法文ノ終始同一ナルニ拘ハラス前ニハ規定法タルノ意ヲ以テ亦此ノ如ク記載セラレ株式会社ノ規定全体ト共ニ精神全ク一変セシモノニシテロ氏ノ説明書ハ該条ニ付テハ既ニ援用ノ価値ヲ失ヒシモノナリ而シテ之ニ代リシ報告委員ノ手ニ成レル理由書ハ該条ニ就テ其命令法ナルト規定法ナルトノ明言ナキモ字句ノ間ニ其規定法ニ非サルノ趣旨ヲ認ム可キハ亦異論ナキ所ナラン

会社法ノ歴史上ヨリシテ氏ノ論旨ニ服シ難キコト此ノ如シ請フ更ニ進ミテ株式会社ノ規定全体ノ法理上ヨリ該条ノ命令法ナルコト及ヒ氏ノ論旨ノ更ニ服シ難キモノアルコトヲ述ヘン

夫レ我会社法ハ妄リニ大陸主義ヲ踏襲セシモノニ非スト雖モ会社タルモノ、性質上ヨリシテ合名会社ハ主トシテ人ヲ目的トシ株式会社ハ主トシテ資本ヲ目的トスルハ亦自カラ必然ノ理タリ故ニ株式会社ニ在リテハ会社ノ為メニ云為シ行動スルハ全ク資本即チ株式其物ニシテ出資者即チ株主其人ノ甲タリ乙タリ将タ丙丁タルハ毫モ問フ所ニ非ス随テ其云為行動ノ主タル株式其物ニ区々トシテ均一ナラサルモノアレハ会社ノ百事是ヨリ紛淆ニ陥リ易ク文明的事物ノ猶ホ幼稚ナル我邦ニ在リテハ其弊ノ是ヨリ百出スルコト無シトセス是ニ於テ乎我会社法ハ株式ノ事ニ付テハ殊ニ其厳正劃一ヲ欲シ株式ノ金額ヲ一定平等ニシタル結果トシテ其配当金額ヲモ亦平等ニセシムルモノナリ更ニ之ヲ詳言スレハ彼ノ株式ノ金額ハ一ハ二十円ノモノトシ他ノ一ハ五十円ノモノトスル等之ヲ二種若クハ二種以上ニ区別セハ株主タラントスル者ノ為ニ便利ニシテ随テ会社カ株主ヲ募集スルニ大ニ便利ナルモノアラン第百七十五条ハ外国法ト同ク厳ニ之ヲ禁制シテ必ス其金額ヲ一定平等ナラシメ之ニ異ナル定款ヲ設クルコトヲ得サラシム是畢竟株式ノ種類ヲ単一無二トシ以テ株主名簿ノ記載議決権ノ算定株式売買ノ価格及ヒ配当金ノ分配ヲ簡易ニシ許多ノ紛淆ヲ招クコト勿ラシメントスルニ在ルノミ而シテ今ヤ縦令其株金額ヲ平等ニスルモ其配当金額ニ等差ヲ立テ甲種ハ乙種ニ優先シ例ヘハ株主中或ル株主ヘハ年何朱ノ利子保証ヲ為ストセハ右第百七十五条カ株式ヲ単一無二ノモノトスルノ精神ハ是ニ至リテ荒廃シ去リ啻ニ其配当ノ場合ノミナラス株主名簿ノ記載株式売買ノ価格ニモ其区別ヲ為スヲ要スルニ至リ遂ニ紛淆ヲ招クノ媒ト為ルニ至ラン是レ第二百廿一条ヲ以テ右第百七十五条ノ照応上ヨリモ命令法トシテ敢テ背違ヲ許サヽルモノト為サヽル可ラサル所以ナリ

若シ夫レ一歩ヲ進メテ之ヲ言ハヽ株式ノ金額ノ既ニ平等ナルヤ之ニ対スル配当ノ亦平等ナル可キハ固ヨリ必然ノ結果ニシテ法律ノ明文ヲ俟タサル所ナリ然ルニ本法カ猶ホ之ヲ明記シタルハ如何ナル場合ニ於テモ必ス此ノ如クナラサル可ラスト命令シタルニアラサル無キヲ得ムヤ否ナ実ニ然ラサルヲ得サルナリ

（未完）

「優先株問題」（二・完）

（『明法誌叢』第二七号、明治二七年六月発行）

＊「優先株問題梅謙次郎君の論を駁す」

（『日本之法律』第六巻八号、同年八月発行）

氏ハ又同一会社ノ株式ニシテ其配当金ノ比例一ナラサルトキハ其劣種ノ株式ヲ買フ者動モスレハ其実ヲ知ラスシテ或ハ欺カル、コト無キヲ保セス故ニ立法者ハ之ヲ禁セント欲シタルナリトノ或人ノ説ヲ掲ケ之ヲ駁撃シテ曰ク一会社ノ株式ヲ買フ者ハ必ス先ス其定款ヲ一覧セン之ヲ一覧セハ必ス其株式ニ種別アルコトヲ知ラン若シ夫レ為ス可キノ注意ヲ為サスシテ為ニ不慮ノ損失ヲ被フル者ハ法律ハ之ヲ保護スル限ニ在ラサルナリト然リ氏ノ此説法理論トシテハ固ヨリ間然ス可キ所ナク立法論トシテハ亦其価値ナシトセス然レトモ如何セン我国今日ノ実況ト我会社法ノ趣旨トニ対シテハ遠ク相距ルモノアルヲ試ミニ看ヨ今日株式売買ノ頻繁ナル一々其会社ノ定款ヲ一覧スル者果シテ幾何カアル之ヲ一覧セサルハ固ヨリ其者ノ不注意ナリト雖トモ不注意者甚タ多ク加フルニ姦商黠賈カ詐術ヲ逞ウスル者相接スルノ社会（商法制定当時ノ実況ヲ回想セヨ）ニ於テ不注意ト他ノ為メニ欺瞞セラル、トハ其者ノ過失ナリ法律ノ保護ス可キ限ニ在ラスト云ヒ白眼之ヲ冷視スルハ豈国民ニ親切ナル立法者トスルヲ得ンヤ蓋シ幼稚ナル社会ニ在リテハ之ニ適スル法律ヲ立テ以テ姦詐ノ途ヲ塞キ以テ陥害ノ徒ヲ救フハ立法者ノ責任ニシテ妄リニ法理論ニ拘泥ス可キニ非サルナリ蓋シ我立法者ノ啻ニ株金額ノ均一ノミニ止メス其配当金ヲモ平等ニシテ株主ノ権利ニ等差ヲ立ツルヲ禁セント欲シタルハ此レカ為メナリ厳正劃一主義ヲ採リタルハ即チ会社ノ自由我侭ヲ防キ以テ浅慮ノ人民ヲ保護スルニ在ルナリ氏カ所謂或人ノ説ハ実ニ肯綮ヲ得タルモノト謂フヘシ

仮リニ一歩ヲ氏ニ譲ラン試ミニ該条ヲ規定法トシテ会社ハ優先株ヲ設クルノ定款ヲ議定シタリトセヨ多数ノ圧制ハ是

ニ於テカ生セム氏ハ曰ク多数ノ少数ヲ圧スルハ株式会社ニ於テ已ムヲ得サル所ニシテ万事ニ付キ皆然リト然レトモ多数決ノ制度ノ正当ニシテ避クヘカラサルト同時ニ多数ノ圧制ノ不当ニシテ大ニ排スヘキハ識者之ヲ区別セサルヘカラス役員ノ選挙営業ノ方針其他各種ノ議事ハ多数決ニ従フ固ヨリ已ムヲ得スト雖モ配当金ノ分配ニ付キ各株ニ等差ヲ立ツルノ一事ヲ多数決ニ一任セハ大株主カ小株主ヲ圧制シテ不当ノ利ヲ貪ルコトアルモ之ヲ防遏スルノ途ナシ役員ノ選挙ノ如キ営業上ノ議事ノ如キ固ヨリ私意ヲ以テ議決スル多数ノ圧制ノ弊ナシトセサルモ其事タル直接ニ金銭上ノ利害ヲ各株主ノ間ニ異ニスルコト無シ然ルニ配当ニ付テハ株式ヲ甲乙二種ニ分チ甲種ト乙種トハ六ト四トノ比例ヲ以テ配当スト議定セハ如何各株主間ニ直接ノ利害ヲ与フル焉レヨリ睹易キモノハアラス

氏ハ新株募集ノ場合ノミヲ云ヘリ然レトモ新株ニ付テモ旧来ノ大株主カ自ラ之レヲ専占スルノ意ヲ以テ其私ヲ為ナハ如何況ヤ新株ニ付テ已ニ之ヲ得ハ同一旧株中若クハ同一新株中ニ於テモ亦等差ヲ許ス可キノ理ナルヲヤ又況ンヤ新株ノミニ限ルトスルモ其募集ハ必スシモ一回ニ止マラサルヲ以テ第一回ノ新株ニハ八朱ノ保証ヲ為シ第二回ノ新株ニハ一割ノ保証ヲ為シ第三回第四回ハ云々スト為シ得ルニ至リ会社ノ株式ハ多種多別ニシテ其簡単整一ヲ欲スル第百七十五条ノ精神ハ益々荒廃スルモノタルヲヤ

論者或ハ云ハン新株ヲ募集スルニ付キ新株ニ優先権ヲ与フルハ応募奨励ノ一手段ニシテ会社カ資本ヲ増加スルニ付キ最モ便益ナルノ故ヲ以テ諸外国ニ於テモ業已ニ許ス所ナリ然ルニ独リ我会社法ノミ之ヲ許サヽルノ精神ナリト解釈スルハ是レ徒ラニ会社ノ利益ヲ殺クノ説ニシテ到底左袒スルヲ得サルナリト然リ会社ノ情況否運ニ属セル場合ニ於テ其便益ノ点ヨリ着眼セハ或ハ良手段タル可シ然レトモ会社ノ情況ニシテ否運ニ傾カス相当ノ位地ヲ保テル場合ニ於テハ応募者続々来集シ決シテ此ノ如キ奨励手段ヲ施シテ募集スルニ非サレハ応募者ナキニ至ルカ如キ憂毫モ之アルコト無カル可シ果シテ然ラハ優先株ヲ許スハ畢竟否運ニ傾ケル会社ヲシテ益々其地位ヲ悪クスルニ至ラシムルノミ是レ恰モ負債多キ者カ一時ノ急ヲ防クニ高利ノ金ヲ借ルト一般ニシテ必要ハ即チ必要ナルモ決シテ其利益ト云フヲ得サルナリ

良シ会社尋常ノ場合ニ在ツテ尚ホ必要アリトスルモ彼ノ社債条例ノ在ルアリ之ニ依リテ以テ社債ヲ起シ資本増加ノ目的ヲ達シ得ヘク決シテ優先株ヲ許スノ必要ヲ見サルナリ要スルニ上ニ述ヘタルカ如ク浅慮ノ人民ヲ過ラシムルノ害アリテ会社ヲ利スルモノニ非サレハ仮令応募者奨励手段トシテ多少便益アルモ断シテ之ヲ許スヘカラサルナリ卑見亦此ノ如シ故ニ余ハ該第二百二十一条ノ命令法ニ属シ優先株其他配当ノ金額ニ付キ等差ヲ立ツルコトハ我株式会社ノ堅ク禁スル所ナルヲ確信スルナリ聊カ教ヲ江湖ニ乞フ

附言氏ハ該条ヲ命令法ナリト仮定スルモ従来官許ヲ得テ設立シタル株式会社ハ商法施行条例第十条第三項ニ依リ従来ノ定款アルトキハ優先株ヲ設クルコトヲ得トノ説ヲ為セリ而シテ余ハ此事ニ付キテ徹頭徹尾其説ニ従フコト能ハス然レトモ今ヤ所論ノ過長ヲ恐レ仮ニ筆ヲ茲ニ擱ク他日若シ其必要ニ際セハ更ニ一弁ヲ費スコトヲ辞セサル可キナリ

＊「優先株問題に就き再たび梅謙次郎君の説を駁す」（一、二・未完）

（『読売新聞』第六〇九三号付録・第六〇九四号、明治二七年七月二〇・二一日）

＊「優先株問題ニ付キ再ヒ梅謙次郎君ノ説ヲ駁ス」

（『明法誌叢』第二九号、同年八月発行）

「優先株問題に就き再び梅謙次郎君の説を駁す」

（『日本之法律』第六巻九号、同年九月発行）

優先株の問題たる、経済社会のため、重大の利害を生ずるものにして、苟も軽卒に論過す可らざるのみならず、我商法中、株式会社の規定全体に付き、其主義の緩厳如何を顛倒するの虞あり、是れ余が、曩に益友梅謙次郎君の所論に付て、反対の持論を表白せし所以なり、今や再び君の教に服する能はず、多忙の際、時日遷延すと雖も、茲に卑見を陳じ、敢て君の高誼を謝し、併せて疑を質さんことを乞ふ、

君は予の論旨を分ちて五点とし、逐次反駁せらる、予も亦暫く此区別に従ひ、以て君の駁論を試む、

第一　商法中、特に株式会社に関する規定は、独りロエスレル氏の草案に依らず、新に起稿せる所に係るを以て、仮令法条の文字同一なるも其精神に於て全く其意義を特に（ママ）せり、

余の第一論旨は実に茲に在り、即ち草案は、自由放任の主義に依り、確定法文は、厳正劃一の主義を執り、此れ遥に

彼れより厳なりと云ふに在り、然るに、梅君は、全く之に反して、草案は、会社設立の免許に関する一事の外、却て確定法文より厳なりと云ふ、嗚呼異なる哉君の見や、

君の列挙したる如く、確定法文第二百五条、第二百十一条、第二百二十七条、第二百三十四条、及び第二百五十五条第二項の諸規定は、実に株式会社の設立に付き常に政府の免許を要すとせる第百五十六条の結果に外ならず、然れども、該第百五十六条か、草案の趣旨を一変して、常に政府の免許を要すること丶なしたる一点は、右の如く数条の結果を惹起し、株式会社は、其設立の当初より、其清算の結了に至るまで、終始間断なく、政府の監督を離る丶能はざるに至る、是れ其(ママ)重大なる改正にして、唯此一事のみを以てするも、確定法文の主義は、即ち法案(ママ)より厳なりといふに足る、況や、君が更に列挙せし、確定法文第百九十一条の草案、第二百三十条に於ける、第百七十六条の、第二百四十九条乃至第二百五十三条に於ける、第二百四十九条の、第三百二条に於ける改正、及第二百五十八条第一号、並に第二百六十条の新設の如き、皆会社の重事に関する改正にして、彼の細目末節の改正と同視すべからず、且設立免許の事と相関するの改正に非ず、乃ち此等の改正は、余が所謂厳正劃一の主義を立証するに余あるに於てをや、然るに、君は此立証の資料を蒐聚して、却て反対の論決を為す、豈に人を刺すの利刃を以て、自ら傷くるものに非る無き歟、

更に一歩を進めて、君か、草案は、却て確定法文より厳なりと為す根抵的大反対の論拠を究追せん、君は此論拠として八種の項目を挙げたり、而して其第一及び第二は、共に会社の定款変更の事に関し、草案は、其手続若くは法式を、周到鄭重にすること、確定法文に過ぎたりと云ふに止まり、実際の権能若くは利害に付て、必ずしも消長あるものに非ず、

其第三は、株金払込を怠りたる株式の公売代金が、其払込不足金、及遅延利息、並に遅延の為めに費用を支払ふて剰余ある場合に、其剰余金を、草案は会社の所得とし、確定法文は、其法式(ママ)の従前の所有者に還付することとせる差異

なり、此差異たるや、確定法文は、草案の背理を訂正せし者にて、公売代金の剰余金は、固より之を債務者に還付せざるべからざるは、何人と雖も知らざる無き著明の理に属す、質権の場合、抵当権の場合等皆然り、梅君たる者豈之を知らざるか、抑も亦之を知るも、故らに藉口の辞柄と為し、理非に関せず、之を牽強して、草案厳なりと附会するに非ざる無き歟、其第四は、会社が其株券を取得する場合に付き、君は、草案は、株金払込を怠りたる時、及び弁済の時のみに限りたるに、確定法文は、『其他の事由に因りても、亦取得することを許したるに由り、草案は厳にして確定法文は緩なり』と云ふに在り、是れ亦本条の精神を解せざるの罪に坐ず、否らざれば、君将た故意に之を牽強するものならん歟、抑々本条は、株券取得の権利を認めたるに非ずして、自己の株券を取得することを禁じ、随て、万一株券の手に入りたるときは、速に売却す可きことを命じたるの条文なり、然らば則ち株券が会社に入る可き場合の多少は、毫も主義の緩厳如何に関係なきものに非ずや、

其第五は、草案は、株主の数七人未満に減じたる後、六ケ月以上、仍ほ営業を続行するときは、其株主は、合名会社員の責任を負ふ可き者とせるに、今は其規定なしと云ふも、確定法文第二百卅一条に依れば、此場合は、取締役、其全財産を以て責任を負ふこと丶せり、蓋し該法文、『会社解散の場合に於ては』とあるは、株主の七人来満(ママ)に減せし場合をも包含するものなるを以て、其場合は同一なるものと云ふ可く、而して草案は単に六ケ月以上と否とを区別するも、後条は、之に反し、既に始めたる取引を完結し、又は現存の会社、義務を履行することは、数月に渉るも之を許し、其他の営業の続行は、一日も之を許さゞるの点は、確定法文草案に比して寧ろ厳なりと謂ふべく、而して取締役以外の株主は、株主全数の七人未満に減せしと否とを知らさること多く、且自ら営業を為す者に非ざるを以て、株主全体に無限責任を負はしむるを改正して取締役に限りしは、亦草案の背理を訂正せしに過ぎざるなり、乃ち理非に因る改正は、主義の寛厳に関する者に非ざるなり、梅君たる者、深く留意せざる可からず、其第六、解散の事由の生じたるときに、取締役か総会の招集を怠り、又は其決議の通知を怠り、又は登記の請求を怠る場合は、草案は、会社

及び第三者に対して無限責任を負はしむるも、確定法文には其事なしと云ふ、是れ亦君か強解にして、取締役か其尽すべき職務上の義務を怠り、為に損害を、会社又は第三者に与へしときは、之を賠償するの義務あるは、別段の明文なしと雖も、損害賠償に関する法理上、固より然るべき所にして、確定法文に其明文なきも、実際は草案と其帰を一にする者なり、其第七、精算の結果の公告は、草案は三回以上を要するに、確定法文は一回に止まると云ふ、然れども、草案第三百八条には此事なく、唯其第六号、破産処分の手続を為す場合に、三日以上の公告を要することとせしに過ぎず、而して確定法文には、清算(ママ)の結果は総て之を公告することと為せしのみならず、破産の場合は却て之を記せずして、第三編に譲り、該篇の周到なる公告を為さしむるものなれば、君が此点を掲出したるは、所謂見当違たる無きを得んや、且夫れ公告の回数たる、必竟手続に関する些事たるのみならず、強ひて之を争はじ、確定法文第二百四十三条の公告は、三回以上を要するに、之に対する草案第二百九十七条は、一回にて足れりとなせり、梅君、冀くは君の三回と余の三回とを相殺せん、乃ち可ならん歟、呵々、

其第八は、誠に君の所論の如きものあり、然れども、是れ亦尽く君の言を是とするを得ず、君が列挙したる者の中、草案第三百十条第三号は、確定法文第二百五十六条第二号に其規定あり、同第七号は、確定法文第二百五十七条第二号に其規定あり、然るに之なしと云ふは、君の対照に漏れし者ならん乎、其他の各条項は、君の言の如く、確定法文に無くして草案のみに存し、此点は、草案、確定法文より厳なるも、君の前に挙げし如く、確定法文には、草案より増加せし罰則(第二百五十八条第一号、及第二百六十条)あり、其他同一の所為に付き、確定法文の過料金額は、草案より多額なるもの尠からず、故に此等の差異たる、彼此の有無軽重、相比較せば、彼必ずしも此より厳なりと謂ふを得ず、唯其草案第三百十四条、及び第三百十八条の二ケ条の、実に厳酷なるは余固より之を争ふ者に非ず、但だ夫れ法理と実際とよりすれば、余は其過酷不当にして、主義の緩厳如何に関せず、之を削るべきものなるを信ずるなり、逐次論究して茲に至れば、君の、草案却て確定法文より厳なりと云へる論拠は、殆ど尽く価値を失ひ、僅に其余喘を

保つは一部分に止まるを知るべし、蓋し立法主義の寛厳とは、手続若くは法式の、簡易と煩瑣との謂に非ず、又理非に論なく、我侭を許すと、苛酷に羈束するとの謂に非ざるなり、梅君且つ之を沈思せよ、此一点の理を領すれば、君が論拠の第一乃至第七は、皆君か所謂草案却て確定法文より、厳なるの証拠に非ざるを知らん、

草案の確定法文より厳なるは、唯だ第三百十四、及び十八の二条に止まること此の如し、而して確定法文の草案より厳なるは、前述の如く、会社の設立に、必ず政府の免許を要すること、及び此より生ずる数多の結果、並に君が列挙せし其他の数条あり、皆以て立法主義の厳正劃一を欲するに在るを知る可し、況や有価物の出資の価格を議定するに、草案（第百九十一条）には其決議法なきも、確定法文（第百六十四条）は之を一定せるが如き、精算人が催告する債権申出の期間を、草案（第二百九十七条）には其期間とせるに、確定法文（第二百四十三条）は之を六十日以上とせるが如き、又右期間後に申出でたる債権者は、草案にては、全く清算より除斥せらる丶も、確定法文（第二百四十五条）は、会社の債務を済了したる後、未だ株主に分配せざる会社財産に対して、弁償の請求を為すことを得せしめ、会社の為には甚だ厳なるか如き、其例頗る乏しからざるに於てをや、

立法主義の大体既に此の如し、更に進みて本問の論点第二百二十一条に入らんに、該条に関する報告委員の理由書は、固より君が掲出せられしものに外ならず、而して該説明の趣旨たる、株式は一定平等に分ちたるものなり、故に株式は皆同一なり、故に株主の利益配当を受くる権利は、皆同一なりと云ふに在り、世豈此の如き簡明直截なる意義に、些の疑問と異見とを容れんや、君は、此説明は、普通の場合に止まり、特別の場合に論及せずと云ふも、株式の一定平等なる原則に特別の場合あるの理なく、株式は既に必ず一定平等なりとせば、其結果たる配当を受くるの権利も、亦必ず一定平等なる可く、安んぞ特別の権利を生ず可きの余地あらんや、理由書が、君の所謂普通の場合に止まり特別の場合を記せざるは、必竟其特別の場合を認めざるが為めなり、即ち之を許さゞるが為めなり、君が言へる如く、理由書は、ロエスレル氏の説明中、直接に本条の理由を示せる部分のみを載せたるものとせば、是れロ氏の説明中、

優先株を許すの部分を削りしものなり、之を許すの部分を削りしは、之を許すの意なきに因るものなり、之を予想せざりしものと云ふを得ず、又ロ—氏と同じく、之を許すの意なりと云ふを得ず、何となれば、普通の場合は、無用の長文として却て之を削る事あるも、特別の場合を許さんとせば、之を補記する事こそあれ、之を削るの理なければなり、報告委員全数の意見は、余必ずしも之を知らず、人心の各々同じからざる、固より反対の人あらん、然れども、『全く優先株の場合に想及せず、若し之に相及したらんには、固より之を許すの意志なりし』と云ふが如き曖昧の言辞は、果して之を立法当時の立法者の意思として今日に援唱する事を得べき歟、況やロ—氏の説明中、現に優先株の事あるに於てをや、報告委員は、理由書を草するに、其一事を削去しながら、猶ほ余は此事に想及せざりしと、靦然唱破する厚顔無責任の報告委員ありとは、余の大に疑はざるを得ざる所なり、

第二　株式の金額平等なる以上は、其利益の配当も亦平等ならざる可からず、故に明文なきも優先株は不法なり、余が此論旨を主張するや、梅君は曰く『欧米諸国に於て、優先株を禁ずるものあるを聞かず、又之を許すの明文なきも、学説等に於て之を不法とするものあるを聞かず、故に明文なしと雖も、之を許すが当然なり』と、此説たる、立法論としては或は価値なきに非ざる可きも、我現行会社法の解釈としては、毫も価値なきものなり、敢て梅君に問ふ、欧米の株式会社法は、我国会社法と全く同一なる歟、欧米に於て、現今株式会社を設立するに、政府の免許を要するものある歟、将た現今行政官が、私設会社の内部に立入りて、検査を行ふ等の規定ある歟（会社法第二百二十七条）、梅君は、自由放任主義の会社法の行はるゝ国の例を引き来りて、厳正劃一主義の会社法を解釈せんとす、其枘鑿相容れざるは当然の事なり、梅君、請ふ熟思せよ、又余が株式中、優先株あれば、必ず株主名簿の記載、及び株式売買の価格等に区別を生ずるに至り、株式会社の厳正劃一主義を荒廃するものなりと云ふや、梅君は曰く『此議論にして誤なからしめば、新株は之を発行する事を許さずと謂はざる可からず、何となれば、新株を発行すれば、其金額払込に至る迄は、必ず旧株と其配当金額を異にし、又株主名簿の記載、株式売買の価格に区別を立てざる可らざればなり、

然れども、新株を発行することを得ずと曰ふ者あらば、誰か其愚を笑はざらんや』と、嗚呼、甚い哉君の誤りや、君が新株を以て優先株の例と為すは、抑も何が故ぞ、新株が旧株と、株主名簿の記載、株式売買の価格を殊にし、且配当金額を異にするは、固より優先株が普通株と之を異にするが如し、然りと雖も、新株が之を異にするは、君が謂へる如く、『其全額払込に至るまで』の間に止まるに非ずや、払込金額既に全額に満つれば、旧株と何の異なる所かあらん、而して優先株は、其払込金額、普通株と同一なるに、猶ほ其結果を異にするものに非ずや、然るに、余が優先株を禁ずと云ふの理由を以て直ちに之を新株に適用せざるを得ずと為す者あらば、誰れか其愚を笑はざらんや、梅君以て如何となす、

第三　我邦の如き幼稚なる社会に於て、若し優先株を許すことあらば、劣種の株式を買ふ者動もすれば其実を知らず、或は奸黠の徒の欺く所と為らん、

君が、余が此論旨に対しても、亦新株の事を曰ふ、然れども、新株が其売買価額を殊にするは、前述の如く『全額払込に至るまで』に過ぎず、其全額に満つれば、旧株と同一にして、優先株の如く、終始其価額を殊にするものに非ず、殊に其全額払込に至るまでは、本法は、本株券の発行を許さずして、只だ仮株券を発行す可き者なれば、一目以て其区別を知る可く、不注意若くは詐欺の憂なかる可し、而して此全額払込に至るまで、本株券の発行を許さゞる本法の趣旨の如き、亦其不注意の者、及び詐欺に罹る者を保護せんとする、余の論旨を証するの資と為す可し、君が此事に付き、新株発行の場合を挙げしは、適々以て君が所論を自殺せしむる者なり、

第四　多数圧制の弊は之を避けざる可らず、殊に利益配当の如き、直接金銭上の利害に付株主間に等差を設くる如きは極て不当也、

余の此論旨に対しても、君は亦反対を試みたり、而して君は、猶ほ多数圧制の弊と、多数決の制度とを混視したる者の如し、多数決の制度の必要にして避く可らざるは、余と雖も亦豈之を知らざらんや、但だ多数決は、必ずしも多数

の圧制を意味するものに非ざるは、梅君たるもの之を認めざる可らず、君は、会社設立の際に定款を確定するの一事を挙げて曰く、会社の未だ設立せられざるに当り、既に多数の圧制を容る、況や会社設立の後をやと、然れども、定款確定の事たるや、各株式申込人は、仮定款を熟覧して之に賛成し、初めて株式を申込みし者にして、各申込人は、尽く仮定款に同意したる者と謂ふ可く、其創業総会に於て、多数の承認を経ることゝせしは、寧ろ鄭重を極むるものにして、君が之を多数の圧制と云ふは、豈不通の論に非ずや、又有価物の出資の価格の如きは実に君が謂へる如き危険あるも、是れ別に之を予防するの法なく、唯本法は、特に決議法を定めしのみ、其他大株主が、利益配当を制限して積金を多くするが如き、君が謂へる如く、大株主に利にして、小株主に不利なる者あらん、然れども、此利害は、持株の多少に関する者にして、各一株の間に利益の差等あること、優先株の如くなる者に非ず、即ち余が所謂『直接金銭上の利害に付、株主間に差等を設くる者』と云ふを得ざる也、又余が、既に優先株を許せば、大株主は、毫も理由なく、唯自己の私利の為め、自己の持株のみの利益配当を多くして、他の利益配当を少くすることを得べしと云ひしは、固より極端の例にして、実際上、必ずしも其事あるべしと謂ふに非ず、然れども、云々の悪事は実際之を為す者なかる可しとして、法律は禁止の規定を為さゞるを可とする乎、悪事は其大なるに従ひ之を犯す者少し、然るに、犯者の多少を理由として、法律は其小なる者を厳にし、其大なるものを禁ぜざる可き乎、梅君以て如何と為す、況や、即ち君が挙げし如く、会社の決議法は、株主の頭数と、株数との二者を標準として多数を定め、其一方のみに偏倚せざるは、却て本法が多数決の制度を採りながら、多数の圧制を避くる所以の精神を観る可きに於てをや、

第五　優先株を発行するは、多く会社が否運に会せる場合に在り、此場合に於て優先株を発行するは、恰も多債者が、高利貸の金を借ると一般なり、殊に債券の発行を許せるが故に、優先株を許すの必要なし、

君は、余が此論旨を挙げて、債券の優先株と異なる所以を講説せられたり、債券の株式と異なるは、余不学と雖も業已に之を知る、故に余は債券を以て優先株と同一なりとは謂はず、唯余は優先株を発行し得ざるも、別に債権を発行

するの一法あり、会社が其資本額以外に金銭を得んとせば、債券を以てするも可なりと云ひ、其方法を挙示したるに過ぎず、君夫れ辞を以て意を害せずして可なり、

又此点に付ては、更に末延道成君の高教を忝ふせしが、君は優先株を発行するは、多く会社が否運に会せる場合に在りと云へるに反対して、数多の事例を挙示せられたり、蓋し余が否運と云ひしは、或は語弊あらん、然らば則ち、余は更に会社が隆盛ならざる場合と云はん、君且試みに想へ、会社が十分の隆盛を極め、其資本を増加して、益事業を拡張せんとするときは、新株を増発するに、優先株を与ふるが如きことを為さゞるも、会社は寧ろ応募者の多きに困む可く、何ぞ故らに、利益配当の優先権を与ふることを要せんや、現に本問題を惹起したる某鉄道会社の如き、社況甚だ振はず、江湖の信用十分ならざるより、優先株と為すに非ずんば、新株の募集を得べからざりしを以て、之を発行するに勉めたるものなりしは、君も亦之を知悉せらる可く、豈遠く海外諸国の事例に付て、其事情の如何を争ふことを須ゐんや、是れ余が、優先株の発行を以て、高利貸借と相近似すと為す所以にして、彼の一個人が、其信用十分なれば、低利の借入を為し得るに、数倍の高利を出し以て借入を為すは、其信用に欹くるあるが為ならずんばあらず、優先株の決して嘉尚す可きものに非ざるは、亦争を容れ(ママ)ずるなり、余や、必ずしも執拗過を改むるに吝なる者に非ず、然れども亦面従背誑するに忍びず、乃ち再び教を梅君に請ひ、叙次併せて末延君に答ふ、二君冀くは其缺礼を恕せよ、

(『日本弁護士協会録事』第一号、明治三〇年七月発行)

「大に司法部の刷新を望む」

四時の循環するか如く、昼夜の窮りなきか如く、世上の万象は須臾も沈滞するものあるなし、試みに、十星霜を以て一期に劃し、明治二十年六月某日の統計を把て、之れを其十年の過去、明治三十年六月某日の統計と対比せよ、進運に向へる我邦家の発達か、此の一期間に於て、如何の速力を以て、進化の度を示したるか、政治と云はす、教育と云はす、又敢て、農工商業と云はす、百般の現象、殆んと微動を感せさるの隙に、暗遷黙移して其徑庭を甚太しからしめたるに驚動せすんはあらす、

今司法制度に就て、之れを云はんか、裁判所構成法の制定施行も、此の時期にあり、法典の発布も、此の時期にあり、我法制の下に、万国民を支配すへき、所謂、治外法権の撤廃を確定したるも亦此の時期にあり、其他、弁護士法の創定、公証人、執達吏制の実施の如き、細節小目に渉れは樸を更ふるも、亦足らさるものあり、

然れ共余輩は司法制度に於ける這般の発達を以て敢て世上各般の進運と其鈞衡を得たりと明言し得るものにあらす、又敢て此等の兆候に対し満足を発せんとするものにあらす、豈に啻に満足を表し能はさるのみならんや、将さに来らんとするの時期に際しては、当途者を鼓舞作励し、其聰明と、勇断とに求めて革新を用意せしむるにあらすんは、司法機関は、我百般の進運に伴ふて、能く其威信を繋き得るの、甚た危殆ならんことを恐るゝものなり、

蓋し已に確定したる事実にして必然我司法制度の能力を試験し来るへきもの二あり、法典の実施及ひ世界各国臣民に対する裁判権の施行、之れなり、

裁判所構成法、行はれてより以来、裁判官の独立を保証するの主意を以て、判事、検事を、終身官と為し、刑の宣告、又は懲戒裁判の結果に依るの外、其意に反して免官を為し能はさることゝ定め、以て行政権の干渉を防きたる如き、実に我司法制度の一大進歩にして余輩亦其美法たるを疑ふものにあらす、然れ共法は常に人を待て行はるへきもの此の法の行はれたる為め、其美、未た現はれさるに先づ、已に隠忍苟息の傾向を在職者に生し、其身の進運極りなき渦頭に立てるを忘却し、退嬰因循、通する処の道を知らさるの徒を増せしの事実は、之れあらさるか、殆んと醜怪聞く

に忍ひ難き罪悪の徒の比較的多数を此の内より出したるの事実は存せさるか、然りと雖、余輩は徒らに、已往を責めて、其意を満たさんと欲するものにあらす、期する処は唯将来の改善にあり、噫、唯、実に将来の改善にあり、

頃者司法部に於ける、二三の趨向を察するに、余輩の慊焉たるを得さるもの少しとなさす、就中、司法官の欠を補ふの必要よりして、司法官か民間の士人を推挙奏薦する処置の如き、余輩の甚た意に満たすとなすものの一たり、試みに官報を把て司法官、叙任欄を調査せよ、多数新叙の人あるに係はらす、世評の許して、以て、異材となすの士を求め得たるの例あるか、抑も、亦、高等官八等俸十二級以上に擢抜したるの例あるか、此の如くなるもの民間人士なきの故に依るか、何すれそ、夫れ然らん、現に、司法官以外に在ては等しく司法官たり得へき、民間の士人を推挙して、高等官一等二等等に撰叙し、其卑きも亦六等に叙したるの実例乏しからす、然らは之れを求むるも、竟に能く能者の之れに応する者なきの故に依るか、余輩の見る処を以てすれは、屑々の碌に因り、安逸を苟且せんと欲する、多数の群あると共に、又高く自ら其身を標置し、苟も之れを迎ふるに其位置を以てせは、天下の重きに任するも、敢て辞せさる、済々たる多士此の部門に接踵せるあるの事実を疑はす、固より情縁の纏綿は、余輩之れを察せさるに非すと雖、司法当途の君子は、又此の過渡の際に於て、奮励一番其職責を完ふするに勉むる処のものなかるへからす、

道路伝ふる処に拠れは、司法官俸給令を改め大に増額せんとするの議ありと、之れ固より時務を補ふの一助たるへし、世の議する者は、司法省か撰用して、司法官に奏薦する多数の弁護士を以て禄々の徒と為し、又其大学を出てゝ司法官試補たらしむる者を指して、学識器量、共に凡々として他の用途に堪へ得さるの人と為すに至る、余輩敢て之れを信する者に非すと雖、司法省たるもの茲に奮励して、唯頭数の欠を補ふに止まる如き募集法を改め、大に其材能学識あるの士人を求め、苟も薦むるに足るあるを見れは、大審院、控訴院等、其器に従て、其位置を授くるに躊躇せさる

の決意を以て生ける政治を施すにあらされは、我司法部の意気は、竟に、銷沈し去て、他日、或は邦家の面目を支持するに苦むの日なきを、保する能はさるなり、

更らに、余輩は、諸裁判所に通して一顧を乞はんと欲するものあり、何ぞや我邦に於ける刑事裁判の宣告書に関するの用意之れなり、固より一二除外例の存せさるには、之れあらすと雖、其多数（寧ろ殆んと全体のもの）に就き、之れを云はんに、試みに、刑事に於ける宣告書を把て、之れを民事の判文と対照せよ、其精粗の隔り実に非常なるものあるを発見すへし、民事に於ける私権に関する裁判の、比較的、精到なるに比して、其最も重んせさるへからさる人身の生命、自由を司命する刑事判決か、如何に簡粗に失せりや、之れを概言すれは、我邦に於ける刑事の裁判官は、人間以上の魔力を行用せるに異ならさるの感あり、何となれは、刑事の判決に在ては、被告たる者か、如何なる反証、如何なる弁護の方法を提出するあるも裁判官は之れに関せす、何某は殺人犯者なりと認む、其証拠は差押へたる一刀によりて、明らかなりとさへ云へは、已に其職責を全ふしたるものとして認められ、已れと共に等しく天地の生気を呼吸せる人類に向て、死刑を宣告し得るの権威あり、又実に其権威を実行しつゝあれはなり、噫、我刑事訴訟法か裁判官に期せし処のもの、此の如きの散漫を容すと云ふにありしならんや、然れ共、今は滔々此の如し、余輩は固より大に刑事訴訟法に修補を加へ、人類の尊ふへきこと、其自由の重んすへきことを、法則の上より規矩して、以て、苟も或は誤ることなからしめんと欲するものなり、然れ共、此の如きは、司法当途の士をして、少しく其心を注くに至らしめば、実に容易に之れを改むるを得へき処、苟も、司法当途者にして、世の進運に伴なひ、其職を全ふせんとするに意あらば、何ぞ一日も速かに猛省する処之れあらさるか、

而して余輩は刑事判決の改良を望むと共に裁判官をして、刑事、民事の担任を、交互迭任せしめ茲に刑事を専担せしむるの道を改めしめんと欲するに切なるものなり、

夫れ人誰れか初めより、残忍、酷薄、非道なる性情を具ふるものあらんや、唯狃るゝに及んで、其性を為す、往時残

虐なる殺人犯の多くが、穢多の一族に行はれたる如き偶ま以て例証となすを得へけんか、居常殺人漢、強窃盗、詐欺者等に対するの眼光と用意とは、豈に焉んぞ、猜忌の傾向を其心裡に刻せしめ、聡明なりと雖も、時に無辜を誤りて、無告の地に陥らしむるか如きことの弊竇を免れしめ得んや、而して斯る弊害を除くへきの法、他なし、唯裁判官をして、刑事裁判を専担せしむる法を防き民事に於ける判事と、屡々、交迭せしめて以て其心情を冷静せしむるにあるのみ、

以上余輩か披陳したる処のもの、一も法律の改定を俟て、初めて能くすへしと云ふべきことにあらず、司法当途の士にして、少しく意を茲に注くあれば、即時其蹟を挙くる、亦実に難しとせさる処のことなり、

余輩か司法部の刷新に関し、言はんと欲する処のもの、固より茲に止まらす、其見るに従て尚ほ大に論議するものあらんと欲す、今は唯刻下の所感を録して以て、之れを告くる而已

（『日本弁護士協会録事』第一二号、明治三一年七月発行）

「法廷ニ於ケル弁護士ノ言論」

帝国憲法第五十二条ニ曰ク「両議院ノ議員ハ議院ニ於テ発言シタル意見及表閭ニ付院外ニ於テ責ヲ負フコトナシ」ト、憲法ノ起案者ナリト認メラレタル伊藤博文氏其著帝国憲法義解ニ於テ之ヲ釈ヒテ「議決ハ以テ法律ノ成案ヲ為サムトス而シテ議員ノ討論ハ異同相摩シテ其一ニ帰結スルノ資料ヲ為ス者ナリ故ニ議院ノ議ハ以テ刑事及ヒ民事ノ責ヲ問フへカラサルナリ此レ一ハ議院ノ権利ヲ尊重シ二ハ議員ノ言論ヲシテ十分ニ価量アラシメムトナリ」ト云ヘリ蓋シ苟モ言論ヲ以テ其職ト認メタル以上ハ其言論ヲシテ十分ニ価量アラシムへキコトヲ期スルハ法律ノ精神タリ故ニ法律上言

論ヲ以テ其職務ト認メラレタル者ハ同時ニ其言論ハ自由ヲ保障セラレタリト為スヲ以テ寧ロ一般法律ノ理ニ合ヘリト云フヲ得ベシ

弁護士ハ主ハラ法廷ニ於テ言論ヲ為スヲ以テ其職ト公認セラレタルモノナリ已ニ言論ヲ以テ其職務ノ要ト認メラレタル者タル以上ハ理当サニ其言論ニ対シテハ自由ヲ保障セラレアラサル可ラズ若シ或ル価量アル言論ハ之レヲ望ミ其自由ハ之レヲ認メズ舌頭僅カニ傾ク処忽チ擬スルニ刑罰ヲ以テスルカ如キアラバ恰モ之レ両足ヲ制縛シテ疾走ヲ強ユルノ類タラサルヲ得サルナリ

余輩ノ解釈スル処ヲ以テスレバ我法律ハ弁護士ノ法廷ニ於ケル言論ニ対シテ一其自由ヲ保障セリト認メ得ルニ十分ナルモノアリト信ス

公開シタル法廷ノ言論ハ公然ノ演説タルヤ勿論ナリ刑法第三百五十八条ニハ公然ノ演説ヲ以テ人ヲ誹毀シタル者ハ十一日以上三月以下ノ重禁錮ニ処ストアリ而シテ余輩ハ居常此ノ公然ノ演説ニ於テ検事ガ裁判官ニ対シ被告事件ヲ縦横ニ論告セルヲ聞見ス其論告ニ就テ見ルニ苟モ公訴抛棄ノ意見ヲ陳述スルニアラサルヨリハ被告人ノ悪事醜行ヲ摘発シテ求刑セサルモノアラス然レトモ此ノ如ク論告セラレタル被告人ハ悉ク其悪事醜行ノ事実アルニアラズ寧ロ其十中三四ハ論告セラレタル事跡ノ認ムヘキモノ無シトシテ無罪ヲ宣告セラレツヽアリ而シテ検事ノ為ニ絶大ノ誹毀ヲ蒙リシ者ガ未ダ曾テ検事ニ対シテ刑事訴訟ヲ追行セシノ例アリシヲ聞カズ固ヨリ誹毀ノ犯罪アリトスルニハ犯意ヲ必要トスルカ故検事ハ其職ヲ行フニ出テ犯意ノ存セサルコトヲ弁スルニ容易ナルモノアルベシト雖トモ我大審院刑事部判例ノ定マレルカ如ク苟モ判決ニ於テ犯法ノ事実アリト認メタル以上ハ犯意アリシコトハ当然認メラレタルモノト云フ可ク特ニ其意志ノ存シタルコトヲ判決ニ明示スルノ必要アラズト為スノ理ヲシテ真ナラン（ママ）メバ寧ロ検事ノ言論ニ関シ其反証ヲ現ハスニ至ルマテ刑事訴追ヲ進行セント試ムル者ノ出ルナキヲ恠マサルヲ得サルナリ

検事モ亦情感ヲ具フルノ人タルカ故其職務ヲ執ルニ熱スルノ余、言論ノ慎重ヲ欠キ或ハ弁護士ノ弁論ニ対シテ嘲笑痛罵ヲ以テ迎フルコトアル如キハ往々聞見スル処現ニ近時某控訴院検事ガ某被告事件ニ対シ前審判決ノ刑期軽キニ失セリトシテ付帯控訴ヲ為スノ言論トシテ前審判事ヲ指シテ裁判ヲ為スヘキ能力ヲ有セサル者ト明言セリトノ事実スラ伝ハレル処ナリ余輩ハ如何ナル場合ニ在テモ弁護士ガ其品位ヲ忘レ急躁危激ノ言動ヲ為スヲ以テ相当ノコトト考フルモノニ非ズ然レトモ所謂売リ言葉ニ対スル買言葉ノ時ニ或ハ検事ガ熱罵痛嘲ヲ弄スルニ際シテモ尚ホ弁護士ハ恭敬緘黙ノ義務ニ服シ其念ヲ弁ジ迷ヒヲ解クノ言論ヲモ試ムルノ自由ナシト信スルヲ得ル者ニ非ス蓋シ法律ニ於テハ法庭ニ於ケル弁論ニ関シ検事ト弁護士トノ間ニ何等ノ殊別ヲ設ケタルモノナルヲ見サルガ故ニ若シ弁護士カ検事ニ対スル報復ノ言ニ対シ刑法上ノ責アリトナサバ検事ガ弁護士ニ対スル言論ニ就テモ亦検事ヲシテ刑法上ノ責ヲ負荷セシメサル可ラサルノ理ナリ余輩ハ幸ヒニシテ法庭ニ於ケル言論ヲ以テ罪ヲ弁護士ニ得タル検事ヲ出タセシ実例ヲ聞カサルヲ喜フモノナリ

裁判所構成法第百九条ニ曰ク「裁判長ハ審問ヲ妨クル者又ハ不当ノ行状ヲ為ス者ヲ法庭ヨリ退カシムルノ権ヲ有ス（中略）其所為ノ軽罪若クハ重罪ニ該ルヘキモノナルトキハ之レニ対シテ刑事訴追ヲ為スコトヲ得」ト其第百十一条ニ曰ク「裁判長ハ不当ノ言語ヲ用イル弁護士ニ対シ同事件ニ付引続キ陳述スルノ権ヲ行フコトヲ禁スルコトヲ得其禁止ハ此行状ニ付徴（ママ）戒上ノ訴追ヲ為スコトヲ妨ケス」ト此二法条ヲ対照参案スレバ弁護士ノ言論タル行状ニ関シテハ職務上ノ徴戒ヲ以テ其責任ノ限度トシ以テ弁護士以外ノ者カ法庭ニ於クル言論ニ関シ刑法上ノ責任ヲ負フト区別セシコトヲ知ル可シ或ハ弁護士モ亦第百九条ノ制裁ヲ免レズト論スル者ナキニ非サレトモ此ノ如ク解釈スルトキハ弁護士ノ言論ニ関スル行状ニ就テハ刑法上ノ訴追ハ即チ之レ無ク単ニ徴戒ニノミ価ヒスヘキ行状ノ存スルコトヲ想像セサル可ラズ而シテ侮辱若クハ誹毀又ハ罵詈ノ外斯ル場合ヲ想像シ得ヘカラサルノミナラズ弁護士ハ常ニ二重ノ制裁ヲ一行為ニ関シテ負荷セサル可ラサルコトナリ其結果妄ニ陥ルヲ免レズト信スルヲ以テ余輩ハ之レニ従フ能ハサルナリ

民事訴訟法第三十三条ニ曰ク「判事ガ職務ノ執行ヨリ除斥セラルルトキ及ヒ偏頗ノ恐レアルトキハ総テノ場合ニ於テ

各当事者ヨリ之ヲ忌避スルコトヲ得偏頗ノ忌避ハ判事ノ不公平ナル裁判ヲ為スコトヲ疑フニ足ルヘキ事情アルトキ之ヲ為スコトヲ得」ト刑事訴訟法第四十一条ニ曰ク「判事法律ニ依リ職務ノ執行ヨリ除斥セラルル場合及ヒ偏頗ナル裁判ヲ為スコトヲ疑フニ足ルヘキ情況アル場合ニ於テハ検事其他訴訟関係人ヨリ之ヲ忌避スルコトヲ得」ト判事ニ対シ不公平ノ裁判ヲ為スヘキ疑アリト明言シ偏頗ノ判断ヲ下スノ恐レアリト断言スルカ如キハ職務ニ対スル非常ノ侮辱ト云ハサル可ラズ然レトモ私権ノ保護ヲシテ完全ナラシメントスルニハ此ノ如キ自由ヲモ認メサルヲ得ズ忌避ノ申請ガ偶マ疑心暗鬼ノ類ニシテ其指摘セシ事実ハ何等痕跡ノ存セサリシトスルモ法律ニ依リテ此レガ申請ヲ許容セラレタル訴訟人ハ之レカ為メ何等ノ責任ヲ負フニ至ラサルヘキハ更ラニ云フヲ要セサル所ナリ

且ツ夫レ予審若クハ一番ヲ経タル案件ノ弁論若クハ不法行為ヲ原因トスル請求ヲ貫カントスル弁論ノ如キ其言論ガ予審判事前審判事ノ職務上ノ行為若クハ対手人ノ私人ノ行為ニ対シ論難攻撃ニ渉ルヘキ言論ヲ提出スルハ勢ヒノ免レサル所法律ハ一面ニ於テ其職務ヲ完フセンコトヲ望ミ他ノ一面ヨリシテハ白刃ヲ以テ其職務上ノ行為ニ迫ルカ如キ爾カク冷酷ナルモノニ之レアラサルナリ

余輩ハ以上陳フル処ノ理由ニ依リ我法律ノ精神ハ法廷ニ於テ弁護士ガ其職務ヲ以テ為ス所ノ言論ニ就テハ或ル特例（裁判所構成法第百十一条末段）ノ外ハ全ク其自由ヲ保障シアルルモノト解釈スヘキヲ相当ナリト信ス

頃ロ弁護士ガ法廷ニ於テ為セシ弁論ニ就キ官吏侮辱ナル刑事事件ヲ惹起セシ実例アリ余輩亦職務ヲ以テ大審院ノ法廷ニ参シ以上ノ所思ト文明各国ニ於ケル法制ガ法廷ニ於ケル弁護士ノ弁論ニ頗ル寛裕ノ典アル例証トヲ披陳シ以テ我ガ法律ノ解釈ヲ以上ノ如ク一定セラレンコトヲ求メタリ不幸ニシテ大審院ノ我法律ニ関スル解釈ハ余輩ノ見ル処ト全ク相異ナリ「弁護人ノ弁論ト雖トモ苟モ其言語ノ侮辱又ハ誹毀ニ係ルトキハ刑法上ノ制裁ヲ受クヘキコト固ヨリ当然ナリ然ルニ犯法ノ言語ヲ以テ尚ホ弁論ノ自由ナリト為スハ断シテ条理ノ許サザル所ナリトス而ルヲ況ンヤ裁判所構成法第百九条第三項末段ノ明文アルニ於テヲヤ之ヲ条理ニ訴フルモ亦之ヲ法律ニ照ラスモ此ノ如キ論議ヲ試ムルノ謂ハレ

ナキコトハ識者ヲ俟テ而シテ後ニ知ル可キコトニ非サルナリ故ニ本論者ノ不当ナルコト固ヨリ論ヲ俟タス」トノ理由ヲ付シテ上告ノ趣旨ヲ付ケラレタリ案ハ今ヤ已ニ確定シタル事件ニ属セリ余輩固ヨリ敢テ其是非ヲ争ハント欲スルモノニ非ズ余輩ハ又敢テ漫ニ識者ヲ以テ自ラ任セント欲スル者ニ非ズト雖トモ其法律ニ関スル修養ニ至テハ多ク之レカ後ヘニ就ケリト信スル能ハズ而シテ余輩ノ抱懐スル我法律ニ関スル解釈ハ未ダ容易ニ之レヲ抛ツヲ得ズ即チ以テ普ク斯道識者ノ見ヲ叩カント欲スルモノナリ

大審院ハ我法律解釈ノ統一ヲ掌ル処若シ余輩ノ見ル処ニシテ識者ノ容ルル所タルヲ得バ他日機ニ臨ミ更ラニ我法律解釈ノ変更ヲ求ムルニ尽サザル可ラズ然レトモ我法律ノ解釈トシテ法庭ニ於ケル弁護士ノ言論ニ関シ刑法上ノ責任ヲ呼起シ全ク其自由ヲ保障セラレズト認メラルルガ如キ畢竟法文ノ完具ヲ欠ケルニ因由スベシト信スルヲ以テ余輩ハ更ラニ起テ帝国議会ガ此ノ点ニ関シ特ニ明確ノ法条ヲ制定スルニ至ランコトヲ望ムニ堪ヘズ

「叙」

（岡田修著『新民法釈義』修学堂、明治三一年八月刊）

＊「叙言」

（岡田修著『改正民法釈義』修学堂、明治三一年一一月刊）

岡田学士［改正］民法釈義ヲ著ハシ［親族、相続ノ二編先ツ成リ］予ヲシテ之ヲ校閲セシム解説専ハラ簡易ヲ主トシ或ハ語リテ詳ナラサルノ憾ナシトセサルモ而カモ能ク要領ヲ得テ冗言贅述却テ望洋ノ歎アラシムルモノト同日ノ談ニ非ス唯タ夫レ法律ノ解釈ナルモノハ学者ノ所見動モスレハ輙チ多岐ニ分レ対壘相争ヒ聯驟並ヒ騁スルヲ免レスシテ未タ俄ニ我ヲ以テ彼ヲ律シ易カラス所謂校閲ノ畛城寧ロ劃シ難カラスヤ是ニ於テ乎著者ノ所説ニシテ畛域ト背馳スルモノアルモ敢テ妄リニ容喙セス其ノ論理貫徹能ク一家ノ見ヲ為スヲ信スレハナリ閲了一過乃チ一言ヲ題シテ之ヲ還ス

（注：［　］は＊後者にのみあり）

「密室監禁廃止の件」（評議員会第一七例会議題）

（『日本弁護士協会録事』第一七号、明治三二年一月発行）

私は磯部［四郎］君原［嘉道］君に代りまして、簡短に提出の理由を述べます、本議題は密室監禁廃止の件でありまして則ち刑事訴訟法の第八十七八九条の改正になるのであります、御参考のために先づ第八十七条の全部を読上げます、

第八十七条　予審判事は予審中事実発見の為め必要なりと思料したるときは検事の請求に因り又は職権を以て拘留状を受けたる被告人を密室に監禁する言渡しをなすことを得

とあります、此条文の改正になるのでございます、而して是に関聯したる法文は即ち第八十八条と並に第八十九条の二つであります、八十八条の法文を尚ほ御参考のために読上げます、是は密室監禁と云ふものは如何なる事を為すものであるかと云ふ事柄が規定せられてある法文であります、

第八十八条　密室監禁の言渡しを受けたる被告人は一名毎に之を別室に置き予審判事の允許を得るに非ざれば他人と接見し又は書類其他の物品を授受することを許さず

斯う云ふ条文でございます、尚ほ一箇条是に牽聯したる法文が則ち第八十九条でございます、是は密室監禁の効力を有する時日並に其言渡後に於ける被告人と判事との間の関係を規定したものでございます、是も御参考のために読上げます、

第八十九条　密室監禁は十日を超過す可からず但十日毎に其言渡を更改することを得

言渡を更改するときは其事由を裁判所長に報告すべし

予審判事は十日間に少くとも二度被告人を訊問す可し

此三箇条が則ち今日の議題に上ぼつて居りまする条文であります。そこで此密室監禁と申すもの、性質と云ふものは条文を読んで明かになつて居るが如く、予審判事自身が事実の発見と云ふものを必要であると認めた場合には、検事の請求に依り又は職権を以て被告人を別房に単に一人だけを拘禁して、さうして接見通信の自由を奪ひ、又其人の書類物品の授受と云ふやうな事柄に関する自由を奪うと云ふ制度なのでございます。此密室監禁と云ふものを今日の刑事訴訟法より削らざるべからざるの理由は数多あるであらうと思ふ、少しく順序が錯雑致しまするか知れませぬが、提出者に代りまして唯だ私が思ひ出る侭を述べて、此密室監禁を廃止せざるべからざるの理由を明白にしようと思ひます、

先づ第一の理由を述べます、抑此密室監禁の制度と云ふものは人権を重んずる文明の法律とは両立しないものであらうと私は考へるのであります。併ながら何れの国の刑事訴訟に関する手続法を調べて見ても、極く発達せざる時代に於ては斯様な制度と云ふものは必ず掲げられてあります。我国に於きましても刑事訴訟法制定以前の刑事訴訟法手続則ち断獄例であるとか、或は治罪法であるとか云ふものを見ましても、矢張密室監禁の制度と云ふものが明かに認められて居るのであります、太古は固より漠として僉議することが出来ませぬが、併ながら凡そ此法律と云ふものがあつて以来、専ら此聴訟断獄の制度を糺問の主義に執りし時代に於ては密室監禁の制度と云ふものが事実あつたに相違

ないであります。それが段々変遷をして来て種々なる人権の自由を殺ぐと云ふ事柄が削られて居る中に、唯だ一ツ遺りましたものが此密室監禁の制度であります。刑事訴訟法が制定せられた当時に於ては諸般の法律と対照し且つ人文の度合等を考へたならば、其当時に於て疾く既に此制度と云ふものが無くならなければならぬべき筋のものであつたのに、独り今日是が存在して居ると云ふのは、文明の法律に於ても歴史上の考証品を遺すと云ふ趣意であつたと見るの外他に理由がないのであります。勿論歴史上の関係として曾て在つたもの丶総てを削つてしまうと云ふのは宜くないから一つ遺して参考に供すると云ふことは、法律以外には随分考証上の材料ともなつて必要でありませうが、其事が直ちに延いて人権の自由に関係することであれば全然是は廃止せぬければならぬべき筋の者であつたらうと思ひます。然るに是が刑事訴訟法制定の当時に削られずして今日依然として存在して居ると云ふことは私は其当を得ぬものであらうと思ふのであります、刑事訴訟法は拷問の制と云ふものを悉く廃止するの必要を与へた時代に出来た法律である、然るに矢張拷問に等しき一の密室監禁の制が遺つて居ると云ふのは当時の立法の情況としても宥すべからざるものであらうと思ひます、考証論などは格別でありますが、此関係を外にしては此法律が刑事訴訟法制定当時に存した必要と云ふものを私は見ることが出来ぬのであります。併ながら既に法文に規定せられてあるものは今日に於て致方がないものとして、又刑事訴訟法制定の当時に於て其必要があつたとしても、今日現在の情態は如何であるかと云へば、最早改正条約実施の期も目の前に迫つて来て居る場合でありますから、斯の如き制度を置くと云ふ事柄は矢張り歴史の変遷の順序としても、私は今日は是非とも廃止しなければならぬべき必要があると考へるのであります。で此問題に就きましては、改正条約実施の準備として其筋より法律案が出て居るさうでありますが誠に当然のことであります。

第二の理由としては、此密室監禁を行ふ現在の状態を見てもどうしても廃さなければならぬべき必要があらうと思ひます、此密室監禁と云ふものを予審判事が行用致しまする事柄は今日に於ては寧ろ濫用に過ぎて居ると私は考へる。

其濫用に過ぎて居ると云ふ事実は、諸君が屢次刑事の弁護をなされて一件記録を御覧になつたならば御分りになるのでありますが、殆と百の事件で三十位の密室監禁のない事件は無いのであります。それも宜い、併ながら予審判事が密室監禁に依て発見する事実と云ふものは、事件の上に何程の差響きを来すものであるや否やと云ふことを一ツ考へて見なければならぬ、些細なる事実上の事柄を認め得ざるがために屢々此密室監禁の言渡をなして居ると云ふことが幾らも証拠立てることが出来るのである。併ながら斯の如くして事実の真相と云ふものが得られたと云ふ例があれば是又余義（ママ）ない次第でありますが、密室監禁に依らずして事実の真相を得られざりし事件は矢張密室監禁をしても事実の真相を得ることが出来ぬと云ふことが比々皆な然りであります、曾て予審廷に於て申した事が終始一貫、密室監禁に会つても変更しないと云ふことが屢々あるのであります。それから稀に密室監禁の苦しさに自白した事柄も、公判廷に於て打破られると云ふ事実も頻々としてあるのでございます。それからもう一つは予審判事も固より有情の動物であるからして、事件の上に於ては往々にして愛情偏頗の念が起らざるを得ぬのである。と云ふものは何んの被告人でも直に事実を陳述すれば宜いが、随分なかには強情な者もあるから、それ等の者に対つては密室監禁をしなければ事実を吐かないからと云つて、密室監禁を濫用するのが幾らもあるのでございます。茲に一の例を引きますが、諸君の同業たりし人に栗本政次郎と云ふ人があります、此人が偽証と云ふ被告事件に就て予審に附せられて、遂に密室監禁を数十日やられたのであります、尤も私は諸君のやうに此人とは親善なる間柄でないから人物性行は精く知りませぬが、併ながら此栗本某と云ふ人は密室監禁を如此長くやられて、そうして公判に附せられて、其結果は公判廷に於て遂に無罪となつたのであります、併し此人は密室監禁に依て、元来脆弱なる人でありますから、無罪の言渡を受けると幾もなくして遂に歿しました、此栗本氏の例を茲に引く所以のものは則ち予審判事が如何に密室監禁を濫用して居るかと云ふことを証拠立てる一の材料となるのであります。元来弁護士と云ふ者に対つては兎に角裁判所に於ては、幾分か法律上の糺問手続を執るに於て、遠慮し勝のものである、又或る訴訟上の権利を行ふに就ても注意周到を加へて居るのであります、其人に対つてすら尚且つ斯の如き有様であるとすれば其他の者に対つては此制度が如何に濫用せられて居るかと云ふ実例を見るに足るであらうと思ふのであります。それでありますからして、斯の如きものが在つて、其効果と云ふものが着々挙がれば宜いが、人権の自由を殺いで独房に五十日も百日も監禁をして其結果と云ふものが公判廷に於て無罪と云ふことになれば密室監禁の濫用と云ふものが茲に至つて極まれりと謂はなければなりませぬ。人或は余義なく密室監禁に付すると云ふであらうけれども、斯の如き事実が屢次ありとすれば、唯だ権利があるから行ふと云ふに過ぎぬだらうと思ひます。併ながら茲に一の有力なる反対論を想像しなければならぬ、それは若も之を廃したならば刑事訴訟の手続の機関と云ふものを円滑に運転することが出来ぬと云ふ議論が出れば如何ともすることが出来ませぬが、今日の制度に於て密室監禁を廃したために事実の真相を得ることが出来ぬ、又た証拠の蒐集が出来なかつた、遂に有罪者を無罪たらしめ、無罪を有罪とすると云ふ傾きになると云ふ有力なる理由があれば格別だが、私は密室監禁を廃したからと云つて、決して刑事訴訟上の手続の運用と云ふものが或場合に於て止まると云ふことを想像することが出来ぬのでございます。故に此無用にして且つ訴訟手続の運用に害あるが如き制度と云ふものは、現在の情態から見てもどうしても廃さなければならぬべきものであると云ふ考案を懐いて居るのでございます。第三の理由を述べます。此密室監禁と云ふものは一の刑罰に類似して居るものであると云ふ考を私は懐いて居るのであります。未決檻に拘留せられて居る被告人と云ふものは裁判の確定に至る迄は無罪の人と見なければなりませぬ、此者に対つては裁判所は事実を訊問すると云ふ事の外には、何等の事柄も強ゆることが出来ぬと云ふのが当然であらうと思ふのであります、必ずしも自白に依らなければ刑を断ずることが出来ぬと云ふものでなからうと信ずるのであります。然るに密室監禁と云ふものが如何なる事をするかと云へば、此刑の決せざる無罪の良民と法律が見なければならぬべき者に対つて、密室監禁をやる、人権の自由を重んぜぬと云ふのは、如何でありましよう、監獄に繋いで置いて、さうして別房に一名毎に置いて、予審判事の許可がなければ通信もさせせぬ、面会もさせせぬ、書類の授受も出来ぬ、物品の授受も出来ぬ、飲食物も監獄署で給する物の外は与へることが出来ぬと云ふ有様になつて居ります。斯の如き事柄は私は裁判の確定した刑事の罪人としても随分適当なるやり方ではあるまいと思ふ。況んや刑の決せざる無罪の良民と見なければならぬべき者に対つて斯の如き事をしなければ事実の真相を発見することが出来ぬと云ふ予審判事ならば、それだけの能力の無いものでありますから斯の如き予審判事と云ふものはやめて、さうして他の者と変へるやうにしたら宜いと思ふのであります、中には予審判事が密室監禁をしないで重大の事件を平穏に終結することも沢山あるのでございます。それ故に斯かる刑罰に類似したる事柄を未決囚人に科すると云ふことは甚だ宜ろしくないことである、又法律の原則としても未決囚人に無暗に刑罰を科すると云ふことは決して有るべからざることでありま す。で此密室監禁は刑罰同様の方法であると云ふことは此条文を見る人の均しく認める所であらうと思ひます、是が第三の理由であります。

唯今申上げました事柄は私一己の意見でありますが、提出者即ち磯部君原君の理由の大体も凡そ同様であろうと思ふのですが、果して然りとせは私は以上三点の理由を以て磯部君原君の提案に同意を表せぬければならぬのであります。茲に私は尚ほ一つ御考を願つて置きたいのは、私は曾て此予審と云ふものを無用とする議論を呈出して、評議員会に於ては終に諸君のために斥けられたことがありますが、其折に密室監禁と云ふものは廃さなければならぬものであると云ふことを少しく論じて置いた積りであります。兎に角此問題に就ても尚ほ諸君に予審制度と云ふものは必ず廃さなければならぬものであると云ふ事柄を一つ御一考を願つて置きたいのであります、予審判事の制度と云ふものは刑事訴訟法の主義としては勿論、法理論としても不都合である。又実際より見るも又経費の上から考へても廃すべきものである、又裁判官——予審判事が憲法並に構成法に依れば裁判官になつて居りますが、裁判官が証拠を蒐集すると云ふやうなことは如何なる野蛮国でも左様な事はせぬだらうと思ひます。でそれ等の議論は巨細に曾て録事に掲載して置きましたが議論頗る味ふべきものがあらうと思ひますから、御清閑の砌御一読の栄を賜はらんことを併せて願つて置きます、論中此密室監禁の廃さなければならぬと云ふ理由も唯今よりは精密に論じて置いた積りでございます。それから尚ほ一言附加へて置きますが、此密室監禁廃止の事柄に就きまして、刑事訴訟法の改正法律案を政府が此度帝国議会へ提出するに至つたさうでありますが、是は全く当弁護士協会が是迄鼓吹した勢力が司法部内に及んで来て、則ち吾々言論の力と云ふものが日本の法曹社会に如何に尊重されて居るかと云ふことを始めて実験することが出来たので甚だ愉快に堪へませぬ。此密室監禁廃止の問題と云ふものは、今日始めて当弁護士協会の議に上ぼつた訳ではなく、既に業に先年来評議員会に於て其決議をして置いた事で、今回政府か此弁護士協会の意見を採用して此廃止案を提出するに至つたと云ふのは、誠に殊勝の至りであると云ふことを茲に明言を致して置きます。

「司法官の淘汰及ひ其独立を論す」

（『日本弁護士協会録事』第一七号、明治三三年一月発行）

法典及ひ改正条約の二大事件の実施せらるゝに臨み、我か司法官の現状は果して此の大法典を運用して権利自由の保護を誤らさる可き用意ありや、又能く諸外国人に対し裁判権を行ふ上に於て我国の威信を失墜する如きことなかるへきや、識者の遠く憂を懐きし問題にして、日本弁護士協会か天下に率先して速かに老朽司法官の淘汰を断行せさるへからすと道破せしもの、深く茲に慮りたるに由るなるべし。

蓋し我か今日の司法官中には、維新政変の余を受け如何はしき情縁より官禄に繋かりし者の内にて、行政官たるへき技倆品位に不適当なりとの故より遠謫左遷の意味合ひを以て、司法部に転せしめられし老骨実際に少からさりしものにて、此輩は固より法律学の素養など之れあるにあらず、全くの門外漢に外ならざれば迚も安心して生命自由財産等の消長を掌るへき任を托し置かる可き者にあらず。或は今日迄も現に此輩の多数か我司法部に在職し而かも枢要の椅子を占め居たるに左せる不都合を仕出せしことも聞かざるが故、今日改めて夫れほとに心配すへきことにもあらざるべしとの反対論も之れあらんかなれど、今日までの我国には僅に指を屈する法令の存せし外には法律と称す可きものありしにあらず、裁判官は僅々たる其法令に依りて裁判を与へ、又法令に定めなきものは慣習に依り慣習の見るへきなきことは条理に依りて判断を為すと云ふ寛大至極の天地を支配せしか故自ら格別の不体裁を暴露する如きことも之れあらさりしものなり。然るに今法典の定むる処を見るに、人に就て云へは其胎内に宿りしより死に至るまでの間、凡て世事の百般に渉り、有りと有らゆる関係を規定しありて、其規定は悉く学理の粋と認められし処と我邦固有の情態とに斟酌して定められ、而かも頗る浩瀚のものなれば、迚も門外漢に其真意の解釈し得らる可きにあらず、即ち専門法律学者を必要とする所以にして、今日の如く已に之れか実施を見るに及んでは、一日片時も速かに裁判官中よりは此の門外漢丈けは一掃し去らさるへからさる必要に迫りしものなり。之れを譬ふれは、恰も西洋医学の未た我邦に伝はらさりしときは、当時、皇漢医と称へ居る傷寒論専一の医者輩に生命の保護をも托し安心し居たれども、其一たひ西洋医学の伝はりてよりは一刻も之れに貴重の生命を任せ置く能はざるの情に異ならず、況んや傷寒論の医者が西洋医学より伝へし激薬の調合を為すとありては、其危険頗る大にして殆んど迷惑の至りと云はざるを得ず、殊に況んや此の医者輩は我国人に対しては勿論、諸外国人も我国に来りし以上は否応なしに之れが治療を掌るとありては、其関係の及ぶ所も思ひ遣らるゝことにて、小児に蒸汽車を運転せしめて之れに乗るを強ひらるゝと其の迷惑の異なるものなかるべし。

故に我輩は司法官に対する絶後の大処分として判事検事試験制度実施の前後に区別を設け、之れが実施以前より引続き在職せる司法官に対しては特に俊秀抜群との公評ある者を除く外、悉く一網打尽の方針を以て淘汰処分を断行すべしと云へる日本弁護士協会の意見に大賛成を表するものなり。而して更らに一の希望を云へば這般の淘汰処分は疾雷の耳を掩ふに遑なき如く、遅疑せず、躊躇せず、颯々と之れを完結せんことにあり。若し然らずして一水一石、年を隔てゝ成すと云ふ如き緩慢の筆鋒を用ゆるときは、不思議なる辺に障害を生じ容易に之を掃ひ蓋し能はざるのみならす或は司法部の空気をして弥溷濁に陥らしむるに至らしめんことを恐るゝなり。少しく時候後れの感なきにはあらざれども、近頃官報紙上辞令欄の示す処によれば、司法官の退職休職頻々として現はれ、且つ其顔触れも大要日本弁護士協会立言の標準と相合する如し。我輩は日本弁護士協会の意見が当局者に容れられたる徴候と見て私かに喜びに堪へざる所なり。

却説今日に於ける司法官淘汰処分の急要なるは以上の如しとして、余輩は此の大淘汰官僚後に於ける司法官に対しては固く其独立を保障し以て大に彼等に安心を与へ、且つ其品性を養はしむべき道を全ふせんことを欲するものなり。我輩は敢て司法部の全体なりとは云はず、又其大部分とも云はざるべし、固より彼等のうちには品性高潔心事堂々の君子人の甚だ多かるべきは我輩が世人と共に信ぜんと欲する処なり。然れども亦或る方面より観察すれば、彼等の或る部分には唯徒らに倖進僥運を計るに汲々とし、其地位の一級一階を争ふに急なる余り、殆んど士人として忍容すべからざる言行を擅にして憚らざる者も決して少なしとなさず。其言動より見れば、人品の卑陋なる殆んど嘔吐に堪へざるものあり、嘔吐尚ほ忍ぶべしとするも、其甚だしきものに至りては餓者の食を争ひ、渇者の飲を貪るの外、脳中又一毫の余裕を存し能はざるものと同じく、坐臥常住運命の争奪に其思念を制せられ、肝要の本務たる職司の事は殆んど見れども見へず聞けども聞へざるの境に陥れるものなきにあらず、而して或は派を組み、或は党を結び、先進を排擠し取りて代らんとするには随分陰険の謀を廻らすものもありて、旧幕時代における御殿女中の風儀さへ思ひ合せらるゝことなきにあらず、司法部朋党の名隠れなき所以にして前年弄花事件と云へる珍事の起りし如き、亦其一端として見るべきものなり。

此の如く浅ましき陋態の我司法の或る部面に潜める所以のもの何に依れりや一般士風の頽廃は其の主たる原因に相違

なかるべし、然れども我輩は更らに之れに次くの原因として、司法官の待遇に関する現行の抜擢昇任法を数へざるを得ず。故に此法を廃絶するは、裁判官に独立を保たしめ又其品性を養はしむべき唯一の手段なりと考ふるものなり。夫れ朝には執権礼位の席に首班を占め吏僚を率ゆる身を以て、夕は即ち其吏僚の為めに率ひられ之れが使命に服せさる可らざる如き、或は又同僚同班の友は一朝にして二階三階の昇等を為し、栄位を耀かすの傍らに在て、身は依然たる旧巣に固着し、飛揚の節を知るに由なき如き境遇に立たば、有鬚の人誰れか其屈辱に甘んじ居るを得ん、少しく剛健なる者は去りて跡を止めず、卑劣狡猾の徒僅かに残り敢て或は其轍を学び、奇運を僥倖せんとするに至るべきは寧ろ必然と云ふべし。蓋し、裁判官亦有情の動物に外ならざれば、其此の如くなるべき人情に制せらるゝ者あるを免れざるは是非なき次第と云はざる可らず、我帝国憲法には裁判官に対し厚く独立を保障し、其意に反して転所転官減俸免官する如きことなかるべきを宣明しありと雖とも、裁判官に対する抜擢昇任の法は恰も消極よりして憲法上に於ける此の保障を無効ならしめしものに異ならず、何となれば抜擢なる名目は屡下僚の為めに凌駕せらゝるの辞柄となり、累進昇等の途を杜塞せらるゝに至ざるを得ず、即ち抜擢を蒙らざる者は或る意味より云へば貶等せしめられしに異ならず、事実も亦幾分か貶黜の意味を現はし居るに相違なければなり、即ち司法官亦滔々相率ひて兢々焉懼々焉として唯長吏の門に趨走せざるを得ざる所以にして、独立心は全く麻痺し士風地を掃ふて滅せざるを得ず、豈に亦歎せざるを得んや。

我輩の考ふる処を率直に云へば元来司法官てふ者には敢て敏腕偉才の人を要せずとなすものなり。苟も已に法律の学理に通暁せしとの試験に登第し、又其実務を修習し之れに熟せりとの資格を具へし以上は、其軌道を固守して之を踏み誤らざるの心懸けさへあれば、其職分已に十分にして強ち人並み勝れて勉強するの必要もなく、又新発明の理論を吹聴して人を驚かすに及ばず、孜々として禅僧が仏戒を守り居る如く、法律さへ守り行けば夫にて不足なしとなすものなり。蓋し裁判には三審級の設けあり万一の間違を正すの途存するのみならず、国家に立法機関の備はれるありて執法者の消沈を矯正すべき法も之れあるが故、此くの如くにして保たるゝ安寧は、突飛の英材が利刃を振廻さんとするの危険に勝る万々たるを疑ふを得ず。

茲を以て、我輩は嘗て日本弁護士協会が立言せし標準により、今日を以て快速疾迅司法官の大陶汰（ママ）を断行し、已に之れが終幕を告げし以上は、法律の規定に依り真に老衰朽耄せる事を退くるの外、固く区々の更迭を禁じ、以て大に司法官に安心を与へ、且つ之れと共に司法官に対する抜擢昇等の法を廃絶し以て、深く司法官の品性を養ふに資せんことを希望に堪へざるなり。

（行森龍太著『改正商法釈義』青木嵩山堂、明治三二年五月刊）

「序」

起草審査ヨリ公布ニ至ルマテ許多ノ鶊蟋ヲ閲シ来リ而シテ其ノ既ニ公布サルヽヤ幾タヒカ施行サレントシテ施行サレス又幾タヒカ改正サレントシテ改正サレス或ハ部分施行ト為リ或ハ改正ヲ眉睫ノ間ニ望ミツヽ姑息ナル全部施行ト為リ以テ今日ニ迫フ我商法典ノ如キ運命ノ迍邅ナルハアラス而シテ今ヤ乃チ完美ナル一大改正ヲ得テ公布サレ施行ノ期亦将サニ日ナラサラントス国民タル者時ノ宛モ清和ニ向フニ方リ弊袍ヲ脱シテ新衣肌ニ可ナルノ想アリ況ヤ吾人常ニ乏ヲ其制定ノ任ニ承ケ審査ノ末班ニ列セシ者ヲヤ額手相慶セサルヲ得ス頃者行森学士此カ釈義ヲ著シ校閲ヲ余ニ嘱セラル余固ヨリ其人ニ非ス但タ承ケテ而シテ之ヲ見ルヤ解説簡明言辞平易専ラ一般国民ノ実用ヲ旨トス余深ク学士カ用意ノ忠実ヲ多トシ且法律思想ノ普及カ這種ノ書ニ依リテ行ハルヽヲ喜ヒ一言ヲ題シテ返璧ス蓋シ風饕雪虐迍邅ノ運命ヲ経テ纔ニ茁芽スルモノ其ノ愛撫培養ニ於テ殊ニ力ヲ竭クサヽル可カラス我商法典ノ如キ予ハ這種ノ著述ノ続出シテ

益々完美ナル効用ヲ得ムコトヲ禱ルヤ切ナリ

（『明治法学』第一号、明治三二年九月発行）

質疑：株式会社関係問題

質問

株式会社ハ資本増加ノ為メ少数株主ヲ屈服セシメテ株式ノ金額ヲ増スコトヲ得ルヤ

（上野鉄道株式会社　社員某）

解答

株式会社ノ資本ノ増加ハ会社ノ定款ヲ変更スルモノニシテ商法第二百八条ニ何等ノ制限ナキヲ以テ同第二百九条ノ規定ニ従フトキハ仮令少数株主ノ意思ニ反シテモ株式ノ金額ヲ増スコトヲ得ルカ如キ感ナキニ非ス殊ニ旧商法第二百六条ハ明カニ株式ノ金額ヲ増スコトヲ得ル規定ヲ存セルニ反シテ改正商法ニ何等ノ規定ヲ設ケサルハ当然ノコト丶シテ特ニ規定ヲ俟タサルニ似タリ然レトモ余輩ハ之ヲ爾カ解釈セサルナリ固ヨリ旧商法ノ時代ニ於テハ本問ハ之ヲ積極ニ解シタルヘキモ改正商法ノ解釈トシテハ之ヲ許サス其之ヲ消極ニ解セサルヘカラサル理由ハ左ノ数点ニ帰ス

（一）有限責任会社其モノ丶性質カ之ヲ許サス

抑モ羅馬ノソシエタス（組合）カ発達シテ今日欧洲請（ママ）国ニ於ケルソシエテーコンメルシヤール、インコンポレーテドコンパニー或ハゲゼルシャフト（商事会社）ト為ルニ至リタルハ社会経済ノ進歩ニ伴ハレ巨大ノ資本ヲ集注シ大事業ヲ企図スル為メ投資家ノ負担ヲ制限シ其投資家ヲ安セシムル方便ノ途開ケタルカ為メナリ投資家ノ負担ハ第三者ニ対スルト会社ニ対スルトニヨリ等差ヲ生スルニ非ラス若シ夫レ否ラスシテ第三者ニ対シテハ負担ニ限アルモ会社ニ対シテハ出資ノ増額ヲ強ヒラルヽモノトセハ結局負担ニ限リナク遂ニハ株主ハ凡ヘテ会社ノ義務ニ付キ保証人ト為ルヘシトノ決議モ少数者ヲ屈服セシメテ有効ナリト云ハサルヘカラサルニ至リ有限責任会社ノ今日ニ発達シ来リタル所以ヲ説明スルコトヲ得サルヘシ古代羅馬ノソシエタスハ実ニ斯ル現状ニテ在リタリキ此理論ヲ応用シテ投資家ニ一ノ論理的原則ヲ生シ投資家ハ如何ナル場合ニ於テモ積極的義務ヲ負担スルコトナシト云フコトヲ得ヘシ

(二)　決議ヲ以テ合意ヲ変更スルコトヲ得ス

決議トハ多数代表ノ意義ニシテ合意ノ如ク関係当局者ノ意思ノ合致スルヲ要セサルモノナリ株式会社ノ株主カ株式ノ申込ヲ為シ其承諾ヲ得タルトキハ茲ニ合意ノ成立スルモノニシテ其合意ノ条件ハ当初定マレル処ノ株式ノ額ニ在リ然ラハ株式ノ額ハ合意ニヨリテ定マリタルモノナレハ亦合意ヲ以テスルニ非ラサレハ変更スルコトヲ得サルハ契約法ノ大原則ニシテ決議ヲ以テ合意ヲ変更スルコトハ法理ノ許ス処ニ非ラサルナリ蓋シ決議ハ合意ノ如ク当局者自身ノ関係ヲ定ムルモノニ非ラスシテ議決員以外ノ他者ノ意思ヲ定ムルモノナレハ片体思想ノ表示ニシテ合意ノ如ク双方ノ意思表示ノ合致ト云フコトヲ得サレハナリ

(三)　商法ノ解釈

商法第二百八条ヲ其文字ノ如ク解釈スルトキハ定款ノ変更ハ適法ノ方法ニ依レハ随意ニ之ヲ為シ得ルカ如キモ其性質ノ許サヽルモノハ之ヲ為シ得サルヤ上来説述スル処ニシテ明文ヲ俟テ知ルヘキニ非ラサルナリ加之商法第二百八条以下ヲ案スルニ資本増加ニ関スル定款ノ変更ニ付テ規定セル処ハ優先株ノ発行ト新株発行ノ二者ナリ此等ニ付テハ逐一其手続ヲ規定セルモ株式ノ金額増加ニ付テハ何等ノ規定ヲ存セス是レ当然存シ得ヘキコトヽシテ規定ヲ存セサルニ非ラス当然之ヲ存シ得サルモノトシテ規定セサルナリ旧商法ニ於テハ此規定ヲ存セシモ這ハ不当ノ規定ナリトシテ改正商法ノ顧ミサル処ナリ

以上ハ改正商商法（ママ）ニ付キ改正商法ノ支配ヲ受クヘキ会社ニ就テ説明シ解答ヲ与タレトモ商法施行法第九十四条ニ依ルトキハ私設鉄道会社ニ付テハ私設鉄道条例ヲ改正スルマテハ旧商法及ヒ其附属法令中株式会社ニ関スル規定ヲ適用スルモノトセリ之ヲ反言スレハ私設鉄道会社ハ凡ソ改正商法ノ支配ニ属セサルモノトス然ラハ改正商法実施ノ今日ニ於テ旧商法株式会社ノ規定ハ私設鉄道会社ニ就テハ猶ホ余命ヲ保チテ法律タル効力ヲ有シ該会社ハ今仍ホ資本増加ノ為メ株式ノ金額ヲ増スヘキ決議ヲ為シ爾カモ少数株主ヲ圧服セシムルコトヲ得ヘシ然ルニ此点ニ付テハ本年一月大審院ハ太田鉄道会社ノ株券ノ金額増加ニ付キ反対ノ判決ヲ与ヘテ曰ハク『会社資本ノ増減ハ定款ノ変更ナリ随テ株主総会ニ於テ商法第百六十四条ニ定メタル方法ニ依リ資本ノ増加ヲ決議シタルトキハ反対ノ意思ヲ表示シタル株主ト雖モ其決議ニ服従セサルヲ得ス云々而シテ資本増加ニ関スル此第二百六条前段ハ会社カ定款ノ変更アル資本増加ヲ為シ得ルコトヲ規定シタルト同時ニ二種ノ増加方法ヲ示シ其方法ノ一ニ依リ資本増加ヲ為シ得ルコトヲ規定シタルニ過キス抑モ株式会社ノ最高機関タル株主総会ノ決議ハ株式会社ナル法人ノ意思タルニ外ナラス会社ト株主トノ間ニ於ケル一種ノ契約ニ非ス故ニ云々各株主個々ノ意思トシテ其株主ヲシテ新ナル義務ヲ負担セシムルノ効果ヲ生スルモノニ非ス云々』ト此判決ハ改正商法ノ下ニ於テハ至極綮肯ヲ得タル解釈ナリトスルモ惜ヒ哉旧商法ノ解釈ナルヲ奈何セン余輩ハ少シク此判決ノ不当ナル所以ヲ説明スヘシ大審院ト雖モ旧商法第二百六条前段ノ株券ノ金額増加ハ会社資本ノ増加ニシテ会社資本ノ増加ハ定款ノ変更ナルカ故ニ同法第百六十四条ニ定メタル方法ニ依ルトキハ有効ニ決議ヲ為スコトヲ得テ反対ノ意思ヲ表示シタル株主ト雖モ其決議ニ服従セサルヲ得サルモノナルコトハ之ヲ確信セルモノヽ如シ果シテ決議ノ効力カ全部株主ヲ服従セシムルニ在リトセハ仮令決議ハ会社ノ意思ヲ定ムルニ過キストスルモ服従ノ効力ヲ有スル決議カ既ニ全部株主ヲ羈束スルモノナルニヨリ更ニ承諾ヨリ生スル羈束ヲ待ツノ要アラサルナリ仮リニ百歩ヲ枉ケテ各個株主ノ承諾ヲ要スルモノト定メテ其承諾ヲ為サスト想像センニ承諾ヨリ生スル羈束ハ之レナキモ決議ニ服従スヘキ法律ノ義務ハ之ヲ免ルヽコトヲ得サルヲ奈何セン故ニ一方ニ於テ決議ニ服従スヘキ法律上ノ解釈ヲ認メルト

キハ更ニ契約法ノ原則ヲ仮ニ来リテ説明スルコトヲ許スモノニ非ス然ルニ大審院ハ此場合ニ於テ仍ホ各個株主ノ承諾ヲ要スルモノト判示セルハ断案ヲ以テ自家ノ前提ヲ破壊スルモノニシテ正シク是レ論理的自殺ヲ逐ケタルモノト云ハサルヘカラス余輩ハ斯ノ如キ判決ハ之ヲ是認スルコトヲ得ス故ニ私設鉄道会社ニ就テ旧商法ノ行ハル丶今日ニ於テハ株式ノ金額ヲ増シテ会社資本ノ増加ヲ為スコトヲ得ルモノト論シテ聊カ憚カラサル処ナリ

（『明治法学』第三号、明治三二年一一月発行）

質疑：民法施行前ノ後見人関係問題

質問

民法施行以前ニ在テ父ヲ亡ヒ母亦財産ノ管理権ヲ辞シ親族某ヲ後見人トシテ届出置タル未成年者アリ右後見人ノ任務ハ民法施行ト共ニ消滅シタルモノナリヤ否ヤ

（校外第三学年生　高橋謹一）

解答

本問ニ対シテハ近来裁判上ノ実例区々ニ出テ且ツ往々意外ノ判決ヲ出セルヨリ世ノ惑ヲ生スル者少ナシト為サス乃チ左ニ之レヲ詳説シテ答解ヲ付スルモノナリ

民法施行法ニ就テ其精神ヲ案スルニ法律ハ決シテ民法ノ施行ト共ニ旧来私法上ニ於ケル百般ノ施設ヲ変革一掃セントトシテ欲セシニ非スシテ却テ民法施行以前ノ状態ヲ保続シ甚タシキ弊害勿ラシメンコトニ注意シタルモノアルヲ認ム而シテ旧来ノ状態ト民法ノ規定ト相抵触シ到底両立シ難キモノニ就テハ勢ヒ之レヲ変更セサル可ラサルカ故其間ノ調和ヲ保

ツ為メ施行法ニハ細密ノ規定ヲ執ルニ至リシモノナリ

今本問ニ適切ナル民法施行法ノ数個条ニ就テ之レヲ考フルニ其第七十二条ニハ「子ハ民法施行ノ日ヨリ民法ノ規定ニ従ヒテ父又ハ母ノ親権ニ服ス」トアリ、蓋シ民法施行以前ト雖モ親権ナルモノハ法律上認メラレタル処タリ雖（ママ）トモ其所謂親権ニ関スル規定ハ民法ノ如ク明確ナリシモノ若クハ之レト同一ナリシモノト云ヒ得ヘカラサルモノアリ故ニ特ニ之レヲ明記シテ民法施行ノ日ヨリ民法ノ規定ニ従ヒテ親権ニ服スヘキモノト為セリ、飜テ民法第八百九十六条第八百九十七条ノ規定ヲ案スルニ未成年者ノ父母ハ裁判ノ宣告ニ依リ親権ヲ喪失スルコトアリ、而シテ又民法施行以前ニ在テモ重罪ノ刑ニ処セラレタル父母ノ如キ又ハ心神喪失ノ常況ニ在ル父母ノ如キハ現ニ親権ノ行使ヲ認メラレサリシモノタリ、是ニ於テカ民法施行法第七十四条ハ民法施行ノ際民法第九百条第一号ニ該当スル場合ニ在リテ未成年者ノ後見人アルトキハ民法ノ規定ニ従ヒ後見人其任務ヲ行フヘキモノト為セリ、而シテ民法第九百条第一号ハ特リ未成年者ニ対シテ親権ヲ行フ者ナキトキノ場合タラスシテ又親権ヲ行フ者カ管理権ヲ有セサルトキヲモ包含セルカ故其場合ハ前例ニ止マラス或ハ未成年者ニ父母アルモ其父母カ軽罪ノ刑ニ依リ現ニ服役中ノ場合モ其一タルヘク又父ナクシテ母アルモ其母カ管理権ヲ辞セシ場合モ其一タルヘク或ハ又父母共ニ心神喪失ノ常況ニ在ル場合モ其一タルヘシ、蓋シ法律ノ期セント欲セシ処ハ未成年者ヲシテ一日ト雖モ此保護ノ位置ニ立タシメサラントノ主意ヨリシテ此ノ場合ニハ未成年者ノ後見人ハ民法ノ規定ニ依リテ後見人ト為ルヘキコトヲ定メシモノト解セサルヘカラス故ニ施行法第七十二条規定ノ結果トシテハ民法施行ノ日ニ於テ未成年者ニ対シ完全ニ親権ヲ行ヒ得ヘキ父若クハ同一ノ状態ニ於テ且ツ管理権ヲ辞セサル母ノ存シタルニ係ハラス尚ホ別ニ後見人ヲ定メアリシトキハ其後見人ノ職務ト民法ニ於ケル親権ノ規定ト互ニ抵触スルカ故後見人ノ任務ハ当然終了スルノ結果ヲ生スヘキモ此場合ヲ外ニシテハ殆ント未成年者ノ後見人カ民法ノ施行ニ依リテ当然其任務ノ終了スヘキ場合之アラスト云フヘシ（民法第九百八条及ヒ施行法第七十七条第二項ノ場合ハ此外ナリ）即チ之ヲ同法第七十七条第一項ノ規定ニ於テ未成年者ノ為メニ設ケタル後見人ノ任務ハ民法ノ施行ニ因テ終了スルモノニアラストノコトヲ明ラカニ規定セシ点ヨリ考察スルモ亦此解釈ノ誤ラサルコトヲ論証シ得ヘキナリ故ニ本問ノ如ク未成年者ニ母ノミアリテ其母カ財産ノ管理権ヲ辞シテ別ニ後見人ヲ選定シアリシ場合ニハ其後見人ノ任務ハ民法ノ施行ニ依リ当然消滅スルノ理由ハ断シテ之レアラサルモノトス

（『明治法学』第七号、明治三三年三月発行）

質疑：親族法問題

法定ノ推定家督相続人カ戸主ノ意ニ反シテ居所ヲ定メタルトキハ戸主ハ之ヲ離籍シ随テ推定相続人ヲ廃除スルコトヲ得ヘキヤ如何伏シテ明教ヲ仰ク（校友山田生）

本問ノ場合ニ在テハ離籍ノ原因ト為スコトヲ得サルモノトス其理由如左

我民法ノ規定ヲ案スルニ法定ノ推定家督相続人ノ権利ヲ尊重シ之ヲ保護スルコト周到ニシテ容易ニ其位置ヲ動カサシメサルノ主義ヲ執レリ即チ民法第七百四十四条ニハ『法定ノ推定家督相続人ハ他家ニ入リ又ハ一家ヲ創立スルコトヲ得ス』トアリテ法定相続人ハ絶対ニ他家ニ入リ又ハ一家ヲ創立シ得ヘカラサルコトヲ示セリ解者或ハ此規定ヲ指シテ任意ノ動作ニ対シテノミ之ヲ禁シタルモノニシテ離籍ノ結果ニ由ル場合ヲ包含シタルモノニ非スト為ス者アリ然レトモ民法第七百五十条ニハ家族カ戸主ノ同意ヲ得スシテ婚姻又ハ養子縁組ヲ為セシトキ戸主ハ之ヲ離籍シ得ルノ規定アリ而シテ第七百四十四条第二項ニハ唯単ニ『前項ノ規定ハ第七百五十条第二項ノ適用ヲ妨ケス』トアルニ止マリ本問家族カ戸主ノ意ニ反シテ其居所ヲ定メタルトキ戸主カ之ヲ離籍シ得ルコトヲ定メタル民法第七百四十九条ノ場合ハ当然第七百四十四条第一項ノ適用ヲ妨ケラルヽモノナルコトヲ法文ノ関係上ニ於テ明白ナラシメ（ママ）アリ故ニ第七百四十四

条ノ規定ハ任意タルト強制タルトヲ問ハス法定ノ推定家督相続人ニ対シテハ苟モ第七百五十条ノ場合ヲ除クトキハ絶対ニ適用セラルヘキモノト解釈スヘキヲ相当ナリトス是レ蓋シ戸主ヲシテ第七百四十九条即チ本問居所ノ命令ニ於テモ離籍セシメ得ルコトヽ為スニ至ルトキハ戸主ノ権利ハ頗ル過大ト為リ随テ法定ノ推定家督相続人ノ権利ハ甚タ薄弱ニ陥リ民法第九百七十五条ニ於テ法定ノ推定家督相続人廃除ノ原因ヲ限定シタル精神ヲモ事実上ニ於テモ廃却セシムル結果ヲ来タスノ憂アルニ因ルモノナリ

（『明治法学』第七号、明治三三年三月発行）

質疑：会社法問題三問

其一

株式会社ノ取締役ハ何時ニテモ随意ニ辞任ヲ為シ得ルヤ若シ之ヲ得トセハ其意思表示ハ何人ニ対シテ之ヲ為スヤ

（校友、愛媛県、三宅昌興）

会社ヨリ取締役ヲ解任スルコトハ何時ニテモ株主総会ノ決議ヲ以テ之ヲ為シ得ルコト法ニ明文（商一六七）アルモ取締役自ラ辞任ヲ為スニ付テハ一モ明文ナシ而シテ一方ニハ取締役ニ任期ノ定アリ故ニ取締役ハ定款ニ定メタル任期中ハ其ノ任務ヲ執ルノ義務アリ一片辞任ノ意思ヲ表示スルノミヲ以テ当然辞任ヲ得ルモノニ非ス但タ任期中ト雖モ其選任者タル株主総会ニ向テ辞表ヲ提出シ得ルコト言ヲ竢タス是ヲ以テ取締役ノ総員カ辞任セントスルトキハ勿論、其一人ノミカ辞任セントスルトキニ於テモ必ス総会ヲ招集シ（一五九）之ニ対シテ辞任ヲ申出テサル可カラス

会社ハ固ヨリ強テ取締役ヲ拘束シテ在任セシムルコトヲ得サルヲ以テ其辞任ニシテ正当ノ事由ニ出ツルトキハ総会ハ

必ス之ヲ認許シ其後任者ヲ選挙セサル可カラサルナリ故ニ若シ取締役カ総会ニ辞任ノ申出ヲ為サスシテ自ラ辞任セリト為シ妄リニ其任務ヲ抛擲シ去リタルトキハ之ニ因リテ会社ニ与ヘタル損害ヲ賠償スルノ責ヲ負フヘキコト民法上当然トス

其二

株式会社ノ出張店ハ登記ヲ要スルヤ（校内生、桑村泰助）

出張店ニシテ登記ヲ要スルト否トハ其出張店カ法律上所謂支店タルト否トニ在リ而シテ本社ノ営業ニ関スル一切ノ行為ヲ為ス権限ヲ有スルトキハ則チ支店ナルモ普通ニ出張店又ハ代理店ト称スルモノハ本社ノ営業ニ属スル行為ノ代理又ハ媒介ヲ為スモノ多ク此ノ如キハ法律上所謂代理商ニ外ナラス

其三

私設鉄道株式会社ノ停車場ハ法律上支店ナリヤ（校外生、三河国、玉嶋勝詮）

停車場内ニ別ニ支店アルハ格別、単純ナル停車場其モノハ固ヨリ支店ニ非ス而シテ停車場ノ駅員ハ使用人ニ過キス

（『明治法学』第八号、明治三三年四月発行）

質疑：商法問題三問

其一

株式会社解散後其財産カ債務ヲ完済スルニ不足ナルコト分明ナルニ至リタルトキハ破産宣告ヲ請求スヘキモノナルモ之ヲ請求セスシテ株主ヨリ株金ヲ払込マシメ以テ債務ヲ弁済スルコトヲ得ルヤ（校外生、大阪府茨木町加島銀行出張店、黒田喜代太）

本問『株主ヨリ株金ヲ払込マシメ』トアルハ株券金額ノ払込未済額又ハ滞納金額ヲ払込マシムルコトヲ云フノ意ナリヤ将タ金額払込済ノ株式ニ付キ新ニ株券金額ヲ増加シテ払込マシムルコトヲ云フノ意ナリヤ明ナラス若シ前者ナリトセハ是レ会社ノ債権即チ財産ニシテ其払込ニ因リ債務ヲ完済スルニ足ルトキハ則チ破産ノ事実ナキモノニシテ固ヨリ之ヲ払込マシメ以テ債務ヲ弁済スルコトヲ得ヘキノミナラス必ス此ノ如ク為サヽル可カラス然レトモ若シ後者ナリトセハ『株主ノ責任ハ……株式ノ金額ヲ限度トス』ト云ヘル商法一四四条ノ規定ニ依リ増額払込ヲ為サシムルコトヲ得ス即チ直ニ破産宣告ヲ請求スヘキ場合タリトス

其二

株式会社ノ会計年度決算ニ際シ所得税ノ算出方ハ純益分配中ノ役員賞与金額ヲ控除シタル額ニ対シテ算出シテ可ナリヤ（某鉄道会社員、岡崎亀吉）

本問ハ実際各地ニ於テ屢々疑問ト為リシモノニシテ現ニ仙台税務管理局ハ左ノ如ク主務省ニ対シ問合ヲ為シタリ

所得税法第十七条ニ依リ提出セル法人損益計算書総益金ヨリ総損金ヲ控除シタル純益金中ヨリ役員賞与金及所得税金ヲ支払フモノトシ計算セシモノ有之右賞与金ハ性質上法人ノ損金トナルヘキモノナルヲ以テ之ヲ控除シ又所得税金ハ未確定ノモノニシテ当然次ノ事業年度ニ於ケル損金トナルヘキモノナルヲ以テ控除セスシテ課税可然哉

即チ該管理局ノ意見ハ賞与金ヲ以テ会社ノ損失トシ之ヲ控除セントスルニ在リ然ルニ主務省ハ反対ノ回報ヲ為シタリ曰ク

所得税金ノ義ハ意見ノ通リナルモ賞与金ノ義ハ計算書中総損金ニ包含シ居ラサルモノハ殊更損金トシテ取扱フヘキ限ニ無之ト存セラル

此回報タルヤ計算書中ニ賞与金ヲ以テ総損金ニ包含セシメアルトキハ之ヲ損金トスヘキモ否サルトキハ特ニ損金トセスシテ取扱フヘシト云ヘルモノヽ如ク会社自ラ作製セル計算書ノ如何ニ因リ或ハ損金トシ或ハ損金トセサラントスル奇恠ノ判断ニシテ主務省ノ回報トシテ失体（ママ）ノ甚シキハ勿論、寧ロ一定確的ノ見解ヲ有セサルコトヲ示スニ過キス而シテ此回報ヲ為セシ所以ノ決議要領ナルモノヲ見レハ

（前畧）賞与金ノ義ハ殊更損失金トスヘキモノニ無之寧ロ賞与ノ多クハ純益金ノ割賦ヲ有スル性質ノモノナルヨリ控除スヘキ限ニ無之ニ由ル

ト云ヘリ『殊更』ト云ヒ『賞与ノ多クハ』ト云ヒ亦其ノ自信ノ薄弱ナルヲ見ルニ足ル然レトモ薄弱ナカラ之ヲ損金トセサルコトニ傾ケルハ疑ヲ容レス而シテ予ハ此回報ニ反対シ前記管理局ノ意見ニ左袒セサルヲ得ス何トナレハ役員賞与金ノ性質ハ全ク其ノ俸給ノ一部ヲ成スモノナレハナリ

蓋シ会社ハ毎月定額ノ俸給ヲ役員ニ与ヘ更ニ総益金中ヨリ賞与金ヲ与フルヲ通例トスルヲ以テ賞与金ハ恰モ俸給以外ノモノナルカ如キ看アリト雖モ少シク其実情ヲ察スレハ所謂俸給ト所謂賞与金トヲ併セテ以テ其全俸給即チ役員ノ労務ニ対スル全報酬ヲ成スモノニ外ナラス毎月定額ノ俸給ナルモノカ通例甚タ少額ナルハ此カ為ナリ之ヲ会社以外即チ自然人ノ雇傭関係ニ見ルモ往々利益ノ歩割ヲ以テ雇人ニ対スル報酬ト為スモノアリ是レ雇主カ雇人ヲ奨励シ主人ノ業務ニ忠実ナラシムルカ為ニシテ而モ其ノ利益ノ皆無又ハ僅少ナリシトキニ報酬ノ皆無又ハ僅少ナルノ不当タルヲ慮リ別ニ些少ノ定額ヲ与フルハ亦其例ニ乏シカラス然ラハ則チ定額ノ報酬アルカ為ニ歩割ハ報酬ニ非スト云フハ其ノ誤解タルコト明白ニシテ会社ノ役員賞与金ハ実ニ此歩割ニ外ナラス之ヲ株主ニ対スル配当等ト同視ス可カラサルヤ論ナシ故ニ役員賞与金ハ会社ノ損金ニシテ所得税ノ算出ニ付テハ会社ノ益金ヨリ之ヲ控除スヘク主務省ノ回報ハ断シテ従フ

可カラスト信ス

其三

手形ノ裏書ノ偽造ハ裏書ノ間断ヲ生スルモノナリヤ目下当地実業社会ニ於ケル重要ナル実際問題タリ校長ノ解答ヲ乞フ（大阪某会社員、校友松田信蔵）

手形ノ裏書カ偽造ニ係ルモ方式上具体的ニ裏書ノ連続スルトキハ裏書ノ間断ヲ生スルコト無シ是レ形式的証券タル所以ナリト論スル者アリ然レトモ予ハ其ノ誤解タルヲ信ス元来手形ノ偽造ニハ全部偽造ト一部偽造トアリ一部偽造トハ手形ニ於ケル署名行為者ノ一部ヲ偽造スルモノニシテ本問裏書ノ偽造ハ即チ此一部偽造ニ属ス而シテ法律ハ偽造手形ノ存在ヲ認ムルモノニ非ス之ニ署名行為ヲ為ス者アルトキハ其署名行為ニ基キテ其手形ノ存在ヲ認ムルニ過キス故ニ之ト同シク偽造ニ係ル裏書ニ付テモ法律上其裏書ノ存在ヲ認ムルコトヲ得ス既ニ之ヲ認メストセハ則チ裏書ニ間断ヲ生スルヲ以テ商法第四六四条ノ規定ニ依リ其手形ノ所持人ハ所持人タルノ権利ヲ行使スルコトヲ得サルモノタルヤ明ナリ但此ニ付テハ更ニ一疑問ノ生スルアリ即チ連続セサル裏書手形ノ所持人ハ偽造以後ノ署名行為者ニ対シテモ其権利ヲ行使スルコトヲ得サルヤ否ヤ是ナリ此点ニ付テハ商法第四三七条ニ『偽造手形ニ署名シタル者ハ其偽造シタル手形ノ文言ニ従ヒテ責任ヲ負フ』ト規定セルヲ以テ右第四六四条ノ汎漠ナル規定アルニ拘ハラス偽造以後ノ署名行為者ニ対シテハ其権利ヲ行使スルコトヲ得ト答ヘサル可カラス

「岸本会長の意見」（永年公共の流水を使用したる事実は如何なる権利なりや）

201 「岸本会長の意見」（永年公共の流水を使用したる事実は如何なる権利なりや）

（『明治法学』第九号、明治三三年五月発行）

前号に記せし本校討論会に於ける、『永年公共ノ流水ヲ使用シタル事実ハ如何ナル権利ナリヤ』てふ問題に関する、岸本会長の意見は、之を左に掲けて、前号の約を践まむ

諸君　諸君ハ幸ニ本問ノ為メ大ニ研究ノ労ヲ執ラレ各種ノ方面ヨリ本問ヲ論述セラレ本問ノ研究略尽キタルモノ丶如シ故ニ予ハ復冗弁贅述以テ徒ニ諸君ヲ煩スコトヲ避ケ勉メテ簡潔ニ予カ所信ノ一斑ヲ告ク以テ諸君ノ参考ヲ乞ハントス

元来本問カ想像セシ事実ハ甲者アリ公共ノ流水即チ河水ヲ引用シツヽアルニ乙者ハ新ニ其上流ニ堰ヲ設ケテ之ヲ引用セシ為メ甲者ハ水量ノ缺乏ヲ感シ損害ヲ受クルコト尠カラス此場合ニ甲者ノ引水ハ其権利ナリトセハ乙者ハ賠償ノ責任ヲ免レス甲者果シテ権利アリヤ抑亦乙者ハ自ラ引水スルノ権利ナキヤト云フニ在リテ実ハ目下ノ実際問題タルナリ新民法ニ於テハ此ノ如キ事実ニ関シ権利ヲ認ムルノ規定ハ断シテ無シ蓋シ法典調査会ニ於テ民法制定ノ際曾テ公共ノ水流ニ関スル問題ニ付テハ民法ニ之ヲ規定セス専ラ特別法ニ譲ルヘシトノ決議ヲ為シタルハ予ノ現ニ与カリ知ル所ナリ故ニ立法者カ民法上此規定ヲ為スノ意思ナカリシハ争ヲ容レス但タ立法者ノ意思其モノハ法律ニ非ス故ニ若シ民法上ノ条項ニシテ現ニ此問題ニ適用シ又ハ準用スヘキモノアラハ則チ之ヲ適用シ又ハ準用セサル可カラス是ヲ以テ予ハ再三反覆民法ヲ閲ミセシモ遂ニ此ノ如キ条項ヲ発見セサリシ故ニ本問ハ民法上其権利ナキコト予ノ断言ニ憚ラサル所ナリ是レ慣習法説ノ由リテ出ツル所以ナルヘシ

然レトモ慣習法ニ依テ権利ナリト為ス者ハ此カ証明ノ責任ヲ免レス而モ此論者ニシテ此証明ヲ為サヽルハ何ソヤ単ニ公共ノ流水ヲ使用スルノ事実カ慣習トシテ存在スルハ予モ亦固ヨリ之ヲ認ム然リト雖モ是レ唯タ其事実アルニ止マリ其使用ノ権利タルコトカ慣習法ニ依テ認メラレタルノ実例ハ焉クニ在リヤ苟モ慣習法ト云ヘハ現ニ数回適用サレタル

実例ヲ缺ク可カラサルコト諸君ノ熟知サルヽ所ナリ而シテ本問流水ノ使用ヲ権利ナリト認メ之ヲ事実ニ適用シタル実例アリヤ予ノ寡聞ナル之ヲ否定セサルヲ得ス然ラハ則チ慣習法上ノ財産権ナリト為ス論断ハ遂ニ採ル可カラス依是観之成文法ヨリスルモ慣習法ヨリスルモ本問ニ付テハ一種ノ私権アリト為スノ説ハ予ハ左袒スル能ハス若シ私権ナリトセハ時効ニ依テ取得スヘク随テ本問永年使用ノ事実ハ私権取得ノ原因ト為スニ足ラム然レトモ既ニ私権ニ非ストセハ時効ハ其用ヲ為スニ由ナク『永年』テフ一事実ハ毫モ痛痒相関セス過般控訴院カ本問ノ如キ事件ニ付キ宝暦年間ヨリ使用シ来レルヲ以テ既得権アリトノ判決ヲ為シタルハ甚タ理由ナキ判決ナリト云フニ憚ラサルナリ

河川法第三条ニ於テ『河川並其敷地若クハ流水ハ私権ノ目的トナルコトヲ得ス』トノ規定アリ故ニ河川法ノ適用ナキ河川ノ流水ハ私権ノ目的ト為ルコトヲ得ルモノヽ如シ然レトモ本問既ニ『公共ノ流水』ト云フ以上ハ一私人若クハ一公共団体ノ所有ニ係ル流水ニ非サルコト自ラ明瞭ナルヲ以テ仮令河川法以外ノ河川ナリト雖モ同シク私権ノ目的ト為ルコトヲ得サルハ多言ヲ要セサル所トス

然ラハ則チ総テ公共ノ流水ノ使用ハ何等ノ権利ニモ非サル歟曰ク否ナ人カ道路ヲ歩行スルハ是レ道路ヲ使用スルモノニシテ一ノ権利ナリ公共ノ流水ヲ使用スルモ亦之ト同シク一ノ権利ニシテ強テ之ヲ名ケハ公権ト云フ可ク小児ノ歩行ト大人ノ歩行ト将タ荷車馬車等ヲ駆ルト其道路ヲ使用スル分量ハ各異ナルモ皆其公権ニシテ流水ニ於ケル分量ノ多少モ亦同一タリ只タ道路ニ足場ヲ設ケ板圍ヲ為ス等特別ノ占用ヲ為スニハ官署ノ許可ヲ要スルモ是レ公権ナキニ非ス自家ノ公権行使ノ為ニ他人ノ公権行使ヲ害スルニ因リ許可ヲ要スルナリ河川ノ流水ヲ使用スル為ニ工事ヲ為シ又ハ之ヲ占用スルニ付テ河川法第十七、八、九条等カ行政庁ノ許可ヲ要ストセルモ亦同一ノ理由ニ外ナラス前述ノ甲者カ下流ニ於テ流水ヲ使用スルト乙者カ上流ニ於テ之ヲ使用スルト共ニ其権利ニシテ乙者ノ使用ノ為ニ甲者カ水量ノ減少ヲ感シ損害ヲ受クルハ所謂権利ノ衝突ニ外ナラス而シテ権利ノ衝突ハ已ムヲ得サルモノニシテ唯タ一人ノ権利行使ノ為ニ正当ノ事由ナク他人ノ権利行使ヲ妨害スルコトヲ得サルノミ即チ公権ヲ有スル者カ正当ノ事由ニ因リ自己ノ正当ノ必要ニ応スルノ程度ニ於テ流水ヲ使用スルヲ以テ其権利ノ範圍トシ此範圍内ニ於テ其権利ヲ行使セル結果トシテ下流ノ者カ如何ニ迷惑ヲ感スルモ是レ実ニ已ムヲ得サル所タリ刑法第四百十三条ニ於ケル水利妨害罪ノ規定ノ如キ固ヨリ不当ニ他人ヲ害シ又ハ自己ヲ利スル者ヲ罰スルニ止マリ所謂権利ノ衝突ハ決シテ該条ノ罪ヲ成スモノニ非ス

要スルニ公共流水ノ使用ハ固ヨリ権利ナルモ此権利ハ何人ニモ専属セサルト同時ニ何人モ之ヲ有シ同一ノ流水ニ付テ甲者カ之ヲ使用スル権利アルト同時ニ乙者モ亦之ヲ使用スルノ権利アリテ普通ノ公権ニ外ナラス唯河川法ニ依リ行政庁ノ許可ヲ得テ特別ノ占用ヲ為シ又ハ引用ノ為ニ特別ノ工作物ヲ設ケシ場合等ハ他人之ヲ使用スルコトヲ得サルモ其他ノ場合ハ何人モ之ヲ有シ随テ他人ノ使用ニ因リ損害ヲ受クルモ賠償請求権ナク殊ニ公益ノ為ニ収用サルヽモ補償ヲ得ルニ由ナシ前ニ某論者カ昨三十二年三月法律第七十二号ヲ援用シテ水ノ使用カ一ノ財産権タル証明ナリト為セシモ該法ハ単ニ『水ノ使用ニ関スル権利……ニ付キテハ土地収用法ノ規定ヲ準用ス』トアルノミニシテ土地収用法ヲ準用スルハ其権利カ財産権タルヲ知ルヘキモ『水ノ使用』ト云ヒテ『公共ノ流水』ト云ハサルハ該法カ本問ノ解釈ニ其用ヲ為サヽルヤ論ナキナリ

海面ニ付テハ少シク其趣ヲ異ニシ長嶋［鷲太郎］君ノ述ヘラレシ如ク多少ノ単行法令アリテ専属漁場ノ如キ特許ヲ要スルモノナリシト記憶ス但一般海面ニ付テハ尚流水ト同シク何人モ漁業又ハ航行ノ為ニ之ヲ使用スル権利アリ是レ亦同シク公権ニシテ特許ヲ要セス唯タ国家カ公益ノ為ニ之ヲ制限スルコトヲ得ルニ過キス

以上ハ予カ一片ノ管見ノミ爾後応サニ大ニ研究スル所アルヘク随テ他日或ハ十分ノ研究ヲ得ハ再ヒ教ヲ諸君ニ請フコトアラムナリ

質疑：会社法問題二問

（『明治法学』第一〇号、明治三三年六月発行）

其一

会社カ他人ニ金銭ヲ貸付ケタルトキ其債権ノ消滅時効ニ付テハ民法、商法ノ内孰レノ規定ニ従フヘキ乎（山根太郎三郎）

会社ノ金銭貸付ハ之ヲ商行為トスヘキトキハ商法ノ規定ニ依リ五年ノ時効タリ之ヲ商行為トスヘカラサルトキハ民法ノ規定ニ従ヒ十年ノ時効タルコト言ヲ俟タス而シテ会社ノ金銭貸付カ商行為タルヤ否ヤハ絶対的ニ断定シ難ク場合ニ依リ区別セサル可カラス例ヘハ其会社カ銀行ナルトキノ如キ貸付ハ固ヨリ純然タル銀行取引ニシテ商行為ナリ（商、二六四条第八号）又其他ノ会社ニ於テモ会社ナルモノハ本来商人ナルヲ以テ其行為ハ其営業ノ為ニスルモノト推定シ随テ之ヲ商行為トスルコト通例タリ（商、二六五条）ト雖モ是レ一般ノ推定ニシテ反証ヲ許スニ因リ其反証アルトキハ之ニ反ス極端ノ一例ヲ挙クレハ運送ヲ業トスル合名会社カ其ノ取引先タル第三者ノ為ニ婚礼費用ヲ貸与シタルカ如キ総社員ノ同意ヲ以テセルトキハ亦有効ナル会社ノ行為タルヲ失ハスト雖モ（商、五八条）而モ其貸付ハ商行為タルコト無ク民法ノ時効ニ従ハサルヲ得ス

其二

株式会社ノ支店ハ法人ナリヤ若シ然ラストセハ支店ノ名ヲ以テ為シタル取引ハ総テ違法トスヘキヤ（在台湾、田

所一止）

会社ハ法人ナルモ支店其モノハ固ヨリ人格ヲ有セス蓋シ支店ハ他ノ支店及本店ト共ニ会社テフ一法人ノ営業機関タルニ止マリ若シ支店ニ独立ノ人格アリトセハ一会社ニシテ数箇ノ人格ヲ有スルノ奇観ヲ呈スルニ至ル故ニ其ノ人格ナキハ当然ニシテ学説判例共ニ異論ナキナリ然レトモ此カ為ニ支店ノ為シタル取引ハ違法ナリト為スハ速了ノ見タルヲ免レス即チ支店モ亦前述ノ如ク本店ト共ニ会社ノ一営業機関ニシテ恰モ法人ノ手足ニ外ナラサルヲ以テ其ノ取引ハ即チ会社テフ法人ノ取引トシテ有効タルヲ原則トシ随テ支店ノ名ヲ以テセル取引モ亦会社ノ取引トシテ有効タルヲ原則トスルコト猶ホ支配人、番頭又ハ手代カ為セル取引モ主人ノ取引トシテ有効タルカ如シ但其ノ権限ナカリシ取引ハ此限ニ在ラス

（『明治法学』第一二号、明治三三年九月発行）

「朝礼暮改」

国家ハ活物ナリ日ニ進運活動ス故ニ国家ノ意思タル法律モ亦之ニ伴フテ屡次改正セラルヘキハ当然ノ理勢タルノミナラス又必要ノ施措タラサルヲ得ス殊ニ帝国ノ如キ王政維新テフ空前ノ一大革新ニ逢看シ政体、制度ノ組織ヨリ文物、慣習ニ至ルマテ急転直下ノ勢ヒ以テ豹変シタル秋ニ当リテハ法律ノ改正モ頗ル頻繁ヲ加ヘ日モ惟レ足ラサルノ観アリシカ如キ敢テ深ク怪シムニ足ラス

然レトモ凡百ノ事物自ラ一定ノ程度ナキヲ得ス「物窮マレハ則チ変ス」我邦ニ於ケル所謂急転直下ノ勢ハ其惰力既ニ衰ヘ自ラ底止ノ域ニ達セリト云フ可ク今ヤ国家ノ機関、制度等総テノ秩序正ニ漸ク整備シ国家ト民人トハ寧ロ静止休

養ノ要ヲ感シ穏妥ニ安全ニ以テ其栄養ヲ保タサル可ラサル必要ノ時期ニ達セリ蓋シ人為ノ劇変ハ為政ノ権道ニシテ其ノ常経ハ自然ノ推移ヲ利導スルニ在リ急進実飛ハ進運ノ変調ニシテ此レカ本則ハ所謂「徐ロニ急ク」ニ在リ而シテ維新ノ当初ハ所謂狂瀾ヲ将サニ倒レントスルニ救フ権道ニ出ルノ外ナカリシト雖此ノコトヤ決シテ長ク其道ヲ制シ得ヘキモノニ非ス今ハ即チ常経ト本則トニ復シ自然ノ推移ヲ利導シ以テ徐ロニ急クヘキノ方針ヲ択ミ凡百ノ事物皆此ノ軌範ニ従ハシメサル可ラサルノ節ニ会セリ則チ知ル今ノ時ニ当リテ尚ホ法律改正ノ如キ事業ヲバ軽忽ニ且頻繁ニ之ヲ企テント欲スル者ノ如キ昨夢全ク覚メス時勢ノ推移ヲ洞看セサルノ致ス所タルヲ蓋シ立法ノ事業タル極メテ困難ニシテ且ツ極メテ危険ナルモノアリ顧フニ明治三四年ノ交当時ノ司法卿江藤新平氏儁敏英邁ノ資自ラ馳セテ仏蘭西諸法典ヲ飜訳セシメ直ニ之ヲ採テ我邦ノ法典ニ擬セント試ミシコトアリ然レトモ此ノ如キ激調ハ百事草創ノ当時ニ於テスラ勢ヒノ抗シ難キモノアリテ竟ニ行フヲ得サリシ若シ或ハ之ヲ今日ニ唱フル者アラハ果シテ如何世人ハ狂漢ノ囈語トシテ一顧タモ与フル無クシテ止マン啻タ仏法ニ於テ然ルニ非ス独法ヲ以テスルモ英米ノ法制ニ習ハントスルモ亦共ニ然ラサルヲ得ス蓋シ英法ニマレ独法ニマレ仏法ニマレ其徒ヲシテ之ヲ論セシメハ各其法ヲ以テ比較的完美ノ法律ト為サヽルハ無シ而カモ之ヲ飜訳シテ直ニ我国法ト為スコトヲ非トスルモノ何ソヤ他ナシ我民情風俗ニ適セサルモノ少ナカラサルヲ以テナリ理想ハ以テ直ニ実際ニ応用スルノ甚タ難キモノアルヲ知レハナリ然ラハ則チ一国ノ法律ヲ創定シ若クハ改正スルノ業豈爾カク容易ノ談ナラムヤ

然ルニ我邦ニ在テハ近年ニ迨フモ尚ホ法律改正ノコト頻リニ流行シ一法暁ニ成レハ改正ノ声ハ夕ニ起リ紛々擾々改正又改正所謂朝礼暮改ノ弊朝野ヲ浸潤スルモノアリ曩ニ旧民法商法ノ始メテ公布サラルヽヤ未タ施行ニ至ラスシテ修正ノ議ハ早ク既ニ決シ所謂修正ノ名ノ下ニ此レカ全部ヲ改定シ今ノ現行法ト為リテ施行未タ幾年ナラス而シテ改正ノ論ハ又直ニ喧唱セラル曰ク民法某条ノ修正曰ク商法某条ノ改正ト遂ニ親族、相続二編ニ就テハ全部ノ修正ヲ謀ラントスル一団体ヲ生スルニ至リ又現ニ其ノ附属法タル非訟事件手続法ノ如キハ公布後朞年ナラスシテ既ニ大部分ノ改正ヲ見タリ而シテ改正熱ハ遂ニ諸般ノ法律上ニ伝播セリ曰ク刑法ノ改正曰ク刑事訴訟法ノ改正曰ク破産法ノ改正曰ク民事訴訟法ノ改正ト而シテ法典調査会ハ其ノ存続ヲ延期シ又延期シ殆ント許多ノ改正ニ忙殺セラレントスルモノアリ而シテ常ニ窘乏ニ苦メル国財ノ若干ト有用ノ人材タル法学者ノ若干トハ恰モ蠶ヲ養フ者ガ蠶卵紙ヲ作ルノミヲ以テ目的トナスカ如クニ這ノ朝礼暮改ノ業ニ消糜サレツヽアルヲ見ルナリ

我ガ学者社会ニ於テ法律ノ改正ヲ此ノ如ク軽視シ頻繁之レヲ企テテ尚ホ飽ヲ知ラス今ノ如キ朝礼暮改ノ弊習ヲ馴致セシ所以ニ就テハ其ノ原因トシテ数フヘキモノ蓋シ三アリ請フ甞ニ之ヲ論セム

其一ハ維新過渡ノ変革ニ伴ナヒシ因習タリ維新創業ノ必要トシテハ諸般ノ制度ヲ規劃シ法令ヲ制定スル頗ル頻繁ヲ極メタリ従テ又其ノ改廃ノ多キヲ見ル勢ノ已ムヲ得サリシ所タリ而シテ此勢ハ今日ニ至リテモ尚ホ惰力トシテ存シ平生此事実ニ耳目ヲ慣レシ者ハ此カ為ニ法令ノ制定改廃ヲ以テ家常ノ茶飯ト同視シ其及ホス変動ノ甚タ重大ナルヲ感セス因習性ヲ成シ益々此ノ弊ヲ助長セシモノ是ナリ

其二ハ人々意思ノ相同シカラサルコト即チ之ヲ大ニシテハ学派ノ相異之ヲ小ニシテハ同一派中ニ在テモ主義定見ノ相異セルモノアル是ナリ人心ノ同シカラサル其面ノ如シトノ諺ハ移シテ以テ適切ノ例トスヘク甲某ノ起案ハ乙某之ヲ難スルニ辞アリ丙派ノ制定セル法律ハ丁派之レヲ攻撃スルノ地アリ此ノ如クニシテ戊己庚辛各其ノ所見ヲ異ニスルカ故ニ一法ノ内ニ在テモ百千ノ条項ヲ通シテ一モ異見ヲ狭ムモノヲ出ササル如キハ遂ニ得テ望ミ得ヘキコトニアラス而シテ自己ノ所見ヲ頑信シテ他ヲ顧ミルニ遑アラサル偏狭ノ輩ハ自己ノ独力ニ成レル法律ニ非サルヨリハ総テノ法律ニ対シ改正ノ論ヲ枉唱セサレハ止マサルカ如キ者甚ダ其人ニ乏シカラス是レ豈ニ又此レカ原因ノ一タラサルヲ得ンヤ

其三ハ最モ言フニ忍ヒサル名利心ノ作動タリ諸法令殊ニ法典ノ如キハ宰相ハ之ヲ自己ノ管理ノ下ニ制定セント欲シ学者ハ之ヲ自己ノ手ニ起草セント欲シ議員ハ之ヲ自己ノ発言ニ修正セント欲シ各之ニ依リテ自己ノ功名ヲ法制史上ニ垂レ併セテ勲爵ヲ博シ甚シキハ此レカ為メニ間接ノ実益ヲ収メント欲スル者少ナカラス蓋シ適当ノ場合ニ於ケル法律ノ

制定及ヒ改正ハ実ニ斯ル名利ニ値スル重大ノ事業タルカ故ニ乃チ之ヲ濫リニシテ竟ニ私ヲ欲スルニ至ル者ヲ出ス亦実ニ浩歎ニ堪ヘサルモノト云フヘシ

既ニ此三原因アリ滔々トシテ朝礼暮改ノ弊ヲ滋ス亦怪シムニ足ラス然レトモ顧ミテ、帝国ノ現状ニ及ヘハ前提已ニ論セシカ如ク我邦ノ時勢ハ既ニ一転セリ其一タル時勢ノ惰力ハ既ニ漸ク衰竭シツヽアリ、否、速ニ衰竭セシメサル可カラス其二タル学者ノ異見モ学者カ所信ノ主義ニ忠ナルハ感スヘシトスルモ学者タル者亦爾カニ頑鈍ナル可カラス宜シク国家ノ実際ニ鑑ミ相依相譲以テ比較的完美ノ法律ニ満足スヘク以テ朝礼暮改ノ弊ヲ避クルニ勉メサル可カラス而シテ余輩ハ今日ノ弊根ノ上ノ二者ニ在ラスシテ寧ロ後ノ一者即チ其三タル名利心ニ根由スル頗ル大ナルモノアランコトヲ恐ルヽニ堪ヘス乞フ少シク事実ノ一端ヲ語ル可ナラム乎

往年旧民法商法ノ制定セラルヽヤ人ハ我邦未曾有ノ法典茲ニ大成セルヲ慶セシ中ニ在リテ窃ニ東洋ノ那勃翁タル名誉ノ他人ニ帰スルヲ忌嫉シ之ヲ自己ノ冠上ニ加ヘント欲シテ暗ニ云為セシ者ヲ出セリ（当時宰相某氏ハ余輩ニ対シ涙ヲ揮フテ慨嘆サレシコトアリ事実ノ詳細ハ頗ル述フヘキノ価アルモ余輩ハ茲ニ噤黙ノ徳義ヲ守ラサルヲ得ス）是ニ於テ乎東洋ノポルタリース、トロンセータラントスル幾多ノ野心家ハ忽チ之ニ唱和シ遂ニ物論ノ騒然ヲ致シ修正ノ名ノ下ニ全部改正ノ挙ヲ見ルニ至レリ即チ此改正ノ主要ナル原因ノ一ハ実ニ名利心ノ刺戟ニ外ナラザリシナリ

然レトモ此改正タル事施行ノ前ニ係リシヲ以テ固ヨリ法律ノ制定及ヒ改正ヲ児戯ノ如クニシ国家ノ体面ト法律ノ威信トヲ傷クルコト大ナルモノアルヲ免レサリシト雖他ノ一面ヨリ見レバ此改正ノ為ニ主トシテ迷惑ヲ感セシハ学者、学生、法官、弁護士、公吏及ヒ最モ心掛善キ一部少数ノ国民ニ止リ一般国民ハ殆ト利害相関セスシテ普通改正ニ伴フ弊害ヲ見ルニ至ラズ且改正後ノ法律即チ現行法ハ旧法ニ比シ優ニ其編制ノ勝レルヲ見タルカ故ニ此改正ハ寧ロ功罪相償フノ結果ヲ得タリト云フヲ得可シ

次ニ観察スヘキハ刑法ノ改正ナリ現行刑法ハ明治十五年以降、既ニ十九年ニ及ヒ其間ノ実験上或ハ不備不当ヲ感スル

モノ固ヨリ鮮シトセス故ニ其一部ヲ補足シ修正セントスルハ固ヨリ必要ノ業タリ然レトモ根蒂ヨリシテ之レヲ覆ヘシ其全部ニ渉タリ改正ヲ施セントスルハ余輩其ノ何ノ謂タルヲ解スル能ハズ之ヲ外ニシテハ刑法ノ改正ハ改訂条約実施ノ条件ニ算セラレス却テ民法商法諸法典ヲシテ刑法ノ如ク完全ナラシメヨト請求セラレシ程ニシテ文明各国ノ学者已ニ是ヲ以テ甚ダ適当トセリ之ヲ内ニシテハ国民ノ刑法ヲ非トスルノ声亦殆ト聞クヘキモノ無シ而シテ唯僅カニ若干ノ学者（若クハ学者ト自称スル者）カ囂然聚訟此レカ改定ヲ呼号スルアルニ過キス或ハ曰ハム一般国民ハ法学ノ知識ナキカ故ニ之ヲ非トセサルノミ、否ナ、可否共ニ之ヲ表スルノ能力無キカ故ニ然ルノミト、是レ国家ノ法律ト法理ノ学説トヲ混スルノ謬論ナリ国家ノ法律ハ生命アリ威力アリ一々利害得喪ヲ国民ノ頭上ニ下スモノ、常識アル国民ニシテ豈之ヲ可否スルノ能力ナシトセンヤ十有九年ノ日月必シモ短シトセス而シテ国民ノ声トシテ其間曾テ之ヲ非トスル者無キハ少クモ大体上之ヲ是認セル証左ニ非スト云フヲ得ンヤ蓋シ我刑法ハ仏法ヲ模範トシ伊独其他諸国ノ刑法ヲ参酌セルモノニシテ母法タル此等各国法ニ勝ルアルモ劣ル無キハ公平ノ定論ナリ然ルニ端ナクモ全部改正ノ企画アリ余輩之ヲ其唱フル者ノ名利心ニ因由セリト断スルニ於テ敢テ甚シキ猜忌ノ悪徳ニ陥レルモノニ非サルヲ信ズ

朝礼暮改ノ弊ヲ以テ名利心ノ作動其主タル一原因ナリトナスコト仮ニ余輩ノ失言ナリトシ而シテ各自其ノ主義ニ忠ナルノ熱誠ニ出ツルニ外ナラストスルモ此カ為ニ各互ニ改正ヲ競フニ於テハ其ノ底止スル所ナキハ既ニ畧述セル所ノ如ク其結果ニ至テハ彼此ノ間毫モ異ナル処アルベカラズ現ニ現行民法ノ如キ其ノ施行後日尚浅キニ拘ハラス親族、相続二編ニ対シテハ此レカ修正ヲ目的トスル一団体ヲ生セシノミナラス頃者大阪ニ開カレシ日本弁護士協会総会ニ於テモ修正ノ為ニ調査委員ヲ設ケタルアリ蓋シ協会ノ如キハ各条項ニ就キ徐ロニ此レカ修正ヲ謀ラント欲スルモノニシテ寧ロ賞賛スヘキコトタリト雖一方ニハ更ニ全部改正ノ激論ヲ唱フル者アリ蓋シ我邦ノ社会ハ今ヤ家族制ヨリ個人制ニ移ラントスル過渡ニ立ツカ故ニ新法旧法共ニ此ノ二主義ヲ折衷調和スルノ方針ヲ以テ制定セシモノニテ単ニ学理ヨリ之ヲ観レハ主義一貫整然統一ノ美観ナキモ実際ニハ寧ロ適当ナルヲ信ス而モ細ニ之ヲ論スレハ旧法ハ稍個人制ニ傾キ新

法ハ之ヲ非トシテ稍家族制ニ偏セリ故ニ保守者流ハ更ニ之ヲ純然タル家族制ト為サントシ急進者流ハ更ニ之ヲ純然タル個人制ト為サントシツヽアリ若シ此等ノ徒ヲシテ各其ノ志ヲ得セシメハ一進一退全部ノ改正相踵キ竟ニ千百年ノ後ニ至ルモ其定マル所ヲ見ル能ハズレテ終ラサルヲ得ズ而シテ彼等カ交々其ノ学説若クハ名利心ノ満足ヲ得ル毎ニ国家ト民人トハ独リ其弊ニ堪エサラントスルナリ

試ミニ之ヲ欧米諸邦ニ観ヨ英国ハ総テノ事物ニ保守的ナルト共ニ法律ノ上ニモ、亦保守的ニシテ法典編纂論ノ如キ英国ノ学者政治家ノ之ヲ唱フル者既ニ甚タ多キニ拘ハラス尚妄ニ法典編纂ノ業ヲ敢テセサルノミナラス衡平法ノ如キ最古ノ法律ト雖モ亦未タ全部ニ渉リテ改正ヲ施サス仏国ノ如キ最モ軽躁ニシテ人心移動シ易キ国民タリト雖モ憲法ノ政体ト共ニ屢変セシニ拘ハラス殆ト百年前ノ編纂タル那勃翁法典ハ依然トシテ尚儼存シ唯其ノ各部分ノ多少修正サレシモノアルニ過キス然ラハ則チ学者ノ批難ナキノ故カ曰ク否、学者ノ批難ハ実ニ縷説枚挙ニ遑アラス而シテ尚其ノ全部ノ改正ヲ敢テセサルモノ何ソヤ他ナシ法律ノ改正ハ極メテ重大ノ影響アルヲ以テ極メテ重大ナル実際的必要ノ避ク可カラサルモノアルニ至ラサルヨリハ之ヲ敢テスル能ハサルヲ以テナリ其他ノ各国亦皆法律ノ政正(ママ)ヲ妄ニセス若シ之ヲ妄ニセシモノハ則チ其弊ヲ受ケシコト各国ノ法制史上炳トシテ日月ノ如シ而シテ毫モ此等ノ事実ニ関心セス軽忽ニ頻繁ニ法律ヲ改廃スルコト尚ホ旅舎ノ旅客ヲ送迎スルカ如キ現状ニ対シ余輩豈ニ慨セスシス(ママ)止ムヲ得ンヤ

惟フニ我邦ノ如キ後進国ヲ以テ直ニ英仏諸国ニ比擬ス固ヨリ酷論タルヲ免レス然レトモ維新後草創ノ時代ニ在テハ此弁護ヲ容ルスヘシ今ヤ則チ一遁辞タルノ譏ナキ能ハス諸般ノ法典既ニ一タヒ成リ法治国ノ実茲ニ挙リシ以上ハ法律ハ国家ト民人トノ依リテ以テ存立シ行動スル唯一ノ標準ニシテ此標準若シ朝ニ変シ夕ニ改ラハ国家ト民人トハ適従スル所ヲ知ラス左顧右眄東奔西走徒ラニ視聴ニ迷ヒ奔命ニ疲レ国家ノ基礎常ニ動揺シテ民人ハ其生ヲ聊ンセス法律ノ威信亦遂ニ地ニ墜チ法律ハ野心アル政治家ト学者トノ玩弄物ト為リ法官弁護士等所謂法曹ヲ以テスルモ尚自国ノ法律ヲ領会スルノ期ナク空シク常ニ其ノ影跡ヲ追尋スルニ忙了セサル能ハサルベシ余輩豈ニ漫ニ大言壮語以テ一時ノ快ヲ貪ル

ニ意アランヤ唯朝礼暮改ノ弊ハ竟ニ此極ニ至ランコトヲ恐ル丶ニ堪ヘス敢テ識者ニ訴ヘント欲スルノミ

「[芸娼妓の自由廃業に関する] 岸本辰雄氏の意見」

(和田鍬司編『娼妓と人権』開発社、明治三三年九月刊)

岸本辰雄氏は明治法律学校の校長にして、仏国流法律を以て優に一方の大家なり、氏も亦名古屋[地方]裁判所の判決[明治三三年六月一一日言渡]に同意を表して曰く

余は名古屋裁判所の判決に同意を表するものなり、娼妓稼業の善良の風俗に反することは論なし、仮令行政命令中には如何なる規定あるも、娼妓稼業の善良の風俗に反するや否やは固是れ事実問題なれば、裁判官の認定を以て裁判するに於て、決して差支あるを見ず、元来娼妓と楼主との間の約束は二様の意味あり、一は単に金銭上の貸借にして、一は出稼の契約なり、金銭上貸借の有効なるは別に議論なしと雖も、出稼契約の善良の風俗に反するは、何人と雖も反対すること能はざるべし、或は出稼は一種の雇傭契約なりと云ふものあるも、娼妓は下女下男が主人に労力を供給するものとは、大に其趣を異にする所あり、仮令之を雇傭契約とするも、人に淫を売ると云ふ約束の無効なるは多言を要せずして明なり、例令甲男乙女が醜行を約束することあるも、法律は決して之を保護せざるべし、況や第三者たる遊客に対して淫を売らしめんとする契約の無効なるは言ふ迄もなきことなり、

質疑：会社法問題

（『明治法学』第一三号、明治三三年一〇月発行）

未タ全額ノ払込ヲ為サヽル株券（額面五十円ニシテ内二十五円払込ミタルモ残額ハ未タ払込マサルモノ）ニ質権ヲ設定シタル後債務者残額ノ払込ヲ為シタルモ其払込金額ヲ未タ株券ニ記入セス又其領収証書ヲ債権者ニ交付セサル場合ニ於テ質権ノ実行ハ株券競売代金ノ全額ニ及フヘキヤ将タ質権設定当時ニ於ケル株券記載金額ノミニ額限セラルヘキヤ（校友、杉坂昆明）

質権ノ効力ハ質権設定後質債務者カ払込ヲ為シタル株券価格ノ上ニモ及フヘキモノトス左ニ其理由ヲ説明スヘシ

一　質権者カ質権ノ上ニ有スル権利ハ物権ノ一タルカ故ニ其価格ノ増減ハ天然ニ出ルト人為ニ基ケルトノ区別無ク質債権者ニ直接ノ利害ヲ及ホスヘキモノタリ例之ハ不動産質ノ場合ニ於テ目的物タル不動産カ荒廃ニ帰セシ時質権者ハ担保ヲ減損セラレ之レニ反シテ天然物ノ発生其他ノ原因ニ依リ価格ヲ増殖シタル時其増殖シタル価格ノ上ニモ質権ヲ行使シ得ルカ如シ本問質権設定後ニ質債務者カ株金ノ払込ヲ為セシ事実ハ法則上ヨリ之ヲ見レハ質権設定後ニ質物価格ノ騰貴シタル場合ト寸毫ノ異ナルモノアルナシ此ノ如ク質権者ハ質物其物ノ上ニ直接利害ノ関係ヲ有スルモノタルカ故ニ本問ノ如ク質権設定後質債務者カ株金ノ払込ヲ為シ質物価格ヲ騰貴セシメタル場合ニ在テモ等シク質権者ニ於テ其利益ヲ受クヘキモノタルコト勿論ナリトス

一　株式ハ元来現実ニ於テモ亦想像ニ於テモ分割シ得可キ性質ノモノニアラス故ニ半額払込ノ株券ト雖株式トシテハ定款ニ定メラレタル一個若干ナル権利ノ所在ヲ証明スルモノニ外ナラス唯現実ニ払込ヲ終ラサルカ故其株券ナル紙

片ハ市価ノ之ニ伴ヒ能ハサルニ過キス而シテ質権ノ目的タル物ハ株券ニアラスシテ株式ノ上ニアルカ故質権設定ノ時ハ已ニ其質権ハ其株式全体ノ上ニ設定セラレタルモノト看做サル可キモノニシテ決シテ其払込ヲ終リタル若干円ナル価格即チ株券面ノ上ニ設定セラレタリト見ルヲ得ヘカラス而シテ質債務者カ質権設定後ニ至リ株券ノ払込ヲ為シタル時ハ直ニ質物ノ上ニ価格ヲ増殖スルノ結果ヲ生ス可キモノニテ質物タル株券ト相離レテ独立シタル或ル物若クハ或ル権利ヲ生スヘキモノニアラス此点ヨリ見ルモ本問ノ場合ニ在テ質権ノ効力カ質権設定後払込ミヲ為シタル価格ノ上ニ及ヒ得可キコト明白ナリトス

「再ヒ刑法全部改正ノ非ヲ論ス――併セテ古賀廉造氏ニ答フ――」

（『明治法学』第一五号、明治三三年一二月発行、＊『日本弁護士協会録事』第三八号、同年一二月発行）

予ガ明治法学第拾二号ノ紙上ニ於テ朝令暮改ナル一篇ヲ公ニセシ所以ハ、大ニ時弊ヲ鑑ミル所アリテ私ニ匡救ニ意アリシニ因ル。然ルニ何ソ図ラン、言偶々刑法改正ノ議ニ及ヒシ為メ、端ナクモ古賀廉造氏ノ激忿ヲ買ヒ、法学志林紙上熱心ナル氏ノ駁論ヲ見ルニ至ラントハ、是レ実ニ余ニ在テハ意外ノ感ニ堪ヘサル所トス。頃者氏ノ寄贈ヲ辱フシ、法学志林紙上、氏ノ論文ヲ読ムノ機ヲ得タリ。冒頭先ツ陽ニ予輩ヲ推奨シ、斯学界ノ泰山北斗ト称シ、謙譲自ラ後進ヲ以テ処リ、礼ヲ備ヘテ戦端ヲ開カントセシニ似タリ。然レトモ読ンテ其内容ニ入レハ、筆端動モスレハ奔放シテ嘲笑冷罵ヲ極メシモノ少シトナサス。蓋シ、其ノ此ノ如クナリシモノ必スシモ氏ノ本意ニ非ス、唯事ニ熱中セシ極、血気自ラ制シ難ク、不知不識危激ニ陥リシモノナランカ。然ラハ即チ余輩ニ対スル氏ノ推奨ハ、敢テ余輩ノ当ル所ニ非サルト共ニ罵詈嘲笑モ亦省ミルニ足ラス。殊ニ況ンヤ、一古賀氏ト熱意対壘シテ論戦ニ立タントスルカ如キ、余輩不肖ト雖モ少シク躊躇セサルヲ得サル所タリ。故ニ、予ハ氏ノ駁論ニ答フルコトヲ欲スルモノニ非ス。然レトモ余輩ノ論旨ハ敢テ之ヲ以テ一片学説上ノ講話ト為セシニ非ス、之ヲ事実ノ上ニ遂行シ聊カ時勢ニ補フノ意ニ外ナラサリシカ故ニ、茲ニ再ヒ所見ヲ攄フルノ適当ナルヲ感セシノミ。豈敢テ氏ノ駁論ヲ咎ムト謂ハムヤ、氏且之ヲ諒シテ可ナリ。

是ヲ以テ余ハ一々氏ノ所説ヲ案シ之ニ答フルノ要ヲ見ス、寧ロ氏ノ駁論ヲ機トシ、再ヒ江湖ニ向テ余ノ素懐ヲ告白スル所アラント欲ス。然レトモ氏ガ余輩ニ向テ放タレシ一二ノ妄言ニ対シテハ、聊カ之ヲ茲ニ弁シ置クノ要アルヲ認ム。氏ハ婉曲ノ文ヲ弄セシニ拘ハラス、予輩カ刑法改正ノ非ヲ唱フル所以ヲ以テ、予輩自ラ此カ改正事業ニ参与シ能ハサリシ為メ、他人ノ功名ヲ妬ミ、故ラニ此議ヲ為スモノ、如ク皮肉ナル意ヲ漏ラセリ。予輩ハ之ヲ読ミ、覚ヘス失笑ニ禁ヘ能ハサリシモノアリ。惟フニ、境遇氏ノ如キニ在リテハ斯ルコトヲ以テ一代ノ事功ト為シ、成敗此カ喜憂ヲ感スル切ナルモノアランモ、不肖余輩ニ在テハ明治十三年帰朝以来殆ト二十年法典ノ編纂及ヒ此カ修正ニ参与シ、寧ロ煩厭ノ情アルモ、之ヲ倖機ト頼ム如キ陋懐ハ絶ヘテ之ヲ寓スル所アラス。政府カ法典調査会員ノ選任ニ於ケル当否ハ別論トシ、余輩カ自ラ冀ヒ若クハ他ヲ妬ム如キ醜陋ノ心事ヲ存セサルコトハ、余輩ノ境遇及ヒ余カ所論（朝令暮改）ノ全篇ヲ通覧スルニ於テ、諒セラル、ヲ得ヘキナリ。

氏ハ又、予カ朝令暮改ノ弊源ヲ論シ其原因ノ一ヲ名利心ニ帰セシニ対シ、頗ル激昂セラレシニ似タリ。是レ実ニ意外ニシテ、殆ント解釈ニ困シム所ナリ。元来此事タル、余ヲ以テスレハ之ヲ公言スルニ多大ノ痛苦ヲ感シ、殆ント之ヲ筆ニスルニ忍ヒサリシ所。而カモ奈何セム、朝令暮改ノ弊ハ此ノ事実ニ主要ノ因ヲ為シ、一世滔々公徳頽廃ノ極ニ陥リ、国家民人ノ利害ハ殆ント一政治家ノ犠牲ニ供セラレントスルノ憂アルヲ認メシカ故ニ、今日ニ於テ此論議ヲ公ニスル、或ハ一面ニ於テハ朝令暮改ノ弊ヲ矯メ、他ノ一面ニ於テハ所謂政治家ナル者ノ公徳頽廃ヲ救フニ於テ少補アルヘキヲ信シ、立言稍ヤ穏妥ナラサルヲ感セシニ拘ハラス、深ク自己ノ身辺ヲ顧ミルニ遑アラス、敢テ之ヲ公言セシ所以ナリ。（此点ニ付テハ此論戦ヲ公平ニ評論セラレシ日本新聞法曹雑話記者ノ一顧ヲモ併セ乞ハサルヲ得ス）然ルニ今ヤ氏カ痛ク之ニ激昂セラレシヲ見ル、是レ抑何ノ故ソ。氏未タ此時弊ヲ認メサリシニ因ル歟、将タ之ヲ以テ氏ヲ指セシト認メラレシニ因ル歟、予ハ刑法改正ヲ以テ敢テ氏ノ事業ナリト信スルモノニ非ス。殊ニ、予ノ所謂朝令暮改ノ非ヲ訴ヘタル総テノ法律改正事業ニ、氏カ幾干ノ施設ニ参セシヤヲ聞カス。蓋シ、余ノ知ル所ヲ以テスレハ、氏ノ如キ讒ニ刑法改正ノ一事ニ参与シツヽアリト雖モ、未タ其他余カ所謂滔々ノ弊ヲ馴致シタルノ群ニ伍スヘキ人ニ非ス。此ノ如キハ、実ニ氏以上ニ立チテ内外ノ権勢ヲ頼メルノ人ニ在リ。故ニ、余ハ氏カ之ニ怒リシ事由ヲ解スル能ハス、却テ氏カ飜然予輩ト共ニ公徳ノ為メ、法律ノ威信ヲ護ルノ為メ、此ノ一大時弊ノ矯正ニ任セラル丶ニ至ランコトヲ勧メサルヲ得ス。

予ハ氏ノ駁論ニ接セシト共ニ、氏ノ著刑法新論ヲ捧誦スルノ機会ヲ得タリ。蓋シ、氏ノ駁論ハ自家撞着ノ点多ク、論旨亦明確ヲ缺ケル所アリシカ故ニ、慎重ノ態度ヲ以テ之ニ答ヘントスルニハ、勢ヒ氏ノ素論ヲ蔵セシ氏ノ著述ヲ繙クノ労ヲ避ケ能ハサリシヲ以テナリ。而シテ予ハ新論ノ名ニ対シ、相当ノ敬礼ト熱意トヲ以テ之ヲ通読セント勉メタリ。然ルニ図ラサリキ、新論中ノ所説ハ、遠クロンブロゾーヲ祖述シ、近ク仏ノガローー白ノプリンスニ私淑セシモノ多ク、就中ガローノ所説ニ符合セシモノ頗ル多キニ似タリ。蓋シ、此等諸家ノ所説ハ新説トシテ欧洲ノ学者社会ニ歓迎サレサリシニ非ス、然レトモ是レ唯タ一種ノ学説トシテ歓迎サレタルニ止マリ、何人モ直チニ此ヲ以テ国家法制ノ上ニ実行シ得ヘシト信セシ者アラス。否ナ此ノ如キ学説ハ、容易ニ実行ヲ得ヘカラスト信セシ者寧ロ多カリシニ似タリ。現ニ某学者ノ如キハ、ロンブロゾーノ論旨ヲ遂行スルニハ犯罪者即チ一種ノ病者タルヨリ、天下ノ監獄ヲ全廃シテ之ニ代フルニ精神病院ヲ以テシ、犯罪者ヲ挙テ此病院ニ収容セサル可カラス、是レ果シテ実行シ得ヘキモノナリヤト痛撃セシ者アリ。其実行ヲ得サルヤ知ル可シ。然ルニ、古賀氏ハ此等諸家ノ所説ヲ十分ニ咀嚼シ消化スルノ労ヲ取ラス、漫然之ヲ生呑シ、活剥シ、交互排列シテ其間ノ調和ヲ勉メサリシカ為メ、前後ノ撞着、左右ノ矛盾、殆ト一奇観ヲ呈セリ。此点ヨリシテ氏ノ著述ヲ新論ト云フ、亦当ラストセス。然レトモ、之ヲ綜合シ帰納シテ氏ノ主義論旨ヲ会得セントスルハ、畢竟人力ノ得テ能クスル所ニ非ス。今強ヒテ之ヲ推想判別スルニ、犯罪ハ社会ノ讐敵ナルヲ以テ、厳ニ之ヲ防禦スヘキノミナラス犯罪者ハ先天的犯罪者タルヘキ性質ヲ有スル者多キカ故ニ、其ノ刑罰ヲ厳酷ニスヘシ。其罪ヲ悪ムテ其人ヲ悪マストノ主義ヲ一飜シ、其罪ヲ悪ミ又併セテ其人ヲ悪ムノ主義ト為スヘシ。而シテ犯罪者ノ性質ニ応シ防禦ノ目的ヲ達セムカ為ニハ、大ニ刑罰ノ範囲ヲ拡張シ、裁判官ニ委スルニ広大無限ノ権力ヲ以テスヘシト云フニ在ルモノ、如シ。

氏ハ此ノ如ク、ロンブロゾー、ガロー及プリンス諸家ニ依リシモ、氏ハ諸家ノ所説ヲ完全ニ解得セサリシ歟、其ノ論決ハ却テ諸家ト一致セス。諸家ハ其ノ論旨ノ如何ニ関セス、要スルニ各々碩学タルヲ失ハスシテ脳裏ニ人権ノ観念アリ。法理ノ知識アリ。随テ、犯罪者ハ一種ノ病者ナルカ故ニ其刑ヲ酷ニセヨト云ハス。却テ病者ナルカ故ニ之ヲ憐ムヘシトスルノ趣旨ハ、所説ノ全体ヲ支配スルモノ、如シ。然ルニ、氏ハ諸家ヲ学ンテ犯罪者カ病者ナルノ前提ヲ襲用セルニ拘ハラス、病者ナルカ故ニ害物ナリ、毒物ナリ、讐敵ナリト為シ、以テ其刑ヲ酷ニセサル可カラスト狂号セリ。相距ル亦遠カラスヤ。夫ノ其罪ヲ悪ムテ其人ヲ悪マストハ、万古不易ノ格言ナリ。然ルニ、氏ハ諸家ノ所説ヲ誤読シテ自家残忍ノ心ヲ養ヒ、敢テ其人ヲ悪ムテ酷刑ヲ加ヘントス、之ヲ該諸家ニ聞カシメハ夫レ将タ何トカ言ハム。一学説トシテハ或ハ聞クニ足ルヘク、殊ニ之ヲ学生ノ間ニ唱ヘテ好奇的喝采ヲ博スルニハ最モ可ナリ。然レトモ直チニ之ヲ立法ノ主義ト為スハ頗ル其当ヲ失ス。犯罪ハ固ヨリ社会ノ讐敵ニ外ナラス、故ニ有ラユル手段ヲ以テ之ヲ減シ之ヲ除クベキハ言ヲ俟タス、然レトモ之カ為メ、人類カ互ニ他ノ人類ヲ残虐スヘシトスルハ、恐ラク世界人類ノ挙テ反撃スル所タラム。

酷刑酷刑、嗚呼是レ実ニ氏ノ本領ナリ。氏ハ予輩カ弁護士トシテ平生常ニ被告人ニ接スルノ故ヲ以テ、被告人ノ利益ヲ謀ラントスルニ慣レ遂ニ寛刑主義ヲ把持スルニ至レリト為セリ。余輩ハ直チニ此論法ヲ転シ、氏ハ生来（公人トシテ）検事ノ職ヲ奉シ平生凡テノ被告人ヲ罪悪視スルノ慣習ニ陥リ、被告人ヲ厳罰シ得ハ社会ノ能事畢レリト為スノ性ヲ養成セシカ故ニ、竟ニ酷刑論ヲ唱ヘテ得々憚ラサルニ至リシニ非スヤヲ問ハサルヲ得ス。且夫レ、氏ハ余輩カ刑法ヲ専攻セシ者ニ非ストノ故ヲ以テ、窃ニ嘲笑ノ語ヲ漏ラセリ。余輩ハ之ニ反シ、氏カ刑法専攻家タルノ故ニ依リ、氏ノ眼底唯一ノ刑法ヲ存シ、心性自然冷酷ニ流レ、自由ヲ奪ヒ人命ヲ絶ツ恰モ屠丁ノ牛羊ニ臨ムカ如クナルニ至リシニ非サルヤヲ恐ル。若シ舞文羅織、峻刑酷罰、寸毫仮借セサル酷吏伝中ノ人ヲ九泉ノ下ヨリ起シテ長官ト為シ、氏其命ニ走ルアランカ、氏ノ主義ハ或ハ能ク行ハルヘキニ至ランモ、既ニ隻脚二十世紀ニ加ハリシ今日ニ在テハ、徒ラニ酷刑峻罰之レ快トスルノ議論ヲ狂号セントスルハ、酷刑寧ロ滑稽ト云ハサルヲ得ス。

刑事人類学ト云ヒ、犯罪骨相学ト云ヒ、学説トシテ之ヲ講究スル固ヨリ妨ケス。余輩ハ俊秀氏ノ如キ人士カ、一身ヲ委ネ此カ蘊奥ヲ究メンコトヲ望ムニ堪ヘス。然レトモ、直ニ之ヲ応用シテ一国ノ制度ニ擬セントスルニ至テハ、其領域ヲ誤レルノ太甚シキ者ト為サヽルヲ得ス。徐ロニ骨相ヲ観シ、先天的犯罪者タルノ有無ヲ想定セント勉ムル如キ学者トシテハ即チ可ナリ。法官トシテ権力ヲ以テ臨ムハ、固ヨリ非ナリ。若シ或ハ、行政警察官カ参考トシテ類別ヲ設ケ、世ノ資料ニ供セントスル如キ、即チ事ニ妨ケナキヲ得ンノミ。

刑期ノ範囲ヲ拡張シ法官ノ権限ヲ広大ニスヘシトノコトハ、学説ノ趨勢稍ヤ之ニ近シト云フニ止マリ、未タ以テ世界学者ノ通論ナリト云フヲ得ス。況ヤ、直ニ之ヲ国家ノ刑法トシテ制定実行セントスルカ如キニ於テヲヤ。余輩ハ刻下唯タ独逸聯邦中最小ノ一二国ガ経験ノ途ニ上レルヲ聞キシコトアルノミ。然ルニ、倉皇之ヲ我邦家ニ移植セント呼唱スル、是レ国民ヲ以テ学説実験ノ犠牲ニ供セントスルモノ、日本国民ハ未タ斯ル危険ナル立法者ノ為メ、其身命ヲ捧ケサルヘカラサル先天ノ罪悪ヲ有スルモノニ非ス。

方今、我国ニ於ケル刑期範囲ノ拡張論ニ付テハ世説二派ニ分レ、甲派ハ理論実行共ニ之ヲ可ナリト唱ヘ、乙派ハ理論トシテハ之ヲ是認スヘシトスルモ実行ニ至テハ危険大ナリト為シ、今ノ法官ニ広大ノ権限ヲ委ヌルハ危険極マリ無シト為ス。甲派ハ古賀氏ト同流ニシテ、乙派ハ刑法改正ニ反対スル多数ノ人士トス。而シテ余ハ、此ノ二派ニ対シ併セテ反対セサルヲ得ス。

蓋シ、実行ノ点ヨリ云ヘハ、啻ニ今ノ法官危険ナルノミナラス将来ノ法官ト雖亦同シク危険ナリ。青砥藤綱、大岡忠相ハ幾百年間ノ二人ノミ。将来容易ニ其ノ再生ヲ期シ難キノミナラス、仮令再生スルアルモ、全国千百ノ法官ヲシテ尽ク青砥タリ大岡タラシメントスルハ未来永劫望ミ得ヘキコトニ非ス。即チ法官如何ニ進歩スト雖五十歩百歩ノ差ヲ為スニ過ク可カラス。故ニ余ハ尚早論ニ与ミセス、絶対ニ此カ実行ヲ危険ナリト為スモノナリ。而シテ之ヲ理論トシテハ万口一声、未タ非議ヲ聞カスト雖余ハ実ニ之ヲ疑フ者ナリ。元来純理ニ於テハ、人類ノ一人カ他ノ一人ノ生命自由財産名誉ヲ左右シ与奪スルハ、根本的ニ於テ不正不当ノ業ニ属セサルヲ得ス。而モ唯国家ノ生存上、良民ノ秩序安寧ヲ保護スルノ必要ニ於テ、不得止国家ハ之ヲ使用スヘキ権力ヲ認メサルヲ得ス。而シテ国家ハ法官ト名クル凡人ヲシテ其名ニ於テ之ヲ行使セシムルノ止ムヲ得サルモノナリ。即チ国家ト云ヒ法官ト云フノ名アルカ故ニ、正義公道トシテ一個ノ凡人カ他ノ同一人ノ生命自由等ヲ左右シ与奪スルニ外ナラス。故ニ若シ、法律ナル無形ノ者ヲシテ自ラ各個ノ犯罪者ニ対シ適宜ニ刑罰ヲ科スルコトヲ得ルノ日アルニ至ラハ、自然ヲ失フ遠カラサルヲ得ンモ、已ニ法官ナル一人類ニ之ヲ委ネサルヲ得サル以上ハ、何時ニカ全ク遺憾ヲ払拭スルヲ得ンヤ。此理ヨリ演繹シ来ルトキハ、刑法ノ規定ハ勉メテ之ヲ細密ニシ殆ント刑法自ラ各個ノ科罰ヲ為シ得ルカ如クニシ、七情備ハレル法官其人ヲシテ、自己ノ方寸ヲ以テ随意ニ刑罰ヲ増減シ伸縮スルノ道ヲ杜絶セシムヘキヲ期セサルヘカラス。余ハ此理由ヨリシテ、刑罰ノ範囲ハ漸次極メテ之ヲ制限シ狭隘ニスヘキコトヲ唱ヘサルヲ得ス。是レ漢高三章ノ法ハ、以テ之ヲ今日ニ行フ可カラサル所以ニシテ、法律ノ規定カ、世ノ進運ニ伴ヒ繁縟ニ渉ルノ已ムヲ得サル所以ナリ。例ヲ以テ云ハンカ、等シク盗罪ノ如キ単ニ盗ヲ以テ目セシモノ、漸ク強盗ト窃盗トノ別アルヲ認メ、昼間盗ト夜間盗トヲ分チ、屋内盗ト屋外盗トノ差アルヲ知リ、更ニ犯人ノ単複、兇器ノ有無、其他種々ノ情状ヲ挙テ細定セサルヲ得サルカ如キ、理論ノ光明現ハルト共ニ、極メテ多端ニ赴カサルヲ得ス。此ノ如クニシテ益進ミ、罪ト刑トノ権衡ハ、氏カ夢想ノ言トシテ云ヘリシ器械力ヲ以テ測定シ得ルト一般ノ域ニ達セシメサル可カラス。即チ氏カ嘲笑ノ意ヲ以テ、『或ハ少シク面白キ器械ヲ発明シ之ヲ訟廷ニ据付ケテ器械仕掛ニ依リテ以テ刑ノ宣告ヲ為スコトヲ得ハ人間ノ智能ヲ以テスルヨリ事務ノ敏活一層速キヲ加ヘテ而シテ公平ノ処分更ニ優ル所多カルヘシ』ト述ヘシハ、決シテ嘲笑ヲ以テ迎フヘキ言ニ非ス。世幸ニ此ノ如キ器械ノ発明セラルヽヲ得ハ社会民人ノ福祉何ヲ以テカ之ニ加ヘン。而シテ此ノ如キノ発明、到底人力ノ能クシ難キ所ト為サハ余ハ可及的之ニ近キ法律ヲ得ルニ至ランコトヲ望マサルヲ得ス。若シ夫レ、氏ニシテ、罪ト刑ト各能ク権衡ヲ得セシムヘキ立法ハ之ヲ能クセス、故ニ刑ノ範囲ヲ広クシ唯法官ヲシテ適用上此カ権衡ヲ保タシムルノ外無シト云ハヽ、是レ実ニ立法者トシテ能力ナキコトヲ告白スル者ナリ。立法者カ其技倆ニ省ミテ、罪ト刑トノ権衡ヲ得セシムヘキ立法ヲ能クセストノ故ヲ以テ、之ヲ法官ニ推諉シ、放任シ、其技倆ヲ頼ミ僅ニ権衡ヲ僥倖セントスルカ如キ焉ンソ寒心ニ堪ユ可ケンヤ。

或ハ、予輩ノ所論ニ対シ旧説ナリトシテ非議スル者アリ。然リ、洵ニ旧説ナリ。而カモロンブロゾー乃至プリンス以来ノ新説ニ比スレハ、更ニ一段ノ新ヲ失ハシ(ママ)。然レトモ、物必シモ新ナルノ故ヲ以テ貴シト云フ可カラス。天地ヲ貫キ古今ニ亘リ変易ス可カラサルノ真理ハ之ヲ久ウシテ益生命アリ、光輝アルヲ見ル。世ノ俗流之ヲ知ラス、漫リニ新奇ヲ衒ヒ、傲然自称新智識ナリトシテ世ノ好奇心ニ投シ、骨相学等ヲ鼓吹シテ一国ノ立法ヲ以テ児戯ノ如クニ弄ハント欲ス。余輩カ浩歎措ク能ハサル所タリ。氏以テ如何トス。

「清浦氏ノ刑法改正ニ関スル意見ヲ読ム」

（＊『日本弁護士協会録事』第三九号・明治三四年一月発行、＊『法律新聞』第一八号・同年一月発行、『明治法学』第一七号・同年二月発行）

清浦奎吾君足下

君ハ曩ニ監獄協会ニ臨ミ、監獄改良ニ関シ演説スル所アリ。言偶々刑法改正ノ事ニ及ヒ、改正ノ理由及其ノ必要ヲ提偈シ、踵テ磯部四郎氏ノ論難ニ遭ヒ吾豈好弁哉ノ一篇ヲ公ニセラル。君カ演説ノ主眼ハ固ヨリ監獄ノ改良ニ在リ。其監獄ノ改良ニ熱心ナルハ予輩ノ固ヨリ賛称措カサル所タリ。然レトモ、君カ之レト共ニ刑法改正ニ関スル意見ヲ訴ヘラル、ニ至テハ、予輩竟ニ之レヲ称スヘキ所以ヲ知ラス。予輩宿昔ノ卑見ハ刑法ヲ根蒂ヨリ改正スルコトヲ非トスルニ在リ、乃チ一言ノ疑ヲ質ス所ナキヲ得ス。是レ漫ニ他人ノ論戦ニ対シ好事ニ横鎗ヲ試ミントスルニ非ス、又磯部氏ノ為メニ無用ノ助太刀ヲ弄セントスルニ非ス、唯一片自家ノ主張ヲ達セムカ為ノミ。暫ク君ノ言ニ傚ヒ『吾豈好弁哉』ノ成語ヲ借ラン、予輩ノ心事実ニ此ノ如シ。君且之ヲ諒セヨ。

君ハ二タヒ司法大臣ト為リテ司法部ニ比較的功績多ク、二タヒ法典調査会副総裁ト為リテ、法典調査ノ事、君ノ技能ニ俟ツ所少カラサリシ。更ニ溯リテ君ハ司法次官トシテ、将タ警保局長トシテ、司法ノ政ニ、行政警察ノ任ニ、能ク其ノ職責ヲ全ウシ、且為ニ欧州ニ航シテ其智見ヲ広クセシ所アリ。又更ニ溯リテ君ハ治罪法編纂ノ委員トシテ、殊労ヲ印セリ。之ヲ要スルニ、君ハ我邦司法事務、法典編纂事務ニ於テ、事績赫々タル有数ノ老練家ナルコト、君自ラ許スカ如ク人モ亦君ニ許ス所タリ。是レ予輩カ刑法改正ニ関スル君ノ一言一語ヲ以テ、雲煙過眼視スル能ハス、敢テ此言アル所以ナリ。

君ハ爾ク老練家タリ、然レトモ決シテ法律学者ニ非ス。又、法律家ニモ非ス。而シテ刑法ヲ根蒂ヨリ改正スルコト、及其ノ是非ニ付テハ法律ノ学識ヲ要スルヤ論ヲ俟タス。然ルニ、君ハ今回ノ刑法改正案ニ賛成ノ旨ヲ屡次公表セラル。其ノ立言ヨリ察スレハ、啻ニ調査会副総裁タリシノ故ヲ以テ賛成スルノミニアラス、一個ノ法律学者ヲ以テ自任シ、之レニ賛成ヲ表シ当期議会ニ之レカ通過ヲ謀ラントスルモノアルカ如シ。予輩豈益々惑ヒナキヲ得ムヤ。

君ハ我現行刑法ノ古キヲ云ヒ、百年前制定ノ仏法ニ倣ヒシモノニシテ柱礎腐朽、復タ修繕スヘカラス、故ニ根蒂ヨリ改正スルヲ適当ナリト主張セリ。君ノ年数論ハ暫ク措カム、唯君カ古キヲ厭ヒ新ナルヲ喜フノ意ヤ果シテ如何、単ニ新法ヲ可トスト云フモ、恐クハ妄ニ制定ノ新ナルヲ貴ヒテ、彼ノ徒ニ新物ヲ喜フ小児ノ痴態ヲ学フニ非スシテ主義ノ新ナルヲ貴フニ在ルヘシ。然ラハ則、其ノ所謂新主義トハ何ソヤ。想フニ古賀氏一輩ノ自称スル新主義即チ残忍峻酷主義ニ非スシテ、欧州諸学者ノ賛同スル新主義即チロンブロゾー、ガロー、プリンス、リスト、ガロフアロフリー諸家ノ主唱ニ係ル新主義ナルヘシ。此等諸家ハ、固ヨリ一世ノ碩学ニシテ、其ノ新主義ハ古賀氏一輩ノ新主義ト同日ノ談ニ非ス。学説トシテ頗ル研究ノ価値アリ、随テ賛同者ノ多キト同時ニ攻撃者亦尠カラス。未タ定論トシテハ認識サレシニアラス、唯一個ノ学説ト称セラル、ニ過キス。但タ実際ニ於テモ、刑法ノ或点ヲ改正スルニ付キ此新主義ヲ採用シタル邦国ナシトセス、彼ノ刑ノ執行猶予ノ制ノ如キ即是ナリ。然ルニ、君ハ全然此等ノ新主義ニ依リテ我刑法ヲ改正スルニ賛成ヲ表セシ歟。若シ然ラハ、君ハ果シテ能ク此新主義即チ諸家ノ学説ヲ研究シテ而シテ後ニ賛成セル歟。此等諸家ノ学説ニ付テハ、我邦未タ訳書ノ存スルヲ見ス。或ハ恐ル、君ハ好奇ノ後進カ致セシ一知半解ノ所説ニ聞キ、軽々之ニ心酔セシモノニ非スヤ。蓋シ、此等ノ新主義タル、学説トシテハ固ヨリ大ニ趣味アルノミナラス、之ニ依リテ我刑法ノ或部分ヲ改正シ、又ハ単行法ヲ設ケテ之ヲ補充スルカ如キ、予輩モ亦異議ナク寧ロ之ヲ希望スル処ナレトモ、全然此主義ヲ採リテ我刑法ヲ根蒂ヨリ改造セントスルハ、頗ル妄断速了ノ為ニシテ、恰モ是レ国民ヲ駆リ、未定ナル学説ノ犠牲ト為シ、之レカ試験ニ供セントスル者ニシテ、学説ニ忠ナル者トシテ賛称センヨリハ、寧ロ亦国民ニ冷酷ナル者トシテ排斥セサル可ラス。君亦択ム所ヲ知ラム。況ヤ、我邦法官ノ程度ハ聡明、君ノ知悉スル所タルヲヤ。予ハ此点ニ関シテ卑見ヲ公ニセシモノ既ニ二回、今復多言セス。唯君ノ地位ハ少壮好奇、徒ラニ功名ニ急ナル後進ノ人々ト同シカラス。君乞フ、少シク自重シテ裁スル所アランコトヲ。

且夫レ、一歩ヲ譲リ全部ノ改正ヲ可ナリト仮定スルモ、凡ソ一国ノ法典ヲ改正スルニ付テハ、其間毫モ鄙野陋劣ノ手段ヲ弄スルコトヲ得ス。宜シク予メ其草案ヲ天下ニ公表シ、仮(ママ)スニ十分ノ時日ヲ以テシ、議員法曹其他一国官民ヲシテ攻究論評ヲ尽クサシメ、然ル後徐ロニ取捨採択スル所ナカル可ラス。堂々タル一国ノ政府カ至重至大ノ法典ヲ改正否改造スル所以、寧ロ此ノ如クナル可カラスヤ。然ルニ、今ヤ乃チ如何、曩ニハ日本弁護士協会ハ当路者ニ対シ改正案ノ公示ヲ請求セシモ、政府ハ今ニ至ルマテ未タ嘗テ之ヲ公示セス。聞ク所ニ依レハ該案ハ尚未定稿ニ属シ、修正又修正、昨今尚現ニ修正ノ筆ヲ執リツ、アリト云フ、是レ尚可ナリ。修正ニ修正ヲ重ネ、慎重事ニ従ヒ、徐ロニ大成ヲ他日ニ期スルモノトセハ、其ノ用意ヤ嘉ミス可シ。然レトモ、道路ノ言ヲ以テスレハ、政府ハ必ス之ヲ当期議会ニ提出スヘシト云フ、果シテ然ラハ是レ抑何ノ意ソ。若シ議会ヲシテ継続委員ヲ設ケ、徐ロニ之ヲ審査セシムルノ心算ナリセハ或ハ可ナラム。然レトモ、若シ世人ノ伝フル所ノ如ク、政略的ニ其案ヲ秘シ、突如トシテ議会ニ提出シ、議会ヲシテ咄嗟ノ間ニ盲従セシメントスルノ策ナリトセハ、其ノ手段果シテ是カ、非カ。蓋シ君亦自ラ認ムル所アラム。君ハ僅々三四ケ月前マテ司法大臣トシテ、法典調査会副総裁トシテ、此改正ノ事ヲ掌ラレタリキ。故ニ君ハ曾テ改正案ノ提出若クハ公示ノ事ニ付キ責任ヲ負フ可カリシ人ナリ。然ラハ則、君ハ之ニ関スル考慮ノ既ニ熟セシモノアラム。予輩与カリ聞クヲ得ンカ。

啻ニ然ルノミナラス、君ハ今日ト雖モ議員トシテ此案ヲ審査シ討議スルノ権能ト職責トヲ有セリ。議員トシテノ君カ此案及此案提出ノ方法ニ関スル感如何、君ハ此改正ノ事ヲ掌ル既ニ久シキヲ以テ十分此案ヲ知悉シ、咄嗟ノ間ニ之ヲ議決スルモ、君自身トシテハ決シテ盲従ヲ敢テスルモノニアラサルヘシト雖モ、試ミニ君ノ地位ヲ離レ、単純ナル一議員トシテ之ヲ想ヘ、突如トシテ提出セラレ咄嗟ノ間ニ之ヲ議決スルハ、盲従ニ非ストスル歟。議員ノ職責ヲ尽クセリトスル歟。議会ノ体面ヲ全ウセリトスル歟。国家民人ノ利害ニ重大ノ関係ヲ有スル形法典ヲ根蒂ヨリ改造スル所以ノ方法トシテ欠クル所ナシトスル歟。願クハ、君ノ真面目ナル答語ヲ聞カム。

往年、民法商法等浩瀚ノ法典ヲ以テシテ、政府ハ尚其ノ草案ヲ公ニシ、広ク輿論ニ問ヒシコトアリ。但タ条約改正ノ期ニ切迫シテ、議会ヲ通過セシムルニハ予メ之ヲ秘密ニセシコトアルモ、是レ俚諺ニ所謂背ニ腹ハ換ヘラレサル為ニシテ、殊ニ此時タル公布後未タ実施セサル法律ヲ改正スルモノニ係ルノミナラス、議会ハ年所尚浅ク、本タ(ママ)十分ノ慣熟ヲ経サリシ時ナルヲ以テ、一時機宜ノ略ニ出テシモノ必シモ深ク咎ムルニ足ラス。然レトモ今日ハ全ク其趣ヲ異ニシ、刑法ハ既ニ二十年来ノ実施ヲ経ツ、アル文明主義ノ成典ニシテ、条約改正其他ノ関係アル無ク、此カ改正ニ一年二年ノ急ヲ争フヘキ必要ナシ。而シテ議会ハ既ニ十年以上ノ修養ヲ積ミ、今ヤ漸ク慣熟ノ域ニ在リ。政府者宜シク改正案ヲ天下ニ公表シ、正々堂々可否ヲ輿論ニ問フヘシ。人或ハ妄評俗論ノ紛出シテ事ニ益ナク、無責任者流ノ為ニ誤ラル、ニ至ランコトヲ恐ル。然レトモ、是レ固ヨリ一時ノ現象タルノミ、浮漚ノ忽チ消エ煙霧ノ自ラ散スルカ如ク、少クトモ仮スニ二三年ノ日子ヲ以テセハ、無責任者流ノ妄評俗論ハ自ラ跡ヲ断チ、有力ナル討議論難ヲ経テ自ラ帰着スル所アルニ至ルヘシ。議員ノ如キ固ヨリ尽ク専門的智識ヲ有スルニ非スト雖モ、亦概ネ常識ノ発達セル人士ト云ハサル可ラス。之ニ与フルニ攻究ノ時日ヲ以テシ、之ヲ求ムルニ実際的評論ヲ以テスルニ於テハ、頗ル有益ナル材料ヲ得ルノ望ナシトセンヤ。否ナ国家カ議員ニ対スル所以、及国家カ此ノ如キ大法典ヲ改造スル所以ノ道、宜ク此ノ如クナラサル可カラス。然ルニ、政府者ノ事茲ニ出テス、学者ヲ無視シ、輿論ヲ無視シ、殊ニ立法府ノ議員ヲ無視シテ咄嗟ノ間ニ盲従ヲ策セントス。若シ或ハ、議員ニシテ自家ノ権能ト職責トヲ無視シテ之レニ盲従シタリトセハ如何。他ノ議員縦令或ハ然ラントスルモ、前ニ司法大臣トシテ、議員中ノ先覚者トシテ、殊ニ我邦ノ司法事務、法典編纂事務ニ於ケル有数ノ老練家トシテノ君ニ在テハ、冷眼看過スルニ忍ヒサルコトタラサルヲ得ンヤ。或ハ、事此ノ如キニ際ス、率先他ノ議員ヲ過ヨリ救ヒ、輔導誘掖、其道ニ反ラシムルニ勉ムル実ニ其任ニアラスヤ。而シテ今ヤ君ノ言説全ク之レト反ス。予輩窃ニ君ノ為ニ惑ヒナキヲ得ス。

改正テフ名ヤ固ヨリ美ナリ、改正ヲ企ツル者ノ心事亦或ハ美ナルヘシ。然レトモ、改正ノ美名ノ下ニ往々改悪ノ事実ヲ現スルコトナキニ非ス。識者豈ニ漫ニ之レカ美名ニ眩ンテ盲従ヲ事トス可ケンヤ。況ンヤ、改正ヲ企テントスルノ方法、已ニ鄙野陋劣ニシテ文明政府カ一国ノ刑法典ヲ改正スル所以ノモノニ非サルヲヤ。若シ此ノ如クニシテ一朝新法案ノ成案トナルニ至ルアランカ、異日我邦ノ法制史ニ録セラルヘキ君並ニ君ノ同僚タル議員諸君ハ、史家ノ如何ナル評論ノ下ニ立タントスル歟。乞フラクハ自家ノ重大ナル地位ト権能トニ省ミ、反覆熟慮、慎重ノ態度ヲ採ラレンコトヲ。敢テ望ムニ堪ヘス。

「岡田学士ニ答ヘ併セテ質ス」

（『明治法学』第一七号・明治三四年二月発行、＊『法律新聞』第二一号・同年二月発行）

予輩ガ信頼シテ明治法律学校ノ教務ヲ嘱スル岡田［朝太郎］君ハ、予ガ曩ニ明治法学誌上ニ公ニセシ卑見中刑法改正案ガ刑期ノ範囲ヲ拡張シ、法官ノ権限ヲ広大ニセルコトヲ評シタル一節ニ付キ、特ニ予ニ質サルヽ所アリタリ。予ハ先ヅ君ガ予ノ卑見ノ一節否ナ一語ヲモ等閑ニ看過セズ、特ニ此ノ如キ評論的質問ノ労ヲ吝マレサリシコトヲ感謝セザルベカラズ唯夫レ。君ハ学術討究ノ意ヲ以テ之ヲ質サレタル歟、将タ刑法改正案ヲ弁護シ改正ノ成功ヲ希フノ意ヲ以テ之ヲ質サレタル歟、君ガ改正案起草者ノ一員タル点君ガ諸新聞雑誌ニ改正案弁護ノ論文ヲ投寄シテ改正ノ成功ヲ謀ルニ熱中セラルヽ点等ヨリ之ヲ推セバ君ノ質問ノ真意ハ前者ニ在ラズシテ後者ニ在ルコト蓋シ疑ヲ容レザルベシ、故ニ予モ亦汎博ナル学術研究上ノ問題トシテ之ニ答ヘズ、現下立法上ノ問題トシテ之ニ答ヘザルヲ得ズ、況ンヤ本問ノ争点トナリシ予ガ当初ノ立論モ亦此点ヨリ立言セルモノナルニ於テヲヤ

茲ニ先ツ一言スベキハ、予ガ独逸聯邦中最小ノ一二国ガ経験ノ途ニ上レルヲ聞キシコトアルノミト云ヘリシ点是ナリ。此点ハ予ノ既ニ淡泊ニ自白セシ如ク之ヲ傍人ヨリ聞キシニ過ギズ、予ガ傍人ヨリ聞キシ所ハ実ニ此ノ如ク而シテ今君ヨリ聞ク所ニ依レバ、是レ全ク誤謬タルガ如シ。而シテ傍人ノ談ハ固ヨリ口頭ノ一話深ク責任ヲ負ヒシニ非ズ。而シテ君ヨリ聞ク所ハ君ガ明々地ニ責任ヲ負フテ記述セラレシモノ、殊ニ君ガ刑法専攻家トシテ最新ノ智識ヲ有セラルヽヨリスレバ予ハ、新ニ君ヨリ聞ク所ヲ信トシ。亦淡泊ニ君ノ高教ヲ謝スベキナリ

然レドモ、刑期拡張ノ点ニ付テハ、予ハ現下立法上ノ問題トシテ尚予ガ当初立論ノ趣旨ヲ固守スルコトヲ必ズシモ執拗ノ悪徳ニ陥ラザルコトヲ信ズ。君ハ此点ニ付キ、各国ノ制度草案及ビ決議等ヲ枚挙シテ予ガ曩ニ『学説ノ趨勢稍近シト云フニ止マリ、未ダ以テ世界学者ノ通論ナリト云フヲ得ズ。況ンヤ直ニ之ヲ国家ノ刑法トシテ、制定実行セントスルガ如キニ於テヲヤ』ト云ヒシヲ駁撃セラレタレドモ、予ハ未ダ之ヲ以テ君ノ論陣ニ首服スル能ハズ。予ハ現ニ『世界学者ノ通論』云々ト云ヒシガ所謂世界ノ文字其モノハ、亜弗利加ヲモ南亜米利加ヲモ将タ「エスキモー」ヲモ包含スト雖モ、予ノ意思ハ固ヨリ此ノ如ク広汎ナラズ、専ラ我邦立法上ノ模範トスルニ足ルベキ文明諸大国ヲ指称セシニ過ギス、所謂辞ヲ以テ意ヲ害スル勿レノ古語ハ、君ノ夙ニ熟知スル所ナルベシ。故ニ学説ナリ、制度ナリ、予ノ採ヲ以テ論拠ト為サントスル所ハ、未開国又ハ小弱国ノ学説制度ニ非ズシテ実ニ我邦立法上ノ模範トスルニ足ルベキ文明諸大国ノ学説制度ニ過ギズ

此見地ヨリシテ君ノ枚挙セシ所ヲ見ハ、匈牙利ヤ「フィンランド」ヤ「ブルガルガ（ママ）リヤ」ヤ「ノルベヂユ」ヤ多ク重キヲ措クニ足ラズ

独逸ハ君ノ挙グル所ニ依ルニ、一年以上十五年以下タリ、一年以上ト我改正案ノ一日以上トハ是レ豈至大ノ差異ニ非ズヤ、均シク一年ノ差ナルモ、例ヘバ最長期ニ於テ十四年ト云ヒ十五年ト云フノ差ハ必シモ大差トセザルモ、最短期ニ於テ一日ト云ヒ、一年ト云フノ差ハ之ヲ大差ト云フ決シテ誣言ニ非ザルべシ『ブルガリヤ』ノ刑法、瑞西ノ草案亦同ジ、匈牙利ノ有期徒刑ハ二年以上十五年以下ニシテ範囲更ニ狭ク、我有期懲役ハ六月以上十年以下ニシテ範囲又更ニ狭シ、共ニ我改正案ト大差アリト謂ハザル可カラズ

「ノルベヂユ」草案ノ二十一日以上十五年以下ハ我改正案ニ比シテ、最短期ノ長キコト僅ニ二十日ニシテ略我改正案ト同視スベク、仏国草案ノ十五日以上二十年以下ハ我ニ比シテ最短期十四日長キト同時ニ最長期亦五年長ク、我ヨリ寧ロ範囲ノ広キモノト謂フベシ。然レドモ此二者ハ共ニ草案ニシテ学者ノ講究ニ委ネラレツヽアルモノ未ダトス可カラザルノ運命ニ在リ、俄ニ採テ我改正ノ典型ト為サントスルハ早計ト云フベシ前掲瑞西ノ如キ亦然リトス

然ラバ則チ、剰ス所ハ和蘭ノ一日以上十五年以下及ヒ匈牙利ノ有期禁獄一日以上十五年以下ノ二者ガ全ク我改正案ト同ジク、而シテ伊太利ノ三日以上二十年以下ガ我ヨリ甚ダシキアルノミ。君ガ苦心枚挙セラレシ諸例中、依テ以テ我改正案弁護ノ資料ト為スベキモノハ纔ニ此三国アルノミ。然リ余リニ難有カラザル和蘭、匈牙利及伊太利ノ三国アルノミタルコトハ君モ亦認メラルヽ所タリ、殊ニ匈牙利ハ前掲ノ如ク三種ノ有期刑中唯其一種ノミ全ク我改正案ト同一ナルニ止マリ、他ノ二種ハ我ヨリモ範囲大ニ狭キコトヲ看過スベカラズ

夫ノ万国監獄会議ノ決議ニ至リテハ、君ノ挙示セラレシ全文ニ依レバ「軽キ犯罪ニ特別ノ刑ヲ存スルハ格別、自由刑ハ成ルベク其種類ヲ一ニシ、単ニ期限ト附加刑ノ有無トニ因リテ階級ヲ立ツベシ」ト云フニ止マリ、即チ期限ヲ以テ階級ヲ立ツベシト云フニ止マリ、漫ニ期限ヲ広クセヨト云フニ非ズ。此ヲ援ヒテ我改正案ヲ弁護セントスルハ、寧ロ見当違ニシテ殆ンド意味ナキコトニアラズヤ

若シ夫レ、不定刑期制度ノ如キハ刑期ヲ定ムルノ権限ヲ司法官ヨリ殺キテ、之ヲ行政官ニ一任スルモノ人権ノ保障殆

ド地ニ墜チントス、此ノ如キハ実ニ論外タリ。予輩ハ我邦現下ノ立法問題トシテ、此ノ如キ制度ニ向テ論議ヲ費スノ愚ヲ学フ能ハス

予ハ以上ノ卑見ヲ以テ君ノ詰責的質問ニ答へ得テ余アリト信ズ。序次予ハ更ニ君ニ反問セント欲スル一事アリ、君曾テ予ニ語ルニ、君ガ法典調査会ニ入リ刑法改正ノ事ニ関与セシ日甚ダ晩ク、改正案ノ大部分既ニ成リシ後ニ在ルヨリ改正案ニ関シ、君ノ意見ノ十一ヲモ披クベキ機会ヲ得ズ、随テ案ニ対スル異見頗ル多ク富井［政章］、横田［国臣］、古賀［廉造］ノ諸氏亦各多少ノ不平ナキ能ハザルコトヲ以テセラレタルコトアリ。是レ固ヨリ君ト雑話ノ一節、予ハ之ヲ捉ヘテ君ノ言質トシテ深ク論窮セント欲スルモノニ非ズト雖モ、君ガ諸新聞雑誌ニ於ケル改正案ニ関スル論文ヲ読ミ且富井其他諸氏モ、亦此意ヲ明記スルモノ少カラザルヲ以テスレバ、此事タル決シテ一場ノ戯言ニ非サルベシ、果シテ然ラハ、君及ビ其他ノ改正案起草者諸氏ハ、共ニ各々改正案ニ対シテ満腔ノ賛成ヲ為ス能ハザル者ト云ハザルベカラズ。然ルニ躬起草者ノ位置ニ在リ、自家既ニ十分ノ信任ヲ与ヘザルニ拘ハラス、百方苦心世人ヲシテ之ニ賛同セシメントスルハ、豈人ヲ欺キ且自ラ欺クモノニ非ズヤ。富井氏ハ其論文ノ末節ニ於テ此事ニ論及シテ曰ク

余ハ決シテ修正案ニ全然満足スル者ニ非ズ、然レドモ何人ヲモ満足セシムルコトヲ得ベキ法律ヲ制定スルハ到底望ムベカラザルコトナリトス、唯其現行法ニ比シテ著シキ改良ナルコトヲ信ジ、虚心之ニ賛成ヲ表セント欲スルモノナリ

ト、君及ヒ他ノ諸氏ノ真意モ亦想フニ此外ニ出デ能ハザルベシ。然レドモ乞フ更ニ再思セヨ。天下一人モ不満足者ナキ法律ヲ制定スルノ不能ナルハ、予ト雖モ亦之ヲ知ル。然リト雖モ、立法者殊ニ起草者タル数氏ガ、尽ク各自ニ疑惑ヲ有シ不平ヲ懐キ、而モ其案ノ成立ヲ図ルガ如キハ亦太甚シカラズヤ。数氏ノ合議ニ成ルノ点ヨリシテ数氏共ニ尽ク全然満足スルコト亦固ヨリ不能タルベシト雖モ、此ノ如ク、数氏互ニ不信不平ノ意ヲ公言シツヽ、尚一日ノ急ヲ争フテ其案ノ確定ヲ求メントスルハ抑何ゾヤ。若シ夫ノ条約改正ノ如キ国家緊急ノ事情アリテ改正ノ急ヲ争フ必要アルニ

於テハ、或ハ止ムヲ得ズシテ比較的改良ニ甘ゼザル可カラザルモ、現下一モ此ノ如キ一日ノ急ヲ争フノ必要アルヲ見ズ。尚何ヲ苦ンデ咄嗟ノ間ニ匆忙ヲ確定セシメントスル歟

刑法学ノ専攻家トシテ、殊ニ最新ノ智識ニ富ミ、予輩ノ生平推重シツヽアル君ノ如キ学者トシテ、立法者トシテ其ノ自説ニ忠実ニ且国家人民ニ忠実ニシテ、而モ立法ノ重事タルヲ思ハヾ、此ノ如ク自ラ異見多シト公言スル所ノ案ヲ把テ、強テ急卒ニ確定セシメントスルノ趣旨焉ニカ在ル。仮令天下一人ノ不満足者ナキ修正ハ之ヲ期シ得ズトスルモ、幾分ニテモ、ヨリ良キ修正ヲ得ベカラズトセンヤ。少クトモ、一二年ノ間、其案ヲ公ニシ天下ノ攻究ニ委シ、然ル後、之ヲ確定セントスル決シテ晩キニアラズ。而シテ事尚茲ニ出デス、不平アリト雖モ急卒ニ確定ヲ策セントシ、些ノ攻究ノ余地ヲモ与ヘザルハ、起草者諸氏ノ外ニハ当今ノ世。法曹無シ学者無シト謂フノ意歟、両院議員ニ対スルモ亦些ノ攻究ノ日子ヲ与フベキ要無シト謂フ歟、抑又君ノ意見ハ、予メ草案ヲ公示スルノ時日存セザリシヲ以テ、先ヅ之ヲ議院ニ提出継続員ニ附シ、徐ロニ攻究ヲ求メンコトヲ望ムト云フニ在ル歟、乞フ、再ビ高教ヲ得ム。若シ君ニシテ前言ハ戯ルヽノミ、改正案ニハ毛髪一糸ノ異見無シ、金科玉条完全無欠ナリト云ハヽ、予復何ヲカ言ハム

（『明治法学』第二三号・明治三四年八月発行、＊『法律新聞』第四九・五〇号、同年八月・九月発行）

「会社改良論」

此の一編は、岸本校長か客月末明治法律学校金沢支部の講話会に於ける演説を、記者の筆記せしもの、数字其の他字句の責は、一に繋りて記者に在り、

会社ノ改良ハ極メテ重大ナル問題ナリ我邦現在会社ノ資本総額ヲ観ルニ約六七億円ノ多キニ達シ而シテ六七億円ハ日本銀行正貨準備ノ十倍ニシテ流通貨幣ノ三四倍ナリ然ラハ則会社ノ施設行動如何ハ我邦経済社会ニ於ケル非常ノ鉅額ニシテ金融上亦至大ノ影響アル知ル可シ且夫レ我邦商工業ノ枢機ヲ掌握スルモノハ会社ニシテ商工業ノ進歩ト退歩トハ主トシテ会社ノ実況如何ニ繋ル是ニ於テ乎会社ノ改良ハ極メテ重要ナル問題タリ殊ニ我邦会社ノ現状ヨリスレハ其ノ改良ノ一日モ忽諸ニ附ス可カラサル多言ヲ須イス而シテ予ノ之ヲ論スルヤ一朝夕偶然ノ見地ニ起レルニ非ス実ニ数年来主張スル所ノ法律応用論ノ一部ナリ元来予ハ我邦ノ法律カ実際ヨリモ進ミ実際ト法律ト常ニ相距ルコトヲ信シ一面ニハ法律非改正論ヲ唱ヘ他ノ一面ニハ実際ノ事物ノ改良論ヲ唱ヘツヽアリ会社改良論ハ即チ其一ナリ請フ聊カ其ノ梗概ヲ語ラム

会社ノ種類ハ固ヨリ一ナラス然レトモ其ノ最モ重大ニシテ且最モ多数ナルハ固ヨリ株式会社ナルヲ以テ今主トシテ株式会社ニ付テ立言スヘシ

抑々会社ノ事タル此ノ如ク重要ナルヲ以テ之ヲ支配スル法律ノ重要ナル亦当然ノ理勢タリ政府夙ニ茲ニ見ルアリ会社ニ関スル法律ハ他ノ私法ノ一モ未タ存セサル時ニ方リ早ク単行法トシテ制定公布セラレタリ予ハ此法律ニ付テハ最モ深縁アリ明治十三年予ノ仏国ヨリ帰朝スルヤ当時ノ司法卿大木伯爵ヨリ会社法起草ノ命ヲ受ケ始メテ之ニ着手シ遂ニ司法内務両省ノ草案成リ二三年ニシテ会社条例ナルモノ公布セラル之ヲ我邦会社法ノ嚆矢ト為ス而シテ該条例ハ専ラ当時ノ国状ニ適スル簡単ノモノナリシカ時勢ノ進運ニ随ヒ漸クニシテ其ノ不完全ヲ感スルニ至リ商社法ト題スル草案新ニ成リ其ノ他会社ニ関スル多少ノ法令制定セラレ遂ニ旧商法中ノ会社及ヒ之ニ関聯スル部分ノ特ニ実施サルヽアリ以テ現行商法ニ於ケル会社ノ規定ト為リシナリ

会社ニ関スル法律ハ此ノ如ク最モ早ク存立シ数次ノ改正ヲ経テ以テ今日ニ至リシモノニシテ之ヲ商法中ノ他ノ部分及ヒ民法等ニ較スレハ啻ニ存立ノ大ニ久シキノミナラス之ニ伴フ経験ノ賜モノアリ備サニ改良ヲ得テ頗ル完美ヲ極メ文

明諸国ノ法律ニ比シテ寧ロ駕シテ軼スルモノト謂フ亦誣言ニ非ス

我邦ノ会社ハ此ノ此ク完美ナル法律ニ依リ支配シ監督サレツヽアリ何ソ其ノ多幸ナルヤ然レトモ会社ノ実況ハ果シテ此ノ法律ニ伴ヒ能ク完美ヲ得ルヤ否ヤ是レ先ツ問ハサル可カラサル所ナリ

熟々会社ノ実況ヲ観ルニ其ノ設立ヤ管理ヤ往々ニシテ法律ノ規定ト矛盾シ枘鑿スルモノアリ若シ夫レ其ノ行動カ少クトモ法律ノ精神ニ副ハサルモノニ至リテハ滔々皆是ナリ今少シク其ノ実況及ヒ改良ノ方案ヲ概挙スヘシ言或ハ会社ノ重役攻撃ニ渉ルノ嫌アルヘキモ予ノ意ハ固ヨリ区々タル重役其人ヲ攻撃スルニ非ス重役ノ為メ株主ノ為メ会社其モノヽ為メ否ナ一般経済社会ノ為メニ謀ルニ外ナラス是レ先ツ諸君ノ諒知ヲ請フ所トス

蓋シ株式会社ハ之ヲ政体ニ比スレハ恰モ共和政体ナリ取締役ハ法人ノ代理人ニシテ国務大臣ニ当リ株主総会ハ国会ニ当ル共和国ノ主権カ人民ニ在ルト同シク株式会社ノ意思ハ株主総会ノ決議ニ在リ国務大臣カ国会ノ決議ヲ施行スルノ責務アルト同シク取締役ハ総会ノ決議ヲ施行スルノ責務アリ即チ取締役ハ要スルニ会社ノ公僕ニシテ其ノ主人ニ非ス然ルニ我邦会社ノ現状ヲ観ルニ取締役ハ株主総会ヲ左右シ籠絡シ甚シキハ之ヲ無視シ宛然会社ノ主人ヲ以テ自ラ居リ恬トシテ顧ミス之ヲ政界ニ比スレハ恰モ明治十五六年ノ交ニ於ケル藩閥政府ノ大臣若クハ知事ノ如キ看アリ当時ハ未タ帝国議会ノ設アラス大臣知事タル者為政往々専横ニシテ私ヲ営ミ大臣タリ知事タルコトヲ幾年乃チ巨富ヲ成シヽコト尠カラス然ルニ一朝帝国議会ノ設ケラルヽヤ其ノ状漸ク一変シ専横営私ノ途漸次ニ杜塞スルニ至ル是レ議会ノ監督多少其ノ効ヲ見ルニ因ル而シテ会社ハ設置ト同時ニ総会アリ以テ取締役ヲ監督スヘキ所以タルニ拘ハラス取締役ハ殆ト総会ヲ顧慮セス優ニ専横営私ノ余地ヲ有シ往々巨富ヲ成スノミナラス其ノ間自ラ党与アリ会社ノ重役タル地位ハ一派人士ノ専占スル所ト為リ恰モ政界ニ於ケル藩閥ニ異ナラス弊習相依ル寧ロ驚クヘキモノアリ会社将来ノ運命ヲ想フテ寒心ニ堪エス現ニ昨年来ノ金融逼迫ニ因リ会社ノ閉店シ破産セルモノ其ノ数ヲ知ラス此等ノ会社ハ固ヨリ所謂泡沫会社ニシテ昨年来ノ金融逼迫ハ所謂恐慌ニハ非ス随テ其ノ一般経済社会ニ於ケル未タ至大ナル影響アラサルモ将来ハ

益々発達スヘク又益々発達ニ勉メサル可カラサルニ其ノ大ニ発達セル後ニ於テ会社管理ノ方法依然トシテ猶今日ノ如ク為ニ会社ノ続々破綻ヲ露ハスカ如キコトアラハ忽チ真成ナル一大恐慌ヲ惹起スヘキコト逆睹シ難カラス是レ豈大ニ恐レテ予メ戒心スヘキ所ニ非スヤ予カ会社改良ノ為ニ苦言スル嗚呼豈已ムヲ得ムヤ

予ヲシテ忌憚ナク直言セシメハ我邦今日ノ会社ハ一トシテ基礎鞏固ナルモノ無シト断言セサル可カラス諸君ハ此ヲ以テ暴言ナリト為サム我輩ノ管理スル某々ノ会社ハ基礎鞏固ナリト声明サルヽナラム然レトモ乞フ且退キテ冷静ニ熟考セヨ蓋シ或会社ハ資本巨額ナルヘシ或会社ハ積立金多量ナルヘシ又或会社ハ重役其人ヲ得タルナルヘシ然レトモ此等二三ノ事項ヲ以テ其会社ノ基礎鞏固ナリト為スハ世人普通ノ見解ナルニ拘ハラス予ハ其大謬見ナルヲ信ス他ナシ資本如何ニ巨額ナルモ積立金如何ニ多数ナルモ一朝重役其人ヲ得サラン歟恰モ富豪ノ家ニ放蕩児ヲ得タルカ如ク倏チニシテ氷澌霧消シ去ルコト世其例ニ乏シカラス然ラハ重役其人ヲ得ハ則可ナラン歟曰ク否ナ重役如何ニ其人ヲ得ルモ人寿限リアリ殊ニ重役ノ任期亦定マリ再任必シモ期ス可カラス然ラハ則世人ノ所謂確実ナル会社トハ今日確実ナル会社タルニ止マリ明日尚確実ナルヤ否ヤハ卜者ニ非スンハ誰カ得テ之ヲ知ラム是レ予カ我邦今日ノ会社ハ一モ基礎鞏固ナルモノ無シト断言スル所以ナリ

果シテ然ラハ之ヲ改良スル所以ノ方法如何之ヲ改良シテ今日モ明日モ否ナ永遠無窮ニ会社ノ基礎ヲ鞏固ニスル所以ノ方法如何是レ実ニ大問題ナリ困難ノ問題ナリ已ム無ナンハ則一アリ会社ヲシテ能ク法律ノ精神ニ副ハシムルノミ会社定款ノ規定ヲ厳正詳密ニシ而シテ重役ト株主ト一致シテ之ヲ厲行スヘキノミ今其ノ定款ノ規定スヘキコト其他改良スヘキモノ若干ヲ列挙セム

（一）会社収支ノ予算ヲ定メ株主総会ノ議決ヲ経ルコト

収支ノ予算ヲ設ケテ之ニ遵由スルコトハ個人経済ニ於テモ多少資産ヲ有スル者ノ皆実行スル所ナリ故ニ会社ト雖モ其ノ内部ニ在リテハ概ネ之ヲ実行セサルハ無カルヘシ然レトモ会社内部ニ於ケル予算ハ之ニ遵由スルト否トハ一ニ重役ノ

任意ニシテ折角ノ予算ハ所謂手心ナルモノニ因リテ蹂躙サルヽヲ免レス即チ予算アリト雖モ畢竟無キニ異ナラス故ニ会社ハ事業年度以前ニ必ス一年度間ノ予算ヲ編製シ之ヲ株主総会ニ提出シ其ノ議決ヲ経テ収支尽ク厳ニ之ニ遵由スヘシ是レ固ヨリ取締役ノ為ニ不便不利ナル所ナリ是ヲ以テ彼等ハ常ニ之ニ反対シテ曰ク商業ハ機先ヲ制スルコトヲ要シ随テ百事秘密ヲ尚フ是レ実ニ商家ノ秘訣ナリ然ルニ予算ヲ総会ニ提出スルハ会社営業ノ秘密ヲ暴露スル所以ニシテ会社ノ不利タリ即チ株主ト不利タリト是レ専制政府カ常ニ秘密ヲ尚ヒ大小一切ノ事皆秘密ノ一語ヲ以テ門戸ヲ緊鎖シ以テ他ノ偸視ヲ防キシト同一ニシテ其ノ愚ヤ寧ロ及フ可カラス蓋シ一国ノ政府ハ列強環(マヽ)視ノ中ニ立テ事ヲ行フモノ或ハ秘密ヲ要スルコトアルヘク秘密ニ因リテ其功ヲ奏スルコトアルヘシ然レトモ政府カ秘密ヲ尚フノ結果ハ挙国一致ナルモノ殆ト望ムヘカラス却テ初ヨリ内情ヲ国民ノ前ニ打明ケ上下協戮以テ事ニ当ルノ有益アルニ若カス況ヤ之ニ因リ政府者カ専横営私ノ弊ヲ防クノ利アルヲヤ会社ノ事亦然リ重役ハ常ニ口ヲ商業ノ秘密ニ藉リ以テ其事ヲ糊塗セントス曰ク此モ秘密彼モ秘密ト秘密秘密何ソ其レ秘密ノ多キヤ商業上固ヨリ秘密ヲ尚フヘキモノ無キニ非ス然レトモ資産ノ事、収支ノ事過度ニ之ヲ秘密ニセントスルハ我邦封建時代ヨリ因襲セル一般ノ陋習ニシテ爾カク甚シク秘密ニスヘキモノニ非ス殊ニ株式会社ノ如キ其本質上ヨリスルモ法律ノ精神上ヨリスルモ務メテ公開的ナルヘキモノナルヲヤ且夫レ株式会社ハ概ネ巨大ノ資本ヲ集メシモノニシテ個人ノ営業ト異ナリ区々タル小利ヲ争ヒ所謂活馬ノ目ヲ抜クカ如キ殆ト詐欺ニ近キ機敏ヲ弄スヘキニ非ス正々堂々以テ当然ニ得ヘキ利益ヲ得ハ足レリ何ソ予算ノ為ニ秘密ヲ破ルコトヲ愁ヒン殊ニ予算ヲ公示シ秘密ヲ破ルト云フモ亦程度問題ニシテ会社ノ性質ニ因リ世上ニ公示シテ妨ナキ程度ニ於テ之ヲ編製セハ則可ナリ故ニ予ハ必シモ難キヲ人ニ責ムルモノニ非ス何レノ会社ニ於テモ容易ニ実行シ得ヘキモノナルヲ信スルナリ

（二）　取締役ノ権限ヲ制限スルコト

取締役ハ法律上当然会社ヲ代理シ代表スル全権アリ法人ノ代理人トシテハ固ヨリ此全権ナカル可カラス然レトモ我邦

現今ノ会社ノ如キ内外ノ差別ナク取締役ヲシテ無上ノ権限ヲ有セシムルハ非ナリ現ニ某会社ノ重役カ曾テ其会社ノ土地家屋ヲ挙テ抵当ト為サントスルニ付キ社債ノ発行ハ株主総会ノ決議ヲ要スルモ単純ナル債務ヲ起スニハ法律上之ヲ要セスト為シ普通取引上ノ債務ニ於ケルト同シク単ニ重役会議ノミヲ以テ之ヲ決行セシコトアリ是レ固ヨリ極端ノ事例ナルモ定款上権限ニ其制限ナキノ結果ハ時トシテ此ノ如キ驚ク可キ事実ヲ見ルニ至ル蓋シ実際上ヨリスレハ重役ヲシテ敏活ナル営業ノ衝ニ当ラシムルニハ固ヨリ妄ニ定款ヲ以テ之ヲ掣肘スヘキニ非ス又法律上ヨリスレハ重役ハ当然全権ヲ有シ之ニ関スル制限ハ善意ノ第三者ニ対抗スヘキ効力ナキヨリ固ヨリ妄ニ定款上其ノ制限ヲ規定スルモ実用ヲ為サヽルヘキカ如シ然リト雖モ其ノ制限ハ法律上ニ於テモ既ニ悪意ノ第三者ニ対抗スルノ効力アリ又第三者ハ善意ニシテ対抗ヲ得サルモ会社ト重役トノ間ニハ当然有効ニシテ以テ重役ヲ牽制シ以テ損害賠償ヲ請求スルノ地ト為スニ足ル而シテ実際上ニ於テモ其制限ハ必シモ直チニ重役ヲシテ敏活ノ行動ヲ得サラシムルモノト為ス可カラスシテ却テ其ノ専横ヲ防遏スルノ実益アリ若シ制限ノ事項ヲ一々総会ノ議ニ附スルハ不便ナリトセハ評議員又ハ相談役数十人ヲ設ケ其ノ決議ヲ経ルノ制度ト為スモ可ナリ元来重役ハ畢竟一ノ代理人ニ過キサルヲ以テ普通ノ代理人ニ於ケルト同シク其ノ権限ハ管理行為ノ範囲ニ止メ善良ナル管理者ノ注意ヲ為スヲ以テ程度トスヘシ此ノ程度ノ注意ヲ缺ケハ則職務曠廃タリ又此ノ程度以外ノ行為ヲ為セハ則越権専横タルヘシ然ルニ今日ノ如ク無制限ノ権限ヲ有シ動モスレハ輙チ専横ニ渉ルニ於テハ幸ニ重役其人ヲ得ハ意外ノ利益ヲ得ルコトアラムモ専横ニ因ル利益ハ不正ノ利益ナリ既ニ専横ニ因ル不正ノ利益ヲ受クルノ株主ハ又専横ニ因ル不正ノ損失ヲ甘受セサルヲ得ス故ニ初ヨリ定款ヲ以テ其権限ヲ制限シ以テ不正ノ損益ナキヲ期セサル可カラス蓋シ法律カ取締役ノ権限ヲ無制限ト為シタルハ専ラ第三者ノ利益ヲ保護センカ為メニ過キス故ニ会社内部ノ関係上之ヲ制限スルハ固ヨリ法律ノ精神ニ背カス寧ロ却テ其ノ精神ニ副フモノタルナリ

(二) 株主総会ノ議事ヲ厳正ニシ且活動セシムルコト

我邦現今諸会社ノ株主総会ヲ通観スルニ概ネ尽ク儀式的総会ニシテ有レトモ無キニ同シ法律ハ決シテ此ノ如キ総会ヲ

望マサルナリ蓋シ株主中或ハ心アル者アリ総会ニ臨ミテ忌憚ナク言動スルトキハ重役ト他ノ株主否ナ世人ハ却テ之ヲ目シテ野心家ト為シ彼ノ社会ノ耳目ヲ以テ自ラ任スル者ノ如キモ尚之ヲ冷笑シテ厄鬼運動ト為ス是ヲ以テ気骨ナキ者ハ涙ヲ呑ンテ盲従シ気骨アル者ハ憤懣シテ株式ヲ譲渡シ其会社ヲ脱退スルニ至リ会社ノ重役亦暗ニ其脱退ヲ誘フ而シテ残ル所ノ株主ハ尽ク陰柔ニシテ猫ノ如ク一ニ重役ノ指顧ニ従フノミ是ニ於テ彼等ハ自ラ詫シテ会社ノ平和ヲ得タリト為ス嗚呼此ノ如キノ平和ハ果シテ会社ノ利益ナル歟果シテ株主ノ利益ナル歟抑々亦若干重役其人ノ利益ナル歟予輩大ニ惑ヒ無キ能ハス元来言論ハ自由ナリ総会ハ株主カ其意思ヲ表示スル所以ノ機関ナリ株主タル者ハ勉メテ之ニ出席スヘク勉メテ其意見ヲ詳悉スヘシ無言ノ総会ハ総会ナキニ若カス総会ハ寧ロ勉メテ多数ノ発言ヲ待ツモノナリ立法者ハ現ニ此実況ニ見ル所アリ旧商法ハ株主ニシテ総会ニ出席シ得サルトキハ他ノ株主ヲ以テ代理人ト為シ得ル旨ヲ規定シ新商法ハ更ニ他ノ株主タルヲ要スル制限ヲ削リ何人ヲ以テ代理人ト為スモ妨ナキコトヽ為シ以テ代理人選任ノ事ヲ容易ニシタリ是レ法律カ総会出席ヲ誘導スル所以ナルノミナラス代理人ヲ株主ニ限ルトキハ代理人ト為スヘキ適当ナル株主ヲ識ラサル者ハ委任状ヲ会社ニ送ルニ至リ重役亦勉メテ之ヲ会社ニ送ラシメ遂ニ重役カ多数ノ委任状ヲ蒐聚シテ以テ自ラ多数ノ議決権ヲ握リ容易ニ総会ノ決議ヲ左右スルニ至リ総会ハ有名無実ト為ルノ弊習アルヲ以テ之ヲ矯正セント欲スルナリ此法律ノ修正ハ一小修正ニ過キサルモ法律ノ深意ハ以テ窺フニ足ル蓋シ重役カ多数ノ議決権ヲ握有スルトキハ総会ノ決議ハ全ク重役ノ意思ニ従フコトヽ為リ幾多ノ正論讜議ハ多数ノ圧制ノ下ニ蟄伏シ会社ノ意思即チ多数株主ノ意思タルヘキ総会ノ決議ハ畢竟重役其人ノ意思ニ外ナラス総会ノ実用果シテ焉ンカ在ル重役タル者或ハ曰ク多数ノ株主カ其委任状ヲ重役ニ送レルハ重役ヲ信任セルニ因ルノミト嗚呼亦厚顔ナラスヤ現ニ重役カ総会ヲ招集スルヤ『来ル某月某日総会ヲ某処ニ開クヲ以テ出席スヘク若シ出席セサレハ委任状ヲ会社ニ送附セヨ』トノ趣旨ヲ以テスルコト殆ト一般会社ノ文例タリシナリ厚顔此ノ如シ近時非難ノ声漸ク高キヤ彼等ハ稍之ヲ改メ『……出席セサレハ他ノ株主中ニ委任セヨ株主中若シ知人ナクハ委任状ヲ会社ニ送附セヨ会社ハ之ヲ相当ノ株主ニ委任スヘシ』トノ文意

ト為セリ是レ只夕少シク其ノ言ヲ婉曲ニセルノミ重役カ委任状蒐集ノ情タル則一ナリ而シテ多数ノ株主ハ毫モ之ヲ怪マス亦以テ其ノ一斑ヲ徴スヘシ之ヲ要スルニ現今ノ総会ノ決議ハ寧ロ重役其人ノ決議ナリ会社刷新ノ主点ハ実ニ之ヲ改ムルニ在リ而シテ此事タル実行ノ方法頗ル難ク個々ノ株主其人ノ奮起ヲ待ツノ外ナキモ応急ノ手段トシテハ定款ヲ以テ委任状ヲ会社又ハ重役ニ送附スルコトヲ厳禁シ且重役ヲシテ総会ニ於テ一々詳細ニ議案ノ説明ヲ為スノ責務ヲ負ハシムヘシ前者ハ以テ重役カ委任状ヲ蒐集スルノ弊ヲ絶ツヘク後者ハ以テ少シク総会ノ実蹟ヲ挙クルニ至ラム蓋シ一々詳細ノ説明アレハ株主ノ注意ヲ喚起シ質問議論自ラ読起シ能ク株主十分ノ意見ヲ尽クスコトヲ得ルニ庶幾カラン此ノ如クニシテ従来儀式的総会タルノ結果僅ニ一二時間乃至一日間ヲ以テ総会ヲ終リシモノ少クモ数日乃至十数日ニ渉ルニ至ラサル可カラス過去一年間ノ事実ヲ認否シ将来一年間ノ施設ヲ協賛スル総会ノ議事ハ少クトモ数日ヲ要スヘキコト寧ロ当然ナラスヤ法律カ総会ニ関シテ種々規定スル所アルハ重キヲ総会ニ置キ僅々数時間乃至一日間ノ儀式的会議ヲ以テ足レリトセス其ノ審議詳論数日ニ渉ルカ如キ以テ能ク衆意ヲ尽クサシムルノ精神ナルヤ亦知ルヘキノミ

（四）監査役ノ選任ヲ慎ムコト

監査役ノ責任ハ旧商法詳細ニ之ヲ規定セシカ新商法ハ全く之ヲ削除シタリ是レ新商法カ監査役ニ其ノ責任ナシト為セシニ非ス寧ロ其ノ責任アルハ当然ニシテ規定ヲ待タスト為セシニ外ナラス抑々監査役ノ責任ハ固ヨリ重大ニシテ取締役ノ業務執行ニ付キ一々監視査閲スルヲ要シ取締役トハ利害反対ノ位置ニ在リ寧ロ互ニ反目スルモ決シテ相親狎スヘカラス然ルニ今ノ監査役ヲ見ルニ報酬少ク地位卑キノミナラス取締役タル者ハ自家ニ阿諛シ附従スヘキ者ヲ挙テ監査役ノ選ニ充テントシ甚シキハ自家ノ朋友親戚ヲ推シテ憚ラス此ノ如クンハ徒ラニ監査役ノ名アリテ毫モ其ノ実ナク唯夕法律上ノ名義ヲ備フルニ止マリ法律ノ精神ハ既ニ泯フト謂フ可シ而シテ此弊タル亦前項ノ如ク取締役カ株主総会ノ委任状ヲ蒐集セルヨリシテ来タスモノニ外ナラス立法者モ亦此弊ノ一朝夕ニ矯正ス可カラサルヲ見ルヤ乃チ新商法中監査役ノ外更ニ検査役ナルモノヲ設ケ必要ニ応シテ臨時之ヲ選任シ以テ業務及ヒ財産ノ実況ヲ検査セシム是レ豈監査

役不信任ノ徴証ニ非スヤ法律ハ監査役カ十分ニ其権限ヲ行ヒ十分ニ其責任ヲ尽クスコトヲ欲スルヤ言ヲ俟タス而カモ万一ノ為ニ検査役ノ制ヲ設ケシニ過キス然レトモ今日ノ実際ニ於テハ監査役タル者概ネ無能無力且無責任ヲ極メ平生ニ於テ監査ノ職務ヲ曠廃スルノミナラス多クハ総会前僅々数日間監査ノ事ニ従ヒ専ラ取締役ノ説明ヲ聞キテ捺印シ其ノ甚シキハ初ヨリ所謂盲印ヲ捺スルノミ法律上監査役ノ任期ヲ取締役ノ任期ト異ニシ以テ二者親狎ノ弊ヲ防ク一端ト為セシカ如キ周到ノ用意モ挙テ画餅タリ亦驚歎スヘキニ非スヤ而シテ此等ノ弊習ヲ防遏スルハ亦職トシテ各株主其人ノ注意ニ在ルモ前掲ノ定款ヲ以テ総会委任状ヲ会社又ハ重役ニ交附スルコトヲ厳禁スルハ此一事ノ為ニモ有効タルヘシ其ノ他監査役ノ報酬ヲ多クシ其ノ地位ヲ高クシ殆ト之ヲ取締役以上ニ置キ且取締役以上ノ人物ヲ選任シ以テ其ノ責任ヲ全フセシムヘク定款ニ於テ詳細ニ其ノ権限及ヒ責任ヲ規定スルコト亦頗ル必要ナルヘシ

（五）会社ニ遊金ノ貯蔵ヲ避クルコト

方今世上一般ノ会社ニ於ケル管理ノ方法ヲ観ルニ頗ル通弊ノ多キヲ見ル而シテ其ノ特ニ大ナルモノハ妄リニ金銭ヲ死蔵スルコト是ナリ此ノ事タル世人ノ視テ以テ当然トシ否ナ必要トスル所ニシテ予輩ノ大ニ反対スル所ナリ一個人ノ財政ニ在リテハ金銭ヲ貯蔵スルコト固ヨリ必要ニシテ又固ヨリ有益ナリ然レトモ苟モ団体タルモノニ在リテハ其ノ政府タルト会社タルト将タ組合タルトニ論ナク決シテ妄ニ金銭ヲ貯蔵スヘキモノニ非ス会社ニ在リテハ殊ニ然リ社ノ営業ニ必要ナル資本ハ多々益々利アリ資本ノ多キニ比例シテ会社ノ発達隆盛ヲ得ヘキモ金銭ノ貯蔵ハ寧ロ死蔵ニシテ其ノ額ノ多キニ反比例シテ会社ノ力ヲ弱メ進取ノ気象ヲ殺クル至ルヘシ所謂繰越金又ハ配当準備金等ハ即チ皆是ナリ世ノ会社管理者ハ此等ノ名義ヲ以テ資本ヲ死蔵シ此ヲ以テ会社ノ基礎ヲ鞏固ニシ配当ヲ均一ニスルモノト為シ争フテ其ノ額ノ多カランコトヲ勉メ株主亦之ヲ怪マス却テ其ノ策ヲ得タリト為ス実ニ思ハザルノ太甚シキモノナリ我邦会社ノ資本額ハ前述ノ如ク非常ノ巨額タリ此ノ巨額ノ資本ヲ左右シ運転スル会社ニシテ其ノ活動力ヲ遅鈍ニシ其ノ進取ノ気象ヲ減殺セバ此カ為ニ我邦ノ生産力ニ及ホス影響ノ至大ナルハ言ヲ俟タズ

熟々世上ノ会社カ管理ノ方法ヲ見ルニ前述ノ如ク或ハ配当準備金ト曰ヒ或ハ繰越金ト曰ヒ又或ハ何々積立金ト曰ヒ其ノ他各種ノ名義ヲ以テ利益金ノ若干ヲ積立テ只其ノ積立額ノ少カランコトヲ恐ル而シテ其ノ理由トスル所ハ亦前述ノ如ク一ニハ配当ヲ均一ニシ二ニハ会社ノ基礎ヲ鞏固ニスト云フニ在リ是レ誤見ノ大ナルモノトス

其ノ一タル配当均一論ノ如キ毫モ採ルニ足ラス会社ノ利益多ケレバ配当モ亦タ多ク利益少ナケレバ配当モ亦少キコト是レ其ノ当然ニシテ利益ノ常ニ均一ナルカ為ニ配当モ亦常ニ均一ナルハ最モ喜フヘキ所ナリト雖苟モ然ラス利益ノ常ニ多少アルニ配当ノミ常ニ均一ニセントスルハ不可ナリ利益ハ配当ノ原因ニシテ配当ハ利益ノ結果ナリ故ニ利益ニ多少アレハ配当モ亦多少アルコト自然ノ結果ナルニ之ヲ是レ顧ミズ人為ヲ以テ自然ニ反シ強テ配当ヲ均一ニセントスルハ余輩其ノ何ノ為ナルヤヲ解セス配当ノ均一固ヨリ可ナリ故ニ之ヲ欲セバ宜シク其ノ本ニ溯リテ利益ノ均一ヲ勉ムヘシ管理上概ネ一定ノ利益ヲ得ムコトヲ勉メ之ニ因リテ概ネ一定ノ配当ヲ為スコトヲ勉ムべキハ管理者ノ責任ニシテ此ノ責任ヲ忘レ利益ヲ得タルノ多少ニ拘ハラス尚一定ノ配当ヲ為サントスルハ強ヒテ自家ノ責任ヲ糊塗スルモノニ外ナラス又現ニ利益多カリシニ拘ハラス其若干ヲ積立テヽ利益少キ時ノ為ニシ以テ配当ヲ均一ニセントスルハ株主ヲ保護スル所以ナリトセン歟其ノ親切ハ喜フヘキモ是レ寧ロ難有迷惑ナリ株主ニシテ尽ク無能力者ナリトセハ会社管理者カ之ヲ保護スルコト亦或ハ必要ナランモ苟モ然ラサル以上ハ会社管理者カ時ニ株金ノ為ニ利益多キ場合ノ配当ヲ減シ以テ利益少キ場合ノ配当ニ供スルノ必要ナシ株主ニシテ配当多キ場合ニ之ヲ積立ツルノ必要アリトセハ自ラ之ヲ積立ツヘシ豈敢テ会社管理者ノ無用ナル親切ヲ煩ハサンヤ

其ノ二タル基礎鞏固論ハ益々採ルニ足ラス積立金ヲ多クスルハ決シテ会社ノ基礎ヲ鞏固ニスル所以ニ非ス却テ之ヲ薄弱ニスルニ過キス蓋シ各種ノ積立金ハ其ノ名ノ如ク積立テ置クヘキモノニシテ之ヲ会社事業ノ資本トシテ運用スル能ハス故ニ会社管理者ハ唯之ニ付テ利殖ノ方法ヲ採ルニ過キス故ニ積立金益々多ケレハ利殖ヲ謀ルノ処置益々多ク極端ノ弊トシテハ会社ハ殆ト金貨業ト為リ会社本来ノ目的タル営業其ノモノヨリモ金貨ノ容易ニシテ且安全ナルヲ喜ヒ進

取ノ気象、勤勉ノ慣習ヲ銷磨シ去ルニ至ラム是レ最モ陥リ易キ傾向ニシテ余輩ノ最モ恐ルヽ所ナリ或ハ曰ク積立金ハ恐慌ニ備フル所以ニシテ会社管理上缺ク可カラサル注意ナリト然リ既ニ営業ヲ為ス以上ハ不時ノ損失ナシトセス之ヲ備フルハ固ヨリ必要ナリ法律上積立金ノ義務ヲ命シタルハ此カ為ノミ然レトモ是レ亦限度アリ法律ハ利益金ノ廿分ノ一以上ヲ資本ノ四分ノ一ニ達スルマデ積立テシムルニ止マリ無限ニ之ヲ積立テシムルモノニ非ス若シ積立金ノ多キニ随ヒ会社ノ基礎益々鞏固ヲ加フルモノトセハ法律ハ寧ロ無限ニ積立テシムヘキモ其ノ然ラサルハ固ヨリ金銭死蔵ノ弊ヲ虞カリシナリ故ニ妄リニ之ヲ積立ツルハ亦法律ノ本旨ニ副ハサルモノトス又或ハ曰ク名義ノ如何ヲ問ハス会社ニ積立金ノ増加スルハ会社管理者ノ意ヲ強フシ会社ノ営業上十分ノ勇気ヲ以テ進取ヲ得シムル所以ナリト嗚呼是レ積立金ノ濫用ヲ黙許スルモノニシテ若シ此ノ如クンハ着実ノ心ヲ失ヒ冒険投機ノ事ニ従ハシムル端緒ヲ開ク寒心セサル可ケンヤ

管理者タル者ハ往々ニシテ曰ク重役ノ苦心経営ニ因リ折角利益ヲ得レハ株主ハ尽ク之ヲ配当シ去ラントシ毫モ之ヲ会社ニ蓄ヘシメス豈吾人苦心ノ効アランヤト是レ驚クヘキ誤謬ナラスヤ今ノ会社管理者ハ動モスレハ輙会社ヲ私有物視スルノ弊アリ這種ノ言ノ因リテ出ツル所以ハ茲ニ在リ然レトモ会社ハ管理者ノ会社ニ非ラスシテ株主ノ会社タルコト言ヲ俟タス是ニ於テ乎他ノ極端ニ於ケル一弊アリ即チ会社ハ他人ノ会社ナリトシテ会社ノ管理ニ冷淡ナルコト是ナリ然レトモ管理者ハ自己モ亦株主ノ一人タルノミナラス総株主ノ信任ニ因リテ其ノ位置ニ在ルモノタル以上ハ必スヤ法律ノ所謂善良ナル管理人ノ注意ヲ取ラサル可カラス「善良ナル管理人ノ注意」是レ実ニ絶好ノ標準ニシテ之ヲ缺ケハ冷淡ノ弊アリ之ヲ過グレハ私有物視スルノ弊アリ能ク其ノ中ヲ得ルコトヲ必要トス之ヲ要スルニ会社カ営業ニ必要ナル資本以外ノ遊金ヲ貯蔵スルハ寧ロ毒ト為ルモ決シテ薬トナラス管理者ハ必要ノ資本ノミヲ以テ着実ニ熱心ニ会社本来ノ目的タル営業ノミニ勉ムヘク而シテ利益アレハ法定ノ積立金以外ハ尽ク之ヲ株主ニ配当シ去ルヘク利益多ケレハ配当亦多ク利益少ケレハ配当亦少ナカルヘシ是レ当然ノミ豈其ノ不均一ヲ憂ヘン若シ夫レ利益常ニ均一ヲ得テ少額ニ

陥ルコトナク以テ自然ニ配当ノ均一ヲ得ハ是レ即チ始メテ称スヘキナリ

積立金ノ多キヲ貪リ徒ニ金銭ヲ死蔵スルノ弊風ニシテ若シ洽ク全国各会社ニ波及シ会社妄リニ巨額ノ金額ヲ死蔵シテ管理者ハ為メニ遊惰ニ流レ進取ノ気象ヲ失ハヽ其ノ弊害実ニ言フ可カラサルモノアリ是レ決シテ一片ノ理論ニ非ス事実上最モ睹易キ所、否ナ現ニ目撃シツヽアル事実ナリ故ニ重役ハ此ノ趣旨ヲ以テ会社ヲ管理シ株主ハ此ノ趣旨ヲ以テ総会ニ臨ミ各々之ヲ主張セムコトヲ望ム

之ヲ要スルニ我邦会社ノ弊源ハ主トシテ定款ノ粗漏ト株主ノ冷淡無気力トニ在リ欧米諸国ノ会社ニ於ケル定款ヲ見ヨ慎重緻密ニシテ用意ノ周到ナル驚クヘキモノアリ之ニ反シテ我邦会社ノ定款ヲ見ヨ商法其他法令ノ会社ニ係ル規定ハ多クハ聴許法ニシテ定款ニ特別ノ規定ナキ場合ノ為ニ標準ヲ与フルモノニ過キサルニ我邦会社ノ定款ハ概ネ法令ノ規定ヲ模写セシニ止マリ毫モ法令以外又ハ法令以上ノ規定ヲ為サス杜撰粗漏亦驚クヘシ是レ我邦ニ於テ始メテ会社ナルモノヲ設置セシ時代ニ於テ会社ニ関スル智識ノ尚甚タ幼稚ナルヨリ其定款モ亦甚タ簡略ナリシニ爾後之ヲ因襲シテ遂ニ定例ヲ成シ進歩改良スル所ナキニ出テ時トシテハ他日重役タラントスル発起人カ自家他日ノ便宜ヲ予想シ故サラニ定款ヲ粗漏ニスル者亦之レ無シトセス其ノ孰レニ論ナク速ニ改善セサル可カラサルナリ

更ニ少シク総会ノ儀式的ニ流ルヽコトヲ挙ケ以テ株主ノ冷淡無気力ヲ説破セム歟彼ノ貸借対照表ト云ヒ利益配当案ト云ヒ其他総会ニ提出サルヘキ許多ノ書類ハ一朝夕ノ展閲ヲ得テ当否ヲ詳悉スヘキニ非ス是ヲ以テ法律ハ総会前若干日間株主ノ展閲ヲ許スヘキ規定ヲ設ケアルモ株主ニシテ総会前特ニ之ヲ展閲調査スルカ如キハ寥々トシテ晨星モ啻ナラス而シテ総会席上始メテ之ヲ一目シ直チニ之ヲ是認シテ拍手喝采ノ裏ニ総会ヲ終ルヲ常トス寧ロ滑稽ノ至ニ非スヤ書類上ノ計算ハ概ネ誤ナシトセンモ書類ノ記載ハ果シテ事実ト違ハサルヤ或財産ノ実価三万円ナルニ書類上之ヲ三万五千円ト記載スルモ誰カ俄ニ其当否ヲ判スルコトヲ得ム消費物、半製品等ノ商品ノ如キ殊ニ各地ノ支店ニ於ケル財産ノ如キ重役一枝ノベン(ママ)ハ以テ容易ニ株主ノ眼光ヲ糊塗スルヲ得ヘシ然ルヲ則株主タル者漫然之ヲ是認シ何等ノ質問ヲス

ラ為ス者稀マリ重役ヲ信スルコト厚キノ致ス所ト云フト雖モ亦甚タ無責任ナラスヤ諸会社カ創立以後毎総会ニ多額ナル利益ノ配当ヲ為シツヽ内部ノ苦境日ニ加ハリ遂ニ突然閉店スルモノ少カラサルカ如キ概ネ如上ノ原由ヨリセル当然ノ結果ノミ

其他会社ノ情弊失態ハ一ニシテ足ラサルモ一夕ノ講話ハ以テ悉ク之ヲ枚挙スル能ハス要ハ大ニ定款ノ規定ヲ厳密ニシ殊ニ規模宏大ナル会社ニ在リテハ恰モ政府ニ於ケル官制、服務規律、懲戒令等ノ如キ諸般ノ内規ヲ制定シ当局其人ノ如何ニ因リテ興廃盛衰一朝其処ヲ異ニスルカ如キ憂ナカラシメ以テ会社ヲシテ始終渝ラス能ク秩序アル進歩ヲ為サシメサル可カラス是レ最モ直接ニシテ且有形ニ施為シ得ヘキ改良方法ナリ而シテ其ノ根本的刷新ノ方法ハ重役ト株主トニ論ナク総テ会社ニ関係スル者ハ大ニ法律上ノ智識ヲ養成スルニ在リ何トナレハ今日ノ情弊失態ハ会社カ常ニ法律ノ精神ニ副フ能ハス法律独リ完美ニシテ会社ノ実況ハ遠ク之ニ伴ハサルニ在レハナリ然ラハ則チ更ニ法律ヲ改正シテ一層其取締ヲ厳ニセン歟曰ク否ナ若シ一層之ヲ厳ニセハ商業ノ自由ヲ侵害シ法律ノ守ルヘキ畛域ヲ超越スルニ至ル即チ今日ノ法律ハ既ニ完美ヲ極メテ決シテ改正スヘカラス改正スヘキハ実ニ独リ会社ニ在ルナリ

会社ニシテ果シテ能ク此等ノ改良方法ヲ施サン歟会社ノ当局仮令幾タヒ其人ヲ更フルモ彼等ハ殆ト専横営私ヲ為スノ余地ナク会社ノ基礎ハ永遠無窮ニ鞏固ナルコトヲ得ム而シテ是レ啻ニ会社及ヒ株主ノ利益タルノミナラス其ノ結果ハ商工業ノ振起ヲ来シ経済社会ノ発達ヲ致シ国家ノ利益タルコト亦蓋シ鮮少ナラス重役タリ株主タル者三タヒ思ヒ茲ニ致サヽル可ケムヤ

「序」

（平出露花［修］著『法律上の結婚』新聲社、明治三五年一〇月刊）

婚姻ハ人倫ノ大事、社会ノ基本ナリ、何人モ其事ヲ軽忽ニスル者アラズ、而カモ実際世人ノ動モスレバ閑却スルモノハ婚姻ノ法律ナリ、婚姻ニシテ婚姻法ヲ閑却センカ、啻ニ当事者ノミナラズ、延イテ家庭、親族ノ名誉、権利ヨリ、之ヲ大ニシテハ社会ノ幸福、秩序ニ影響スルコト、亦鮮少ナラズ、然レドモ法律ハ之ヲ知ルニアラザレバ、之ヲ遵由スル能ハズ、而シテ之ヲ知ラシムルハ、実ニ法学者ノ責任ナリ、我邦方今ノ法学界、高遠ナル法理ヲ説クハ、寧ロ其人ニ乏カラザルモ平易ナル解釈ヲ施シ、市井閭巷ノ間ニ向ツテ法律ヲ説クハ、其人頗ル稀ナリ。平出子ノ此著、専ラ意ヲ此点ニ致シタルモノ、予ハ予ノ希望ノ一部ガ、本書ニヨリテ充タサレタルヲ喜ビ、乃チ之ニ序ス。

「自治制度改正論」

（『明治法学』第五二号、明治三六年二月発行）

府県、郡市、町村等ニ於ケル秕政醜聞、比年相踵テ続出シ、近時ニ至リ特ニ甚タシキヲ加フ、東京ヲ初メトシ静岡、名古屋、其他各地ニ於ケル事例ノ如キ既ニ世人ノ耳目ニ新タナル所ニシテ、敢テ指摘ヲ要セスト雖、若シ僻遠ノ郡市町村ニ渉リ仔細ニ点検スル所アラバ、更ニ驚クベキ数字ヲ発見スルニ至ルベシ、此ノ如クニシテ止マズンハ、自治ノ制度ハ未タ其美果ヲ結ブニ及ハズシテ、早ク已ニ枝葉ヲ蠹蝕セラレ、将ニ其根幹ヲ枯稿シ尽クスニ至ラントスルノ憂ヲ懐ク、或ハ杞人ノ憂ニ非サルヘシ、

蓋シ事弊ノ由リテ生スル必ズ其原因ナカル可カラス、而シテ這般事弊ノ通有ノ原因タルモノ、概ネ二、曰ク人、曰ク制度、是ナリ、

弊源ノ重キナル一カ人ニ存スルハ言フマデモ無シ、地方自治ノ当局者ガ、不正若クハ無能、其人ニ非スシテ其位置ニ坐ス、今日実際ノ弊源ノ茲ニ存スル頗ル多キハ、蔽フ可カラザル事実タリ、唯タ弊源ノ人ニ存スルヤ、之ヲ制スル亦人ヲ以テスルノ外無シ、具体的ニ之ヲ言ヘバ、選挙者ノ選挙上ニ於ケル、及ヒ監督者ノ監督上ニ於ケル、其用意如何ニ俟ツヘキノミ、即チ個々ノ場合ニ於ケル、箇々ノ用意ニ俟ツヘク、而シテ全般ニ通スヘキ救正策ナルモノアル能ハス、然レトモ弊源ノ制度ニ在ルハ、之ヲ救フ亦制度ヲ以テセザル可カラス、随テ制度ノ一改正ハ、以テ全般ニ通スル救正ヲ得ヘク、要ハ其ノ改正方法如何ト顧ミルヘキノミ、頃者自治制度改正論ノ頻リニ提唱セラル丶、蓋シ此カ為ナリ、

自治制度ノ改正、爾カク已ムヲ得ストスルモ、其如何ニ之ヲ改正スルニ於テ時弊ヲ救フニ適スヘキヤハ、談豈容易ナランヤ、府県制度改正ト曰ヒ、郡制改正ト曰ヒ、又或ハ市町村制ノ改正ト曰フ、頃者頻々提唱セラル丶改正論ハ、果シテ如何ナル改正ヲ試ミント欲スルニアルカ、吾人未タ其内容ヲ関知セスト雖、多クハ区々ノ細目末節ヲ争フモノニ似タリ、此カ根蒂ニ向テ一大斧鑿ヲ加ヘントスルモノニ至テハ、不幸未タ之ニ接セス

然ラハ則如何ニ之ヲ改正スヘキカ、吾人亦敢テ深ク討究ヲ費セリト云フニ非ス、然レトモ姑ク吾人カ平生遭遇セル所ノ事例ニ関シ、懐ニ来レル考案ヲ以テスレハ、一二之ヲ言フベキ鄙見ナキニアラズ、先ヅ吾人カ改正ノ最モ主要ナル題目トナサント欲スルハ、郡ノ自治団体ヲ廃止セント欲スルニアリ、郡其モノ丶全廃ス可カラザルハ、固ヨリ論ナキモ単ニ国ノ一行政区劃トシテ之ヲ置クニ止メ其ノ地方自治団体タルコトハ、之ヲ全廃スルヲ要ス、頃者伝説セラレタル郡廃止論ナルモノ、未タ其内容ヲ詳ニセズト雖、或ハ亦此主旨ニ外ナラサランカ、蓋シ地方自治的団体トシテ、既ニ下級ニハ市町村アリ、上級ニハ府県アリ、其間更ニ中級ノ一団体ヲ置クハ、徒ラニ複雑煩砕ヲ来タスノミニシテ、

吾人ハ多ク其必要ヲ看取スル能ハス、孛漏生ノ如キハ、行政区劃トシテ、州、県、郡、及ヒ市町村ノ四級ヲ存シ、郡モ府県及ヒ市町村ト共ニ、自治団体ト為シアレドモ、州ハ之ヲ自治団体ト為サス、我邦ノ郡ヲ自治団体ト為セル、或ハ孛国ニ倣ヒシモノナランカ、更ニ之ヲ仏国ノ制ニ考フルニ、県、郡、郷、市町村ノ四行政区劃中、之ヲ自治団体ト為セシハ、県、市町村ノ二アルニ過キス、我邦亦府県ト市町村トカ、自治団体トシテ独立ノ人格ヲ有シタルハ、府県制、市町村制ノ創定ニ出デズシテ、沿革上既ニ然ルモノアリシニ因ル、唯タ郡ヲ自治団体ト為セシハ、実ニ郡制ノ創定ニ出テタリ、而シテ此創定ノ恩恵トシテハ、徒ラニ地方自治制ノ複雑煩砕ヲ来シ、延テ地方費額ノ膨脹ヲ招キ、種々ノ醜事ヲ誘致シタル外竟ニ何等ノ一物ヲモ加ヘ来リシモノアルヲ見ル能ハス、府県ノ区域ハ頗ル広ク、町村ノ区域ハ頗ル狭シ、故ニ或利害カ一町村ニ止マラザルト同時ニ、又府県ノ全部ニ渉ラサルコトアリ、這種ノ場合ニハ、府県トシテ施設スル所アル能ハス、又各町村各別ニ施設スルニ不利トス是レ郡制ノ立案者カ、郡ヲ以テ一自治団体ト為シ、這種ノ場合ニ便宜ヲ得セシメント欲セシ所以ナルベシ、然レトモ事ハ期セシ処ニ違ヘリ、這種ノ場合ニハ、其関係数町村ハ、或ハ協約ニ因リ、監督官庁ノ命令ニ依リ、組合ヲ組織シテ事ヲ便スルヲ得、又何ソ此カ為メ特ニ郡ノ存在ヲ必要トスルモノアラムヤ、

郡ハ已ニ自治的団体トシテノ必要無シ、而シテ之ヲ自治団体ト為セシカ為ニ冗贅ナル地方費ノ増加ヲ来タセシハ、争ヲ容ルベキ余地ナシ、自治行政ノ複雑ヲ来スモ之レカ為メナリ、腐敗ノ動機ヲ与フルモ此カ為メナリ是レ豈徒ラニ無用ノ利益ヲ存スルモノニ非ズヤ、且夫レ名誉職参事会員ハ、一郡五人ニシテ、一府県四五十人全国ヲ通シテ約二千人以上ナルヘシ、郡会議員ハ、一郡十五人乃至三十人、或ハ例外トシテ四十人ニ上ルモノアリ、全国ヲ通シテ実際的一万四五千人ヲ計フベシ、二者ヲ合スレバ一万六七千人所謂地方紳士ナル者ガ、此無用ノ事務ヲ免レテ、其時間ト労力トヲ自家ノ職業ニ転用スルニ至ラバ、一般経済上ノ利益亦少ナカラザルベシ、殊ニ我邦現下ノ実況ヨリスレバ、此等ノ地方紳士（?）ガ一タビ議員ト為リ、参事会員ト為ルヤ、欧洲先進諸国ニ於ケル事例ト異ナリ、資産ト公徳トニ富

メルノ躯ヲ以テ、業務ノ余暇地方公共ノ利益ヲ図ラント欲スル者ノ如キハ、寧ロ甚タ稀ナル事実ニシテ、動モスレバ其ノ公職ヲ利器トシ、殆ント自家ノ職業ヲ択ミ得タルカ如ク看做シ、軽薄ナル記者ノ常套語タル所謂政治屋トシテ一種ノ不生産的人民ト為リ了リ、却テ公共事務ニ托シテ自己ノ口腹ヲ利セントスル者、頻々輩出シ、一人若クハ数人ノ運動屋ナル者亦此議員若クハ参事会員ヲ囲繞シ、全国通計幾万ノ浪費者ハ、此組織ニ依リテ生存スルコト、ナルカ如キ観アリ、是レ固ヨリ府県及ヒ市町村ノ議員ニ在リテモ、亦免レ難キ所ナリト雖モ、彼等ハ一般ノ必要上之ヲ廃ス可カラサルヲ以テ、適宜ノ方法ヲ以テ之ヲ矯正スルノ外ナキモ、郡ニ至リテハ、既ニ前述ノ如ク之ヲ存スベキノ必要更ラニ存セス、而シテ之レヲ存スルカ為メ此ノ如キノ不利不幸ヲ存スルノミ、此ノ如クンハ、快断一挙、速ニ之ヲ全廃スルニ如カス、

第二ニハ府県及ヒ市ノ名誉職参事会員ナルモノヲ廃止スルニアリ、府県及ヒ市町村カ現制ノ如ク自治団体タルコトハ、固ヨリ必要ニシテ、随テ府県会及ヒ市町村会ノ必要ナルト共ニ、其ノ議員ノ必要ナルモ亦論ナシト雖、府県及ヒ市ニ於ケル名誉職参事会員ニ至リテハ、吾人ハ其必要ノ有無ニ関シ、頗ル疑ナキ能ハス、理論トシテハ地方自治制ノ原則上、之ヲ置クヲ可トスヘキコト、更ニ弁ヲ要セスト雖、之ヲ我邦ノ現状ヨリ観レハ、吾人ハ名誉職参事会員ナル者ノ功績ニ対シ、多クノ感謝ヲ払ヒ能ハサルヲ悲シム、市ニ於ケル理事機関トシテハ、既ニ市長アリ、又之ヲ補助スベキ助役アリ、何ソ屋上屋ヲ架シ、更ニ名誉職参事会員ヲ設ケテ、以テ之ヲ補助セサル可ラサルノ必要アラムヤ、府県ニ於ケル議事機関トシテハ、又已ニ府県会アリ、名誉職参事会員ナカラザル可ラザルノ理由殆ント存スルコトナシ、彼ノ立法者カ之ヲ特設シタルノ理由、及ヒ行政法学者カ此特設ヲ必要トシテ講述スル所ノ理由ハ、吾人不敏ト雖亦聊カ之ヲ了ス、然レトモ是レ国民ノ資産ト公徳トノ共ニ富ミタル先進国ニ在リテハ則利器タリト雖、我邦ノ如キ後進国ニ在テハ或ハ却テ兇器タルナキヲ得サランヤ、試ニ最近ニ就職シタル倫敦市長ト、我邦ノ某市長トヲ対比セヨ、自治団体当局者其人ガ、欧洲ト我邦トニ於テ、頗ル差異アルコト（請フ予ノ言辞ノ無礼ヲ恕セ）現今ノ如クシテ、妄ニ制度

ノ彼我同一ナルヲ誇ラントスルハ、余リニ稚気ニ失セサルヲ得ルカ、紙上ノ制度ハ如何ニ燦然トシテ光ヲ発スルモ、苟モ国情ニ適セズンバ、寧ロ百害アリテ一利ナキヲ知ラサル可カラズ、

蓋シ議事機関タル府県参事会ハ勿論、理事機関タル市参事会ニ於テモ、其ノ内部ノ作用ハ会議制ナリ、而シテ会議制ナルモノハ、固ヨリ一利アリト雖、亦最モ無責任ニ流レ易キ一害アリ、之ニ加フルニ名誉職即チ無給制ヲ以テス、而シテ無給制亦最モ無責任ニ流ルヽノ動機タルヲ免レズ、既ニ名誉職ニ又会議制タリ、大ニ公責ニ富メル者ニ非ズンバ、其ノ実際ノ行為ノ無責任ニ失スル、寧ロ当然ト云フベシ、責任心ノ甚ダ薄キ者ニ与フルニ少カラザル権限ヲ以テス、其弊ヤ寒心スベキモノアリ、地方秕政続出シテ、醜聞ノ迹ヲ断タサルモノ亦怪シムニ足ラズ、故ニ吾人ハ寧ロ之ヲ廃止スルノ優レルヲ信ズ、市ノ理事機関トシテハ、名誉職参事会員ヲ廃シテ、若シ不便アリトセハ、助役ヲ増員シテ可ナリ、府県ノ議事機関トシテハ、府県会ヲ以テ足ル、府県会ハ固ヨリ頻繁ニ招集スル能ハサルモ、若シ臨時緊急ノ必要アリテ、臨時開会スル暇ナクンバ、知事ヲシテ責任ヲ負フテ臨機ノ処置ヲ為サシメ他日府県会ノ承認ヲ求メシメテ可ナリ、国家ノ行政ニ於テ、政府ノ帝国議会ニ於ケル尚然リ、地方自治的行政ニシテ、独リ然ル能ハサルベキ理由アラムヤ、

第三ノ改正トシテハ町村長ノ名誉職タル制度ヲ廃止スルニ在リ、蓋シ無給制ノ名ヤ美ナリト雖モ、名ノ美ハ将タ何ノ用ソ、無給制ハ前述ノ如ク責任心ヲ薄弱ナラシメ易シ、之ヲ有給トシテ、紀律ヲ正シ、監督ヲ厳ニスルノ、実行ニ適スルニ若カス、

且ツ夫レ名誉職ハ、財政上極メテ不利ナル者アリ、或公職ヲ名誉職トスルハ、固ヨリ財政上ノ理由ニ出テシニ非スト雖、其財政上ノ利益トシテハ、実ニ少額ノ俸給ヲ節約シ得ルニ止マリ、而シテ道路、橋梁、学校、病院等、不急ノ土木其他ノ濫施漫設ヲ生スルカ如キ、諸種ノ秕政醜聞ヲ胚胎スルコト、此点ヨリスルモノ亦尠カラストセハ、世豈之ヨリ高価ナル節約方法アランヤ、故ニ地方公民ノ資産、公徳竝ビ進ミタル社会ニ在リテハ、名誉職大ニ可ナルノ日アル

ヘシト雖、而カモ我国ノ現状ニ於テハ未ダ之ヲ否定セサル能ハス、

抑我邦維新以前ニ於ケル地方制度ハ、各藩各地多少其ノ組織ト名称トヲ異ニセシモノアリト雖、町ニ在リテハ、家主、地主、五人組アリ、之ヲ統フルニ町年寄アリ、更ニ上リテ町奉行アリ、又郡ニ在リテハ、百姓代アリ、組頭アリ、之ヲ統フルニ小庄屋、中庄屋、大庄屋ヲ以テシ、更ニ上リテ郡奉行アリ、機関整頓シテ、秩序井然タルモノアリ、地方自治ノ実頗ル全カリシモノアリ、而シテ維新後ニ於ケル伍長、戸長ノ制ハ未ダ深ク其根蔕ヲ動スニ至ラサリシニ係ハラズ府県、郡、市町村ノ諸制制定セラルニ逅ヒ、数百年ノ沿革ハ一朝ニシテ漂没セラレ、突如トシテ欧洲ノ新制度ヲ模倣シ来レル、恰モ熱帯ノ動物ヲ忽チ中温ノ地ニ放チシニ異ナラズ、動物園ノ周到ナル設備ト注意トヲ以テスルモ、遂ニ其斃死ヲ救フニ由アランヤ、昨一虎ヲ失ヒ、今、一獅ヲ失フ、蓋シ免レ難キノ数ノミ況ンヤ其ノ設備ト注意トノ爾カク周到ナラサルモノ存スルニ於テヲヤ、是レ吾人カ自治制度ノ改正ヲ提唱セント欲スルニ三ノ要綱ナリ、

「序文」

（加藤誠一郎・浅野晴三郎合著『民事訴訟手続文例』法政館、明治三六年三月刊）

法律ノ研究漸次隆盛ノ域ニ達シ職ヲ法律ノ運用ニ執ル者亦年々其数ヲ加フルコト頗ル大ナリ而シテ此等ノ人士ハ皆一定ノ学識ト資格トヲ有シ法律ノ理論的観念ニ至リテハ殆ンド間然スル所ナケン然レトモ実際家ニ尤モ必要ノ条件タル技術的才能ニ至リテハ多年ノ経験ト不断ノ注意トヲ要シ未ダ必シモ悉ク熟達ノ士ナリト謂フヲ得サルノミナラス手続書式ノ如キハ寧ロ之ヲ末技ト為シ所謂事務員ニ一任シテ重要視セサルノ傾向ヲ有ス焉ゾ知ランヤ諸般ノ書類ハ法律ノ活動ヲ誘起スル最初ノ伝令ニシテ往々手続全部ノ運命ヲ支配スルモノアルコトヲ蓋シ現代法制ノ趨勢ハ漸次ニ形式ニ

拘泥セザルヲ主義トスト雖モ而モ一定ノ規則以外自然ニ慣例ヲ生スルコトハ凡テノ事物ノ性質ナルヲ以テ法律上ノ手続ニ於テモ亦自ラ普通ニ行ハル、書式文例ノ生スルハ理ノ当ニ然ルヘキ処ナリ而シテ本書ハ実ニ其文例ノ粋ヲ抜キ殆ンド凡テノ場合ヲ網羅シタルモノニシテ最モ能ク実際ノ目的ニ適フモノアリ余本書カ現今実際家ノ通弊タル缺点ヲ補フニ足ルモノアルヲ喜ビ巻頭ニ一言シテ敢テ江湖ニ告ク

＊「会社重役ノ辞任ニ関スル慣例ノ誤ヲ正ス」

（『明治法学』第五五号、明治三六年五月発行）

「会社ニ於ケル一慣例ノ誤謬」

（『日本弁護士協会録事』第六五号・同年五月発行、＊『法律新聞』第一四七号・七月発行）

慣例ハ往々誤謬ヨリ起ル、茲ニ一箇軽卒ナル誤解カ一タビ無意識ニ実行セラル、アレハ他人亦軽卒ニ無意識ニ之ニ傚フ、甲傚ヒ乙傚ヒ、丙丁戊己皆之ニ傚フ、其結果ハ竟ニ端ナクモ社会全体ニ於ケル一大慣例ヲ成スニ至ル。若夫レ一人ノ其間ニ多少ノ疑惑ヲ挿ムアラハ、其誤解ハ容易ニ誤解タルコトヲ発見シ得ラルヘキニ拘ハラス、何人モ敢テ之ヲ為サ、ルハ、畢竟其智能カ慣例ノ惰力ニ打タレテ麻痺シ、未タ曾テ疑惑ヲ挿ムノ端ヲ得サルカ為ノミ。世ノ所謂慣例ナルモノカ、意外ニモ幼稚ナル誤解ノ基礎ノ上ニ成立シテ、而カモ尚其勢力ヲ擅マ、ニスル所以実ニ此ニ在リテ、而シテ我邦株式会社重役ノ辞任ニ関スル慣例ノ如キモ亦其一タルヲ免レサルナリ。

全国幾千ノ株式会社ニ於テ、取締役又ハ監査役即チ所謂重役カ辞任ヲ為スニ際リ実際ノ慣例ハ、其辞任ノ申出ニ対シ、

重役会議カ承認ノ決議ヲ為スヲ以テ足レリトシ、更ニ甚シキハ、其決議ヲモ経ス、単ニ一片ノ辞任届ヲ提出スルヲ以テ足レリトシ、之ニ因リテ直チニ辞任ノ効力ヲ生シ、其辞任シタル重役ハ、直チニ重役タルノ責任ヲ免ル、モノト為セリ。実際ノ慣例比々皆是ニシテ、重役タリ、株主タル者嘗テ之ヲ疑ハス。其他一般ノ世人皆之ヲ是認シ、世ノ学者亦之ニ対シテ何等ノ注意ヲ払ハサルモノ、如シ。

夫レ重役ノ辞任ハ、重役トシテノ権限ト責任トヲ併セテ消滅セシムルモノナレハ、其効果ハ甚タ重大ナリ。然ルニ法律上未タ真ニ辞任ノ効力ヲ生セサルニ際リ、当事者自ラ有効ニ辞任シタリト誤信スルアラン歟、第三者ノ為メ、会社ノ為メ、殊ニ株主ノ為メ、辞任重役若クハ其他ノ重役ノ為メ、法律上重大ナル意外ノ利害ヲ生シ、彼等ハ予想セサリシ重大ノ損失若クハ不利益ヲ蒙リ、喫驚、困頓、臍ヲ噬ムモ及ハサルノ悔ナキ能ハサルヘシ。是レ余カ特ニ此問題ヲ提ケテ之ヲ世人ニ警告シ、従来慣例ノ誤謬ヲ正サント欲スル所以ナリ。

抑モ株式会社ノ重役カ辞任ヲ為スニ付テハ、其申出即チ意思表示ハ、何人ニ対シテ之ヲ為スヘキ乎、将タ其辞任ハ、其意思表示ヲ為スノミヲ以テ足レリトスヘキ乎、我商法中本問ニ対スル直接ノ明文ヲ見ス、慣例ノ誤謬ノ因テ来レルモノ故ナキニ非サルナリ。

慣例ハ前述ノ如ク、一ノ重役ノ辞任ハ、他ノ重役ニ対シ其意思表示ヲ為スヲ以テ足レリトス。之ヲ詳言スレハ取締役ノ一人カ辞任ヲ為スニハ、他ノ取締役ニ対シ、又取締役ノ全員カ辞任ヲ為スニハ、監査役ニ対シ、辞任ノ意思ヲ表示スルノミニシテ、辞任ノ効力アリト為スニ在リ。監査役辞任ノ場合亦之ニ準ス。而シテ慣例已ニ然ルヲ以テ、随テ実際上未タ之ニ関スル争アリシヲ聞カス、又随テ未タ之ニ関スル判例アルヲ見ス、学者ノ意見、亦之ニ関シテ未タ多ク発表セラレス。予ノ聞睹セル所ヲ以テスレハ、志田［鉀太郎］氏日本商法論ノ少シク之ニ論及セルアルノミ、而シテ志田氏ノ説ハ、一ノ取締役カ辞任スルニハ他ノ取締役ニ対シテ意思表示ヲ為スヘキモ、取締役ノ全部カ辞任スル場合ハ疑問ナリトシテ、決定ヲ与ヘス。而カモ其言甚タ簡短ニシテ、理由ノ詳細ヲ聴クコトヲ得サルハ予ノ遺憾ニ堪エサル所、殊ニ之ニ依リテ概知スヘキ氏ノ意見ノ要旨ハ、前掲慣例ト略ホ一致シ、予ノ宿論トシテ之ニ賛同スルコト能ハサルハ、予ノ遺憾ニ堪ヘサル所ナリ。

夫レ我商法ニハ、前述ノ如ク本問ニ関スル直接ノ明文ナキヲ以テ、本問ハ之ヲ商法全体ノ規定ニ就テ研究セサル可カラス。而シテ此研究ノ過程ヨリスレハ、予ハ到底慣例ノ如キ結論ニ到達スル能ハス。蓋シ我商法ニシテ全ク本問ニ関スル規定ヲ欠クモノトスレハ、慣例ハ商法ノ不備ヲ補充スルモノトシテ、尚ホ其生命ヲ保持スルコトヲ得ヘシト雖モ、我商法ハ直接ノ明文ナシト云フニ止マリ、商法全体ノ規定ヨリ見テ、十分ニ本問ヲ解決スルノ規定ノ存スルヲ奈何セン、且ツ其規定ノ慣例ト背馳スル以上ハ、慣例ハ到底一ノ誤謬トシテ之ヲ否定セサルヲ得ス。況ヤ此慣例カ、慣習法タルノ効力ナキモノタルコトノ多言ヲ要セサルニ於テヲヤ。

然ラハ即チ本問ヲ解決スヘキ商法ノ規定トハ何ソヤ、他ナシ、解任ノ規定（商法一六七条、一八九条）是ナリ、我商法ニ解任ノ規定アリテ辞任ノ規定ナキハ、畢竟重役ノ解任ヲ認メテ其辞任ヲ認メサルカ為メノミ。元来法律カ代理人ノ辞任ヲ許ストキハ、必ス特ニ其明文ヲ掲ク、民法第六百五十一条ノ委任ニ因ル代理人ノ辞任ヲ許セシ規定ノ如キ即チ是ナリ。然ルニ法定代理人タル会社重役ニ付キ解任ノ明文アリテ辞任ノ明文ナキモノ、是レ決シテ立法者ノ遺忘脱漏ニ非ス、即チ知ル重役ニハ委任ニ因ル代理人ニ於ケルカ如ク、任意ノ辞任ヲ許サヽルノ法意ナルコトヲ、若シ夫レ会社重役ヲ以テ委任ニ因ル代理人ナリトセハ、固ヨリ当然民法該条ノ適用アリテ、慣例ノ如ク一片ノ届出即チ意思表示ニ依リ、辞任ノ効力ヲ生スヘシト雖モ、会社重役ハ委任ニ因ル代理人ニ非スシテ、法定代理人ナルコトハ、吾人ノ解説ヲ俟タスシテ、何人モ知了スル所ナルヘク、慣例ヲ弁護スル論者ト雖、亦此ノ如キ妄説ヲ試ムル者ハナカルヘキナリ。

且夫レ理論上ヨリ之ヲ観ルモ、委任ノ場合ハ、委任者本人カ自ラ委任事務ヲ処理スル能力アルヲ以テ、代理人カ半途ニ辞任スルモ、委任事務ハ委任者自ラ之ヲ処理シ得ヘシト雖モ、法人ハ之ニ反シテ自ラ其事務ヲ処理スル能力ナシ。

故ニ重役カ任意ニ辞任シ去ラン歟、会社ノ事務ハ即チ処理シ得ラレサルニ至ル。是レ会社重役ノ為メニハ、前掲委任ノ場合ニ於ケルカ如キ明文ノ設ナク、唯タ解任ノ規定アリテ、辞任ノ規定ナキ所以ナリ。

然ラハ即チ慣例ノ因リテ起リシ所以ハ如何、此ノ如キ慣例亦全ク理由ナクシテ、起ルヘキニ非ス、今其理由ヲ案スルニ、一ニハ固ヨリ直接ノ明文ナキニ出ツルモ、一ニハ辞任ヲ以テ、法理上重役其人ノ自由ナラサルヘカラストシ、且実際上之ヲ自由ナラシメサル可カラストスルニ出タルナリ。蓋シ縦令株主ナルニモセヨ、会社ノ重役タル職務ヲ、其会社ヨリ強要セラル、ノ理ナキカ故ニ、一旦(ママ)重役タリシ者ト雖、其任ヲ辞スルハ法律上自由ナラサル可カラス、又仮リニ其自由ナシトスルモ、強要シテ重役ノ職務ヲ執ラシムルハ、会社ノ利益ニ非サルカ故ニ、実際上亦其辞任ヲ自由ナラシメサル可カラス。是ヲ以テ辞任ハ重役其人ノ自由トシ、随ヒテ辞任ヲ為スニハ、其意思表示ノミヲ以テ足レリトシ、而シテ意思表示ハ他ノ重役ニ対シ之ヲ為スヲ以テ足レリトス、重役ハ総テ会社ヲ代表スルモノナレハナリト、是レ此慣例ノ基礎ナルヘシ。而シテ吾人ハ茲ニ数多ノ誤謬ヲ発見スルナリ。

抑或株主カ株主総会ニ於テ重役ニ選任セラレシトキ、其選任ヲ受諾シテ就任スルト否トハ、固ヨリ株主其人ノ自由ニ属ス、是レ後見人ト異ナル処ニシテ、後見人ニ選任セラレタル者カ、故ナク就任ヲ拒ムコトヲ得サルハ、法ニ特別ノ明文アルニ因ル、然ルニ会社ノ重役ハ、同シク法定代理人ナリト雖モ、特別ノ明文ナキヲ以テ、法理上其就任ヲ強要セラル、コト無ク、有効ニ之ヲ拒絶スルコトヲ得ヘシ、然レトモ就任ノ諾否ニ付キ、此ノ如キ自由アルノ故ヲ以テ、既ニ就任セシ重役カ辞任ノ自由アリト為スハ、是レ前後ノ差異ヲ無視セルモノナリ、由来重役ノ選任ヲ受諾スルハ、即チ一定ノ期間（任期）其任務ヲ執ルコトヲ承諾スルモノニシテ、自ラ其義務ヲ負担セルモノナリ。権利ハ権利者自ラ之ヲ拋棄スルコトヲ得ヘシ、然レトモ義務者カ自己ノ任意ニ其義務ヲ免ル、コトヲ得サルハ、吾人ノ贅言ヲ俟タス、而シテ重役ノ辞任ハ即チ義務ノ免除ヲ意味ス、然ラハ則チ、重役ノ辞任カ重役其人ノ自由ニ属セサル、亦贅言ヲ俟タサルニ非スヤ。

是故ニ会社ノ重役ハ、自己ノ自由ニ辞任スル能ハス、換言スレハ、一方行為トシテ、単ニ辞任ノ意思表示ヲ為スノミヲ以テ、辞任ノ効力ヲ生スルモノニ非ス、必ヤ会社ニ対シテ解任ヲ請求シ、其解任ニ因リテ始メテ自己ノ辞任ノ目的ヲ達スルコトヲ得ヘシ。法ニ解任ノ規定アリテ辞任ノ規定ナキハ、即チ此旨趣ニ出ツ。果シテ然ラハ、解任ハ何人ニ対シテ之ヲ請求スヘキ乎、又何人カ之ヲ決定スヘキ乎、慣例ニ依レハ、他ノ重役ナリト答ヘサル可カラサレトモ、慣例ノ誤謬ニ陥リタル主眼ハ、実ニ此点ニ在リ。

夫レ一ノ重役カ他ノ重役ノ辞任ヲ許可スルコト即チ之ヲ解任スルコトノ不法ナルハ、常識ヲ以テスルモ直ニ判知シ得ヘシ所ニシテ、取締役カ監査役ヲ解任シ、監査役カ取締役ヲ解任スルコトハ勿論、一ノ取締役又ハ監査役カ、他ノ取締役又ハ監査役ヲ解任スルコトモ、其原因カ縦令本人ノ辞任ニ出ツルニセヨ、論理ニ於テ極メテ不当ナルノミナラス、実際ニ於テモ極メテ不当ニシテ、夫ノ恐ルヘキ弊竇ハ、此ヨリシテ開ケントス、蓋シ或者ヲ解任シ得ル者ハ、必ス其者ヲ選任セシ者ナラサル可カラス、而シテ重役ヲ選任スル者ハ、固ヨリ株主総会（商法一六四条、一八九条）ナルヲ以テ、重役ヲ解任スル者モ亦必ス株主総会ナルヘキハ、論理ノ当然タルノミナラス、前掲ノ如ク法ニ既ニ明文アリ（商法一六七条、一八九条）重役ノ解任ハ、必ス株主総会ノ決議ヲ以テスヘキコトヲ特筆シテ復疑ヲ容ルヽノ余地アラサルナリ。

或ハ曰ハム、解任ハ株主総会之ヲ決スルコト、固ヨリ法文ノ自ラ示ス所ナリ、然レトモ辞任ハ解任ト同シカラス、解任ハ会社ヨリ進ンテ重役ノ任ヲ解クモノニシテ、懲戒、不信任等ノ意味ヲ含ミ、重役其人ノ意思ニ反シテ之ヲ行フコト多ク、事甚タ重大ナルヲ以テ、乃チ総会ノ決議ヲ要スト為シタレトモ、辞任ハ之ニ異ナリテ全ク重役其人ノ意思ニ出ツルモノナルヲ以テ、解任ノ如ク重大ナラス、是レ法ニ明文ナキ所以ニシテ、其明文ナキハ、之ヲ重役ノ権限ニ一任シタルナリ、重役ハ会社ノ代表機関ニシテ、全権ヲ有スルモノナレハ、明文ヲ以テ総会ノ決議ヲ要スト為セシモノヽ外ハ、重役ノ権限内ニ属シ、一ノ重役ノ辞任ハ、他ノ重役カ之ヲ聴許スルコトヲ得ヘシト。

然レトモ辞任ハ何カ故ニ解任ト別種ノモノタルカ、辞任ハ解任ノ原因ノ一ニシテ、辞任ノ結果ハ解任ナリ、重役其人ノ意思ニ因リテ解任スルト、意思ニ反シテ解任スルト、共ニ解任タルニ妨ナク、解任カ必スニ者ノ一ニ限ルノ理ナキハ、法理上、法文ノ規定上、将タ実際上、毫モ議論ノ余地ナカルヘシ、又重役ハ固ヨリ会社ノ代表機関タリト雖モ、株主総会モ亦一機関ニシテ、機関ハ重役ノミニ止マラス、且之ヲ区別スレハ、総会ハ意思機関ニシテ、重役ハ行為機関ナリ、而シテ重役ノ解任ノ如キハ、意思機関ノ宜シク決スヘキ所ニシテ、行為機関ノ宜シク為スヘキ所ニ非ラス。彼ノ支配人選任及ヒ解任ノ如キハ、業務執行ノ一ナルヲ以テ、取締役ノ権限ニ属スルノ明文（商法一六九条）アルモ、其明文アルハ、偶以テ重役ノ解任ニ関スル権限ナキヲ示スモノニシテ、重役ノ解任ハ業務執行ノ一ニ非ス、業務ヲ執行スル機関即チ行為機関ノ異動ニ外ナラス（辞任ハ解任ト異ナルモノト仮定スルモ、此論理ハ尚同一ナリ）他ノ重役カ之ヲ決スル能ハサルヤ、知ル可キノミ。

是ニ於テ乎、滔々タル全国多数株式会社ノ慣例ハ、全然誤謬トシテ之ヲ否定セサル可カラス。予ハ彼等会社カ其過ヲ改ムルニ吝ナラスシテ、復之ヲ再ヒセサラムコトヲ望ムヤ切ナリ。

「序文」

（星野清徴著『法理解決民法要論　全』法政館、明治三七年一月刊）

我邦憲法ノ制定セラレテヨリ諸般ノ法典漸次完成シ法律ノ学亦随テ至大ノ進歩ヲ見ルニ至レリ而シテ法律ノ管スル所広汎ニシテ概言スル能ハズト雖之ヲ大ニシテハ国家社会ノ構成組織ナリ之ヲ小ニシテハ人民各個ノ権利自由ナリ即邦家民人ノ興亡存廃ハ繋ツテ法律ニ在リト謂フモ亦必シモ過言ニ非ズ既ニ然ラバ其適用モ亦慎重ニシテ厳正ナラザルベ

カラズ而シテ適用ノ慎重厳正ハ之ヲ法律ノ適確ナル解釈ニ俟タザルベカラズ夫レ立法ハ至難ノ事業ナリ如何ニ丁寧綿密ニ制定セラレタル法律ト雖之ヲ適用スルニ当リテハ動モスレバ疑議百出難問ヲ生ズルコト無キヲ保セズ是レ羅馬法以来法律解釈ノ学ノ大ニ発達進歩シタル所以ナリ我邦法典ノ一ビ発布セラル、ヤ此ガ解釈ノ書汗牛充棟啻ナラズト雖苟溯モ法律ノ真意ヲ知ラント欲セバ之ヲ其実質原理ニ（ママ）リテ攷究セザルベカラザルハ論ヲ待タズ蓋シ法ノ一点一劃ハ生命財産ノ消長ト権利自由ノ存亡ニ関スルコト至大ナレバナリ況ヤ之ヲ急転直下ノ勢ヲ以テ変遷シツ、アル方今社会ノ情態ニ適用スルニ於テヲヤ殊ニ民法ノ如キハ最モ錯綜セル人民相互ノ私的関係ヲ規定セルモノニシテ此ガ研究ハ実ニ須要ノ事ニ属ス是レ独リ法学者ノミニ止マラズ一般国民ノ深ク感ズル所タリ而シテ本書ハ法定ノ順序ニ従フテ其原理ヲ説明シ諸種ノ疑問ヲ解決シタルモノニシテ一ハ法律研究者ノ渉猟ニ供スベク一ハ人民各自ノ参考ニ資スベキモノアリ輓近文物制度ノ進歩スルニ伴ヒ法律ノ学大ニ必要ヲ感ズルノ秋ニ方リ君ノ此著述アルハ誠ニ喜ブベキ事ニシテ最モ能ク其目的ニ適ヒタルモノト謂ハザルベカラズ乃一言ヲ題シテ以テ江湖ニ告グ

（『明治法学』第六七号、明治三七年二月発行）

「世界最古の刑法　序」

一般ノ学術上ヨリ視ルモ今日ノ時局上ヨリ考フルモ其ノ必要ニシテ且洪益アルコト支那法制ノ研究ノ如キハ其ノ匹儔ヲ見ル蓋シ甚タ多カラサルヘシ然レトモ支那法制ノ研究ハ其ノ煩労ノ困難トノ共ニ大ナルニ関ハラス研究者其人ノ之ニ由リテ得ヘキ報酬ハ寧ロ極メテ寡カルヘシ吾人カ未タ多ク此研究ニ従フ者アルコトヲ聞カサルハ想フニ此カ為ナル無カランヤ著者此間ニ在リテ独リ志ヲ此研究ニ注キ矻々トシテ事ニ従フコト茲ニ幾年而シテ研究略其緒ニ就クヤ其結

果ノ一部ヲ公ニシテ之ヲ世ニ問ハント欲シ先ツ時期ヲ堯舜以上ニ劃シテ頃者漸ク其稿ヲ脱ス唯是レ片々タル二百余頁ノ小冊子ノミ而モ著者ハ此小冊子ノ為ニ時ヲ費スコト二年、稿ヲ更ユルコト幾回ナルヲ知ラス其間厚俸ヲ懸ケテ著者ヲ招ク者アリシモ辞シテ応セス我明治大学ニ於ケル恒務ノ外若干有利ノ業亦尽ク之ヲ斥ケシコト予ノ総テ与カリ聞キシ事実ニ係ル而シテ窮乏自ラ甘ンシ衣食ヲ節シテ参考ノ図書ヲ購ヒ刻苦倦マス老措大ヲ以テ自ラ処リ将ニ一生ヲ此研究ニ委セントス亦当時罕ニ見ル所ノ篤学ノ士ト謂フ可シ況ヤ著者ハ我明治大学ニ在リテ雑誌明治法学ノ編輯ニ主任タリ数年間未タ曾テ一タヒモ発行ノ期ヲ愆ラス且傍ラ本学ノ諸務ヲ助ケツヽ余力能ク此困難ナル研究ヲ継続シ更ニ此研究ニ関スル必要ヨリシテ外国語ノ修養ニ勉ムルカ如キ精力ノ頗ル称スヘキモノアルヲヤ稿成ル著書一閲ヲ予ニ求メ且序ヲ請ハル而モ本書ノ内容ニ就テハ他ノ諸家ノ序殆ト之ヲ尽クセリ而シテ予ハ著者ノ平生ヲ識ルコト最モ熟セルヲ以テ特ニ挙テ之ヲ言フ

（『日本弁護士協会録事』第一四四号、明治四三年七月発行）

「磯部岸本両博士のボ氏追懐談」

△ボ氏逝く　我法曹界の大恩師仏国エミール、ギユスターブ、ボアソナード、フォンタラビー氏山紫水明の故山の地に痾を病んで溘焉として逝く、痛傷何ぞ堪へん、吾人は此悲報に接するや曾て其門下生として最も親近せる磯部岸本両博士を訪ふて其無限の暗愁に包まれたる追懐談を聞く

〔磯部談話……省略〕

△岸本翁は語るらく　ボ氏は実に法学界の開拓者也、明治六年始めて来朝し井上毅名村泰造諸氏等の懇望に依り司法

省顧問兼学生教授となり七年明法寮を開き法律の講義を為す聴講生廿余許なり、後刑法草案の起草に着手し傍ら司法省の裁判官を通訳附にて教授せり、玉野(ママ)世履氏は当時の高弟也、日本現行の六法中商法と民法の親族相続二編とを除く外は悉く博士の草案に基きて編纂せらる、且つ条約改正に関する諸案中にも博士の起草に係る者多し又博士は当時尚ほ盛に行はれたる拷問を非常に厭忌し曾て白昼途に罪人の拷問せらるゝを見、教場に入るや声を揚げて号泣し生徒をして驚かしめたる事あり、後熱心に拷問廃止の建議を為し遂に明治八年之が廃止令の発布を見るに至れり、真に博士は不可忘却の恩人也（其外生）

第Ⅱ部　明治法律学校関係論稿

『明治法律学校設立ノ趣旨』

(明治一四年一月発行)

夫レ法律ノ管スル所ハ其区域広漠ニシテ其目枚挙ニ遑マアラス蓋シ之ヲ大ニシテハ社会ノ構成ナリ政府ノ組織ナリ之ヲ小ニシテハ人々各自ノ権利自由ナリ凡ソ邦国ノ栄誉人類ノ命脈皆此学ニ係ラサルナシ嗚呼人文ノ開明国運ノ進歩ヲ図ル者此ヲ舎テ其焉クニカ求メンヤ

明治中興識者此ニ見ルアリ夙ニ博士ヲ泰西ニ徴シ或ハ学生ヲ海外ニ遣リ或ハ校ヲ創メ或ハ会ヲ設ケ孜々汲々至ラサル所ナク将サニ人民ヲシテ皆法学ノ蘊奥ヲ極ムルヲ得セシメントセリ唯憾ムラクハ年月尚ホ浅ク未タ其功ヲ奏セス而シテ其弊ノ如キハ既ニ漸ク萌生シ人ヲシテ法学ヲ視テ以テ健訟ノ具ト為サシムルニ至レリ豈ニ救正セサル可ケンヤ生等学浅ク識拙キモ嘗テ自ラ揣ラス聊カ救正ノ志アリ同心協力一校ヲ設立シ将サニ以テ公衆共同シ大ニ法理ヲ講究シ其真諦ヲ拡張セントス名ケテ明治法律学校ト曰フ私ニ聖代ニ遭遇スルノ喜ヲ志スルナリ斯挙ヤ実ニ上ハ国恩ノ万一ニ酬ヒ下ハ同胞相愛スルノ責ヲ塞クニ在リ請フ全国ノ志士鄙衷ヲ諒スルアラハ恵然来会シ相共ニ切磋シ其功ヲ奏スルニ至リ以テ明治聖代ノ士タルニ愧チサランコトヲ聊カ記シテ本校設立ノ趣旨ヲ陳スルコト爾リ

明治十四年一月

創業者

「明治法律学校移転開校式の景況　答辞」

（『明法雑誌』第二六号、明治一九年一二月発行）

本年春の半ばより工事に取掛りたる我が明治法律学校の新築も稍く本月上旬に至りて全く竣功するを得たれば過る十一日（第二土曜日）を以て移転開校の式を挙くることとはなれり元来此の新築たる我校永遠の基礎を玆に定めんとの決心より着手なせしことなれば其地位より云ふも其構造を見るも殆んど非難を容るべき処なきものに似たり地位は即ち南甲賀町十一番地にして駿河台の中程位に当り指顧の際に東京全市を見下し気宇自ら快活を覚ゆるの感あり其構造は本門の左側に門番室を設け正面を以て玄関となし左房は受付室と定め右房を以て第二応接所と定めたり玄関前より折れて左側の入り口を生徒の昇降口となす講堂は玄関より直線に進み右側にありて五十余坪の広さあり生徒凡そ六百名余を容る丶に足るべし塾の構造は講堂を鈎の手に取囲み総二階付きにして寄宿室凡そ五十余凡て八畳敷にして塾生二百余名を容る丶に足る其外明法雑誌編輯局、校友事務局、塾監局、会計局、書籍室等を始め三等迄の応接所もあり凡て四百坪余の敷地を有す又宏大ならずと云ふべからず

偖て移転式の景状を記さんに当日は午後二時を期して来賓を俟ちたることなれば本校講師並びに常議員共正午前より打集ひ種々の手配り要意をなし当時第二の応接所たる処にて来賓を俟受けたり岸本、宮城［浩蔵］、熊野［敏三］の諸講師始め学者高士の人々が玄関に出で来賓毎に手を携へて設けの部屋へと案内なし品も能く気転も利たる数多くの受付役の働きは先づ当日第一の出来事なりき門前には旭旗を交叙し前後左右に数も知らざる球燈をつるし下げ本日の式を賑さんと要意せり早や定りの時刻も来れば続々来賓もありて全く式を始めたるは午後三時頃なりにて式の始まる

に先だち予て手配り置きし海軍々楽隊の奏楽あり夫れより本日の式を開くこととなり帝国大学総長渡邊洪基君会長の任を承諾せられ初めに起て開会の旨を陳べられ続て君の本校に寄せられたる開校の祝詞を朗読せられ次きには本校幹事齋藤孝治君が明治十三年以来今日に至る本校の景状を報告せられ次きにハ来賓福地源一郎、箕作隣祥両君の演説あり次きに本校々友総代として平松福三郎が本校講師並びに幹事等の諸君に呈する祝詞を朗読し次きに生徒総代として岡本直熊氏が同様の祝詞を朗読せられ最後に本校講師岸本辰雄君は学校を代表し来賓初め凡ての人々に向て本日の答辞を陳べらる茲に於て会長渡邊君は本日の式を終りたる旨を陳べ再び楽隊の奏楽に打連れて各賓設けの部屋に立皈りたり此時早や立食の要意も整ひ居たれば各々自由に食ひもし又飲みもして午後六時頃に引取られたり此の頃は予て要意し置きたる電気燈も早や光を点し球燈も亦色を添えねれば躚跚たる行歩も乗車の間を危ふするの憂あらざりし当日は恰も伊藤［博文］総理大臣山田［顕義］司法大臣を初め西園寺［公望］公使等も九州地方巡廻の中にて来会を空しうせしは遺憾の次第なりしも大木［喬任］元老院議長、東久世［通禧］副議長、箕作［麟祥］議官、名村［泰造］検事長等を初め辻［新次］文部次官、渡邊帝国大学総長、其外福澤［諭吉］、福地、中江等の諸先生も来会あり朝野の貴紳凡そ百余名に及び我校の面目を添えたるもの少しとなさゞるなり

来賓の取り成しも慣れぬ乍らも先づ首尾能く終りぬれば此れより本校生徒の嚮応となり講堂にて立食を振舞ふ手筈となり居たり凡そ五百に余る生徒諸氏の取持ちには随分骨を折りたることなり在りながら当日は兼ては虎も搏つてう壮士の人々も至て静粛にて四斗の樽八本の酒を明けしも万歳祝賀の声のみにて至て穏和のことなりし酒の酣なるころ宮城、宇川［盛三郎］、の両先生は机の上に直立して愉快なる演説をせられたるも只賞賛の声に打勝たれ詳しくは聞き取ることも得ざりける如何にして残り居られけん中江篤介先生にも此頃まで生徒の中に加はり居て色々面白き話し共なし居られたり此等の饗応も全く済みて生徒一同も無事に皈り当日の事を終りしは午後過る八時の頃にぞありたりき偖て諸子の演説並びに祝詞ハ即ち以下逐次に掲記するが如し最も演説の分は速記術の妙を得たる林茂淳氏の手記する

処に係る只印刷の時間に余裕を存せさりし故演説者両君の校閲を得ること能ハざりき

［中略］

右の如く順次に演説或ハ祝詞の朗読も畢りたる処にて講師総代として岸本君左の答辞を陳べられたり

講師　岸本辰雄君答辞

会長閣下並びに貴賓各位　我校茲に移転開校の典を挙くるに方り幸に各位の賁臨を辱ふし、且つ祝詞を承くるの栄を得たるは、生等感謝に堪へさる所なり、唯た其祝意過分にして、生等固より当る可らず、然れ共聊か自ら任する所あるなり、顧ふに生等生れて、明治中興の隆運に遭遇し、少しく感する所あり、以て法学に徒事すること数年、幸に其一斑を窺知することを得たれば、国家に報するの道、固より少なからすと雖、後進を誘導して法学を振興し、以て社会の進歩を計画するハ、亦是れ本邦現時の急務なりと信し、且つ生等此学を卒ハり、乃ち此に従事すと雖、未た全く其蘊奥を究めたるものにあらず、若し夫れ同志を会合して、其真理を研究せば、亦講学の道を得るものと思惟し、於是同志相謀り以て本校を創立したるは、実に明治十四年の歳首にありき、爾来孜々として法学を講し星霜を経ること既に五回、同社諸子の熱心と勤勉とに依り百事緒に着き、終に今日あるを致せり、是れ生等の窃かに栄とし感謝する処なり、然れ共世運ハ駸々乎として、進歩の途に在り、殊に本邦今日の勢ハ決して小成に安んす可きの時にあらず、益奮起黽勉以て此学の進歩を期せさるを得ず、然るに旧校は仮設に係り、且つ其規模狭隘にして、素志を達する能はさるなり、故に今茲十九年此地を卜して一宇を新築し、此に落成の典を挙げ、各位の賁臨を辱ふし、且つ過分の祝意を承けて、斯の盛会を得たるは寔とに本校の光栄と謂ふべし、豈に之か紀年とし以て感奮興起せさるを得んや、抑も駿台の地たる高燥にして紅塵場外に超然たり、気宇快濶にして館舎の構造亦狭からず、故に同志と弁難討究を試むるに余裕ありとす、且夫我帝国大学は頃者本校に伝ふるに、特別監督の命を以てせり、乃ち此会あるに際し、安ぞ謝意を表し、以て素志を発揚せさる可けんや、嗚呼本校外部の基礎已に定まること斯の如し、然れ共退て、内部の如何を顧りみれば尚ほ其改良を要すべきもの少しとせず今や僅かに其端を開き、以て第一段落に達したるの思ひあるのみにして、前途尚ほ遠し、生等奮発以て大成を期すべきの秋なり、而て只其素志を達するは則ち忍耐と勇敢とに在り、故に生等誓て此志を動さず、他日必す諸君の望に副ひ、以て国家に報ゆるあらんとす、爰に本校諸員に代り会長閣下並びに各位の賁臨を謝し並せて一言の芬辞を述ぶ

明治十九年十二月十一日　　　岸本辰雄

右にて全く本日の会を終りたれば会長渡邊洪基君ハ閉会の旨を陳べられたり

（『法政誌叢』第一一五号、明治二三年九月発行）

「明治法律学校々長岸本辰雄君の演説」

左の一篇ハ岸本校長か卒業証書授与式の件に付て演説せられたるものなり本学年ハ各新聞紙にも広告せる如く卒業生の多き四百弐十余名に上りたれは其間往々該式の挙行を請求せし諸氏ありしに困り校長は本校か之を挙行せさる主義を説明せられたるを以て今其要旨を筆記して広く世人に示すことと為せり

卒業証書授与式ハ方今一の習慣と為り公私各種学校に於て概ね之を挙行し尚且其隆を衒ひ其盛を競ふもの、如し此故に世人多くは之を以て卒業者に缺く可からさる礼式と思惟するに至る思ふに本校諸子の之を要請せらるゝも亦た此意に外ならさる可し要請諸子の中或は之を以て必要なる一礼式なりと信する者あり其言に曰く冠婚葬祭各々其礼あり今一科の学業を卒ハりしは脚を社会に立つるの基を開きしものにして重要なる人事の一に属す故に其証書を授与するハ鄭重なる儀式を以てせさる可からすと是れ甚た謂れなきの誤謬たり若し学校の卒業は一の重事なり之を賀するに盛

典を要すとするも是れ各自の私事にして学校の宜しく為す可き所に非らさるなり又若し証書の授与ハ一の重事なれハ之を行ふか為めに礼式を要すとせんか啻た学校の証書にみならす此他之と相譲らず若くは更に之に勝さる重要の証書を授与するの場合頗る少からさるに多くハ其式を行ふことなし其れ然り然るに特り学校のみ此式を行ふハ全く奨学の旨趣に外ならさるなり

夫れ卒業証書授与式は虚礼のみ空式のみ偶々以て児童奨学の一方便たるに過きす貴顕紳士臨て席に在り盛膳珍羞坐に充つ音楽の劉喨たる酒肴の馥郁たる快ハ即ち快なりと雖とも諸子の為めに一籌の利益を加ふるあるか学刀に秋毫を加ふるあるか苟も此式を挙行して幸に多少の利益を諸子に与ふるあらハ則ち可なれとも学業上一線の光栄を増すものなくんは何そ徒らに空礼虚式を挙行して紛々たる世の嚬に傚ふを須ゐんや彼の外観的光彩を加へ以て之を栄し之を美するハ未開なる社会の為め若くハ幼齢なる児童の為め其就学と成業とを奨励せんと欲するに在り実に方便なるものハ僅に之を婦女童幼に施す可きものにして苟も学問の価直を知り一科の専門学を修めし堂々たる有髯男子に加ふ可きものに非す然るに世人をして此虚礼空式を以て卒業者に缺く可からさるの要件と思惟せしめしは恐らく一時の壮快に騙瞞せられたる積習の余弊に出てたるものにして本校諸子の之を要請せらるゝも亦た此習慣に使役せらるに非さるなき歟凡そ儀式を尊ひ礼文を重する仏国其他文明諸国に於て本邦の如く卒業証書授与式を行ふあるを聞かす実に空礼虚式ハ社会の文明と逆比例に消長するものにして本邦の習慣も遠からす之を改むるの期あるを信するなり本校は此旨趣に因り創立以来曾て一たひも之を行はす汲々乎唯た諸君の学力を養ふを是れ務む彼の社会風潮の奴隷たるものに比して一籌を贏せることを私に誇れり斗らさりき本校諸子は今日に於て尚ほ之を本校に望み本校をして此栄誉ある先見の明を誤らしめんとハ本校は断して社会の風潮に媚ひ諸子の望を容るゝを得す切に諸子に望む所あり諸子ハ此幼稚なる思想を脱し此虚礼空式を以て光栄とせす却て本校か卓然として自立するを諸子の光栄とせられんことを

「岸本校長演説」

（『法政誌叢』第一一七号、明治二三年一〇月発行）

諸君　諸君ハ盛宴高饗以テ余輩講師ヲ招キ誠実ニ鄭重ニ其謝意ヲ表セラル殊ニ今マ朗誦サレシ謝恩ノ辞ノ如キ某々ニ君ノ演説ノ如キ諸君カ余輩ニ対スル厚誼深情至ラサル所ナシ余輩豈深ク感銘セサランヤ唯タ其称賛ニ至リテハ余カ同僚諸講師ハ暫ク措キ余ニ在リテハ浅称溢美敢テ当ル所ニ非ス余久シク諸講師ノ驥尾ニ附シ聊カ力ヲ諸君ニ致セシモ才菲ク学浅ク諸君ヲ万一ニ裨補スル能ハサリシヲ耻ツ然レトモ余カ諸君ニ忠実ナル一片ノ微衷ハ終始渝ハル所アラス庶幾クハ爾後更ニ自ラ駑駘ニ鞭チ諸君ト切偲シテ惰ラサル可シ茲ニ同僚諸氏ニ代ハリ敢テ諸君ノ厚誼ヲ謝ス

諸君ハ強テ余ニ徴スルニ一場ノ演説ヲ以テセラル余モ亦タ固ヨリ冀フ所ナリ然レトモ余ハ不幸ニシテ之カ予備ヲ為ス能ハサリキ是レ実ニ遁辞ニ非ス荊妻近日病ニ臥シ勢甚タ軽カラス故ニ余ハ今日ノ参席モ殆ント難カリシニ諸君ノ深情余カ肺腑ニ銘シ諠、辞スルニ忍ヒス勉メテ参席シタルモノニシテ諸君ト撮影スルヤ直チニ辞シテ帰ラント欲セシナリ然トモ諸君ハ固ク余カ沈黙ヲ聴サス是レ諸君カ余ヲ棄テサルニ出ツ余安ンソ一言以テ微衷ヲ致サ、ルヲ得ンヤ但タ余腹稿ナク咄嗟之ヲ述フ辞、倫序ナシ乞フ之ヲ恕セヨ

抑々今日ノ筵タル諸君ハ主ニシテ余輩ハ賓ナリ賓ハ宜シク主ヲシテ興味ヲ失ハシメサルノ言ヲ為ス可シ殊ニ今日ニ在リテハ諸君ハ既ニ校友ナリ余輩ノ朋友ナリ余輩豈諸君ニ向テ妄リニ理窟ヲ説ク可ケンヤ然レトモ今日余輩ハ曾テ諸君ノ講師タリシ資格ヲ以テ招カレタリ

此故ニ余ハ講師タリシ資格ヲ以テ諸君ニ一言セント欲ス諸君幸ニ其非礼ヲ咎ムル勿レ

諸君ハ積年研瑳講修ノ労ヲ累ネ遂ニ今日アルヲ致サレタリ余実ニ赤心ヲ擧ケ双手ヲ挙ケテ之ヲ賀ス俚諺ニ曰ク「苦辛ハ快楽ノ種子ナリ」ト而シテ人ハ曰フ修学ハ実ニ苦辛ヲ極ムト然ラハ則チ諸君ハ既ニ苦辛ヲ忍ヒ彼ノ快楽ノ種子ヲ播種シ了シテ将サニ其美菓ヲ収メントスル者ナル乎既ニ苦郷ヲ経過シ了シテ将サニ楽国ニ向ヒ一転歩セントスル者ナル乎世人ハ実ニ此ノ如クニ称ス然レトモ余ハ此俚諺ノ未タ諸君ノ今日ヲ指称セシニ非サルヲ信ス余ハ諸君カ未タ苦郷ヲ経過セシニ非スシテ将ニ苦郷ニ向ヒ始メテ歩武ヲ試ミントスルモノナルヲ信ス

蓋シ諸君ノ父兄ハ諸君カ今日ノ卒業ヲ見テ深ク其意ヲ安ンセラレシナラン余ハ之ヲ慶ス何トナレハ諸君ノ父兄カ其子弟タル諸君ニ対スル教育ノ義務ハ之ヲ以テ既ニ足レハナリ然レトモ諸君ニシテ若シ我事成レリト為サハ則チ非ナリ余ハ信ス諸君ハ這般小成ニ安ンスルノ人ニ非サルヲ果シテ然ラハ諸君カ前途ニ横ハル苦辛ハ其至多至大ナル固ヨリ従来ノ比ニ非サルヲ知ル可シ社会ノ事タル実ニ机上ノ想像ノ能ク及フ所ニ非ス而シテ此点ニ於テハ余ハ諸君ニ比シテ一日ノ長タリ乞フ諸君ノ為メニ少シク之ヲ語ラン

「人世之難、難於上青天」実ニ人世ノ難キハ物ノ克ク比ス可キナシ社会ノ広キハ書窓ノ狭キニ似ス社会ノ組織ノ復雑（ママ）ナルハ学校ノ組織ノ簡易ナルニ似ス而シテ社会ニ於ケル諸君ノ業務ハ巻ヲ播キ觚ヲ操リテ止ム可キニ非ス権謀、術数、危機、隠穽等ハ諸君カ相互ノ啖牛哦詩的ノ淡泊ナル交際ニ於テ其万一ヲ悟了ス可キニ非ス「行路難、不在山、不在水」実ニ尋常眼底ノ活社会ニ在ルナリ況ヤ諸君カ其学ヒシ所ヲ挟サミ進ンテ這裏ニ投シ名ヲ揚ケ功ヲ成シ大ニ天下後世ヲ益セントスルニ於テハ左荊右棘、困難百出シテ諸君ヲ蹉躓セシメントスルモノ其幾許ナルヲ知ラサルナリ余常ニ曰フ「社会ハ無比ノ大学校ナリ」ト事理、功業尽ク茲ニ於テ修学ス可ク正邪、功罪尽ク、茲ニ於テ試験サルレハナリ然リ而シテ諸君ハ今ヤ始メテ此大学校ニ入学スルノ資格ヲ得タル者ナリ諸君豈余ハ已ニ卒業セリ已ニ苦郷ヲ出テタリト云フヲ得ンヤ諸君カ今方サニ入学スル無形的学校ノ課程ハ実ニ諸君カ一大奮励ヲ要スルモノアルナリ

若シ夫レ諸君中不幸ニシテ一ノ小成ニ安ンスル無気力漢アランカ余ハ其我明治法律学校卒業ニ対シ唯タ安慰ノ語ヲ呈

センノミ然レトモ余ハ固ク其人ナキヲ信ス然ラハ則チ余カ此語ヲ為ス亦タ已ムヲ得サルナリ而シテ余ハ更ニ信ス余カ此ノ如キノ困難アルヲ諸君ニ告クルモ諸君ハ是カ為メ其壮志ヲ挫折セサルコトヲ何トナレハ這回ノ苦辛コソ即チ快楽ノ美菓ヲ収ム可キ種子ナル真ノ苦辛ナレハナリ希望ノ光輝ハ諸君ノ眼睛ニ燦然照映ス可ケレハナリ

諸君且熟慮セヨ諸君ニシテ若シ眼前ノ快楽ヲ貪ランカ諸君ハ直チニ之ヲ得ヘシ然レトモ其快楽ハ果シテ至大ナル乎而シテ其愉安ノ結果トシテ諸君カ末路ニ受ク可キ苦辛ハ果シテ至小ナル可キ乎嗚呼諸君ハ這回ノ卒業ヲ以テ足レリトセス須ラク名誉ノ賞牌ヲ以テ社会テフ大学校ヲ卒業センコトヲ期ス可シ諸君ノ前程ハ諸君ノ来路ヨリモ実ニ艱且遠ナルナリ

敢テ微衷ヲ告クルノミ言意ヲ尽サス乞フ諒セヨ

「故矢代操君追悼演説」（明治二四年四月一五日）

（矢代操・岸本辰雄著『民法財産取得編講義』巻之一、講法会、明治二四年五月刊）

嗚呼諸君、諸君ト余輩トカ最モ敬愛セシ矢代操君ハ忽焉トシテ長逝セリ我明治法律学校ハ君カ畢生ノ心血ヲ注キシ所而シテ此講堂ヲ以テ端ナクモ君ノ追悼演説会場ト為サントハ余輩カ諸君ト共ニ曾テ想ヒ到ラサル所ナリヤ嗚呼老天奚ソ寿ヲ斯人ニ慳ムノ特ニ甚シキヤ

余輩ノ君ニ於ケル君ノ余輩ニ於ケル相識ル最モ久シク相交ル最モ篤カリシモノナリ又君カ平生ヲ詳カニスルコト最モ深キ実ニ余輩ニ在リ今ヤ則チ亡シ余輩タル者誼ニ於テ否ナ情ニ於テ黙止ス可カラサルモノアリ請フ君カ一生ヲ語ラン

君ハ越前鯖江藩ノ士、明治二年撰マレテ貢進生ト為リ須臾ニシテ大学南校ニ入リ仏語ヲ修ム益（ママ）シ貢進生トハ大藩三人、

中藩二人、小藩一人各闔藩ノ俊秀ヲ擢テ以テ朝廷ニ貢進シ以テ勤学セシメタルモノニシテ君ハ実ニ此栄誉ニ当リシナリ当時余輩モ亦タ誤テ乏ヲ貢進生ニ承ケ初メテ君ト相見、継テ共ニ大学南校ニ入ルヤ茲ニ初メテ君ト相親近シ乃チ莫逆ノ交ヲ締セリ君軀幹魁梧、丰神秀爽、人ト為リ温厚摯実ニシテ強毅不撓、大ニ進取ノ気ニ富ミ深ク修学ヲ勉メ矻々励精、夜以テ晷ニ継キ敢テ少シクモ寧処セス明治五年司法省明法寮ニ於テ二十名ノ法学生徒ヲ募集スルヤ君即チ余輩ト相携ヘテ之ニ転シ仏人ボアソナード及ヒブスケ二博士ニ就テ仏国法律学ヲ修ム当時大学南校ヲ首トシ尽ク普通学ヲ授クルニ止マリ庠序ノ専門ニ一学科ヲ授ケシハ実ニ此ヲ以テ嚆矢トシ而シテ我日本人カ法律学ヲ修メシモ亦此ヲ以テ破天荒ト為スナリ

明治九年同窓ノ友数十人共ニ法律学全科ヲ卒業シ余輩数人ハ命ヲ受ケテ仏国ニ留学シ他ノ数十人ハ各々官ニ司法省ニ就キシカ其奉仕ヲ肯セスシテ野ニ閑散ノ地ニ留マリシハ独リ君一人トス曰ク「余、修養未ダ至ラス以テ自ラ足レリトスル能ハス焉ソ研精一番セサルヲ得ンヤ況ンヤ近時我邦ニ於テハ民権自由ノ論稍々行ハル、ニ至リシモ人々空疎、徒ニ流潮ヲ趁フニ過キスシテ真ニ権利ノ何タリ自由ノ何タルヲ知ル者ハ殆ト落々晨星モ啻ナラス今這般ノ智識ヲ国民ニ与ヘンニハ法律学ノ普及ヲ謀ルヨリ善キハ莫シ然ルニ諸君斉シク褐ヲ釈キ済々トシテ朝ニ立テリ余ヤ短魯ト雖トモ請フ少シク此カ普及ニ従ハン語ニ称ス「教ユルハ学フノ半ナリ」ト乃チ閑居静修自ラ資財ヲ投シテ務メテ書生ヲ養ナヒ且教ヘ且学ヒ布衣弊袴窮迫ニ処シテ自若タリ越テ明治十一年ニ至リ遂ニ独力以テ講法学舎ナルモノヲ興シ二三ノ講師ヲ聘シテ広ク学生ヲ募リ大ニ法律学ヲ教授シタリ

官最モ尊ク民最モ卑ク人々夤縁牽攀争フテ仕官ヲ求ムルノ中ニ立テ身ハ寧ロ仕官スヘキ義務ナル地位ニアリナカラ強テ自ラ之ヲ避ケ超然トシテ野ニ留マリ数年苦学ノ結果ヲ以テ富貴利達ノ資ト為サス却テ其裨益ヲ国民ニ洽与セントシ法律学ヲ教授セシ君ガ胸襟ノ洒然高潔ナル、当時ニ在テ殊ニ賛歎スルニ余アリ其熱心ニ法律学普及ノ必要ヲ信シ且之ヲ実行セシ如キ識見亦人ヨリ高キコト遠シト謂フ可シ

豈啻タ然ルノミナランヤ日本人ニシテ日本人ニ向テ法律学ヲ教授セシハ実ニ君ヲ以テ鼻祖ト為ス是レ豈我邦法学史上ニ特筆大書サル可キ君カ一大名誉ニ非スヤ
既ニシテ明治十三年余及ヒ宮城［浩蔵］二人相継テ仏国ヨリ帰朝スルヤ君直チニ来リテ余輩カ一臂該学舎ニ添ヘンコトヲ求ム余輩深ク君ノ志ニ感シ乃チ余輩ノ微力ヲ致セリ然レトモ時運未タ至ラス学舎萎靡盛況ニ達シ難シ於是乎遂ニ該学舎ヲ閉チ三人相謀テ新タニ一大学校ヲ開キタリ是レ即チ我明治法律学校ニシテ時明治十四年ナリキ
凡ソ世ノ教育ヲ務メ学校ヲ興スヤ或ハ以テ名誉ヲ釣リ或ハ以テ利益ヲ射ントスル者亦其人ナシトセス然レトモ君ハ学士ノ頭銜ヲ得テヨリ数年汲々トシテ独リ法律学ヲ教授シ果シテ名誉ヲ得タル歟否ナ当時世ヲ挙テ法律ノ何モノタルヲ知ラス此ヲ視テ健訟争利ノ具ト為シ之ヲ教授スルハ妄リニ従来謂フ所ノ公事師ヲ養成スルモノト為シ悪声君カ身ヲ離レス然ラハ則チ君ハ利益ヲ博シタル歟否否学生多カラス収支当ラス自ラ資ヲ捐テ、学舎ノ盛大ヲ図リ或ハ貧生ヲ養フテ其志ヲ成サシメ而シテ君カ身ハ則チ袖短ク衣薄シ
此ノ如クニシテ君ハ居然悔ヒス益其志ヲ篤クシ法律学普及ノ外復余念アラス余輩乃チ切ニ勤ムルニ禄仕ヲ以テシ遂ニ元老院ニ入リシカ昨年転シテ貴族院書記官ト為リ客冬帝国議会開会前ヨリ非常ニ其職務ニ勉励シ遂ニ為メニ病ヲ得テ俄然凶音ニ接スルニ至レリ悲哉君カ年歯僅ニ三十九歳
嗚呼君薄運従来未タ大ニ世ニ知ラレサリシカ近時ニ至リ始メテ官ノ顧遇ヲ受ケ将サニ大ニ用イラレントシテ忽チ茲ニ至ル遺憾何ソ窮ラン殊ニ君カ終始全力ヲ注キシ我明治法律学校ハ諸君ノ知悉サル、如ク輓近四五年始メテ大成ノ域ニ達シ生徒無慮千数百ニ上ホリ卒業生ヲ出タスコト一千人ニ達セントシ基礎日ニ鞏ク校勢日ニ張リ余輩創立者タル者将サニ以テ積年苦心計画ノ肩ヲ弛ヘントスルニ方タリ君即チ逝ク君ノ不幸何ソ一ニ此ニ至ルヤ余輩君ト事ヲ与ニセシ者実ニ痛哭ノ情ニ堪ヘス然リト雖トモ我校ノ隆盛此ノ如キハ法律学普及ノ点ニ於ケル功績ノ至大ナル所以ニシテ君カ志業ノ酬ヒタル所以ナレハ君亦以テ瞑ス可キナリ

嗚呼余輩ノ君ニ於ケル筆硯ヲ共ニシ事業ヲ供ニスルコト茲ニ二十余年相識ル最モ久シク相交ル最モ篤シ而シテ今ヤ即チ其人ナシ余輩豈情ヲ為ス可ケンヤ諸君モ亦忠愛誠実ナル這箇ノ師友ヲ喪ヒ応サニ痛哭ニ堪エサルヘシ豈啻タ諸君ト余輩トノ之ヲ歎惜スルノミナランヤ我邦法律学普及ノ鼻祖トシテ又其功臣トシテ全国法律社会ハ共ニ吊悼ノ情ヲ表スルナルヘシ

　嗚呼斯人逝ケリ吾人唯タ天ヲ仰テ奈何ヲ喚フノミ頃者追悼演説会明治法律学校ニ開ク岸本先生先ツ起テ君カ法律学上ニ於ケル一生ノ略歴ヲ述ヘラル本篇ハ即チ記者カ乏弱ナル記臆力ニ依テ二旬日ノ後ニ其梗概ヲ記セシモノナリ之ヲ君ニ対スル評述トシテ其周到剴切ヲ欽クモノアラハ皆記者ノ罪ナリ以テ先生ヲ累シ延テ故人ニ及ホス勿クシテ可ナリ

田能村梅士識

「祭宮城浩蔵君文」（明治二六年二月一六日）

（『明法誌叢』第一二号・明治二六年二月発行、＊『日本之法律』第五巻四号、同年四月発行）

我法学ニ深博ナル畏友宮城浩蔵君逝矣、嗟呼哀矣哉、余ヤ君ト莫逆刎頸、其交情兄弟モ啻ナラス、安ンソ遽カニ其柩ヲ送クルニ忍ヒンヤ。回顧スレハ君、明治ノ初メ天童藩ノ貢進生ニ挙ケラレ名声夙ニ喧シ、当時余ノ君ト相見ルヤ意気相投シ互ニ相提携ス、其法学ヲ修ムルヤ与ニ官命ヲ帯ヒ仏国ニ留学セリ、其業成リテ帰朝スルヤ同シク法学普及ノ急務ナルヲ感シ相謀リテ経営苦辛遂ニ我明治法律学校ヲ創立セリ。爾来君益々力ヲ斯学ニ致シ夙夜励精敢テ怠ルナシ、君ノ学生ニ対スル丁寧懇篤、猶ホ慈父ノ愛子ニ於ケルカ如シ、君ノ刑法ヲ講スルヤ識見卓抜細ニ蘊奥ヲ究ム、其刑法ノ書ヲ著ハスヤ洛陽ノ紙価為メニ貴シ、我党ノ士称シテ東洋独歩ト為ス蓋シ誣言ニ非サルナリ、而シテ君ノ薫陶ニ浴シ為メニ智識ヲ啓発スル者又豈啻ニ我校幾多ノ学生ノミナランヤ、乃チ学友相伝ヘテ殆ント全国ニ徧カラントス。君又公ニ法律事業ニ従ヒ大ニ賛助スル所アリ、又代言ノ業ニ就クヤ蹶然一挙シテ頭角ヲ顕ハセリ、嗚呼君一身ヲ挙ケテ法律学普及ノ事ニ任シ其効ヲ致スモノ蓋シ鮮少ナラサルナリ、余輩同志ノ徒安ンソ感銘セサル可ケンヤ。君又衆議院議員ニ挙ケラレ特立独行、衆望大ニ帰シ前途将ニ為ス所アラントス、鵬翼既ニ成リ、図南ノ機既ニ熟シテ而シテ旻天不幸、寿ヲ斯人ニ仮サス、一朝道山ニ帰ス、嗟呼哀矣哉。君、啻ニ学識深博、弁舌雄壮ノミナラス天資英敏、温容玉ノ如シ、人ヲシテ敬服セシムルニ足ル、天下知ルト知ラザルト苟モ君ノ名声ヲ聞ク者君ノ訃ニ接シ誰レカ痛哀深悼セサランヤ、況ンヤ余輩、君ト多年相親交スル者ニ於テヲヤ。特ニ惜ム君其心血ヲ注キシ法律事業ノ大成ヲ見サリシコトヲ、思フテ此ニ至レハ悲痛余哀アリ。然リト雖モ君ハ斯ノ如キ衆望ト斯ノ如キ功績トヲ賷シ以テ逝ク、君ニ於テ夫レ或ハ憾ミナカラン。今日君ノ柩ヲ送ル者、同僚幾百、門生幾千、他日必ス誓テ君ノ遺志ヲ成シ以テ君ノ霊ヲ慰メントス、請フ君瞑セヨ。余ヤ君ノ親友トシテ又君ノ心力ヲ尽セシ我明治法律学校ノ代表者トシテ恭シク君ノ英霊ヲ祭リ茲ニ哀悼ノ意ヲ表ス。血涙滂沱、言ハント欲シテ言フ能ハス、嗚呼哀矣哉、尚クハ饗ケヨ

「序」・「緒言」

（宮城浩蔵著『刑法正義』上巻、講法会、明治二六年六月刊）

是レ亡友宮城浩蔵君ノ遺著ナリ、今将ニ之ヲ梓ニ付シ、以テ世ニ公ニセントス、余ヤ君ニ於ル、交リ最親シク、君ヲ知ル亦最熟セリ、安ンソ一言以テ此書ノ来歴ヲ叙セサルヲ得ンヤ、君少シク夙ニ法律学ヲ修メ、該博淹通、窺ハサル

所ナシ、而シテ刑法ニ至リテハ其最力ヲ尽ス所ナリ、君明治法律学校ニ於テ、刑法ヲ講スル爰ニ十有余年、反復講述、凡其幾回ナルヲ知ラス、而シテ随テ講スレハ随テ精ニ、一回ハ一回ヨリ密ナリ、遂ニ之レカ蘊奥ヲ究ムルニ至ル、復遺憾ナシト謂フヘシ、嘗テ刑法講義二巻ヲ著ハス、大ニ法学者間ニ行ハレ、声名洋溢、需用日ニ盛ンニ、改版五回、発行部数ノ多キ、実ニ三万有余ニ及ヒ、為メニ世ノ学者ヲシテ、殆ト其観ヲ改メシメタリ、世遂ニ君ヲ目シテ東洋ノオルトラント謂フ、オルトランハ西洋法学ノ泰斗、其著ハス所ノ刑法原論ハ、実ニ彼十九世紀ノ法学社会ヲ震蕩セシメタリ、君輙チ此人ニ比セラル、其学殖ノ富贍、亦得テ知ルヘキナリ、然リト雖モ刑法講義ノ成ルハ、実ニ明治十七年ニ在リ、我刑法発布ノ後、僅ニ数年ノミ、其実施日尚ホ浅キヲ以テ、実例ノ徴ス可キモノ甚タ鮮シ、加フルニ爾後君カ学力識見ノ益々進ムヤ、講義ノ未タ尽サヽル所アルヲ見、奮然トシテ又新著述ニ従事セントス、時是レ明治二十年ナリ、此時ニ当リ、余等同志相謀リ、講法会ナルモノヲ創立シ、会員ヲ募リ、講義録ヲ頒ツ、君乃チ自ラ刑法ヲ担任シ、先ツ其積累研究ニ因テ新得シタル所ノ結果ヲ述テ、本校生徒ニ講授シ、因テ以テ稿ヲ起シ、漸次之ヲ講義録ニ搭載セリ、君公私ノ繁劇多忙無閑ノ身ヲ以テ、拮据励精、二十五年ノ晩秋ニ至リ、始メテ全成ヲ告ク、実ニ前後五年ノ星霜ヲ閲歴セリ、然ルニ君カ才学愈々進ムヤ、尚ホ未タ意ニ充タサル所アリ、乃チ更ニ全編ヲ訂正シ、以テ刑法正義ト題簽シ、将ニ今春ヲ待チテ、世ニ公ケニセンコトヲ期セリ、蓋シ此正義ハ前ノ刑法講義ヨリ進化シ来リタルモノナリト雖モ、此ヲ以テ彼ニ比スル、其精粗優劣ノ差、雲泥モ啻ナラサルナリ、僅々数年ノ間ニシテ既ニ此ノ如シ、君ノオ学ノ駿進、実ニ驚クヘキ哉、夫レ稿既ニ成レリ矣、而シテ刻未タ成ラス、旻天不祐、忽チ君カ命ヲ奪フ、溘然奄逝、其業ヲ終ルヲ得ス、豈悼惜痛哭セサルヘケンヤ、遂ニ余輩ヲシテ、泣血遺著ヲ執テ以テ上梓スルノ已ムヲ得サルニ至ラシメタリ、嗚呼君曾テ畢生ノ事業トシテ刑法ニ関スル一大著述ヲ為シ、以テ万世ニ嘉恵センコトヲ期シ、又近年刑事人類学ノ発達シテ、将ニ宇内刑法学ノ一大変革ヲ生シ来ラントスルヲ観、此レニ向ヒテ、大ニ所見ヲ吐露センコトヲ期ス、而シテ二者皆其成ヲ見ルヲ得ス、僅カニ此一書ヲ遺スニ過キサリシハ、万世ノ下、聞者猶ホ余哀アリト謂フヘシ、抑々君ノ名声ノ世ニ噪シキハ、固ニ唯ニ学術上ノミニ非サルナリ、其始メテ衆議院議員ニ挙ケラル、ヤ、特立独行、讜論正言、衆望大ニ帰セリ、乃チ知ル天資英敏、決シテ尋常一様ノ学者ニ非サルコトヲ、嗚呼君カ抱負スル所如此ノ大ナルヨリシテ之ヲ観レハ、此書ノ如キ、唯是レ詹々タル小著述ニ過キスト雖モ、亦因テ以テ君カ偉説卓見ノ一斑ヲ窺フニ足ル、余輩安ンソ之ヲ篋底ニ埋没シ、以テ蠹魚ニ飽シムヘケンヤ、同僚井上［正一］亀山［貞義］二氏、亦君ト最親ミ善シ、頃者余二氏ト相謀リ、倶ニ此書ヲ校シテ、之ヲ梓ニ付シ、以テ後進ニ裨益セント欲ス、蓋シ此挙聊以テ君カ遺志ヲ成シ、併セテ君ノ友誼ニ報ユルノミ、若シ夫レ此書ノ声価ハ世自ラ定論アリ、復安ンソ余輩ノ呶ヲ須ヒンヤ、嗚呼天若シ幸ニ君ニ仮スニ数年ノ寿ヲ以テセンカ、学術老練、英才煥発、更ニ法学社会ニ向テ、必スオルトランヲ圧スヘキ偉功ヲ奏スルアラン、而シテ今ハ則チ亡シ、哀矣哉、会々刻成ル、愴然トシテ爰ニ数言ヲ録シ、詳カニ此書ノ来歴ヲ陳シ、以テ序ト為スト云爾

一　故宮城君刑法学ニ精シ、本校創立以降十数年、君常ニ刑法ヲ担任セリ、其授ル所ノ講義精益々精ヲ加フ、本書ハ二十一、二十二ノ両学年ニ於テ、本校生徒ニ口授シ、因テ以テ起草シテ既ニ講義録ニ登載シタルモノナリ、

一　君本書ヲ成スニ志アル久シ、公事私務、甚タ多忙閒ナキヲ以テ起草ヨリ成稿マテ、前後凡ソ五年ノ日子ヲ費セリ、未タ上梓スルニ至ラスシテ、君舘ヲ捐ス、而シテ本書ハ実ニ昨二十五年ノ末ニ於テ最終ノ訂正修補ヲ経タルモノナレハ、現行刑法ニ於ケル君カ意見ヲ知ルヘキノミナラス、刑法学上ニ於ケル、君カ精神ヲ窺フニ足ルヘシ、

一　君舘ヲ捐ツルノ後、我講法会ニ於テ之ヲ梓ニ付セント欲ス、余即チ井上亀山二氏ト謀リ、共ニ之ヲ校ス、其学説ノ同異ハ暫ク措キ、其法理ニ問ヒ、其法文ニ照シ、又実際ノ難問ヲ掲ケテ之ヲ答解スルニ至リテハ、庶幾クハ克ク精覈ヲ得タリ、之ヲ世ニ公ケニスルモ、君ニ於テ遺憾ナカルヘシ、

一　君常ニ云ク、法律ノ精神ト法理トヲ明晰ナラシムルニハ、学理的順序ヲ逐ハンヨリハ、寧ロ法文ヲ逐条ニ解釈ス

ルヲ優レリト為スト、本書ノ逐条講義体ナルハ之ニ由テナリ、

一　君刑法ヲ講スルヤ、校友佐々木忠蔵氏、常ニ之ヲ筆記シテ、君カ起草ノ労ヲ助ケタリ、本書ノ成ル、氏ノ力、蓋シ与リテ多シトス、氏ハ君ノ同郷ノ人ニシテ、君ノ知遇ヲ受ケタリ、記シテ以テ其労ヲ表ス、

「緒言」

（宮城浩蔵著『民事訴訟法正義（訂正増補）』上巻、新法註釈会、明治二六年八月刊）

一　故宮城浩蔵君ノ民事訴訟法正義ヲ著ハスヤ該法施行ノ当時ニ在テ未タ学理一定セス亦実例ヲ見サルナリ然レトモ君ハ曾テ該法取調委員ノ任ニ在リシヲ以テ専ラ該博所拠ノ学理ヲ基礎トシテ訴訟法正義ヲ著ハサレタルハ実ニ感嘆ニ堪ヘサルナリ

一　爾後該法ノ実施其歳月ヲ経過スルニ従ヒ往々学理ノ実際ニ適合セサルモノアリ殊ニ幾多ノ実例出テ来リタルノ今日ニ在テハ前ノ著述稍々不完全ヲ免レス是ニ於テカ君昨年来之レカ訂正増補ニ著手（ママ）シ業将サニ半ハナラントシテ不幸ニモ二豎ノ為メニ遠逝セラレタルハ実ニ悲惜ニ堪ヘサルナリ

一　然レトモ君ノ企業ヲシテ空シク筐中ニ埋没セシム可カラサルヲ知リ即チ其業ヲ継キ之レカ訂正ニ従事シ尚ホ増補スルニ大審院判決例、司法省回答、法曹会決議等ヲ以テシ一ハ学理研究ノ便ニ供シ一ハ実地応用ノ便ニ供セントス

「法学ノ必要」（明治三一年九月開講演説）

* 「法学の必要」

（田島義方編『岸本校長演説　学生ノ心得』講法会、明治三三年一一月刊）

（『学叢』第一号、明治四三年一月発行）

諸君　毎学年ノ初メニ於テ諸君ノ為メニ修学ノ方針ヲ説クハ本校従来ノ慣例タリ本年ハ恰モ我法典ノ実施ニ際セルヲ以テ本校ノ目的ニ関シ余ノ持論ヲ述ヘ少シク諸君ニ告クル所ノモノアラント欲ス

余ハ先ツ我邦法律上ノ沿革ヲ叙述シ一般国民ノ法律思想ノ程度如何ヲ観察シ次ニ法律思想ヲ養成スルノ極メテ必要ナル所以ヲ論断セント欲ス法律学ノ必要ハ諸君ノ固ヨリ稔知セラル、所タリト雖余ノ所見ハ或ハ諸君ノ之ヲ必要ト認メラル、ニ比シ更ラニ広ク且大ナルモノアルヘシト信スルカ故ニ先ツ之ヲ述ヘテ後諸君ノ修学方針ニ関シ聊カ注意ヲ喚フ所アルヘシ

維新以後ニ於ケル我法律上ノ沿革ヲ尋ヌレハ之ヲ四期ニ分ツテ適当ナリト信ス此ノ沿革時期ハ固ヨリ余カ実歴ニ拠リ記臆ニ存スル一斑ニ過キスト雖其大体ニ於テハ誤リナキヲ信スルモノナリ

第一期ハ明治二年ニ初マリ同十三年ニ終ハル此時期ハ「仏法飜訳書時代」ト名ケ得ヘシ王政維新ノ後江藤新平氏明敏活達ノ資ヲ以テ司法卿ノ職ニ就キ仏国ニ於テ民法商法刑法等諸法律ノ行レ居ルヲ聞キ其国家ニ必要ナルヲ察シ明治二年此カ飜訳ヲ故箕作麟祥先生ニ命セラレタリ先生乃チ過日長逝セシ米国宣教師フルベツキ氏及ヒ仏国軍人ジブスケ氏等ノ補翼ニ依リ仏蘭西六法ヲ飜訳セリ此ノ時ニ当リテヤ先生ヲ初メ其他ノ諸氏皆法律学ノ素養アリシニ非ス従テ其飜訳ノ如キ誤謬ノ多キヲ免レサリシト雖当局者ハ其大体ニ於テ民法テウモノハ如何ナルモノナルカ刑法テフモノハ如何ナルモノナルカ等泰西的法律ノ門戸ヲ窺ヒ知ルヲ得ルニ至レリ而シテ時恰モ百政維新ニ際セシカ故ニ当局者ハ直チニ

之ヲ模範トシテ種々ノ布告布達等ヲ制定公布スルニ至レリ固ヨリ其志想(ママ)ハ当路四五ノ人ニ止マリシト雖泰西的法律志想ノ我邦ニ移植セラレタルハ此時代ニ初マルコトヲ記憶セサル可カラス明治五年ニ至リ司法省明法寮ニ法律学校ヲ創設セラレ余輩二十名ノ書生大学南校ヨリ転シテ之ニ入リ翌六年始メテ法律学修習ノ途ニ上レリ之ヲ我邦ニ於ケル法律学生ノ嚆矢トス爾来明治十三年ニ至ル迄ハ専ラ仏法飜訳書我法制ノ源泉タル観ヲ具ヘ来リタリ是ヨリ先キ司法省留学生トシテ仏国ニ派遣ヲ命セラレ居タル余輩若干名ハ明治十三年ヲ以テ業ヲ卒ヘテ帰朝シ明治十四年ニハ文部省留学生トシテ外国ニ派遣セラレ居タル学生ノ帰朝スルアリ之レニ加フルニ国内民論沸騰ノ結果明治二十三年ヲ期シテ国会ヲ開設セラルヘシトノ大詔ハ当年ヲ以テ喚発セラル、アリ明治十四年ニ至リテハ我邦ニ於テ法律家ト称スヘキ者ヲ見ルヲ得ルニ至レリ同年ハ余カ所謂第二期ニ入ルノ初ニシテ此時代ハ之レヲ「英仏法時代」ト名ケ得ヘシ蓋シ当時ノ法律家ハ英仏二国中何レニカ留学セシ者其ノ牛耳ヲ執リ各々自派ノ法律学ヲ拡張普及センコトヲ勉メ其熱心ハ端シナク学派ノ競争ヲ惹起スニ至リ英仏二派ノ学校ハ相踵テ起ルニ至レリ又之レヲ裁判ニ就テ見ルモ第一期時代ニ在テハ名ハ裁判官ト称スルモ法律上ノ学識ハ全ク欠ケタルモノ其職ニ在リ従テ判決ノ如キモ杜撰極マリタリシモ明治十四年即チ第二期時代ニ至リテハ裁判官ノ悩(ママ)中英仏孰レカノ法律思想ヲ存スル者稍多キヲ加フルニ至レリ而シテ此二派何レカ優勢ヲ占メシカト云ヘハ仏派ハ英派ニ比シ遥カニ多数ニシテ且ツ其勢力ヲ保テリ其茲ニ至リシ所以ハ明治六年ヨリ司法省ニハボアソナード先生アリブスケ氏アリ当時ノ裁判官其他ノ官吏ヲ集メテ盛ニ仏国法律及法理論ヲ教授シ明治十二年ニ至リテハ司法省ニ於テ出仕生徒ナル者数百名ヲ募集シボアソナード先生初メ余輩亦此カ薫陶ニ参シ明治十四五年ノ頃ヨリ追次卒業生ヲ出タスヲ得シカ故ニ全国裁判官ニ仏派ノ多数ヲ出タスニ至リシヤ当然ナリ裁判官ハ此ノ如ク仏派其優勢ヲ占メシモ弁護士ニ在テハ英派独派等ノ人士亦少ナカラス各々自派ノ主義ヲ主張シ裁判モ時ニ或ハ之ニ傾キシコトアリ試ニ大審院判例ヲ執テ之ヲ検スルモ其主義ノ一貫スルモノナク英仏独三国ノ法律ハ恰モ同時ニ我法律タリシカ如キ観ヲ呈セリ此ノ第二期ノ時代ハ遠ク明治二十二年ニ至ルマテ我法律界ヲ支配セシヲ見ル第三期ハ明治二十三年ヲ起源トシテ之ヲ認ムルヲ得ヘシ前年欽定セラレタル憲法ハ当年ヲ以テ発動シ此歳又裁判所構成法ノ実施セラル、アリ民法及ヒ商法モ相踵テ公布セラレシカ故ニ茲ニ外国諸法ハ跡ヲ歛メ初メテ我自国ノ法典ヲ見ルニ至レリ此法典タル固ヨリ之レヲ施行セシニ非スト雖司法省ノ内訓等ニ依リ法典ノ規定ハ裁判ノ方針トナリ唯正文ヲ援ヒテ適用セサルニ止マリ其多クハ法理茲ニ在リト称シテ法典ハ裁判ノ案件ニ適用セラレ大審院判例ノ如キ又之レニ準拠セシヲ見ル此ノ時代ハ之レヲ「旧法時代」ト名クヘキヲ適当ナリト考フ而シテ昨明治三十年ニ至ルマテ我法律界ハ殆ント此支配ヲ受ケシモノタルヲ見ル而シテ本年ニ至ルニ及ヒ商法及ヒ修正民法ハ追次実施セラレ我法律界ハ茲ニ最モ著シキ一新紀元ヲ開クニ至レリ之レヲ第四期トシ「現行法時代」ト称ス可シ

以上ノ如キ沿革ヲ経テ我国民ノ法律思想ハ層々発達シ来リ将来ニ在テハ法典ノ条項井然（ママ）明確其便益ヲ加フルヤ固ヨリナリトス然レトモ亦退イテ考フレハ成文法国ノ通弊トシテ学者ノ脳漿全ク正文ノ解釈ニ支配セラレ法律学ノ進歩ヲ妨クルモノ無シト云フ可カラス仏国ノ如キ現ニ其弊ニ陥リシヲ以テ二十余年来各法学校ノ方針ヲ改メ大ニ力ヲ法理学ニ用イ以テ其弊ヲ防クニ勉メ居レリ後進我邦ノ如キ以テ大ニ鑑ミル所ナカルヘカラス

我邦ノ法律界ハ此ノ如キ僅々三十年否ナ第二期以後二十年足ラサル時期ニ於テ長足ノ進歩ヲ為シ今ヤ泰西文明各国ト相並テ毫モ耻チサルニ至レリ其発達ノ敏速ナル誠ニ驚ク可キナリ然レトモ余輩ハ未タ之レヲ以テ満足ス可キモノニ非ス曾テ某元老ハ私立法律学校ノ続キ起ルヲ見テ社会党ノ「バチルス」共和党ノ播種ト罵リシモノアリ偶マ其頑鈍無識ヲ表白セシモノト云フ可ク余輩ハ之レニ反シ此種学校ノ益々盛運ヲ極メ法律思想ヲシテ更ニ大ニ普及セシメンコトヲ計ルヘキヲ熱望スルモノナリ仏国ノ如キ一八〇四年民法公布ノ時即チ今ヲ距ル八十五年前ヨリ法律学大ニ勃興シ国民ノ大多数ハ皆法律思想ニ富メリ英国独国ノ如キ法典ハ存セサルモ法律思想ハ極メテ広ク普及シ其旺盛殆ント仏国ニ相譲ラス而シテ我邦ノ如キ他ノ学術ハ比較的ニ進歩シ法律学ノ如キモ其実質ノ進歩ニ至テハ敢テ大ニ相譲ル所アルヲ見スト雖其量即チ法律思想ノ普及ニ至テハ実ニ微々トシテ九牛ノ一毛猶ホ之ヲ譬フルニ足ラス吾人ノ当サニ大ニ力ヲ致

サヽルヘカラサル所ナリ請フ一般国民ニ法律思想ノ必要ナル所以ニ就テ述フル所アラン

凡ソ権利ハ文明的国民カ其生存ヲ維持スルノ要件タリ人ニシテ権利ナケレハ人ニ非ス権利ナキノ人ハ即チ奴隷ナリ我邦ニハ幸ニシテ奴隷ナル者存セサリシモ欧洲各国ニ存在シタル奴隷ノ如キ其形体ヨリ云ヘハ普通ノ人ニ異ナラサルモ唯一ノ権利無キニヨリ物件即チ主人ノ所有物ニシテ法律上之ヲ目シテ人ト為ス可カラス所謂奴隷ハ権利ノ主体ニ非スシテ権利ノ目的物ナリ奴隷売買ノ如キ其好証左ト為ス可キナリ我邦ニハ奴隷ナル者存セサリシモ維新以前ニ於ケル百姓町人ノ如キ斬捨御免ト云ヘル制度ノ下ニ立チ殆ント権利ヲ有セサリシ或ハ権利ラシキモノヲ認メラレタルアリト雖モ正確ナル意義ニ於ケル権利ハ存在セサリシナリ故ニ其生存セルハ猫狗ノ生存セルト等シク寧ロ殺サレサルカ故ニ生存セルモノニテ即チ恩恵ノ結果ニ過キサリシカ如シ此ノ如ク言フハ稍極論ニ失センモ大要実ニ此ノ如キニ外ナラサリシナリ蓋シ権利無キハ権利ノ観念ナキニ基クモノニテ権利ノ観念ナキハ法律ノ思想ナキニ出ツ然ラハ唯此一端ヨリ見ルモ国民ニ法律思想ヲ普及スルノ太甚タ切要ナルヲ証明シテ余リアリト云フ可シ

権利ハ人ノ生存要件ナリトノ一語ハ之ヲ尽クスニ足ルノ言タリ余ハ更ラニ進ンテ其然ル所以ヲ論究スヘシ蓋シ権利ノ人生ニ必要ナルハ衣食住ノ必要ナルト全ク其揆ヲ一ニス凡ソ人トシテハ衣食住無クシテ生存シ能ハサルト同シク文明的国民トシテハ権利ナクシテ生存シ能フヘキニ非ス特リ権利ノ必要ハ衣食住ノ必要ト相譲ラサルノミナラス衣食住亦畢竟権利ニ外ナラス即チ人ハ権利アルカ故ニ衣、食ヒ、住ミ得ルモノニテ彼ノ奴隷ノ衣食住ノミハ権利ニ基クニ非ス主人ノ恩恵ニ依ルモノタリ故ニ一朝其恩恵ヲ失ヘハ直ニ凍ヘ飢ヘ且ツ露臥セサルヲ得ス即チ又生存ヲ保ツ所以ノ道ナキニ至ルナリ衣食住尚ホ且権利ノ作用ニ出ツルトセハ権利カ人ノ生存要件ノ一トシテ一日モ欠クヘカラサルモノタル知ルヘキノミ

権利ノ必要既ニ此ノ如クンハ権利ノ侵害ニ対スル抗争ノ必要ナル亦論ヲ俟タス抗争ハ権利ヲ保全スル所以ニシテ権利ヲ尊重スル者ハ同時ニ抗争ニ勗メサルヲ得ス抗争トハ敢テ健訟濫訴ノ謂ニ非ス孔子ノ所謂「其争也君子矣」ナルモノ

ニシテ膝ヲ非理ノ侵害ニ折ラス頂ヲ不法ノ威圧ニ屈セス昂々然トシテ我カ権利ヲ防衛シ伸張スル文明的行動ノ謂ヒナリ切言スレハ権利ノ観念ハ直チニ正義ノ観念ト一致シ権利ノ抗争ハ直チニ正義ノ主張ト一致スルモノタリ

人類生存上個人的ニ権利ノ必要ナル此ノ如シ而シテ其必要ハ啻ニ之ニ止マルニアラス之ヲ国家的ニ観察スレハ益々其必要ノ大ナルヲ感ス可シ夫レ富国ト云ヒ強兵ト云ヒ皆人ノ望ム所、然レトモ富国トハ何ソヤ強兵トハ何ソヤ国庫余財アルモ国民皆富マサレハ未タ以テ富国ト云フヘカラス兵員既ニ強キモ国民皆強カラサレハ未タ以テ強兵ト為スヘカラス而シテ国民ノ富ミ且強キハ一ニ権利ノ観念ニ基カサルヲ得ス権利ノ観念アリテ進取ノ気象始メテ生シ進取ノ気象アリテ殖産興業始メテ起リ国家ノ元気亦始メテ振ヒ富国強兵乃チ始メテ庶幾スヘシ

然リト雖モ諸君、予カ盛ニ権利ノ観念ヲ奨説スルヲ以テ義務ノ観念ヲ等閑視スルモノト速了スル勿レ一面ニ権利ノ観念アル者ハ必ス他ノ一面ニ義務ノ観念ナキヲ得ス我レ我カ権利ヲ崇重ス故ニ亦他人ノ権利ヲ崇重シ随テ其之ニ対スル義務ヲ崇重ス個人的ニ之ヲ言ヘハ親子、夫婦、親族、郷党ノ間ヨリ広ク社会ノ各人ニ対スルマテ能ク我カ権利ヲ保全スル必ス能ク我カ義務ヲ履行ス可ク秋霜烈日、春風和気両ツナカラ渾融シ権利ノ観念、抗争ノ気象ハ特リ健訟濫訴ノ因タラサルノミナラス其極致ハ所謂訟ヘナカラシムルニ至ルヘキヲ以テ自然ノ理勢トス国民的ニ之ヲ言フモ権利ヲ崇重スル国民ハ必ス亦義務ヲ崇重スル国民タリ公吏、議員等ノ公職ヲ煩ナリトシテ之ヲ辞シ或ハ兵役ヲ忌避シテ刑辟ニ触レ甚タシキハ父母ニ享ケシ完膚ヲ自ラ傷痍スル如キ者ハ自家ノ権利ヲ藐視スルト同時ニ又自家ノ権利ヲ怠慢ニスルモノタリ国民ニシテ此ノ如ク義務ニ怠慢ナルトキハ其国家ノ衰弱スルヤ言フヲ要セス試ニ権利ノ観念ト義務ノ観念ト相伴フテ発達セル甲国民ト其ノ未タ発達セサル乙国民トヲ招キ来リテ相対比セヨ個人トシテハ或ハ乙国民カ甲国民ヲ凌クノ場合アリトスルモ其個人ノ団体ヲ成セル一国民トシテハ乙国民遂ニ甲国民ノ敵タルヲ得サルハ歴史ノ著シク証明スル事実ニアラスヤ

権利ト義務トノ観念ノ個人ノ為メ国家ノ為メ共ニ極メテ必要ナル以上述フル所ノ如シ而シテ権利ノ何タリ義務ノ何タ

ルヲ教ヘ及ヒ如何ニシテ権利ヲ保チ如何ニシテ義務ヲ全フスヘキヤヲ教フルモノハ実ニ法律学ノ本領ナリ故ニ法律学ハ国民ヲ挙ケテ之ヲ学ハサル可カラサル必須ノ学科ナリ更ニ之ヲ約言スレハ「社会ハ権利ノ戦場タリ」「吾人ハ日常権利ノ戦争ヲ為シツヽアル」者ト云フヘキナリ即チ人ハ日々ニ権利ニ依リテ行動シ権利ノ前ニ服従シ主張アリ抗争アリ衝突アリ恢復アリ唯之レヲ逐フテ其生ヲ全フスルモノト云フヲ得ヘシ予カ本壇ノ言論モ予ノ権利ナリ諸君カ入場モ諸君ノ権利ナリ人生一切ノ行為皆権利ノ作用ナリ干戈ノ戦場ニ立ツ可キ軍人ノ為メニ武術兵法ノ必要ナル如ク権利ノ戦場ニ終始坐臥云為スル一般国民ニ法律学ノ必要ノ一層著大ナル論ナキナリ

然リト雖モ予ハ敢テ我田ニ水ヲ引キ国民ノ総テヲ駆リテ尽ク法律学者タラシメント期スル者ニ非ス国家ニ於テ法律学ヲ必要トスル程度ハ凡ソ三段ニ分ツ可シ第一ハ司法ノ職員及ヒ法律学者タラントスル所謂専門法律家ノ為メニスル法律学ニシテ彼等ハ固ヨリ博ク且深ク十分ニ之ヲ研究シテ余力ナキヲ要スルヤ言ヲ俟タス第二ハ上、国務大臣ヨリ下、町、村長巡査等ニ至ル一切ノ官吏、公吏及ヒ議員等所謂治者ノ列ニ在ル者ニシテ彼等ハ立法ノ事業ニ参スルトキハ勿論、彼等平常ノ職務ニ付テモ多少法律ノ智識ヲ有セスンハ裁断処決ヲ要スルニ臨ミ常ニ当否正邪ノ岐ニ迷ヒ敏速明快ノ挙ニ出ル能ハサルノ憂アリ現ニ我邦第一流ノ政治家ナリトシテ人ニ許サレタル某伯ノ如キ屢々困難ニ遭逢シ曾テ自ラ法律ヲ学ハサリシヲ悔恨シ居ラルヽト聞ク況ヤ其ノ他ノ人ニ於テヲヤ国家大小百般ノ政治尽ク法令ノ規矩ニ拠ル所謂法治国ニ在テハ治者カ法律ニ通セサル可カラサル固ヨリノコト、云フヘシ内治既ニ然リ況ンヤ外交事務ノ如キ国際法ニ通セサレハ一事モ処理スル能ハサル可シ一般ノ官吏、公吏既ニ然リ殊ニ議員ノ如キ其立法ノ本務ヨリ行政ノ監督ニ至リテモ所謂監督ハ之ヲ法令ノ規矩ニ照シテ可否スルニ外ナラス然ルニ我邦ノ官吏、公吏及ヒ議員ハ果シテ何ノ状ソ予ハ切ニ其ノ相当ノ法律学ヲ修メテ権利ノ思想法律ノ観念ニ不足ナキコトヲ望ム而シテ第三段ハ則チ一般国民ナリ彼等ハ固ヨリ歳月ヲ法律学ニ費シ広ク法律書ニ渉猟スルノ暇ナク又其必要ナシ即チ一部ノ法学通論又ハ法律大意ヲ了解スルヲ以テ足ル可キナリ而シテ予カ最モ法律思想ノ普及ヲ熱望スルハ此一般国民ニ在リ国民ハ他ノ普通学ヲ修ムルト同時ニ此ノ程度ノ法律学ヲ修ムルノ必要アリ否ナ法律学ハ一科ノ専門学タルト同時ニ又一科ノ普通学ナリ他ノ専門学ハ之ヲ欠クモ人タルニ妨ナキモ法律学ハ全ク之ヲ欠クニ至テハ人タルヲ得ス少クトモ文明的国民タルヲ得ス何トナレハ此ノ観念ヲ欠ケハ其生存要件タル権利ノ何タルコト及ヒ其抗争即チ保全ノ道ヲ知ル能ハサレハナリ故ニ仏国其他諸外国ニ於テハ実ニ中等教育ニ於ケル普通学ノ一科トシテ之ヲ国民ニ教授セリ我邦ニ於テモ今回文部省ニ開カレタル尋常中学校長会議ニ附シ之ヲ中学ノ一科ニ加ヘントスルノ議アリシカ該会議ハ数日前遂ニ之ヲ否決スルニ至レリ是レ校長其人カ既ニ法律思想ヲ有セス全ク其必要ヲ感知セサルニ因ルモノニテ詢ニ痛惜ニ堪エサル所ナリ蓋シ我国民ノ法律思想ハ維新以還大ニ発達セシコト前述ノ如キモ所謂法律家ナル者ハ官私立諸法律学校ヲ通シテ卒業生ヲ出ス未タ一万人ニ満タス此等ノ法律家カ冥々ノ間ニ其子弟ヲ薫陶シ交友ニ鼓吹シテ法律思想ヲ普及セシアリトスルモ其及フ所ハ十万、二十万或ハ過大ニ之ヲ算スルモ百万人ニ過クヘカラス四千五百万中ノ百万、豈言フニ足ランヤ仏国ノ如キハ少ナクトモ八十五年前ヨリ斯学ノ勃興ヲ閲シ来リ許多ノ法律家輩出シ彼等ハ子孫相承クル家庭教育ノ間ニ於テ自然ニ法律思想ヲ鼓吹シ来レルノミナラス大学ハ六個ノ多キニ及ヒ且其制タルヤ我国ノ如ク狭隘鎖錮ノ主義ニ非スシテ其講義ハ尽ク公開シ何人ノ来リ聴クヲモ許シ居ルカ故ニ其普及ノ進歩知ルヘキナリ現ニ予カ留学中ニモ大学ノ講莚ニ一個ノ八百屋カ来リテ粛聴スルヲ目撃セシコトアリシ尤試験ヲ受クル者ハ固ヨリ学生トシテ一定ノ帳簿ニ登録セラレシ者ニテ其卒業者毎年数千ニ下ラス実ニ其普及ノ大ヲ知ルヘシ例ヘハ車夫馬丁ノ喧嘩ニ観ルモ抗論争議理到リ言尽クシテ余波偶格闘ニ渉ルニ止マリ我邦ノ如ク忿怒一タヒ萌サスヤ理否ノ論ナク「ベランメー」ノ一語鉄拳忽チ乱飛スルト同日ノ談ニ非ス亦以テ如何ニ法律思想ノ普及ニ務メタルヤ果シテ如何ニ其普及ヲ得タルヤヲ徴知スヘシ

我邦ハ今ヤ法典ノ実施アリテ純然タル法治国ト為レリ殊ニ明年七月以往ハ改訂条約亦実施セラレ内治雑居ヲ見ントス固ヨリ此カ為メ外人ノ一時ニ陸続来リ住スル如キコト無カル可シト雖モ其来リシ者ノ邦人ト雑居スルニ至ルヤ生平権利観念ニ富メル彼等トノ間ニ権利ノ衝突ヲ見ル毎ニ紛争ヲ生スルヲ免レサルヘシ仮リニ又此ノコトナシトスルモ法典

実施ノ結果ハ相互間ニ於テモ法律ニ関スル問題ハ自然増加スルヲ免ルヘカラス況ンヤ我カ国家ト他ノ国家トノ関係ニ至リテモ亦歳ヲ追フテ坌湧スルノ現状アルニ於テヲヤ国民ニ対スル法律思想ノ養成須臾モ怠ル可ケンヤ
以上ハ実ニ予ノ宿論ニシテ又予カ終生ノ事業トシテ期スル所ナリ本校ハ明治十四年中早ク既ニ此目的ヲ以テ起レリ講法会亦此目的ヲ以テ起リシモノナルニ外ナラス昨年以来刷新セシ本校講義録亦此目的ヲ以テ発刊ヲ勉メリ諸君ハ既ニ個人的ニ斯学ノ必要ヲ感シテ入学セラレタル者ナリ請フ更ニ一歩ヲ進メ国家的必要ニ応シ広ク国民ニ斯思想ヲ普及スルニ勉メラル丶ニ至ランコトヲ蓋シ諸君ハ此点ニ於テハ国民ニ対スル一ノ先進タリ諸君カ此カ普及ニ勉メラル丶ハ実ニ後進ニ対スル諸君ノ責務ト云フヘキナリ
以下学生ニ対スル修学方針ノ演述ハ之ヲ省ク

（『明治法学』第一号、明治三三年九月発行）

「明治法学発刊之辞」

風潮ヲ趁ヒ時好ニ投シ快ヲ当世ニ博セントスルハ明治法学ノ任ニ非サルナリ、党論ヲ樹テ政勢ヲ煽キ雄ヲ当世ニ争ハントスルハ明治法学ノ任ニ非サルナリ確執ノ見地ヲ標榜シ多衆ヲ唱説シ隆ヲ当世ニ誇ラントスルハ是レ将タ明治法学ノ任ニ非サルナリ
然ラハ則チ明治法学ノ出テサル可カラサル所以ノ必要焉ニカ在ル
遠キ歴史ニ遡ルノ要ナク、永キ将来ヲ尋ヌルノ要ナシ、現下ニ於ケル邦家ノ状態ハ、之ヲ告ケ之ヲ訴ヘ此カ必要ヲ皷吹シテ止ムナキヲ見ル

近世ノ事ヲ談スル者維新ノ改革ヲ以テ日本第二ノ紀元トシテ嘆称セサルハアラス、然レトモ何ンソ知ラン我邦カ経過シツヽアル現下ノ歳月ハ之ヲ維新ノ改革ニ比シ更ラニ一層大ナル紀念ノ元始ヲ将来ノ日本ニ向テ印象スルニ至ルモノアランコトヲ

蓋シ維新ノ改革ハ中古以来武門ニ委ネラレタル政権ヲ　皇室ニ収メシメラレシヲ基ヒトシ、制度上並ニ社会上ノ組織体裁ヲ悉ク一新セシカ故ニ、有形上ニ顕ハレタル変化ニ至テハ、殆ント応接ニ遑ナク従テ光彩燦爛ノ事跡ヲ遺セシモノ亦頗ル大ナリシモノアリト雖、審カニ之ヲ考フレハ唯是レ国家内容ノ革新タリシニ止マリ、天明以後嘉永安政年代ニ渉リ襲来セシ外力ノ圧迫、即チ一面ヨリ云ヘハ殆ント此改革ノ最大動機タリシ、国外ノ状態ニ向テハ更ラニ一指ヲ染ムル能ハスシテ止ミシヲ免レサリシナリ、而シテ今日ニ於ケル我国家ノ位置ハ如何、爾来三十年、堅忍節抑、実力ヲ養ヒ、実勢ヲ修メ之ヲ以テ此ノ方面ニ注キシ結果ニ因リ、茲ニ初メテ世界ノ列邦ト肩ヲ比ヘ、膝ヲ交ヘ、横行濶歩亦寸毫相譲ルノ要ナキ自由ヲ回復シ得タルモノニ非スヤ、故ニ之ヲ譬フレハ維新ノ改革ハ恰モ曾テ少年トシテ其生存ヲ認メラレシ者カ、初メテ気ヲ奮ヒ志ヲ立テヽ修養ノ門ニ入リシカ如ク。明治三十二年ノ紀元ハ少年歳ヲ閲シテ、成年ニ達シ、修養亦其効ヲ積ミ業方ニ卒ヘテ社会公人ノ位置ヲ占得セシモノニ異ナラス、是レ豈一生ノ為メ更ラニ大ニ紀念トスヘキ重要ノ時日ニ非スヤ

余輩ハ今茲ニ我国カ従来列国ノ為メ如何ナル屈辱ヲ忍ヒ来リシヤノ事実ヲ追懐シ、不快ノ歴史ヲ回想センコトヲ求ムルモノニ非ス、然レトモ若シ明治三十二年七月及八月ヲ以テ、初メテ効力ヲ保ツニ至リシ、訂盟各国トノ通商航海条約ヲ把テ、之ヲ以往五十年間我国ヲ羈束セシ、条約ノ文面ト対比セハ、其二者ノ間ニ於テ相異ナレル乾燥ノ文字ハ余輩ノ千言万語ニ勝リ幾多ノ憾慨ヲ喚フモノアルヲ疑フ能ハス其故何ソヤ、我国土ニ於テ、我法権ノ適用ヲ見ル、固ト是レ当然ノコトタリ、我国土ニ於テ、我税権ノ適用ヲ見ル、又固ヨリ当然ノコトタリ、而シテ当然ノ位置ヲ得サリシ痛苦ヲ耐忍シ、当然ノ位置ニ立テリシ今日ヲ紀念トシテ喜ハサルヲ得サルカ如キ一事、之ヲ説明シテ余リアルニ非ス

ヤ
個人ノ勢力ハ国家ノ勢力ヲ組成ス、個人ノ勢力発達シテ、而モ国力ノ之ニ添フ能ハサルモノハ即チ之レアリ、然レトモ未タ個人ノ勢力具ハラスシテ、国力ノ独リ強盛ヲ極ムルモノアルヲ見ス、明治三十二年ノ紀元ハ爾カク、我国家ヲ介シテ世界列邦中ノ一等国ニ伍セシメタリト雖、之ヲ如上ノ歴史ニ参案シ、更ニ眸ヲ回ラシテ、邦家ノ将来ヲ慮ルニ及フトキハ、我国民カ此時機ヲ善導シ、品位ヲ維持シ面目ヲ発揚シ千古ニ亘リ秋毫ノ遜色ナキコトヲ得ヘキヤ否ヤ、誰カ多少ノ関心アラサルヲ得ンヤ

蓋シ建国二千五百年来殆ント一族ヲ以テ国ヲ成シ、四圍ノ関門亦堅ク閉サレテ別ニ天地アルヲ知ラサリシ後ヲ承ケ、一朝卒然此カ門戸ヲ撤退シ、風習教化ノ俗凡テ相異ナレル異種ノ人ト一室ノ内事ヲ共ニシ、一堂ノ下生存ヲ競ハサル可カラサルニ至リシ、過渡今日ノ如キ時代ニ在テ、国民ノ多数カ歩武ヲ紊サス、角逐共材ニ堪ユルノ蹟ヲ顕ハサンコトハ、頗ル至難ノコトヽ云ハサル可カラス

条約ノ改訂ニ関シ、唯一ノ要求タリシ、法典ノ実施ハ訂盟各国ニ対シ安心ヲ与ヘ得タルト共ニ、永ク我国民ノ法典トシテ須臾何人モ此カ支配ヲ脱スル能ハス、而シテ我国民ノ多数ハ、彼レ諸外国人ノ如ク、能ク此法典ノ何物タルヤヲ了解シ、之ニ依テ立チ、之ニ依テ動キ、苟モ人ニ仮ス所ナク、又苟モ人ヲ侵ス所ナク、優ニ独自一己ノ面目ヲ保全スルノ観念アリヤ否ヤ而シテ今日ニ於ケル新紀元ヲ千歳ノ後ニ至ル迄光栄ヲ以テ掩ハシムルト否トハ、一ニ繫リテ此ノ実質ノ軽重ニ存セリト云ハサル可カラサルナリ

所謂個人勢力ノ発達トハ、国民ノ多数カ権利義務ノ観念ヲ涵養シ、苟モ自己ノ権利ヲ藐視スル無ク、又其義務ヲ怠慢スル無ク、如何ニシテ能ク其権利ヲ全フシ、又如何ニシテ能ク其義務ヲ誤ルナキヤノ道ヲ了解シ、自重自尊ノ風尚ヲ有スルニ在リ蓋シ権利ハ国民カ文明的生存ヲ維持スル所以ノ要件ニシテ、法律ハ此要件ヲ保全スル所以ノ利器タリ、而シテ社会ハ権利ノ戦場ニシテ、人類ハ日常権利ノ戦闘ニ服スルモノト云フヲ得ヘシ、我純潔ナル国民ハ光栄アル歴

史ヲ有シ、又開発的思想ノ素養ヲ有セリト雖、古来国民ノ要部タリシ中流以上ノ社会ハ、儒教ノ薫育ヲ受ケ、又国民ノ最多数ハ仏教ニ因リ注カレシ宗教心ノ感化ヲ蒙リ、所謂権利義務ノ観念ニ至テハ之ヲ欧米諸国ノ民人ト同日ニ語リ得ヘカラサルモノアルヲ免レス、而シテ国家ノ将来ヲシテ、光栄ノ誉アラシメントスルニハ唯我国民ノ多数ヲシテ此カ素養ヲ得セシムルノ道ヲ講スルヨリ急ナルハアラス

明治十四年余輩同志相謀リテ明治法律学校ヲ設立スルヤ、亦私カニ茲ニ期スル所アリ、爾来国運ノ発展ニ伴ヒ、或ハ別ニ更ラニ講法会ヲ設ケ、或ハ今現ニ従ヒツヽアル校外生ノ規定ヲ以テ、斯道ノ拡張ヲ勉ムル茲ニ殆ント二十年、贄ヲ執リシ者内外六万三千八百余名、業ヲ卒ヘシ者亦殆ント四万余、其数固ヨリ尠ナシト為サス、然レトモ今日ノ時勢ハ未タ容易ニ之ヲ以テ満足スヘキ時ニアラス、且ツ学校教育殊に校内生ニ対スル教育ノ如キハ秩序アリ組織アリ、日常生活ノ業ニ服スル者ヲシテ之ヲ左手ニ得テ直チニ之ヲ右手ニ使用スルカ如キノ便アラシムルヲ得ヘカラス、而シテ今日ノ現状ニ在テハ順序アル法学専門家ノ養成ヲ必要トスルト共ニ用意ナキ多数国民ノ為メ普ク此カ利便ヲ与フルノ道ヲ求ムルコト亦最モ重要ナ事業タラスンハアラス、是レ茲ニ同志相謀リテ更ラニ本会ヲ創設シ明治法学誌上ヲ以テ敢テ其任ニ当ラント欲スル所以ナリトス

法律ハ経文ト異ナリ、之ヲ合スレハ数千百条、頗ル浩瀚ヲ極ムルモノタリト雖、一トシテ人間生活ノ必要ニ基カサルハアラス、若シ夫レ法律ノ沿革ヲ尋ネ、関係ヲ審カニシ、結果ヲ明カニシ、此カ得失ヲ究ムル等、深ク其義ヲ講シ其理ヲ求メントスル如キハ之ヲ、専門学者ノ事業トシテ委ス可キコト勿論ナリト雖、日常世ニ処シテ行為セサル可ラサル事実カ如何ナル運命ヲ其各人ニ伴ヒ来ルヘキヤヲ知ルカ如キハ何人ニ在テモ必要缺ク可カラサルコトヽ云ハサル可カラス明治法学ハ広ク法学上ニ関スル疑問ニ答ヘ、殊ニ我国民カ新タニ接受シタル法典ニ関スル疑義ヲ明晰ナラシムルヲ勉メ以テ人世ノ必需タル処世ノ方針ヲ示シ併セテ其指針ニ迷フノ人ヲ導クノ任ニ当ランコトヲ期スルモノナリ

権利ノ衝突ハ訴訟ト為リ、訴訟ハ判決ヲ俟テ局ヲ収ム、而シテ其判決ハ裁判官ヲ経テ適用セラルヽ法律ノ命タリ然リ(ママ)

トモ、已ニ裁判官ノ手ヲ経テ此カ適用ヲ見ル或ハ法律ノ旨意応用ノ場合ヲ誤ル如キ亦固ヨリ尠シト為サス、明治法学ハ主トシテ判例ヲ調査シ自由ナル意見ヲ以テ論評ヲ加ヘ以テ実際其途ニ当ルノ人及ヒ学者ノ利便ヲ計ランコトヲ期ス而シテ判例ノ論評ハ特リ民刑判例ニ止マラス、又併セテ行政裁判所ニ於テ与フル所謂行政訴訟ニモ之ヲ及ホシ普ネク世ノ需ムル所ニ応シテ遺漏ナカラシメンコトヲ期ス可シ

我カ法曹社会ハ近年著シク時運ノ皷舞ヲ受ケ、余輩ト同一ノ希望ヲ以テ、已ニ文壇ニ臨メルモノ少シト為サス、法曹会ト称スル一社ノ如キ有力ナル司法部官人ニ依テ組織セラレ、広ク会員ノ質疑ニ対シ会ノ決議ヲ以テ解説ノ労ヲ執リ、之ヲ毎月刊行スル同会記事ニ掲ケテ頒布スルヲ勉メリ従テ其決議ハ法曹社会就中司法官ニ向テハ、多大ノ勢力ヲ及ホセルモノアルヲ見ル明治法学ハ将来法曹界ノ諸雑誌ヲ敬重シ、益々其隆運ヲ希図スヘキコト勿論ナリト雖若シ或ハ其解説、主張、論断等ニシテ余輩同志ト其見解ヲ異ニスルモノヲ見ルニ迨ンテハ、之ヲ質シ之ヲ弁シ、又之ヲ争ハンカ為メニハ奮テ筆硯ヲ磨シ以テ法曹社会ノ為メ他山ノ石タランコトヲ期スルモノナリ

若シ夫レ深奥ニシテ嶄新ナル学説ヲ紹介シテ斯道専門ノ人士、並ニ将来益々斯道ノ蘊奥ヲ極メント勉メツヽアル専攻ノ学者ニ対シ、豊富ノ材料ヲ供センコトヲ勉ムルハニ特ニ明治法学カ力ヲ注テ当ラント欲スル所ニシテ、或ハ資料或ハ論説、或ハ海ノ内外ニ在テ、専心斯学ノ講究ニ従フテ余念ナキ会友各位ヲ煩ハシテ得ント欲スル通信ノ如キ、主トシテ此任ヲ全フセンコトヲ期スル所ナリ

明治法学ハ以上希望ノ外更ニ又一個重要ノ使命ヲ帯ヘリ

即チ明治法律学校々友ノ消息ヲ報道シテ、以テ校友相互ノ間、及ヒ学校ト校友間ノ親密ナル関係ヲ維持センコトヲ勉メント欲スル是ナリ、明治法律学校ノ状勢及ヒ学風ヲ世上ニ表彰シ、在学諸生ノ父兄ニ対シテハ其安心ヲ求メ、来リ学ハント欲スル者ニ対シテハ、其室ヲ窺フノ便ヲ得セシメンコトヲ期スル是ナリ、而シテ又明治法学ニ包容スル各般ノ材料ハ我校友学生及ヒ其父兄ニ対シ一顧ヲ求ムルニ値ヒスヘキヤ勿論タルヲ信ス

之ヲ要スルニ明治法学ハ明治当代ノ社会カ要求スル法律思想ノ普及ヲ警告スルノ先達ト為リ、闕如セル知識ヲ補給スルノ木鐸ト為リ法曹界ノ迷惑ヲ訓戒スルノ導師ト為リ、幽玄微妙ノ新学説ヲ包蔵スルノ書庫ト為リ、又併セテ羽翼方サニ展ヒテ沖天飛揚ノ途ニ在ル校友ノ気焔ヲ漏ラス開書ト為リ、校友ト其旧巣タル明治法律学校トヲ連結スル関鎖ト為リ、明治法律学校ノ学風ヲ表顕シテ斯門ニ遊ハンコトヲ欲スル者ノ指針タランコトヲ期スルニ在リ

然ラハ則チ明治法学ノ任ヤ滔々タル世俗ト其撰ヲ異ニセリト雖、明治当代ノ日本ニ寄与センコトヲ期スル実質ニ至テハ、是レ豈ニ彼レノ下ニ立テリト謂ハンヤ

明治法学ノ発刊ニ際シ学会ノ意想ヲ代表シ発刊ノ趣旨ヲ陳フルコト爾リ

（『明治法学』第二号、明治三三年一〇月発行）

「岸本校長開講の演説」

*「本校ノ施設並ニ修学ノ方針」（明治三三年九月開講演説）

（田島義方編『岸本校長演説　学生ノ心得』講法会、明治三三年一一月刊）

客月、本学年の授業開始せらるゝに際し、岸本校長は、毎年の例に依り、各学年級学生を第一講堂に会し、開講の辞として、本校の施設より、学生修学の方針に及ひ、滔々一時間を超えて演説せられたり、乃ち概要を筆記して左に掲く、文字粗笨或は校長の旨を誤る無しとせす、責一に記者に在り、乞ふ焉れを恕るせ

諸君　法学ノ必要ハ昨年ノ開講演説ニ於テ余ノ詳論セシ所ニシテ其筆記ハ印刷ニ附シ本校ヨリ広ク之ヲ頒布シタルヲ

以テ想フニ諸君カ一読ノ栄ヲ得シナルヘク余ハ茲ニ之ヲ複説(ママ)シテ諸君カ倦厭ヲ招クコトヲ避クヘシ而シテ之ニ因リテ諸君カ既ニ稔知サレシ如ク権利ハ文明的国民カ其生存ヲ維持スルノ要件タリ人ニシテ権利ナケレハ人ニ非ス権利ノ人生ニ必要ナルハ猶ホ其肉体ニ於ケル衣食住ノ必要ナルカ如シ社会ハ権利ノ戦場ニシテ吾人ハ終始間断ナク此権利ノ戦場ニ坐臥云為セルモノナリ而シテ権利ノ性質、作用、行使、主張、抗争、恢復等ヲ知悉シ得ル所以ハ一ニ法学ニ在リ然ラハ則チ一般国民ハ何人ト雖モ又一日ト雖モ法学ノ必要ヲ免ルヽコト能ハサルヤ論ヲ竢タス諸君我カ明治法律学校ノ設立ハ実ニ国民ノ為メニ此必要ヲ充タサシメントスルニ在リ即チ本校ノ目的ハ法律家ノ養成スルト同時ニ法学ヲ普及スルニ在リ本校ノ過去、現在及ヒ将来ノ方針ハ一ニ此目的ノ実行ニ在ルナリ

本校ハ創設以降茲ニ殆ント二十年其間学生ヲ養成セシモノ学則一覧ニ掲クル如ク僅ニ六万有余人ノミ之ヲ他ノ官私立諸学校ニ比スレハ或ハ幸ニ其最多数ナルコトヲ誇ルヲ得ムモ之ヲ全国ノ人口四千余万人ヨリ打算シ来レハ僅ニ九牛ノ一毛ニ過キサルヲ愧チサル能ハス啻ニ本校ノ成績ノ此ノ如ク微々タルノミナラス各官私立学校ヲ通算スルモ其学籍ニ上ホリシ者二十万人ニ満タサルヘク各学校現在ノ学生ハ校外生ヲ控除シ去レハ想フニ四千五千ノ間ニ在ルヘシ而シテ顧ミテ外国ヲ看ヨ仏国ノ如キ官立大学六個アリテ現在ノ法学生常ニ一万ヲ超エ独逸ノ如キ各聯邦概ネ一大学アリ学生ノ数一校千人トスルモ総計二万数千人ニ上ホルヘク伯林大学ノ如キハ現ニ三千人以上アリト云フ既ニ此ノ如ク多数ノ法学生アリ其学生ハ又各其親戚故旧ノ間ニ法学ノ必要ヲ注入スヘク殊ニ該諸国ハ法学ノ勃興シテヨリ殆ト百年ニ及ヒ法律思想夙ニ一般国民ニ浸染セルヲ以テ家庭ノ裏、父ハ子ニ子ハ孫ニ漸次感化ヲ及ホスモノアリ加之中学ニ於テモ其一科目トシテ法学ノ大意ヲ授クルモノ多ク国民ハ殆ト挙テ法学ノ素養アリト云フモ決シテ余輩カ誇大ノ言ニ非ス而シテ之ヲ前述我邦ノ現状ト対比セハ其相距ルコト果シテ如何ト為スヤ是レ本校カ法学ノ普及ニ汲々トシテ日モ惟レ足ラサル所以ナリ

本校カ法学普及ノ為メニスル過去ノ施設ハ之ヲ説クノ要ナシ請フ近時ノ新施設ニ付キ少シク諸君ニ語ラム

本校ハ第一ニ本月ヨリシテ雑誌『明治法学』ヲ発行シタリ其趣旨及ヒ希望ハ既ニ該誌上ニ於テ諸君ノ親シク看取サレシカ如ク一般国民ノ為メニ法律思想ノ普及ヲ警告シ法曹ノ為メニ新智識ヲ補給シ校友ト本校トノ鏈鎖ト為リ本校ノ学風ヲ表顕シテ斯門ニ遊ハントスル者ノ指針ト為スニ在リ約シテ之ヲ言ヘハ実ニ法学普及ノ一利器ト為サントスルニ外ナラス

本校ハ第二ニ講師校友ヲシテ各地ニ巡遊シテ講話ヲ為サシメ以テ直接ニ法学普及ノ事ニ当ラントシ既ニ着々実行シツヽアリ

第三ニハ各地ニ散在セル校友ニ勧告シテ団体ヲ組成セシメ本校々友会支部トシテ其団体カ自ラ其地方ノ中心ト為リ地方人士ノ為メ或ハ質疑ニ答ヘ或ハ講話ヲ為シ幸ニ盛運ニ向ハヽ或ハ雑誌ヲ発行スヘク或ハ学校ヲ設立スヘシ蓋シ此支部設置ハ法学普及上大ニ効果ヲ得ヘキヲ信ス

然リ而シテ余ハ諸君ニ望ム諸君ハ既ニ斯門ニ入ラルヽ以上ハ他ノ国民ニ対シテハ実ニ先進ノ地位ニ在リ諸君ハ須ラク自ラ法学ヲ修メ併セテ諸君ノ親戚故旧ニ対シ盛ンニ法学ノ必要ヲ鼓吹シテ専門ニ法学ヲ修メントスル者ハ之ヲ法律学校ニ（必スシモ本校ト云ハス相当ノ学校ニ）導キ業務上其他ノ事情ヨリ親シク昇校スル能ハサル者ハ之ニ校外生タルコトヲ勧告シ又一般国民ノ為メニハ少クトモ相当ノ著作ヲ繙キテ法律ノ大意ヲ領得センコトヲ訓説セラルヘシ是レ本校ノ切望ニシテ又諸君カ国民ニ対スル先進トシテノ責任ナリ

本校ハ此等ノ施設方針ヲ以テ益自ラ奮励シテ敢テ或ハ撓マサラントス此ノ如クシテ更ニ数年ノ星霜ヲ費サハ或ハ効績ノ大ニ見ルヘキモノアルコトヲ得ム本校カ近時此ノ如ク鋭意法学普及ノ為メニ猛進スル所以ハ他ナシ改訂条約ノ実施サレシ今日ニ於テハ昨年既ニ予シメ論セシ如ク法学ノ素養アル外人ト些ノ素養ナキ我国民ト膝ヲ交ヘテ雑居スルニ於テハ我カ国民ノ着々劣敗ニ陥ルヘキハ理勢ノ免レ難キ所ニシテ個人ノ勝敗損益ハ暫ク措クモ個人既ニ然ラハ個人ヨリ成ル我カ国家モ亦或ハ劣敗ノ虞ナキヲ得ス諸君乞フ余カ言ノ不祥ナルヲ恕ルセ一片ノ微衷実ニ杞憂ニ堪ヘサルモノア

リ諸君亦幸ニ此意ヲ体シ諸君ノ為メ本校ノ為メ国家ノ為メ益大ニ精励セヨ

法学普及ニ関スル本校ノ設備及ヒ希望ハ略此ノ如シ是ヨリ本校ノ諸君ニ対スル希望ヲ述ヘン

凡ソ学業ヲ修ムルニ実力ヲ養成スルノ必要ナルハ言ヲ俟タス殊ニ今日ハ維新創業ノ際ト遥ニ其趣ヲ異ニシ社会ノ秩序井(ママ)然トシテ正ニ整ヒ人ノ身ヲ立テ世ニ処スル一ニ実力ニ依ラサルヲ得ス故ニ仮令本校ヲ卒業スルモ卒業生ト云ヘル一片ノ虚名ハ深ク諸君ニ幸福ヲ与フル能ハス大学ノ如キ亦同シク往時ハ苟モ学士ト云ヘハ社会ハ直チニ相当ノ位置ヲ与ヘシモ今日ニ至リテハ学士ト雖モ高等文官ト為ルニハ試験ヲ要スルコト、為リ更ニ一歩ヲ進メハ判検事弁護士トナルニモ亦試験ヲ要スルニ至ラム独逸ノ如キ現ニ然ルノミナラス既ニ及第シテ就官セル後モ尚ホ数回ノ試験ヲ要スルコトアリ是レ総テノ地位ハ実力ノ証明ヲ待ツコト進歩ノ社会ニ於ケル自然ノ理勢ニシテ諸君ハ第一ニ此点ヲ脳裏ニ印シテ以テ自カラ勉メサル可カラス

外国語ヲ修ムルハ将来社会ニ立ツ者ノ缺ク可カラサルモノナリ故ニ本校ハ随意科トシテ英語仏語ノ二科ヲ置キ且余ハ常ニ諸君ノ之ヲ修メンコトヲ勧告スルモ其随意科ナルヨリ萎靡トシテ振ハス然レトモ本学年ニ於テハ之ヲ修ムル旨ヲ届出テラル、諸君ノ頗ル多キハ実ニ喜フヘキ現象ナリ但タ一タヒ之ヲ始ムルモ或ハ半途ニシテ廃棄サレンコトヲ恐ル現ニ二年級三年級ノ諸君ノ如キ之ヲ修ムル者甚タ少シ是レ一ニハ本科ノ繁忙ナルニ因ランモ一ニハ遠ク将来ヲ慮ルコト無キニ因ルヘシ将来法学ヲ以テ世ニ立ツ場合ニ外国語ヲ能クスルト否トノ相違ハ果シテ如何諸君ハ之ヲ想像スルニ難カラサルヘシ否ナ実際ニ於ケル相違ハ諸君ノ想像ノ尚ホ遥ニ及ハサルモノアリ諸君或ハ本校在学中本科ノ繁忙ニ加フルニ不急ノ外国語学ヲ以テスルヲ不利ナリトシ卒業後徐々ニ之ヲ修ムルモ晩カラスト為ス者アラン然レトモ卒業後一タヒ社会塵俗ノ裏ニ落ツレハ其繁忙ハ修学中ノ学業ノ繁忙ノ比ニ非ス是レ諸君ノ深ク慮ルヘキ所タリ且夫レ成年ノ人士カ始メテ外国語ヲ修ムルヤ其迂ニ堪エサルノ感アルヘシ然レトモ今日纔ニ之ヲ忍ヘハ他日其忍耐ニ酬フヘキ快アリ是レ余カ切ニ諸君ニ勧告スル所以ナリ本校ハ現ニ他校ト異ナリ随意科ニ付テハ別ニ謝儀ヲ要求セス以テ諸君ニ便セ

リ諸君亦此意ヲ諒シ必ス之ヲ修メヨ

英仏二科其一ヲ択フハ諸君ノ自由ニ任セム仏語ハ言語トシテ正確ニ其国民亦理想的ナルヲ以テ学術上英語ニ優ルモノアリ且上流社会ノ交際ハ必スヤ仏語ナラサル可カラス然レトモ英語ハ殆ト世界的言語ニシテ広ク世界ノ各地ニ通シ且日常交際ニハ英語ヲ便トスヘク二者互ニ長短得失アリ之ヲ兼修セハ最モ可ナルコト論ナキモ人ノ精力自ラ限リアレハ諸君ハ自由ニ其一ヲ択ンテ修メラルヘシ

随意科ハ右二科ノ外更ニ漢文学科ヲ置ケリ私立学校ノ学生ハ動モスレハ普通学ノ力ニ乏シキ憾アリ此科ハ之ヲ補フノ一端タルヘク殊ニ法学ハ之ヲ応用スルニ日々文章ノ必要アリ仮令大文章家ト為ルノ要ナシトスルモ少クモ自己ノ意思ヲ自由ニ十分ニ紙上ニ表ハスノ伎倆ヲ缺ク可カラス故ニ是レ亦決シテ忽諸ニ附スルコト勿ランヲ望ム

本校出版ノ講義録ハ専ラ校外生ノ為メニシ校内ニ在ル諸君ニ対シテハ従来寧ロ之ヲ購読セサルコトヲ勧告セシカ今学年ヨリハ反対ニ無代価ヲ以テ之ヲ諸君ニ頒ツコトヽ為セリ茲ニ之ヲ諸君ニ告ク而シテ此事タル之ヲ従来ノ方針ニ比スレハ形迹上全ク反対ノ事実タルモ其精神ニ至リテハ則チ依然トシテ一ナリ従来諸君ノ購読セサルヲ望ミシハ諸君カ此カ為メニ昇校聴講ヲ怠リテ専ラ講義録ニ依頼スルニ至ルノ余弊ヲ恐レシニ因ル然ルニ今日進ンテ之ヲ頒ツハ要スルニ前ニ述ヘシ諸君カ実力ノ養成ニ便セントスルニ外ナラス現ニ新入一年生諸君ノ如キ始メテ法学ノ門戸ヲ窺ハルヽニ際シテハ親シク講義ヲ聴クモ其未タ術語ニ慣レサルヤ耳之ヲ解スル能ハス筆之ヲ録スル能ハス聴キ了リテ茫然遂ニ些ノ得ル所ナキカ如キ予輩モ亦曾テ一タヒ経験シ来レル所ニシテ此等ノ際ニハ講義録ニ頼ルコト実ニ已ムヲ得サル所タリ而シテ二年三年ノ諸君ニ至リテハ則チ此憂ナキモ科目ノ益多キ筆記ノ益繁キ殆ント之ニ忙殺サレテ復実力養成ノ余裕ナカラントス是レ本校カ各学年生ニ通シテ之ヲ頒与スル所以ニシテ以テ其実力養成ニ便セント欲スルナリ

然レトモ講義録ハ前述ノ如ク本来校外生ノ為メニスルモノニシテ校内ノ講義ト其講義録ニ於ケル掲載トハ到底多少ノ日時ヲ隔テサルヲ得サルノミナラス本校又ハ講師ノ都合ニ因リ或ハ現在ノ講義ト多少異ナル講義ヲ掲載スルコト無キ

ヲ保セス殊ニ目ニ之ヲ読ムハ耳ニ之ヲ聴クノ能ク脳裏ニ印迹スルニ若カス況ヤ講義録ニ依頼スルハ記臆ヲ妨クル所以ナルヲヤ故ニ本校ハ諸君ノ為メニ講義録ヲ頒ツモ若シ諸君ニシテ此カ為メニ昇校聴講ヲ怠ルカ如キ傾向アラハ是レ諸君カ寧ロ本校ノ微衷ニ背クモノニシテ事茲ニ至レハ本校ハ直チニ之ヲ頒ツコトヲ中止スルニ躊躇セサルヘシ

諸君カ昇校聴講スルニ方リテハ多キヲ貪リテ妄リニ講義ノ全部ヲ筆記スル勿レ若シ全部ヲ筆記セントセハ其弊ヤ筆記ノ便ノ為メ講師ハ朗読的講義ヲ為スニ至リ講義ノ特効ヲ失フニ至ルノミナラス講義ノ進歩モ又遅緩ト為リ予定ノ年度ニ結了セサルニ至ル故ニ諸君ハ其要点ノミヲ筆記シ講堂ヲ退キテ後徐ロニ講師ノ講述セシ法理ヲ按シテ其筆記ヲ補綴シ殆ント自ラ著作スルノ意思ヲ以テ其事ニ当ルヘシ是レ深ク其法理ヲ自己ノ脳裏ニ収メ得ル所以ニシテ若シ然ラス全部筆記シテ之ヲ記誦スルニ止ラハ諸君ニ直チニ講師ノ通弁タルノミ他人ノ法理ヲ受売スルモノヽミ此点ハ従来予ノ屡切言セシ所ニシテ実力ヲ養成センニハ必スヤ此方法ニ依ラサル可カラス

諸君ハ又学説ノ新奇ニ奔ルノ弊ニ陥ル勿レ一定不変ノ原理ハ何人カ之ヲ説クモ又何年ニ至ルモ常ニ同一ナリ而シテ法学ノ大部分ハ実ニ一定不変ノ原理ノミ然ルヲ則チ妄リニ新説ヲ衒ヒ奇論ヲ誇ルカ如キ真ニ学理ニ忠実ナルモノニ非ス若シ夫レ既ニ一定不変ノ原理ヲ知悉シテ而シテ後ニ種々ノ異説ニ渉猟スルハ固ヨリ不可ナキノミナラス寧ロ必要ナリト雖モ諸君ノ本校ニ於ケル修学ハ法学ノ第一着ニシテ一定不変ノ原理ヲ知ルニ及々タルヘク何ノ暇アリテカ新説奇論ニ耽ルコトヲ得ム

更ニ聴講ノ事ニ付テ一言スヘキモノアリ本年ハ文部省令ノ公布アリ一个月以上缺席スル者ハ退学セシムヘキ規定ヲ設ケラル是レ固ヨリ第二種学生ヲ目的トセルモノナレトモ此規定タルヤ其趣旨甚タ良シ本校ハ第一種学生ニモ之ヲ応用シテ一般ニ出席聴講ヲ怠ル者ニハ制裁ヲ加フルノ必要アリト思考ス是レ前述ノ如ク耳ニ講述ヲ聴クト目ニ講義録ヲ読ムトハ諸君ノ領会(ママ)修養ニ於テ至大ノ差アルニ因ル蓋シ二者均ク五官ノ作用ニ依リ智識ヲ脳髄ニ送ルナリ生理学上彼此ノ異同ナカルヘシ然レトモ深邃広遠ナル学理ノ修得ハ聴神経ノ作用ニ依ルノ親切周到ナルコト実際上遥ニ視神経ノ作

用ニ勝ルモノアルハ諸君ノ首肯サルヽ所ナルヘシ彼ノ百聞一見ニ如カストハ有形上ノ智識ニ付テ云フノミ無形上ノ智識ニ至リテハ予ハ却テ百聞一見ニ如カスト云ハントス元来緻密ナル学理ハ之ヲ筆ニスルヨリモ之ヲ口ニスルハ大ニ平易明暢ヲ得易ク随テ之ヲ聴クハ之ヲ読ムヨリモ大ニ理会感得シ易キノミナラス講義録ハ何時ニテモ披閲シ得ルノ便アルヨリ動モスレハ之ニ依頼シテ理会ト記臆トヲ忽カセニスルノ弊ニ陥リ易ク講義ノ之ニ反シテ其時限リニ烟散霧消スルヤ之ヲ聴ク者ハ熱心ニ理会ト記臆トヲ其時ニ務メサルヲ得サルノ利アリ是レ予カ反覆諸君ノ出席聴講ヲ勧告スル所以ナリ若シ夫レ之ニ拘ハラス尚ホ専ラ講義録ニ依頼シテ聴講ヲ怠レハ則チ校外生ト為リテ足レリ遥々笈ヲ東京ニ負フテ許多ノ学資ヲ糜スルノ要アラムヤ

又講義中半途ニシテ退席スルカ如キハ必ス之ヲ廃スヘシ一人ニテモ退席者アラハ講師ノ感情ヲ害シテ大ニ講義ヲ妨クヘク殊ニ講師ニ対シテ太甚シキ無礼タリ若シ講義ノ半途ニシテ已ムヲ得サルノ用務アラハ退席モ亦免レ難シトセンモ是レ通例予メ避ケ得ヘキモノニシテ諸君ハ予メ之ヲ避クルノ用意ヲ尽シ断シテ半途退席セサルノ決心ヲ為サヽル可カラス本校ハ既ニ成年ニ達シ且専門学ヲ修ムル諸君ニ対シ妄ニ細事ニマテ干渉スルコトハ深ク之ヲ避ケント欲スルモ若シ屢々半途退席アリトセハ本校モ亦遂ニ或ハ講義中戸扉ヲ厳鎖シテ退席ヲ得サラシムルカ如キ已ムヲ得サルノ処置ヲ取ル可キニ至ラム

又聴講ノ為メ講堂ニ昇ル者ハ羽織又ハ袴ヲ着クルコトヲ厳守セヨ是レ講師ニ対スルノ礼ナリ又諸君ノ自ラ処スルノ礼ナリ近時風俗頽廃礼儀地ヲ払フ苟モ専門学生タル者自ラ慎ミ且進ンテ社会ヲ矯正スルノ意気アルヘシ豈其咎ニ倣フ可ケンヤ殊ニ冬季襟巻ヲ為シテ講堂ニ昇ルカ如キハ従来ト雖モ亦固ヨリ殆ト見サル所ナレトモ本学年以往ハ断シテ之ヲ厳禁ス仮令沍寒指ヲ墜スモ此カ為メ講師ニ対スル礼ヲ失フ可ケンヤ諸君ハ宜シク此ノ如ク薄志弱行ナル可カラス但本校ハ此ト同時ニ諸君ヲシテ寒威ニ苦マシムルニ忍ヒス本年ヨリハ冬季講堂ニ煖爐ヲ備フヘシ諸君モ亦益礼節ヲ砥励セヨ

又認可申請中ニ属スルモ序次諸君ニ告クヘキ一事アリ即チ本校ノ卒業者ニハ明法学士ノ称号ヲ認許セントスルコト是ナリ此称号タル一ニハ校名ニ因ミシモノニシテ一ニハ昔時我邦ニ明法博士ナルモノアリシ典故ノ拠ル可キアルニ基ク文部省カ之ヲ認可スルト否トハ予メ知ル可カラサルモ若シ認可ナクンハ認可外ノ規則トシテ本校ハ之ヲ存置スヘク又強テ認可ヲ欲セハ明治法律学校学士トセハ則チ可ナリ之ニ付キ一言スヘキハ他ノ私立学校ニ於テハ高等研究科卒業生ニ限リテ学士ノ称号ヲ認可シ普通ノ卒業生ニハ之ヲ認許セス是レ豈自ラ侮リ自ラ蔑視スルモノニ非スヤ彼ノ大学ヲ看ヨ普通ノ卒業生即チ学士ニシテ大学院卒業生ハ博士タリ而シテ私立校ノ高等研究科ハ寧ロ大学院ニ当ルノ位置ニ非スヤ然ルニ私立校ハ高等研究科ヲ卒業セサレハ学士トセスンハ是レ私立校ノ学科程度カ遥ニ大学ヨリ劣ルト為スモノニシテ即チ自ラ侮ルモノニ非スヤ若シ夫レ彼此ノ差異ヲ求メハ学生ノ普通学ノ力或ハ異ナルヘク大学ノ学生ハ其力殆ト一定ノ程度ニ在ルニ私立校ノ学生ハ其力区々ニシテ一ナラス或ハ大学生ヨリ高キアリ或ハ大学生ヨリ低キアリ而シテ他ノ一差異ハ外国語学ノ有無ナリ大学生ハ必ス語学ノ素養アルニ私立校ノ学生ハ其素養ナキ者多キコト争フ可カラス是レ予カ屡語学ノ修習ヲ勧告スル所以ニシテ苟モ之ヲ修習セハ彼レ大学ノ法学士ト我カ明法学士ト果シテ若干ノ差異アル歟法学ノ実力ヨリ之ヲ論セハ予ハ寧ロ明法学士ノ法学士ニ優ルヘキヲ信ス蓋シ大学生ハ苟モ大学ヲサヘ卒業セハ直ニ司法官試補タリ弁護士タルコトヲ得ルヲ以テ苟モ卒業シ得ハ足レリトシテ深ク自ラ勉励セス私立校ノ学生ハ之ニ反シテ自己ノ実力ノ外一モ依頼スヘキモノナキヲ以テ勢自ラ奮励セサル能ハス現ニ判検事タリ弁護士タル者ヲ視ルニ私立校出身者ノ法学士ニ比シテ優ルアルモ劣ルナキハ諸君モ亦睹聞スル所ナルヘシ明法学士ノ称号決シテ僭越ニ非サルナリ

科目以外ニ於ケル討論会、講談会等ハ学則ノ明定セル所ナルカ本年ハ更ニ盛ニ実行スヘク現ニ講談会ニ付テハ校外ノ大家碩学ニシテ既ニ出演ノ諾約ヲ得タル者亦多シ諸君ノ為メ其利益鮮少ナラサルヘキナリ

終ニ臨ミテ一言センニ余ハ本校ニ於ケル一種ノ学風ヲ養成シ培植セント欲シ其方法ハ今尚ホ考案中ニ属ス他日着々実

行スヘシ近時師弟ノ義大ニ廃レ学生中ニハ或ハ月謝ヲ払テ講義ヲ買フカ如キ感想ヲ懐ク者ナシトセス是レ大ニ憂フヘク慨スヘキ弊風タリ本校ノ如キ固ヨリ若干ノ車代ヲ講師ニ贈ルモ是レ実ニ車代ノミ決シテ講師ノ労ニ酬ユルニ足ラサルハ本校亦之ヲ知ル而シテ余輩学校管理者ノ如キモ世人或ハ之ヲ一種ノ営業ノ如ク誤認スルモ余輩ハ本校ヨリ些子ノ報酬ヲモ取ラス否ナ却テ労力ト資力トヲ本校ニ投スルノミ余輩平生口ヲ開ケハ則チ法学ノ必要ヲ説クモノ啻ニ個人ノ為メニ非スシテ国家ノ富強ト品位トノ為メニ外ナラス余輩カ本校ノ為メ駑駑ノ労ヲ効スモノ亦国家ノ為メ法学ノ普及ニ涓埃ノ裨補ヲ与ヘントスルノミ蹇々匪躬、斯事ニ尽瘁シテ他年一日大ニ法学ノ普及ヲ得以テ万一ノ聖明ニ答フルアルヲ得ハ余輩畢生ノ素願亦足レリ諸君冀クハ此意ヲ体シ益斯学ニ精励シ徳義ヲ守リ節操ヲ重ンシ法学ノ普及ニ助クルト共ニ本校ノ学風ヲ培植シテ以テ天下ノ木鐸ト為リ余輩ノ素願ヲ成サシメヨ是レ啻タ余輩ノ為メニ非ス又本校ノ為メニ非ス実ニ諸君ノ為メナリ斯学ノ為メナリ而シテ実ニ国家ノ為メナリ

（『明治法学』第八号、明治三三年四月発行）

「学生ノ風紀」

＊「学生ノ風紀」（明治三三年四月演説）

（田島義方編『岸本校長演説　学生ノ心得』講法会、明治三三年一一月刊）

本篇ハ去ル五日岸本校長カ本校ニ於テ学生ヲ戒飾セラレシ演説ノ概要ヲ筆記セシモノニ係ル語辞ノ間或ハ校長ノ旨ヲ誤ルモノ無キヲ保セス責一ニ予ニ在リ以テ校長ヲ累スル勿クンハ幸ナリ。

記者識

学生諸君、今日特ニ諸君ノ参集ヲ煩ハシヽ所以ハ予カ一片ノ婆心少シク諸君ト謀ル所アラムト欲スルナリ近時社会ノ腐敗其極ニ達スルト共ニ学生風紀ノ頽廃モ亦殆ト其極ニ達シ汚行醜聞ノ日々ニ喧伝セラレテ新聞雑誌ハ頻リニ之ヲ痛論シ政府亦頗ル心ヲ用ユル所アルハ諸君ノ現ニ耳聞目撃セラレツヽアル所ナリ而シテ此事ニ付キ予カ第一ニ諸君ノ為ニ賛歎シ併シテ本校ノ為ニ諸君ニ感謝スヘキハ此汚行醜聞ノ未タ曾テ諸君ノ中ヨリ発セサルコト是ナリ学生ノ敗徳若クハ犯罪ハ日々ノ新聞紙上殆ト其記事ヲ絶タサルノ際ニ於テ本校ノ学籍ニ上リシ氏名カ曾テ其記事中ニ存スルコト無キノ一事ハ実ニ本校ノ社会ニ誇リ得ヘキ一大美事ニシテ予ハ諸君ニ対シ満幅ノ誠実ヲ以テ賛歎ト感謝トヲ表セサルヲ得ス

抑々学生ハ社会ノ一部ニシテ社会ノ風紀ハ即チ学生ノ風紀ナルコト物理ノ当然タルノミナラス学生ハ年歯尚少ニ思慮未タ熟セス最モ四圍ノ風紀ニ感化サレ易キモノナルヲ以テ学生ノ風紀ハ社会ノ風紀ト相伴フノミナラス学生ノ風紀ハ寧ロ社会ノ風紀ノ極度ニ発現セルモノタルハ毫モ怪ムニ足ルモノ無シ故ニ学生ノ風紀ハ直チニ以テ社会ノ風紀ノ寒暖計タルヘク晴雨計タルヘシ即チ学生ノ風紀ヲ観レハ以テ社会ノ風紀ヲ知ル可ク又社会ノ風紀ヲ観レハ以テ学生ノ風紀ヲ知ル可シ

熟々維新後三十年来ノ風紀変遷ノ跡ヲ観ルニ嘉永安政以降海内騒擾人心恟々トシテ干戈相踵キ纔ニ維新ノ大業ヲ成スヤ明治ノ初年ニ於テハ戦乱殺伐ノ気風ヲ承ケ加フルニ佐賀鹿児嶋等ノ小乱亦時ニ起リ社会ノ風紀ハ尚疎暴ノ弊アルト共ニ或ハ豪放不覊ノ性情ヲ存シ或ハ素朴勤倹ノ慣習ヲ為スアリ而シテ一般ニ勇往敢為ノ風アリシハ時勢ノ自ラ然ラシムル所ナルヘク西南ノ乱平キ中興ノ業漸次ニ其緒ニ就キ社会ノ秩序次第ニ整フニ至リテ社会ヲ挙テ漸ク小康ヲ喜ヒ慰安逸楽ヲ貪ルノ傾向ヲ生シ来リ此傾向ハ漸々助長シテ其弊益甚シク近数年ニ及ヒテ殆ト其極ニ達シ游惰淫蕩靡然トシテ俗ヲ成シ学生カ賎業ノ婦女ト相擁シテ情死スル者往々排出シヽカ如キ其現象ノ最モ著シキモノタリ一言以テ之ヲ蔽ヘハ明治十二三年以前ハ稍殺伐疎暴ニ失シ同年以後ハ其反動トシテ漸ク文弱淫佚ニ流レタリト云フ可シ而シテ明治二

十七八年ノ交戦アルヤ尚武ノ気風ハ勃然トシテ茲ニ萌芽シヽモ是レ尚社会ノ表面ニ止マリ其裏面ニハ惰力ノ一朝ニシテ止リ難キト同シク文弱淫佚ノ暗潮ハ依然トシテ寧ロ益急ニ昨年今年ニ至リ遂ニ其極ニ達シ腐敗ハ社会ノ総テノ階級ヲ侵触シ総テノ事件ニ纏綿シテ朝ニ野ニ官吏ニ議員ニ貴族ニ平民ニ老人ニ少年ニ皆此魔力ニ魅セラレサル者ナク学生亦此潮流ニ激盪サルヽコトヲ免レス是ニ於テ乎物極マレハ必ス変スルノ原理ニ因リ再ヒ此カ反動ノ力ヲ挑撥シ来リ此反動ノ力ハ曩ニ社会ノ表面ニ萌芽シヽ尚武ノ気風ト相投合シ茲ニ再ヒ殺伐ノ気風ノ漸クニ実際ニ表現スルニ至レリ学生情死ノ醜聞暫ク絶ヘテ学生決闘ノ醜聞之ニ代リ続起シヽモノ即チ其兆ナラストセンヤ

近三十年来変遷ノ跡略此ノ如ク社会ノ風紀学生ノ風紀常ニ其途ヲ一ニスルヲ見ルヘシ而シテ此変遷ハ極端ヨリ極端ニ奔ル物理ノ法則ニ因リ左右セラレシモノタルヲ見ルヘシ

然ラハ即チ近時学生ノ風紀ハ自然ノ傾向トシテ学生自ラ省ミルノ要ナキ歟識者之ヲ匡救スルノ要ナキ歟、曰ク否ナ、極端ヨリ極端ニ奔ルハ物理ノ法則ナリト雖此法則ニ於テハ彼此両極端ノ間ヲ奔リツヽ漸次ニ反動ノ勢ヲ減シテ遂ニ中心ニ静定セサル可カラス而シテ学生ノ風紀ト社会ノ風紀ト相伴フハ事理ノ自然ナリト雖モ学生ハ決シテ自家ノ風紀ヲ社会ノ風紀ニ伴ハシムヘカラスシテ宜シク社会ノ風紀ヲシテ自家ノ風紀ニ伴ハシム可シ即チ先ツ学生ノ風紀ヲ善良ノ方向ニ導キ以テ社会ノ風紀ヲモ之ニ随フテ善良ノ方向ニ面セシム可シ文弱殺伐両極端ニ奔ル反動ノ勢ヲ制シテ以テ速ニ健全温良ナル中庸至正ノ美俗ヲ大成セサル可カラス

夫レ人ノ性ハ善ナリ誰カ良心ナカラン毫モ他ノ接触ヲ受ケサル自然ノ天性ハ何人カ高潔純白ナラサラン而カモ汚行悪徳多ク遂ニ社会ノ腐敗ヲ来ス所以ハ其原因蓋シ二種アリ其一ハ生活ト戦ハンカ為ニシテ一身一家生活ノ困難ハ文明ノ進歩ト共ニ益加ハリ遂ニ其良心ニ恥チ天性ニ乖キツヽ汚行悪徳ニ陥ルノ動機ヲ生スルナリ其二ハ慾念ニ駆ラルヽカ為ニシテ之ヲ小ニシテハ衣食住ノ慾念ニ之ヲ大ニシテハ功名富貴ノ慾念ニ駆ラレ遂ニ其良心ニ恥チ天性ニ乖キツヽ汚行悪徳ニ陥ルノ動機ヲ生スルナリ而シテ後者ハ尚免レ易キモ前者ハ之ヲ免ルヽ甚タ難シ然ルニ学生ニ至リテハ此二箇ノ

原因共ニ殆ト無シト謂フモ過言ニアラス蓋シ学生ハ概ネ一定ノ学資ヲ其父兄ニ仰キテ以テ自ラ支フルモノニシテ一身ノ生活ノ為ニ戦フノ必要アラス（自ラ労シテ自ラ学資ヲ作ル者ハ最少数ナルヲ以テ暫ク之ヲ論外ニ措ク）故ニ学生ハ常人ノ最モ免レ難キ汚行悪徳ノ第一原因ハ之ヲ存セサルモノタリ又其衣食住若クハ功名富貴ノ慾念ハ学生ト雖モ之ヲ存スルノミナラス寧ロ常人ヨリモ多ク且大ナルヘシト雖モ是レ未来ニ於ケル慾念ニシテ現在ノ慾念ニ非ス即チ将来ニ之ヲ得ント欲スルコトアルモ現在学生トシテ之ヲ得ント欲スルコトアラス然ラハ即チ学生カ現ニ学生タル間ハ一般常人ニ於ケルカ如キ汚行悪徳ノ原因ハ殆ト存セサルコト他言ヲ待タサルニ非スヤ況ヤ学生ハ全ク俗界ヲ離レテ日ニ学理ニ親ムモノナレハ汚行悪徳ノ動機タルヘキ魔力ニ接スルコト殆ト無ク却テ常ニ魔力ノ恐ルヘキ所以ノ理論ニ浸染シツヽアル境遇ナルヲヤ是ニ依テ之ヲ観レハ社会皆濁ルモ学生ハ独リ清カラサル可カラス社会皆腐敗スルモ学生ハ独リ健全ナラサル可カラス学生ハ高ク社会ノ表ニ立テ躬ヲ以テ社会ヲ率イサル可カラス是レ予カ漫ニ理論ニ依テ難キヲ人ニ責ムルモノニ非ス実際上学生自然ノ境遇トシテ最モ容易ナルヘキモノナレハナリ若シ夫レ理論上ヨリセハ学生ノ本分、学生ノ天職ハ必ヤ此ノ如クナラサルヲ得ス『学生ハ社会ノ花ナリ』世上ノ学生皆其花ヲ泥土ニ委スルモ我校ノ学生諸君ハ飽クマテ孤節ヲ堅守シ其花ノ純白高潔ヲ保持セスシテ可ナラムヤ

抑々近時学生ノ醜聞相踵クハ予ノ縷説ヲ竢タスシテ諸君ノ稔知サルヽ所ナルヘシ而シテ予ノ最モ憂フルハ腕力騒キ殊ニ決闘ノ一事ニ在リ窃盗詐欺殊ニ情死ノ如キ其醜タル何人モ之ヲ知ル所、法律ノ学ニ従フ諸君ノ最モ唾棄セラルヽ所ナルヘシ然ルニ殴打、暴行殊ニ決闘ノ一事ニ至リテハ世人或ハ之ヲ誤解シ法律ノ厳ニ之ヲ制裁スルニ拘ハラス徳義上却テ之ヲ是認シ自信アリ勇気アル男子ノ壮挙ナリト為ス者アリ豈最モ恐ルヘキ危険ナル誤解ニ非スヤ蓋シ決闘ノ野蛮ナル匪行タルコトハ亦法律ノ学ニ従フ諸君ノ熟識セル所ナルヘク去レハコソ学生決闘ノ醜聞続出スルノ際ニ我校学生カ曾テ此醜態ヲ演セラレサルナル可ク随テ予カ決闘ノ匪行タルヲ諸君ノ前ニ説クハ所謂『釈迦ニ説法』ノ徒労タリト雖モ尚婆心ノ諸君カ万一ヲ恐ルヽノミナラス併シテ諸君カ之ヲ以テ他ノ学生ヲ戒飾シ以テ社会ヲ風化サレムコトヲ祈

ルナリ現ニ近時伝ヘラレタル数回ノ決闘騒中警官ノ誤認ニ出テ其実決闘ニ非サリシト伝フル一事件ハ其実却テ真ノ決闘ニシテ而カモ専門ニ法律政治等ノ学科ヲ教フル某校ノ学生ナリシナリ中学ノ学生又ハ専門学ニテモ医学ノ学生等ノ決闘ハ比較的ニ尚恕ス可キモ法律学生ノ決闘ニ至リテハ其学生自己ノ為ニハ其学フ所ノ法律学ヲ蔑如シ侮辱スルモノト謂フ可ク社会ノ為ニハ病既ニ膏盲ニ入ルモノトシテ最モ憂惧スヘキモノタリ事茲ニ至ル余ハ実ニ婆心諸君ヲ煩ハスコトヲ避クル能ハサルナリ

余カ仏京巴里ニ在リシハ既ニ二十年ノ昔ト為レリ当時仏国及ヒ独逸ニ於テハ決闘尚盛ニ行ハレタリシカ是レ一ハ古来ノ久シキ因襲ニ出テ一ハ法制ノ不備ニ出テシモノニシテ当時ノ仏独諸国ニ於テスラ理論上固ヨリ之ヲ非認シ識者ハ此カ攻撃ニ怠ラサリシ請フ少シク決闘ノ沿革ヲ説カム

欧洲ニ於ケル決闘ノ淵源ハ野蛮時代ノ所謂『裁判上ノ戦』ト封建時代ノ私闘トニ出ツ野蛮時代ニ於テハ『挙証ノ責任ハ原告ニ在リ』テフ原則ハ未タ発見セラレス随テ原告ノ挙証ヲ得サルカ為メ之ヲ敗訴ト為スノコト無ク訴訟一タヒ起レハ必ヤ何等カノ証拠ヲ得テ両造ノ曲直ヲ判決セサル可カラス故ニ原被両造ノ孰レヨリモ証拠ヲ挙ケ得サルトキハ茲ニ『神ノ証拠』テフモノヲ要ス『神ノ証拠』トハ両造ヲシテ烙鉄ノ上ヲ歩セシメ足ノ爛焼セサル者ヲ直者トシ又ハ熱湯ヲ探ラシメ手ノ爛傷セサル者ヲ直者ト為スノ類ニシテ名ケテ『裁判上ノ戦』ト云フ此『裁判上ノ戦』ハ法律ノ進歩スルニ従ヒ全ク之ヲ禁止スルニ至リシカ後世ノ決闘ハ幾許カ此遺意ヲ襲ヒシモノタリ而シテ決闘ノ主タル濫觴直接ノ濫觴ハ実ニ私闘ニ在リ凡ソ戦争ハ一国主権者ノ大権ノ作用ニシテ一国ノ主権者ニ非サレハ之ヲ為スノ権ナキコト今日明白ノ法理ナルモ封建時代ニ在リテハ仏国ニ於テモ其王権十分ニ強大ナラス諸侯国内各地ニ割拠シテ互ニ戦争シ国王ニ禁令アルモ得テ行ハレス遂ニ諸侯互ニ戦フハ諸侯ノ特権タル事実ヲ形成シ随テ諸侯ニ服従スル武士モ亦事実上自ラ互ニ闘フノ特権ヲ有スルカ如ク武士相互ノ私闘ハ法律モ亦深ク之ヲ禁セサルニ至レリ是レ実ニ決闘ノ濫觴ナリ然ルニ王権ノ発達ニ従ヒ裁判ハ国王ノ特権ナルニ決闘ハ私ニ裁判ヲ行フモノニシテ国王ノ特権ヲ侵スモノナルヲ以テ厳ニ之

ヲ禁制スルコト、為リ屢々此カ法律ヲ公布シタリ然レトモ一方ニハ決闘ヲ武士ノ特権ナリト為ス余習尚存スルニ他方ニハ此法律ノ決闘ニ於ケル制裁トシテハ苟モ決闘ヲ為セハ相手方ヲ死ニ致スト否トニ論ナク尽ク死刑ニ処シ決闘者ノ財産ハ挙テ没収スル等刑罰ノ厳酷ニ過クルヲ以テ却テ之ヲ適用セサルコト多ク法律ハ遂ニ空文ニ帰シ再ヒ法律ヲ公布シテ之ヲ禁シ再三再四同種ノ法律ヲ公布シ路易十四世ニ至リテ少シク其目的ヲ達シ決闘ヲ減スルト共ニ当時文学哲学法理学等大ニ隆盛ヲ致シ有名ナルジヤンジヤックルーソー氏出テヽ盛ニ決闘ノ蛮風ヲ攻撃シ学問ノ勢力ハ益決闘ノ数ヲ減シヽカ恰モ大革命アリテ旧来ノ諸法律尽ク廃滅シ新ニ之ヲ制定シヽモ決闘禁止ノ法律ハ何故カ制定サレサリシヨリ死灰復燃エ以テ予カ在学当時ノ如キ決闘ノ盛行ヲ来セリ而シテ爾来今日ニ及ヒ一般ニ此因襲ノ陋弊タルヲ悟リ又法制ノ漸次ニ改善シ完備セルヨリシテ仏国ハ勿論、独逸其他諸国ニ於テモ近時殆ト決闘ノ迹ヲ断チシハ諸君ノ現ニ聞睹セラルヽ所ノ如シ

我邦ニ於テモ明治二十一二年ノ交一タヒ決闘沙汰アリシカ是レ亦封建ノ余習ト法制ノ不備トニ因ルノミナラス当時欧米心酔者頗ル多ク苟モ欧米ノ事例トシ云ヘハ是非薫蕕ノ別ナク妄リニ之ヲ学ヒタルノ結果ナラスンハアラス幸ニ立法者ノ機敏ナル禍根ヲ将ニ萌サントスルニ断タント欲シ同廿二年十二月法律第三十四号決闘罪処分法ヲ制シ擬スルニ厳罰ヲ以テシ彼ノ欧米心酔者ヲシテ自ラ警省スル所アラシメ茲ニ忽チ其弊ヲ杜絶スルノ効ヲ奏シタリ当時余カ亡友光妙寺三郎氏ハ『決闘ハ文明ノ花ナリ』ト提唱シ却テ之ヲ奨励スルノ傾アリシカ是レ氏カ奇矯峻厲苟モ人ニ仮借セサル一種欽慕スヘキ美徳ヨリシテ男児ノ気節面目或ハ決闘タモ辞セサルヘキノ概ヲ要スル所以ヲ露骨ニ説示シ一世滔々タル文弱淫柔ノ弊習ヲ打破セント欲シ故サラニ此ノ如キ矯激ノ辞ヲ為セシニ過キス是ヲ以テ諸君ハ能ク氏ノ本意ヲ熟翫シ辞ヲ以テ意ヲ害セサルノ注意ヲ取リテ此語ヲ反覆セハ則チ可ナリ若シ夫レ之ヲ速了シテ決闘其モノヲ絶対的ニ美事ト為シ今日法制完備セル法治国ノ国民トシテ殊ニ其法律専門ノ学生トシテ妄ニ之ヲ試ミルカ如キアラハ啻ニ法律ノ罪人タルノミナラス亦実ニ光妙寺氏ノ罪人タラム而シテ決闘ノ本家ニシテ今ハ全ク之ヲ棄テタル仏独諸国民ノ為ニ日本ノ

学生ハ彼等ノ唾余ヲ拾ヘリトノ冷笑ヲ免レサルヘキノミ

決闘ノ正当ナル場合――決闘ハ如何ナル場合ニ於テモ正当ナラスト雖モ仮ニ往時ノ仏独諸国民カ正当トシヽ場合ハ名誉ノ回復ノ為ニスル場合ニ限ル我邦ノ古武士……封建武士ノ所謂果合ナルモノ亦然リ然ルニ近時我邦学生ノ決闘ヲ企ツル所以ヲ視ルニ概ネ区々タル無意味ノ忿恨ヲ霽サンカ為ニ出テ殆ト一モ真摯ナル名誉ノ回復ノ為ニスルモノナシ其決闘トシテ毫釐ノ価値ナキコト車夫馬丁ノ騒闘殊ニ博徒ノ出入ナルモノト相距ルコト果シテ幾許ソ予ハ学生ノ品位ナルモノヲ彼等ヨリ発見スルニ困シム

然ラハ則チ名誉ノ為ニスル決闘――決闘ノ本意ニ従ヘル決闘ハ恕スヘキ歟曰ク否ナ名誉ノ侵害ニ対シ正当ナル救済ノ途ナキ世ニ在リテハ或ハ可ナラム然レトモ総テノ権利ノ侵害ニ対シ救済ノ途ヲ設クルモノハ所謂法律ニシテ法律ハ人民相互ニ自ラ権利ノ侵害ヲ制裁シ回復スルコトヲ禁シ正当防衛ト称スル一場合ヲ除クノ外一切ノ制裁一切ノ回復ヲ国家ノ任務ト為シ侵害ヲ被フレル個人ハ国家ノ権力ニ訴ヘテ其制裁其回復ヲ求ムルコト是レ法律ノ骨子タル大主義ニシテ苟モ一歩ヲ法律学ノ門戸ニ入レシ者ノ必ス熟知スルモノナリ而シテ名誉権ノ侵害ニ対スル制裁殊ニ其回復ノ方法ハ法律ノ規定中発達ノ最モ遅々タリシモノニシテ決闘カ此点ヨリシテ近世ニ至ルマテ行ハレシハ此カ為ノミ然ルニ近年ニ至リテハ各国ノ法制共ニ益発達シ刑法ハ此カ制裁ヲ完全ニシ民法ハ此カ回復ノ方法ヲ完全ニシ我邦新民法ノ如キ亦意ヲ此点ニ用ユルコト尠カラサリシハ諸君ノ熟知セル所ナリ是ニ於テ乎決闘ハ仮令名誉ノ為ニスルモ亦無意味ノモノト為リシノミナラス法律ノ大主義ニ背戻スル一大不法タルヲ免レサルコト復讐ノ不法タルヨリモ太甚シ

近時ノ新潮流タル決闘――最モ男児ラシク最モ勇壮ラシキ行為タル決闘スラ其ノ陋習タル此ノ如シ其他詐欺、窃盗、情死等ノ陋シム可ク悪ム可キ言ヲ俟タス但タ情死ハ勿論、詐欺窃盗等ノ汚行ニ至ルマテ学生ニシテ敢テ之ヲ犯ス所以ノ主因ハ概ネ愛情ニ在リ甚シキハ色慾ニ在リ愛情色慾是レ共ニ人ノ天性ニ出テ予ハ必シモ禅僧ニ倣フテ学生ハ全ク之ヲ断テト云フノ迂ヲ為サス愛ハ真理ヲ愛スルノ愛ニ止マリ慾ハ真理ヲ欲スルノ慾ニ止マリ復他ヲ顧ミルニ遑ナキコト即チ学生ノ本分ナリト雖モ人々必ス尽ク此ノ如クナルヲ得スンハ正当ナル愛情正当ナル色慾ハ暫ク之ヲ寛仮スヘシトセム然レトモ妄リニ猷慾ヲ恣ニシテ其極遂ニ種々ノ罪悪ニ陥ルカ如キ断シテ排斥セサル可カラス啻ニ予輩及ヒ本校ノ之ヲ排斥スルノミナラス諸君カ互ニ之ヲ排斥センコトヲ望ム諸君ハ之ヲ諸君ノ金蘭簿ヨリ除名シ諸君ノ交際場裏ヨリ除名シ諸君ノ討論会研究会其他総テノ門戸ヨリ駆逐シ去リ以テ社会的名誉的ノ制裁ヲ与ヘヨ是レ諸君ノ正当ナル権利ナリ否ナ実ニ諸君ノ義務ナリ此ノ如クシテ諸君各々自ラ清フシ併シテ之ヲ諸君ノ学友同僚ニ及ホサハ我校ノ空気ハ全ク清キヲ得ム而シテ我校ノ空気既ニ全ク清クンハ之ヲ以テ他ノ一般学生ヲ感化シ延テ社会ヲ感化シ一般学生ノ風紀、社会ノ風紀ヲシテ遂ニ全ク清カラシムヘキコト必スシモ難事ナリトセス予ハ我校現在ノ学生諸君、九千数百余名ノ内外生、二千余名ノ校友諸君ノ団体タル我校カ這般ノ潜勢力ヲ有スルコトヲ信シテ疑ハサルナリ

諸君、此ノ如クシテ諸君ハ一面ニハ疎暴殺伐ノ陋習ヲ避ケ他ノ一面ニハ文弱淫佚ノ弊風ヲ斥ケ此両極端ニ遠サカリテ以テ至正中庸ナル剛健純潔ナル美風ヲ養ハサル可カラス凡ソ道徳談ハ世ニ不道徳者アリテ而シテ後起ル故ニ或者カ道徳談ヲ為スハ直ニ対手者ノ不道徳ヲ意味スルノ嫌ナシトセス然レトモ予ハ諸君ノ道徳ヲ疑フテ以上ノ説ヲ為スニ非ス否ナ社会殊ニ学生間ニ不道徳多キニ方リ我校諸君ニハ曾テ不道徳ノ醜聞ナキヲ以テ一ハ諸君ノ他ニ浸染セサルヲ喜ヒ一ハ諸君ノ他日或ハ之ニ浸染センコトヲ恐レ乃チ婆心ヲ述フルニ過キサルコト劈頭一言セルカ如シ蓋シ近時我校寄宿舎ハ年一年ニ静粛ニシテ游惰ノ徒ナキニ至リ殊ニ今学年ニ入リテハ一層静粛ニ正当ノ事由ナクシテ外泊スル者全ク其迹ヲ断チシカ如キ予ノ常ニ注視ヲ怠ラサル間ニ驚喜シツヽアル所ナリ而シテ寄宿舎ノ此ノ如クナルハ我校学生諸君全体ノ此ノ如クナル一徴候ニ外ナラス我校学生ノ醜聞カ近時曾テ世ノ機敏ナル新聞雑誌ニ上ラサルハ当然ナリト謂フ可シ予ハ諸君ノ此美風ヲ敢テ傷フコト無ク益之ヲ発達シ且諸君ノ後進者トシテ日々ニ入学シ来ル新学生ヲモ感化シ去リ我校ノ空気ヲシテ長ヘニ健全純潔ナラシメムコトヲ祈ル

以上ハ単ニ学生トシテノ諸君ニ対スル希望ナリ而シテ予ハ更ニ法律学生トシテノ諸君ニ対スル一ノ希望アリ我国民ハ

封建ノ余弊トシテ絶対服従ノ因襲ヨリ義務ノ観念ニ富ムモ権利ノ観念ニ乏シ諸君ハ此点ニ於テ確ニ国民ノ先進タリ故ニ諸君ハ権利ノ観念ヲ自ラ事実ノ上ニ行フハ勿論之ヲ以テ他ノ国民ヲモ風化スヘク随テ我ニ権利アレハ断々トシテ之ヲ主張シ我ノ権利ニ侵害ヲ受ケハ断々トシテ之ヲ抗争シ敢テ妄リニ屈従退嬰スヘカラス然レトモ此ト同時ニ濫用ノ弊ハ慎テ避ケサル可カラス由来法律家殊ニ法律学生カ往々社会ニ嫌忌サルヽハ職トシテ権利濫用ノ弊アルニ由ル或ハ悪戯的ニ警察官ヲ擁シテ途上法令ノ解釈ヲ争ヒ或ハ肉肆ノ婢僕ヲ捉ヘテ権利義務ヲ論シ或ハ妄ニ他人ノ揚足ヲ執リ小理窟ヲ弄シ甚シキハ所謂三百的行為ヲ為ス等ノ弊ナシトセス是レ銀行会社其他各種ノ社会ニ法律学ノ需用甚タ多キニ拘ハラス却テ法律学生ヲ嫌忌スル者アル所以ナリ要スルニ法律学生ト云ヘハ則チ直チニ多弁ニシテ争ヲ好ミ無用ノ議論理窟ヲ事トスル者ノ如ク速了シ法律学生ノ寡黙ニシテ温良恭謙ナル者アレハ却テ之ヲ怪シムカ如キ傾向アリ是レ法律学ノ為メ法律学生ノ為メ最モ憂フヘキ冤罪ニシテ法律学生ニ此ノ如キ弊アルハ畢竟法律学ノ修養甚タ浅キカ為ニ外ナラス蓋シ斯学ノ修養精熟ニシテ権利ノ観念ニ通暁スレハ其主張ニ怯ナルノ弊ト濫用ノ弊トハ自ラ止ムヘク随テ諸君ハ固ヨリ此レナキモ更ニ一層之ヲ慎ミ我校ノ学生ニハ断シテ此弊ナキノ名誉ト信用トヲ社会ニ博シ併シテ諸君ハ斯学ニ於ケル社会ノ先進トシテ社会ニ対シ斯学ノ効益ヲ示シ斯学ノ冤罪ヲ雪カサル可カラス『大敵ヲ畏レス小敵ヲ侮ラス』テフ兵法ノ戒ハ転シテ以テ法律家ノ戒ト為スヘク権利ノ主張ニハ断シテ大敵ヲ畏レサルヘキト同時ニ小敵ヲ侮リテ権利ノ濫用ヲ為スハ断シテ禁セサル可カラス

余ハ常ニ我校学風ノ培植ヲ欲スル所以ヲ説キシカ所謂我校ノ学風亦他ノ奇ナク以上ノ主旨ハ直チニ以テ我校ノ学風ト為スヲ得ヘケムナリ

本校ハ従来毎年春季大運動会ヲ行ヒ来リシカ一昨年偶其会ニ参セシ学生諸君ノ一部――極メテ少数ナル一部カ帰途酔ニ乗シテ足ヲ不潔ノ地ニ入レ無頼ノ徒ノ乗スル所ト為リテ一小闘ヲ醸セシコトアリ是レ予輩監督不行届ノ責ニ帰スルモノニシテ我校ハ深ク自ラ慎ミ此カ為メ昨年ハ運動会ヲ廃シテ以テ微意ヲ表シ併シテ万一ノ過失又ハ災厄ヲ避ケタリ

然レトモ我校ハ噎ニ懲リテ食ヲ廃スルノ愚ヲ学フニ非ス体育ヲ重シ随テ運動会ヲ可トスルノ主旨ハ終始渝ルコトナシ請フ少シク我校ノ運動会ニ関スル歴史ヲ諸君ニ語ラム

抑々我校ハ運動会ニ付テハ我邦各学校中ノ率先者タル名誉ヲ有スルモノニシテ今ヲ距ルコト殆ト二十年前即チ明治十五年ナリキ大学ヲ始メ官私諸学校ニ於テ未タ一モ運動会ノ催シアラサリシ時ニ当リ我校ハ大ニ体育ヲ重ンシテ之ヲ奨励シ随テ清潔健全ナル野外運動ノ必要ナルヲ信シ始メテ之ニ挙行シタリキ蓋シ今日我邦諸学校ノ所謂運動会ナルモノヽ仕組ハ欧洲各国ニモ其例ナキ所ニシテ我邦ニ於テモ当時ハ未タ一ノ先例タニアラサリシヲ以テ運動ノ方法即チ競技ノ種類ノ如キ之ヲ今日ニ比スレハ固ヨリ甚タ幼稚ナルヲ免レサリシモ要スルニ当時我校ノ率先挙行シヽ運動会ハ実ニ我邦運動会ノ濫觴タリ模範タルコトハ必シモ予輩ノ誇言ニ非ス蓋シ我邦ニハ古来春季ニ於テ花見ト称シ多数ノ団体ヲ成ス一種ノ游アリテ往々淫猥卑俗ヲ極ムルモノアリテ学生ノ野外運動モ亦動モスレハ此花見ニ於ケル弊習ノ浸染スルヲ免レ難キノ憂アリ是レ我校カ右ノ運動会ヲ創案セシ所以ナリ而シテ我校ハ爾後年々之ヲ挙行シ来リシカ尚或ハ野卑ニ失スルノ弊ナシトセス故ニ我校ハ一時之ニ換フルニ短艇競漕ノ游技ヲ以テシ此万一ノ憂ヲ免レント欲シ現ニ若干ノ短艇ヲ備ヘテ校友学生ノ用ニ供シタリシカ此方法ハ最モ清潔健全ナルヘキ学生ノ游技ニ適スルニ拘ハラス我校ノ如キ非常ニ多数ナル団体ノ共同シテ相楽シムニ適セス勢少数人ニ限ルノ憂アリ是ヲ以テ中頃又之ヲ廃シ再ヒ前ノ野外運動会ニ復シ近年常ニ之ヲ挙行シ来レリ然ルニ不幸ニシテ一昨年ノ事アリ昨一年之ヲ廃シヽカ我校ハ固ヨリ之ニ因リテ之ヲ全廃セントスル者ニ非ス否ナ我校ハ一面大ニ風紀ヲ厳ニシ一面益体育、運動ヲ奨励シ随テ永遠ニ運動会ヲ行ハントト欲シ諸君ノ請求ヲ俟タスシテ之ヲ行ハントス況ヤ諸君ノ熱心ナル希望アルヲヤ乃チ本年ハ既ニ掲示シヽ如ク来ル八日ヲ以テ之ヲ飛鳥山ニ挙行セントス之ニ付テハ諸君カ専ラ静粛ヲ旨トシ決シテ粗暴殺伐ノ過失ニ陥リ又ハ会散スルノ後途ヲ不潔ノ地ニ転スルノ過失ニ陥ルコト無キヲ要シ予カ以上演述ノ趣旨ヲ一層厳守シテ以テ我校学生ノ美風——近時特ニ著シキ美風ヲ社会ニ発揚サレンコトヲ望ム若シ此ノ如キノ時ニ当リ前述ノ如キノ過失ニ陥ル者アラハ我校ハ泣テ馬稷ヲ斬ルノ心ヲ以テ厳正ナル処分ヲ加ヘ毫モ宥恕減軽ヲ用イサルヘシ我校ハ五人十人否ナ幾百人ノ学生ヲ失フモ我校ノ学風――我校学生全体ノ美風ハ一寸モ之ヲ傷ケサランコトヲ期ス
以上ノ卑見予ハ之ヲ諸君ノ前ニ語ルノ寧ロ無用ナルヲ知ル然レトモ是レ実ニ予カ婆心ノミ我子ノ善キカ上ニモ善カランヲ欲スルハ総テノ親ノ心ナリ敢テ諸君ニ謝ス諸君予ヲ以テ敬礼ヲ諸君ニ失スルモノトシテ深ク予ヲ咎ムル無クンハ幸ナリ

「修学の方針――校長の演説――」（『明治法学』第一三号、明治三三年一〇月発行）

＊「修学ノ方針」（明治三三年九月開講演説）

（田島義方編『岸本校長演説　学生ノ心得』講法会、明治三三年一一月刊）

……岸本校長には客月二十九日本学年開講に付き、一場の訓示的演説ありたるを以て、記者の筆記に依り、大要を茲に掲ぐ、本誌の紙面限りあるを以て、真に其の大要のみ、脱漏、訛誤及び文字の責は、一に記者に在り、敢て校長及び読者に謝す

諸君、学年開講ノ初ニ当リ、校長ガ一場ノ演説ヲ為スハ、本校ノ慣例ナリ、今日ハ是ヨリ引続キテ討論会ヲ開会スヘキニ付キ、時間甚タ切迫シ、到底予ガ胸臆ノ十一ヲモ尽クス能ハサルヲ以テ、徒ラニ高遠ニ馳スルノ理論ハ之ヲ省キ、極メテ簡単ニ実際上ノ注意二三ヲ述べ、以テ諸君ノ参考ニ資セントス、

学生ニシテ品行ヲ端正ニシ学業ニ奨励セザル可カラザルハ固ヨリ予輩ノ贅言ヲ俟タス而モ世上往々所謂堕落書生アリ或ハ暴行ヲ恣ニシ或ハ淫蕩ニ耽ルハ何ゾヤ蓋シ人ハ情欲的動物ナリ何人カ情欲ナカラン況ヤ血気方ニ壮ナル学生ニ於テヲヤ見ルコト聞クコト飲食起居其他一切ノ行為直チニ情欲ノ之ニ伴フテ興奮セザルハアラズ是レ生理及ビ心理ノ自然ナリ必シモ咎ム可カラズ唯ダ要ハ之ヲ制スベク之ニ制セラルベカラザルニ在リ人一タビ情欲ニ制セラルレバ其一刹那ニ於テ其人ハ既ニ堕落セルナリ暴行、淫蕩等ノ醜聞続起セザルヲ得ズ諸君ハ宜シク之ニ制セラレズシテ却テ之ヲ制スベシ此ノ如キノ事理何人モ之ヲ知リ之ヲ言ハザル無シ唯ダ之ヲ行フノ難キノミ近時滔々トシテ学生ノ風紀腐敗堕落シ或者ハ文弱、淫蕩遂ニ情死ノ醜態ヲ演シ或者ハ殺伐乱暴遂ニ決闘ノ蛮習ヲ学ブ諸君ハ啻ニ此ノ如キ汚風ニ浸染セザルノミナラズ更ニ進ンデ諸君ノ交友ニ若シ此ノ如キノ徒アラバ諸君ハ之ヲ制シ之ヲ訓ヘザル可カラズ而シテ一般学生ノ風紀此極ニ陥レルノ中ニ在リテ独リ我明治法律学校ノ学生ハ近時殆ト一人ノ醜聞ヲ伝フル者ナシ品行端正学業精励ハ実ニ我校ノ特色トシテ我校ノ学風ヲ表彰スルニ足ル是レ余カ諸君ニ対スル一片ノ諛辞ニ非ズ予ハ朝夕親シク諸君ノ動静ニ注意シ暗ニ視察ヲ怠ラサルノミナラス切抜通信ノ便ニ依リ各学校及び其学生ニ関スル新聞ノ記事ハ毎朝熱心ニ之ヲ閲シ来レル結果トシテ予ノ深ク自ラ信スル所ナリ故ニ予ハ敢テ諸君ニ感謝シ且将来断シテ此美風ヲ失墜サレサランコトヲ祈ル

夫レ諸君カ笈ヲ負フテ郷閭ヲ辞シ一路遥ニ東京ニ来ラントスルヤ何人モ『業若不成死不還』ヲ歌ハサル無ク而モ全ク之ヲ以テ藉口ト為スニ非ス中心実ニ這般ノ志望ト勇気トヲ抱カザル無シ然レドモ一タビ東京ニ入ルヤ日ヲ経ル漸ク久シキニ随ヒ漸ク都会ノ風習ニ染浸シ地方的淳樸ハ漸ク都会的淫靡ニ化シ当初ノ志望勇気早ク既ニ痕ヲ留メサルニ至ル是レ最モ戒心スヘキ所ニシテ本学年新ニ入学セラレタル諸君ノ如キ深ク此点ニ慎マレンコトヲ望ム

一、学生ハ交際ヲ慎ミ寧ロ之ヲ避クルヲ可トス人ハ社交的動物ナリ学生亦交際ナキヲ得ス然レトモ交際ハ大利アルト同時ニ又大害アリ思慮未タ定マラサル青年ニ在リテハ未タ其利ヲ享クルニ及ハスシテ忽チ其害ニ陥リ易シ殊ニ益友ノ

親ミ難クシテ損友ノ狎レ易キヤ学生堕落ノ原因ハ殆ト一ニ損友ノ交際ニ在リト云フモ亦過言ニ非サルヘシ加フルニ学生ハ殆ト社会ヨリ離レ単ニ学業ニ向テ専心盲進スヘキノ位置ニ在リテ寧ロ交際ノ必要ナク其必要アルハ独リ学業上ノ交際ノミ故ニ諸君ニシテ交際ヲ欲セバ謹直精励ノ友ヲ択ミ学業上ニ於テノミ交ハルベク損友悪友断シテ之ヲ斥クヘシ諸君ヲ寄席ニ誘フ者ハ次ニ「ビーヤホール」ニ誘ヒ牛屋ニ誘ヒ遂ニ口ニスヘカラサル魔窟ニ誘フヘシ之ヲ其初ニ拒絶セスンハ之ヲ其終ニ拒絶ス可カラサルニ至ルヘキナリ

一、新聞紙ノ如キ或ハ読ム可ク或ハ読ム可カラス三学年ノ諸君ハ社会ニ出ツル既ニ近ク予メ世情ニ通スルノ要アリ新聞紙ヲ読ム必スシモ不可ナラス然レトモ一、二学年ノ諸君ハ前述ノ如ク殆ト社会ヨリ離レ全ク身ヲ学業界ニ置クモノ毫モ其学業ニ妨ケスシテ新聞紙ヲ読ム固ヨリ可ナルモ是レ寧ロ難事ニシテ往々之ヲ読ムノ害（少クトモ時間ノ費消）アルモ之ヲ読ムノ実用ナキコトアリ亦心ヲ用ユヘキ所トス但諸君カ学業上ノ参考ニ資スヘキ学術雑誌ノ如キハ固ヨリ此限ニ在ラス

一、諸君ノ法学ヲ修ムル或ハ学者トシテ或ハ司法官、文官トシテ又或ハ弁護士トシテ之ヲ活用シ以テ国家民人ニ益セントスルニ在ルヘシ故ニ諸君カ此等ノ試験ノ為メ腐心焦慮スルハ固ヨリ其所ナリ然レトモ試験ハ抑末ナリ其本ハ実力ニ在リ本ヲ棄テ末ニ趨ル可カラス仮令試験ノ関門ヲ通過スルモ実力ニシテ缺乏セン歟諸君ノ希望ハ遂ニ大成スルヲ得ス故ニ諸君カ前途ノ大方針ハ総テ此点ヨリ打算シ来ルコトヲ要ス

一、講義ニハ必ス出席聴講スヘシ毎歳ノ例ニ依ルニ一学年ノ諸君ハ勉メテ出席セラルヽモ二学年ニ至リ三学年ニ至ルニ随ヒ出席漸ク減スルハ或ハ諸君ニ講義録ヲ頒与スルノ弊ニハアラサルカ実ニ諸君ノ為メニ甚タ惜ムヘシ蓋シ耳ニ講述ヲ聴クト目ニ書籍若クハ講義録ヲ読ムトハ諸君ノ理会感得ニ於テ大ニ難易深浅アリ是レ余カ毎年繰返シテ演述スル所ナルカ其必要ノ存スル間ハ幾回ト雖モ繰返サヽルヲ得ス元来講義録ヲ頒与スルハ之ヲ以テ聴講ノ労ヲ省キ又ハ試験ノ準備ニ便セントスルニ非ス現ニ本校ノ講義以外ノモノヲ講義録ニ載スルカ如キ本校ハ講義録ヲ以テ諸君ノ参考書ト

為サシムルニ過キス故ニ講義録ニ依頼シテ聴講ヲ怠ルカ如キハ断シテ諸君ノ為メニ取ラサルナリ

一、講義ノ筆記ハ其大要ニ止ムヘク決シテ全部ヲ筆記スル勿レ講師ノ講述ノ一字一句ヲ遺サス尽ク筆記セント欲セハ其弊ヤ筆記ノ為メ講師ハ朗読的講義ヲ為スニ至リ平易ニ通俗ニ十分学生ニ領得セシムヘキ講義ノ特効ヲ失フニ至ル是レ畢竟従来我邦ニ参考書ノ甚タ乏シカリシニ出ツ故ニ本校ハ一面ニ諸講師ト謀リテ朗読的講義ヲ廃シ他ノ一面ニ講義録ヲ諸君ニ頒与スルコトヽ為セシナリ若シ夫レ講師ノ言語ヲ全部筆記シテ之ヲ記誦スルニ止マラハ諸君ハ直チニ講師ノ通弁タルノミ他人ノ法理ノ受売者タルノミ諸君カ実力ヲ養成スル所以ニ非ス是ヲ以テ諸君ハ単ニ講義ノ要点ノミヲ筆記シ講堂ヲ退キテ後徐ロニ講師ノ講述セシ法理ヲ按シテ其筆記ヲ補綴シ殆ト自ラ一著述ヲ為スノ意ヲ以テ其事ニ当ルヘシ仏国法科大学ノ如キ学生ノ為メニ腰掛ヲ備フルニ止マリ机ヲ置カス是レ学生カ全部ノ筆記ヲ為サス僅ニ自己ノ膝上ニ於テ一語二語ツツ録取スルニ過キサルカ為メ全ク机ノ必要ナキニ因ルモノニシテ本校モ亦之ヲ学ヒ寧ロ机ヲ全廃セン歟ト思惟スルモ我邦ニ在テハ殆ト古来ノ積習タリ一朝突然之ヲ全廃スルハ諸君ノ非常ニ困難ヲ感スヘキヲ慮リ依然之ヲ存セシモ諸君ハ深ク自ラ反省シ必ス一言一句尽ク筆記スルノ陋風ヲ廃シ前述ノ方法ヲ採ランコトヲ望ム

一、本校ハ随意科トシテ漢学及ヒ外国語学科ヲ設ケ無月謝ニテ之ヲ教授ス諸君ニシテ既ニ此等ノ智識ニ富マハ則チ可ナルモ然ラサレハ必ス之ヲ修メンコトヲ望ム漢学ハ決シテ儒教ヲ諸君ニ強フルニ非ス唯タ漢字ノ現ニ専ラ使用サルヽ今日ニ於テ諸君カ漢字ノ智識ニ乏シキアラハ其不便不利太甚シキモノアリ法学ノ応用上往クトシテ之ヲ欠ク可カラス外国語モ亦将来社会ニ立ツ者ノ缺ク可カラサル所タリ諸君中或ハ本学在学中本科ノ繁忙ニ加フルニ不急ノ外国語等ヲ以テスルヲ不利トシ卒業後徐ロニ之ヲ修ムルモ晩カラスト為ス然レトモ卒業後一タヒ社会ノ俗務ニ累セラルレハ其繁忙ハ修学中ノ繁忙ノ比ニ非ス故ニ今日之ヲ修メサレハ他日恐クハ之ヲ修ムルノ時ナケム諸君ハ本科ノ為メ多クノ時間ヲ要スルヲ以テ之ヲ学フノ時間甚タ少キモ三年間之ヲ修メテ怠ラサレハ少クトモ独学ヲ得ルノ域ニ達スルコト難カラス然ラハ則チ徒ラニ訳書ノミニ依ルト直チニ原書ニ就クト其便否損益幾何ソヤ我邦維新後ハ政府務メテ良著ヲ翻訳刊

行セシカ近時ハ固ヨリ其事ナク民間亦好訳書ノ出版ニ乏シ況ヤ著作権ニ関スル条約ニ依リ新著ノ翻訳殆ト望ミ難キニ至リシヲヤ余ハ切ニ諸君ノ前途ノ為メ深ク慮ラレンコトヲ勧告ス

一、本校ハ本年ヨリ随意科ノ一トシテ又簿記学ヲ加ヘタリ蓋シ法治国タル今日ニ於テ何人モ又何業ニ於テモ法学ノ必要アリ会社銀行等実業ノ方面ニ於テモ亦法学者ヲ望メリト雖モ法学者ハ概ネ簿記学ニ通セサルヲ以テ実務ニ迂ナルノ缺点アリ故ニ諸君ニシテ此等ノ方面ニ希望アル者ハ併セテ簿記学ヲ修ムルヲ利トス諸君乞フ徒ラニ大言壮語ノ弊ニ馳セス著実ニ其希望ヲ全フセンコトヲ務メヨ而シテ本校モ亦諸君ノ此等ノ希望ニ付テハ多少ノ便宜ト助力ヲ与フルコトヲ吝マサルヘシ

一、本校ノ文庫ハ未タ完全ナリト云フヲ得サルモ漸次拡張完備ヲ期スヘシ然レトモ目下ノ狭隘ナル閲覧室ニシテ尚ホ狭隘ヲ告ケサルハ寧ロ諸君ノ責ナラスヤ諸君ニシテ自ラ図書ニ富マハ因ヨリ慶スヘキモ人々一切ノ図書ヲ備ヘテ漏ラサヽルハ殆ト不能ナリ故ニ諸君ハ大ニ文庫ヲ利用シ来リテ閲覧セラルヘク若シ必要ノ図書ニシテ缺クルモノアラハ乞フ之ヲ申告セヨ本校ハ随時購求以テ諸君ノ便ニ供セン

一、諸君ノ礼節ハ亦予カ要求ノ大ナルモノヽ一ナリ諸君ガ平生其父兄親戚朋友ニ対スルニ礼節ヲ以テスヘキト同時ニ講師ニ対シテモ亦厚ク礼節ヲ守ルヘシ講堂ニ昇ルニ少クトモ羽織又ハ袴ヲ以テスヘキハ勿論、校ノ内外ヲ問ハス講師ニ対シテ決シテ敬礼ヲ缺ク可カラス本校ハ本校ノ学風トシテ厳ニ之ヲ励行セント欲ス諸君幸ニ此意ヲ体セヨ

終ニ臨テ一言スヘキコトハ社会カ私立学校ノ学生及ヒ卒業生ニ対スル待遇ノ大学ニ於ケルト異ナルコト是ナリ此事タル往々不平ノ声アリ余モ亦法学ノ実力ニ於テハ敢テ此レノ彼レニ劣ラサルヲ信シ之ヲ公言スルニ憚ラス現ニ司法官ノ如キ殊ニ其試補ニ至リテハ私立学校出身者ノ遥ニ大学出身者ニ勝サルノ実例ハ之ヲ枚挙スルニ難カラス然レトモ実際社会ノ待遇ハ却テ此ニ薄クシテ彼ニ厚キノミナラス三五年後ニ至リテハ実力ノ或ハ此レ彼レニ劣ルニ至ルモノ無シトセス而シテ此原因ハ主トシテ普通学殊ニ外国語学ノ長短ニ在リト信ス故ニ私立学校学生等ニシテ苟モ力ヲ此点ニ尽ク

サハ実力ハ断シテ彼ニ劣ラサルノミナラス永ク彼ニ凌駕シ得ヘキヤ疑ヲ容レス是レ本校カ汲々トシテ随意科ヲ奨励スル所以ナリ法科大学ハ近時其学期ヲ四年ト為セシモ此カ為メ必シモ科目ノ特ニ増加セシニ非ス随テ必シモ之ヲ恐レ以テ自ラ屈ス可カラス唯タ彼カ四年ニシテ学フ所ヲ我ハ三年ニシテ了スルノ意気ヲ貴フ要スルニ予ノ希望ハ他ノ奇ナク毎回殆ト同種ノ言ヲ反復スルニ過キサルモ予ハ幾回之ヲ反復スルモ尚ホ足ラス諸君カ益々品行ヲ端正ニシ益々礼節ヲ砥励シ法学ハ勿論、諸科ノ普通学ニ至ルマテ益刻苦勤精シ以テ益々本校ノ学風ヲ表彰サレンコトヲ祈リテ止マサルナリ

（『明治法学』第一五号、明治三三年一二月発行）

「校友総会における岸本校長の報告」

……岸本校長は一場の演説を為し、諄々誨示せらるゝ所あり、先つ曰く、

卒業生諸君、本日は茲に簡略なる卒業証書授与の式を挙け、本校と諸君と、共に其喜ひに堪えす、然れとも本校は諸君の卒業を以て、諸君に対する本校の任務既に畢れりと為すものに非す、諸君か卒業後益既修の学術を切磋し発展し、之を実際に応用して、身を立て志を行ひ以て国家人民に裨補する所するを望みて已ます、随て諸君の前途に付き、頗る関心なき能はす乞ふ一片の賀辞に併せて、聊か婆心を呈する所あらん、

とて、卒業生か法学生の境遇を脱して、儼然たる一箇の法律家と為りしに付ては其責任頓に重きを加へたることを告け、境遇の一変に件ふて、従来の苦楽の単純なりしに異なり、将来の苦楽の甚た複雑なるへきを挙け、放言壮語一時の快を貪るか如きこと無く、一言一行尽く責任を負ふの決心を以てすへく、信用は処世の第一義たるこ

とを反復し、

従来学生としての諸君は、其交際する所尽く学生殊に法学生にして、諸君の周囲は法学の空気を以て満たされ、少くとも法律思想ある人との交際なるを以て、諸君の言行及ひ主張は、所謂分りが早く、所謂通りが宜かりしも、諸君の将来は決して然る能はす、諸君の熟知せる如く、我邦に法学の開けしは日尚浅く、法律思想の普及甚た乏しく、諸君にして今日以往一たひ俗界に入れは、諸君の周囲に於ける空気には、法律思想の分子頗る稀薄なるのみならす従来儒教主義の一余弊として、義務の観念多きも、権利の思想乏しく、法学的の言行は、動もすれは世俗の忌避する所と為り、甚しきは法学を以て一種の兇器の如く看做し、法学者を以て持兇器の兇徒として畏るゝ者すら在り、所謂三百、モグリ、小理窟、等の名詞は、往々法学者を指称するの語と為れり、近数年来、代言人を改称して弁護士と為し、諸法典相継て実施されし等の諸事より、法律思想頗る普及の緒に就きしも、是れ尚三府五港等の大都会に止まり、法学の真相、法学者の真価は、未た一般世俗の認識する所と為らす、法学者たる者、此の如き誤解、冤枉の間に立て、其誤解、冤枉を避くるすら、既に許多の苦心と注意とを要す、況や更に進て法律思想を普及するをや、是れ予が諸君の為め、法律の為め、大に婆心を懐く所にして、諸君は此か為め主張を抑へ、権利を棄て、以て自ら卑屈にすることを要せさるも、否な卑屈にすへからるも(ママ)、去りとて、無益の権利を振廻し、無用の理窟を唱道し、以て妄りに世人の感情を害し、信用を失ふか如きことを慎むへし、諸君乞ふ深く此間の消息を慮り、一進一退能く其機微を誤る勿れ、

との点に最も力を尽くし、諸君か前途の健康と福祉とを祈る、の一語に局を結はる

「岸本校長の演説」

（『明治法学』第一九号、明治三四年四月発行）

……校長実業会に於ける岸本校長の演説は、大要左の如し、

今日は寵招を辱ふして此の盛筵に列し、深謝に堪えす、謹て謝辞を呈し、併せて所懐を一言せむ、校友の数、年々に増加し、而も出身の時代各異なる、其の間動もすれは互に疎遠に至るは、勢の免れ難き所、故に一面には校友会を設立し、各地に支部を設け、他の一面には相互の機関たる明治法学を発行する等、皆其の聯絡を通し親密を謀る所以なり、然れとも幾千の校友、個々人々の親密を得るは、一朝夕の能くする所に非す、故に第一着の手段としては、先つ其の相近接せる各人の間に、小団体を作り、例へは官吏は官吏、弁護士は弁護士、又実業家は実業家の団体を作り、一は団体内相互の親密を謀り、一は団体と団体との親密を謀り、以て近より遠に、小より大に、粗より密に、漸次其の歩武を進むへし、我校々友の如き、多数人士の間に在りては、殆と此方法に依るの外あらす、故に我校に於ては、夙に之を慮かり、既に一昨年に於て、各種の業務別に依り、数個の校友名簿を作製したりき、是を以て校友実業界の如き、我校の最も希望する所にして、或は我校より進んて其の設立を促さんと欲せし程なり、然りと雖、凡そ物は自動的に成立するに非すんは、到底其の終あることを保し難し、然るに今や幸に機運の漸く熟するあり、諸君か自ら進んて本会を設立せらるゝに遇ふ、是れ本校の深く喜ふ所にして、啻に本会の為のみならす、校友全体の為、亦大に賀すへきなり、

予は更に本会に対して望む所あり、乞ふ更に一二語を加ふることを得む、

他なし、小にしては本会か後進の為に力を尽くされんこと是なり、本会諸君の後進たる新卒業生は、年々に益多く出て来るへく、而して其の中実業界に向て志を立つる者益増加すへく、現に我校に於ては、一昨年来随意科の一として簿記の科を設け、以て実業志望者の為にせしに、之を修むる者頗る多きは、亦以て徴すへし、諸君は彼等の先進として、彼等の為に一臂の力を添へ、彼等をして各其地歩を占むることを得せしめよ、是れ予か熱心に諸君に請ふ所なり、大にしては、本会か一般実業界の為に、法律思想を喚起し、権利の観念を鼓吹されんこと是なり、今日の商工業は、到底昔時の商売往来的思想を以てする能はす、大に法律の思想を有し、権利の観念を有せさる可からす、是れ諸君か実地経験上、既に熟知さるゝ所、然るに我邦の実際は、実業と法律とは、殆と個々異別にして、何等の関係なきものゝ如く誤解され、実業界は寧ろ法律的頭脳を拒んて容れさるの傾嚮あり、此の傾嚮は近時大に減退せるも、尚未た憂ふへきもの無くんはあらす、然るに諸君は尽く法律家にして実業家たり、故に諸君の一身に於ては、法律の思想と実業の思想とは、既に全く融和せるなり、諸君乞ふ更に之を社会に及ほし、一般実業界に向て、二者の全く融和すへきこと、否な融和せさるへからさることを鼓吹せよ、今や幸に本会の成るあり、団体の力は固より個人の力に勝る、諸君乞ふ本会の力を以て、大に此事に勉めよ、是れ諸君の為本校の為よりも、実に社会の為なり、今日は本会の会員甚た多しと云ふ可からさるも、物は初より大ならんより、却て初め小にして漸く大なるの鞏固なるに若かす、是れ自然の順序なれはなり諸君は実業家として本会の為に尽くし、校友として校友会の為に尽くし、将来共に益努力されんことを祈る、校友会と実業会とは、固より両々相並んて相悖らす、終に臨て、本会の益盛大ならんことを祝し、併せて諸君の健全を祝す、

「明治法律学校廿年史序」

（田能邨梅士著『明治法律学校廿年史』講法会、明治三四年六月刊）

微力自ラ揣ラス、亡友宮城［浩蔵］矢代［操］両君ト相謀テ、明治法律学校ヲ創立シ、徒手事ニ当リ、拮据経営、百難備ニ甞ム。事猶昨ノ如シ。而シテ鳥兎忽々倏チ既ニ二十春秋。其間時ニ泰否アリ、校勢亦消長ヲ免レサリシモノアリト雖、幸ニ同志諸君ノ熱誠ナル賛助ニ依リ、余輩ヲシテ大過ナキヲ得セシム。遂ニ校運今日ノ隆盛ヲ呈スルニ至リ、将サニ日ナラス、創立二十年紀念式ノ挙行ヲ見ントス。豈ニ独リ余輩ノ光栄ノミト云ハンヤ。法学ヲ普及シ、法律思想ノ養成ニ勉ムヘキハ、余輩カ私ニ同志諸君ト共ニ、天職トシテ任スル所ノモノ。今ヤ稍ク希望ノ緒ヲ得タリト雖、前程尚遼カナリ。大ニ明治法律学校ノ規模ヲ拡張シ、設備ヲ完成シ、清健ノ学風ヲ砥励シ、真個私立法律学校ノ鼻祖タル名声ニ幸負セサランコトハ、之ヲ将来ノ努力ニ期セサル可ラス。頃者、校友田能村梅士君、明治法律学校廿年史ヲ編シ、此カ序ヲ徴セラル。蓋シ我校ノ現状ハ、君カ精彩ノ筆ニ依リテ、之ヲ描テ余ス無シト雖、余輩ヲ以テ之ヲ見レハ、唯当サニ将来ニ負荷セル任務ノ甚タ大ナルヲ感スルノミ。豈敢テ之ヲ録シテ、世ニ公ケニスルニ足レリト云ハンヤ。然レトモ君ノ労ヤ即チ多トスヘキモノアリ、暫ク其意ニ任シ、偶々感スル所ヲ記シテ、其需ニ応フ。

「校長演説」（二一〇周年記念四〇回卒業式）

（『明治法学』第二二号、明治三四年七月発行）

校長式辞……岸本校長徐ろに演壇に上り、述へて曰く、

来賓各位、学生諸君、

本校は、去る明治十四年の創立に係り、本年恰も満二十年に当る、故に本日をトして紀念式を行ひ、併せて第四十回卒業証書授与式を挙く、而して幸に各位の賁臨を辱ふし、非常の光栄を加ふることを得たり、茲に本校を代表し、謹んて感謝の意を表す、

抑々法学普及の必要なるは、余輩の贅言に俟たさる所、而して数百年封建の余弊を挙けたる我邦に在りては、命令服従の旧慣、牢として抜く可からす、権利の思想殆と絶無にして、法学普及の我邦に於ける、其の必要特に大なるものあり殊に予輩新に仏国より帰り、仏国に於ける法学の隆盛及権利思想の普及を見て、大に健羨に堪えす、是れ余輩若干の同志か、微力自ら揣らす、敢て本校を設立したる所以なり、

然れとも、当時に在りては、法律専門の私立学校は、未た一も之を見す、予輩か本校創立の急務たるを感したるは、此か為にして、本校は之に因り、私立法律学校の鼻祖たる名誉を享けたりと雖、此と同時に、本校は全く模範の拠るへきもの無く、創立及爾後の経営に於て、許多の困難を経たること今日筆舌の得て尽くす所に非す、乃已むを得す、諸事仏国の学制に倣ひ、卒業試験の如きも、予め定期と為さす、学生受験の準備成る毎に行ひたり、是れ今日の卒業式か第四十回と為りし所以なり、

困難は啻に之に止まらす、当時政治界の事情は、亦本校の創立及経営に、至大の困難を与へたりき、蓋諸君の熟知さるゝ如く、当時の政治界は、民権論の旺盛殆と狂熱に近く、為に幾多不穏の挙動を見るに至り、政治は百万之を鎮圧して、特に漢学を奨励し、以て民権論を防遏せんとしつゝあり、是の時に於て私に一個法律専門の学校を建て、盛に

権利を論し、自由を説く、而して其の事を企てたる余輩同志は、共和国たる仏国の法理を学ひし者、政府者の猜忌を被ふる、寧ろ怪しむに足らさるものあり、現に某貴顕は、当時余に対して、君は共和党の黴菌、社会主義の種子を養成する歟、と詰責されしことあり、又当時本校の生徒僅々四十四人中、其の二人は国事探偵なりし事実あり、其の猜忌を被ふるの多大なりしこと、以て見るへし、加ふるに、当時西園寺〔公望〕侯爵の新に仏国より帰朝さるゝや、一面本校の講師として大に本校を賛助さるゝと同時に、一面には自ら自由新聞を興し、大に急激なる自由論を唱へ、一世の視聴を聳動さるゝあり、本校か政府者より嫉視されしこと、果して幾何そ余輩青年血気の徒、此の間に立ちて徒手空拳以て事に当る、本校の創立及爾後の経営の困難、実に言ふ可からさりし、

爾後、本校は或感情の行違よりして、某法学校と競争を為すの已むを得ざる事情に陥りしことあり、又明治二十年の交、政府が法学者養成の為に、補助金年額五千円宛を二三法律学校に下附するや、本校は不幸歟将た幸歟、独り之に与からず、但だ管理上の困難は、為に至大なるものあり、又二十五年民法商法の二法典の施行延期と為るや、該二法典と深縁ある本校は、此か為に打撃を被ふること、実に至大なりき、故に本校は万事質素を旨とし、大に経費を節減し、以て纔に面目を維持したり、之を要するに、本校は此の如く、創立当時は論なく爾後二十年間、概ね常に逆境に在りしものなり、逆境又逆境、逆境相踵きて、而して本校は幸に此か為に撓屈せず、却て漸次校運の隆盛を致して、茲に満二十年を迎へ、第四十回の卒業証書授与を為すに至れり、余輩実に俯仰今昔の感なき能はす、

且夫れ、予輩は実に逆境の為に学ふ所あり、全く倖倖(ママ)心、依頼心等を去り、自助自立の志を操り以て本校清健の学風を扶殖せるは、一に逆境の賜ものならずんばあらず、是れ本校か過去を紀念するの、已む可からざる所以なり、由来学校の如き、無窮の生命を有すへきものに在りては、僅々二十年の日月、豈言ふに足らんや、而も敢て二十年紀念式を挙くる所以のもの、実に此が為なり、

啻に然らず、過去を追顧するは、以て将来を警醒せんが為なり、庶幾くは来賓各位の鞭撻と、校友其の他の諸君の賛

助とに依り、将来益々本校清健の学風を砥励し、益々斯学の普及に勉め、校運一層の隆盛を得て、三十年五十年の紀念式場に、再び諸君と相見ゆることを得む、

一言以て式辞に換ゆと云爾、

校長演説……岸本校長は卒業生に対し、訓戒的演説を為さる、曰く

卒業生諸君　諸君三歳の苦学其の功を奏し、茲に其の業を卒へらる、一言以て之を賀せさる可からす、而して一たひ諸君と袂を分つに遭ふ、又一言以て其の行を送らさる可からす、

三歳の間、常に諸君と本校に相見る、今に迫ひて特に諸君に告くへきもの無し、已むなくんは一片の婆心を献せん歟、諸君か本校に於ける卒業は、是れ唯た学業上の一段落のみ諸君の学業は此を以て大成したりと為す可からす、諸君と余輩とに論なく、学業は死に抵（ママ）るまて研究すへきこと、言を俟たす、然れとも諸君の将来は既往と異なり、単に一身を学業にのみ委するを得す、一面には尚学業を研究しつゝ、一面には既習の学業を応用して、以て実際の世務に当らさる能はす、而して実際の世務に当ること、即処世に付ては、諸君の全く経験なき所なり、諸君は如何にして処世の途に上らんとする歟、是れ諸君か当下の急務たる問題なり、

処世の法、豈特殊なる秘訣妙用あらんや、但た法曹たる諸君の前途に付て、一の注意を乞ふものあるのみ、是れ亦諸君の熟知する所なるも、言ふは易く、行ふは難し、乃更に之を諸君に告け、諸君か一層の注意を乞ふのみ、

法学の必要、権利思想の必要は、諸君か業に既に熟知せる所、故に諸君か今日以往、世に立ち世に処するの上に於て、諸君は此の理論を実践躬行し、法学を普及し、権利思想を実行することを勉めさる可からす、否な諸君か必之を勉むへきことを信す、然るに諸君の現に処すへき社会は如何、法学を以て、健訟濫訴の具と為し、権利思想の実行を以て、健訟濫訴と為し、法曹を以て、健訟濫訴を教唆し煽動する者と為すこと、一般の弊風たり、此の弊風や、維新後年々に減退せさるに非すと雖、其の減退の速力や極めて遅緩にして、今日に於ても、啻に頑陋なる俗人のみならす、教育

ある人士と雖、其の多数は、胸底寧ろ此の如き思想なしとせす、此の間に在りて、法学を普及し、権利思想を実行することと、亦頗る困難なるものあり、強て此の困難を冒し、自家の理想を実行せん歟、之を小にしては、親戚郷党より忌まれ、之を大にしては、社会より疎斥せられ、遂に敬して遠けらるゝの運命を免れず、然らば則妄に自家の理想を抛ち専ら世俗に阿ねりて、権利の枉屈をも忍ばん歟、三歳苦学の結果を水泡に帰するのみならず、全く自己の本領をも失ふに至る、是れ諸君が熟慮を乞ふ所以なり、

蓋し人の世に処する、圭角なかる可からず、又円満ならざる可からず、全く円満の徳性を缺けば、遂に一世に容れられず、又全く圭角の気骨を缺けば、遂に一世の侮蔑を免れず、而して法曹の世に処する、其の学問に忠ならんと欲せば、動もすれば圭角に過ぎざる能はず、若し円満を得んと欲せば、動もすれば学問に辜負せざる能はず、二者固より共に非なり、熟々世の法曹を視るに、区々たる小事に付て、所謂揚足を取り、所謂小理窟を唱へ無用の圭角を弄するの弊あり、而も国家の大問題若くは一身の大問題に付て、却て法曹の本領を没し、権利思想の何たるを忘れ、不正に円満を貪るが如き弊風なしとせず、是れ圭角と円満と其の所を失し、真正の大圭角、大円満を得ざるものにして、社会が法曹を嫌忌し、法学を排斥する所以も亦茲に在り

之を要するに、権利思想の甚だ必要にして、法学が健訟濫訴の具に非ざることは、法曹以外の人士と雖、亦必しも之を知らざるに非ず、之を知て而も尚之を厭ひ、甚しきは法曹を畏れて容易に親近せざるが如き、或は法曹其の人に、無用の圭角多きの罪なり、故に今や学生の籍を脱して、既に一個の法曹たる諸君は、身を以て法曹の模範と為し、法学の為に其の冤枉を除き、以て大に法学の真相を示し、権利思想の実効を示し、依て以て法学を普及し、権利思想を鼓吹せざる可からず、其の訣他なし、圭角あるべき場合には以て大に圭角あるべく、円満なるべき場合には、以て大に円満なるに在り、而して慎んで小圭角、小円満を弄せざるに在り

之を言ふは易く、之を行ふは難し、而して敢て難きを諸君に責むる所以は、諸君か既に一個独立の法曹たるに依り、

古人の所謂備はるを君子に求むるの意なり一片の婆心、諸君の熟慮を得ば幸なり

「明法学校々友支部大会」

（『北陸政論』第二五一二号、明治三四年七月発行）

明治法律学校々友会富山支部は既報の如く一昨日富山市五番町光厳寺に校長及び講師を招聘して講話を開筵し続いて桜木町富山ホテルに於て大会の式を挙け且つ祝宴を催ほしたりホテル楼前には雄麗なる緑門を樹て二流国旗を交へ記名の扁額を掲け無数の球燈を釣り式場には生花を挿み演席を設け壁間には締盟諸国の国章を連綴し庭上には又た無数の球燈を釣るなど其装置最も華麗を尽せり頃がて発起人たる石崎貞一、大菅要之助、武部其文、高井晋平、山岸佐太郎、柳四郎、佐木龍次郎、北本欽吉、杉坂昆明、住田修吉の諸氏は講話の了ると共に大会の席に至り諸般の設備、来賓の接待に任し注意頗る周到を極む左る程に当日の来賓は或は腕車にて或は徒歩にて参集したる者無慮一百名、受付に刺を進係員の案内に依り設けの控席に休憩す其種類は官吏側にては知事、検事正、警部長、参事官、視学官、判検事、典獄、郡市長、警視税務署長、郵電局長等民間側にては新旧代議士、県会議員、商業会議所員、銀行員、会社員、弁護士、公証人、新聞記者等にて午後六時場の一隅より起れる楽隊の奏曲に促かされ各庁官吏は位階勲等の順序に依り民間人士は抽籤の番号に依りて各着席するや間もなく校長岸本辰雄、講師前田孝階、掛下重次郎、小宮三保松、長島鷲太郎、舎監田宮（ママ）義方諸氏（講師磯部四郎氏病気欠席）出でゝ正面に列席したり此に於て発起人総代武部其文氏は演席に進み慇懃に会釈したる後左の式辞を朗読したり

［開会の辞……省略］

氏の復席するや楽隊の奏曲及ひ会衆の拍手に迎へられて演席に起ちしは校長岸本辰雄氏なり氏は一同に挨拶したる後一場の演説を試む其大要を摘記すれは左の如し

我々が今回の来県に就き盛大なる宴会を催ほされ殊に県下知名の諸君と共に列席するを得たるは独り我々の光栄のみならず学校の面目となる所なり此の如き盛大の会合を見るは畢竟幹事諸君か熱心なる尽力に因ると雖も亦来会諸君か懇篤なる厚情に因らさるべからず我々は一行に代りて深く感謝の意を表せさるべからす就て我々は一言夏季旅行の主意を簡短に述べて諸君の清聴を煩はさんに抑も我々が法律学校を設立したるは欧州文明国に於て法学の盛んに普及せること、其の国民が法学の観念に富める事実を目撃し我国も亦斯の如く普及せざるべからざるの必要を感したるに起りしものにして学生を教育したる成蹟は学校として可也かも知れされとも国家の上より之を見れば其効果尚ほ微々たるを免かれず我々は二十年来今日に至るまで法学を扶植したれども其結果は尚ほ七万に過ぎず東京に於ける数大学校を合計するも二十万に足らず即ち四千万に対する二十万にして国民より之を見れば実に微々たるの感なきにあらす只た夫れ学校を設けて之を教育するのみにては甚だ遅緩の感あるを以て進んで法律思想を鼓吹するの必要を認め斯くは夏季旅行を為すに至りしものなり炎暑の砌に旅行する我々は如何にも狂人じみたるものにて諸君の中にも見て以て可笑しく感ぜらる、もあらん併し乍ら我国の已に法治国となり欧洲文明国と対峙して交際せざるべからざる以上は法治国民として法学の観念を抱かしめ進取の気象を養はざるべからず即ち凡ての学問を進むるは必要なれども殊に智学を進むるの必要あり我々は法律専門家として独り裁判官弁護士のみを作らんとするのみにあらず国民として一般に法律思想を会得せしめんとするの一念を有するものなり夫の欧洲文明国は百年前より羅馬法行はれ仏国の如きは夙に法典備はり或は家庭教育に或は学校教育に其他雑誌に書籍に法学を普及して其観念を惹起さ(ママ)しむるに力めつ、あり然るに我国に於て文明的法律を輸入せしは近年のことなるを以て之か発達を謀るには非常の手段に因らさるべからず然れども法学の効果は医学の如く直ちに外形に現はる丶ものにあらすコレラペストの流行に際せは何人も予防の必要を知れとも法学は無形の最も無形なるか故に効力甚た少く世人の感を惹くこと頗る薄し然れども欧洲各国と対峙して交際せんには国民をして法律思想の観念を起さしむるを以て最も必要とするが故に我々は四五年前来雑誌を発刊し講義録を印行し校友の尽力を請ひて各地に支部を設け倶に共に斯業の発達を謀らんとし今年も亦夏季旅行を為して今席の大会にも臨席せし次第なり我々は決して他意あつて漫遊するにあらす只た法学を普及するの一念あるのみ願くは来会の諸君も之に賛同せられ子弟知人をして法律思想を拡めしめ以て我国をして文明国民と対峙せん(ママ)めんことを此に諸君に希望を述べて本日の祝辞と為す云々

氏は再ひ奏楽と拍手に送られて復席するや氷水及び菓子の饗応あり［以下略］

（明治三五年一〇月発行）

『明治大学創立趣旨』

我明治法律学校ハ同志相謀リ明治十四年一月ヲ以テ創立シ爾来独立自営シ微力自ラ揣ラス法学ノ普及ト人材ノ陶治トニ尽瘁シ社会進歩ノ程度ニ顧ミ視テ常ニ一歩先進ノ位地ヲ占メ以後進ヲ啓誘シ卒業生ヲ出スコト既ニ二千六百四十有余人ニ及ヘリ同志窃カニ謂ラク斯学ヲ以テ聊カ当代ニ寄与スル所アルヲ得タリト

今ヤ社会ノ事物有形無形ニ論ナク日ニ其面目ヲ革メ殊ニ学術界ノ如キハ数年以来其進歩頗ル顕著ナルモノアルヲ以テ我校教育ノ程度モ亦旧態ニ安セス大ニ因革セサル可カラサルコトヲ感スルヤ実ニ切ナリ加之現下中等教育ノ施設漸ク整備ヲ致スト雖モ高等教育ノ機関未タ之ニ伴ハサルヲ以テ全国無数ノ学生ハ志望ヲ抱テ半途ニ彷徨シ終ニ畢生ヲ誤ラ

ントスルニ至ル我校窃ニ茲ニ慮ル所アリ因テ彷昔ノ素志ニ基キ一大学ヲ創建シ以テ時勢ノ必要ニ応シ併セテ制度ノ缺陥ヲ填補センコトヲ期ス
然リ而シテ専門ノ学科ヲ設置セント欲セハ必ス先ツ之レカ予科ヲ設置シ以テ学生ヲシテ其学本ヲ培養セシメサルヘカラス是ニ於テ乎我校ハ来ル明治三十七年四月ヲ以テ先ツ大学予科ヲ併設シ中学卒業程度ノ学生ヲ収容シテ高等普通学科中ノ法学ニ密切ノ関係アル各種ノ学科ト多国言語科トヲ教授シ以テ高等専門学ノ基礎ヲ鞏固ニシ明治三十八年九月ヲ期シ更ニ規模ヲ拡張シ大ニ学科ヲ増設シテ明治大学ト称シ一ハ益法学ノ普及ヲ計リ一ハ斯学ノ蘊奥ヲ闡発シ盛ンニ有用ノ人材ヲ陶治シ以テ明治聖世ノ宏猷ニ対シ涓埃ノ裨補ヲ為サント欲ス是レ我校同志ノ与ニ倶ニ冀望スル所ナリ
但其事頗ル重ク其業甚タ大ニ随テ資斧亦最モ鉅額ヲ要スルヲ以テ若干同志ノ微力能ク弁スル所ニ非ス因テ案ヲ具ヘテ普ク江湖ニ告ケ大方ノ翼賛ヲ請

（『明治法学』第四五号、明治三五年一〇月発行）

「中学教育の学科を論し法制経済科に及ふ」

実質先づ備はりて而して後形式自ら生ず、是れ事物自然の理法にして、欧米諸国の文明なるもの、皆然らざるは無し。然るに我邦は今や既に世界強国の群に伍し、儼然たる文明国として、欧米諸国と抗衡するも、由来我邦の文明は、短日月の間に之を欧米諸国より輸入せしものに係り、先づ形式を備へて、然る後実質に及ばんとすること、新進国の宜しく執るべき便法たると同時に、又新進国の免れ難き短所たり。

汲々として形式の完美を惟れ勉め、其の実質は動もすれば之に伴はざること、是れ実に我邦諸般の文物制度に於ける通弊なり。試みに二三の実例を抉剔せん歟、憲法の条章、彼が如く完美にして帝国議会の腐敗、無気力、殆ど其の実効なきこと、億兆の具に瞻る所。公私諸法典の規定、彼が如く完美にして、適用の任に当る者却て常識なきの譏あり、適用を受くる者亦頗る法律思想に乏しきの歎あり。府県制、市町村制施行せられ、其の機関亦備はれるも、自治団体の行動果して如何、東京に、静岡に、名古屋に、吾人は悪例の多きに堪へず。新選挙法の罰則周密を極むるも、一票幾円の取引は、到る処に行はれつゝあり。商業会議所の建築は、各地に輪奐宏壮を極め、其費用は租税と同じく強制的に徴収せらるゝも、彼等果して何事をか為せる、其の実益なきの結果は、既に会議所全廃の声を聞くに非ずや。其他、公事に、私事に、法制上の施設に、経済上の事業に、算し来れば一として実質の形式に伴ふもの無し。『馬士にも衣装』と云ふと雖、衣装の整美は、馬士をして直ちに紳士たらしむる能はず。嗚呼世界の強国、東洋の文明国たる日本は、畢竟絹帽、燕尾服の馬士たる無きを得んや。

然り而して、此形式徒らに完美にして、実質之に伴はざるの弊は、普通教育殊に中等教育に於て、其の太甚しきを見る。是れ予が一言を禁ずる能はざる所なり。

各府県四五以上の中学校を有せざる無く、各校学生の充溢せざるは無し。数量の上より之を観る。我邦の中等教育亦盛なりと謂ふ可し。且中学校の学科及其程度の如き、亦燦然として完美の観あり。中等教育の形式や、殆ど間然すべきもの無きに似たり。然らば則、其の実質は果して如何。

全国中学校在学生総数は、最近の調査に依るに、十万一千五百余人あり、之に補習生徒を加ふれは、実に十万四千六百余人の多きに上る。此学生にして、中学卒業後、高等学校又は他の専門学校に入る者は、果して幾何なるべき乎を確知し難しと雖、要するに其の大部分は、中学卒業のみを以て廃学するの已むを得ざるものなるべし。而して現今中学の教育が、他の学校に入る者の予備として、十分の効果なきのみならず、中学のみにて廃学する者の為には、其の効用殆ど無きこと、近時識者の一斉に唱道する所。豈に憂ふべき事実に非ずや。

教育の要は、知識の活用を得せしむるに在り。是れ普通教育と専門教育とに別なき所にして、学生をして一を知れば一の活用を得、二を知れば二の活用を得せしむべし。然らずして縦ひ五を知り、十を知り、知る所如何に多きも、一も活用を得ずんば、畢竟一も知る所なきと何ぞ択ばむ。殊に普通教育に在りては、専門教育の如く学者を作る所以に非ずして、専ら常識ある人物、品位ある国民を作る所以なるを以て、徒らに死せる知識を授くるが如きこと無く、勉めて活ける学問を与へざる可からず。

然るに今の中等教育を見よ。形式の遥に実質に勝る結果は、死せる教育、死せる知識と為り、些の生命を有せず、些の活用を成さず。中等社会の子弟が、中学の卒業を限度として廃学し、帰りて家業を経営し、公事に参与せんとするも、曩日螢雪の効果は殆ど存せず、却て早く世故の辛酸に慣れたる他の無学の少年の為に、其の迂闊を冷笑さるゝのみ。中等教育の本旨、豈此の如くなる可けむや。

今、弊の基く所を察するに、予輩は之を制度の罪と、人の罪とに帰せざるを得ず。制度の罪とは何ぞ、学科の取捨と、程度の高下と、共に其の宜しきを得ざるに在り。試みに中学の学科々目と、其の教科書とを一閲せよ。予輩は先づ其の科目の過多に驚き、次に其の学科の或ものは、複雑繁褥に失し、或ものは、簡短卑近に失するに驚かざる能はず。蜻蜓の複眼が、何状の小眼より成るも、人生の日常の生活に於て、果して如何の関渉かある。蒲公英の導管が、何種の細胞より成るも、国民一般の行動に於て、果して若許の影響かある。

絶対に之を論せは、博物学の有益にして必要なる、言を俟たず。物理や、化学や、地理や、歴史や、凡百の科学、一として然らざるはあらず。然れども国民日常必需の普通学として之を観る、其間自ら順序の緩急、程度の厚薄なくんばあらず。蓋し中等教育の制度上、缺陥頗る多きは、何人も認識し公言する所。学校系統論の如き、学期長短論の如き、許多の論ずべきもの固より存す。然れども予輩は最急最要の問題として、首に学科及其程度の改善を要求せざる能はず。是れ必ずしも予輩の新意見なりとせず、時に之を世人より聞くことあり、而も輿論は不幸にして未だ之に一致せず、況や其の実行の曙光未だ全く生ぜざるをや。予輩門外漢の容喙、豈已むを得んや。麁より精に入り、簡より繁に赴くは進歩の理法なり。然らば則、読み書き算盤の三学科を以て、普通学の能事畢れりと為したりし寺子屋時代の旧夢か、今日に再現す可からざるは、誰か之を異しまん。而して学科の日に益増加する、亦已むを得ざるの勢たるのみならず、却て慶すべき現象なりとせん。唯だ児童の能力如何を顧みること、是れ忘るべからざる所。学科過多論、及ひ其の当然の矯正策たる学科減少論の根拠は、言ふ迄も無く学科の数と児童の能力との較照に在り。而も中学の学科や、十余種に渉り、細に之を算すれば、殆ど二十種に近く。一日の授業、五時間若くは六時間に及ふ。十二三歳及至十六七歳の児童にして、之を咀嚼し、消化し、記臆し、且利用するの困難なるは、亦多言を要せず。脂肪質、蛋白質、澱粉質等、各種の食物皆栄養に必要なりと謂ふて、同時に併せ用ゐば、健全の胃腸を以てするも、焉そ能く食傷の憂を免れん。成熟尚未たしき児童の胃腸殊に然り。凡百の学科尽く授け、燦然として完美の観あるも、徒らに復雑(ママ)多端に失し、却て一も咀嚼、消化、記臆、利用を得ずんば、寧ろ彼の寺子屋の僅々三学科を以てして、能く其の効用を得しむるに劣ること万々ならずや。制度施設の燦然完美なる今日の中学校を以て、予輩敢て其の寺子屋に劣るを謂ふ。詭激と云ふと雖、亦一面の真理を失はさるを信す。多くを貪る者は動もすれば一物をも獲さるに至る。初より一物を望みて、能く之を果し得るの、労少しくて益ある、理勢の之より明かなるものあらんや。普通学は、普通学として独立の必要を有すると同時に、又専門学の楷梯としての必要を有す。乃ち普通教育の効果如何は、直ちに専門教育の上に、多大の影響を呈露し来る。予輩は専門教育上頗る久しき実験を有し、中学卒業生と中学の課程を経さる者と、両種の学生に接すること相半ばせり。而して上来所述の卑見に付き、益所信を堅くするものあり。敢て其の学科を減少して、以て其の実効を収めんことを祈る。此理や、恐くは何人も挙て首肯する所。而して其の未た行はれさるは、唯た断行の難きに在り。乞ふ唯た断せよ、想ふに情弊の其間に纏綿するあらんも、断して之を行へは、鬼神も尚且之を避くと云ふに非ずや。

若し夫れ如何なる学科を減すべき歟は、当局の明能く之を裁せむ、而して学科の減少は、必しも某学科の全廃を要せず、相類似せる乙科を甲科に合併する亦可なり、是れ減少の実なきに似たるも、二科を一科に合併するは、其の程度を半減するもの、或は失少くして得多きを得む。而して此と同時に、或学科の程度を更に高くすること、亦必要なるものあるや論なきなり。

現文相菊池［大麓］男爵は、現在の中学校を過多なりとし、実業学校の設立、及び現在中学校の若干を実業学校に改むることを、大に奨励しつゝありと聞く。是れ予輩の頗る賛同する所、蓋し之に因りて教育の実用を得るに至るべければなり。是を以て予輩は文相が更に一歩を進めて、其の実行に一層の力を致さんことを望み、而して中学校其ものに付ては、文相か前述学科改正を断行し、以て其の実用を得るに至らしめんことを望む。

次に人の罪とは何そ。中学校の教諭其人の、往々学科程度の高きを貪ること是なり。元来教諭は概ね一科二科を専攻せし人、即ち略々専門学者たる人なり、故に教諭は自家擔在の学科に付て、最も多く趣味を有し、且自然の人情として自家専攻の学科に忠実なるより、其の学科の授業上、学制に於ける一定の程度よりも、尚深く、尚高く、之を教授せんとするの傾向あり。之に加ふるに、自家の学力を示し、自家の名誉を博せんとする、人情の弱点より、益々此傾向を助長する者あるに至る。是れ亦本来学科の多きに困しみ、程度の高きに苦しむ学生をして、益其困難を加へ、益食傷の病を増し、学問の有害無益たるに至らしむる所以なり。此弊を救ふは、各教諭其人をして、自ら其地位と責務とを認識して、深く反省せしむると共に、当局の大臣、局長及び各校長等をして、能く之を戒飾せしむるの外、復一策なし。

以上大体に渉る希望の外、更に予輩の最も熱心に希望する一事あり。即ち現在の学科に付き合併を望むと同時に、一面に法制経済科を随意科より移して、必修科と為さむことを望む。予輩が中学校に法制経済の一科を設けむことを提唱せしは、既に十余年前に在り。爾来機に触れ境に応し、毎に之を要求したりしか、昨年に至り纔に希望の一端を達し、我文部省は之を中学校科目に列したり。然れども其は唯た随意科としてなりさ。知らず文部省は必修の要なしとする歟。予輩は半ば喜び、半ば惑ひたりしなり。

予輩は今復之に付て多くを繰返すの愚を為さゝるべし。唯だ欧洲諸国中に於ては、小学校の科目にすら、法制科を置くものあるを一言し、且我教育勅語の捧誦を促すべきのみ。教育勅語は、何人も記臆せる如く、其の極めて簡潔なる文辞中に於て、畏くも『常に国憲を重し国法に遵ひ』の二句を挿み給へり。而して国憲や、国法や、専門の教育を受くるも、尚通暁し難き所。法文の具さに備はりありと雖、学生の自ら読み自ら解すること、固より望む可からず。然らは則、若干の時間を吝みて、之を必修科に列せざるは、決して勅語の大旨に副ひ奉る所以に非ず。妄に勅語の威力を藉るは、固より予輩の本意に非す。且国民生活の実際に就て之を想へ。理化、博物の知識なきも、尚実際生活に妨なしと雖、国法の知識なくして生活に妨なき歟。人誰か婚姻せさる、誰か相続せさる、誰か契約を結ばざる、誰か財産の管理、処分を為さゝる、而して是れ皆民法の適用に待つもの。其他自ら商業を営まさるも、衣食の料を商人より買ふや、即ち茲に商法の支配を受くべく、自ら罪を犯さゝるも、他人の犯罪に因り害を被むらば、即ち茲に刑法の知識を要すへし。国法は実に国民生活の必要条件なり、何人も、何の時に於ても、此か知識なきを得す。然るを則、今の我中学制度は之を修むると否とを随意とし、而して却て一虫の複眼、一草の導管に関する知識は、必す之を欠く可からすと謂ふ。世豈此の如きの普通教育あらんや。

教育の事、由来一箇専門の大事業たり、予輩門外漢の輙く容喙し得へき所に非ず。但た社会の百事、皆常識の軌範を逸せす。教育上の利弊、亦常識を以て論し得ずとせんや。況や専門家は往々偏僻に失し易く、所謂局に当る者は迷ひ、傍観する者は得るの傾向あるをや。又況や現今普通教育の効果如何か、予輩自家経営の事業上に於て、着々呈露し来りて、予輩の直接に感得するもの、亦甚だ鮮からさるをや、敢て鄙見を述ぶる所以なり。

「新学生に告く――私立学校と学問の独立、学生の風紀と其制裁――」

（『明治法学』第四八号、明治三五年一一月発行）

＊「学生の風紀」

（『学叢』第二号、明治四三年二月発行）

諸君、本校授業ノ方計ト、諸君修学ノ心得、及ヒ諸君ノ風紀ニ関シテハ、屡々余ノ所見ヲ述ヘタルノミナラス、本学年入学ノ諸君ニ対シテモ、余ノ演説筆記一部ツヽヲ頒チタルヲ以テ、幸ニ一覧ヲ得タルヘシト信ス、故ニ今復諸君ニ対シ、特ニ言フヘキ所ナシト雖モ、今日ノ集会ヲ好機トシ、更ニ一言ノ婆心ヲ告ケント欲ス

諸君ハ概ネ成年以上ノ能力者ニシテ、而モ専門学ニ従事スル人タルノミナラス、其専門学ハ諸君ノ熟知セル如ク、正義ヲ骨髄トシ、秩序ヲ皮膚トスル法律学ナルヲ以テ、之ニ従事スル諸君ニ対シテハ、本校ハ十分ノ敬重ヲ払ヒ、他ノ中学小学ノ生徒ニ於ケルカ如ク、妄ニ些末ノ干渉監督ヲ加ヘス、本校ハ諸君カ深ク自ラ尊ヒ自ラ重ンシテ、一言一行尽ク正義ト秩序トニ依ラルヽコトヲ信シ、寧ロ放任ヲ以テ、諸君ニ対スル主義ト為セリ、故ニ余ハ諸君カ第一ニ本校ノ此主義ヲ体シ、益々自ラ尊ヒ自ラ重ンセラレンコトヲ望ム

現今我邦ノ社会ハ、動モスレハ私立学校ヲ賎シムノ傾向アリ、而シテ諸君ノ中、亦或ハ私立学校学生タルヲ以テ、自ラ賎シムノ状ナシトセス、是レ実ニ一大誤謬ナラスヤ、凡ソ学問ニ尊フ所ハ、其ノ独立ニ在リ、而シテ能ク学問ノ独立ヲ保チ得ルハ、実ニ私立学校ニ在リ、法律ノ如キ学科ニ在リテ殊ニ然リ、彼ノ官立学校カ、往々御用学問、曲学阿

世ノ嘲リヲ受クルハ、必シモ其学校ノ職員、教授及ヒ学生ノ罪ニ非ス、既ニ学校カ政府ニ依リテ設立セラレ、維持セラレ、又監督セラル、以上ハ、其学校ノ授業カ、政府ノ意向ニ遵依スヘキコト、当然ニシテ、其職員タリ教授タル人ハ、固ヨリ政府ノ官吏タルヲ以テ、政府ニ反抗スルカ如キ、総テ政府ニ不利ナル授業ヲ為ス可カラサルハ、実ニ其責任タリ徳義タルコトヲ免レス、是ヲ以テ苟モ官立学校ト云ヘハ、既ニ幾分カ学問ノ独立ヲ失ヘルモノナルコト、寧ロ其ノ先天的性質タリト謂フモ亦不可ナシ、之ニ反シテ私立学校ハ、其設立カ既ニ一大独立心ノ結果ニ出ツルモノニシテ、設立後ニ於テモ、何人ノ干渉、制肘ヲ受ケス何人ニモ服従スルノ義務ナク、独立ノ気象ハ終始貫徹シテ其間ニ磅礴セルモノアリ、学説ヤ、主義ヤ、其ノ取捨採択全ク人々ノ自由ニシテ、各自其ノ信スル所ヲ主張シ、発揮シ、実行スルコトヲ得ヘク、学問ノ神聖ハ其独立ニ依リテ之ヲ全クスルコトヲ得ヘシ、欧米諸国ノ学校ニ私立ノモノ多キハ、職トシテ是レニ由ルモノニシテ、唯タ欧米ノ私立学校ハ、資本十分ナルカ為メ、設備完全ナルモノ多キニ反シ、我邦ノ私立学校ハ、概ネ資本不十分ニシテ、随テ設備ノ完全ヲ缺ク憾ナキニ非ス、然レトモ此点ニ至リテモ医学、理化学等ノ学科ハ、許多ノ機械及ヒ種々ノ実験ヲ要スルヨリ乃チ資本、設備ノ豊富ヲ要スルモ、法律学ノ如キ形而上学ニ至リテハ、殆ト此等ノ必要ヲ感セサルヲ以テ、我邦ノ私立学校カ、概ネ資本不十分ナリトスルモ、法律学校トシテハ、殆ト設備上ノ不足ヲ感スルコト無シ況ヤ設備ノ如キハ抑々末ニシテ、其大根本タル学問ノ独立ハ、全ク私立学校ニ待ツモノアルヲヤ、果シテ然ラハ、私立学校ハ学校トシテ、又学生トシテ、官立学校ヨリモ寧ロ大ニ誇ルヘク、大ニ自ラ尊フヘキノミ、毫モ自ラ賎シムヘキモノ無シ、是レ諸君ノ学問ノ為メ、諸君ノ品性ノ為メ、諸君ノ第一ニ自ラ認識セサル可カラサル所ナリ

諸君カ自ラ成年ノ能力者タルコトヲ認識シ、独立心ノ権化タル私立学校学生タルノ名誉ヲ認識シ、且正義ト秩序トノ学問タル法律学者タルノ名誉ヲ認識セハ、諸君ノ品性ハ自ラ高尚ニ、諸君ノ品行ハ自ラ端正ナラサルヲ得ス、故ニ本校カ諸君ニ対シテ放任主義ヲ執ルコトノ当然ナルノミナラス、如何ニ放任主義ヲ執ルモ、余ハ諸君ノ品性品行ニ付テ、

何等ノ杞憂ヲ懐クコト無キナリ

然レトモ、二三年前曾テ大ニ喧シカリシ学生風紀問題ハ、今年ニ入リテ又再ヒ其声ヲ大ニシ来レルヲ見ル、而シテ本校ノ諸君中、一人モ此風紀問題ノ材料ト為ルカ如キ人ナキハ、余ノ厚ク信スル所ニシテ、又事実ノ現ニ証明スル所ナルモ、一般学生ニ対スル世論ハ、近時益喧シク、文部省及ヒ警視庁ノ如キモ、近時頗ル此事ニ注意シ、為メニ或ハ種々ノ監督法ヲ設ケントスルヤノ風評アリ、是レ実ニ学生ノ不名誉ニシテ、余ハ且玉石混同シテ、本校ノ諸君モ亦之レト同視サレンコトヲ恐ル、故ニ諸君ハ此際更ニ一層ノ警戒ヲ加ヘ、本校ノ学生ハ全然他ノ一般学生ト其撰ヲ異ニスルコトヲ、事実上十分明白ニ世上ニ公示センコトヲ祈ル、而シテ其法他ナシ、（一）各自ノ戒慎、（二）相互ノ制裁、（三）本校ノ制裁是レナリ

其一タル各自ノ戒慎ニ付テハ、前述ノ自尊自重心ニ待ツノミ、亦多ク言フヘキナシ、而シテ余ノ最モ望ム所ハ、其二ノ相互ノ制裁ニ在リ

社会ノ健全ハ、社会ノ輿論ノ制裁ノ健全ニ由ル、大ハ一国ノ社会ヨリ、小ハ一町、一村乃至一社、一団体ノ社会ニ至ルマテ、皆然リ、本校学生一千八百人ハ、是レ儼然タル一社会ナリ、此一社会タル学生間ノ輿論ノ制裁ニシテ健全ナランカ、学生社会全体ハ随テ健全ナラサルヲ得ス、而シテ諸君ハ前述ノ如ク、品性高尚品行端正ナリト雖モ、無慮一千八百ノ多数中ニハ亦或ハ若干ノ過失アル者ナシトセス、此場合ニ諸君ハ互ニ相忠告スヘク、忠告シテ聞カサレハ、諸君ノ交際団体ヨリ除名シ、且之ヲ本校ニ申告スヘシ、本校学生全体ノ団体中、学年ニ依ル小団体アルヘク、又同学年ノ団体中、更ニ種々ノ事情ヨリ、互ニ相近接セル無数ノ有形、無形ノ小団体アルヘク、此等各種大小ノ団体カ、健全ノ輿論ヲ作リ、健全ノ制裁ヲ施シ、右ノ忠告、除名、絶交又ハ本校ヘノ申告等、十分厳正ニ紀律セハ、諸君ノ風紀ハ日ナラスシテ大ニ振粛フヘシ、千人中偶一人ノ不良者アランカ、局外者ハ直チニ以テ明治法律学校ノ生徒ニ云々ノ悪事アリト云ヒ、十把一束ニ攻撃スルハ、世ノ常勢ニシテ、諸君ノ面目ハ、唯タ一人ノ為メニ忽チ汚サルヽコトヲ免

レス、故ニ右ノ如キ諸君相互ノ制裁ハ、実ニ諸君ノ自ラ防衛シ、自ラ面目ヲ全ウスル所以ナリ、本校ハ固ヨリ主義トシテハ放任主義ヲ執ルト雖モ、放任モ亦自ラ程度アリ、放任ニ失シテ無紀律無制裁ニ陥ルカ如キハ、本校ノ断シテ為サヽル所ナリ、故ニ本校ハ自ラ諸君ノ品行ニ注意シ、直接ニ間接ニ之カ視察ヲ怠ラス、随テ品行上不良ノ事迹確実ナルモノアレハ、直チニ相当ノ制裁ヲ加フルコトヲ躊躇セス、然レトモ多数ノ諸君中、本校ノ一々自ラ発見シ難キコトアリ、故ニ前述ノ如ク、諸君ノ申告アランコトハ、本校ノ最モ切望スル所タリ、而シテ申告ハ匿名ヲ以テスルモ亦妨ナシト雖モ、事実ノ調査上、申告者ノ氏名ヲ明告サルヽハ殊ニ望ム所トス

本校ノ制裁トシテハ、軽クシテ停学、重キモ除名ノ外アラス、而シテ事若シ犯罪タラハ、除名ト同時ニ之ヲ其筋ニ告発スヘク、敢テ或ハ仮借セサルヘシ、世人或ハ私立学校カ、妄ニ学生ノ多キヲ欲シ、容易ニ除名ノ制裁ヲ加ヘサルコトヲ議ス、然レトモ是レ一般私立学校ニ対スル甚シキ侮辱タルノミナラス、本校ノ如キハ、諸君ノ現ニ知悉セル如ク、学生ノ数常ニ定員一千八百人ヲ超過シツヽアレハ、学生ノ数ヲ貪リテ除名ヲ憚カルカ如キ、本校ノ決シテ為サヽル所ナリ、

除名ハ制裁トシテ甚タ重カラサルカ如キモ、決シテ然ラス、不都合ノ行為ニ基ク除名ハ、本校ノ除名タルト同時ニ、又法学界ノ除名タルナリ、何トナレハ、本校ニテ一タヒ退校処分（除名）ヲ受ケタル者ハ、何レノ法律学校ノ門ニモ入ルコト能ハサレハナリ、各法律学校ノ間ニハ一定ノ規約アリテ、一校ノ退校者ハ、他ノ各校共ニ入学ヲ許サス、即チ一校ノ退校処分ハ、法学上ノ死刑ナリト云フモ亦誣言ニ非サルヘシ

之ヲ要スルニ、諸君ハ成年ノ専門学生タル地位ト名誉トニ顧ミ、自ラ戒シメ且互ニ相責メテ、益其品性行状ヲ良美ニセヨ、以テ其学フ所ノ正義ト秩序トノ学問ニ負カサルコトヲ勉メヨ、予輩亦諸君ノ地位ト名誉トヲ思ヒ、敢テ妄ニ細事ニ付テ多言セス、若シ夫レ講義ニハ必ス出席スヘキコト、講義ノ半途ニシテ退場ヲ得サルコト、講堂ニ入ルニハ必ス羽織袴又ハ其一ヲ着クヘキコト、勉メテ飲酒ノ量ト回数トヲ節スヘキコト、寄席ノ如キ卑猥ノ娯楽ヲ遠サクヘキコ

ト等ノ如キ、復タ余輩ノ贅言ニ俟タサルヘキヲ信ス

「私立大学の必要及び其天職」

（『明治法学』臨時増刊第五六号、明治三六年五月発行）

教育を以て国家の業務とのみ速断するは誤謬なり、学芸発達の歴史を顧みれば国学以外に功績を及ぼしたるもの却て多きを知らずや。故に私学の経営殊に私立大学の設立に至りては苟も志あるもの、寸時も諼る可らざる事項たり。然るに我国の資産家又は有志の士能く故人の銅像を建立するを知りて未だ生ける大学の為に其力を効さゞるは誠に遺憾に非ずや。

私立大学は国民の大学なり、国家の大学と相対して共に学芸界に光輝を放つ可きものたり。是故に欧米諸国に於ても近来私立大学の必要を説き其増設を望む者漸く多きを加ふるに至れり、一例を挙ぐればシドニー、ウエッブの大学増設論の如し。氏の論議は「オックスフオード」又は「ケンブリッヂ」大学の如きを欲するに非ずして有為の青年男女が頭脳的職業の鍛錬の為に費用を節して容易に修学し得る適当の大学に在り。将さに是れ私立大学に対する要求の声に非ずや。

人傑を輩出せし両大学を有する英国に於ても今や新大学増設の必要を感じたること斯の如し、我国の如き諸種の方向に於て専門の技能を有する人才を渇望する時機に際し已設の大学はその数僅かに二、私立大学としても亦僅かに早稲田大学及び慶應義塾大学の二に止るは寧ろ不思議の現象ならずや、思ふに是れ世人が大学の性質を誤解し又其天職を究めざるが為なる可し。

私立大学は国民の有志が教育事業の独立と学芸の永遠不朽と高等なる技能を有する人才の薫陶とを人道の開拓文明の増進に缺く可らざるものと感じて茲に其成立を見る可き活事業なり。故に苟も資財ある者は私立大学の為に之を投じ苟も技能学芸ある者は私立大学の為に之を竭し、有為なる青年をして煩雑と不便とを感ぜしめずして能く世に立ち国に尽し君に事ふるの実を挙げしめざる可らず。私立大学は学術に於て高等の研究を期するのみならず、道徳に於て人格に於て今世紀の進運の原動力となる可き人物の養成を冀ふものなり、学生の小学教育を受け尋常中学を卒業したる者は道徳的方面に於て智能的方面に於て共に大修練を経ざる可らざる地位に在り、私立大学は此好個の青年をして思ふ存分にその智能その徳性を発達せしむることを務むるものなり。

我邦の現状を観るに百般の制度略備はりて之を運転すべき大精神に乏しきことを憂ふるの時なり、法律経済の方面に於て殊に斯の如きを覚ゆ。夫れ龍を描きて眼睛を點ぜざれば筆者多年の苦心は水泡に帰せん、我国今日の制度を以て之を運転する智徳兼備の人を缺かば百事形式に流れ繁文縟礼遂に其煩に堪へざるに至る法政経済を専門とする私立大学は之が救済の任に当る可き青年有為の精神を養成するを以て目的とするものなり。人格の養成学風の独立は実に私立大学の長所にして又其天職なり。六芸に通じたる七十の弟子文質彬々たる支那当代の君子は漢土二千余年の学風人格を支配し猶支配しつゝあるは何人も疑はざる所なる可し。而して顧みれば之れ孔子を以て中心としたる私立大学の勢力範囲に非ずや。善哉私立大学。余輩は之が鼓吹に多言を要せざるなり。

「明治大学の主義」

（『明治法学』第六三号、明治三六年一一月発行）

本篇は明治大学講話会に於て、岸本校長が主として新学生に対し、本学の主義方針を示されしものにして、記者が其の大要を筆記せしものに係る、茲に録して会説に代ゆ、若し誤謬脱漏等あらば、責一に記者に在り、校長を累する勿くして可なり（記者識）

我明治大学は諸君の稔知せる如く明治法律学校の進歩変形したるものにして創立以降二十三年の歴史を有する明治法律学校の組織を一変し随て其名称を一変したるは偶然の投機心に非すして実に已むを得さるの結果に出つ而して諸君は此改革後の明治法律学校即ち新明治大学の最初の学生にして先月より開始したる新学年は明治大学の最初の学年なるを以て此際に於て諸君に対し改革の理由即ち明治大学創建の理由を述へ併せて本学の主義方針を述ふることは甚だ必要なるへしと信す

外観完美なる官立学校あるに更に私立学校を設くることは何の必要に出つるや官立学校の校数不足又は設備不十分にして学生の全数を収容し得さるか為に之を補はんとして私立学校は設立さるゝに非す私立学校は官立学校と全く異なる特色を有し随て特別なる存在の必要を有するなり

元来官立学校と私立学校とは互に長短あり固より私立は全く官立に勝ると断言し得さると共に又官立は全く私立に勝るとも断言するを得す敷地の広き建築の大なる器具図書等の備はれる又紀律の厳なる凡そ此等形式上の事項は官立固より概して私立に勝るへし然れとも学問の独立、自由を保ち自治の精神を養ひ人格の完成を謀ることは私立却て官立

に勝ること是れ余輩の私言に非すして実に一定の輿論なり
既に学校と云へは命令服従の関係あることは当然にして官立私立の間に区別なし然れとも官立の学校は殆と純然たる官庁なるを以て此関係は私立に比すれは一層厳重ならさるを得す而して服従は固より人の美徳の一なるを以て学生に飽くまで服従を強ゆることは必しも非難すへからさるも我日本に在りては数百年来封建の余弊として人々服従の観念極めて強く其結果は往々依頼心を生するの弊に陥れること諸君の現に知悉する所の如し故に此の如き国民に対して学生時代に更に服従を強ゆることは頗る其宜しきを得さる所にして益弊風を助長するものたり此が矯正策としては十分独立の思想を養ひ自立自尊の気象を養はさるへからす而して此点に於て官立学校勝れるか私立学校勝れるかは諸君の明能く之を判断すへし
以上は極めて簡略主要の一点を挙けしに止まるも官立学校以外に私立学校か特に存在の必要を有し特に独得の長所を有し随て一国教育上私立学校の重要なること殊に今日の我日本に於て重要なることを知るに足るへし
更に法律政治経済等の学問に関しては私立学校の一層必要にして有益なることは復多言を要せさるへし蓋し此等の学問は殊に政府の痛痒を為すこと緊接なるを以て官立学校に於ては多少政府の干渉牽制を被ふること勢の免れさる所なるに私立学校に至りては其恐毫も無く天空海濶自由に其信する所の学説を研究し主張し得れはなり本学の前身たる明治法律学校か官立の法科大学あるに拘はらす去る明治十四年に早く既に卒先して設立せられたるは一に此か為なり
斯くて我明治法律学校は法学の普及か個人の為め国家の為め甚た急務なるを信し専ら速成を旨として其普及に務め来りしか星霜茲に二十余年、時勢日に進み普通教育亦日に洽く而して我法学普及の目的も亦多少其緒に就きしを以て更に本学の程度を高め組織を大にし一面には従来と同じく法学の普及に付全力を尽くすと同時に一面には又十分普通学の素養ある法学者を養成せんと欲し昨年以来其準備に着手し日に継くに夜を以てし今年夏季に至り諸般の準備略成りしを以て茲に断然之を実施し名称も亦明治大学と改称したりしなり但形而下の準備即ち校舎の新築、図書館の拡張等

は目下尚汲々経営中に係り未た成功を得さるも是れ亦遠からず其功を奏すべきなり

是より本学の教育方針を略述せん

小学校の初等教育すら注入主義、詰め込み主義を非とし開発主義を必要とするは、教育上既に異論なき所にして大学に於ける専門教育の固より然らざるべからさるは論を俟たず蓋し教師の教ふる所を一より十まで尽く生呑して詳に暗誦記臆せしむるは到底不能の事たるのみならず仮令之を記臆し暗誦するも限ある時間に於ける限ある授業を記臆せるのみにては殆ど実用を為さず之を消化し応用するが如きは決して望むべからず是れ注入主義の非なる所以なり元来真の学問とは他人より授けらるべきものに非ずして自ら学び得しものならざるべからず只初より突然自ら之を知らんと欲するも亦不能の事たるを以て学校教育は単に其針路を示し其鎖鑰を授くるに過ぎず諸君が或目的地に赴かんとするも岐路に臨みて左右東西を知らさるとき教師は単に其左すべきか右すべきか西か東かを教ふるのみ諸君は教師により方向を知り得べく而して目的地に達するには諸君自ら歩行せざるべからず更に他の例を取れは学校は知識の宝庫たるか如きも知識の宝庫は無形にして他に在り教師は単に其宝庫の鍵を諸君に授くるに過ぎず諸君は鍵を得て直ちに知識其物を得る能はず其鍵によりて庫を開き堆積せる知識を取出すことは諸君自ら其労を取らざるべからず学校教育なるものは此の如く知識を学生に注入するに非ずして却て学生の知識を開発するに過ぎず諸君が最後の教育者、最上の教育者は諸君自身たることを記臆せんことを要す

本学は以上の主義よりして妄に時間を多くし試験規則を厳にし其他種々の強制を設け強て諸君の手を執りて高処に上らしむることを為さず只務めて諸君が自ら高処に上る便路を開き諸君を助けて上らしむるの方針を取れり即ち本学の主義は開発主義にして又自由討究主義なり此主義の実行に現はるものは本学々則なり

其一は学則第三十三条　に依り本学は在学期限を三学年に限定せず三学年以上六学年以下と為したり是れ勿論落第者にも適用すれども本旨は落第者の為に非ず諸君をして十分に自由討究を得せしめむ為め自ら予め在学年限を定めて或

は三年或は五年六年とし或は全学科を十分に精研し或は特に或一二科目のみを精研する等の便を得せしむ而して年限の長短は一に諸君の自由にして本学は妄に関渉せざるなり
其二は学則第十条 により選択科目を設けしこと是なり該条に明なる如く民刑訴訟法破産法の三科目と経済学財政学の二科目とは其両者を併せ学ぶも其二種中の一のみを何れか択ひて学ぶも亦諸君の自由とせり元来此数科目は固より尽く必要科目にして経済学者たらんとする者にも訴訟法破産法の必要なるは当然にして又単純の法律学者たらんとする者にも経済学財政学の知識の缺くべからざるは当然なり故に注入主義の論よりすれば二種共に強制して修めしむることを要するも科目を多くして諸君の負担を重くし妄に之を強制することは教育上決して得策に非ず故に例へば判検事弁護士たらんとする者は経済財政は比較的不必要として之を修めざるを得又経済上の目的を有する者は比較的不必要の破産法訴訟法を缺くことを得べし但予め届出づることは固より必要なり
其三は学則第十三条 の二個以上の独立したる同一講座を置くこと是なり是れ目下現に実行中の刑法に於ける岡田古賀二講師の二講座の如き即ち其一例にして二講師の意見は頗る相異なるを以て本学は学生に強いて何れか一方のみに従はしむるの非を信し故さらに二講師に嘱して各別に同一の講座を担当せしめ諸君をして各其信する所に従つて研究せしめんと欲するものにて此一事の如き我邦には他校に未た其例を見さるものに係り自由討究の精神を貫徹するに付ては最も有益のことゝ信す
其四は学則第四十六条 の試験に及第せさりし者更に同一試験を受くる場合に於て最終の試験に六十点以上を得たる科目の試験を受けさることを得しむるものにして是れ妄に重きを試験に置き諸君に無用の労を重ねしむることを避くるものに外ならす
其五は学則第三十五条 の選科生にして純然学生たる資格ある者に選科生たることを許し一科目又は数科目のみの専修を許すか如き亦自由討究を奨励するの一端に外ならす

以上は顕著なる実例を挙けしに止するも要するに本学の主義は徹徹(ママ)頭尾開発主義なり自由討究主義なり而して此主義の必然の結果は放任主義なり人或は放任主義は教育上不親切なるもの危険なるものと為す然れとも是れ所謂老婆心のみ怠惰なる学生に対し関渉強制するも決して其効なし既に成年に達せし大学の学生に対し試験を以て強制し規則を以て束縛し手を執り足を執り其背を鞭ちて強て講堂に入らしむるも果して其実効ありや是れ本学か放任主義を改めすして益之を執る所以なり

然れとも放任は無紀律の謂に非す諸君を放任するは諸君の自治自重を信し諸君を尊重するか為めに外ならす故に諸君にして若し自治の実なく自重の精神なく学則の寛大に甘して怠惰放縦に流るゝ如きことあらは本学は断して之を寛仮せす怠惰又は不品行にして成業の見込なき学生は速に退学処分を為すへきこと専門学校令の命する所なるのみならす学校としての責任上亦此の如き学生を在学せしむへきに非す又仮令退学迄の事なきも苟も大学々生としての品位を失墜すへき者あらは各々相当の懲戒処分を加ふることは私立学校と雖専門学校令により其権限あり決して仮借せさるへし

終に一言すへきは本学の学科程度のこと是なり世人動もすれは官立学校を以て唯一の標準と為し私立学校の程度等にして少しく官立学校と異れは直ちに之を不完全と為す是れ誤見の甚しきものにして官尊民卑の観念より生する一弊端なり然れとも今仮に官立学校と本学とを比せんに本学の本科又は専門科に於ける法律学の程度は全く官立たる帝国大学と同一なることは明白の事実にして言を俟たす而して独り本学の高等予科は官立の高等学校に於ける大学予科と多少相異なる所あり是れ一言せさるへからす

第一の差異は年限にして彼は三年、我は一年半即ち恰も彼の半なり然れとも是によりて修め得へき学力の差異は三年と一年半との数字の差異によりて計算すへからす学科目の取捨、授業時間の如何と教師の親切、学生自身の意気とよりすれは本学は本学の一年半か決して高等学校の三年に劣らさるへきを信す殊に本学は最も重きを外国語に置き其時間を十八時間とせるよりすれは少くも外国語に付ては決して我は彼に劣るの理なし只彼は外国語を二国とし我は一国とせるは差異ありと雖彼か僅々三年間に二外国語を授くるは果して其実効を収め得へきや妄に多きを貪りて虻蜂取らすに至るは教育上最も避くへき事実たりと信す而して其他の普通学に至りては我の程度を以て十分なりとすへく彼れの程度は其必要果して存するや否やを疑ふ是れ予輩か我田に水を引くの僻論に非す数年来一般教育界に喧然たりし学制改革論の要旨は実に高等学校の程度に関する非難にして該改革論の主張する所の程度は恰も本学予科の程度と同一なり然らは則本学予科の程度は今日の日本に在りては全く教育界の輿論に適合し又国家の必要に適応したるものと謂ふも決して自負に非さるなり

是に於て予輩は諸君か特に私立学校を撰択せしものなることを信し諸君の意見か頗る本学の所信と相合せるを喜ふ而して諸君は其結果として私立大学々生たる特殊の名誉を思ひ随て其位地の甚た軽からす責任の甚た小ならさるを思ひ自ら尊ひ自ら重んして学業に品行に十分私立大学々生たる面目を発揮されんことを望む

(『法律新聞』第二四四号、明治三七年一一月発行)

「明治大学校長岸本辰雄談」(一)

記者曰弁護士としての君は世既に定評あり校長としての君は果して如何君が生涯の抱負を捧げたる明治大学の経営吾等後生敢て筆し易からずと雖も之を捕捉して以て読者に報ぜん(神吉生)

▲君の抱負

余が仏国より帰つたのは明治十三年の二月である当時矢代[操]君が講法学舎を立てゝ居つて余の賛成を求めに来た

余は司法省法学校に居りし頃よりボアソナード先生が卒業すれば諸君は判事代言人として立つ希望であらうが日本の現状から云ふと寧ろ教育家として権利思想を鼓吹するのが急務であると度々訓戒を受けて居つた実に此言は至言で当時我国の人民は卑窟で唯命是従ふとの絶対復(ママ)従の関係を以て蔽はれていたのである余等多少法律の何たるを解した者は非常に遺憾として早く此懦弱なる悪風を脱せしめたい立憲政体の本義に則らしめんには是非共人民に権利義務の何たるかを解せしむるの外あるまいと思ふた殊に自由の空気を以て瀰蔓せる仏国に五ケ年余も留学して居たので愈々

▲法律普及

の急務なることを感じて居た処へ此依頼があつたので直様之を甘諾したのである当時の状態の如何であるかと云へば箕作〔麟祥〕氏が仏国法典翻訳に着手して漸く「権利」と云ふ字を工風するや時の参議等は頗る之を不審して人民に権利など丶云ふものが何処にあるのかと疑訝した位であるから其余の推則は云ふ丈野暮である

と茲に至り君は既往を追想して感慨に堪へざるもの丶如かりし硝子越しに見渡す剪栽の風致主客相対して東向きの座敷日射を満面に浴びて君が語調は愈々沈痛に漸く佳境に運ばれんとす記者謂へらく君が熱誠なる法律普及啻に我国司直の道に立つものを養成したるに止まらず無形に国民智能開発に及ぼせる尠少ならじ更らに想起す日露戦争の勝負分る丶処戦士教育の高下否な適切に云へば法律——権利思想の有無に帰着するにあるを知らば君が天職夫れ甚重且つ大なるを惟はずんばあらず

君は語を続けて

▲学校創立当時の模様

に話題を転じぬ其矢代君の講法学舎は大岡育造君など丶建てたもので出講する間もなく内部に何か紛紜が生じたので断然引退した尤も是れは自ら一校を設くるの下心があつたのである其思案中亡友宮城〔浩蔵〕君も仏国から帰朝したので共に相謀り学校設立の計画をした矢代君も講法学舎の関係を離れて此議に参し茲に三人議を決して其筋に私立法

律の専門学校を願出認許を得たのは実に十三年の十二月である世は年越の苦戦最中三人の月給は合せて今の百円内外でもあつたらうか此の軽いポケツトの上に麹町有楽町島原邸を賃借して今日の明治大学の全身(ママ)たる

▲明治法律学校

を誕生せしめたのである創立当時は学生の数も非常に少く総計僅かに四十四人齋藤孝治君などは第一の入学生であつたよ此創立者而かも三人共多忙なる公務の余暇を以てやる業である講義の方法も参考書も一冊あると云ふではなし全く法蘭西風にズツト改良して決して朗読的に本に依ると云ふことをせなかつたまア其外事々物々苦心の種ならぬものはない何しろ金が先き立つ世の中で何処から助力のある訳でもない然るに其筋よりは一の革命党とでも思ふたのか猜疑の眼で事毎に迫害を加へた、いや夫ばかりではない他に驚いたのは此四十四人の初期入学生中実に二名の国事探偵の牒者が入り込んでいたと云ふので如何に着眼せられてたが分るだろう急しい事は目の廻る程で三人共退庁後は駈け付け夜も遅く首を集めて相談する有様で殆と寧日なしと云ふてよい此くて追々生徒も殖へたては来たが

▲会計の困難

は依然として殊に入塾生五十銭通学生三十銭宛の校費を収めた丈けの収入である皆之れを集めても家賃にも足らぬ訳其苦しさは言外である三人の入れたしは元より講師も一二の外は皆無報酬であつた夫れから益負債の増加するのみであるから旧藩主池田輝知君に補助を請ふて毎月二十円宛四年間受けたのは何よりの賜であつた其内世に法学なるもの丶漸く拡まらんとする傾向を示し一二私立法律学校の設立を見るに至つたのである

(未完)

「明治大学校長岸本辰雄談」（二・完）

（『法律新聞』第二四九号、明治三七年一二月発行）

話題一転して時局に移り再転して文化発展国家興廃の歴史に移りぬ徐ろに茶を啜りて老大国の現状を説き更らに島帝国不抜の基礎は韓半島の経営は云はすもがな老大国の保全は到底島帝国との提携に待つへきは疑はないと諄々談じ去りて語気凛然たり

▲経緯学堂

老大国と提携するとしても其老大国自身の存在が動揺したり国民が国の何たるかを自覚せぬ様では困る縦しや商道に於て機敏であつても今の状態に於ては到底印度の二の舞たらずんばあらずだソコデ清国人を開発せねばならぬ是には法律思想を皷吹するのが一番早道であると思ふ余の所謂法律普及を神髄としてやらねばなるまい是に就ても色々と考へたが将来は必ず支那に法律学校を建設する必要もあるのだが今の処ソコ迄ドーモ手が延びんので仕方がない経緯学堂と云ふのを新たに組織して一面清国公使とも相談の上目下二百名ばかり預つて養成して居る併し言語風俗の異なるものを相手の仕事だから其

▲教育方法

に就ても日本人のそれと余程勝手が違ふ夫れで種種熟考して経験もあるが司法省の八年生制度に則り三年間日本の語学即日本語で法律研究が出来る様に素養をつけて其後五年間法律学を研究させる事にした処が或学校ではドン〱講義を通弁して教へてるコーすると大分早く法律を会得せしめるかも知れぬが其代りホンノ法文の立読が出来る位で理

論的解釈などはトテモ望む事は出来まい然るに悪い癖には支那人は一体非常に速成を尊ぶもので何も顧る暇もなく早く覚へて帰国したいと云ふので此

▲八年制度

に不本意らしいが困つたものであるソコデ速成科なども設置して何れが利益か其辺の消息を知らしめる様にして居るが幸ひに速成は到底完璧に行かぬ事を合点して大分八年生制度に賛成して来たよマア何を云ふても教育事業は君等も知る通り献身的事業で思はぬ処に骨が折れる其代り学生が社会に出で花々敷やつて呉れるのを見ると従来の苦労も困苦も皆忘れて手の舞ひ足の踏む所も知らずして孟子の所謂天下三業の一に思ひ該るよ何ふか後進の人々等より天下有数の人を出して敢て政治と云はず実業と云はず活躍せらる丶ことを望むに堪へぬ云々

談は終りぬ噫献身的事業敢て多く語るを要せず簡単なる此文如何に味ふべきものなるか只筆者不才其万一すら示すことの出来ぬのを謝するのである

（『明治学報』第一一七号、明治四〇年九月発行）

「木下君を弔ふ──葬儀における弔辞──」

本篇は木下学監の葬儀に於て、岸本博士が明治大学校長として、将た学監の親友として、朗読せられし弔辞なり、特に之を茲に掲ぐ……（記者）

木下［哲三郎］君、予か君と始めて相識りしは、遠く明治六年に在りて、君は予か最も旧く、最も親しき友人たり。当時司法省明法寮法学校に於て、日夕寝食を共にせしのみならす、学生僅に二十人に限られしを以て、其親密実に一家の如く、尋常同窓の比に非す。爾来、出処進退の跡、固より常に一ならさりしも、交情は依然として兄弟啻ならす、三十余年真に一日の如し。而して君か始めて力を明治大学に尽くされしは、亦遠く明治二十年に在り。君は幹事として、理事として、将た学監として、終始大学の経営を共にせられ、私立大学に免れ難き幾多の困難続出せしも、能く之に耐へて、遂に之に打勝つことを得たるもの、君に感謝すへき点殊に多し。其他大小百般の事、一として君の参画を経さるもの無し。君は実に我大学の支柱たり。加之、君は講師として学生の薫陶に従事し、満二十年間未た曾て講義を休止せしことあらす。此の如きは我大学に於て唯君一人あるのみ。然るに大学の前途尚遼遠なる今日に於て、俄に君と相別る。予輩職員たる者、豈茫然自失せさるを得んや。況や最も旧く、最も親しき友人を失ひし予の私情に於てをや。且夫れ、我大学に於ける君の功労の偉大なりしに拘はらす、其功労は一に君か献身的精神に出つ。大学は今君と別るゝに臨み、何を以て君に酬ひ、何を以て君に謝すへきか、予輩は其の君に酬ひ、君に謝する所以を知らさるに於て、一層の苦痛を感せさるを得す。君請ふ深く之を諒せよ。予は君の訃音に接してより哀悼歎惜、復多く語るに堪へす。茲に明治大学を代表し、謹て一言の弔辞を呈す。

（『学叢』第一号、明治四三年一月発行）

「学友会の生命」

我明治大学学友会は、創立後未だ多くの年所を経ず、而も其の会勢の発展は頗る著大なるものあり、今や遂に機関雑誌の発行を見るに至る、我輩は会員諸君と共に、額手相慶せざるを得ず。

然れども会にして若し健全の生命なく、内容の充実するもの無くんば、外形徒らに膨大し、気勢徒らに拡張するも、将た何をか慶せん、是に於て乎、我輩は又会員諸君と共に、少しく自ら顧みる所なかる可からず。

抑我学友会第一の目的は何ぞ、曰く、之を個人にしては品性の陶冶なり、之を団体にしては学風の発揮なり、個々の会員の品性にして陶冶されなば、明治大学の学風は茲に自ら発揮さるべく、明治大学の学風にして発揮されなば、個々の会員の品性は茲に自ら陶冶されるべし、両者一にして二、二にして一、先後なく、本末なく、両々相俟て以て竝進せざる可からず、想ふに学風なきの教育は多く根柢なく、品性なきの智識は寧ろ危険あり、而も講堂に於ける専門学の教授は、以て品性を陶冶し学風を発揮するに、適せず、之に適するは我学友会あるのみ、是れ実に我学友会第一の目的にして、最要の責務たり、然らば則、学友会は如何にして之を遂行するか、我学友会は此第一の目的、最要の責務に就て、従来未だ曾て一の綱目を挙げず、一の法則を設けざりき、而して其の之を設けざるは、専ら不言実行を期するなり、倫理と云ひ、徳教と云ひ、言ふは易く、行ふは難し、殊に況や能く言ふ者概ね却て能く行はざる者なるをや、『道の道とすべきは真の道に非ず』我学友会の庶幾する所は真の道に在り、澌々皥々、学友会の空気を挙げて春風煦日の下に於けるそれの如くならしめ、一たび此会内に入る者は、知らず識らず薫育感化され、以て自然に品性の陶冶と学風の発揮とを得しめんことを要す、学友会が此域に達するは、事固より容易ならすと雖、歩一歩此域に向つて進みつゝあることは、我輩の会員諸君と共に、且信じ、且期する所なり。

智識の交換、親睦の増進、是れ亦学友会の一目的にして、此目的が円満に完全に行はれ、此点に於て学友会が至大の効益あるは、言を俟たず。

若し夫れ体育の事に至りては、学友会が最も主力を尽くす所にして、且之に就ては、世の多数の体育奨励者と頗る其の方針を異にするものあり、我学友会は此点に於て一大特色ある旗幟を有す。

体育の必要にして、奨励すべきは論なし、然れども世の体育を奨励する者を観るに、専ら学生を駆りて体育の一途にのみ奔らしめ、其の所謂選手は、教室に在るの日甚だ少くして、グラウンドに、コートに、将たボートに在るの日甚だ多く、苟も体育の技に熟達せば、学術の進否は殆ど措いて問はず、毎学期の試験の如き、成績の如何を問はずして輙ち進級せしむること、其の実例の乏しからず、是れ実に学校として夫の人の子を賊ふもの、学生に対し、其の父兄に対し、附託に負くの罪亦甚だ大ならずや。

且夫れ其体育の技に至りても、如何にせば身体を発育し、健康を増進すべきやは、寧ろ之を不問に附し、汲々として唯其の対手に勝たんことをのみ是れ勉め、眼中専ら勝敗あるに過ぎず、此の如きは体育の本旨と相距ること既に遠く、学校は遂に興行師たり。選手は遂に演技者たるの看あるを免えず、而して弊風滔々殆ど一世を風靡せんとす、我輩の深く歎じて已む能はざる所なり。

蓋、彼等は体育を奨励するに熱中して、余弊の茲に及ぶを知らざるものなるべく、其の心事は固より咎む可からずと雖、弊害は則ち看過す可からず、而して我学友会の深く心を用ゆる所は茲に在り、即ち学友会は大に体育を奨励するも、決して体育に偏倚せず、勝敗に熱狂して体育の本旨を忘るゝが如き、学友会の断じて取らざる所なり。

我学友会の体育は、或は此が為め不振の外観なしとせず、或二三者に比して、恐らく此感を抱く者少からざるべし、然れども是れ体育の不振に非ずして、体育的興業の不振なり、而して我学友会の特色は則ち此に外ならす、学友会は此旗幟を擁して体育界に立つの光栄を感ず。

学友会は此の如くして健全の生命あり、存在の意義あり、内容便ち充実して、外形乃ち膨大し、気勢乃ち皇張す、是れ実に自然の勢なり、是に於て乎、我輩は会員諸君と共に、安んじて以て額手相慶するを得べく、而して新刊の雑誌紙上此慶辞を述ぶることを得るを喜ぶ。

「卒業生諸氏に告ぐ」

（『学叢』第七号、明治四三年八月発行）

諸子多年螢雪の功成りて学修上の目的を達し今や進んで活社会の人とならんとす此機に於て諸子の親戚知友其喜や蓋し大なるものあらん余輩亦今日諸子の卒業を見て其喜び他に譲らざるなり而して余は今日を目して学生たる地位に於る諸子との別れなりと解す茲を以て今諸子が将来の為に一言する処あらんとするものなり。之を述るに先ちて一言諸子に告んと欲するは本年卒業者中の一人臼井三作君の事なり氏は籍を商科に置き専門部特科生なりしにも拘らず進んで大学部学生と同一科目の試験に応ぜられ而も其成績は法政商全科の卒業生を通じて最高の地位を得たり、由來本学は如斯篤学の士を得たること年々一再ならず本年亦此人を得是れ余の特に喜に堪へざる所にして尚ほ将来も絶へず斯る士の輩出せんことを切望するものなり

扨て諸子は之より進んで社会の実務に就かるゝ可き人々なり勿論中には国家の試験に応ずるが為尚ほ少時学術研究に日を送らるゝもあらん或は多数者中初より何等社会的の事務に就くの志望なくして今日に至れる者亦あらん乍然斯の如きは稀なるの例外のみ寧ろ諸子の多数は直ちに実際に活動する人と見て誤なからん而して諸子は各自専門の智識技能を修め卒り其資質に於ては正に其事務に当るに足ると雖未だ其実際に慣るゝ処殆んどなしと云ひて可なり然るに熟ら世間の実情を考ふるに波濤起伏風となりては梢を鳴らし嵐となりては幹を折り容易に端倪すべからざるもの存せり而して此風波を淩駕し迂余曲折を経て其目睹せる点に達し得たる時の心情を思はゞ奈何古諺謂ずや苦は楽の種と其過ぐる所を顧み審さに嘗めたる其辛酸を偲ぶとき更に翻て其現状を思へば困難の多かりしは多きに正比して其歓喜快楽も亦大なるものあるや必せり而して各其望み見たる所に達し得ると得ざるとは一に処世方法の適否如何によりて岐るゝ所なり

抑も処世の要訣は世の信用を博するにあり信用を得るの一事はあらゆる処世法中最重大なるものと為さゞる可らざる

なり信用は其社会に対するものと個人に対するものとの二者に分つを得べく個人は家族の要素にして家族は社会の単位なるを以て其孰れに対するを問はず等しく肝要なりと雖処世の要訣として社会に対する信用は特に之を重せざる可らざるなり今此社会的信用を博するの要件如何を考ふるに多趣多様なり次に其大様を述れば先づ第一要件として諸子が今日迄に修得せる学識を活用するの巧拙如何に指を屈せざる可らず学識は単に之を有するの一事のみを以てしては未だし彼の他人を欺瞞し人目を眩惑するの智識は詐欺漢と雖尚ほ之を有せり学識を以て世の信用を博せんとするには更に其上に高尚なる人格を以て其を包容せざる可らず之れ第二要件なり人格を高尚ならしめんが為には常に品行を厳正に保持し言語動作の末に至る迄聊も忽にす可きにあらず勿論是等の事たる学生として学校に出入する間と雖毫も異る可きにあらざるは言を俟たざる所なるも一歩活社会の舞台に踏み入りては殊に重大なる結果を齎すものなるに留意せられんことを望む第三の要件としては其就く可き事務の何たるを問はず総て其事に勤勉忠実ならんこと之れなり諸子の多数は或は裁判官弁護士となりて国家法政の運用に任し或は銀行員会社員となりて社会経済の疏通調和に与かるならん勿論前にも云へるが如く自己独立の事業経営に当る人も亦少なからざる可きも大体より見て上官上役の指揮監督に従つて執務す可きもの大半否大部を占むと見ざるべら（ママ）ず斯る人々に対しては殊に此忠実の念慮の重んず可きを云ふものなり其義務は充分自己の最善を致し其事務は凡て自己の最も大切なる物品を管理し取扱ふの念慮を以て之に当らざる可らず上者盲にあらず殊に人の上に立つ者鑑識の能なくして可ならんや直ちに其忠誠実意は認められ以て諸子が他日の発展に資する所となる可きは正に必然なり以上述る三点仍ち学識の活用、人格の高尚、執務の忠実は社会の信用を博するに甚大切なるを思はずんばあらざるなり其他社交の巧拙、體軀の強弱等挙げ来れば少々にあらずと雖要は社会の信用を博し得ると否とによりて其成敗を岐たんされば造次顚沛にも此事を忘れずして努力奮進せば諸子の前路は光明輝々たるものありて存せん爰に注意すべきは孔子の所謂人の知らざるを憂へず云々の訓にて自己の識見忠慮を人の未だ認めざるとき之に就きて決して不平の念を生すべからざる事之なり不平の念一度萌しては其成長する甚だ速かなる上必ず之に倦疲の気を件ふものなり凡そ自己の執る所に対して倦疲の気を生じたるときは正に失敗の第一歩たることは須臾も忘る可らざる所なり

以上処世の要訣は信用に存することを述べたるが終に臨んで一言附加せんと欲するは世間往々金力を以て処世の第一要件を称するの徒存するが故に之が蒙を啓かんこと之れなり抑も此徒の唱ふる所は大なる誤謬にして決して金力は処世上信用を度外して人を成功に導くものにあらず処世の要訣としては再三述るが如く只信用是のみ金力が事業成敗の要件たるが如き観あるは事実なり然れ共之只附随の条件たるに過ぎざるのみ見ずや世は進むに従て経済上信用制度の発達するの事実を諸子須らく信用を第一義とし金力を第二義に見られんことを望む余今朝国民新聞を閲みして感じたる一記事あり題して「大隈伯の見当違ひ」と蓋し神戸に於る補缺選挙の結果を言へるものにして大隈［重信］伯は競争者の一方の候補者の縁辺、富力等の点より観て其敵手たる野添宗三氏の落選疑なかる可しと予想せるに事実は反対に出で野添氏の二千六百六十四票に対する三百九票の不足にて名門の出にして而も実業界に利物の称ある一方の敵手は敗れたるを掲載したるものなりき是に付て余案ずるに正に之れ信用の富力に勝ちたるものなりとす何者野添氏は本学出身の人にして学業を卒るや司法官に拝し後ち冠を懸けて野に下り弁護士として今日に及べるもの氏は正に一介の書生と云ひて可なり此人を以て富巨万を称ふる競争者と角逐し途に中原の鹿を手中に収め栄冠を贏ち得たるは只社会の信用を其一身に蒐め得たるによると云はずして何ぞ重ねて言ふ諸子希くは信用を第一義とし富を第二義に置けよと然りと雖余は決して旧思想により絶対に富を排し只清貧に安んぜよと云ふものにはあらず正しく得べき場合に遭遇せば富亦進んで宜しく取る可きなり夫れ其趣旨を誤らざらんこと肝要なり

さらば諸子に別を告ん諸子は今日を以て活社会に出づ諸子の一挙一動は係りて本学名声の隆替に及ぼす諸子の任や亦重しと云ふべきなり而して本学の発展すると否とは亦出身者たる諸子の将来に影響する所頗る大なり本学は今や発展の階段として校舎新築拡張の工を起しつゝあり諸子は校友として此事業に対し多大の勢援を与へられんことを望むで

茲に告別す。（文責在記者、明治四十三年七月十三日学芸部委員松田義雄筆記）

「国民講話会開会の趣旨」

（『学叢』第一四号、明治四四年三月発行）

諸君

我明治大学は今回新に国民講話会なるものを設け毎月一回第三土曜日を以て之を開会し講師数名つゝ交る々々出席講演し啻だ明治大学々生のみならす広く之を公開して何人にも随意来聴を許すことゝ為したり而して本日茲に其第一回を開きたるに幸に此の如く多数諸君の来聴を得たるは本大学の光栄たるは論なく実に此国民講話会唯一の目的たる国民教育の普及其ものの為に深く慶賀に堪へざる所なり。

諸君、予の所謂国民教育とは彼の初等教育をのみ指すものに非す国民に必要なる一切の教育即ち初等中等及高等の諸教育を網羅して之を謂ふなり而して国民講話会は此広き意味に於ける国民教育の普及を謀らんが為に設置せしなり。

欧米に於ける各大学は『ユニバーシチー・エキステンション』の設けあるもの少からす是れ諸君の熟知せらるゝ如く『大学教育の延長』にして大学の教育を其大学内の学生に止めす広く学生以外の人々に及ぼし以て大学教育の普及を謀るものにして我国民講話会も亦実に此『ユニバーシチー・エキステンション』に外ならず。

且夫れ我明治大学が今日に於て特に此『ユニバーシチー・エキステンション』の必要を感じ此国民講話会を設置するに至りたるは二箇の理由に出づ。

其一は初等教育及中等教育の長足に発達せるに拘はらす高等教育機関の発達の之に伴はざること是なり小学校は都鄙

到る処年々に増設せられ就学児童の数は如何なる僻地に於ても通例百分の九十五六を下らざるに至り殆ど家に不学の児童なしと謂ひ得るの実況に達し中学校実業学校師範学校及び高等女学校等中等学校の機関亦之に伴ひて多く不足を感ぜざるも高等学校及び専門学校乃至大学に至りては其数尚乏しく中学を卒業するも上級の学校に入る能はす空しく半途に彷徨して所謂教育ある遊民浮浪人たる者年々に増加するの勢あり是れ実に国家社会の深憂にして教育界多年の輿論たる学制改革案は徒らに非難の声多くして未だ実施を見ざるのみならず縦令実施さるゝも該案が果して此深憂を除くに足るや否やは一大疑問たるべし此の如くして国民の間に大学教育の普及を見ること前途尚甚だ遼遠なりと謂はざる可からず。

是に於て乎我明治大学は微力ながら多年此が為に努力する所あり年々歳々拡張に次ぐ拡張を以てし些少なりとも大学教育の普及に裨補し以て此現今に於ける国家社会の深憂を除くことに勉めつゝあり今年は創立後既に満三十年に達し不日校舎建築の完成を待つて三十年記念の式を挙げんとするに至れり故に此際更に一歩を進め学生以外に公開して一層大学教育の普及に勉むる所あらんとす是れ予輩が茲に国民講話会を開始する所以なり。

其二は近時国民の思想混乱の傾向あり時としては険悪なる暗潮の横流を見ること是なり。

近時科学の進歩は一面に科学万能の弊風を生し一面に物質上の欲望を増進せしめ此と同時に国民経済の発達は次第に貧富懸隔の傾向を来して物質上の欲望は次第に之を満足せしめ難きに至る是に於て其欲望心は益昂進して熱心に之を満足せしめんと謀るに至る近時流行の成功と云ひ向上と云ひ将た奮闘と云ふもの概ね此物質上の欲望を満足せしめんと謀るの謂ひに外ならず而も其欲望の容易に満足されざるや煩悶と為り悲痛と為り自暴自棄と為り怨恨憤慨と為り其極は遂に破壊思想と為る是れ予輩の窃に深く憂ひし所なり。

申すも畏けれども我が　聖上陛下には之を御軫念あらせられ去る紀元節に内帑の金百五十万円を国民に下賜せられて明白に此事を宣示あらせられたり当日の勅語に『経済ノ状況漸々革マリ人心動モスレバ其ノ帰向ヲ謬ラントス』と宣

ひたるは即ち是れなり而して陛下は同時に之を匡救する所以の方法をも御指示あらせられたり『業ヲ勧メ教ヲ敦クシ以テ健全ノ発達ヲ遂ゲシムベシ』と宣ひたるは即ち是なり然り而して『業ヲ勧』むるは政治家及び富豪等の任務にして『教ヲ敦ク』するは政治家及び教育家等の任務なり是を以て世の教育の事に任ずる者は各自其力を尽くして所謂『教ヲ敦ク』することに勉む可く予輩亦不肖なりと雖も此が為に応分の微力を尽くさゞる可からず是れ亦予輩が茲に此国民講話会を開始する所以なり。

国民講話会の講話する所は主として法律、政治、経済、商業及び文学等の学術に関するものにして成る可く当時世上の問題たる事項に関し必要の智識を普及せんとするに在り而して其所論は専ら学術の範囲に止まり毫も政論に渉らざるは言を待たず蓋し政論は別に自ら其人及び其場所あり学校として妄に関与すべき所に非ざればなり。

国民講話会は此の如くして開始せられたり爾来毎回益多数諸君の来聴を得ば豈啻だ予輩の光栄のみならんや。

（『学叢』第一八号［創立三〇年記念号］、明治四四年七月発行）

「正義の観念」

国家の存在を完うするに二の要素あり一を富力の充実とし一を兵力の強盛となす経済の発達は以て富力の増進を図ることを得べく国民元気の振興は以て兵力を強大ならしむることを得べし而して二者共に之を学問の力に待たざるべからず言や寔に容易なりと雖も其実行に至りては蓋し至難の事に属す経済の事は暫く之を措き主として法学に就て論ぜん

抑国家の元気を振興するには個人正義の観念をして熾盛ならしめざる可からず凡そ正義の観念熾盛なるときは其人は

勇壮となり勤勉となり仁愛となる正義の前には何等の敵なく天下何れに処するも成らざることなし若し一刻正義の観念を缺くときは諸多の悪徳其間に胚胎し社会の秩序は漸く破壊せられ人類の生存遂に危きに至らん之を国家に観個人に察するに盛衰の運命常に必ず此理に支配せられざるなし豈恐れて戒めざる可んや

学問の目的とする所は正義の観念を養成するに在り而して特に法学に於て一層其然るを見る我国に於ては旧時より一種不可侵の崇高なる観念の国民を支配するものあり称して大和魂又は武士道と云へるもの是なり此思想は中世以降殊に武人の間に発達して法律以上の威力を有せしが維新以降泰西文明の思想急に進入し来りしと同時に漸次其威力を減じ武士先づ堕落の端を啓き遂に当時の百姓町人と甚しき懸隔なきに至り滔々として士道の頽廃を来したるも近時外来の刺戟によりて国民復覚醒する所あり為めに幸にして或一部分の階級に於て漸々此観念の回復発達を見るに至れり

余輩常に曰く社会は権利の戦場なりと抑権利は正義の別名に外ならず社会は実に此正義の主張と実行とに依り始めて安穏を保つものなり而して正義を主張し実行し裁定するもの即ち法の本領なり故に法学は直ちに正義の学問なりと謂ふことを得可し大なる意義に於ける武士道とは正義の観念の熾烈なるを称するに在り国民を挙げて能く法を解し法を守り法の下に行動せしむるあらば正義の観念愈深く士道期せずして振興せん此の如くして始めて強兵の実を全ふし国家の威力を永遠に保持し以て無窮の皇運を輔翼することを得可し

余輩法学の教育に従事すること茲に三十年益此感を深くす今や明治大学創立三十年記念に際し聊か此感を述べて大方に質す

「岸本校長の訓辞」

（『学叢』第一八号［創立三〇年記念号］、明治四四年七月発行）

諸子今各々卒業証書を受く、是れ諸子が多年辛苦の効果にして、亦将に活社会に入り其蘊蓄する所を施さんとするの第一歩なり。今卒業証書を手にして諸子の心中、云ひ知れざる欣快を感じつゝあるは正に其所なり、諸子の卒業を伝へ聞きたる諸子の親戚故旧亦然るもの有らん、諸子を教へて常に其成業に心を用ゐ、或は徳性の向上に或は體軀の健全に、戒心怠らざりし我等、殊に校長として予が、諸子の卒業を見社会の進展が如何に諸子の力に竢つかを思ひ、之を満悦に懐ふの情は決して諸子及其父兄親戚に譲ものに非るなり。明治四十四年七月十二日は、諸氏と我等に取りては正しく記念すべき目出度き日なり、我大学は今や将に成んとしつゝある記念大講堂の工事を督し、以て今日の用に充てしめ、諸子が健闘の生涯に入る第一日を祝して行を壮んならしめんと腐心したること、実に造次も忘られざりき、而も天は我等の意を汲まず、或は天候により或は人為に基き、未だ纔かにして工を竣る能はず、遂に今日来賓各位及卒業生諸氏を新講堂に延きて式を挙ぐることを得ざるは甚だ遺憾の事とす。併し乍ら我大学は昨秋を以て発展の一段階を劃し、又今春を以て創業三十年に達したり、されば来る九月下旬或は十月を期し、学界隆昌の為めに創立満三十年の祝典を挙げ、兼ねて本学出身者の卒業を更め祝さんとす。希くは諸子亦再び一堂に会し我等が諸子の為め満悦の情を表し諸子の多幸なる発達を祈るの思を承けられんことを然れども諸子は中学卒業当時に於ける如き童児には非ず、直ちに社会の各方面に突入して活躍し、其中堅を形成すべき専門学校卒業者なり、事に当りては実質を尚び形の如何を云為すべき軽薄の心を以て之に対すべきにあらず、されは諸子専門学校学生の卒業に在りては只卒業証書を受領し、多年侶に共に親しみ語られたる学友との別情を叙することを得れば足る可しと信ず然り而して卒業は諸子と学校との袂別の時なるのみならず、諸子の心中にも学校の側にも一種云ふ可らさる感情の来往する時にして、斯る際に荘重なる儀式を行ひ、将来世に処する道に対し学校の希望する所を述るは、述るに一段の熱あり聴くに一層の誠あり、互に永く記念するに資するものあるを以て式場の大小如何は固より問ふところにあらざるなり

茲に題目を改め予が諸子に対する最後の辞として諸子が、今後如何に世に処す可きかに付き、希望と勧告とを述ぶ可きの機会に到達せり。事甚だ滋く容易に尽す可きにあらずと雖、其大部分は三年有余の歳月を通じ機に臨み折に触れて述べたり、且つ多くは諸子既修の智識を以て自ら其宜しきに向ひ得べく、今改めて呶々を繰回すの要なかるべし、依て今痛切に感じつゝある二三事項に付き語らんと欲す。先づ述ぶ可きは外国語に対し将来諸子の一層其能力を啓発するに努め今日以上に発達を期すべきこと是なり。

之に関しては其習練に勉めらる可きを訓諭せること一再ならず、学校に在りても之か為めに幾多良講師を聘し、学習時間も比較的に多く課しあるなり、されば予は諸子が外国語の素養は十分ならんかと確信せり、然れとも之れを試験の成績に徴するに外国語に於て一二不十分の向あるを見る之れ抑も学校の施したる所誤れるか諸子の勉むる所良からさりしか、予は其非の必ず諸子に存したるを信ずるものなり、世間語ありと聞く、高等商業学校出身者は外国語の能力の明治大学出身者よりも一日の長ありと、諸子希くは今より出でゝ世の実務に従ふの傍ら、既修の智識を基礎として更らに外国語の能力の進歩に努力し世間の評者に反問するの勇気と実力とを養成せられんことを望む、これ在学中屡々述たる所なりと雖学生時代に於ける感得は活動時代に入りて後の感得と趣を異にせざる能はず、殊に今日の如く交通器具は日々進歩し、通信機関刻々に発達するに於ては、世界の距離は益々短縮せられ、昨彼国人の智識は今此国人の智識なり、此意味に於て国語は漸次に国境を失ひつゝありと云ふ可く、今日の社会活動の範囲に入りて外国語の

能力に缺くる所あるは、即ち不具の人と異る所なしと云ふ可し。次には體軀の養成の事なり、惟ふに法律政治科を卒業せる人の多数は、国家諸官署に職を求めらる、ならん、之に付きては先づ更らに国家の試験を経るの必要あり、其試験に応じ得べき学力を練磨し努力勉強せらる可きは云ふを竢たざる所なるが、兎角勉学出精する者は健康を疎外し易き傾きを有するものにして、折角学識に於て有為の材を擁し乍ら、體格に於て落第する者の多きは今日の実際なるにより、能く此点に留意せられ只一方に偏する無からんことを望む。最後に云ふ可きは処世上最も肝要の事に属す。凡そ法政商其科の孰れに属するを問はず、諸字(ママ)は将来何時かは実世間の人なり、就中今より直ちに世の実務に就く可き人にありては特に留意して聴かれん事を望む。諸子は今日迄学生々活を履み、学友双互の交りに於ても互に理義に通じ所謂理屈の判りたる人々の集合なりしを以て、諸般の事物意外に煩ひ少なく、其間意思の疏通も甚だ簡潔明瞭なりき、然るに実世間に在りては意外にも没分暁漢多きものにして、一度校門を後ろにして之を見れば内に在り硝子窓を透して眺め居たるとは甚しき相違あるなり、されは理屈一遍にては到底多数と調和し共同生活の進展に資すべき様もなかる可し。学生時代に於ける諸子は学問さへ励み理論にさへ通達せば優等生の栄冠を贏ち得たるものなるも、今後は寧ろ永き学生々活の無用なりしと感せらる、程に学問を其侭充用すること稀にして、殆んど総ての場合は学問によりて得たる智識をば形を変へ臨機に諸多事項に応用し以て功を収む可きなり、能々此意を體して世に処し人に施し所謂成功の域に達せられんことを望む。而して特に忘る可らざるは事に当りて常に忠実勤勉ならんこと之なり、蓋し凡そ事は序を以て成り、如何なる顕才達識の士と雖始めより長官支配人たるものに非れば、諸子の地位も先づ他の指揮に従つて活動すへき段階よりせざる可らす、故に上の四字を常に念頭より去らしめず、己れの執る所は他人の事にして亦己の務なる意を充分に體得して励精せらる可きなり、人の進路は多くの場合其才幹を他人に認識せらる、によりて開拓せらる、忠実勤勉の徳を具へて忘る、なからん限り長上の注意を喚起し其引立によりて諸子が目的とする所に達し得べきは火を見よりも明かなり。多年本学の薫陶を受けたる諸子に対し斯る事に関し長談義を試み蛇足を加ふるの必要なきを知る、宜しく機に臨み変に応じ、切角修得の才能を発揮し、忠実勤勉事に当て世を益し己れを進め、以て成功の域に達せられんことを祈る、（委員松田義雄筆記）

「余が明治大学を経営せる三十年間の苦心」

（『実業之日本』第一四巻二二号、明治四四年一〇月発行）

△本大学に関係する事三十ケ年

余は明治大学には既往三十年来関係して居るので、友人宮城浩蔵矢代操の両氏と余の三人にて法律思想普及の目的を以て明治十四年一月十七日本校を創立したのである。今や両氏ともすでに故人となり、日月飛ぶが如く本年の一月十七日で満三十年になつた。此間余は或は大学教授となり、大審院判事となり、或は弁護士となる等身上に於て幾多の変遷を為したが本校には絶へず関係を有して居つた。従来は教育事業の方は片手間の形であつたが、昨年五月弁護士を廃業して以来、専心一意学校に関係することゝなつたのである。

△自腹を斬つて校費を払ふ

偖て余が学校と関係して以来既に三十年になるが、此間随分相応の苦心もあつた。講師の月給が払へぬので借用証文を入れたり、又自分の如きは長く給料を取らなかつたのみならず、自腹を斬りて校費を支へて居たことさへあつた。本校も今日では斯くの如く隆盛になつて居るが、明治廿九年頃には衰微の極点に達したので、当時芝浦の見晴亭に会して学校の興廃を議したことさへある。

而して此会合の結果積極的進取策を講じて学校の発展を計るに決し、漸次衰運を挽回して今日の隆盛を観るに至つたのである。創立満三十年に際し往時を追懐すれば洵に感慨に堪へざるものがある。

△余が教育事業に従事せる動機

元来余は教育事業には従来から一種の趣味を有して居つたので、明治十四年に率先同志を糾合して本校を創立せるは畢竟此趣味の発揮に外ならぬのである。其後種々の職業に従事し幾多の俗務に鞅掌するに及んで益々教育事業に対する趣味の深大なることを感じ、愈々決心の臍を固めて専心教育事業に従事することゝなつたのである。一体余は何れかと云へば潔癖であるので此資質がドウも従来鞅掌し来れる幾多の俗務とは到底両立し難かつた。従て余は従来関係し来れる幾多の職業に対して遂に趣味を見出すことが出来なかつたのである。

△余が教育事業に対する趣味

然るに余は教育事業に対しては言知れぬ愉快と限りなき趣味とを感じつゝあるので、法律思想を普及して健全なる国民を作りつゝありと想ふと、何んとなく責任の重大なることを感ずると同時に、無限の愉快を感ずるのである。如何なる職業も国家に尽す点に於ては甲乙はあるまいが、教育事業の方は一層重大であるが如く感ぜらるゝ。又正直にして無垢なる青年学生に対すれば何んとなく清浄にして汚れなき感念に打たるゝのである。彼等の間には俗界の其れの如き陰険なる権謀術数がない。而して今や我校友は約七千名の多きに達して居るが、師弟の間に於ける情誼は洵に掬すべきものがある。足一たび都門を出でゝ地方にでも赴かば到処に彼等の温情に接して無限の感快を催ふすのである。

△余は斯くして官界を嫌へり

余は官界に居つた際には何れかと云へば俗務の方には関係せなかつた。即ち大学の教授となり参事院、司法省等の官吏となり、大審院の判事となる等色々変つたが、其間多くは法律の講義とか法律の編纂と云つた様な職務に鞅掌して居つたので、実際俗務に鞅掌したのは大審院判事を勤めて居た少しの間に過ぎなかつた。

斯くて余は自己の趣味を満足せんが為に同志の士と明治法律学校を設立し側ら之れに関係して居つた。然るに余が官吏にして学校を経営して居るのは、職を曠ふするものなりと云ふ、非難攻撃が一部に起つた。余は如何にも官界の窮屈なるに不快に堪へなかつたが、如何せん十五ケ年と云ふ義務年限が尽きぬので、暫し時機の到るを待つて居た。

△余は斯くして判事の職を辞せり

斯くて明治廿三年となり、愈々国会開設せられて、親友宮城浩蔵君は大審院判事の職を辞して逐鹿場裡の人となり芽出度当撰し、同時に弁護士となつた。

斯て余は益々早く民間の広濶なる天地に降りたいものと希ふて居た折柄、親友宮城君が死去せられたので、従来の関係上余は其後を引受くること丶なり、愈々大審院判事の職を辞して弁護士となつた。時は明治廿六年にて大審院判事にして弁護士となつたのは余が嚆矢である。

△余は斯くして政治界を逃れたり

偖て愈々宿望を達して民間に降つたが、偶と政治生活が如何にも面白い様に感ぜられた。折りから撰挙があつたので打て出たが、偖て実際関係して見るに及んで、買収とか其他の不正手段が行はれ勝敗の原因が多く之れに関係すると云ふ腐敗せる状態を観て、余の平生の潔癖は遂に之れに堪ゆること能はず、撰挙半ばにして断然意を決して逐鹿場裡を去つた。而して之れと同時に余は政治生活に向て意を断つに至つたのである。

△余は斯くして実業界に意を絶てり

其後余は実業家とならんとする希望を抱いた。而して其順序として先づ以て実業界の腐敗を矯正せんことを企て、某大会社を刷新改革せんとするの議を唱へた。所ろが世間では余の心事を誤解して或る一部では社会荒しなどと云ふ称号を附けた。斯くの如くにして議遂に行はれず、同時に余は自分の性質が実業界に適せざるを悟つたので爾来実業界に意を絶つに至つた。

△学校の経営に対する悪声

偖て余は明治廿六年弁護士を開業したが折りから学校の方に対しては何か余が営利的に経営して居るが如く悪声を放つものがあつたので、余は少しく厭気を感じ、心ならずも学校の方は等閑に附した。何んでも二ケ年間ばかりは学校に臨まずして自分の事務所内に於て校長の職務を執行せるが如く記憶して居る。

△余は斯くして弁護士を廃業せり

余は一昨年五月を以て最後の職業たる弁護士を廃業した。何様同業者が多いから自然競争と云つた様な姿となり、従つて先輩も後輩も区別がなくなり、職業とは云ふもの、、如何にも面白からざる感が起つた折柄、教育事業の趣味を熟々感じたので、断然意を決して弁護士を止し専心一意校務に鞅掌すること、なつた次第である。

（『明治学報』第一一一号［記念式号］、明治四四年一一月発行）

［創立三〇周年紀念式辞］

閣下竝に諸君、

明治大学は明治十三年に設立許可を得まして翌十四年の一月十七日に開校を致したのでございます。爾来当日を以て本校の記念日と致して居ります。当日から起算致しまして本年の一月十七日が満三十年に相当するのでございますが、当時建築中でございまして已むを得ず此秋季に延期致しまして今日記念式を挙行致す次第でございます。

三十年と申しますと、無窮の生命を有すべき法人に取りましては、誠に短い歳月でございます、決して記念式を挙行するなどと、大騒ぎをする程のことは無いのでありますが、併ながら其経営者たる個人に取りましては、三十年の歳月は実に人生の半でございまして、余り短いとは申せませぬ、殊に我明治大学は、今般此土地に校舎を移転致しまして、全部新築も落成致し、茲に一新紀元を劃したのでございます、而して此三十年間に卒業生を出すこと六千三百余人、現在の学生も亦四千三百有余人ありまして、可なりの盛況に至つたのでございます、本校創立の当時、有楽町の旧島原藩邸を賃借致しまして、此処に開校致しましたが、当時学生の数僅に四十四人、其時と今日とを較べて見ますると、誠に隔世の感に堪へないのであります。

又我国の有様より申しましても、今日では憲法以下の諸法典悉く完備致しまして、文物燦然たる法治国となつて居りますけれども、之を三十年前に見ますると如何にも不備なものであつて、政府当局者も二三の人を除くの外は、皆法律の必要を感じない、又国民に於きましても、矢張同じことである、当時纏つた法律としては、唯改定律例と云ふ如何にも不完全なる刑法が一つあつたのみである、民法もなければ商法の名も碌々知らない時代でありました、此時代に此学校を設けまして、法律学の教授を始めたのでございます、而も漢学教授などのやうに書物に依つてやるのでは無く、講師が自由に種々の参考書を取つて、自由に講義をすることを始めたのであります、其頃は既に只今の法科大学の前身たる東京大学の法学部がございましたが、其法学部でもまだ左様な自由講義をしない時代である、そこで私立学校で法律学を教授すると云ふことは、政府に於きましても甚だ好く見ない、或は危険思想を鼓吹しはせぬかと云ふことから、兎角厄介者として、種々の圧迫を加へられたのでございます、此明治大学は斯かる時代に出来ました、それと今日と比較しますると云ふと、我国情に於きましても実に隔世の思ひがあるのであります。

故に日本の三十年は諸外国の百年にも二百年にも価する、我明治大学の三十年も亦百年二百年にも価する感があるのであります、加之明治大学は此三十年間に於きまして、我国の文明殊に法律に関係致しまして、法律学の振興、法律思想の普及進歩に与つて、幾分国家に貢献して居ると云ふことは、信じて疑はないのでございます、茲に之を公言致しまするのも敢て甚しい僭越ではあるまいと、竊に喜んで居る位であります。

此故に我明治大学は僅々三十年でございますけれども、此記念の式を今日挙行するに至つたのでございます、而して既往を顧みまして将来益々奮励せんことを誓ひ、閣下並に諸君の御援助を得て、将来益々我文明に貢献せんことを期しまする。

之を今日の式辞と致します。

第Ⅲ部　履歴および関係記事

〔岸本辰雄家家譜〕

（鳥取池田家資料〇〇八一鳥取県立博物館所蔵、『明治大学百年史』第一巻史料編Ⅰ所収）

（表紙）

岸本平次郎家

備前ニテ被
召出年月不詳
至明治三年
土石方下吟味役ヨリ御取立

岸本平次郎家

（朱書）
「御家中家譜天保年間調製ノ処以後格式御取立ノ向家譜出来ノ儀文久元酉年被　仰出既ニ家筋書上ケ御記録モ安政五午年頃迄取調草案ノ儘中止トナリ明治二十年ニ至記録被　命其節右酉年従御取立ノ向家譜モ調製方被　命依テ藩家御分別ノ際明治四未年迄ヲ限御記録等ヨリ抜萃シテ調製之」

初代　岸本半兵衛

於備前御厩賄役被　召抱以後御国替之御供仕年数五十年相勤年罷寄

二代　半兵衛
名代勤被　仰付以後御徒御取立元禄七戌年跡目取被　仰付年数三拾年相勤病死

三代　半兵衛　初名新八
享保元申八月十六日跡式被　仰付年数弐拾七年相勤病死

四代　市右衛門　初名常太郎　新右衛門
寛保二戌八月十二日跡式被　仰付宝暦十一巳年御台所御帳付被　仰付明和元申九月御帳付御免安永四未五月学館御式台詰被　仰付同六酉年御廻米奉行被　仰付同八亥二月右御役御免同九子三月奥目付被　仰付天明七未五月病気依願右御免寛政九巳三月悴幸之助江代番勤被　仰付享和元酉六月市右衛門病死

五代　半兵衛　初名市三郎　幸之助
寛政九巳三月代番勤被　仰付初三年詰江戸相勤享和元酉十二月十三日跡式無相違被　仰付文化元子三月御勤部屋書記本役被　仰付同四卯四月病気ニ付退役同六巳年半兵衛与改名同八未十二月永々引籠居申ニ付遠慮被　仰付文政三辰三月廿一日病死

六代　平次郎　初名安之助
文政三辰十月七日跡式被　仰付幼少ニ付御支配之内五俵御減少拾三俵三人扶持被　仰付追而御奉公罷出候節御返し可被遣旨被　仰渡同十二丑十二月御奉公罷出候付右五俵御返し被遣天保二卯五月平次郎与改名同三辰九月御供番被　仰

付同八酉十一月於江戸御供目付被　仰付弘化二巳八月順席ニ付定　御目見被　仰付壱人之加扶持定扶持ニ御直し被遣
同四未五月御作事数類小払役江御役替被　仰付同年十二月藤田武右衛門上ケ屋敷拝領被　仰付嘉永二酉五月御破損奉
行被　仰付安政二卯四月道ノ手水樋道奉行兼帯被　仰付同六未十二月　御城下御絵図面御改正之処別而出精相勤候付
御褒美銀御上下壱被遣文久元酉三月御作事御仕法替ニ付土石方御役名替同三亥五月御加増五俵被遣

（朱書）
「以上御櫓附属根帳ニ因テ記之」

文久三亥年　分限帳

弐拾三俵　御作事方下吟味役

一　四人扶持　岸本平次郎

外給扶持六俵御小人壱人　御役料

文久三亥七月廿七日

一岸本平次郎儀左之通被　仰出其段御普請奉行江申渡之土石方下吟味役岸本平次郎儀此度為御締岩井郡湯村江御番所
出来ニ付御人御入用之処格式御取立之儀者重キ儀ニ付容易ニ難被為成筋ニ候得共先祖ヨリ
御家久敷御奉公申上候家筋之者平次郎儀茂御供目付以来弐拾七年相勤右之通御人御入用ニ付格段之訳を以格式御取
立被　仰付土着同所御番被　仰付候間引越相勤可申旨被　仰出候
但し齋藤山城同所番頭被　仰付置候付同人支配ニ被　仰付且又御取立後御法之年限有之候得共格別之御趣意も
有之ニ付右年限被成御免候事

慶応元丑六月十八日

一岸本平次郎儀此度御番所御模様替相成候ニ付湯村御番士人数被成御減九人ニ被成御定候間勤向之儀者番頭差図を請猶御締合等別而厳重可相勤旨被　仰出候事

明治二巳七月十二日　齋藤逸江

今般御番所御廃止被成先其儘土着被　仰付候間此旨支配之面々江茂可申聞候事

但非常警備之儀者是迄之通可心得候事

七月　弁務

明治六年　士族禄高取調帳

現米六石五斗七升壱合

一　同七石弐斗八升　岸本平次郎

但京枡

元扶持方直

平次郎倅

半治　明治二巳十月廿八日

一岸本平次郎儀悴牛治此度為修行新国隊江入隊為致申度旨願之通承届候事

同三午十一月廿三日　京都　岸本半治

戦卒山下静夫事件ニ付テ者不束之始末モ有之ニ付追而御所置之品茂有之候間謹慎其儘帰藩被　命候事

庚午十一月　　弁　事

平次郎二男
岸　本　辰三郎

明治元辰四月十八日　案詞

平次郎二男
辰三郎

御雇被成京都表御警衛詰被　仰付詰中荒尾内膳別組被　仰付

同年閏四月十四日　京都

一岸本辰三郎儀御国ヨリ今日到着申事

同年七月廿一日　京都

一岸本辰三郎儀外弐拾三名共如何之趣相聞候付先差控被　仰付置当節柄急度差心得茂可有之処右等如何之趣有之段不束之至ニ付此条被　仰付品有之候得共此度者格別ニ右差扣被成御免以来急度相心得候様被　仰付候事

同年十月八日　京都

一岸本辰三郎儀詰満ニ付御国江之御暇被　仰付候事

同三午六月廿八日　東京

一岸本辰三郎儀仏学自分為修行箕作貞一郎方江入塾致し居申処格別出精之趣相聞候ニ付此度更ニ修行被　命候事

〔岸本辰雄戸籍謄本〕

（鳥取県鳥取市役所所蔵、『明治大学百年史』第一巻史料編Ⅰ所収）

鳥取県邑美郡南本寺町二拾六番屋敷 明治廿二年三月廿七日鳥取県邑美郡掛出し町 九番屋敷転籍	士族 前戸主	亡父　岸本平次郎
明治五年九月日不詳相続	戸主	亡父平次郎三男 岸本辰雄 嘉永四年十一月八日生
明治十七年十一月十八日埼玉県南埼玉郡南青柳村 平民藤波萬壽二女入籍	妻	しま 安政二年十一月廿九日生
	長男	忠雄 明治十九年四月三日生

「岸本辰雄氏」

（『山陰新聞』第一一七五号、明治二三年五月一六日）

邑智、濔摩、安濃三郡（第四選挙区）より撰出すべき衆議院議員候補者たらんと希望する司法省参事官岸本辰雄氏ハ先般該三郡中に於て若干の土地を購入しけるが今度安濃郡波根村なる旧自由党員加藤某［公平］氏ハ右に関する計画準備の為め岸本氏よりの内意を受けて帰国したるやに聞けり

（『山陰新聞』第一一八四号、明治二二年六月三日）

「岸本辰雄氏と羽田均氏」

司法省参事官岸本辰雄氏ハ本県第四区より衆議院の議員に選出されんと地所を買入る、など百方奔走中なる由は屡々本紙に記載せしが氏ハ本県のみ当てにして万一目的の齟齬せんにはとの懸念よりか近頃ハ氏が本籍たる鳥取県下にも地所を買入れ同県よりも選出されんと百方奔走中なりと又自由党中の一人なりとか聞へたる在東京県人羽田均氏ハ先頃郷里津和野に帰りて衆議員(ママ)候補者周旋方を依頼し美濃郡益田に於て準備専ら怠らざりしが那賀郡にても氏の為に尽力するものありと。

高橋忠次郎（摂提子）編『帝国議会議員候補者列伝全』

（東京庚寅社、明治二三年四月刊）

岸本辰雄君伝　●鳥取県第二区●東京神田区猿楽町●士族●嘉永五年生

外西洋諸国ノ来リテ通交ヲ求ムルアリ内勤王諸士ノ起テ討幕ヲ唱フルアリ国内騒擾天下方サニ武ヲ尚フノ時ニ於テハ

弱齢ノ小童ヲ以テ赳々タル壮夫ヲ指麾シ大ニ武名ヲ鳴ラシ維新ノ大業漸ク成リ天下武ヲ偃セ文ヲ修メ政府亦鋭意庶政ヲ整理シ制度ヲ革新スルノ時ニ於テ出テ、我国未曾有ノ法典制定ノ業ヲ賛ケ退テ我国無比ノ法律学校ヲ総理シ天下ノ英才ヲ成育スルモノ是レ岸本辰雄君ナラスヤ嗚呼君ガ人民ヲ益スルコト此ノ如シ男児ノ素望亦以テ酬ユルニ足ルヘシ君嘉永五年ヲ以テ因州鳥取ニ生マレ藩ノ学館ニ入リテ広ク文武諸道ヲ修メ殊ニ天下ニ先ンシテ蘭式軍法ヲ学ヒ敏活勇毅ヲ以テ夙トニ一藩ニ名アリ歳甫メテ十五擢テラレテ半隊司令官トナリ命ヲ奉シテ京都ニ赴ク此ノ如キノ弱齢ヲ以テ此ノ如キノ官職ヲ受ク事実ニ創聞ニ属スルニ因リ闔藩囂々称誉ノ隆ナルノ極遂ニ嫉毀ノ至ルヲ免レサリキ蓋シ君ノ先考最モ剣ヲ善クシ一藩ノ師タリ故ニ其厳毅ナル庭訓ハ君ノ資性ヲ鍛錬シ君ノ伎能ヲ啓発シ君ヲシテ夙トニ屹然樹立スル所アラシメタリ已ニシテ君藩ニ帰リテ新国隊ニ入レリテ新国隊ハ少壮活潑ノ士相集マリテ組成セシモノナリ明治二年東京ニ出テ始メテ仏蘭西学ヲ修メ是ヨリ節ヲ折テ書ヲ読ム翌年政府貢進生ノ制ヲ設ケ各藩ヲシテ俊秀超倫ノ士一人乃至三人ヲ貢セシム鳥取藩亦三人ヲ貢ス君即チ其一人ナリ此制全ク廃セラル、ニ及ヒ藩又命シテ大学南校ニ入ラシム已ニシテ司法省明法寮ニ法律学校ノ設立アルヤ君転シテ之ニ赴カント欲ス南校惜テ許サス是ニ於テ窃ニ脱シテ之ニ赴キ明治九年業成リテ法律学士ノ学位ヲ得且仏国留学ノ命ヲ受ケ海ヲ航シテ巴里大学ニ游ヒ十三年二月仏蘭西法律学士ノ学位ヲ荷フテ帰朝シ直チニ判事ニ任セラル此間刻苦励精少シモ懈タラス故ニ席次常ニ優等ニ居ル仏国留学ノ栄ヲ得シモ亦職トシテ此レニ由ル是時ニ方タリ天下大ニ平カニ弓矢深ク蔵シテ文運大ニ熾ンニ泰西ノ学芸智識駸々トシテ我邦ニ入リ政事習俗全ク其旧観ヲ革タム君乃チ飜然トシテ悟ル所アリ且少年ノ客気已ニ去リ世故ノ経験漸ク熟シテ性行大ニ変シ内沈毅ニシテ外温良全ク少時ノ豪放ナリシニ似サルニ至レリ

爾後参事院議官補、法制局参事官ニ歴任シ今ハ従六位司法省参事官奏任官二等及ヒ法律取調報告委員タリ我政府久シク法典制定ノ業ニ従カヒ新タニ泰西ノ主義ヲ採リ併セテ我邦ノ旧慣ニ拠リ曩キニ刑法治罪法ヲ発布シ今将サニ民法商法訴訟法ヲ発布セントス五大法典燦然相映発シテ国家百年ノ利便ヲ成ス方ニ近キニ在リ而シテ君ハ帰朝以来此事ニ与

カリ終始十年余拮据鞅掌力ヲ茲ニ致シ賛助翼成スル処頗ル少カラストス

君カ朝ニ於ケル事業此ノ如シ而シテ其野ニ於ケル功績ハ更ニ是ヨリ偉ナルモノアリ初メ君ノ帰朝スルヤ講法学舎ナルモノアリ君ニ乞フテ其講師タラシム須臾ニシテ君ハ思フ所アリ之ヲ辞ス然ルニ学舎ノ生徒数十人尽ク君ノ邸ニ来タリ其任ニ留マルカ否カハ則チ新タニ一ノ法律学校ヲ起サンコトヲ乞フテ已マス是ヨリ先キ君大ニ我邦人民ノ久シク圧制ノ治下ニ慴伏シテ権利ノ感想ニ乏シク法律思想ノ広播セサル可カラサルヲ感シ政府モ亦孜々トシテ法学発達ヲ謀ルモ其功未タ成ラス而シテ一方ニ於テ早ク已ニ其弊ヲ生シ法律ヲ奇貨トシテ濫リニ訴訟ヲ煽起スル者アリ人民亦法学ヲ見テ健訟争利ノ具ト為スニ至レルヲ以テ深ク之ヲ慨シ自ラ匡正ノ道ヲ講セントスルノ志アリ会々講法学舎生徒ノ懇請アリ乃チ意ヲ決シテ一二同志ト謀リ明治十四年一月ヲ以テ法律ノ学校ヲ東京ニ起シ博ク各国ノ法理ヲ教ヘ遂ニ進テ政治ノ一科ヲ設ケ凡テ法律政治及ヒ経済ノ学理ヲ授ク特別認可明治法律学校即チ是レナリ爾来君ハ主トシテ力ヲ校事ニ致シ校務ヲ処理拡張シ且懇篤ニ教授ノ労ヲ執ルヲ以テ学生日ニ加ハリ今日ニ至ルマテ贄ヲ執リテ来リ学フ者無慮五千有余人業ヲ卒ヘテ校友タル者六百有余人ニ上ホル而シテ此等ノ人々ハ皆朝ニ野ニ或ハ判事タリ或ハ理事タリ或ハ代言人タリ或ハ新聞記者タリ邦家人民ヲ裨益スルコト実ニ浅尠ナラス今日現ニ校ニ在リテ学ニ従フ者一千四百余人ナリ曩キニ該校ノ校長教頭等職員ノ制ヲ設クルヤ君推サレテ校長タリ而シテ講師ノ任ヲ兼ヌルコト旧ノ如シ

君カ施設画策ノ力ト教授ノ誠摯周到ナルトヲ知ル者ハ亦該校カ今日ノ隆盛ヲ致シ今日ノ地位ヲ得而シテ無数ノ英才秀逸ノ士ヲ出シテ社会ヲ裨益スルコトノ偶然ニ非サルヲ知ル可シ

君ノ著書亦数種アリ広ク世ニ行ハル若シ夫レ君カ抱持セル政治上ノ思想ニ至リテハ久シク仏国自由ノ空気中ニ起臥シ且該国諸政事家ト交ハリシヲ以テ大ニ進歩主義ヲ懐クモ而モ仏国ノ弊タル軽躁過激ノ論ヲ喜ハス即チ仏人カ進取ノ思想ヲ以テ英人カ沈着ノ気象ヲ尚トヒ保守ニ陥ラス急進ニ失セス中正ナル進歩主義ヲ執レリト云フ然リ而シテ年齢方サニ三十九歳人生最モ為スアルニ足ルノ時ニ属ス君ノ前程亦多望ナリト云フ可キナリ

武部弁次郎（竹雨）編『在野名士鑑』巻之二

（竹香館、明治二六年五月刊）

外、西洋諸国の来て修交を促かすあり内、志士の起て勤王を唱ふるあり国勢岌々、天下方に武を尚む此時に於て妙齢の小童を以て赳々たる壮夫を指麾し武名大に鳴る既にして維新の大業漸く成り天下武を偃せ文を修め政府亦鋭意庶政を整理し制度を革新す此時に於て出で、我邦未曾有の法典制定の業を賛け退て我邦第一の法律学校を綜理し天下の英才を成育す嗚呼男児生れて君の如くんば宿昔の志望以て酬ゆるに足らん歟

君嘉永五年を以て因州鳥取に生まれ藩の学館に入りて広く文武諸道を脩め殊に天下に先じて蘭式軍法を学び敏活勇毅を以て夙に一藩に名あり歳甫めて十五擢でられて半隊司令官と為り命を奉じて京都に赴く此の如きの小童を以て此の如きの官職を受く事実に創聞に属するを以て闔藩囂々名声大に隆し既にして藩に帰り新国隊に入りて益々兵事を究む明治二年初めて東京に出て節を折て書を読む翌年政府貢進生の制を設くるや鳥取藩乃ち君を貢す此制全く廃せらる、に迨び藩又命じて大学南校に入らしむ後、司法省に法学校の設立あり君転して之に赴かんと欲す南校惜て聴さず於是乎窃に脱して之に赴き明治九年業成りて法律学士の学位を得、且仏国留学の命を受け海を航して巴里大学に游び十三年二月法朗西法律学士の学位を荷ふて帰朝し直ちに判事に任ぜらる此間刻苦励精少しくも懈らず故に席次常に優等に居り仏国留学の栄を得しも亦職として此れに因る

爾後参事院議官補、法制局参事官、司法省参事官及び大審院判事に歴任し其間或は法律編纂委員たり或は法律取調報告委員たり又或は法律施行取調委員たり之を要するに帰朝以来常に新法典編纂の大業に従事し終始十余年殆ど一も俗

務に関せず拮据鞅掌一に力を茲に致し賛助献替する所頗る鮮からずとす
君が朝における事業斯の如し而して其野に於ける功績は更に焉れより大なるものあり始め君の帰朝するや講法学舎の乞に応じて其講師たり須臾にして思ふ所あり之を辞せしが学舎の生徒数十人尽く氏の邸に至り其任に留まる歟否ざれば則ち別に一法学校を起さんことを乞ひ悃請已まず是より先き君大に我邦人民の久しく圧制の治下に慴伏して権利の感想に乏しく法律思想の大に広播せざる可からざるを感ぜしに会々此請あり乃ち志を決して一二同志と謀り明治十四年一月を以て法律学校を東京に起し汎く各国の法理を教へ遂に進んで政治の一科を設け政治経済の学理を授く今の明治法律学校即ち是なり爾後君は推されて校長と為り大に力を校事に尽し校務を庶理し拡張し且教授の懇篤なる学生日に加はり今日に至るまで贄を執りて来り学ぶ者無慮五千有余人、業を卒へて校友たる者亦一千有余名に至れり而して此等ハ皆朝に野に或は判事たり理事たり或は代言人たり新聞記者たり邦家人民を裨益すること尠からず其隆盛其効績実に我邦無数私立学校の巨擘たりと謂ふ可し
君久しく官海の羈絆を脱せんと欲するの志あり今茲二月遂に決然大審院判事の栄職を辞し盛に代言の業務に従事せらる而して君は以後漸く各地有志の懇望に応じ大に政界に雄飛するの志ありと云ふ若し夫れ君が政治上の思想に至りては久しく仏国自由の空気中に起臥し且談国諸政事家と交はりしを以て大に進歩主義を懐くも而も仏国の弊習たる軽躁過激の論を喜ばず即ち仏人が進取の思想を懐て英人が沈毅の気象を尚み保守に陥らず急進に失せず中正なる進歩主義を執るに在り君が年歯、尚壮、人生最も為す有るに足るの時に属す君の前程亦多望なりと謂ふ可きなり

［岸本代言事務所広告］

（武部弁次郎編『在野名士鑑』巻之二、竹香館、明治二六年五月刊）

今般大審院判事ノ職ヲ辞シ代言ノ業務ニ従事ス

神田区仲猿楽町二十二番地　岸　本　辰　雄

民刑訴訟、行政訴訟ノ代言、弁護、鑑定其他法律ニ関スル事務一切依頼ニ応ス但シ小事件特別規則ニ依リ之ヲ取扱フ

東京京橋区西紺屋町九番地

岸本代言事務所

日本法律学士
仏国法律学士　代言人　岸　本　辰　雄

電話番号　本宅四一六番　事務所三六三番

久保田高三編著『東都状師月旦』第四巻

（蒼龍窟、明治二六年八月刊）

岸本学士足下、足下の判事として大審院にあるや所謂伴食宰相たり故に世人ハ皆な其民間に下りて技倆を揮ハんこと

を望みたり足下果して民間に下り状師となるや世人ハ皆な其腕前を見んことを望みたり而して足下か爾来の成蹟果して能く世人の期望少なくも部下法学生の期望を満足せしめたるや否や余輩不幸にして未た之を見る能さるを憾む然れとも足下の名声ハ夫の弄花事件の張本人の一人として、将た学士社会負債家の一人として最も赫々朝野に喧伝せり蓋し此名声ハ後世に伝りて永く滅せさるものなるへきか、然らば彼の桓温の語ばにあらぬも男子生れて名なからんよりも其名を子孫にまで残すべき程の働きを為したる足下の栄も亦大なりと云ハさるを(ママ)ず豈に亦焉んぞ其名の醜と美とを問ふに及ばんや

岸本君足下、人ハ云ふ足下ハ東都状師界一流の学者一流の人物なりと余ハ固より其第一流か第二流かそんな事は頓と知らすと雖も足下か前の大審院判事従何位仏国法律学士兼日本法律学士明治法律学校々長と云へる法尚入道的肩書を以て滔々たる俗物多き其間に馳騁す何ぞ亦今にして其名の高きを云々するに及ばんや

（『明法誌叢』第二二号、明治二六年一二月発行）

［岸本訴訟事務所広告］

日本法律学士仏国法律学士岸本辰雄先生ハ久シク参事院及ヒ大審院ニ其職ヲ奉シ上告訴訟及ヒ行政訴訟ニ就テハ頗ル経験ニ富ミ且ツ最モ得意トセラル、所ナリ曩キニ弁護士ノ職ニ従ヒ当事務所ヲ設ケラレテヨリ日曜日及ヒ大祭日ノ外ハ日々午前八時ヨリ午後四時迄親シク依頼者ニ接シ其律(ママ)務ヲ視ラル且ツ当事務所ニハ熟練ニシテ懇篤ナル数名ノ弁護士出張シテ其事務ヲ補助ス当事務所ノ規則ハ請求ニ応シ之ヲ郵送ス可シ

岸本訴訟事務所

民刑弁護鑑定ノ依頼ニ応ス

電話三六三

東京市京橋区西紺屋町九番地
岸本訴訟事務所

日本法律学士
仏国法律学士
弁護士　岸本辰雄
弁護士　井本常治
弁護士　町井鉄之介
弁護士　小泉福蔵
弁護士　山浦武四郎
弁護士　小島重太郎

清兮閑人「弁護士列伝　日仏法律学士弁護士岸本辰雄君」

（『日本之法律』第六巻九号、明治二七年九月発行）

君は因州鳥取の人なり、嘉永五年を以て其郷里に生る、生れて頴悟、総角の中に嶄然頭角をあらはす、稚にし家庭の教育を受け、幼にして藩の学校に入り、文を学び武を習ふ、其発達の早く、其進歩の速なる、吾人の耳聴を驚かすものあり、君は実に若冠にして已に一隊の兵の長となれり、

王政、古に復り、社会漸く靖謐と為るや、君の慧明は早くも後来の趨勢を察し、文事の勉めさるべからさるを悟り、笈を負ふて東京に出で、是より心を一ら学事の講習に委ぬ、其政府の貢進生を各藩に募るや、君の如き英雋豈其選に

洩れんや、藩に撰はれ、政府に採らる、後命ぜられて大学南校に入り、転じて司法省設立の法学校に入る、九年、優等を以て其業を卒へ、法律学士の称号を授けられ、且仏国留学を命ぜらる、超えて四年、其志せし所の学業を果し、法律学士の桂冠を戴きて帰る、

君の官に於けるの履歴は甚だ古く、而して赫々たる名誉の之に伴ふあり、衆人の均しく瞻仰して欣羨に耐えさる所なり、乃ち留学より帰りて後は、直に判事となりて訟廷に臨み、帝国に於ける争訟の判者と為りてよりは、曰く参事院議官補、曰く法制局参事官、曰く司法省参事官、目〔ママ〕く大審院判事、転任更補、一に止らずと雖も、常に緊要切実、而して名誉ある地位ならさるなし、殊に此間に於て、或は法律取調報告委員と為り、或は法律編纂委員と為り、次て帝国立法の大業に、献替補翼を尽せるの事は、吾人国民の、決して其功績を忘るべからざるものたるなり、

殊に法律の黌舎を立て丶、法律学の普及を計り、遂に今日の如く斯学の旺盛を見るに至りし其恵澤に付ては吾人の謝せざらんと欲するも得さる所なり、見ずや、駿河台上、巍然空に聳ふるの校舎を生徒の日に出入するもの幾ど千に達し、其業を果して之を出てしものは、幾千なるを知らず、或は講義録の発刊に従ひ、或は著書の刷出を為し、或は雑誌の出版を企て、若くは又演説の会を開き、此校の、斯学の普及の為に尽せし事に就ては、幾と僂指に遑あらざらんとす、此校舎を何とか為す、曰く明治法律学校、又其の創設者を誰とか為す、曰く岸本辰雄君、ア丶岸本君の法学界に於けるの成績、豈其れ忘れて可ならんや、吾人は、深く之を心に記して、永く之を謝せざるべからざるなり、

君、昨二十六年の春、世の大勢に察する所あり、大審院判事の名誉ある椅子を離れて、弁護士の群に入れり、弁護士社会は之を歓迎したるも、在朝人士は大に之を悼惜せりと云ふ、

君の朝野に於けるの履歴は大概斯の如し、若し夫れ其性行に至ては、温良蕭灑、浮美を厭ふて着実を旨とし、思慮綿密にして、而して事を為すに序あり、久しきに亘りて倦まず、是れ既に人の得難き所、然るに、君は尚ほ人に降るの美徳を有して、苟も傲慢に流る丶ことなし、弁護士社会の、之を来れるに驩迎し、官吏社会の之を去れるに惜みたる

は、実に故ありと謂ふべき也

（出版社不詳、明治三一年八月刊）

東恵雄著『明治弁護士列伝』

君は因州の人なり嘉永五年を以て其郷鳥取に生る幼にして頴悟父母之を鍾愛す稍や長ずるに及んで藩の学校に入り頗る才名あり夙に蘭式軍法を講じ機敏神通を以て称せらる歳十五擢んでられて半隊司令官と為り命を奉じて京師に赴く嗚呼君が眇々乳臭の身を以て能く老輩と伍し其職を全ふす其以て異数と称せられ声名隆々として闔藩を傾けしもの亦故なきにあらず後ち帰りて新国隊に入り益々兵事を励精す

凡そ伸んと欲する者は必ずや先づ屈せざる可らず明治二年君始めて東京に出で節を屈して青書を繙く翌年政府貢進生の制を設く藩乃ち君を以て之に充つ既に廃せらるゝに迨んで藩又君をして大学南校に入らしむ其後司法省法学校を置く君転じて之に徙らんとす南校惜んで之を許さず於此乎君窃かに脱して之に赴く明治九年螢雪の効成り業を畢へて法律学士の称号を得同時に仏国留学の命を受けて仏国に赴き巴里大学に入り深く法理の蘊奥を究め同十三年二月仏国法律学士の学位を負ふて帰朝す其得意想ふ可し後直ちに判事に採用せられ頗ぶる明判事の称ありたり

爾後参事院議官補法制局参事官司法省参事官及び大審院判事に歴任し時に或は法律編纂委員と為り或は法律取調報告委員と為り又或は法律施行取調委員と為り要するに帰朝以来常に新法典編纂の大事業に従事し十有余年始終一日の如し我邦法典が君の為めに得たる所豈敢て鮮少なりとせんや君の栄誉は斯の如く夫れ大なり然れども之れ其原因なきにあらず蓋し其経営の苦常人の企て及ぶ所にあらざる事之れなり

君朝に在りて已に斯の如し其野に於ける偉業も未だ決して没す可からざるものあり始め君の帰朝するや講法学舎の講師を嘱托せられ須臾にして所思あり之を辞す生徒等は固く其留任を乞ひ若し許されずんば一法学校を創立せん事を以てす君此時深く時世に慨する所あり遂に其乞を許し決然起つて同志を糾合し明治十四年一月を以て一学校を設立す実に今の明治法律学校是れなり後君推されて校長となり校務を整理す全国君の下に薫陶を受けたるもの無慮六千人而して已に業を卒へたるもの一千有余名の多きに至れりと亦以て盛なりと云ふ可し君久しく官海の腐敗を慨するの志ありて明治二十六年二月断然大審院判事の職を辞し野に下りて弁護士と為り盛望日に颺る爾来君は大に政海に向つて雄飛せんとする志ありて未だ果さず正に是れ大鵬の翼を収むるの時なりと云ふ可き歟

君が商法制定に於ける勉めたりと云ふ可し浩瀚なる商法中其如何なる条項と雖も曾て君の手を経ざるもの稀れなり商法のある処は君必ず之と共に在り商法と君とは之を別にして論ず可らず或者は商法博士の尊称を以て君を呼ぶに至れり宜なる哉君が商法に博通せる事をや

嗚呼駿河台上講堂の峩々たるものあるは之れ実に明治法律学校なりとす今や業を卒へて此校門を出でたるものは全国至る処に充満せり或は実業家となり或は弁護士となり或は判事となり或は新聞記者となる亦盛大なりと云ふ可し明治法律学校は実に君が名誉の紀念碑として君の声名と共に永く後世に伝へらる可きものたり

君資性は磊落闊達其態度は謹慎其風采は淳樸而して宏量海の如く能く万人を容る此に於て乎君に従ふ者啻に青年子弟のみに止らず老年先輩の士亦悉く敬服す君が法庭上の弁論は未だ敢て軽調流麗遠く春山を画けるが如くならずと雖も森厳明晰簡にして能く其要を得恰も巨人の歩の如く敢て軽しく踏まずして一歩は一歩よりも重し故を以て其弁論は毎に裁判官の肺肝を射る而して其一種の愛嬌は君の最も敬愛を受くる所たり故に其朝に在りて判事となるや能く犯者の志を得野に下りて弁護士となるや訟件陸続として其門に萃まる嗚呼君が天賦の特性は君を利益する所豈鮮少なりとせん乎

田能邨梅士著『明治法律学校廿年史』

（講法会、明治三四年六月刊）

外、西洋諸国の来て修交を促かすあり。内、志士の起て勤王を唱ふるあり。国勢岌々、天下方に武を尚ふ。是時に於て、妙齢の小童を以て、赳々たる壮夫を指麾し、武名大に鳴る。既にして維新の大業漸く成り、天下武を偃せ交を修め、政府亦鋭意庶政を整理し、制度を革新す。是時に於て、出て丶我邦未曾有の法典制定の業を賛け、退て我邦第一の私立法律学校を綜理し、天下の英才を成育す。嗚呼男児生れて君の如くんば、宿昔の志望亦以て酬ゆるに足らん歟。君嘉永五年を以て因州鳥取に生まれ、藩の学館に入りて、広く文武諸道を修め、殊に天下に先じて蘭式軍法を学び、敏活勇毅を以て、夙に一藩に名あり。歳甫めて十五、擢でられて半隊司令官と為り、命を奉じて京都に赴く。此の如きの小童を以て、此の如きの官職を受く事、実に創聞に属するを以て、闔藩囂々、名声大に隆し、既にして藩に帰り、新国隊に入りて、益々兵事を究む。

明治二年初めて東京に出て、節を折て書を読む。翌年政府貢生(ママ)の制を設くるや、鳥取藩乃ち君を貢す。此制全く廃せらる丶に迫ひ、藩又命して大学南校に入らしむ。後司法省に法学校の設立あり、君転して之に赴かんと欲す、南校惜て聴さす、於是乎、竊に脱して之に赴き、明治九年業成りて法律学士の称号を得。且仏国留学の命を受け、海を航して巴里大学に遊び、十三年二月法朗西法律学士の称号を荷ふて帰朝し、直ちに判事に任せらる。此間刻苦励精少しも懈らす、故に席次常に優等に居り。仏国留学の栄を得しも、亦職として此れに因る。

爾後参事院議官補、法制局参事官、司法省参事官及ひ大審院判事に歴任し、其間或は法律編纂委員たり、或は法律取調報告委員たり、又或は法律施行取調委員たり。之を要するに、帰朝以来常に新法典編纂の大業に従事し、終始十余年、殆と一も俗務に関せす。拮据鞅掌一に力を茲に致し、賛助献替する所頗る鮮からすとす。

君か朝に於ける事業斯の如し。而して其野に於ける功績は、更に焉れより大なるものあり。始め君の帰朝するや、講法学舎の乞に応して其の講師たり、須臾にして思ふ所あり、之を辞せしが、学舎の生徒数十人尽く氏の邸に至り、其任に留まる歟、否ざれは則別に一法学校を起さんことを乞ひ、悃請已ます。是より先き、君大に我邦人民の久しく圧制の治下に慴伏して、権利の感想に乏しく、法律思想の大に広播せさる可からさるを感せしに、会々此請あり、乃志を決して一二同志と謀り、明治十四年一月を以て、法律学校を東京に起し汎く各国の法理を教へ、遂に進んで政治の一科を設け、政治経済の学理を授く。今の明治大学即是なり。爾後君は推されて校長と為り、大に力を校事に尽し、校務を庶理し、拡張し、且教授の懇篤なる学生日に加はり、今日に至るまで、贄を執りて来り学ふ者無慮五千余人。業を卒へて校友たる者亦一千有余名に至れり。而して此等は皆朝に野に、或は判事たり、理事たり、或は代言人たり、新聞記者たり、邦家人民を稗益すること尠からず、其の隆盛、其の效績、実に我邦無数私立学校の巨擘たりと謂ふ可し。

君久しく官海の羈絆を脱せんと欲するの志あり、今茲二月遂に決然大審院判事の職を辞し、盛に代言の業務に従事せらる。

日本力行会編『現今日本名家列伝』

（出版社不詳、明治三六年一〇月刊）

年甫めて十五歳既に一隊の司令官となる豈に尋常の材ならんや転じて法学界に身を投ずれば忽ち一方の驍将となる豈に尋常の材ならんや貧弱なる個人の力を以てよく遂に一個の大学を設立する豈に尋常の材ならんや然り確かに非凡の人材たるに相違なき岸本辰雄君は旧鳥取藩の士嘉永五年を以て生る幼にして文武の才能早く衆に擢ずるものあり夙に蘭式軍法を修め年十五歳の時一隊の司令官となり藩命を奉じて京都に至るや人皆呆然として驚かざるなく其真才に服せざるなし維新の大変革遂に成るや忽ち大勢の赴く所を看取して私かに決する所あり遥々東都に出で来りしは明治二年の事に属す爾来大学南校司法省法学校等に於て専心法学の研究に従ひ明治九年全く其業を終へ法律学士の称号を得直ちに仏国留学を命ぜられ巴里大学に於て専心法学の研究に従ひ遂に法律学士の学位を受け多大の新智識を収めて十三年に帰る爾来参事院議官補・法制局参事官・司法省参事官・大審院判事等に歴任し且つ各種法律編纂施行取調等の委員を初め新法典編纂其他の委員として日本法律の発達完成に貢献する所一々挙げて数ふ可からず先是帰朝の当時本邦法学界の状態を見て其幼稚不振を慨し遂に繁激なる公務の余暇を以て東奔西走同志を糾合し明治十四年一月を以て遂に明治法律学校を設立するに至れり爾来常に自ら其経営に任じ漸次後進の教養と法学の普及発達とに尽瘁す明治二十六年に至り思ふ所あり大審院判事の職を辞して民間に下り爾来専ら弁護事業に其学識と手腕とを揮ひ名声隆々忽ち技を斯業社会に与ふるに至る且つ学校の発達は一年々々其度を加へ三十六年更に一段の飛躍を試み全く旧来の面目を一新して明治大学となし海外留学生をすら派遣して今後益々法学界に威を振はんとす今や其名声信用既に確然とし

て亦動かす可からず当代の大人物を以て目するもの啻に其学生のみに止まらず天下挙つて皆之を称す豈に又偉大ならずとせんや（神田区三崎町二、一三電本四一六）

無名氏「弁護士評（六）岸本辰雄君」

（『法律新聞』第一八三号、明治三七年一月発行）

君の弁論は言々皆肺肝より出で試に慎重である、君が刑事々件で無罪弁護をやると如何にも被告は冤罪であるかの如き感が起る又君が民事々件にも非常に忠実なのは実に模範とするに足る可しだ、云ふ迄もなく「優」の優たるものである。

法律経済新報社編『近世法曹界逸話』

（法律経済新報社、明治三九年一〇月刊）

明治大学長法学博士弁護士岸本辰雄の初め此校を興すや、実に一万八千円の鳥金を借る。校の組織漸く成りて債鬼既に門に在り、償却の方法頗る難儀を極む。博士の苦心焦慮、念頭忽ち一名案の浮ぶあり、乃ち新聞紙に広告すらく、凡そ入学の生徒にして、一時に百円を前納する者は、一年間月謝を要せず、将た寄宿料を要せずと。計略その図に中つて、立どころに二百数十人の前納寄宿生を得、容易に一万八千円を返済したるのみならず、前納者以外の生徒亦た頓に増加して、講師の報酬その他の校費を弁ずるに余りあり、遂に今日の隆盛を致せりといふ。爾来智恵岸本の名は大に同人間に持囃されしが、一日衆議院議員弁護士磯部四郎、博士と共に浅草公園に遊び凌雲閣を仰ぎて、笑つて博士を顧りみて曰く、君は智恵者なり、一番この十二階の向ふを張つて、大富士を建て丶はどうか、その収益必らず凌雲閣を凌ぐものあらんと、博士唯だ苦笑するのみ。

（国鏡社、明治三九年一二月刊）

飯山正秀編『成功偉人名家列伝』一

岸本君の歴史を検覈し来れば初め武人より法律家となり学者を以て迎へられ又実業界に於て其手腕深く信ぜらる実に社会万能の士と云ふべし其天下の為めに公益する所豈少しと云ふべけんや

君は旧鳥取藩主池田侯の世臣にして嘉永五年旧城下鳥取市に誕生し幼にして剛毅尚武の気風あり和蘭式軍法を学んで歳甫十五半隊司令官に抜擢せられ京都出張を命ぜらる郷党以つて異数となし神童の誉れ当時に高かりし而して後君私に天下の大勢に鑑みる所あり剣銃を抛ちて東京に来り仏蘭西学を講修したり

蓋し君が当時の志を遡れば或は武人たるの希望なりしや知るべからざりしも明治三年鳥取藩俊秀を以て貢進生に挙げ大学南校に入りてよりは法律政治の学を講究せんとするの志あり一旦開成学校官費生に挙げられたるも自から転じて司法省明法寮官費生となりたり是より君は明法寮に於て仏蘭西法律学を卒業し明治九年法律学士の称号を得て直ちに仏国巴里府学生に撰抜せられ巴里大学に於て仏国法律学士の学位を得て同十三年帰朝し判事の官に任ぜられたり

又君が仏国より帰朝する先き我国に講法学舎なるものあり君亦其講師に聘せられて仏蘭西法律学の教授に任じたりし

も其組織未だ完全ならざるを以て君は深く時勢の必要に促されて西園寺公望光明寺三郎等仏国より帰朝の諸学士と相議し明治法律学校を設立せられたり是れ実に明治十四年一月なりき

抑も此学校は初め専ら仏国法律をのみ教授したりしも今日に至りては日本の諸法典漸く完備したるを以て和仏両法律を折衷して之に英独の法学をも加味する所あり完全たる法律学を教授するに至り常に学生数千を以て称せられ今日は海外留学生をすら派遣するに至り設立以来君は校長校主にして尚ほ一進歩を加へて明治大学の新設を企画せられ遂に其の目的を達し数拾万円の準備金を調達して明治大学を開き後法学上学績を以て文部大臣の推薦に依り法学博士を授与せられたり

蓋し岸本君の法学教育熱心にして今日明治大学の盛を見るに至るまでの経歴は苦辛経営忍耐剛志の結果ならざるを得ず一読自ら敬虔の情を生ずるに至れり其歴史の大略に曰く

岸本君等は嘗て司法省法学校にある時仏国教師ボアソナード氏常に諭して曰く諸君は成業の後法官或は弁護士或は法学教師となる事自由なれども法学普及の為めに尽瘁すること最も必要なり其理由は日本の如く封建の制数百年相踵き命令服従の習俗牢乎として抜けず人民義務の観念に富むも極めて権利の観念に乏し権利の観念を鼓吹するは日本にあつて特に急要なればなりとあり君は矢代君と共に常に此教誨を奉じ忘るゝ隙なかりし故に仏国留学より帰朝するや明治十三年矢代の講法学舎を助けて其教授に任じたるも同年中学舎内に紛議あり岸本君は退身して新帰朝の法律学士宮城浩蔵君と矢代操君に議りて私立専門学校を設立したり是れ即ち明治法律学校にして明治四十四年一月十七日開校の典を挙げたり恰かも此時は民権の論天下に喧く四方の志士政府に反抗して民撰議院開設を主張する最中なれば、大革命の余りを承けたる仏国法理を講し権利自由を説くもの争でか当局者の嫌疑を免れんや現に第一期入学生四十四名の学生中二人の国事探偵を含みたり既にして侯爵西園寺公望君の仏国より帰朝するあつて明治法律学校の講師となり君の責任幾分を分担したり当時学生には月謝を徴集せず入塾生は五十銭通学生は三十銭の校費のみなれば学校盛大なるに従つて学校の会計は益々窘迫し創立者三人は元より西園寺其他の助力者も報酬を受けざるのみならず自費を以て学校費用を分担したり其間補助を受けたるものは岸本君の旧藩主池田輝知侯爵が司法省第二期生たりし縁故を以て毎月金二十円づゝ四ケ年間の喜捨をなしたるの外一切局外者の寄附及補助を受けたることなし而して明治法律学校は始め麹町区有楽町島原邸に賃居したるも遂に駿河台に新築したりき今日に至り既往を追懐すれば此時に至るまでの苦辛惨怛は実に言語に昇すべからざる体のものあり特に創業以来岸本君等を助けて今日之大成を致したるものは同学生弁護士斎藤孝治君なりとす爾来幾多の変遷を得て逐(ママ)に時運の必要に応じ専門法律学校の合併論を主張し他学校の同意なきを以て遂に明治大学設立の業を起したるなりと云ふ
是より前明治二十六年二月君は故ありて大審院判事を辞職して弁護士の業を開き専ら人民の冤枉を雪伸するを以て自任し其法律智識あるに加へて訴訟を丁重に審案し法廷に奇勝を博するもの少からず世人呼んで法律上の神明なりとなすに至れり
随て君の収入は夥多なるを致し嘗て司法官在職中は少額の官給に加へて学校の分担負債等あり一家をも支ふるに足らざりしか弁護士開業以来は巨万の資産を蓄へ法曹社会の富家として其実業界に信用あるもの一世に高し嗚呼当代の偉人なるかな

（『法律新聞』第五七三号、明治四二年六月発行）

「岸本博士の弁護士廃業」

明治大学校長にして弁護士たる法学博士岸本辰雄君は同大学が近来著しき発展を来したると同時に校務次第に繁劇を

加へたるを以て責任両立せざるを悟り且つ教育家にして往々虚名を擁し責任を重せざるものあり他の子を賊ひ只管利名に走るが如き学界の為め憂ふべき傾向なるを以て先づ自ら其範を示さんとし則ち弁護士を廃業して専心教育界に貢献せんことを期し五月三十一日弁護士名簿の登録の取消を申請せられぬ想ふに同君の材幹を以てせば左右に雙刀を揮ふも十分の余力あるべきに自ら育材に半世を犠牲とせらるゝの心事洵に欽すべし、我社は却て之れが為めに弁護士会の一元老を失へるを惜む尚ほ同君の詳細なる履歴は次号に掲ぐべし

（『法律新聞』第五七四号、明治四二年六月発行）

「岸本博士の閲歴」

弁護士を廃業せられたる岸本博士の閲歴を聞くに、博士は嘉永五年を以て因州鳥取に生まれ藩の学館に入りて、広く文武諸道を修め、殊に天下に先じて蘭式軍法を学び、敏活勇毅を以て、夙に一藩に名あり、歳甫めて十五、擢でられて半隊司令官と為り、命を奉じて京都に赴く、此の如きの小童を以て、此の如きの官職を受くる、実に創聞に属するを以て、闔藩囂々、名声大に隆し。既にして藩に帰り、新国隊に入りて、益々兵事を究む。明治二年初めて東京に出で、書を読む。翌年政府貢進生の制を設くるや、鳥取藩乃ち博士を貢す。此制全く廃せらるゝに迫ひ藩又命じて大学南校に入らしむ。後司法省に法学校の設立あり、博士転して之に赴かんと欲す、南校惜んで聴さす、於是乎、窃に脱して之に赴き、明治九年業成り法律学士の称号を得。且仏国留学の命を受け、海を航して巴里大学に游び、十三年二月法朗西法律学士の称号を得て帰朝し、直ちに判事に任せらる。此間刻苦励精少しも懈たらず、故に席次常に優等に居り。仏国留学の栄を得しも、亦職として之れに因る。爾後参事院議官補、法制局参事官、司法省参事官及び大審院

判事に歴任し、明治二十六年之を辞して弁護士と成りぬ。其間或は法律編纂委員たり、或は法律取調報告委員たり、又或は法律施行取調委員たり。今現に司法省の法律取調委員たり。之を要するに、帰朝以来四十年に近く其の間法典の制定及改正に関して委員の設けらるゝや、博士は一回として其委員たらざること無く、最初の編纂委員より現今の取調委員に至るまで終始間断なく之に任せられたるは、博士以外に恐くは殆ど其人なかるべし。日本の法制史における博士の地位又以て知に足べし。博士の官に於ける事業斯の如し。而して其野に於ける功績は、更に焉れより大なるものあり。始め博士の帰朝するや、講法学舎の乞に応じて其講師たり、須臾にして思ふ所あり、之を辞せしが、学舎の生徒数十人尽く博士の邸に至り、其任に留まる歟、否ざれば則別に一法学校を起さんことを乞ひ、悃請已ます。是より先き、博士大に我邦人民の久しく圧制の治下に慴伏して、権利の感想に乏しく、法律思想の大に伝播せざる可からざるを感ぜしに、会々此請あり、乃志を決して故宮城浩蔵、矢代操二氏と謀り明治十四年一月を以て明治法律学校を東京に起し汎く各国の法理を教へ、進んで政治経済の学理を授く。是れ実に我邦私立法律学校の鼻祖なり。爾後博士は推されて校長と為り、大に力を校事に尽し、校務を庶理し、拡張し、遂に大学組織と為して明治大学と改称し、法科政科の外に商科及文科を設け更に大学予科、経緯学堂、簡易商業学校及明治高等予備校を附設し校勢著しく発展し今日に至るまで贄を執りて来り学ぶ者無慮一万有余人。業を卒へて校友たる者亦五千有余名に至れり。而して此等は皆朝に野に、或は文官たり、法官たり、或は代議士たり弁護士たり実業家たり、新聞記者たり、国家社会を裨益すること尠からず。

博士の弁護士たるや曾て推されて東京弁護士会長となり、又同志と謀りて日本弁護士協会を設立し、一般弁護士の品位を高むることを勉め経営施設する所頗る多し。

然れども、博士の生命は全く教育に在り。学校設立以来約三十年終始一日の如く校務に尽瘁し其曩に官を辞せしも、全く羈束を脱して校務に尽くさんが為にして、弁護士の業よりも寧ろ多く校務に尽くす所ありしが、而も尚訴訟事務の多く校務を妨ぐるものあり、且つ教育家にして往々虚名を擁して只管名利に之れ奔り他を賊ふものあるを慨し、久しく弁護士を罷むるの志あり。唯追次の訴訟依頼者に対し妄に半途之を抛つの無責任たるを恐れ荏苒今日に及びしが、久しき用意の結果漸々訴訟の局を結び、殊に其最大案件は五月廿九日に至り結了せしを以て、翌三十日直ちに弁護士会名簿の登録取消を申請し其訴訟事務所を閉鎖し以て将来専ら明治大学に貢献せらるべきを期すと云ふ

（講法会、明治四四年一〇月刊）

田能邨梅士著『明治大学史』訂正改版第六版

嘉永五年因州鳥取に生れ、藩の学館に入りて、広く文武諸道を修め、殊に蘭式軍法を学び、夙に一藩に名あり。歳甫めて十五、擢でられて半隊司令官と為り、命を奉じて京都に赴く。此の如きの小童を以て、此の如きの官職を受く事、実に創聞に属するを以て、闔藩囂々、名声大に隆し、既にして藩に帰り、新国隊に入りて、益々兵事を究む。

明治二年初めて東京に出て、節を折て書を読む。翌年政府貢進生の制を設くるや、鳥取藩乃ち氏を貢す。此制全く廃せらるゝに迨ひ、藩又命して大学南校に入らしむ。後司法省に法学校の設立あり、転して之に赴かんと欲す、南校惜て聴さす、於是乎、竊に脱して之に赴き、明治九年業成りて法律学士の称号を得。且仏国留学の命を受け、海を航して巴里大学に遊び、十三年二月法朗西法律学士の称号を得て帰朝し、直ちに判事に任せらる。此間刻苦励精少しくも懈らず、故に席次常に優等に居り。仏国留学の栄を得しも、亦職として此に因る。

爾後参事院議官補、法制局参事官、司法省参事官及び大審院判事に歴任し、其間或は法律編纂委員たり、或は法律取調報告委員たり、又或は法律施行取調委員たり。之を要するに、帰朝以来常に新法典編纂の大業に従事し、終始十余

年、殆と一も俗務に関せす。拮据鞅掌一に力を茲に致し、賛助献替する所頗る鮮からす。是より先き、氏の始めて帰朝するや、講法学舎の乞に応して其の講師たり、須臾にして思ふ所あり、之を辞せしが、学舎の生徒数十人尽く氏の邸に至り、其任に留まる歟、否ざれは則別に一法学校を起さんことを乞ひ、悃請已まず。氏元我邦人民の久しく圧制の治下に慴伏して、権利の感想に乏しく、法律思想の大に広播せざる可からざるを感ぜしに、会々此請あり、乃志を決して一二同志と謀り、明治十四年一月を以て、明治法律学校を東京に起し汎く各国の法理を教へ、且政治経済の学理を授く。今の明治大学即是なり。後校長、幹事を置くに及び、推されて校長と為り、年々再選重任す。

明治二十六年二月、大審院判事の職を辞し、弁護士と為る、踵で東京弁護士会長、日本弁護士協会幹事等に推さる、明治四十二年五月三十日、又弁護士を罷め、専ら明治大学の事に尽くし、以て今日に至る。

（『東京日日新聞』第一二七〇二号、明治四五年四月五日）

「岸本博士電車の中で卒去す」

明大火災其他の痛苦　永く宿痾の神経痛に悩み旧臘来又脊髄症神経衰弱を併発したる明治大学総長法学博士岸本辰雄氏は爾来京橋区月島東海岸通七の別邸に於て静養中偶去月中大切なる

▲明大紀念館烏有　に帰したれば博士は之が為に憂悶して神心の過労に陥り家人も大に心配し成るべく外出を禁じ居たるが気丈の博士の事とて苦痛を忘れて校運の発展に努め現に去る三十日の如きも禁を聴かず

▲無理に登校して　中学部授業開始の相談会に臨席したる程にて昨日も亦午後三時折からの風を冒して月島の別邸を

出で神田三崎町二の本邸に赴かんと附添人もなく只独り中山帽に飛白袷羽織の着流し姿でコツ〳〵と歩き本願寺前より電車（青山行七三七号）に乗りしに時刻柄とて

▲電車は溢れる程　の満員にて辛うじて吊り革を握れる博士は病中の事とて苦痛に堪へず眩暉を覚えしが如かりしも恰も同電車が数寄屋橋停留場を発し数寄屋橋を渡り切ると思ふ頃（午後三時四十分）博士は多数の乗客中にドツサリ打倒れて殆ど絶命せしかば忽ち

▲車内の大騒ぎと　なり乗客は切りに車掌（雨宮佐一）を呼びて停車せしめ運転手（細谷春次）は数寄屋橋派出所に事態を急訴し係官は二三通行人の手を借りて取敢ず数寄屋橋外の赤十字救護班京橋出張所に舁ぎ込みしも已に全く締切れ懐中せし

▲小風呂敷により　て岸本博士なること判明して同所主任坂部一作氏及び居合せたる日本橋出張所主任時岡東作氏の両医師始め係官一同今更らの如く驚き直ちに其旨を三崎町の本邸に通知したる上日本馬車会社より一台の馬車を雇ひて同六時二十分屍体を本邸に送り届けたるが同七時五分本邸に達するや令閨しま子は

▲白布にて顔面を　掩へる博士を見るより哀愁に堪へず応接間の廊下に泣き伏したりとはさもあるべし博士は旧鳥取藩士岸本尚義の三男にて明治二年大学南校に入り尋いで司法省法学校に転じ卒業して仏国巴里大学に遊学し帰朝後法制局参事官司法省参事官大審院判事等に歴任し二十六年

▲全く官途を去り　たるが十四年博士は同志と共に明治法律学校を創立し自ら校長となり後に之れが明治大学と改名されたる事は普く人の知る所家族は夫人しま子との間に長男忠雄（二七）明大学生次男義雄（一八）＝明治学院生等あり猶ほ葬儀は来る七日午後一時下谷区谷中斎場に於て神式校葬を営む筈なり博士享年六十四歳噫

「噫、法学界の恩人　岸本博士の訃を悼む」

（『東京日日新聞』第一二七〇二号、明治四五年四月五日）

岸本博士の訃を悼む　鵜澤博士の談

別掲岸本博士卒去に就き法学博士鵜澤總明氏は語る「岸本博士は我法学界中仏蘭西法のオーソリチイで曾て仏国に遊び法律学の蘊奥を極めて帰朝し直ちに官海に投じ大審院判事となり後弁護士になられてから更に令名あり

▲東京弁護士会長に　推された此当時官学が万能で青年書生は争ふて官立学校に就く傾向であつたが博士は理想的の教育は何うしても私立に限るといふ持論で西園寺公の賛助を得遂に明治法律学校を創立した之れが抑私立法学校の嚆矢である夫れ以来

▲三十年間其経営に　苦心の甲斐あり今日の如き堂々たる大学にまで成功し此間薫陶された学生実に一万人を超し知事判検事弁護士其他著名な人も尠からず現に二十七名の代議士を出した位、彼の湯本(ママ)［井本常治］齋藤［孝治］両弁護士の如きも博士の教を受けた人々である斯る訳で

▲法学界の大恩人と　して崇拝すべき人で博士の人格は高くして批難すべき点はない一見従順婦女の如く且つ寡言であつたが腹の内では不断に事業の画策を運らして居られた彼の明治大学経緯学堂明治中学等の大事業は何も博士の黙々たる中に計画された斯る人を

▲真に不言実行の人　と云ふのであらう従つて之れと云ふて道楽などはなく只園芸趣味に富み閑ある毎盆栽の手入れに万事を忘れて居たさればば神田の自邸には盆栽の珍品尠からずといふ斯く国家の功労者故近々必ず貴族院議員に推挙

さる、事と信じて居たのに残念な事をした、夫に過日焼失した紀念館の再建を見ずに逝れたは遺憾至極である

（『中外商業新聞』第九三二五号、明治四五年四月六日）

「明治大学長岸本辰雄」

明治大学校長法学博士岸本辰雄氏は、四日午後四時頃、京橋区月島の別邸より、車にて駿河台の学校へ会議に赴く途中、数寄屋橋内にて突然卒倒したるより、京橋区弥左衛門町の赤十字社救護所に応急手当を乞ひしが、其の甲斐無く終に逝去し、遺骸は直に三崎町の本邸に送れり。

氏は鳥取県藩士岸本尚義氏の三男にして、嘉永四年十一月八日を以て生る。明治二年笈を東都に負ひ、大学南校に入り、尋いで司法省法学校に転じ、卒業後は巴里に留学す。帰来法制局、司法省の各参事官を経て、大審院判事たりしが、廿六年野に下り、専ら育英に志す。今の経営に係る明治大学は、同志と明治十四年に創立せし者、爾来専心一意其の発達を期したる結果、最近に顕著なる発展を見得たり。苦心の末新築せる校舎は、不幸にも過般烏有の災ひに遭ひ、今後益々氏の努力を要すべかりしに、氏亦突如として逝く、学界の為めに惜むべき限り也。

「岸本博士頓死　詳報」

（『東京朝日新聞』第九二二三号、明治四五年四月六日）

▽電車中にて卒倒す

神田区三崎町二の十二正五位勲六等明治大学校長法学博士岸本辰雄（六十二）氏は一昨午後三時京橋区月島の別邸を出で築地本願寺前より青山行七百卅七号電車に乗りて登校の途次数寄屋橋に於て突然卒倒して人事不省に陥りたり。▲電車内の大混雑　該電車は青山発の花見循環車にして満員の際なれば非常の大混雑を醸したるが車掌雨宮佐一（二十八）と運転手細谷春治（三十）は直に車輌の進行を中止し現場より程近き京橋区弥左衛門町の赤十字救護所に担ぎ込みたり救護所にては坂部一作、時岡東作の両医師人工呼吸を始めとしてあらゆる手術を施したるも遂に其侭絶命せり博士は当時大島紬の袷羽織黄八丈の下着に紺茶竪縞の綿入を重ね白縮緬の兵児帯を締め黒の中山帽にステッキを携へ白の風呂敷包と獵虎襟の外套を抱へ居りしのみにて当時何人なるや判明せざりしが日比谷署の広田署長並に駒田警部補等の出張を待ち死体検案の後始めて博士なること且死因は心臓麻痺なること判明したれば救護所にては直に三崎町の本邸に此旨電話を以て急報したり

▲岸本家の驚愕　博士急変の通知に接せし邸内の驚愕は一方ならず夫人しま子（五十八）長男忠雄（二十七）氏を首め一家内悉く何かの間違なるべしと最初は信を置き得ざりしも兎に角実否を糺さんと折柄来合せ居りし竹下延保、藤浪磯吉の両氏は長男忠雄氏同道にて救護所に急行し漸く其真なる事を知り何の辞もなく一同は唯茫然として博士の遺骸を熟視するのみなりし

▲夫人悲嘆の涙　斯て遺骸は全身を毛布にて包み帝国ホテルより呼寄せし馬車に乗せ午後七時五分本邸に着したるがしま子夫人を始め長男忠雄次男義雄長女よね子次女かよ子の一家族並に親類知友及子弟等一同は遺骸の傍に環坐し悄然たる中にもしま子夫人の如きは始終白の手巾を以て両眼を覆ひ悔みに来たる人々の挨拶に対しても返辞さへなし能はざるまで悲嘆の涙に暮れ居たりき

▲持病の神経痛　博士は数年前より神経痛に罹り健康勝れず且本邸は電車通に面し昼夜間断なき線路の響きありて病体に障るより昨年中より月島海岸の別邸に常住し青山博士の診察を受け静養に勤め居りしも毎週火曜日の学校の役員会には必ず列席するを例とし昨今病勢募りし模様あるにぞ二日の火曜日役員会を一昨の木曜日に延期せしめ且腕車は病に障りありとて徒歩築地に出で電車に乗りたるに前記の如き始末になりしものにて気の毒千万の事といふべし

▲葬儀は校葬　葬儀は来九日午後二時神田区三崎町三丁目の自邸出棺谷中斎場に於て神葬式を以て執行する筈なるが博士は明治大学の創立者なるを以て同大学にては特に謝恩の意を表する為め校葬となす事に決し掛下［重次郎］学監を葬儀委員長に鵜澤［總明］博士、斎藤孝治氏を副委員長に以下校友会評議員多数を各部の委員に選定し昨日より岸本氏邸内に葬儀事務所を開始せり

▲学校の休業　明治大学所属の中学校は五日新学期の入学試験施行期日なるを以て同試験丈は延期せず進行終了せしめ大学部は葬儀当日に限り一般休校して在学生一同葬儀に参列することゝなれり又来十日隅田川に於て挙行の予定なりし同大学端艇競漕会は岸本校長逝去に付き遠慮して十五日に延期したり

▲博士の小伝

▽育英の志に篤き人

博士は旧鳥取藩士岸本尚義氏の三男にして嘉永五年鳥取に生れ幼時藩黌に文武諸道を修め殊に蘭式軍法を学び十五歳の時抜擢されて半隊司令官となり後新国隊に入り益兵事を究む明治二年笈を負うて上京し藩命により大学南校に入り

次で司法省法学校に転じ九年卒業後直に仏国留学を命ぜられ巴里大学に入り十三年卒業して帰朝するや判事の職に就き爾後参事院議官補、法制局参事、司法省参事官及び大審院判事に歴任し其間或は法律編纂委員となり或は法律取調報告委員となりて新法典編纂の大業に従事し二十六年官を退きて民間に下り弁護士となりたるが氏は夙に育英の志しあり明治十四年明治法律学校を創設して其校長となり専ら法律学の普及に力め三十五年同校の組織を変更して大学となし続いて学長に推され今日に至りしものなるが先年文部大臣の推薦により法学博士の学位を授けられたり

▲法律界の恩人

▽学校経営の苦心

一昨夜急報に接し同邸に弔問せる同校監事斎藤孝治氏の談に『博士が仏国より帰朝されて志を法学の普及に力めんとした当時博士と法学校時代同窓なりし矢代操氏が神田美土代町に講法学舎と云ふ私塾を立て仏法及び我現行法令を教へてゐた矢先であるから矢代氏は岸本氏に助力を求め氏も喜んで之を諾し是れより二氏協力して法学の教授に勉めた、其頃私は同舎の庶務を執つてゐた、後宮城浩蔵氏が仏国留学より帰朝すると共に岸本氏等は専門の法律学校を創立する事として講法学舎を改めて十四年明治法律学校となし遂に今日の明治大学となつたのであるが、其間氏の苦心経営は一方ならぬものであつた、然し全国を通じ現に千人以上の判検事弁護士を自分の学校から出して居るのであるから其の苦心は甚だ価値あるもので我国法律界の恩人である、又弁護士としても当時の事であるから屡大事件を持込まれた一二を挙ぐれば二十六年官を退いて直に引受たのが彼の有名な端島炭礦事件である。事実は同炭礦所有者鍋島家の家老鍋島孫六郎が同礦山を島田組に売却し其手続の済まぬ内に三菱に売つた事件を氏は島田組から依頼を受け三菱、鍋島を相手取り同礦山、売買契約無効の訴訟を起し一方は鳩山［和夫］、元田［肇］両氏を代理人とし第一審で勝、控訴で敗け、上告で破棄し、遂に名古屋に移されて示談となつたが丁度六年位かゝつた、又熊本県全部の市町村の代理人となつて大蔵大臣を相手取り二十五万円取戻を請求した事がある、此事件は明治八九年の頃時の熊本県令安岡亮

介氏が県内市町村の郷備金を紛争の種になるからとて大蔵省に納めたのが元で安岡氏は其為めか九年暴動の際殺された、県民は廿七年に至り岸本氏に依頼して訴訟を起したのであるが卅一年に至り取戻しても割当が出来まいとの事で破れた、最後の事件としては海江田家の相続争位のものである、嗜好としては碁に盆栽、書画を好まれた様だ』

（『法律新聞』第七八一号、明治四五年四月発行）

「故岸本辰雄君」

従五位勲五等法学博士故岸本辰雄君は夙に育英の志あり、明治十四年一月現明治大学の前身たる明治法律学校を東京に起し、汎く各国の法理を学生に教へ併て政治経済の学理を授け来りしが同二十一年校長、幹事を設くるに迫ひ、年々重任して校長の職に当り、同二十六年二月官を辞して弁護士の職に就きしが、更に同四十二年五月三十日に至り、決然弁護士の業を廃して、一意専心学務に従事し、為めに同大学をして益々発展隆盛の運を見るに至らしめたり、尚ほ本年四月よりは明治大学の附属として、明治中学校を開始し、更に中等教育に当るの志を表せられたるは世人の感謝する所なり、其官歴左の如し

明治二年鳥取藩の貢進生として大学南校へ入学△五年明法寮生徒被仰付△九年法律学卒業八月仏国留学被仰付△十二年巴里法科大学に於て法律学卒業△十三年二月帰朝△十三年四月判事、照査課詰兼務△同年五月文部省御用掛兼勤、東京大学部員外教授嘱託、任正八位△十四年一月日本海令草案審査局御用掛兼勤△同十月参事院法制部兼務△同十一月参事院議官補、七等官相当△十五年商法編纂委員△十八年三月破産法編纂委員△十二月法制局参事官△十九年海軍主計学校教授嘱託△二十年十一月法制取調報告委員△同十二月司法省参事官△二十一年民事局詰△二十二年代言人試

験委員、奏任官二等△二十三年補大審院判事△二十五年民法商法施行法取調委員△二十六年法典調査会査定委員△二十七年法典調査会委員△三十八年法学博士の称号を受く△三十九年法律取調委員△四十四年四月法律取調委員を辞す△四十五年四月五日特旨を以て従五位勲五等に陞叙せらる

（『法律新聞』第七八一号、明治四五年四月発行）

「岸本博士逝く」

明治大学校長法学博士岸本辰雄（六十二）氏は去る四日午後三時過京橋区月島東海岸七丁目の別邸を立出で青山行電車二二三七号に乗り銀座尾張町を過ぎ数寄屋橋を渡りたる途端突如電車の中にて卒倒逝去せり

▲満員中の卒倒　博士は運転手台の扉に凭れ、黒山高帽に獵虎襟の二重廻を裾長く纒ひ、銀座を過ぐる頃は何等変りし容態もなかりしに数寄屋橋を越ゆるや突然顔色蒼ざめて混合せる乗客の間にドタ〳〵と倒れ蒐りたれば乗客は驚きて電車の進行を停めさせ監督車掌等駈つけて抱起さんとせしも時既に遅れてか血の気失せゆく唇に僅か嘔吐物を含める侭全く正気なきより車掌運転手等は通かゝりし辻俥を呼止め漸やく蹴込みに掻き載せ力なき両脚を支へつゝ程近き西紺屋町赤十字救護所に収容し詰合医師の手当を受けたれど殆んど瞳に反射無く心臓の皷動も止み僅かに体温あるのみにて人工マッサージ注射の甲斐なく不幸なる博士は全く絶命したり警官医師は同博士なりとは知らず身元を取調べんが為め袖裏を探りたるに一葉の名刺に『法学博士　岸本辰雄』と印刷しありたるより即刻斯くと神田三崎町の本邸に急報し屍体は寝台に横臥せしめ苦悶の跡痛ましき冷たき面には白布を覆ひ粛然として家族の来るを待つ

▲令息の悲嘆　程なく慌たゞしく駈付けたる藤波磯吉（五十二）氏は、寝台に近づき白布を除りて『先生〳〵』と二

声三声呼びも敢へず涙を拭ひて嘆息する折柄令息忠雄（二十七）氏は明治大学田島［義方］主事、豊田、竹田、富田の職員と相前後して到着し変り果てたる父の死顔に涙を濺ぎ膝折伏せて寝台に縋りつゝ声潤ませて語るらく『父は三年程前から持病に悩まされて居ましたが二月からは月島の別邸へ分れて女中一人に書生の堀井健太郎（二十二）を傍へ置いて何か最後の物を残して置きたいと言つて居ました、父は非常に堀井を信用して居ましたから外出する時は何時も堀井が伴をする筈ですのに今日に限つて父が一人で出かけて来たのも誠に残念でした』と

▲神経痛の為に　博士は二月以来月島の別邸にありて、病躯を養ひつゝありしが、近時は持病も快く同日は午後六時より明治大学の役員会に出席の途中この災厄に罹りたる次第なりと博士夫人の令弟なる藤波氏は語りて曰く『私は義兄の見舞を兼ねて今日埼玉県から上京しました処が多分今日は月島から来るだらうとの事で三崎町で待つて居る矢先這麼事になつたのです、義兄は人力車に乗ると神経痛に宜くないので態と電車を選んだのでせうに』云々と語りて愁然たりしが博士は過般明治大学焼失後尠なからず神経を悩まし居るより家人も博士の健康を気遣ひつゝありしに此凶事ありしは気の毒千万と云ふ可し

▲悲しき馬車　忠雄氏は悲報を齎らして三崎町の本邸に帰り、入違ひに救護所に来りしは、青山学院の制服を纏へる次男義雄氏初め月島の別邸を預れる藤田はな（三十八）知己親戚の数氏なり義雄氏は『お父様は何か書いたものでも持つて居やしないか』と淋し気に呟やきつゝ取乱せし外套の衣嚢、着物の袖を泣く〳〵探り葉巻二本オリエント八雲の三種の煙草湯たんぽ懐爐を取出しては今更の如く冷性を苦にせし明暮も偲ばれ、はな子がお召縮緬の羽織の袖に顔を覆ひて堪んとする鳴咽の声我にもあらで洩れたるも哀深かりき更に他のポケツトを探れば紙に包めるカルヽス煎餅の出でたるは誰に与へんとて用意せしものか、午後六時半一輛の馬車救護所の前に来れば義雄氏は空しくなりし父博士の屍体を赤き毛布にてきりきりと包み面部に白布をかけて馬車に担き入れ胸に当てゝ抱きたるにはな子は『一寸』と呼とめて毛布の裾より白足袋の表はれたるを丁寧に押隠し人々の涙のうちに轍悠く馬車は悲しき人を乗せて三崎町

に向ゐぬ

▲葬送の順序　葬儀は去る九日午後二時神田区三崎町二丁目の自邸出棺谷中斎場に於て神葬式を以て執行し祭官は平田神田明神宮司之を掌りしが明治大学にては特に謝恩の意を表する為め校葬となし掛下［重次郎］学監は葬儀委員長に鵜澤博士齋藤孝治氏は副委員長に以下校友会評議員多数を各部の委員となして朝野法曹其他多数の会送者（ママ）と共に葬送せり

▲弁護士鹽入太輔君談　余が初めて岸本博士を知つたのは明治二十年の十二月であつた。博士が明治大学に関係された当初は学校の経済が非常に困難であつたので博士の発議で始めて講義録を刊行した。所が其講義録が盛に世の中に歓迎されて其利益を以て学校の負債のみならず同僚の負債まで残らず償却する事が出来た。畢竟学校が今日の隆盛を致したのも当時の同僚宮城、光明寺、矢代［操］、熊野［敏三］諸氏が財政難を免れたのも一に博士の力に因つたものだ。爾来継続し講義録を発行した所が益々学校の経済が裕かになり、従つて他の法律学校も之に倣つてやり出すやうになつた。此れが博士の第一に豪い点である。次に博士は如何なる場合でも決して怒らぬ。光明寺三郎君や、宮城浩蔵君が議論好でガミ〳〵突掛つても博士は莞爾として其鋒先を避けて居る。遂には怒る人も張合が抜けて黙つて了う。又博士は如何なる問題でも必ず即決しない熟考して然る後に決行する又人の顔色を見て仕事をすると云ふ点に於ては最も其長所であつた。而して頭脳が極緻密であつたからして何んな微細な点までも干渉した。余が彼処に明法雑誌を担当して居つた時分でも矢張雑誌の事に付て始終注意を払はれた。左様な次第で博士の頭脳と云ふものは理財に長じ又経営術にも長じて居つた。即ち村長も出来れば総理大臣も出来適く所として可ならざるなしと云ふ人物である。想ふに今日の如く明治大学が盛大になつたのは、一に岸本校長の力で他の者は唯参加したと云ふに過ぎない。故に博士の逝去は学校に取ては非常なる痛苦である。又博士の性質は慎重なる割合に華美が好きで一寸酒を飲で遊ぶにも沢山に芸妓を呼で遊ぶと云ふ風で鴨獵や舟遊、山遊にしても華美に遊ばれたものだ。夫から甚だ親切な人で能く自分の弟子の世話を焼いて諸方へ周旋した者がなか〳〵多い。故石本［新六］陸軍大臣などは博士の同窓の友で大変に

懇意であつた、石本君は当時武事に志ざし博士は文学に志ざし別れ〳〵であつたけれども親交は依然として渝らず昨年の学校移転祝の時には大臣が自らやつて来て親しく一日遊んで帰られた。彼れだけ経営術に富で居る人は容易に得難いから博士の歿後明治大学の校長の選定には非常に苦しむ事であらうと思ふ

▲弁護士山田喜之助君談　余は明治九年から懇意であつた。イヤ人生は分らんものだナ。彼の人が若し法律家でなく政治家であつたら豪ゐ者になつたらうよ。伊藤博文君が法典調査会の総裁であつた時など磯部四郎君と岸本辰雄君が最も出色の人物だつた。其の法典調査会の書記をして居つた人間が今は堂々たる博士だなどと云つて空威張に威張つて居るが当時の法律家の見識と云ふものは随分高いものであつた、一体岸本と云ふ人は意思の強い男で自分で言出したら誰にもヒケを取らなかつた。光明寺三郎氏が仏蘭西の決闘を盛に吹聴して決闘は文明の花ぢやと言つた時など岸本君が、馬鹿を言へ仏蘭西あたりの決闘は観せ物と同じぢや日本の決闘は何方か殺さねば已まぬと云ふ之が真の決闘だとヤツツケたので光明寺三郎氏もギユーの音が出なかつた。

▲法学博士鵜澤總明君談　岸本博士は我法学界中仏蘭西法のオーソリチーで曾て仏国に遊び法律学の蘊奥を極めて帰朝し直ちに官海に投じ大審院判事となり後弁護士になられてから更に令名あり、東京弁護士会長に推された。此当時官学が万能で青年書生は争ふて官立学校に就く傾向であつたが博士は理想的の教育は何うしても私立に限るといふ持論で西園寺公の賛助を得、遂に明治法律学校を創立した。之れが抑私立法学校の嚆矢である。夫れ以来三十年間其経営に苦心の甲斐あり、今日の如き堂々たる大学にまで成功し、此間薫陶された学生実に一万人を超し、知事判検事弁護士其他著名なる人も尠からず現に二十七名の代議士を出した位彼の井本［常治］齋藤両弁護士の如きも博士の教を受けた人々である。斯る訳で法学界の大恩人として崇拝すべき人で博士の人格は高くして批難すべき点はない。一見従順婦女の如く且つ寡言であつたが、腹の内では不断に事業の画策を運らして居られた。彼の明治大学経緯学堂明治中学等の大事業は何も博士の黙々たる中に計画された。斯る人を真に不言実行の人と云ふのであらう。従つて之れと

云ふて道楽などはなく只園芸趣味に富み閑ある毎盆栽の手入れに万事を忘れて居た。去れば神田の自邸には盆栽の珍品尠からずといふ。斯く国家の功労者故近々必ず貴族院議員に推挙さるゝ事と信じて居たのに残念な事をした。夫に過日焼失した紀念館の再建を見ずに逝れたは遺憾至極である云々。

（『日本弁護士協会録事』第一六三号、明治四五年四月発行）

漫録子「漫録数則」

月の上旬明治大学校長岸本博士卒中症にて、にはかに易簀さるゝや、校友故旧等其邸に集り葬儀万般の手配順序も既に整ひ、電燈の下故人の逸話など語り合ひて往時を偲びつゝありし処へ入り来りしは磯部［四郎］老にぞありける。老は明治初年洋行当時のことより、何くれとなく故人の逸事逸話を話し出された

▲千円札で尻を拭ふ　仏蘭西行にこゝの爺父（故博士）を会計監督にすればヨカツタガ、木下（故廣次氏）を会計長にしたが間違ひサ、馬耳塞に着くと其夜千フランの札を紛失した、如何に詮索してもない、漸く領事に泣付て旅費を借り巴里に行くことが出来た、スルト木下がフフンと了解の笑を洩らした、ドーシタときくと、馬耳塞の宿屋で夜半に木下が便所に行つたのだ、千円の札は其時鼻紙の代用となつたことを悟つた訳、ソレト云つて電報を掛けたが十二三階の上でやつたコトダカラ発見されずに其侭になつたのである、ソレデ木下が五百フランの負担他の九人で五百フランの割合と云ふ様なことになつたと云ふ様な話であつた、何分質直堅実主義なる故人の性格のことなれば、其一言一行鑑戒となり、教訓となるべき方面にて滑稽突梯頤を解き臍をよるの談柄に至つては故人と全く性格の相反する磯部翁の檀場ならずんばあらず、ソコデ話柄は遂に磯部博士中心とするに至つた

「岸本校長吊辞」

（『明治学報』第二七号、明治四五年五月発行）

明治大学学監

謹みて明治大学校長岸本法学博士の霊に告く我明治大学を創立せし者は博士なり明治大学を維持せし者は博士なり明治大学を拡張して今日あるに至らしめたる者は博士なり我か明治大学は今日以往益博士の徳と才とに依り以て一層其基礎を鞏固にし一層其位置を向上せんとし而して忽ち博士を喪ふ豈慟哭して以て悲まざるを得んや

惟ふに博士が故宮城［浩蔵］、矢代［操］両君と共に徒手空拳我明治大学の前身たる明治法律学校を創立せられたるは遠く明治十四年に在り爾来茲に三十有二歳其間未だ曾て政府の保護あるに非ず富豪の後援あるに非ず又人爵の以て世人の視聴を惹くあるに非ず昂々然として天を頂き地に立ち自家の実力に依り独力独行し幾たびか言ふ可からざるの艱難に遭遇し着々其地歩を占め気勢を張り以て今日の隆運を見るに至れり是れ実に我が明治大学の光輝にして又生命たり而して此生命此光輝は一に博士の徳と才との顕揚に外ならず

若し夫れ我邦維新の日浅く文物の進歩尚幼なるの時に当り夙とに泰西の法学を普及し多く人材を朝野に送り就中司法の充実完成に力を致したる事に至りては我明治大学の功決して鮮少に非ず而して此功は主として亦之を博士に帰せざるを得ず乃ち博士は実に我邦司法界の恩人なりと謂ふも蓋し溢美の言に非ざるなり

明治三十六年博士の経営に基き本学の規模を拡張して大学組織と為してより法科の外更に商科、政科を新設し人材を養成すること益多く他日此二科の人材が我邦政治界及実業界を裨補すること亦猶法科の司法界に於けるが如きものあ

るや期して待つ可し而して博士之を視るに及ばずして長逝せらる遺憾何ぞ堪ふ可けんや然りと雖ども博士の生命は我が明治大学なり明治大学にして不朽ならんか博士の生命も亦不朽なり而して之を不朽ならしむるは実に大学関係者一同の任務なり奮励努力敢て博士の遺業を墜さゞらんことを誓ふ博士の霊冀くは安んぜよ

明治大学講師総代

法学博士　小林丑三郎

明治大学校長岸本博士忽然として長逝せらる我等実に驚愕悼惜の情に堪へず我等講師の職に在るや日夕博士に親炙し博士が大学の為に謀りて熱誠に事を執りて励精なるを聞睹し我等も亦感激奮起すること鮮からざりき而して大学の今日あるもの及び其大に国家社会に貢献する所ありしもの亦偶然ならざるを思ひたり然るに今や忽ち博士の長逝に遭ふ大学の損失は論なく国家社会の損失亦甚だ大なるを信ず若し夫れ斯稀に見るの校長を失ひたる我等講師たる者の私情に至りては一層痛切の悲哀を感ぜざるを得ず茲に謹みて吊意を表す

明治大学校友総代

井本常治

明治四十五年四月五日天無情岸本先生を我学界より奪ふ噫今より以往我等同人誰に随つてか其教を受くるを得ん先生夙に法学の普及を以て畢生の天分を高め故宮城浩蔵故矢代操両先生と相誓ふ所あり侯爵西園寺公望先生等の賛助を得明治十四年一月明治法律学校を創立し官務繁劇の身を以て入りては経営の任に当り出てゝは講壇の人となり内は資貲の空乏を支へ外は干渉威圧の厄を排し毅然として操守を枉げず以て明治大学をして今日の光輝あるに至らしめたり先生の書生を導かるゝや諄々として誨へて倦むを知らず理義豁然対者を貫悟するに至らしめずんば止まず而して藹然

たる温容娓々たる訓誨恰も慈親に懐かれて進止を授けらる、想あり

明治大学六千の校友は親く先生の補育を蒙り今や羽毛稍く伸び各其道を以て当世に貢献せり而して大学に至りては一に先生の企画に基き規模宏大教科整備五千の学生孜々として業に勉め駿台の一角に其雄風を擅にす

昨年十月明治大学が創立三十年記念式を兼ね落成祝賀式を挙ぐるや先生の式辞の一節に曰く「永遠無窮の生命を期する学校としては三十年の歳月は殆んど言ふに足らず然れども業に従へる職員の身を以て之を考ふ三十年の歳月は敢て甚だ短かしとなさず而して此間重畳起伏せる幾波瀾を踏破し来りて今日の基礎を定む衷心又聊欣快の情なき能はず」と嗚呼真に然り三十年の歳月は若し之を人生活動の全部と言ふ能はずんば其最大部分と言ふを妨げず而して先生は実に之が全部を我大学に傾注し大学の歴史は直に移して以て先生の歴史となすを得可く先生の歴史は又直に移して大学の歴史となす事を得べし其影や二にして其実は即ち一なり而して奮戦健闘茲に無窮の基礎を確立す恰も是れ人生無窮の生命を贏ち得たるものに異ならず豈又男子の本懐ならずとせんや然りと雖も復先生の指導を仰ぐ能はざるの今日一たび明治大学の前途を憶へば我等同人は悚然として自ら戒むる所なき能はず而して追憶悵々転た先生の遺風を仰望する而已

今や我等同人忽然として先生と幽明其境を異にす先生の温容と慈訓とは再び接するの期無し嗚呼悲哉謹みて弔す

明治大学学生総代

中津川　源　吉

時維明治四十五年四月五日我畏敬せる校長岸本先生は逝かる回顧すれば明治十四年先生始めて本校の礎を開かれてより茲に三十有余年日夜校運の発展に力められ我校をして今日在らしめたるの功大なりと謂ひつべし然るに今や溘焉として白玉楼中の人とならる、嗚呼悲哉花は散るとも又開く時あらん月は虧くとも又盈つる時あらん先生一度逝かる復

何れの時か還り来らるべき生等哀惜の情極つて辞の出づる所を知らず唯益々先生の遺訓を奉して以て先生教導の恩顧に報ゆることを期すべし茲に謹みて弔辞を呈す

日本弁護士協会理事
鹽　谷　恒太郎

故法学博士岸本辰雄君は本協会創立の当初より十余年間常に幹事の職に在りて多大の力を致されたるは本会の徳として永く記憶する所なり今や同君の遠逝せらるゝに際会し哀悼の至りに堪へず茲に恭く弔詞を呈す

東京弁護士会長
法学博士　原　　嘉　　道

明治四十五年四月五日元の東京弁護士会長法学博士岸本辰雄君逝矣君夙に法学に志し智識を海の内外に求め研鑽多年朝に野に其の蘊奥を披瀝し我邦法律の進歩に貢献する所極めて大なり殊に後進を誘掖指導するの懇切なるに至りては天下能く及ぶもの稀なり之を以て君の門下幾多の俊髦輩出し在野法曹の精華となるに至る桃李其門に満つるものに非ずや古人曰天下の英才を得て之を教育するは一の楽なりと嗚呼君の如きは君子の真楽を全ふせるものと謂ふ可し今や我法曹界に斯人を失ふは痛惜に堪へざる所なりと雖も其門下君の遺風を継紹する人に乏しからず君亦以て瞑す可き哉

関西大学学長
正四位勲二等　古　　荘　　一　　雄

明治大学校長従五位勲五等法学博士岸本辰雄君逝けり君夙に育英に志し黽勉倦ざるもの茲に三十余年嗚呼亦偉なる哉

余や君と交情最も熱す其訃を聞て感傷自ら禁ずる能はざるものあり落花声無ふして秋雲駿台の春を鑽し悲風惨として君が霊柩を送る哀哉謹で弔す

市政講究会副会長

子爵　青山幸宜

市政講究会評議員法学博士岸本辰雄君逝去せられ哀悼に堪へず茲に謹で弔辞を呈す

因伯郷友会長

岡田貫之

謹而本県出身故従五位勲五等法学博士岸本辰雄君の英霊に捧く

氏は旧鳥取藩の人にして明治二年初めて上京し翌年藩より貢進生に挙げられ大学南黌に入り卒業後仏国に留学を命ぜらる蓋し法科学生留学の嚆矢なり帰朝後判事参事院議官補（ママ）法政局参事官司法省参事官大審院判事等に歴任し其間法律編纂委員として力を本邦立法事業に致し特に商法研究上最も貢献する処多かりき今や幽明境を異にす嗚呼悼しい哉明治十四年今の明治大学の前身なる明治法律学校を起し爾来専ら此れが経営に苦心せられき二十六年判事を辞して弁護士界に入り斯界の柱石を以て目されしが四十年に職を退き専心育英事業に尽瘁せられたり爾来幾度か難関を排して遂に今日の盛大を見るに至りしものにして其の成功を博士が終生の事業となせるも亦此育英事業なりしなり然るに一朝無常の風に誘はれて黄泉の客とならる嗚呼悲しい哉茲に本会を代表し以て哀悼の辞を呈す尚くは来り享けよ

神田区婦人会会長

秋元光子

本会は顧問岸本辰雄君の訃音に接し哀悼の情に堪へず茲に恭く弔意を表す

千葉県印旛郡公津村東勝寺住職
中僧上　田　中　照　心

当山宗吾霊篤信家にして東京視仁講社創設以来同講社の為に功労尠からざる従五位勲五等法学博士岸本辰雄君の永眠を聴き痛惜哀悼の至に堪へず茲に恭て弔詞を呈す

［以下、明治大学校友会各支部の弔辞は省略した］

（『明治学報』第二七号、明治四五年五月発行）

「法学博士岸本辰雄先生墓碑」

平　井　参　撰

先生諱辰雄、岸本氏、父尚義、家世仕池田侯、幼修文武、明治元年為分隊司令官、赴京師、明年挙藩貢進生、入大学南校、後転司法省法学校、受命留学仏国、業成帰朝、歴任参事院議官補、司法省参事官、大審院判事、為法学博士、与編纂新法典十余年、致力甚多、後辞職為東京弁護士会長、先是与同志謀、創明治法律学校、後改明治大学、推先生為校長、先生拮据経営、尽力斯学者、三十余年矣、先生患神経痛、自養于月島別業、将往大学、途疾作、遂不起、実四十五年四月四日也、事聞、特叙従五位勲五等、享年六十有三、有二子、長曰忠雄、季曰義雄、二女尚在家、

「岸本校長逝去」

（『明治学報』第二七号、明治四五年五月発行）

明治大学校長法学博士岸本辰雄先生は客冬十一月より健康勝れず青山医学博士其他主治医の診定によれば日常精神を過度に労したるが為め貧血症を起し延て神経痛に罹れるものなりとのことなりしを以て厳寒の候暫く月島の別荘に休養さるること丶なり年末より同所に於て静養中なりしも明治大学の施設多端なるが上に三月五日記念館其他の火災に罹れるあり又明治中学校の四月一日より開校さるべきあり従て校長の裁断指揮を要する事項少からざるが故に学監主事諸氏の交る々々静養を勧告されしに拘らず機に触れ事に臨み病を勉めて昇校し平素の如く執務せられたり是れ実に今回の凶事を招きたる近因にして返す々々も遺憾の極と謂ふべし

△急　変

四月四日は朝来南東の風強くして砂塵を捲き気候亦不順にして何となく肌寒く天色暗澹一種不快の感を惹けり是日午後五時学校に於ては校長の命に由り会議を開くべきことに定めあり校長は午後三時頃別荘を出て築地本願寺前より青山行二三七号電車に乗り同二十分頃数寄屋橋外に差蒐るや俄然車中に卒倒され人事不省に陥りたれば電車は直ちに進行を停止し車掌其他の人々は急ぎ附近より腕車を傭ひ来り静かに車上に掻き載せて西紺屋町の赤十字救護所に送り当番医員は即時応急治術を施したりしも此時已に呼吸全く絶え纔かに体温を存するのみにて有らゆる治術も遂に何等の効なきに畢んぬ是に於て警官医員立会の上衣類其他を探りたる末袖中より「岸本辰雄」と印刷せる名刺二三葉を得て始めて其人なることを知り電話にて本校及本邸へ知らせ来れり学校に於ては此急報に接し田島［義方］主事を始とし

て職員諸氏直ちに駆着くれば本邸よりも時を移さず令息忠雄君及義雄君は執事其他書生と共に駆着けられ折柄既に第一着に来り居りたる校友竹下延保氏の独り忙しげに出入奔走せるを引止め連立ちて所内に入り見れば校長は寝台の上に仰臥し白布を以て面部を掩はれたるまゝ看護婦二人が枕頭の椅子に腰かけつゝ医員及警官の指揮に従ひ変後の始末に忙しく所外は警官医員入り乱れて奔走し電話の応対寸時も止まず其内追々急報に接して駈着け来れる校友諸氏次第に多く掛下［重次郎］学監を始として井本［常治］、町井［鉄之助］、平松［福三郎］、山口［憲］、越野等の諸氏は頻りに医員を取巻きて当時の状況を尋ぬること多時なりしが軈て一同粛然として遺骸の傍に立並び田島主事一礼の後恭しく面上の白布を排除すれば状貌恰も眠れるが如く些も苦悶の状を存せず温容毫も当時と異ならざるも今や英魂全く去りて帰らず一同何れも暗涙を呑み敬礼して永訣を告げ畢りて遺骸を馬車に移乗し令息義雄君及竹下延保氏同乗して静かに之を擁し職員校友数輌の腕車を聯ね其後に随ひ午後八時過ぐる頃本邸に帰着す是より先き親戚知人及校友諸氏の本邸を訪ふ者頗る多く以外の到着するや一堂玄関に出でゝ之を迎ふ門内には弔脚の来往織るが如く混雑最も甚し掛下学監、斎藤［孝治］、井本、山口、町井、米田［実］、塚入、田島、桑原、小島［重太郎］、竹村［頼堅］、富田［清毅］、豊田［国蔵］、武内［喜代彦］、日の川［晟］、諸氏各受持を定めて一方訪客に接し一方葬儀に関する協議を行ふ午後十一時頃に至り弔客漸く減じ一同前室に於て巨細の協議を遂げ愈『九日午後二時谷中斎場に於て神葬を以て校葬を行ふ』の件を決議し直ちに旨を文書課に伝へ一般校友を始め関係者並に故人の知友等に通知せしめ更に東京評議員中より葬儀委員を選任し以て校葬一切の事を委嘱することゝなし委員長に木下［友三郎］学監副長に掛下鵜澤［總明］両学監を擁し万事其裁量に待つことゝし田島主事を其補佐として選任せり

七日午後二時本邸に於て斎主平田盛胤氏祭官数名を随へ移霊祭を行ふ在京校友及職員諸氏何れも式に列なり参拝したるが五日より八日に渉り委員会を開くこと数回諸般の準備全く整ひ徐ろに当日を待つ此間本邸には校友及職員諸氏各順序を申合せ毎夜十数人づゝ詰切り棺前に通夜す斎藤其他古参の諸氏は明治法律学校創立当時の事共語り伝へて三十

年前の昔を偲び感慨坐ろに尽くる所なく此数日間は夜毎々々偉大なりし故人の遺業の愈偉大なるを評し合ひて暁に達するのみ又明治大学に於ては五日以来主事室及他の一室を以て葬儀事務所に充て職員殆んど徹夜して其事に従ひたり

△校　葬

此くて愈葬儀定日四月九日は来れり鳥歌ひ花舞ふてふ陽春の麗かなる日和も朝来何となく湿り勝にて晴曇全く定まらず特に我明治大学は悼意を表する為め臨時休業し校の正門は固く鎖されて弔旗交叉せられ満校寂として悲哀の感一入に深し葬儀委員諸氏を始め職員一同早朝より本邸に詰切り其棺前の準備一切に従事せる内午後一時頃平田斎主は祭官を随へて来邸し恭しく棺前に於て棺前祭を行ひ畢りて正に午後二時一声の撃柝高く響きて茲に出棺の準備成れるを報ず只見る本邸を中心として神田三崎町の電車大通は東は神保町より西は水道橋東詰に至るまで本学々生及校友会の各団体或は科別或は到着順によりて整然として立列び其間を縫ひて講師及全国校友会及校友並に親戚知人等より寄せられたる榊、生花、造花殆んど空隙なく排列せられ此延長方さに十町以上に亘れり若し斯る場合に於て許さるゝことを得ば此光景を一言の下に約して将さに雄大の式なりと称することを適当とす葬列全く整ふや霊柩を本邸の前に安置し喪主忠雄君を主とし棺側に随ふべき斎藤、井本、山口、米田、町井、田島、竹下、小島等の諸氏及文書課長富田氏は勲章を捧持し一同柩側に立ちて記念の撮影を行ひ頓て第二の撃柝によりて商議委員西園寺〔公望〕侯より贈られたる大榊を先頭に明治大学寄贈のもの之に次ぎ以下排列の順によりて之に従ひ次に明治大学々生の一部次に生花及造花の一隊次に平田斎主以下祭官数名（馬車三輛）次に銘旗、勲章、霊柩、続き喪主忠雄君は衣冠束帯して藁靴を穿ち青竹の杖を携へ悄然として之に随ひたるは却々に哀れ深し喪主に次で寡夫人及親族何れも馬車に分乗し其後に会葬校友、明治大学々生の一隊、一般会葬者、明治大学出入の者等最後に随ふ其葬列の長きこと方に十五六町に及び電車の進行を停むること数回沿道人堵の如く「故明治大学校長法学博士岸本辰雄之柩」と筆太に記されたる銘旗を見て脱帽敬礼を表する者少からず斯くて葬列は神保町電車通を過ぎ駿河台下より左折して本学前に至り暫し霊柩を校門前に留め記念の撮影を行ひ故人の経営に成れる雄大宏壮の校舎は其霊柩と共にレンズの内に収められ思出深き永訣を為す棺側に随へる諸氏を始め学生及会葬者の多数何れも密かに眼を濕ませつゝ葬列は再び進行を起し御茶の水橋を渡り師範学校前を右折して旧万世橋通を左に更に電車大通に出で一直線に上野山下を過ぎ谷中斎場に向ふ長閑なりし春の日影も漸く西に傾き愁雲次第に重りて天色暗く山上の木の間を襲ふ風に残花紛々として霊柩に落ち坐ろに人の哀れを添ふ葬列は午後五時谷中斎場に到着す先着の会葬者諸氏斉しく敬礼して之を迎へ霊柩は正面の壇上に安置せられ喪主親戚及近親諸氏より順序正しく両側に居並び斎主の祭詞畢るや木下学監先づ明治大学を代表し次に井本常治氏校友を代表して弔辞を読み次に斎藤孝治氏全国校友会支部より送り来れる弔詞を読み以下予定の如く順次弔文及電報等を読み終りて一同玉串を上り次に神饌を撤し全く式を終りたる後霊柩は親戚及近親者に圍繞せられて斎場裏の塋域内に移され其埋棺を終りたるは正に六時半にして此時細雨霏々として至る嗚呼三十余年間奮闘の歴史を以て一代を終始し偉大の裨益を国家に寄与し光輝ある偉業と共に永久に不滅なるべき我校長岸本博士は此の如くして其最後の歴史を飾りぬ

△弔　電〔諸氏一覧……省略〕

（『明治学報』第二七号、明治四五年五月発行）

「岸本校長追悼演説会」

校長岸本先生逝かる、豈慟哭流涕せざるを得んや、先生は熱誠、清廉、以て師表とすべき紳士なり、吾人学生の崇拝措く能はざる、蓋し偶然にあらず、我が雄弁会は茲に先生を追悼せんがために演説会を催す。

細雨粛々窓を撲つ、四月九日夜六時、講堂に催す。満堂粛然、劈頭、室伏高信君壇に起てり、熱涙拭へども去らず、語らんとするも得ず、坐ろに先生を偲ぶ、徳野眞君代りて檀上の人となれり、先生の皎潔なる品性、崇高なる人格を語る。

鵜澤總明先生、奥田義人先生、磯部四郎先生、内海弘蔵先生、交々壇に上り先生を追悼す、吾人諸先生の演説を拝聴する時唯悲哀胸に充ち、嗚咽歔欷するを禁ずる能はず。

最後に鈴木正吾君、檀上に上る。

我が崇拝せる校長岸本先生は逝けり、噫、（と、ま、）

（『国家及国家学』第一巻六号、大正二年七月発行）

「故岸本博士追悼会」

明治大学校長故岸本博士は昨年四月四日長逝せられ本年四月四日正に一周年に相当せり依て明治大学にては追悼式を兼ね博士が生前苦心せる記念館再築落成の奉告を行ふべき筈なりしも種々の都合にて延期せられ居りたるが愈々六月八日午前九時を以て大学及校友会共同主催の下に追悼式を記念館に挙行せり定刻に至るや司祭者神田神社平田［盛胤］宮司は神職伶人を随へて祭壇に進み先秡の式を行ひ次に降神式次に神饌を供し平田宮司先づ祝辞を奏し木下［友三郎］校長は学校を井本常治氏は校友を法科三年西村文太氏は学生を代表し各悲痛熱誠なる祭文を捧読し次に博士未亡人及当主忠雄氏令弟義雄氏玉串を捧げて拝礼夫より一瀬勇三郎、井上正一、高木豊三、諸氏各理事、校友、学生の順序にて礼拝し十一時過全く式を終りたるが参列者は前記の三氏及学校職員講師校友学生約四百人にして特に井上、高木両博士よりは神前に供物あり最も厳粛に式を行ひたる後校長職員及校友学生諸氏は相率ひて谷中なる故博士の墓に参拝せり。

奥平昌洪著『日本弁護士史』

（有斐閣、大正三年一一月刊）

岸本辰雄は旧鳥取藩士なり嘉永三年十月十日を以て鳥取に生る明治二年、年甫めて十八東京に来り尋て選抜せられて藩の貢進生と為り大学南校に入る既にして貢進生の制廃せられたれど藩庁は学資を給せり後司法省明法寮生徒と為り仏蘭西法律を修め九年成業せり乃ち仏国留学を命ぜられ巴里大学に入り法律学を専攻し十三年業成りリサンシエ、アン、ドロアの称号を受けて帰朝せり十七年十一月十七日司法省より法律学士の称号を授けらる其帰朝するや判事に任せられ参事院員外議官補・法制局参事官・司法省参事官等を経て大審院判事に遷れり公余曾て講法学社の講師たりしが程なく之を辞し十五年一月宮城浩蔵・矢代操と謀り明治法律学校を創立し推されて校長と為れり二十五年冬弄花事件に関係し自ら責を引て冠を挂く……

井関九郎監修『大日本博士録』第一巻

（発展社、大正一〇年一一月刊）

明治四十五年四月五日岸本辰雄卒す辰雄曩に弁護士の業務を廃してより明治大学長として専ら後進の教育に従事せしが是の日同大学に至る途中電車中にて脳溢血症に罹り溘然として逝けり年六十二

故法学博士　従五位勲五等。法律学士（東大）。

ドクトエル、アン、ドロアー（巴里大学）。

弁護士。元私立明治大学々長。

【出生】　旧鳥取藩士岸本尚義の三男、嘉永五年生る。

【学歴及閲歴】　幼にして藩校に学び、又蘭式軍法を受く、年十五、半隊司令官と為る。明治二年貢進生に選ばれ、大学南校に入り、法学を修め、次で司法省法学校に転じ明治九年業を卒へ法律学士の学位を得、直ちに仏国留学の命を受け巴里大学に入り法律を修む、同十三年学成り業を卒へて帰朝す、直ちに判事と為り、其後参事院議官補、法制局参事官、司法省参事官等に歴任し、再び大審院判事と為る、其間法律編纂委員又法律取調報告委員等に挙げられ、法典編纂に功あり。同二十六年官を罷め、弁護士と為り東京に開業す。先是明治十四年同志と謀り明治法律学校を創立し其後校長と為り法律学の普及に勉め、後明治大学と為るや引続其の学長と為り規模を拡張す、明治三八年五月法学博士の学位を受領し、晩年従五位勲五等に陞叙す。

【卒去】　明治四十五年四月四日急に病んで卒す、年六十一。

【学位】　法学博士、授与日附、明治三十八年五月二十二日、法学博士会推薦。

【専門】　法律学一般。

【業績】　明治大学の前身明治法律学校の創立者にして、専ら法律学の普及に努め、後大学組織に変更し更に商科を設けて益々拡張を謀り、学長として在職前後三十余年に及ぶ、其の功績は私学振興上与つて大なり。

【遺族】　博士夫人しま（安政二年十一月生埼玉県、平民藤波万壽二女）相続人忠雄（明治十九年四月生、明治大学商科出身）女よね（同十七年十月生）女かよ（同二十一年二月生）男義雄（同二十八年二月生）。

【遺族現住所】　東京市京橋区月島東河岸通り七ノ四、電話京橋二二二二番。

大植四郎編著『明治過去帳〈物故人名辞典〉』

（東京美術、私家版・昭和一〇年一二月刊、新訂初版・昭和四六年一一月刊）

明治大学校長従五位勲五等法学博士　鳥取県士族　旧鳥取藩士岸本尚義の三男にして嘉永五年生る夙に才名あり蘭式軍法を講じ十五歳擢でられて半隊司令官と為り命を奉じて京都に赴き明治三年貢進生を以て大学南校に入り司法省法学生徒に転じ九年七月卒業同省最初の留学生として熊野敏三、宮城浩蔵外一人と倶に仏国留学を命ぜられ巴里大学に入る十三年仏国法律学士の学位を獲帰朝東京大学理学部教授兼太政官御用掛を拝し十四年広瀬進一、猪子清等と参事院議官補（七等相当）に任じ正八位に叙し文部省准奏任御用掛として大学に出勤傍ら明治法律学校を起し十五年正七位に、十七年十月廿日従六位に、十一月十七日法律学士の称号を授けらる十八年十二月廿三日法制局参事官に任じ新法典の編纂に尽瘁し廿一年頃奏任三等上を以て司法省参事官たり後大審院判事に任じ正六位勲六等に至る廿六年二月官を辞し弁護士と為り四十五年四月四日電車内に卒倒して卒す年六十一　五日特旨を以て従五位勲五等に進み瑞宝章を賜ふ

【ま行】

【や行】

【ら行】

【わ行】

【さ行】

【た行】

【な行】

【は行】

人名索引

【著者略歴】

村上　一博（むらかみ　かずひろ）

1956年生まれ。明治大学法学部教授。日本近代法史。

神戸大学大学院法学研究科博士後期課程単位取得退学。

博士（法学・神戸大学）。

主な業績：『明治離婚裁判史論』（法律文化社、1994年）、『日本近代婚姻法史論』（法律文化社、2003年）、『日本近代法学の巨擘　磯部四郎論文選集』（信山社、2005年）、『日本近代法学の揺籃と明治法律学校』（編著、日本経済評論社、2007年）など

日本近代法学の先達　岸本辰雄論文選集

明治大学社会科学研究所叢書

2008年10月10日　　第1刷発行　　定価（本体8000円＋税）

編　者　村　上　一　博

発行者　栗　原　哲　也

発行所　株式会社　日本経済評論社

〒101-0051　東京都千代田区神田神保町3-2

電話　03-3230-1661　FAX　03-3265-2993

info@nikkeihyo.co.jp

URL : http://www.nikkeihyo.co.jp

装幀＊渡辺美知子　　印刷＊文昇堂・製本＊山本製本所

乱丁落丁はお取替えいたします。　　ISBN978-4-8188-2021-0

村上一博編著
日本近代法学の揺籃と明治法律学校
四三〇〇円

人々の権利と自由に必要な法学の普及とそれを担う法曹の養成を目的として開校された明治法律学校（明治大学の前身）の資料により黎明期日本法学教育の発展を実証的に解明する。

明治大学史資料センター編
尾佐竹猛研究
四五〇〇円

吉野作造らと明治文化研究会を組織し、明治大学の建学理念と深く関わった尾佐竹の維新史、文化史、憲政史を中心に、人と学問そして事蹟を幅広く論じる。

渡辺隆喜著
日本政党成立史序説
六八〇〇円

近代日本の政党形成期（明治前期）を中心に、地租軽減の自由民権運動の消長を考察しながら、地域の利害を反映させた政党の形成過程をみる。

鈴木しず子著
『男女同権論』の男
――深間内基（ふかまうちもとい）とその時代
三〇〇〇円

J・S・ミル『男女同権論』を初めて訳し日本に紹介した深間内基。その思想、精神は、仙台の女子自由党結成への道を開いた。彼の仕事と行動、時代状況を積み重ね実像に迫る。

同時代史学会編
日本国憲法の同時代史
二八〇〇円

戦後六〇年をともに歩んできた憲法。日米安保、東アジア、「外国人」問題、終わらない「戦後」、社会政策論、「家族」像など、多彩な視点から憲法を考える論点を提示する。

（価格は税抜）

日本経済評論社

原田勝正氏を偲んで

麻島昭一

敬愛する和光大学名誉教授・理事原田勝正氏が急逝した。親友の彼が突然に去ったことに私は呆然とした。その前夜、彼と電話で話をしたばかりであったから。今、旧制浦高以来の六〇年にわたる長い付き合いから、彼のあまり知られていない過去を偲んでみたい。

彼は浦高では一年先輩である。中学では同学年、遅生まれと早生まれの差＝半年であるが、四修で入学した彼と五卒の私の差は一生付いて回って、私は彼を「原田さん」と呼び、彼は私を「麻島！」と呼び捨てにする。旧制高校での一年の先着は絶対である。

浦高での寮生活はなんと「体操部」であった。徒手体操はもちろん、器械体操もある程度やったが、対抗試合があるわけでなく、デンマーク体操の指導を受けたり、むしろ先輩との人間関係、押し寄せてきた左翼運動の洗礼が面白かった。紅顔の美少年、育ちの良さが身に付いている四修の秀才坊ちゃんは、貧乏人で努力だけが取り柄の私とは大違いであった。幸いにも私は一人っ子の「ご学友」となれたのである。

学制改革の中、私は浦高を一年で放り出されて、東大教養学部に入り直したが、彼は埼玉大学浦和高等学校卒業という珍しい免状を持っている。校長が学長を兼務し、先輩も後輩もなく、自分達三年生だけの変則だったという。

彼は浦高三年、法学部三年の六年間だが、私は浦高一年、教養学部二年、経済学部二年の五年間、大学卒業は同年になってしまった。そこで一年得をしたと思うのは早計で、のち社会へ出てから、彼等旧制組と我等新制組は給料で一年の差を付けられている。やはり四修で浦和に入った彼の方が得なの

評論 No.168 2008. 8

日本経済評論社

である。本郷では彼は法学部政治学科、私は経済学部商業学科だが、いつも時計台の前にたむろし、昼飯を食い、御殿山グランドでキャッチボールに興じたものである。

彼に誘われて丸山真男の政治思想史、川島武宜の民法、仁井田陞の中国法制史などの法学部講義に潜り込んで傍聴したが、実に面白く、さらに丸山の「超国家主義の論理と心理」や川島の「日本社会の家族的構成」まで読むことになり、目から鱗が落ちるほどの刺激を受けた。まさに彼の影響である。

彼が助手応募論文（?）に「政治家の肚」を書いたと聞き、変わったテーマだなと思ったことがあるが、今から思えば政治史専攻を目指したのであろう。御父君が国鉄共済組合の幹部であり、その薫陶で彼自身も幼児以来「鉄道好き」であったからか、国鉄入社を目指したが、うまく行かず、結局、国民金融公庫へ就職した。入社式の時に「めでたく入庫されまして……」といわれて、まるで倉庫に入れられたようだと苦笑していたことを思い出す。調査畑に同期で入った赤城清、その親友太田一郎はいずれものち同公庫の理事や監事になっており、彼も続けて居ればそうなった可能性が高いだろう。

彼を媒介に一高組の太田・赤城と浦高組の川村善二郎・原田・麻島・杉山和雄が知り合い、誰が言い出したのか原田宅で資本論の読書会をやることになった。長谷部文雄訳の青木文庫一三冊であるが、報告者を決めて一九五四年から四年間七冊を読んだわけで、一杯書き込みがあるのをみれば、分からないなりよく勉強したものだと思う。幾夜となく原田宅にお邪魔し、ご両親の暖かいもてなし、終わってからのご父君を交えての雑談も楽しかった。しかし今は赤城・太田・原田とすでに三人が相次いで鬼籍に入ってしまった。

ところで彼は国民金融公庫を僅か三カ月でやめた。『画報近代百年史』の編集をやっていた日本近代史研究会に誘われたからである。その時そこは、服部之総を代表に小西四郎、遠山茂樹、松島榮一、などを含む錚々たる歴史家集団であって、百年史に続いて『近世三百年史』『現代史』『千年史』など延々と画報を出して行くことになるが、その仲間に彼も参加したのである。のちに私はこれら画報の啓蒙的意義が学会でも高く評価されていたことを知ることになるが、当時の私は勤務の傍ら、昼休みにその拠点である京橋の国際文化情報社を覗きに行き、そのメンバーだった川村・原田先輩と雑談し、お偉方の顔も覚えたものである。彼はその中で揉まれながら、生き生きとしていたように思われる。単なる出世願望のサラリーマンの生活は性に合わないのであろう。物書きの習性はこの段階で磨かれたに違いない。

物書きといえば、私が歴史関係の雑文？を書くようになったのも川村・原田両先輩の命令と援護からスタートしている。原田先輩からは日本近代史研究会編『近代日本人物政治史』の浜口雄幸を割り当てられた。同書は彼の得意とする分野であって、編集の責任者として「あとがき」を書いている（一九五六年）。その後も彼の下請けで歴史講座ものの一部を書かされた。彼は面倒見がよく、直してくれ、私の物書き訓練になったように思う。

序でに言えば、今日まで彼は学術的な鉄道史の著作だけでなく、鉄道に関係した啓蒙書、雑文？も驚くほど多く書いている。啓蒙書と言っても『鉄道の語る日本の近代』『国鉄』『満鉄』に象徴されるように、実に丁寧、わかりやすい文章でありながら、史実を縦横に駆使し日本近代史の筋を通した立派な内容である。彼の量・質の見事さに舌を巻く。ただ、パソコンを遂に使わず、ひたすら原稿用紙に小さな字をこつこつ書き続けご苦労さんだったが。

彼は『日本国有鉄道百年史』の編纂を十年やり、和光大学に転ずるが、いつの間にか「鉄道史家」に変身したかのように見えて、いささか戸惑った思いがある。彼の本質は、近代日本政治史だと思っていたからである。しかし彼の鉄道史には政治史的要素が深く絡んでいるし、確固たる歴史観を持ち、学問としての「鉄道史学」の確立を目指したことに納得した。鉄道史学会の初代会長になったのも彼の創立の意欲、纏め役、人望が然らしめたものであろう。もちろん彼が、心の温かい人、誠実な人、信念の人、博識な人であることも確かである。温厚な彼は壇上で獅子吼するタイプではなく、むしろ座談を得意とする。博識をにじませ、蘊蓄を傾け、説得的である。彼と長い付き合いの中で、不思議なことに喧嘩したり、疑った記憶がどうもない。お互いに人間的に信用しきっていたからか。

満鉄史に意欲を持つ彼は、満鉄資料にアクセスすべく何回も「満州」へ行っているが、私も一度だけ連れて行って貰った。その楽しく充実した旅が忘れられず、「また行こうね」「是非行こう」と言い交わしていたのに、遂に果たせず本当に残念である。誠に惜しい人に先を越された。ご冥福を祈りたい。

［あさじま　しょういち／専修大学名誉教授］

『歴史の交差点に立って』刊行に寄せて

生きている同時代史に向き合うために

孫　歌

今年は、世界が白黒画面になったように見える。悪玉としての「中国」と善玉としての「世界の人びと」、悪玉としての漢族と善玉としてのチベット族、悪玉としての中国政府と善玉としての「反体制派」……。「主にメディアから流されたこのような二元対立の思考法によって、世界中の人びとは思考停止状態に追い込まれてしまっている。特に、中国を対象にして発生した一連の事件について、互いに矛盾しあう要素が含まれている、という場合にはなおさらそうであった。

同時代の中国を論じる場合には、どの国の状況についても同じく言えることだが、「歴史」という視座を欠かしてはならない。残念ながら、チベット問題から聖火リレーを経て、四川大地震に至るまでの世界的な（いうまでもなく、中国国内も含む）認識は、おおむね浅薄なものであり、歴史的要素に欠けていたと言わざるを得なかった。

たとえば、チベットで発生した騒乱は、「宗教問題」を中心にして理解されるのが正しいのか、一九五〇年代に共産党によって行われたチベットの土地改革は、チベット民衆にとって何を意味するものであったか、チベット問題で、中央集権制の中国政治スタイルを批判しながら、統一国家としての中国が四川大地震で果たした救援と復興の役割に対して、どのような批判のスタンスがとれるのか、それらを、ヒューマニズムというカテゴリーだけに一括収拾できるのか。この一連の疑問は、あくまでも「中国式の近代」とはなにか、という大きな疑問にわれわれを導くことになる。そしてそのとき、歴史への視座が主要な問題として存在するのだ。

チベット問題や聖火リレーで世界的なブーイングに曝された中国政府は、大地震発生直後のすばやい対応のおかげで、少しばかり「善玉」にされたようだが、徐々に「格差」などの問題でやり玉に挙げられ、「悪玉」に転じさせられた。余震が続いている被災地、いや、中国全土にとって、新しい秩序をつくるには、これから長い時間と痛ましい犠牲が必要となろう、その意味では、いまこそ地震被害の実態が見えてくるというときに、新奇さを追いかけるメディアにとって、大地震は演目としてすでに新味の失せたものになっているのかもしれない。そのために、互いに矛盾しあう情報が一方的に決着付けられ、「先進国」のメディアがくり返し消費してきた「人権」や「自由」「ナショナリズム」「独裁政治」など曖昧なキーワードが、手垢まみれでありながら一人歩きを続け、まさにこれから開演する筋書きなきドラマを、ありふれた公式で処理してしまうだろう。

歴史の出来事を無条件に正当化するのは、自らを陥穽に嵌めこむことである。一方、あたかも歴史の外で歴史を裁けると思い込んだ「白黒主義」も、思想的に不毛である。歴史が「善玉」対「悪玉」という枠によって理解されるとき、思想史研究者はつい歴史とすれ違ったまま、自己満足に陥ってしまう。他者を他在において理解する、という思想史のプロセスは、歴史に埋没することを拒絶すると同時に、「善玉」「悪玉」式の思惟をも拒絶するのだ。

中国の同時代史を、世界史の一部として理解するに当たって、私が遭遇した困難さは決して外国人研究者のそれより小さいわけではない。近代以降の中国は、世界列強の圧力のなか、自力で近代化を図らんがためゆえに、激しく変動したプロセスにおいて暴力的にさまざまな要素を巻き込んできた。私の日本政治思想史研究には、そのような中国現代史を理解するために行われた側面もある。他者としての日本政治思想史を他在において理解しようとするときに、「中国の近代」も「他者」として私の思想的距離感を要求しているのだ。

この一連の歴史的事件に直面しながら、本書の刊行に際して、私は自分の原稿を整理していた。この書は、生きている同時代史に向き合うための自己訓練であり、白黒の歴史イメージから脱出するための、初歩的な努力であった。いまこそ、『歴史の交差点に立って』いるわれわれは、どのような歴史的視座を持っているのか、ということが問われる時期に来ているのかもしれない。

[Sun Ge／中国社会科学院文学研究所]

孫歌著
装幀：間村俊一
四六判　本体2000円

「マリアンヌのフィアンセ」の行方

中山 信子

　今回ピエール・マイヨー著「マリアンヌのフィアンセたち」の日本語訳を上梓することになった。しかしフランスと異なり「マリアンヌ」の知名度は日本では低い。そこで出版にあたり副題である「フランス映画の社会史」を表題とした。この「マリアンヌ」とはフランス共和国を擬人化した女性像である。共和国の理念「自由・平等・友愛」の象徴として、現在国章に準ずるものとなっている。ドラクロワが描いた「民衆を導く自由の女神」の中央で三色旗を掲げた女性像が有名であるが、政府が管理する三色旗を地にしたロゴマークの他に、フランスの公的施設には三万六千人の市長が投票で選んだマリアンヌ像が飾られている。

　この『フランス映画の社会史』はフランスの男性スター、ジャン・ギャバン、ジャン・マレー、ジェラール・フィリップ、アラン・ドロン、ジャン＝ポール・ベルモンド、ジェラール・ドパルデューを取り上げ、なぜ彼らがその時代のマリアンヌ＝フランス人の心を捉えたかを歴史的・社会的コンテクストから分析し、彼らを画面上で活躍させた監督の考察を行っている。著者によれば、女性スターはその時々のフランスを象徴しマリアンヌの顔になる。一方、男性スターは彼女に身を捧げる男性となり、その時代が選んだ一つの現実の政治的選択、具体的な歴史の選択を象徴する。彼らがその地位を失うのは社会的大事件を契機としていることもそれと符合している。ギャバンは放、フィリップは第四共和制の行き詰まり、ドロンとベルモンドは六八年の五月革命を機に人気を失った。そして七〇年代から現在までその地位を保っているドパルデューの息の長さの原因を探っている。

　ところで市長会のマリアンヌ投票である。かつてはブリジット・バルドーやカトリーヌ・ドヌーヴ等の映画女優が選ばれていたが、最近はモデルやテレビタレントに人気があり、二〇〇三年もエヴリーヌ・トマ（テレビ司会者）が選出された。この時トマとマリアンヌの座を争ったのはソフィー・マルソー（女優）、カーラ・ブルーニ（歌手）、セシリア・サルコジ（ニコラ・サルコジ夫人）であった。当時内務大臣であったニコラ・サルコジは〇七年に大統領となり、同年秋にこのセシリアと離婚し、今年春にカーラ・ブルーニと再婚した。マリアンヌ候補二人と結婚したサルコジ大統領こそ、新たなマリアンヌのフィアンセと言えるのかもしれない。二一世紀のフィアンセ候補は映画界ではなく政界にいた。しかし、そうであれば、政界は限りなく芸能界に近づいていたことになる。

　近年、フランスでは政治家の私生活が頻繁にメディアに登場するようになっている。その筆頭がサルコジ大統領であるが、スターは彼だけではない。昨年の大統領選挙の社会党候補セゴレーヌ・ロワイヤルの水着姿や、彼女の元夫フランソワ・オランド社会党党主が恋人と休暇を過ごす写真まで週刊誌に掲載され、オランドはプライバシー侵害で訴訟を起している。この現象は「ピープリザシオン」と呼ばれる。「ピープル」とはかつて芸能界の人々を指していた。この英語起源のフランス語が政界人物にまで使われるようになったからである。日本でも芸能人の政界進出が話題になって久しいが、芸能界と政界の境界が曖昧になってきている。政治の劇場化である。

　ドパルデューを越えるマリアンヌのフィアンセが映画界に出現しない間に、生けるマリアンヌ候補二人がサルコジの妻となった。現実の舞台で生の「コメディ」を演じる政治家を前にしては、フィクションの世界の映画スターは色あせて見える。さらに社会党のオランド党主は〇七年の党大会で「大義（グラン）の実現（ソワール）する日への幻想は捨てよ」と演説し、フランスの左派も「革命神話」に終止符を打った。三色旗を掲げたマリアンヌはどこに向うのであろうか。フランスがEUに溶解してゆく中で、フランスの歴史的政治的選択を示す新たなマリアンヌのフィアンセは現われるのであろうか。今回の出版で著者が付け加えた補論のペシミズムはこの困惑を率直に述べている。マリアンヌからフランス映画まで、「フランス的なるもの」の存在自体が今問われている。

［なかやま のぶこ／映画研究者］

ピエール・マイヨー著
中山裕史・中山信子訳
装幀：渡辺美知子
四六判　本体3200円

筆者をもファンにした下村治

上久保　敏

三和総合研究所（現・三菱ＵＦＪリサーチ＆コンサルティング）調査部に勤務していた頃、嶋中雄二主任研究員（現・三菱ＵＦＪ証券景気循環研究所長）をはじめとする優れたエコノミストたちと一緒に仕事をすることができた。エコノミストの仕事とは何かということが曲がりなりにもわかった自分が今回、シリーズ「評伝・日本の経済思想」で戦後日本を代表するエコノミスト・下村治の評伝を執筆できたのは何より幸せなことであった。

下村は特にその高度成長論で一世を風靡した人物であり、経済にそれほど明るくない方でもある程度年配の方ならその名を記憶しているに違いない。独自の分析手法を用いて周到に現実経済に接近し、経済の先行きを的確に展望する手腕だけでなく、博士論文『経済変動の乗数分析』（一九五二年）に見られる独創的理論を構築した点で、今後も下村のようなエコノミストは誕生しないであろう。その意味でまさしく不世出のエコノミストであった。

ただ下村は改めて今、評伝の対象として取り上げるのには些か難しい人物でもあった。ご承知の通り、既に沢木耕太郎『危機の宰相』と水木楊『思い邪なし』という二冊の優れた評伝があるからである。

両氏ほどの取材力や構成力を持たぬ自分が、今回の評伝で何を売り物にするのか。はしがきには「『下村理論』の全体像に迫った」と書いたが、苦し紛れの口上であったことは否めない。しかも、二〇〇六年六月に日本経済思想史研究会全国大会で「安定均衡論者としての下村治――その独創的理論とエコノミスト人生」という報告を行った際に、代表幹事の川口浩氏から「十代の頃の思想形成についてもお書きいただきたい」との宿題を頂戴した。下村は自伝や個人的所感の類をほとんど書き残していない。ご長男・下村恭民氏のご助力を仰いだにもかかわらず、結局川口氏からの宿題は果たせぬままであった。あれだけの独創的発想と卓越した洞察眼をいつどのようにして身につけていったのか。それが描けなかったのは、本書刊行に当たっての最大の心残りである。

戦後の華々しい仕事の陰に隠れて、下村の戦前の知的活動についてはこれまでほとんど光が当たることがなかった。下村治博士追悼集編纂委員会編『下村治』（一九九一年）にも戦後の論文リストは記載されているものの、戦前の論文については一切取り上げられていない。幸い、下村が学生時代に学内誌『経友』に投稿した論文「価値論に関する若干の考察」（一九三一年）は東大経済学部図書館で複写することができた。また、一九四四年に『財政』（大蔵財務協会）に書いたＩＭＦ（国際通貨基金）の紹介論文の存在は早坂忠編著『ケインズとの出逢い』（日本経済評論社、一九九三年）で運良く知ることができた。同書は恩師早坂先生の遺著でもある。弟子とも呼べぬ出来の悪い教え子へのお導きを今さらながらありがたく思う。

いろいろ調べていく過程で個人的に一番関心を持ったのは、下村が『経済実相報告書』（一九四七年の第一回『経済白書』）の物価に関する部分を担当しながら、白書の執筆責任者である都留重人がそれをボツにし、自ら筆を執って下村原稿を差し替えた件である。この元原稿を是非見たかったのであるが、残念ながら当の都留自身が白書の草稿類は全て焼いてしまっている。ボツ原稿の中身について本書で一つの推測を示してみた。一体どこまで真実に迫れているのか。可能ならば下村当人から是非聞いてみたいところである。

この件に関して、拙著の草稿に目をお通しいただいた池尾愛子氏からは「事実だけ書くと、都留が下村イジメをしたような印象を与えるかもしれない。一般読者の中に都留ファンもいるので、配慮ある描き方が必要ではないか」という趣旨のご助言をいただいた。もっともなご指摘だと思いながら、結局はそのままにした。評伝を執筆していくうちに筆者自身がすっかり下村のファンになってしまったためである。下村治はさほどに魅力的なエコノミストであった。都留ファンの皆さん、どうかお許し下さい（笑）。

［かみくぼ さとし／大阪工業大学准教授］

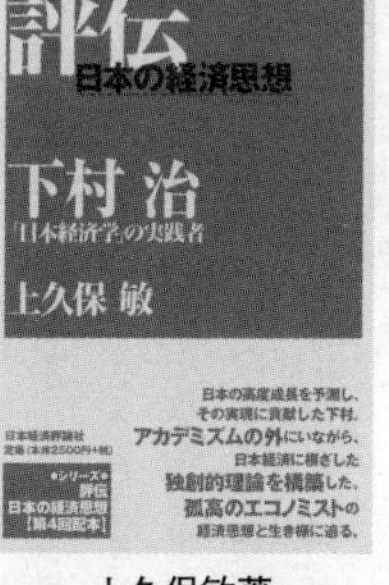

上久保敏著
装幀：渡辺美知子
四六判　本体2,500円

思い出断片(6)

ヴィーン遊学

住谷一彦

私は一九四五年三月東京大学文学部心理学科を卒業して四月から名古屋大学法経学部助手として名古屋に赴任した。名古屋大学の戸沢鉄彦教授は政治心理学に興味を持っておられ、父の友人東大法学部教授堀豊彦氏の推薦で名大助手に就職できたのである。

東大の学生時代たまたま私の住んでいた東大基督教青年会寄宿舎に大塚久雄先生御一家が寄寓しておられ、その影響で私は何時しかマックス・ヴェーバーの研究に入り込んでいった。名古屋で二年間助手生活を送ったのち、松田智雄先生の招きで東京に戻り都立大学人文学部社会学科の助手になることができた。そのときの主任教授が歴史民族学の岡正雄先生であった。

私は岡先生の有名な爐辺談話を学生達にまじって聴いているうちに、次第に歴史民族学に興味を持ちはじめ、昭和三二年立教大学経済学部に就職したとき、翌三三年オーストリア政府第一回留学生の試験に合格して、ドイツ語の会話も知らぬままにヴィーン大学民族学研究所に留学することになってしまった。しかし、思えばこのヴィーン留学は、わが人生の一大転機であった。

音楽と文化の都ヴィーンは、まだハンガリー騒乱の余波が残っていて、民族学研究所の学生にはハンガリーからの亡命学生もまじっていた。その頃の民族学研究所は有名なスペイン馬術学校の二階にあり、ときどき下を通る馬たちの馬糞の臭いが教室にただよい、また教室の中を鼠たちが通り抜けて、女子学生たちが総立ちになって嬌声を挙げる始末であった。

私がヴィーン大学民族学研究所に留学したのは、岡正雄先生の影響であるといってよい。岡先生は一九二九年この研究所に留学され、五年余も滞在し、幻の論文といわれている『古日本の文化層』という一四〇〇頁余の大論文を書かれ、私は都立大学にいた頃、その話を先生からいろいろ聞かされていた。この論文の要旨は『異人その他』(言叢社刊、一九五四)と題して刊行されている。当時ヴィーン大学民族学研究所はW・コッパーズ教授が主任で、ハイネ・ゲルデルン教授、そして「文化

圏説」を主唱されていたW・シュミット教授がおられ、民族学上の一流派「文化圏説」のメッカとして世界から多くの学生が集まってきていた。私が留学した頃はシュミット先生は既に引退されていたが、コッパーズ教授、ハイネ・ゲルデルン教授は健在であり、岡先生の友人ヒルシュバーク教授も教えておられた。

岡先生の友人アレキサンダー・スラヴィク教授は日本学科の主任教授としてアイヌ研究に没頭しておられ、私の身元保証人にもなって下さった。その時の学生ヨーゼフ・クライナー君は、のちにボン大学教授になり、現在は法政大学特任教授として活躍している。当時はまだ一八歳の白面の青年だった。私は民族学研究所での講義を聴講しているとき以外は、もっぱらスラヴィク先生の四方八方話に聞き入っていた。

ヴィーンはさすがに中欧の古都であるだけに、街並みも旧く家々は歴史を刻み込んでいる感があった。私は何時しかその雰囲気に融け込んで、朝おそく起きると町に出て、とあるカフェーで朝食をとり、コーヒーを飲みながら新聞を読み、手紙を書いたり読書をしたりして一日をすごすヴィーン風の生活になじんでいた。

その頃のヴィーンでは日本人といえば、大使館関係の人を除くと、もっぱら音楽関係の留学生ばかりだった。指揮者の遠山信二、若くして逝った声楽の大橋国一、別所恵子等々、皆若かった。私も三日を明けずオペラを見に行った。そんなときは民族学研究所の女子学生をさそって行ったものである。帰国して同僚達に驚かれたのは、私がパイプをくゆらし、ワインを飲んで夜の池袋を楽しむ姿に変貌していたことであった。もう時効だから言うが、実はヴィーン生活で私が変った底流には、或るヴィーン女性（ヴィーネリン）と恋に落ちたことが秘められていた。それはトラウテンフェルス城で開かれた世界平和会議で一人の女性から声をかけられたことから始まった。そして、そのあとヴィーンの中心街にあるハンガリーレストラン「パタキ」で再会し、お互いの気持を確かめあった。私たちの「たそがれのヴィーン」生活はこうして或る華やぎに濃く色どられつつ哀愁のうちに暮れていったのである。それを思うと、今でも私の視線は遥かに過ぎ去った昔日の世界に限りなく向けられていく。

美しき碧き瞳に執かれたる
　心の底に潜む哀しみ

［すみや かずひこ／立教大学名誉教授］

史料との出会い——『日英中世史料論』を刊行して——

鶴島博和

はじめて本格的な中世古文書に出会ったのは大学四年、卒論を準備していたときだった。歴史をかじったものなら一度は耳にする「ドゥームズデー・ブック」を読みたかったのである。当時東北大学には、世良晃志郎館長のとき購入したファーリー版が図書館にあったが、いくら印刷されて読みやすいとはいえ、駆け出しの若造に省略形が用いられたラテン語史料の固有名詞を読み取る力はなかった。やむをえず、「ヴィクトリア州史」の英語版を使用することにした。

一九七七年に文部省国際交流制度奨学生としてロンドン大学の門をくぐった。歴史研究所でパレオグラフィーの実習に参加した。先生はダイアナ・グリンウェー。最初に渡されたのが、「ドゥームズデー・ブック」の写真版であった。先生の導入は、丁寧とはいえないが簡潔で要をえたもので、読みこなせるようになるのに時間はかからなかった。

その次に、チャーターが主たるテキストとなった。一葉のオリジナルの写真版を毎回読んでいった。そして読み残した分と必ず一枚来週までの宿題を渡された。とくに十三世紀のゴシック草書体には苦労した。当時私はハムステッドのカトリックの寮に滞在していた。夕食後誰もいない図書館で悪戦苦闘の日々が続いた。ある日、神父様が入ってきて、ひとこと「ヒロ、人生は長い。寝る時間です」とつぶやいて出て行った。次の日の夕食時、聞いてみた。「神父様、これ読めますか」。手にとってしばらく眺めたあと、「○○△△かな」。意味がとおった。「読めるんだ」。しかも初見で。チェコ人の神父は、間違いなくラテン的キリスト教世界の住人であった。

十五世紀のジェントリーの書いた文書ほどひどいものはなかった。「だから十五世紀をやる人が少ないんだ」と誰かがぼやいている。先生が、背後で一言。「全部ラテン語だと思ってるの」。英語の省略形が混じっていた。パイプロールや割り符の写真版は読めるかどうかの前に虫眼鏡が必要だった。そんな学生の悪戦苦闘を、笑みをたたえて見つめている日本人がいた。井ヶ田良治先生である。オブザーバーとして参

加されていた。柔和で優しいまなざしにずいぶんと励ましをいただいた。先生がその後、河音能平先生とともに史料論を牽引されていくなど知るよしもなかった。最初二十人ぐらいいた受講生は五、六人に減っていた。

その本は、歴史研究所の「イングランド」の棚にあった。トーマス・ハーンが一七二〇年にエドワード・デリングのコピーをそのまま印刷した「テキストゥス・ロフェンシス」である。コピーとはいえカーチュラリーとのはじめての出会いであった。当時修士論文を書いていた私は、どうしても「ランベス宮写本MS1212」に目を通す必要にせまられていた。一九七九年のある晴れた日、紹介状をもってランベス宮の図書館を訪問した。図書館へはランベス・パレス・ロードに面した小さな入り口から入る。ちょうど何かの工事の最中で、おきまりの上半身裸のおじさんと「なんていい日だね」と挨拶を交わしたのを鮮やかに思い出す。日差しがまぶしい図書館の机におかれた写本は、電話帳が水をすったような姿をしていた。オリジナルのカーチュラリーとのはじめての出会い。そして戸惑い。こんなの読めやしない。

「テキストゥス・ロフェンシス」のオリジナルに出会ったのは一九九〇年であった。フォリエーション（本の物質的構造）を再構成するために、なかをろくに読みもしないで、もの差しではかり、罫線を引くときに使った穴の数を数え、各折り帳の枚数を数え、綴じ紐を探し、羊皮紙一枚一枚に触れ、ときにはすかしながら、腹側か毛の側かと自問する東洋人は、周囲には奇人の一言につきただろう。そのときの訪問の目的はもう一つあった。祈禱兄弟盟約の関係を掘り出すことであった。この作業は、翌年のバトル・コンファランスの報告につながった。質問を多くのひとからいただいたが、そのなかにグリンウェー先生の顔があった。マジョリー・チブナル先生から「これであなたも私たちの祈禱兄弟盟約の一員ね」と言われたときは正直いって誇らしかった。

私にとって若いときの史料との出会いは、「歴史」という小さな世界での人との出会いであった。

［つるしま ひろかず／熊本大学教授］

鶴島博和・
春田直紀編著
装幀：渡辺美知子
A5判　本体6000円

神保町の窓から

▼錦華公園下のバーで、明治大学の学部長さんたちと隣あわせて呑んだ。今、わが社は決算月であり、一年間の納品や返品の計算をしたり、作り過ぎた本の処置を段取りしたり、あるいは、年初からの出版業界の悲痛な出来事を思ったりしながら一日を過ごしての夜だった。心が沈んでいたのだろう。また、出版の世界に身を置く自分の運命を逆恨みしていたのかも知れない。話が「わが社」のことから「私の運命」になってしまった。私は哀しい話をしているつもりだったが、聞いていた方々はそこまで斟酌していなかった。出版社を希望している学生たちに、その楽しい業界話を聞かせてやってくれ、ということになった。私の話なんか聞いたら、誰も出版社なんか志望すまい、と思い躊躇したが、以前、「出版界は君たちを待っている」と題した講演を頼まれ、「私たちは君たちを待っていない」と大変失礼な話をしてしまったことを思い出し、その謝罪も込めて承諾した。

出版の世界に身を沈め何十年も生きてしまったが、「出版社になんか来るなよ」と言うのは、資金繰りの忙しさを毎日体験しているからだ。しかし、出版を希望した誰しもが、資金繰りなどを担当するわけではない。出版社志望ということは編集者志望であり、資金繰りを考えるために出版を希望する者はいない。出版＝貧乏という等式は、私には当てはまるが、普遍の原理ではない。出版という仕事をしてみたいと本気で思い詰めている学生に失礼なことだ。

▼だからといって、出版の世界が富裕であるなどと、嘘の話をするわけにはいかない。まず、業界の構成について話した。業界の売上は二兆二千億円だ。学生には、これが大きいのか小さいのか分からないだろう。トヨタ一社で売上二六兆円、利益が二兆二千億円だと補足した。そして、出版社を名乗るところは四〇〇〇社以上あり、五十人以下の出版社が業界の九割近くを占めていること、年間一〇〇点以上出版している会社は一六四社しかないこと……出版は小零細で埋め尽くされていることをご理解願った。

出版社は、年間どれだけの本を出版すれば平和に食っていけるか。わが社は一一人で六三点出して、点数順位で二七五番目だが、生活は苦しいと力説。とにかく金が目当てで出版社に来るな、人とのつながりを求め、呼びかけとその呼応を大事にしたいと思う者が来いと。編集者の条件については、小誌の数号前で紹介した町田民世子さんの指摘を借用し、

「著者や学問への敬意・尊敬・共感をもつこと、知りたいという向上心とともに読解力・理解力をもっていること」を強調した。出版社には編集者だけではなく、営業や倉庫管理もあることを付け加え、ついでにバカ編集者とはどういう編集者かも話したが、ここには書かない。

こちらからも質問した。私が何者かを知っているか、日本経済評論社とはどういう会社かホームページを覗いてきたか、と。参加している数十人の学生の、誰一人そういう行為はして来なかった。「予習とはそういうことを言うんじゃないの」とやんわり。聴講生は、女子大かと思うほど瞳の輝く女学生が目立った。熱心に聞いてくれてありがとう。私の話が役に立つかどうか心許ない。青年たちの前途に幸多きことを願う。

▼編集部員を募集した。四〇歳前の経験者が条件。知人友人に頼み、人材紹介会社やエディタースクールにも声を掛け、大きく網を張った。出版の世界は、明治の学生に話したように、小零細会社が肩をぶつけ合うようにして生きているムラのようなところがある。経験者を募集と言えば、全く知らない会社の人から応募があるとは思えない。案の定、履歴書を送ってきたのは、よく知っているどころか、そこの社長とは酒を呑む仲だった。会社も遠くはない。急いで面接した。どういうつもりで応募したか、と詰問。専門書が作りたいのです。それでは応募の理由にならない。この会社でなければならない訳を言ってくれ。そんなこと答えられません。出版物も尊敬しているし、会社の皆さんも好きだし、そんな人たちと一緒に仕事をしたいからです。この回答には、編集の経験などを超越する熱っぽさがあった。心は動いたが、彼の社長の顔もチラつき呻吟した。採否の即答を避け、後日にのばした。出版界はムラだ。そこの社長と銀行の窓口で会ってしまった。応募者も応募のことは社長に話してはいまい。何か後ろめたいことをしているようで気が引けた。数日後、彼の方から回答があった。「採用されたら社長同士の仲が裂けます。私の応募は取り下げ、元の所で精出します」。誰も、何も知らないうちに、何ごともなかったような、とぼけた日常が戻ってきた。でも、あなたと一緒に仕事がしたいなどと云われると、感応する。

▼新社員は別口で決まりました。入社する方も迎える方も、それぞれの期待を膨らませ心配もしている時間です。（吟）

＊本誌167号掲載の中村宗悦氏のよみがなが「なかむら むねえつ」となっていましたが「なかむら むねよし」の誤りです。おわびして訂正いたします。

新刊案内

価格は税別

歴史の交差点に立って

孫歌著　度重なる中国批判。そこには過去に作られた、ある政治的なイメージが氾濫している——。竹内好など過去のテクストと向き合うことで、現実世界を切り拓くために、新たな視座を描き出す可能性を模索する。

四六判　二〇〇〇円

大塚久雄論

楠井敏朗著　近代社会成立の経済的・人間的条件について比較し続け、また、マルクス＝ヴェーバー研究をはじめ日本の社会科学研究をリードした大塚久雄の人と学問を語る。

A5判　四六〇〇円

フランス映画の社会史

—マリアンヌのフィアンセたち

P・マイヨー／中山裕史・中山信子訳　ジャン・ギャバン、ジャン・マレー、ジェラール・フィリップ、アラン・ドロンなど、二〇世紀フランスを代表する男性スター六人が表象するものは何か。

四六判　三二〇〇円

ミツゴロの挑戦—インドネシアの農業開発

福島靖雄著　一九七〇年代、日本の商社が競ってインドネシア・ランポン州の農業開発に携わった。本書は三井物産の農業開発事業会社「ミツゴロ」の記録である。

四六判　二〇〇〇円

装幀：渡辺美知子

近代日本の鉄道構想〈近代日本の社会と交通 3〉

老川慶喜著　明治期日本の経済発展と鉄道との関係を考察する。

A5判　二五〇〇円

世界システムと東アジア

—小経営・国内植民地・「植民地近代」

今西一編　世界システム論と東アジア論の相克。

A5判　四二〇〇円

生協と地域コミュニティ—協同のネットワーク

岡村信秀著　地域コミュニティに目を向け、新しい協同組織との連携を視野に展望する。

四六判　二二〇〇円

非営利・協同システムの展開

中川雄一郎・柳沢敏勝・内山哲朗編著　非営利・協同組織は、どのような貢献をなしうるのか。

A5判　三四〇〇円

モンゴル遊牧社会と馬文化

長沢孝司・尾崎孝宏編著　モンゴルの歴史や社会、地理、経済などを総合的に論じる

A5判　三二〇〇円

〈大学の教育・研究と地域貢献シリーズ〉

⑤新地場産業と地域総合デザイン

—食・職・福祉・環境一体型をめざして

⑥新地場産業と参加型学生

高崎経済大学経済学部編

四六判　一〇〇〇円

日本経済思想史研究　第8号

日本経済思想史研究会編

B5判　一五〇〇円

評論　第168号 2008年8月1日発行　発行所　日本経済評論社
〒101-0051 東京都千代田区神田神保町3-2　電話 03(3230)1661
E-mail:info@nikkeihyo.co.jp　FAX 03(3265)2993
http://www.nikkeihyo.co.jp